도시를 살리는
문화관광

이광희
변재진

박영사

들어가는 글

    사람들은 대부분 문화관광을 발전시켜야 한다고 하면 관광객만을 위한 일이라고 생각하는 경우가 많습니다. 그러나 "더 살기 좋은 도시, 더 방문하기 좋은 도시(Better Places to Live, Better Places to Visit)"라는 2018년에 발표된 '관광과 문화유산에 관한 바르셀로나 선언'을 보면 도시의 문화관광 환경을 발전시키는 것은 관광객만을 위한 일이 아니라 시민들의 삶을 더 좋게 만드는 효과가 있음을 알 수 있습니다. 시민들이 더 쾌적하고 행복하게 살아갈 수 있도록 문화유산과 문화예술 환경이 잘 조성된 도시는 더 많은 관광객들이 방문하는 장소가 되므로 21세기 도시들은 문화관광을 통해 시민들의 삶의 질을 향상 시키면서 동시에 관광객 유치 증진이라는 복합적 목적을 추구하는 정책을 중요시할 필요가 크다고 생각합니다.

    정부와 기업, 시민 등이 협력해 지역의 문화예술 환경을 보다 풍요롭게 만들어내기 위해 함께 노력하는 도시발전 정책은 해당 도시의 심미적 경관과 활기찬 도시 분위기 그리고 장소성과 정체성을 수준 높게 조성하여 도시의 이미지와 브랜드 가치를 개선합니다. 그로 인해 주민들의 삶이 더욱 활기차고, 여유롭게 되며 도시에 대해 자부심을 갖게 합니다. 동시에 세계 도처에서 많은 관광객들이 그 지역의 개성적인 문화와 예술, 관광서비스를 경험하기 위해 방문해오도록 합니다. 또한 도시의 이미지가 향상됨으로 비즈니스 환경이 개선되어 투자 유치가 촉진되고, 창의적인 인재들이 모이게 됩니다. 문화관광은 주민의 행복과 관광객 유치를 증진하는 집객력(集客力)이 강화되고, 해외 투자자들의 투자가 증진되고, 창의적인 인재들의 유입이 촉진되는 등의 다각적인 시너지 효과가 발생합니다. 따라서 각국의 도시들이 집중적으로 문화관광 관련 정책과 제도를 추진하고 있어 국가 정책에서 문화관광은 더욱 중요해지고 있습니다.

이렇듯이 지역의 문화예술 그리고 문화관광이 상호 긴밀히 연동되어 발전해가면 지역의 문화산업과 관광산업 이외에 농업, 제조업, 건설업 등 다양한 분야까지 긍정적 파급 효과를 많이 얻게 됩니다. 문화유산과 문화예술 그리고 관광이 연계 발전을 하게 되면, 주민들은 경제적 효과를 거두며 더 행복해지고 더 자부심을 가지며 세계인들로부터 관심과 호감을 유발시켜 지역발전과 국가 경쟁력까지 제고하는 부수 효과를 창출하게 해줍니다. 이런 관점에서 오늘날 세계 각국은 문화와 관광을 고도로 융합하는 창의적 프로젝트를 발굴해 수많은 투자를 해 나가고 있고 이를 통해 자국의 경쟁력과 매력도를 제고하는 데 주력하고 있습니다. 지금 세계는 경제력, 제품 생산력, 군사력만으로 국력을 키우는 전통적인 방식으로 경쟁하는 것이 아니고, 각종 문화관광 자원의 매력도를 높여 자국민 이외에 타지역 사람들까지 문화예술에 감동하고 사랑에 빠지도록 만드는 일종의 보이지 않는 문화전쟁 방식으로 경쟁을 하고 있는 것입니다.

우리 모두 잘 알고 있듯이 우리나라는 오랜 역사가 이어져 오면서 각종 문화예술이 개성 있고 다양하게 발전해온 나라로서 창의적인 문화와 관광의 융복합을 통해 크게 발전할 수 있는 잠재력이 많습니다. 요즘 세계인들의 심금을 울리는 한국 영화와 TV 드라마 그리고 BTS의 K-POP 등 한류 열기의 광풍은 우리나라가 세계 일류급 문화관광국가로 발전할 수 있는 저력이 충분하다는 것을 잘 증명해주고 있습니다.

그러나 아쉽게도 파리나 런던, 빌바오, 낭트와 같은 유럽도시들처럼 일생에 한 번만이라도 방문해보고 싶은 문화관광도시나 문화관광 명소는 찾아보기 어려운 실정입니다. 세계 여러 나라들, 특히 선진도시들을 관광하면서 그들이 구축한 문화관광환경이 부러운 적이 한두 번이 아니었습니다. 그런 세계적 도시들은 어떻게 문화와 관광을 지역발전에 활용하고 있는지 지역주민이나 민간기업 등은 어떻게 정부와 협력하고 있는지, 성공의 이면에 있는 어두운 그림자는 어떤 것이었는지 등을 구체적으로 파악해 타산지석으로 삼을 수 있도록 하기 위하여,

이 책을 집필하게 되었습니다.

이 책을 준비하면서 20세기 중반부터 쇠락하기 시작했던 세계 도처의 구산업도시들이 각종 문화관광 프로젝트를 활용해 문화예술도시로 눈부시게 성공한 사례들에 감동을 받았습니다. 현대도시들의 과밀화, 비인간화 등을 반성하며 인간적이고 역사성이 있는 도시 조성을 지향하는 미국의 메인스트리트 프로그램, 영국의 어반 빌리지 등의 트렌드를 살펴보며 역사와 문화예술이 살아 숨 쉬는 인간적인 감성이 담긴 도시개발의 중요성을 다시 한 번 생각해보았습니다. 1985년부터 시작된 유럽문화수도 프로그램의 발전과 21세기 들어 더욱 강화된 유럽문화루트 프로그램들이 어떻게 문화와 관광을 연계시키고 융합시키는지에 대해 심도 있는 검토를 수행했습니다. 이 과정에서 다양한 서적들과 학술논문들 그리고 UNESCO, UNWTO, OECD, EU, Council of Europe 등 국제기구 보고서와 발표자료 등을 다수 참조하였습니다. 이런 작업을 통해서 오늘날 세계적인 관심과 매력을 끌고 있는 60여 개의 유럽문화수도와 국제적인 문화관광도시들이 결코 우연히 조성된 것이 아니고 주민과 정부 그리고 기업 등 모두가 혼연일체가 되어 역할과 기능을 효율적으로 수행했던 값진 결과라는 것을 또다시 확인할 수 있었습니다.

이에 비해 국내에는 문화관광에 관한 전문 서적이나 연구자료, 학술논문 등이 별로 많지 않았습니다. 경제 발전과 정치분야에 비해 문화예술을 경쟁력 있게 발전시키는 데 길잡이가 될 실천적이고 전문적 연구물은 상대적으로 부족한 실정이라는 사실이 참 안타까웠습니다.

현재 우리나라 도시들은 상당수가 특색이 없는 비장소(Non-place), 천편일률적인 콘크리트 정글 같은 비인간적인 무장소(Placelessness)로 '얼굴 없는 도시'라고 할 수 있습니다. 하루속히 몰개성적이며 비인간적인 삭막한 도시에서 벗어나 심미적인 아름다운 경관과 인간적인 감성이 담겨있고, 개성이 살아 있어 시민들이 행복해하고 자랑스러워하는 문화관광도시로 탈바꿈할 필요가 크다고 봅니다. 이를 위해서 역사와 문화유산, 문학적 스토리, 음악과 미술, 축제 등 다양한 방식으로 지역의 문화관광 환경을 특성화시켜 나갈 문화관광 발전정책과 관련 제도가 획기적으로 강구되어야 합니다.

인간적인 따뜻한 감성이 담겨 있는 문화예술도시를 조성하기 위해서는 경제적 성과와 생산성 위주의 경제 제일주의에서 벗어나서 선진국에서 새롭게 등장하고 있는 스마트도시를 넘어서는 플레이어블 시티와 이벤트 풀 시티의 조성, 크리에이티브 투어 개발과 같은 선진형 문화관광 프로젝트 발굴에 관한 조사연구와 실천방안 강구 등에 적극 나설 필요가 있습니다. 무엇보다 우리나라를 사랑하는 시민들이 주체가 되고, 다양한 정부기관과 기업 등 이해관계자들이 함께 연대하여 문화관광으로 지역사회의 매력과 활력을 높여서 도시는 도시대로 경쟁력을 제고하고, 농촌지역은 나름대로 사회경제적 활성화를 촉발하도록 조치하는 게 바람직합니다.

전국의 각 도시에서 그리고 농촌에서 우리 마을의 자랑거리와 아름다운 명품 문화거리 하나씩 조성하자는 열정과 노력이 시작된다면, 멀지 않은 장래에 전국이 아름다운 꽃밭처럼 매력적인 문화예술 공간으로 조성될 수 있을 것입니다. 아름다운 우리나라에서 도시민들이 행복하고, 쾌적하고, 안전하게 살아가는 미래 한국사회를 꿈꿔봅니다. 그리고 우리 한 사람 한 사람이 정성을 다해 가꾼 우리 국토와 문화예술의 매력을 보고 싶어서 세계인들이 누구나 '일생에 꼭 한 번은 한국에 가고 싶다'고 소망하는 '세계 최강의 문화관광국가'로 발전되길 희망해봅니다.

이 책을 만드는 바탕이 되었던 많은 전문서적과 학술논문, 연구통계자료 그리고 UNESCO 등 국제기구 관계자들의 선행적 노력에 감사드리며, 여러 번에 걸친 교정 작업을 차질없이 수행해주신 박영사 관계자들에게도 깊이 감사드립니다. 그리고 사랑하는 가족들의 격려에 깊이 감사합니다. 가족과 친지들의 협조와 응원이 없었으면 솔직히 이 책은 세상에 나올 수 없었음을 이 자리를 빌려 고백하며 감사의 마음을 전합니다.

2020년 8월
이광희와 변재진

차례

2부   세계적인 문화관광 성공신화: 사례와 분석

10장 지역재생의 강력한 수단: 유럽문화수도

11장 영원한 신화가 된 빌바오의 기적

Urban Regeneration through Cultural Tourism

PART 01

문화관광의 매력적인 힘

문화/예술/관광

도시를 살리는 **문/화/관/광**

1장

쇠락하는 도시를 다시 살려내는 문화관광

제1절
도시재생을 주도하는 문화관광

산업사회가 파생시킨 도시문제

도시란 사전의 정의에 의하면 "많은 인구가 모여 살며, 일정 지역의 정치, 경제, 문화의 중심이 되는 곳"입니다. 현대도시는 사람이 살아가고, 일을 하는 생산기능이 모여 있고, 휴식을 취하고 문화를 향유하는 아름답고 여유 있는 삶과 힐링의 공간이면서, 동시에 다양한 조형물, 설치미술, 건축물과 같은 아름다운 미술작품이 설치된 오픈뮤지엄화된 예술공간이기도 합니다. 이처럼 도시는 다양한 기능들이 복잡하게 중첩되어 있고, 오랜 과거의 역사와 현재가 어우러져 새로운 미래의 가치를 창조하는 장소입니다. 국제화된 도시에서는 다양한 인종과 상이한 문화가 복잡한 이해관계 속에 뒤섞여서 공존하며 문화적인 접변과 충돌 그리고 융합을 통하여 역동적인 새로운 문화가 끊임없이 창조되며 발전하고 있습니다. 초대형화되고, 기능이 복잡해지고, 국제화된 도시는 어떻게 형성되기 시작된 것일까요? 구약성경에는 바빌론이라는 도시나 소돔과 고모라라는 도시가

---

1 다음백과사전.

등장하기도 하며 오래된 신화 속에도 아틀란티스, 트로이라는 고대도시가 등장합니다. 그만큼 도시는 인류 탄생의 역사와 밀접한 관련이 있습니다. 신은 자연을 만들고, 인간은 도시를 만들었다는 말처럼 도시는 인간이 만든 훌륭한 창조물입니다.[2] 자신들이 만든 도시에 사는 인간은 동시에 그 도시에 의해서 영향을 받게 되고, 삶이 형성되기도 합니다.

인간은 농경사회가 시작되면서 비바람과 자연재해 그리고 맹수의 위협으로부터 안전한 공간을 찾기 위해 동굴 정착생활을 하기도 하고, 성책을 만들어서 그 안에 모여 살기 시작했다고 합니다. 원시시대에 사람들이 모여 살게 된 이유는 주로 안전과 생존이라는 기본적인 욕구 때문이었을 것입니다. 이처럼 인간은 자연의 위협으로부터 살아남기 위해서 수렵, 농업, 주택, 마을, 도시 등 생존을 위한 새로운 문화를 창조하기 시작했습니다. 허나 19세기에 들어 본격적인 산업사회에 돌입하게 되면서, 인간들은 경제적인 재료를 용이하게 확보할 수 있는 곳, 직업을 구할 수 있는 곳, 규모경제의 이익을 얻을 수 있는 곳, 교통이 편리한 곳을 중심으로 모이기 시작했습니다. 즉, 생산성과 수익성이라는 경제적인 논리에 의해서 산업사회의 고밀화된 도시를 형성하였습니다. 이렇게 형성된 산업도시는 오랫동안 경제발전과 성장 그리고 기술혁신과 풍요의 중심이었습니다. 최신 건축물과 문화예술이 집약된 도시는 한 국가의 상징적인 이미지이고 국력의 상징이기도 했습니다. 그러나 경제성과 수익성 중시라는 산업사회의 도시발전 논리는 공기와 물의 오염, 토질의 오염, 자연파괴 등을 지속적으로 야기하여 인간의 삶에 많은 부정적인 영향을 초래하게 되었습니다.

특히 20세기에 들어서면서 서구사회에서 석탄산업, 철강산업, 제조업이 쇠퇴하게 됨으로 인하여 기존 산업의존형 도시들이 공장과 탄광이 생산을 줄이거나 멈추고, 폐쇄되면서 많은 서구의 산업도시들의 폐공장과 폐광산 등 버려진 브라운 필드(Brownfield)[3]가 심각한 도시문제를 야기하게 되었습니다. 그리고 도로와 자

---

2 William Cowper, The Task, Book I: The Sofa, line 749, 1785의 글을 이승권, 노진자, 유네스코 창조도시 연구 – 유럽문화수도와 고베의 사례를 중심으로, 유라시아 연구, 11(2), 2014, p.61.에서 재인용.
3 브라운 필드는 친환경적인개발이 가능한 그린필드에 상대되는 의미를 지닌 용어로, 영국의 도시계획에서 처음 쓰인 용어입니다. 주로 산업화로 인한 오염부지 및 매립지를 말하는데, 넓은 의미로 유휴지까지 포함하고 있습니다. 미국 환경청(EPA)은 방치되거나 사용되지 않고 남아 있거나 환경오염 또는 오염의 가능성 때문에 산업과 상업시설의 확장 및 재개발에 어려운 부지라고 정의하고 있습니다. 이자원, 한국형 브라운 필

동차 등 교통운송 수단의 발달과 더불어 도시가 지속적으로 교외로 확산되는 어반 스프롤(Urban sprawl) 현상으로 인하여 구도심이 공동화되고, 지역경기가 침체되는 사회경제적 문제가 발생하였습니다. 그 이후 현재까지 산업의존형 도시들은 공해, 오염이라는 환경문제, 폐기되고 버려진 도심공간인 브라운 필드(Brownfield), 도심의 무분별한 확산과 이로 인한 구도심의 공동화 현상과 경기침체라는 사회경제적인 문제로 인하여 존속 필요성 자체가 의문시 되는 심각한 문제들에 봉착하게 되었습니다. 이러한 도심집중 현상으로 농촌이나 산촌, 어촌은 도시로 떠나는 젊은 인구로 인하여 인구과소화와 고령화가 심화되어 덩달아 존립 자체를 위협받는 지역들이 많아졌습니다.

그런 과정에서 최근 들어, 쇠락한 산업도시들이 도시 내에 오염된 채 버려진 브라운 필드(Brownfield)와 기능을 잃고 방치된 그레이 필드(Greyfield)[4]들이 문화주도형 재생을 통해 도시의 활력과 생기를 되찾고, 문화예술의 중심지인 예술도시로 변화하는 기적 같은 일들이 지구촌 곳곳에서 일어나고 있습니다. 이에 따라 지역을 다시 살려내야 하는 과업을 추진해야 하는 지방자치단체들과 지역주민 그리고 기업들은 마치 문화관광을 죽어가는 도시를 살려내는 만병통치약과 같이 인식하고 지역재생의 중요 수단으로 간주하는 경향도 보이고 있습니다. 문화·예술은 도시를 도시민이 살기 좋은 문화예술공간으로 변화시키고, 일하기 쾌적한 근무환경과 투자하기 좋은 사업환경을 조성해주고, 도시의 이미지와 매력을 향상시켜서 집객력을 강화하는 놀라운 힘이 있습니다. 이 때문에 현대도시정책에 있어서 문화예술의 매력과 도시 경쟁력을 강화하는 수단으로 도시 문화관광전략은 더욱 중요해지고 있습니다.

여기에서는 다양한 원인으로 쇠락해가는 도시에 문화관광을 도입하여 지역 다시 살리기를 추진한 몇 가지 사례를 살펴보고자 합니다.

드개발을 위한 사례연구, 국토지리학회지, 50(4), 2016, p.426.

4 그레이 필드(Greyfield)는 브라운 필드와 같이 버려지고 오염된 폐산업단지를 의미하는 것이 아닙니다. 그레이 필드는 지역의 시장이나 쇼핑몰과 같이 과거에는 활성화된 상업지역이었으나 투자부실이나 교외지역의 대형 쇼핑몰 등과의 경쟁에 실패하여 방치된 구상업공간을 의미합니다. 그래서 그레이 필드는 죽은 시장(Dead malls)이나 유령상자(Ghost boxes)라고 불리기도 합니다.

버려진 브라운 필드를 문화의 중심으로 변화시키는 힘

현대도시들은 산업사회가 파생시킨 각종 사회·경제·환경문제를 해결하기 위해서 도시의 기능을 회복시키고, 도시를 다시 살려낼 새로운 해결책이 절실히 필요하게 되었습니다. 여러 도시들이 죽어가는 지역의 재생을 위해서 문화예술을 활용하여 '폐탄광지대를 문화예술의 중심지'로 변화시키기도 했습니다. 대표적인 사례로 독일 루르지역 에센의 촐퍼라인 탄광, 영국의 게이츠헤드와 비미쉬 등을 들 수 있습니다. 이들 폐탄광도시들은 산업혁명이 발생한 19세기 중반부터 약 100년 동안 산업혁명의 동력인 석탄을 생산하였던 곳이나, 폐광된 후에는 석탄 때에 찌든 황폐한 버려진 도시로 남게 되었습니다. 그런데 이 폐허로 버려진 폐탄광도시들이 문화예술을 통한 지역재생을 추진하게 되면서 석탄의 검정 때를 말끔히 씻고, 밝고 빛나는 문화예술도시로 변신하는 기적적인 일들이 이루어졌습니다. 때에 찌든 오리가 우아한 백조로 재탄생하는 기적이 일어난 것입니다.

또한 서구사회의 산업구조가 변화됨에 따라 석탄산업, 조선산업, 제조업이 쇠퇴하면서 버려진 공장지대, 창고, 조선소 등의 대규모 시설들이 브라운 필드로 변해 도시의 골치 아픈 사회문제가 되었습니다. 이러한 버려진 공간이 문화주도 지역재생(Culture-Led Regeneration)을 통하여 문화예술의 중심지로 되살아났습니다. 대표적인 사례로는 스페인 북부의 빌바오시가 개발해 세계적 문화관광도시의 랜드마크가 된 빌바오 구겐하임 미술관이 그런 경우입니다. 또한 런던 뱅크 사이드 지역에 폐쇄된 후 14년 동안 방치되던 화력발전소가 건물은 그대로 둔 채 내부를 현대적 미술관으로 변신시켜 영국을 대표하게 만든 런던의 테이트 모던 미술관 사례가 있습니다. 테이트 모던은 오늘날 영국이 세계 현대미술의 중심지로 발전되는 데 큰 기여를 하였습니다.

이 밖에도 미국의 아틀란틱 제강공장에서 문화예술 복합공간으로 변신한 아틀란틱 스테이션, 철도역을 미술관으로 만든 프랑스의 오르세 미술관, 스웨덴의 조선업과 중공업 단지였던 말뫼에 새로운 문화산업을 도입하여 다시 재기된 사례, 아름다운 디자인을 더하여 비엔나의 관광명소가 된 오스트리아 비엔나 슈피텔라우 소각장, 그리고 브라운 필드를 매력적인 공중 도시공원으로 탈바꿈시킨 미국 뉴욕의 하이라인 파크 등 일일이 사례를 들기에는 너무나 많은 도시들이 창의적으로 활용된 문화예술 중심지로 재탄생되는 마술과 같은 일들이 일어났습니다. 이 사례들을 하나하나 살펴보면 인간의 상상력과 창조 능력이 만들어낸 현대판 피그말리온의 기적[5]이라는 생각이 들 정도입니다. 이와 같이 도저히 희망이 없어 보이는 폐광산, 오염되고 버려진 폐산업시설들이 문화관광을 매개로 눈부시게 변신에 성공하고, 그 결과 해당 도시들이 되살아났습니다. 문화예술을 통하여 쇠락하는 구산업도시를 활기차고 매력적인 장소로 조성하여 많은 관광객들이 즐겨 찾는 문화중심지로 변신시킨 도시 재생 프로젝트들은 모든 이들을 감동시키는 매력적인 현대판 신화가 되었습니다.

또한 무질서하게 도시가 확산되는 어반 스프롤(Urban sprawl) 현상으로 인하여 도시 중심부가 쇠퇴하게 되는 도심 공동화와 도시 재정의 파탄이라는 도시황폐화 문제를 해결하는 데에 있어서도 문화예술은 기적적인 효과를 발생시키고 있습니다. 일본의 나가하마시는 유리공예라는 새로운 예술 장르를 적극 도입·활용하여 지역을 다시 살려내는 신화를 만들어냈습니다. 미국 덴버의 16th st Mall이나 미국 벌링턴시의 처치 스트리트는 문화예술의 거리를 조성하여 도심 공동화 문제를 해결하고, 건강하고 매력적인 도심을 살려내는 성공을 만들어냈습니다. 문화예술은 지역재생의 촉매제로써 도시의 물리적 환경을 개선시키고, 브라운필드와 그레이 필드를 문화예술공간으로 변화시켜 지역사회와 시민의 삶과 환경을 개선해줍니다.[6] 이뿐만 아니라 도시 간의 경쟁이 치열해지고 있는 현대사회에서 문화예술은 관광산업, 콘텐츠산업, 영화산업, 레저산업 등에 매력과 감동을 부가하여 관련 상품과 산업의 경쟁력을 제고시켜줍니다. 그리고 문화관광이라는 수단을 채택하는 도시와 농촌 등 모든 지역사회에 고부가가치형 발전을 가져다주고, 지역 재정을 건실하게 하며 주민의 삶을 행복하게 만들어주는 핵심 요체로 더욱 중요해지고 있습니다.

---

[5] 그리스 신화에는 자신이 진심으로 사랑하는 여인의 형상을 그대로 만들어 내려고 조각상을 만들다가 자기가 만든 조각상과 사랑에 빠져 버리는 피그말리온이라는 조각가가 등장합니다. 비너스여신은 조각가 피그말리온의 간절한 기도에 응답하여 그가 사랑하는 차디찬 대리석 여인조각상을 살아 있는 아름다운 여인으로 변화시켜 주었다고 합니다. 이렇게 해서 인간으로 변화된 대리석 조각상과 피그말리온의 사랑은 해피엔딩으로 끝나게 됩니다. 이처럼 도저히 불가능한 것을 새롭게 창조하는 미술의 힘을 비유할 때 "피그말리온 효과"라고 합니다.

[6] 김새미, 영국의 문화재생정책: 리버풀과 뉴캐슬헤드 사례비교, 이화여자대학교 대학원 박사논문, 2010, p.18.

프랑스의 낭트시 역시 도시의 주력산업이었던 조선업의 쇠퇴로 경제위기를 맞이하게 되었는데, 1987년 뒤종노르망디 조선소가 폐쇄됨에 따라 기계, 철강 등 관련 업종의 연쇄 폐업이 뒤따르고 낭트시 경제는 파탄을 맞게 됩니다. 그렇게 절체절명의 위기에 처해있던 낭트는 '낭트섬 재생계획'을 수립하여 문화관광 개발을 통한 지역재생에 집중하여 성공을 거두게 되고, 2004년 유럽 타임지에서 '유럽에서 가장 살기 좋은 도시'의 하나로 선정되었습니다.[7] 또한 2010년에는 전 세계 289개 선정도시 중 36위에 랭크되었고, 프랑스 국내에서는 파리, 리옹, 스트라부르스에 이어 네 번째 위상의 혁신도시로 선정됩니다.[8] 이와 같이 문화관광을 통한 지역재생은 산업사회가 유발한 여러 가지 문제를 해결하는 데 탁월한 효과를 보였습니다. 문화관광은 쇠락하고, 죽어가는 도시에서 다시 새로운 생명이 싹트게 하였고, 성공적인 문화예술도시, 문화관광도시를 꽃피우게 하였습니다. 각 도시들은 쇠락한 지역의 재생을 위해서 문화예술의 창의성을 활용하는 문화관광개발을 마치 만능인 것처럼 인식하게 되었습니다. 문화자원과 창의적인 자원을 개발하여 도시 이미지와 도시 브랜드 가치[9]를 향상시키고 창조적 산업과 창조적 인력을 유입하기 위한 경쟁이 심화되고 있습니다. 이제 도시재생과 경영의 성공을 위해 문화관광을 고도로 활용하려는 노력은 도시경영의 필수요소가 되고 있습니다. 도시계획에 있어서 사회적, 경제적, 물리적 환경뿐만 아니라 문화계획과 문화관광개발[10]이 통합적으로 이루어져야 하는 시대가 되었습니다.

---

7 Time Europe, 22, August 2004.
8 임승휘, 프랑스 낭트(Nantes) 시의 도시재생 – 낭트섬(Ile de Nantes)의 역사 문화유적의 재활용 사례를 중심으로, 열상고전연구, 제51집, 2016, p.176.
9 브랜드(Brand)는 노르웨이 고어인 'Brandr'(태우다)에서 유래된 용어로 목장에서 자신의 가축을 식별하기 위하여 인두로 가죽을 태워서 가축의 소유권을 표시한 것에서 유래했습니다. 이처럼 가축에 인두로 표식을 한 것은 4000년 전인 기원전 2250년 인더스계곡에서 시작되었고, 4000~5000년 전 중국, 인도 그리스 등의 도자기 제조업자들도 자신이 제조한 도자기를 구별하기 위해서 상징을 새겨넣었습니다. 현대사회에서 브랜드란 자사의 특정 제품이나 서비스를 경쟁자와 차별화하여 브랜드 충성도를 강화하고, 제품에 대한 신뢰감을 심어주기 위해서 사용하는 상징입니다. 브랜드의 표현방식은 브랜드 네임이나 레터링, 슬로건과 같은 언어적인 표현과 상표, 로고, 사인, 심벌, 엠블럼, 픽토그램, 마스코트 등 시각적인 표현으로 구분할 수 있습니다. Taylor Holland, What is Branding? A Brief History, Skyword, 11 August 2017. Karl Moor & Susan Reid, The Birth of Brand: 4000 Years of Branding History, Business History, February 2008.
10 Harvey S., Perloff, "The Arts in the Economic Life of the City", The Art and Human Settlement, Vol.48, No.288, 1981, pp.238–243.

이와 같이 기존 도시의 주력산업이 몰락하게 된 도시들이 문화관광으로 다시 되살아나는 과정과 전략에 대해서는 이 책의 파트 2에서 비교적 상세히 살펴보고자 합니다.

제2절
유럽문화수도와 유럽문화루트

유럽문화수도라는 도시 브랜드로 되살아난 도시

많은 도시들이 올림픽이나 월드컵과 같은 스포츠부문의 메가 이벤트나 유럽문화수도, 베를린 영화제 등 문화부문 메가 이벤트 그리고 축제를 성공적으로 개최함으로써 도시의 이미지를 향상하고, 지역경제를 활성화하며, 해당 도시의 브랜드와 문화를 세계인들에게 빠르고 효과적으로 각인시키는 시너지 효과를 얻어내고 있습니다.[11] 그리고 메가 이벤트 후에는 관광수입 증대를 통한 경제적 부가가치 증대와 고용증진 그리고 도시인프라를 개선하는 긍정적인 결과를 얻어내는 도시가 상당히 많습니다. 이와 같은 메가 이벤트를 기획하고 유치하며 준비해가는 과정에서 사회적인 결속을 더욱 다질 수 있고, 지역주민의 자부심이 향상되게 만드는 사회적인 효과도 큽니다. 이렇게 메가 이벤트는 도시 브랜드와 이미지를 향상하고, 지역을 다시 살려내고 도시 경쟁력을 빠르게 강화시키는 탁월한 수단으로 널리 인정되고 있습니다. 이러한 메가 이벤트의 다양한 효과 때문에 세계 여러 나라들은 자신의 도시에 대형 메가 이벤트를 유치하고자 많은 노력을 기울입니다.

유럽문화수도(European Capital of Culture, ECOC)는 1984년 그리스 델피에서 개최된 EU 각료회의에서 그리스 문화부 장관 멜리나 메르쿠리에 의해서 처음 아이디어가 제안되었습니다. 그 후 1985년 아테네를 시작으로 매년 다양한 이벤트를 시

---

11 Getz, D., Festival, Special Events and Tourism, Van Nostrand Reinhold, 1991.

행하고 있습니다. 2019년 현재 60개 도시가 유럽문화수도로 지정되었습니다. 유럽문화수도 제도를 운영하려는 목적은 '유럽문화의 풍부한 다양성과 유럽이 공유하고 있는 특성을 강조하고, 유럽시민 사이의 상호 친선을 더욱 촉진하고, 동일한 유럽지역사회의 소속감을 강화하기 위해서[12]' 입니다.

1984년 당시의 유럽은 산업구조의 급격한 변화로 쇠락하게 된 구산업도시들의 재생이 중요한 문제가 되었습니다. 그 중에도 1970년대 영국의 글래스고우는 조선업과 제조업이 쇠락한 산업도시, 대량실업과 가난, 슬럼지대, 폭력과 범죄와 같은 구산업도시라는 부정적인 이미지와 평판을 갖게 된 악명 높은 도시였습니다. 기존 도시의 인구가 23%나 줄어들고, 실업이 급등하였고, 심각한 환경오염과 도시의 노후화가 큰 사회문제가 되었습니다. 그러나 글래스고우는 1990년에 유럽문화도시로 선정되면서 다양한 문화인프라를 확충하고 음악, 시각예술, 연극, 디자인, 건축 등을 포함한 광범위한 분야의 이벤트를 개최하여 과거의 부정적인 도시 이미지를 벗고 문화예술도시로 탈바꿈해 되살아나게 된 모범사례가 되었습니다. 1990년 영국의 글래스고우가 유럽문화수도 행사를 하였을 때 그야말로 각국은 쇠락한 산업도시 글래스고우가 유럽 내 멋진 문화예술중심도시로 변화된 것을 기적이라고 칭송하였습니다. 그리고 10여년이 지난 후 리버풀이 유럽문화수도로 지정받기 위해서 신청했는데, 그때까지도 글래스고우는 10여년 전에 변화된 긍정적인 이미지 효과가 지속되고 있었습니다. 리버풀이 유럽문화수도로 선정되기 위해 노력했던 2002년 1월부터 리버풀이 유럽문화수도로 최종결정된 2003년 6월까지 언론에 1990년 유럽문화수도 글래스고우에 대한 기사가 많이 나왔는데, 글래스고우에 대한 350개의 기사를 분석하여 본 결과 긍정적인 기사가 90% 이상이었습니다. 그 중 도시의 이미지 변화에 대한 것이 31%였고, 이벤트의 긍정적인 경제적 효과가 19% 그리고 관광객 증가가 17%를 차지하고 있었습니다.[13] 이러한 측면에서 보았을 때, 유럽문화수도라는 강력한 도시 브랜드 창출 효과와 다채롭게 진행되는 메가 이벤트들로 인하여 긍정적으로 변화된

---

12 곽 현, '유럽문화수도 프로그램'에 관한 연구-문화주도의 지역재생관점에서 글래스고우와 리버풀 사례를 중심으로-연세대학교 대학원 석사논문, 2009, p.20.

13 Beatriz Garcia, Deconstructing the City of Culture: The Long-term Cultural Legacies of Glasgow, 1990, Urban Studies, 2005, p.844.

도시 이미지는 상당히 오랜 기간 지속되게 됨을 알 수 있습니다.

오죽하면 2003년 영국의 리버풀이 유럽문화수도로 지정되었을 때, '제2의 글래스고우'를 자신들의 목표로 삼았을 정도로 글래스고우는 문화수도 선정을 계기로 악명 높은 기존의 구산업도시의 이미지를 벗어던지고, 문화예술 중심도시로 변신하였습니다. 당시 글래스고우에 대한 언론기사는 87%가 긍정적이었습니다. 그 대표적인 내용은 다음과 같습니다.

- 글래스고우는 더 이상 더럽고 추한 도시가 아니다(Wall Street Journal 1988년 1월 14일)
- 얼굴 때를 씻은 도시, 글래스고우 – 한때는 산업도시, 1990년에는 유럽문화수도(Der Tagesspiegel 1989년 6월 25일)
- 유럽의 못생긴 오리가 아름다운 백조로 변했다(Los Angeles Herald Examiner 1989년 8월 27일)
- 거친 산업도시에서 문화의 중심지로(Vancouver Sun 1990년 4월 10일)
- 글래스고우, 검은 숯구덩이에서 빠져나오다(Journal de Geneves 1990년 8월 25일)

2003년 유럽문화수도로 지정된 리버풀은 정치적인 상황이 불안한 사회적 문제 때문에 문화자원이 비교적 풍부했음에도 불구하고 역시 경제 침체가 심화되고 있었습니다. 당시 유럽 내 117개 도시 중 리버풀의 경제실태는 최하위권으로, 114위에 머물러 있었습니다. 그 당시 리버풀의 이미지는 극심한 가난과 침체 그리고 범죄와 마약과 같은 문제로 최악의 상황이었습니다.[14] 그러나 유럽문화수도로 지정된 지 5년 후 2008년도의 리버풀 관광객 수는 34%나 증가하였고, 이를 계기로 리버풀은 유럽문화예술도시의 하나로 성공리에 발전하였습니다. 이런 경우에서 충분히 알 수 있듯이 문화예술이란 '아름다움을 추구하고 명상할 수 있게 해주는 사회 속의 오아시스'[15]로 사람들의 삶에 위로와 기쁨을 줄 뿐만 아니라 도시의 긍정적인 이미지와 브랜드를 구축하고, 정체성을 변화시키고, 도시를 다시 살려내는 큰 힘이 있습니다. 유럽문화수도에 대해서는 이 책의 제10장에서 보다 자세히 살펴보고자 합니다.

---

14 Paul Jones and Stuart, Wilks – Heeg, "Capitalising Culture: Liverpool 2008", Local Economy 19 No.4, 2004, pp.341 – 360.
15 성원선, 유재길, 공공미술과 장소로 확장된 예술의지(kunstwollen)에 관한 연구 – 1회 뮌스터 조각 프로젝트를 중심으로, 기초조형학 연구, 2012, p.227.

유럽문화수도와 더불어 최근에는 유네스코 창의도시 네트워크, 아메리카 문화수도(1977년부터 개최), 세계디자인 수도, 아랍문화수도(UNESCO: 2000년부터 시작) 등 다양한 도시 브랜드가 새로 탄생하고 추진되고 있습니다. 이제는 국제적인 도시 브랜드 가치에 따라서 도시의 이미지가 결정되고, 국제자본과 기업체의 유치가 촉진되며, 내외 관광객들의 방문도 늘어나고 있습니다. 이처럼 도시 브랜드 가치를 향상시키는 문화관광전략은 도시경쟁력을 강화하고, 부가가치를 창출하고, 매력적인 이미지를 구축하며, 정체성을 형성하는 도시경영의 중요한 목표가 되었습니다.

한편 매력적인 축제도 개최하는 도시의 기존 이미지를 변화시키고, 도시 브랜드를 확고히 해주며, 도시지역 경제와 사회를 되살려내는 역할을 하고 있습니다. 도시를 다시 살려내는 긍정적 영향을 미치는 다양한 축제에 관해서는 제8장 '모두가 행복한 축제관광'에서 중요한 사례분석과 더불어 그 의미를 살펴보겠습니다.

문화관광의 중심지를 연결하는 창의도시 네트워크

2008년 미국 산타페에서 개최된 UNESCO 창의도시 네트워크 회의에 참석한 각국의 대표들은 "창조성이 도시의 중심적인 특성이고 DNA이다"라고 강조하면서 도시의 성공은 창의력을 최대화하고 지속적으로 혁신하는 데 있다고 하였습니다. 또한 2014년 유네스코는 도시의 사회경제 발전을 위해서는 창의성을 활용하는 문화개발과 지속 가능한 개발이 중요하다고 인식하게 되었고, 이를 목표로 하는 크리에이티브 시티 이니셔티브(Creative Cities Initiative)를 발표하였습니다.[16] 이와 같이 유네스코는 도시의 창의성에 대한 중요성을 인식하고, 전 세계적인 문화도시를 대상으로 창의산업 활성화를 위한 세계적 네트워크를 구성하고 있습니다.

2004년 유네스코 이사회에서 세계문화 다양성 네트워크의 일환으로 '문학, 공예와 민속예술, 디자인, 음악, 미디어 아트, 영화, 음식' 등 7개 분야의 세계적 수준의 경험이나 지식, 전문지식을 가진 도시들의 고유문화자원을 널리 알리기 위하여 창의도시 네트워크를 지정하기로 하고 행동하기 시작하였습니다. 창의도

---

16 OECD, Tourism and the Creative Economy, 2014, p.169.

시 네트워크란 국가 주도가 아닌 각국의 시민들이 나서서 자국의 고유문화를 전 세계에 알리고, 도시의 발전과 시민들의 삶의 질의 개선을 추구하는 협력 도시 간의 네트워크입니다. 이 사업은 도시가 보유하고 있는 창의자산을 기반으로 도시의 경제·사회·문화적 발전을 장려하고, 궁극적으로 유네스코가 추구하는 문화 다양성 및 지속 가능한 발전을 이룩할 수 있도록 유도하는 것을 목적[17]으로 하는 플레이스브랜딩[18] 전략의 하나입니다.

유네스코 창의도시는 2004년 영국의 에든버러를 시작으로 지정되기 시작했는데, 현재까지 72개국의 180개의 도시가 7개 부문의 창의도시 네트워크에 가입되어 있습니다. 현재 우리나라는 8개 도시가 각각 다른 주제의 창의도시로 선정되었는데, 부천은 문학 창의도시, 부산은 영화 창의도시, 통영과 대구는 음악 창의도시, 이천은 공예와 민속예술 창의도시, 서울은 디자인 창의도시, 광주는 미디어 아트 창의도시, 전주는 음식 창의도시로 지정되어 있습니다. 이런 주제별 특성을 더욱 살려내기 위해서 지자체는 물론이고 지역주민들이 적극 참여해 최대한으로 창의성을 발휘하고, 후원해서 세계적인 창의도시로 발전하려는 장기적인 문화전략과 계획을 수립하고 추진해야 할 것입니다. 이를 위해서는 창의적인 하드웨어와 소프트웨어를 구축하여야 합니다. 소프트웨어는 창의적 인력의 양성과 유입 그리고 인적 네트워크, 관습과 지역정체성입니다. 하드웨어는 랜드마크 도시의 쾌적한 어메니티[19]와 교육연구시설, 문화예술시설, 지역산업 생산시설 등을 들 수 있습니다. 창의적인 인재들이 만들어내는 창조적 문화와 쾌적한 어메니티 그리고 창의산업에 대한 법적·제도적 지원기반을 마련하는 것은 창의

---

17 유네스코 한국위원회, "한국 유네스코 창의도시 네트워크 사업 운영지침", 1조 2항.

18 장소에는 독특한 전통과 관습으로 형성된 개성 있는 플레이스 브랜드가 있습니다. 플레이스 브랜딩은 긍정적인 장소의 가치를 창출하고, 매력 있는 이미지를 구축하고, 장소의 경쟁력을 강화하여 강력한 플레이스 브랜드를 구축하는 전략과 실천 활동입니다. 어정연, 장소가치 개념에서의 플레이스 브랜딩 평가방안, 한국콘텐츠학회 논문, Vol. 13, No.5, 2013, pp. 202-203의 내용을 참조함.

19 어메니티(Amenity), 즉 쾌적환경은 자연적인 어메니티(Natural amenity)와 물리적인 어메니티(Constructed amanity)라는 두가지 요소로 구분하기도 합니다. 좋은 기후, 아름다운 해안, 인종적인 다양성은 자연적인 어메니티입니다. 문화시설, 위락시설, 훌륭한 식당, 도서관, 교육시설, 카페 아름다운 건축물 등은 물리적인 어메니티로 구분할 수 있습니다. 최근에는 문화와 어메니티 그리고 도시발전 사이의 관계에 대해서 관심이 집중되고 있습니다. 특히 지방자치단체에서 이 세 가지 요소가 도시를 재활성화하는 중요한 역할을 한다고 보는 경향이 있습니다. Costas Spirou, Urban Tourism and Urban Change-City in a Global Economy, Routledge, 2011, pp.150-151.

도시의 발전을 위한 소프트웨어와 하드웨어의 적절한 조합이라고 볼 수 있습니다. 창의적인 문화는 도시 어메니티의 총합이고, 도서의 이미지와 도시 브랜드 가치를 향상시킵니다. 이로 인하여 지역주민 삶의 질이 개선되고, 창의적인 인재와 관광객이 유입되고, 비즈니스 환경이 개선되어 투자유치가 촉진됩니다.

장래 모든 부문의 국내 창의도시들이 세계 최고의 경쟁력을 갖춘 명품형 관광도시로 발돋움하여 국가경제의 중요한 원동력이자 문화외교의 중심이 될 수 있도록 국가 차원의 문화관광 진흥전략을 수립하고 효율적으로 추진해나가야 합니다.

유럽문화루트로 세계 최고의 관광국 만들기 실현

2002년 유로존이 발효됨으로 유럽연합은 28개 회원국의 정치적, 경제적 연합체가 되었습니다. 정치적, 경제적으로는 통합체가 되었지만 아직도 다양하고 이질적인 다문화공동체를 문화적으로 연계하고, 공동체 의식을 함양하는 것은 계속 진행 중인 과제입니다. 이러한 측면에서 유럽연합은 유럽문화수도라는 프로그램을 통해서 유럽문화의 풍부한 다양성을 보존하고 동시에 유럽이 공유하고 있는 특성을 강조하여 유럽인으로서의 정체성을 구축하려는 노력을 해오고 있습니다. 이와 동시에 유럽평의회는 1987년부터 유럽문화루트(European Cultural Route)라는 제도를 새로 고안해서 유럽의 역사, 성인, 기사, 소설, 전설 등 다양한 주제를 중심으로 유럽의 여러 나라들을 경유하는 다문화 관광루트를 개발하고 있습니다. 유럽문화루트는 공통된 문화와 다양한 개별문화를 가진 유럽 국가들의 도시와 관광지를 하나의 주제를 가진 문화관광루트로 연계시키려는 엄브렐러 브랜드(Umbrella brand)[20]를 구축하는 사업으로 테마마케팅(Theme marketing)정책의 하나입니다.[21]

1987년 산티아고 루트(Santiago de Compostela Pilgrim Route)를 첫 번째 유럽문화루트로 지정한 후 2019년 현재까지 38개의 다양한 유럽문화루트를 지정하였습니다.

---

20 다양한 장소와 시설들을 하나의 브랜드라는 우산 속에 통합하여 특정한 주제를 체험할 수 있는 관광루트로 개발하는 것을 엄브렐러 브랜드라고 합니다.

21 Brent Hanifl, What is the Economic Value of Creative Tourism in Santa Fe, New Mexico?, MA Thesis, University of Oregon, 2015, p.53.

유럽문화루트는 유럽 3개국 이상의 공통테마를 중심으로 다양한 유럽국가의 영토를 통과하기 때문에 유럽 국가 간에 협력체계를 강화하고 각종 이해관계자들이 협력하여 지역을 발전시키고, 유럽이 '관광의 최고'가 되도록 하는 것이 목적입니다. 이와 같은 유럽문화루트의 철학, 목표 그리고 정책집행 기관과 지속 가능한 문화루트 개발전략에 대한 구체적인 내용은 이 책의 "제13장 유럽의 과거와 현재와 미래를 연결하는 유럽문화루트"에서 보다 자세히 살펴보고자 합니다.

제3절
스마트 시티를 넘어서 플레이어블 시티로 가는 길

스마트 시티, 인간에게 행복한 도시일까?

2000년대 초반부터 스마트 시티의 개발과 디자인 등에 대한 비전과 연구개발, 관련 테크놀로지들이 빠르게 발전하고 있습니다. Google, IBM, CISCO 등과 같은 대형과학기술업체들이 중앙정부, 지방자치단체 그리고 과학기술 단체 등과 함께 스마트 시티 연대[22]를 형성해서 전 세계 도시에 스마트 시티 관련 기술과 상품을 빠르게 보급하고 있습니다. 앞으로 가까운 미래에 많은 도시들은 사물인터넷과 자율주행차, 로봇, 인공지능 등 새로운 과학기술의 산물로 인하여 큰 변화를 겪게 될 것으로 예상됩니다. 스마트 교통, 스마트 환경, 스마트 에너지, 스마트 주거, 스마트 행정, 스마트 생활서비스 등 상상할 수 없는 도시의 변화가 뒤따를 겁니다. 크리에이티브 시티, 스마트 시티, 유비쿼터스 도시 등 현재의 도시들에서는 상상하기 어려운 기능중시도시, 플랫폼사회(Platform society)[23]의 출현이 확실시 됩니다. 이러한 스마트 기술은 자연재해, 교통혼잡, 범죄발생, 에

---

22 Micheiel de Lange, "The Playful City: Using Play and Games to Foster Citizen Participation", In Social Technology and Collective Intelligence, edited by Aelita Skarzauskiene(Eds.), Mykola Romeris University, 2015, p.426.

23 Waal, M., The City as Interface: How Digital Media are Changing the City, Rotterdam: Nai010 Publishers, 2014, p.60.

너지문제, 의료·건강문제, 농업문제, 환경문제를 해결하고 도시를 더욱 살기 좋은 곳으로 변화시킬 것입니다. 이러한 스마트 시티의 시대에 도시관광은 가상현실(Virtual Reality, VR), 증강현실(Augmented Reality, AR), 인공지능(Artificial Intelligence, AI), 사물인터넷(Internet of Things, IoT), 사이버네틱스(Cybernetics) 등의 발전을 활용해 더욱 다양하게 발전될 수 있을 겁니다.

앞에서 살펴 본 것처럼 원시시대에는 사람들이 안전과 생존의 욕구를 충족시키기 위해서 삶의 공간과 성곽도시를 만들어 모여 살았습니다. 산업사회에서는 생산성과 수익성이라는 경제적인 논리에 따라서 사람들이 도시를 형성하고 도시를 중심으로 모여 살았습니다. 과도한 산업화와 경쟁에 희생되어 쇠락하게 된 기존도시들의 재생을 위해 채택된 문화예술주도형 재생사업들은 많은 성공 사례를 만들어냈지만, 여전히 도시 경제회복의 지표는 경제성과 수익성 논리가 그 중심에 있습니다. 또한 문화예술을 도시재생에 접목시켰지만 주민이나 관광객이 직접 참여하고 주도하는 것이 아니라 제3자가 만든 프로그램을 수용만 하는 경우도 있습니다.

최근 들어 세계도처에서 강조되고 있는 21세기형 스마트 시티 개념 속에는 여전히 산업사회를 관통했던 생산성, 수익성이라는 기계적이고, 경제적인 논리가 그 중심이 되어 있습니다. 스마트 시티라는 개념에는 효율성은 있지만 인간의 즐거움과 행복 그리고 자아실현이라는 가장 중요한 요소는 배제되기 십상입니다. 스마트 시티개발의 개념은 조지 오웰의 빅브라더처럼 CCTV가 도시의 모든 곳을 감시하고 있는 감시사회, 언제 어디서 무엇을 했는지 모든 개인활동이 투명하게 추적되는 사회, 문제 발생을 사전에 예측해서 제어해주는 안전한 통제사회, 철저하게 계획적이고 기계적으로 시민들이 관리되는 비인간적인 사회를 지향하게 될 수 있습니다. 이와 같은 환경 속에서 사람들이 관리당하고, 통제당하거나 길들여진다면 그런 스마트 시티에서 살아간다는 것이 결코 거주민들의 행복한 삶이 보장되는 것은 아니라고 봅니다. 아마 새로운 스트레스 발생 등으로 주민들의 심리적 불편, 고통 등이 예상되기 때문에 앞으로 멋진 스마트 시티를 조성하려는 계획을 수립할 때는 거주민들이 마음껏 즐거운 시간을 가질 수 있는 놀이 환경과 스트레스를 해소할 수 있는 놀이공간과 제3의 장소[24] 그리고

---

24 올덴부르크(Oldenburg)는 그의 저서인 '대단히 좋은 장소(The Great Good Place)'에서 지역공동체에

문화와 예술향유 기회를 보다 많이 확보해주도록 노력해야 할 것입니다. 이러한 측면에서 미래 스마트 시티사회에는 문화관광이 거주민의 일상생활에 더욱 중요한 기능과 의미를 갖게 될 것입니다.

비인간적인 피로사회에서 행복사회로 가는 길

향후 도시가 이처럼 종합적으로 철저하게 기계적인 통제 속에 들어가면 지역주민들은 도시라는 커다란 공간 속에 아무런 힘이 없는 통제대상으로 전락하고, 주민 자신이 주체가 되어서 도시를 만들어가는 과정에 참여할 수 있는 기회와 권한을 가지지 못할 수 있습니다.[25] 인간이 기계에 의해서 움직여지고 관리되는 빅브라더형 사회가 되는 것입니다. 이미 스마트 시티 기술을 일부 적용하고 있는 리우데자네이루, 바르셀로나, 암스테르담 같은 도시들에서 나타나는 상황은 긍정적이지만은 않습니다. 이러한 측면에서 스마트 시티는 많은 학자들의 우려와 비판을 받고 있습니다.[26]

대도시는 지나치게 밀집되고 경제성이 강조된 비인간적인 공간으로 변해 시민들이 편안히 쉴 수 있는 쉼터, 놀 수 있는 놀이공간, 인간적인 정감을 느낄 수 있는 거리가 절대적으로 부족한 비장소(Non-place),[27] 무장소(Placelessness)[28] 같은 곳

있어서 제1의 장소는 집이고, 제2의 장소는 직장으로 구분하였습니다. 그리고 제3의 장소는 다양한 사람들과 자유롭게 친교하고, 평등한 관계로 즐겁게 대화를 나눌 수 있는 교회, 레크리에이션 센터, 카페, 클럽, 서점, 공원과 같은 일과 일상에서 벗어난 피난처와 같은 공동체로 구분하였습니다. 그리고 활력 있는 시민사회, 평등한 민주사회, 적극적인 시민참여 및 생동감 있는 장소감을 공동체에 구축하는 데 있어서 제3의 장소가 중요하다고 주장하였습니다. 최근에는 제3의 장소가 비디오 게임, 온라인 커뮤니티 등 인터넷의 가상공간으로 이동하고 있다고 합니다. 그리고 제1의 장소인 집과 제2의 장소인 직장의 혼합된 형태인 제4의 장소라는 개념을 주장하는 학자도 있습니다. Morisson, Arnault, A Typology of Places in the Knowledge Economy: Towards the Fourth Place, International Symposium on New Metropolitan, 2018.

25 Lange, M., de Waal, M., Owning the City: New Media and Citizen Engagement in Urban Design, First Monday, Special Issue Media & the City, 18(1), 2013.

26 Greenfield, A., Against the Smart City(The city is here for you to use Book 1), Do Projects, 2013.

27 프랑스 인류학자 오제(Auge)는 관계의 부재, 역사성의 부재, 고유한 정체성의 부재 등을 특징으로 하는 '인간적인 장소'가 될 수 없는 공간을 '비장소(Non-place)'라고 하였습니다. 정헌목, 전통적인 장소의 변화와 '비장소(Non-place)'의 등장- 마르크 오제의 논의와 적용사례를 중심으로, 비교문화연구, 제19집 1호, 2013, p.117.

으로 변했습니다. 이런 비인간적 도시에는 성과제일주의와 생산성 극대화를 원리로 하는 무한경쟁사회적 문화가 조장되어, 거주민들이 스스로 망가질 한계상황에 놓이기 쉽게 됩니다. 이러한 사회에서는 '치열한 경쟁을 뚫고 성공', '인간의 한계를 극복한 승리', '끝없는 도전', '순백의 청교도적인 삶', '100점짜리 인생' 등이 승리한 인생의 상징으로 칭송됩니다. 이 기준에 의하면 '평화롭게 쉰다', '즐겁게 논다', '예술을 감상한다', '여행을 떠난다'고 하는 것이 마치 무능한 낙오자 혹은 사회발전의 걸림돌처럼 폄하되는 사고를 부지불식간에 갖게 될 수 있습니다. 아름다운 인간애, 이타적 삶보다는 거짓과 반칙 등 수단방법을 안 가리고 최고의 성과를 달성해내는 것이 묵인되거나 권장되는 사회가 될 수 있습니다.

'관광여행', '놀이시설', '문화예술'은 마치 '이 사회에 불필요한 저급한 향락산업', '사회악의 하나'로 비하하는 경우도 있게 됩니다. 이들은 단지 최고의 성과를 달성하는 것을 목표로 치열한 경쟁을 뚫고 목적을 향해서만 질주하는 키네시스[29]적인 삶을 최선의 삶이라고 생각하고 살아갑니다. 이러한 초경쟁사회에서는 살벌한 경쟁만이 일상이고, 경쟁에 승리한 소수를 제외한 대부분의 사람들은 불행한 삶을 살게 됩니다. 그리고 경쟁에서 살아남은 극소수 사람들도 스스로 1등을 유지해야 한다는 강박관념 속에 늘상 부담감을 갖는 불행한 삶을 살게 됩니다.

항상 최고의 성과를 올리려는 성과제일주의자들은 우선 스스로를 착취하고, 탈진시킬 뿐만 아니라 주변의 여러 사람들을 숨 막히게 하고, 피로하게 합니다. 지나친 경쟁과 과도한 자기착취 그리고 증오의 결과는 우울증과 정신병, 자살,

---

28 영국 인문지리학자 렐프(Relph)는 산업화에 의해 획일적으로 변화하고 의미 있는 장소를 가지지 못한 환경을 무장소성(Placelessness) 혹은 장소 상실이라고 표현하였습니다.

29 아리스토텔레스의 형이상학에서 키네시스(Kinesis)는 완전히 실현한 상태(엔텔레게이아)만을 목적으로 움직이는 삶을 의미합니다. 목표에 도달하지 못하면 중단된 것으로 간주되고, 완성과 미완성만이 존재합니다. 반대로 에네르게이아는 목적의 완성보다는 지금 여기서 살아가는 삶 자체가 목적이라는 삶의 태도입니다. 산 정상에 오르는 것을 목적으로 숨이 가쁘게 다른 것은 보지도 않고 산정상만을 위해서 달려가는 키네시스적인 삶에 비유할 수 있습니다. 반대로 산을 오르면서 경치도 감상하고, 숲길에 풀향기를 느끼며 누워 쉬기도 하고, 새소리를 듣기도 하며 산을 오르는 '지금'의 활동을 즐기며 산을 오르는 사람을 에네르게이아적인 삶으로 비유할 수 있습니다. 산정상에 빨리 올라야 한다는 강박관념으로 숨 가쁘게 목표만을 향해서 사는 삶보다는 "즐겁고 여유 있게 산을 오르는 것을 즐기는 '지금', '여기'에 충실하는 여유 있는 삶" 즉 에네르게이아적인 사고가 필요한 사회입니다. 기시미 이치로, 고가 후미타케 공저, 전경아 역, 미움받을 용기, 2014.의 내용을 참조.

과로사, 극단적인 피로와 탈진이 만연한 피로사회,[30] 혐오사회[31]를 만듭니다. 이제라도 과도한 경쟁 레이스를 멈추고, 평화로운 휴식과 힐링 그리고 아름다운 감동이 있는 문화관광, 삶을 어루만져주고, 메마른 영혼을 풍요롭게 해주는 문화예술의 향유, 즐거움이 있는 플레이어블 시티라는 질적인 삶의 방법에 대해서 새로운 시각을 가져야만 합니다. 그리고 아이들의 교육이 지식 쌓기와 두뇌만을 키우는 것에서 벗어나 아름다운 영혼, 타인을 배려하는 마음과 공동체문화를 사랑하며 건강한 육체를 함께 키우는 감성훈련과 이성훈련이 조화롭게 이루어지도록 변화해야 합니다. 학교에서 공부 안 해도 되는 과목이 영혼과 마음을 살찌우는 미술, 음악, 체육, 윤리, 사회이고, 국어·영어·수학만 잘하면 된다는 우리 교육의 심각한 불균형적 기준부터 바로 잡아야 할 것입니다.

알코올중독 환자가 의사의 도움 없이는 정상적인 생활로 돌아오기 힘든 것처럼 과도한 경쟁과 피로를 당연한 것으로 알고 살았던 성과제일주의자들은 극도의 경쟁과 숨 막히는 피로사회가 삶의 전부였기 때문에 극한의 경쟁환경에서 스스로 벗어나기는 어렵습니다.

이제부터 도시는 과도한 경쟁에 시달리고, 극단적인 피로와 탈진으로 영혼에 상처받은 사람들이 문화관광을 통하여 행복하고, 풍요로운 삶을 경험할 수 있게 인도해주고, 치유를 해주는 사회적 역할을 수행해야 합니다. 중요한 것은 자연과 예술의 아름다움을 느끼는 감성, 모든 것을 놓고 쉴 수 있는 평화로운 휴식, 행복한 웃음과 즐거움, 가족과 이웃의 따뜻한 사랑, 조금 늦더라도 이웃과 손잡고 함께 가는 동행 그리고 어려운 이에게 내미는 도움의 손길이라는 것을 적극적으로 알려주어야 합니다. 현대도시에는 치열한 경쟁에 상처받고, 지친 영혼이 쉼을 얻고, 위안을 받고, 치유받을 수 있는 무위의 공간과 제3의 장소 그리고 즐거운 공간이 필요합니다. 이 모든 것을 가능하게 해주는 것이 행복한 쉼과 힐링을 주는 문화관광입니다. 그리고 성과제일주의와 효율성 중심으로 추진될 가능성이 큰 미래형 스마트 도시개발의 결점을 보완하여 시민들의 창의적인 놀이 욕구와 고차원적인 자아실현의 욕구를 충족시켜줄 수 있는 새로운 개념들이 등장

---

30 한병철, 피로사회, 문학과 지성사, 2012.
31 케롤린 엠케, 혐오사회 증오는 어떻게 전염되고 확산되는가, 다산초당 2017.

하고 있습니다. 살벌한 회색빛 도시공간을 즐거운 놀이공간으로 바꾸는 플레이어블 시티(Playable city)와 다채로운 이벤트가 흥겨운 이벤트풀 시티(Eventful city),[32] 성장과 속도위주의 삶에서 벗어나 자연을 이해하고 인간다운 느린 삶을 추구하는 슬로우 시티(Slow city)[33]라는 개념이 등장하고 있습니다. 그리고 항상 새로운 문화를 경험하고 학습할 수 있는 크리에이티브 투어리즘(Creative Tourism)과 슬로우 투어리즘(Slow Tourisrm)이라는 새로운 관광의 이론이 부상하고 있습니다.

플레이어블 시티라는 개념의 중심에는 '인간이 놀기 좋은 도시, 일하고 살기 즐거운 도시'가 강조되고 있습니다. 즉, 플레이어블 시티는 디지털기술을 활용해서 여러 이해관계자들과 협력하여 놀이공간을 창조하는 과정을 통하여 도시의 물리적인 부분과 사회문화적인 재활력을 불어 넣고자 하는 것입니다.[34] 이벤트풀 시티는 다양한 문화예술 이벤트를 도시공간에 도입해서 사람들에게 볼거리, 즐길거리, 놀거리를 제공하여 도시민의 삶을 즐겁고 쾌적하게 해주고 도시의 문화예술을 더욱 풍요롭게 하는 것입니다. 멋진 건축물과 쇼핑센터, 도로 그리고 공공예술품 등 도시의 하드웨어를 건설하여 외관상으로 아름다운 도시가 건설된다고 시민의 행복을 위한 도시기능이 완성되는 것이 아닙니다. 그 도시에 풍요로운 문화예술과 다채로운 이벤트라는 소프트웨어와 더불어 즐거운 놀이공간과 놀거리 그리고 그 속에 행복하고 즐거운 삶을 사는 주민들이 있어야 진정으로 행복한 도시가 완성되는 것입니다.

스마트 시티를 넘어서 인간이 행복한 플레이어블 시티로

호이징아(Huizinga)는 인간을 '놀이하는 인간, 호모 루덴스(Homo Ludens)'라고 보았

---

32 Richards, G. & Palmer, R., Eventful Cities: The Strategic Use of Events to Revitalisation, Routledge, 2010.

33 슬로우 시티는 1999년 이탈리아 그레베 인 키안티의 시장이었던 파올로 사투르니니(Paolo Saturnini)와 주변 도시의 시장들이 모여서 패스트푸드에 반대하는 슬로우 푸드와 슬로우 시티 운동(Cittaslow)을 시작하면서 시작된 개념입니다. 산업사회의 숨 막히는 빠른 속도와 획일화, 현기증 나는 급성장 그리고 치열한 경쟁이 아닌, 인간의 행복한 삶을 중시하는 전통보존, 환경보전 등 느림의 철학을 기초로 하고 있습니다. Peter Robinson, Sine Heitmann, Peter U. C. Dieke(Eds.), Research Themes for Tourism CABI, 2011, p.118.

34 Lenia Marques & Carla Borba, Co-creating the City: Digital Technology and Creative Tourism, Tourism Management Perspectives, 24, 2017, pp.86-93.

습니다. 놀이는 문화의 한 요소가 아니라 문화의 기원이고, 문화 자체가 놀이의 성격을 가지고 있습니다. 본래 인간의 삶의 공간에는 굳이 놀이공간의 구별이 없었습니다. 아무데서나 아이들이 놀면 그곳이 놀이공간이었지요. 놀이의 시간적인 개념도 없었습니다. 원래는 아무 때나 놀면 놀이시간이었습니다. 그러나 산업사회가 시작되면서 노동시간의 영역이 결정되고, 학교가야 하는 시간이 인위적으로 결정되면서, 놀이는 노동시간이나 학교 수업시간 이외에 남는 쓸모없는 시간으로 밀려났습니다. 놀이를 하면서 즐겁게 살아가는 사회에서, 죽도록 일과 공부 그리고 살벌한 경쟁을 하는 경쟁사회로 변화했습니다. 원래 인간사회에는 놀이의 룰도 없었습니다. 놀이 방법과 룰이 정해지는 것도 인간의 창의력에서 나온 것이고, 시간이 지나면서 새로운 아이디어로 인해 수정되고, 여러 세대에 걸쳐 첨부되거나 이어지고, 여러 세대의 생각들이 모여져서 하나의 놀이문화로 형성됐었습니다.

원래 인간은 놀고 싶은 공간에서, 놀고 싶은 시간에 마음대로 놀았습니다. 그런데 현대사회의 노동조건과 여러 가지 환경이 놀이와 일상생활의 영역을 공간적으로, 시간적으로 분리시킨 것입니다. 그리고 놀이가 일에 의해서 흡수되었습니다.[35] 또한 도시가 복잡하게 발전하면서 교통사고 등으로 안전이 문제가 되고, 아이들과 어른들이 즐길 수 있는 놀이공간이 줄어들고 놀이라는 본능은 오히려 심리적으로, 공간적으로 제한되고, 퇴화가 된 것입니다. 그러나 문화예술공간과 놀이공간 그리고 공원녹지공간은 쓸모없는 공간이 아니고, 인간이 정신적, 육체적으로 건강한 생활을 유지하기 위해 절대적으로 필요한 공간입니다. 문화예술공간과 공원녹지의 결핍은 정신질환, 비만, 관상동맥심장질환과 같은 현대병 발병과 높은 상관관계가 있습니다.[36] 이런 의미에서 플레이어블 시티는 도시를 원래의 건강한 모습으로 돌아가게 하려는 운동이라고 할 수 있습니다.

그러나 현재 나타나고 있는 플레이어블 시티의 특성은 전통적인 도심의 놀이

35 Fortunati, L., New Media, Play and Social Identities, In Valerie Frissen, Sybille Lammes. Michiel de Lange, Joe de Mul and Joost Raessens(EDS.), Playful Identities: The Ludification of Digital Media Cultures, edited by Valerie Frissen, Sybille Lammes, Michiel de Lange, Joe de Mul and Joost Raessens, Amsterdam University Press, 2015, pp.293-305.
36 김정화, 김용국, 영국의 포용적 도시재생을 위한 공원녹지정책 사례 연구, 한국조경학회지, 47(5), 2019, p.84.

공간과는 약간 차이가 있습니다. 플레이어블 시티는 전통적인 놀이시설이나 공간도 포함되지만, 인공지능, 가상현실, 증강현실, 디지털 미디어, 디지털 테크놀로지 등 첨단과학기술을 활용하여 도시에 재미있고, 매력적인 놀이공간을 창조[37]한다는 것입니다. 또 다른 차이점은 플레이어블 시티의 개발은 하향식 의사결정이 아니고 지역주민과 다양한 전문가집단이 상호작용하는 창작과정을 통해서 만들어진다는 것입니다. 지역주민들은 참여를 통하여 도시의 문제를 직접 개선하고, 도시에 대한 관점을 바꾸게 됩니다.[38] 마지막으로 플레이어블 시티개발은 건축, 도시계획뿐만 아니라 컴퓨터공학, 디지털 미디어 아트, 문화예술, 문화관광, 게임 등 다양한 학문분야의 대화를 통하여 다학문이 융복합된 연구결과를 도출할 수 있습니다. 특히 네트워크, 시뮬레이션, 피드백 루프 및 가상현실, 사이버네틱과 같은 정보기술은 도시를 상상하고, 표현하고, 설계하는 새로운 방법으로 많은 영향을 미치고 있습니다. 이러한 이유에서 게임과 도시공간과 결합된 플레이어블 시티에 대한 연구[39]가 새롭게 학계의 관심을 받고 있습니다.

삭막한 도시가 환상적인 놀이공간으로 바뀐다

플레이어블 시티라는 개념 속에는 과학기술과 산업화로 인하여 더욱 악화되고 있는 도시환경의 냉정함과 인간 부재의 익명성에 대한 도전적이고 창조적인 반응이 있다고 볼 수 있습니다.[40] 마치 시멘트 벙커와 같은 고층 빌딩이 빽빽한 콘크리트 정글 속에 고립된 채 생활해야 하는 도시환경에 놀이공간을 도입하여 사람들 간에 서로 정이 넘치는 공간, 의미가 있고, 역사를 느낄 수 있고, 주민들과 이야기를 나누며 유대감을 느낄 수 있는 인간적인 제3의 장소[41]

37 Valerrio Perna, From Smart Cities to Playable Cities. Towards Playful Intelligence in the Urban Environment, archi DOCT, 2018, p.53.

38 Lenia Marques & Carla Borba, Op. cit., p.11.

39 Nijholt, A., Mischief Humor in Smart and Playable Cities, in: Playable cities: The City as a Digital Playground, Springer, 2016.

40 Julian Baggini, "Playable Cities: The City That Plays Together, Stays Together", The Guardian, 4 Sep 2014.

41 Oldenburg, R., Celebrating the Third Place: Inspiring Stories about the "Green Good Places" at the heart of Our Communities, Marlowe & Company, 2001. 놀이는 시민들이 자유

로 변화시키는 것이 필요합니다. 플레이어블 시티는 스마트 시티처럼 과도하게 계획되고, 굳게 경직된 기계적이고 경제성 중심의 개념이 아니고, 즐겁게 놀이를 할 수 있는 인간적인 도시공간을 창조하는 따뜻한 기술의 적용을 강조하는 것입니다.

플레이어블 시티는 문화예술과 스마트 기술을 융복합하여 지역민이 함께 도시공간 내에 즐거운 놀이공간과 시설 등 행복하고 편안한 환경을 창조토록 하는 것이 중심개념입니다. 따라서 플레이어블 시티를 적용한 문화관광개발은 지역주민의 참여를 필수적으로 포함하고 있습니다.[42] 그리고 여기에는 인간의 즐거움과 행복이라는 주제 이외에 효율성이나 생산성 극대화라는 차가운 경제적인 논리는 잘 보이지 않습니다. 2014년에 영국 브리스톨(Bristol) 도심은 이제까지 경험해보지 못했던 다양한 놀이시설이 들어서면서 놀이터로 변했습니다. 시민들은 도심에 설치된 300피트 워터슬라이드, 헬로 램프 포스트(Hello lamp post), 그림자 놀이(Shadowing) 등과 같은 창의적인 디지털 테크놀로지가 결합된 놀이기구를 즐기는 색다른 경험을 하였습니다. 이는 놀이하는 예술이라고 표현할 수도 있고, 예술을 놀이한다고 표현하여도 무리가 없는, 기존의 경계를 허무는 실험무대였습니다.

영국 브리스톨시는 이와 같은 도심의 놀이 행사와 더불어 2014년 세계 최초로 '도시를 놀이할 수 있는 공간으로 만들자(Making the city playable)'라는 주제로 컨퍼런스를 개최하였습니다.[43] 그후 2012년에는 브리스톨 플레이어블 시티라는 조직이 구성되었고, 현재 플레이어블 시티 네트워크로 발전하였습니다.[44]

예술과 게임 그리고 테크놀로지가 융합된 새로운 놀이시설과 공간은 디지털 아트 혹은 키네틱 아트와의 경계조차도 허물고 있는 것 같습니다. 도시에 이러한 새로운 놀이공간이 확산된다면, 삭막한 도시가 디즈니랜드와 같은 즐거운 테

시간을 보내고 다른 사람들과 상호작용할 수 있도록 디자인된 특정한 공간에서 이루어집니다. 올덴부르크는 이러한 공간을 "제3의 장소"라고 명명하였습니다.

42 Marques M., Constructing Social Landscape through Events: the Glocal Project of s-Hertogenbosch, In edited by G. Richard, M. de Brito & Wilks(Eds.), Exploring the Social Impact of Events, Routledge, 2013, pp.84-94.

43 https:// www.watershed.co.uk/playablecity 2019년 11월 20일 검색.

44 https://www.playablecity.com/cities/

마파크 혹은 환상적인 미디어 아트 전시장으로 탈바꿈 하게 될 것입니다. 그리고 인간 삶의 모든 순간과 공간들이 예술과 동화되는 일상의 미학(Everyday aesthetics)[45]이 실현되는 환상적인 미래도시를 경험하게 될 것입니다.

덴마크에는 놀이를 즐기는 사회(Playful society)의 전형이라고 할 수 있는 카운터 플레이 페스티벌(Counterplay Festival)이 개최되고 있습니다.[46] 이 페스티벌은 인간이 놀이처럼 즐겁게 배우고, 일하고, 즐기면서 사는 것이 무엇을 의미하는지 탐구합니다.[47]

다른 예로는 스코틀랜드의 플레이 시티[48]와 네덜란드 프로젝트 플레이풀 시티[49]가 있습니다. "도시공간을 위대한 놀이를 즐길 수 있는 장소(PLAYCES)로 바꾸는 것"[50]을 목표로 하는 미국 플레이어블 시티계획 중에는 어린이들의 놀이를 중심으로 하는 활동도 있습니다. 이와 같이 플레이어블 시티 네트워크는 서구사회에만 있는 것처럼 보이지만 아시아, 아프리카 및 라틴아메리카에서도 영향력을 발휘하면서 발전하고 있습니다. 2018년 9월에는 일본 동경에서 '인간과 놀이를 미래도시의 중심에 놓자(Putting people and play at the heart of the future city)'라는 주제로 컨퍼런스를 개최한 바 있습니다.

제4절
모두가 놀이를 즐기는 문화관광도시

시민들의 아이디어로 만든 플레이어블 시티 레시페

전 세계 많은 국가들이 현재 플레이어블 시티 네트워크에 참여하고 있는

---

45 Yuriko Saito, Aesthetics of the Everyday, Plato, Stanford, edu, 2015, p.11.
46 https://www.counterplay.org/, https://www.youtube.com/watch?v=pQ9Rz9nP_AE
47 https://www.counterplay.org/
48 https://www.thecityofplay.co.uk/
49 https://issuu.com/thecityofplay/docs/playfu_l__cities_netherlands
50 https://kaboom.org/playability

데, 브라질의 플레이어블 시티 레시페(Recife)는 여러 가지 분야에서 특히 흥미로운 사례입니다. 다른 쇠락하는 구산업도시의 재생과 같이 레시페의 구도심은 지역재생을 위해서 오래된 건축물들이 박물관, 레스토랑 등으로 변화하였습니다.

그러나 레시페 지역 재생의 중심에는 '플레이타운 프로젝트'[51]를 추진하는 포르토 디지털 테크노로지 파크(Porto digital technology park)가 있습니다. 포르토 디지털 테크노로지 파크에는 디지털 크리에이티브 클러스터(Digital creative cluster)[52]가 있는데, 이 지역의 핵심동력으로 활약하고 있습니다. 이 단체는 2016년부터 플레이타운(Playtown)이라는 프로젝트를 추진하고 있고, 테크놀로지를 사용하여 지역주민들이 도시의 다른 공간과 인터렉트하도록 하여 혁신을 촉진시키고 있습니다. 또한 레시페(Recife)의 구도심에 있는 쇠퇴한 역사거리를 주민들이 주말 여가지역으로 재사용하도록 하는 프로그램도 추진하고 있습니다. 플레이타운(Playtown)은 구도심의 황폐한 브라운 필드를 재생하는 주요 수단이 되었습니다.

플레이타운 프로젝트는 3단계로 진행됩니다. 첫 번째 단계는 시타데 루디카(Cidade Lúdica)라는 플레이어블 시티 워크숍입니다. 공개강좌로 포르토 디지털 팀이 플레이어블 시티에 대한 세계 각국의 해외사례를 설명합니다. 해외사례 강연을 들은 후 약 400명의 참가자들이 레시페지역의 현안 문제에 대해서 토론하고, 이에 대한 아이디어를 교환합니다.[53]

두 번째 단계는 플레이타운 프로젝트에 대한 아이디어를 공유하고 새로운 창작을 위한 해커톤(Hackathon)[54]이 약 20시간 정도 이어집니다. 해커톤은 200명의 지원자 중 선발된 서로 다른 전공과 배경을 가지고 있는 70명의 참가자로 진행됩니다. 프로그램은 자신을 소개하고, 플레이타운에 기여할 수 있는 방법에 대해 설명하면서 진행됩니다.

세 번째 단계에서는 각 구성원이 팀이 되어 프로젝트를 수행합니다. 이 과정에서 증강현실게임, 재미있는 거울, 노래하는 기계, 인터랙티브 지도, 떠있는 섬

---

51 https://www.youtube.com/watch?v=lgPrZOSSoeQ
52 https://www.portodigital.org
53 https://www.youtube.com/watch?v=l-GjLPvNmvg
54 해커톤(Hackathon)은 해커와 마라톤의 합성어로 2000년대 실리콘 밸리의 컴퓨터 전문가들이 한자리에 모여서 마라톤을 하는 것처럼 장시간 동안 쉬지 않고 특정 문제를 해결했던 과정을 말합니다. https://www.youtube.com/watch?v=dxRFt7JAk6Y 2020년 4월 20일 검색.

등 다양한 놀이 아이디어가 도출됩니다. 이렇게 이들이 수행한 20개의 프로젝트 중에서 위원회가 7개의 프로젝트를 선정합니다. 최종 선정된 프로젝트는 프로젝트의 가치, 실행 가능성, 효과, 정치적인 문제점 등을 평가한 후에 도시재생에 적용이 됩니다.

플레이타운 프로젝트는 이렇게 도시공간재생에 다양한 분야의 시민과 전문가가 참여하여 소통하고, 아이디어를 내서 황폐해진 레시페 구도심과 버려진 공간을 재생해나가는 프로젝트입니다. 이와 같이 시민과 전문가들이 상호작용하고, 아이디어를 내는 과정을 통해서 시민들이 도시를 보는 관점이 변화하게 되고, 도시를 더욱 사랑하게 되는 계기를 만들어줍니다. 그리고 민주적인 절차를 거쳐서 아이디어를 발굴하는 동안 시민들 간에 연대감이 형성되고, 협동적인 사회적 관계가 형성됩니다. 플레이타운 프로젝트의 민주적인 과정은 도시재생과 장소만들기 프로젝트에 지역주민, 예술가, 전문가, 행정당국, 지역 기업인이라는 다양한 집단을 참여시키는 모범적인 사례라고 할 수 있습니다.[55] 또한 이들이 창안하여 선정된 즐거운 놀이 프로젝트는 도시에 적용되어 지역주민의 삶의 질을 높이고, 관광객들에게는 매력적인 관광자원이 될 수 있습니다.

시민의 지혜로 도시를 운영하는 리존게임

또 다른 사례로 지역개발 프로젝트의 실제계획과 설계 프로세스에 지역주민을 자연스럽게 참여시키는 게임 프로그램이 있습니다. 지역재생을 주제로 가상게임할 수 있도록 기획된 컴퓨터 프로그램인 리존게임(Rezone the game)[56]을 사례로 소개할 수 있습니다. 이 컴퓨터 프로그램은 네덜란드 덴 보스(Den Bosch)에서 두 개의 문화단체와 대학이 개발한 스크린 게임입니다. 이 프로그램에 참가하는 사람은 부동산 소유자, 도시의 시장, 엔지니어 및 시민이라는 가상 이해관계자 역

55 Lenia Marques & Carla Borda, Co-creating the City: Digital Technology and Creative Tourism, Tourism Management Perspective, 2017, 24, pp.86-93.
56 Michiel de Lange, Rezone the Game: Playing for Urban Transformation, Michiel de Lange-Researching Mobile Media & Urban Culture, April 24, 2013, https://www.bijt.org/wordpress/2013/04/24/rezone-the-game-playing-for-urban-transformation/

할 중에서 한 가지 역할을 선택하게 됩니다. 컴퓨터 프로그램은 이 도시가 점점 쇠퇴하고 결국은 붕괴되는 방향으로 진행되도록 프로그램되어 있습니다. 이렇게 시뮬레이션된 상황에 대항해서 가상의 역할을 담당한 부동산 소유자, 도시의 시장, 엔지니어 그리고 시민은 여러 가지 악조건을 극복하고 도시가 붕괴되지 않도록 하기 위해서 전략적으로 협력을 해야 합니다.

재미있게 놀이를 하며 가상 도시문제의 해결책을 찾아가는 과정에서 시민들이 주인의식을 갖게 되고, 이웃과의 소통과 협력을 통해서 사회적 응집력과 신뢰를 강화해가며, 지역사회에 대한 소속감이 늘어나게 됩니다. 재미있는 놀이가 대단히 진지하고, 중요한 결과물을 선물합니다. 즐거운 장난이 새로운 사회적 유대관계를 형성하거나 기존의 관계를 더욱 공고히 하고, 예상하지 못했던 심각한 결과를 가져올 수 있는 것입니다. 이와 같이 시뮬레이션, 가상현실(VR), 증강현실(AR), 인공지능(AI) 등 컴퓨터공학 기술이 도시를 상상하거나 표현하거나 설계하는 새로운 방법으로 많은 영향을 미치고 있습니다.[57]

브라질 레시페(Recife)의 시민참여 도시재생운동 플레이타운이나 네덜란드 리존게임을 살펴보면 도시재생이나 디자인은 더 이상 도시계획가나 관광개발자, 건축가 혹은 행정당국과 같은 전문가들의 독점적인 영역이 아니라는 것을 알 수 있습니다. 다양한 배경을 가진 시민의 지혜와 참여 그리고 협력이 체계화 된다면 더 큰 시너지 효과를 얻을 수 있습니다. 이처럼 첨단 뉴미디어 기술은 인간을 감시하고, 통제하는 기계적인 냉혹한 스마트 기술이 아니라 플레이어블 시티와 같이 사람들이 함께 즐길 수 있는 즐거운 놀이공간과 행복한 놀이와 여가시간을 제공하는 인간적인 기술로 발전하고 있습니다. 또한 플레이타운이나 리존게임 사례에서 볼 수 있는 것처럼 사람들이 함께 행복한 인류의 미래를 고민하고, 상상하고, 실현해나가는 따스한 인간적인 감성이 담긴 기술로 활용되고 있습니다.

현재 전 세계에서 도입되고 있는 플레이어블 시티의 놀이시설을 살펴보면 <표 1-1>과 같은 도시공간 놀이 프로그램과 시설이 개발되고 있음을 알 수 있습니다.[58]

---

57 Picon, A., Toward a City of Events Digital Media and Urbanity, New Geographies, 2008, pp.32-43.
58 https://unesdoc.unesco.org/images/0015/001598/159811e 2020년 1월 30일 검색.

표 1-1 도시공간에 개발되고 있는 플레이어블 놀이시설

도시공간 놀이시설	개발장소	도시공간 놀이시설 내용
피아노 계단[59]	스톡홀름 (Volkswagen)	거리나 지하도의 계단을 밟으면 피아노 소리가 나는 계단으로 서울 시청 지하철역에도 설치되어 있음
Starlight starbright[60]	옥스퍼드	Starlight starbright는 두 사람이 기구의 표면을 밟으면 불빛이 나오며 밤하늘에 별자리가 나타나도록 만들어져 있음
Hello Lamp Post[61]	브리스톨	도시의 신호등, 가로등, 버스 정류장, 광고판 등 거리의 공공조형물과 가로시설과 시민이 스마트폰 문자를 통해서 대화를 나눌 수 있도록 기획된 프로그램
Knock Knock[62]	옥스퍼드	Knock knock는 거리에 공중전화박스 같은 모양의 박스의 문에 노크하고 안으로 들어가면 옥스퍼드의 다른 지역에 있는 사람과 연결될 수 있도록 만들어진 도시 놀이시설
Shadowing[63]	브리스톨	쉐도윙은 지나가는 사람들의 그림자와는 다른 그림자가 생성되도록 만들어진 프로그램으로 2014년 플레이어블 시티 상을 수상함
Foro Lindbergh[64]	멕시코 공원	Foro Lindberg는 멕시코시의 공원으로, 위험지역이라서 폐쇄될 위기에 있었음. 시민들이 주축이 되어 식물클리닉이나 모바일 라이브러리와 같은 즐거운 놀이 프로그램을 도입하면서 안전하고 쾌적한 도시공원으로 변신함
Croydon Lumiere Festival[65]	영국 런던	영국 런던의 불빛축제로 100가지가 넘는 야광 예술작품이 런던의 밤하늘을 빛나게 함

진정한 관광을 체험하고, 재미를 맛보는 시대

크리에이티브 투어는 2000년 리차드 그레그(Richard G.)와 레이몬드(Raymond C.)[66]

---

59 Piano Stairs From Movement to Mozart, https://www.designoftheworld.com/piano-stairs/ 2020년 1월 30일 검색.

60 Starlight starbright, https://starlightstarbright.co.uk/ 2020년 1월 30일 검색.

61 Hellolamppost, https://www.hellolamppost.co.uk/ 2020년 1월 30일 검색.

62 Knock Knock, https://www.playablecity.com/projects/knock-knock/ 2020년 1월 30일 검색.

63 Shadowing, https://www.playablecity.com/projects/shadowing/ 2020년 1월 30일 검색.

64 Foro Lindbergh(Parq Mexico), https://www.pps.org/projects/foro-lindbergh-parque-mexico 2020년 1월 30일 검색.

65 Croydon Lumiere Festival, https://www.croydonadvertiser.co.uk/news/croydon-news/ spectacular-lumiere-london-2018-lights-1094637 2020년 1월 30일 검색.

66 Richard, G. & Wilson, J., Creative Tourism, ATLAS news 23, 2000, pp.16-20.

에 의해서 창안된 용어인데 2006년 유네스코 창의도시 네트워크[67]에서 재정의 되었습니다. 이 개념에는 지역주민과 관광객이 제3자의 입장에서 문화예술을 감상하는 것이 아니라 직접 참여해서 문화예술을 향유하는 것, 문화예술을 가지고 행복한 놀이를 하는 직접적인 참여와 경험을 중심으로 하고 있습니다.

이러한 크리에이티브 투어는 비교적 새로운 관광개념으로 인식되고 있습니다. 그래서 어떤 학자는 크리에티브 투어를 제3세대 관광이라고 표현하는 경우가 있습니다. 그는 제1세대 관광은 관광객이 휴식과 여가를 위해서 오는 해변관광(Beach Tourism)이고, 제2세대 관광은 박물관과 문화관광지를 방문하는 문화관광(Cultural Tourism)이라고 하였습니다. 그리고 제3세대 관광은 크리에이티브 투어라고 표현하며, 크리에이티브 투어는 "방문하는 관광지, 살아있는 문화, 그리고 그곳에 살고 있는 사람과 교육적, 감정적, 사회적 그리고 참여적인 소통을 통하여 함께 교류하는 인간적인 활동을 포함하고 있다"고 합니다.[68]

예술과 첨단 과학기술이 융합되어 자연과 조화롭고, 심미적으로 아름다운 삶과 즐거움을 중시하는 도시, 시민이 휴식하고, 놀이하기 좋은 도시, 흥겨운 이벤트와 놀이로 사람과 사람이 연결되는 플레이어블 시티와 이벤트풀 시티 그리고 크리에이티브 투어라는 새로운 개념이 도시를 더욱 인간적이고 즐거운 문화공간으로 발전시키고 있습니다. 놀이공간, 휴식공간, 문화예술공간이 절대적으로 부족한 우리나라 도시들에서도 플레이어블 시티와 크리에이티브 투어 개념이 조속히 실현되길 기대해봅니다. 인간은 호모 루덴스 즉, 놀이하는 인간입니다. 그 중심에는 인간의 행복과 즐거움을 주는 문화관광, 플레이어블 시티, 이벤트풀 시티 그리고 크리에이티브 투어가 있다고 믿습니다.

이와 같이 도시의 개념과 관광의 패러다임이 변화하고 있습니다. 이러한 변화에 대응하기 위해서는 각국에서 발생하고 있는 다양한 문화관광의 변화와 효과가 입증된 문화관광 전략을 철저히 연구하고 이를 바탕으로 한국적인 도시관광전략을 수립해 추진해나가는 조치가 필요합니다.

현재 기존에 개발되어 있는 관광자원과 문화예술시설들은 단지 보는 것 위주

67 UNESCO, Towards Sustainable Strategies for Creative Tourism. 2006, URL: https://unesdoc. unesco.org/images/0015/001598/159811e.pdf.
68 UNSCO, Towards Sustainable Strategies for Creative Tourism, 2008, p.3.

의 전시관람 형태인 경우가 대부분입니다. 오감으로 느끼고, 학습하고, 인터랙티브 체험을 하며 온몸으로 놀이를 즐길 수 있는 관광자원이나 시설은 많지 않습니다. 문화의 거리에 가도, 미술관에 가도 관광객은 단시 전시물을 보기만하는 관람 위주의 관광을 하게 됩니다. 따라서 시카고의 밀레니엄 파크(제15장)처럼 관광객이 직접 참여하여 오감으로 체험하고, 인터랙티브한 활동을 하며 놀이를 할 수 있는 체험형 문화공간이나 인터랙티브 놀이시설과 아트파크(Artpark)는 거의 찾아 볼 수 없습니다. 이러한 환경에서는 관광객이 문화예술의 진수를 제대로 맛보거나 체험하고 학습할 수 있는 크리에이티브 투어를 경험하기는 어렵습니다. 따라서 크리에이티브 투어라는 개념은 현재 수준에서는 실현되기 어려운 제한적인 이론적 개념입니다.

그러나 플레이어블 시티의 개념이 확산되어 도시와 관광지 그리고 문화예술 시설에 미디어 아트, 키네틱 아트, 가상현실(VR), 증강현실(AR), 인공지능 등 과학과 예술이 융복합화된 문화예술공간과 놀이공간이 증가하게 된다면 관광객이 직접 참여하고, 체험하고 학습하는 크리에이티브 투어라는 매력적인 관광활동과 일상의 예술화(Artification)[69] 현상이 확산될 것입니다. 인류는 이제까지 경험하지 못했던 문화관광과 일상의 미학이라는 삶 속에 동화된 예술의 진정한 가치를 느끼며 인간다운 풍요로운 삶을 누리게 될 것입니다.

모두가 행복한 문화관광도시

플레이어블 시티, 이벤트풀 시티 그리고 크리에이티브 투어와 슬로우 투어리즘의 핵심은 '지역주민이 거주하면서 즐겁고 행복한 도시, 관광객이 방문해서 즐거운 행복한 도시'입니다. 방문한 도시에 주민들이 우울하고, 암울한 고통 속에 살면 방문하는 관광객도 즐겁지 않게 됩니다. 지역주민이 행복하고 즐거운 도시에 오는 관광객은 더욱 즐겁고 행복합니다. 그러므로 시민의 행복과 관광객의 행복은 같은 개념입니다. 관광객들에게는 지역주민의 일상생활 모습과 삶 그 자체가 매력적인 문화관광자원이고, 주민의 일상이 예술적 가치를 가지고 있습니

69 Yuriko Saito, Everyday Aesthetics and Artifications, Artification, 2012, p.22.

다. 따라서 지역주민의 삶 속에 보석처럼 숨겨져 있는 아름다운 일상의 미학적 가치를 발굴하여 예술화하고, 지역주민이 살아가기에 쾌적하고 행복한 지역을 조성하는 방법을 연구하는 '지역학'이 곧 '관광학'이라고 봅니다. 지역에 차별화된 도시문화공간을 조성하고, 주민이 살기에 안전하고 깨끗한 어메니티(쾌적환경)를 조성하며, 일상에서 예술을 향유할 수 있는 예술화된 환경을 조성하고, 관광을 통하여 지역의 경제를 활성화 시키는 것이 문화관광의 가장 중요한 목적이라고 할 수 있습니다. 차별화된 매력적인 문화관광도시와 개성이 넘치는 문화관광 거리를 조성하는 것은 시민과 관광객 모두에게 행복을 제공할 것입니다. 지역주민이 사는 데 행복하고, 관광객이 일생에 꼭 한번은 오고 싶은 쾌적한 문화를 조성할 수 있다면, 전 세계의 창의적인 인재와 창의적인 자본도 몰려오게 될 것입니다. 그리고 다양한 인재와 자본 그리고 아이디어가 결합되고 융합되면서 창조의 생명력이 선순환되고, 세계적인 문화예술도시, 국제적 관광도시로 발전하게 될 것입니다. 문화관광은 지역재생의 촉매이고, 광범위한 도시문제를 해결하는 해결책이고, 도시의 중요한 정책과제입니다. 모두가 행복한 문화관광도시를 만드는 비결은 '시민이 행복한 도시를 조성'하는 것입니다.

지역주민이 행복한 도시관광

제1절
도시 경쟁력을 좌우하는 도시관광자원개발

도시는 국가문화의 정수(精髓)

　도시는 인구 규모와 밀도가 높은 지역입니다. 유엔은 20,000명 이상 살고 있는 지역을 도시라고 규정하고 있습니다.[1] 어느 학자는 1900년대에는 도시에 거주하는 인구가 14%였는데, 2000년에는 47%가 되고, 2030년에는 61%로 약 50억 명이 도시에 거주하게 될 것으로 예상하기도 합니다.[2] 전 세계 국내총생산 중에 약 80%가 도시에서 창출되며, 그 중 60%는 세계도시인구의 5분의 1이 거주하고, 생산력도 가장 높은 600개 도시에서 창출됩니다. 그야말로 도시는 경제의 엔진[3]이라고 할 수 있습니다. 도시는 인간이 함께 모여 살기 위해 만들어낸 여러 물리적 생활환경 중에서 가장 대표적인 공간 형태라고 할 수 있습니다.

---

1 United Nations, Demographic Handbook for Africa. Addis Ababa, Ethiopia: United Nations Economic Commission for Africa, 1968.
2 Gregory Ashworth, Stephen J. Page, Urban Tourism Research: Recent Progress and Current Paradoxes, Tourism Management, 32, 2011, p.5.
3 제종길 엮음 김정원 감수, 지역주민과 정책결정자를 위한 도시재생 학습, 자연과 생태, 2018, p.30.

도시는 다양한 기능을 가지고 있는 복합기능도시와 단순기능도시로 구분할 수 있습니다. 도시의 구조와 기능이 특정 활동에 집중된 경우 상업도시, 행정도시, 문화도시, 예술도시, 군사도시 등과 같이 부르고 있습니다. 그 중 도시 내에 관광자원이 많거나 관광객의 유입이 많은 경우 '관광도시'라고 부르기도 합니다.[4] 그러나 도시민의 삶이 암울하고 활력이 없고 지루한 도시는 스스로 도시를 파괴하는 씨앗을 내포하고 있습니다.[5] 반면에 예술적 창조성과 다양성 그리고 창의적인 스토리와 역사성이 풍성하고, 생동감이 있는 도시는 시민이 자부심을 가질 수 있고, 많은 외지인들로부터 일생에 한번은 꼭 방문하고 싶은 문화관광도시로 사랑받고 있습니다.

대부분의 도시는 마치 생명체처럼 태어나고, 성장하고 전성기를 지내고 나서 쇠락하다 결국은 소멸합니다. 경제적, 사회문화적, 기술적 이유 때문에 도시가 형성되고, 발전하게 되며 과학기술과 산업의 변화, 기후 변동, 전쟁, 고령화 등 다양한 이유로 쇠락하게 되는 여러 도시들을 주변에서 볼 수 있습니다. 요즘에는 제1장에서 살펴보았듯이 폐광 또는 제조업 폐업으로 몰락한 구산업 도시, 환경오염으로 쇠락하는 도시 등을 다시 살려내는 것이 중요한 사회문제가 되었습니다. 이렇게 죽어가는 도시가 다시 살아나 생명이 싹트도록 하는 데는 다양한 방법이 있을 수 있습니다. 한 예로 1980년대부터 서구사회에서 문화예술을 도시재생의 주요 수단으로 활용하여 쇠락하는 도시를 재탄생시킨 성공 사례들이 하나의 신화같이 회자되고 있습니다. 이로 인하여 2000년대 들어 세계 각처에서는 문화관광개발을 죽어가는 도시나 지역사회의 문제를 해결하는 만병통치약처럼 인식하며, 많은 도시경영자와 도시계획가 그리고 지역주민, 관련 기업인들이 관심을 갖게 되었습니다.

도시는 인구가 집중된 경제활동의 중심이라 자칫 삭막하기만 한 공간일 것이라는 생각 때문에 많은 사람들이 자연환경만이 관광대상이라고 착각하는 경우가 있습니다. 그리고 도시 내에 경제활동, 산업활동, 문화예술, 일상생활 등 워낙 규모가 큰 분야들이 공존하고 있기 때문에 관광이라는 현상이 비교적 과소평

---

4 변재진, "도시관광개발 기본방향 모색을 위한 연구 – 외국 도시관광개발사례를 중심으로", 경기대학교 논문집, 1992, p.315.
5 사사키 마사유키 저, 이석현 역, 창조도시를 디자인하라: 문화정책과 마을 만들기, 미세움, 2010, p.36.

가되는 경향도 있습니다. 이런 이유로 인해 관광연구자들도 도시관광의 중요성을 간과하는 경우가 많습니다. 그러나 외국인 관광객의 경우, 딴 나라를 여행할 때 대도시만 방문하고 돌아가는 경우가 대다수입니다. 프랑스를 여행하는 경우 파리에 가서 에펠탑 보고, 루브르 박물관과 오르세 미술관은 방문해 보지만, 프랑스의 시골이나 산 그리고 해변은 가보지도 않고, 귀국하는 도시관광 위주의 관광객이 대다수라고 봅니다. 다른 나라의 경우도 거의 비슷한 실정입니다. 그만큼 각종 관광활동 중에 도시를 관광하고 도시 내 문화시설과 문화자원을 즐기며 쉬는 도시관광의 비중이 매우 큰 편입니다.

특히 대도시는 문화예술, 건축, 패션, 쇼핑, 디자인, 오락활동, 나이트라이프, 스포츠 이벤트 등 한 나라의 다양한 관광자원과 문화예술 그리고 연관활동들이 집중되어 있습니다. 또한 오랜 세월의 역사 속에 쌓인 옛것과 새것이 공존하면서 창출하는 대조적인 이미지라는 매력적인 아름다움을 간직하고 있어 국가문화예술의 정수와 같은 장소입니다. 이러한 점에서 서울, 부산 등 대도시에서 이루어지는 도시관광은 국가를 대표하는 관광형태이고, 대도시는 랜드마크 역할을하는 관광목적지이며 국보적인 관광자원입니다. 이렇게 도시관광은 국제관광과국내관광의 중요한 관광목적지이고, 핵심적인 관문(Key gateway)이라고 할 수 있습니다.[6] 그럼에도 불구하고 현재 모든 관광의 유형 중에서 도시관광에 대해서 그 중요성과 효과성 등이 과소평가되고 발전정책과 전략추진이 미약한 편이라고 할 수 있습니다.[7]

가장 중요한 것은 지역주민의 자부심 향상과 행복감 증진

독일의 폐광산지역이 문화예술의 중심지로 되살아나고, 영국의 폐공장지대나 스페인의 폐조선소가 문화의 중심지로 변화하는 외국사례를 목도한 도시계획가와 도시행정가들은 자기가 속한 도시지역의 활성화와 경제발전 등을 위해 경쟁

---

6 Deborah Edwards, Tony Griffin, Bruce Hayllar, Urban Tourism Research: Developing an Agenda, Annals of Tourism Research, 2008. p.2.
7 Ashworth, G. J., Urban Tourism: An Imabalance in Attention., Edited by C. P. Cooper, In Progress in Tourism Recreation and Hospitality Management, Belhaven, 1989, pp.33 – 54.

적으로 문화예술을 도시관광자원으로 활용하는 문화관광개발정책을 중시하면서, '문화관광도시'라는 브랜드를 자주 활용하고 있습니다. 대부분은 경제적 이유 등으로 도시지역을 다시 살려내는 수단으로서 문화관광개발정책을 도입하고 있지만, 사실은 문화관광으로 인한 지역재생은 관광객 증진이나 경제적 효과보다는 지역주민의 삶의 질의 향상과 행복감, 자부심 향상, 지역에 대한 지역애(地域愛) 등의 상징적 자산과 지역주민의 응집력 강화라는 사회적 자산 그리고 지역문화의 발전이라는 문화적 자산을 증대시켜주는 무형적 효과가 더욱 중요한 사업입니다. 문화예술도시로 세계적으로 유명해진 스페인의 빌바오 사례에서 볼 수 있는 것처럼 시민들이 자신의 도시에 대한 자부심과 애정을 갖게 되는 '상징적 자산'을 얻게 되는 효과가 크다는 것입니다. 그리고 문화예술이 사람들을 연결하여 사회적 응집력이 생기는 '사회적 자산'을 얻게 하고, 건강한 정신과 아름다운 영혼을 가진 시민을 양성할 수 있는 '교육적인 효과'라는 '문화적 자산'과 더불어 건강한 사회·문화발전의 효과도 얻을 수 있게 합니다. 경제적 가치는 돈을 주고 살 수 있지만, 지역주민의 자부심과 행복감 그리고 응집력이라는 상징적·사회적·문화적 자산은 아무리 돈을 투자해도 얻을 수 없는 소중한 자산입니다.

미국의 관련 연구결과에 의하면 지역의 문화예술을 감상하는 입장객을 분석한 결과, 외지에서 온 관광객이 문화예술시설을 이용한 비율은 10%~20%에 불과한 것으로 나타났습니다(한국의 중앙박물관은 외국인 이용이 5%에 불과한 실정임).[8] 그 외에는 대부분 지역주민들이 이용했기 때문에, 관광객보다는 지역주민이 문화관광 정책 수혜 대상으로 더 중요하다는 결론을 내리고 있습니다.[9] 이처럼 문화관광개발은 그 개발의 수혜자가 단순히 관광객만이 아니고 오히려 지역주민이 더 많은 혜택을 누리게 됩니다. 행복한 지역주민이 있는 도시에 더 많은 외래 관광객이 유치되는 것은 당연한 일입니다. 따라서 문화관광은 지역주민과 관광객을 모두 행복하게 만드는 다목적적인 지역재생전략이라고 할 수 있습니다.

관광개발계획을 수립할 때 염두에 두어야 하는 것은 미술관, 박물관, 콘서트

---

8 Beyers, W. B. and GMA Research Corporation, Seattle Center Economic Impact Assessment, Seattle Center, 2006.
9 Ann Markusen, Arts and Culture in Urban/Regional Planning: A Review and Resecrch Agenda, Humphrey Institute of Public Affairs University of Minnesota, 2009, p.35.

홀, 문화의 거리 등 문화 관련 하드웨어입니다. 하드웨어에 투자하여 지역의 문화예술적인 매력이나 대외경쟁력을 강화하는 것은 그 도시 거주민들의 문화적 욕구를 충족시켜줄 뿐만 아니라, 그러한 문화적 욕구를 충족시키기 위해서 거주민들이 외국이나 타 지역으로 여행을 나가서 관광지출을 하게 되는 것을 사전에 방지해주는 효과까지 얻을 수 있습니다.[10] 자기가 사는 도시나 지역 내에 문화예술시설이나 서비스가 부족하여 타 지역이나 외국으로 문화적 욕구를 충족시키려고 떠나가는 관광객을 자기 지역이나 국내로 되돌릴 수 있게 만듦으로써 얻게 되는 경제적, 문화적, 사회적 효과는 정확하게 조사 연구된 바는 아직까지 별로 없습니다. 이런 효과들은 측정하기가 어려운 무형적이고 비가시적인 가치이기 때문에 대부분의 연구에서 간과되기 쉽습니다. 그러나 충분하고 정확한 정보를 확보하기 위해 관련 조사연구를 수행할 필요가 있습니다. 이러한 측면에서 외국으로 여행을 떠나는 내국인 관광객을 국내로 유치하기 위한 계획이나 효과를 파악하고 투자를 촉진하기 위해 정부 주도로 관련 연구를 추진할 필요가 있습니다.

단순히 관광객을 유치하여 경제적인 수입을 증대시키는 문제에만 관심을 두고, 문화예술의 순수성과 진정한 내용을 훼손하여 싸구려 공항예술로 전락시키는 부정적인 현상도 볼 수 있습니다. 그리고 관광객 유치에만 신경 쓰고 가장 중요한 지역주민의 삶의 질의 향상과 행복한 생활을 간과하는 우를 범하는 경우도 발생할 수 있다는 점에 유의할 필요가 있습니다.[11] 도시관광자원개발 과정에서 문화예술의 순수성이 훼손되거나 지역주민의 삶의 행복이 무시되거나 파괴되어서는 안 되겠습니다. 도시관광개발계획을 추진할 때, 우선 도시민의 삶의 행복과 문화예술 그리고 지역사회 전통문화의 순수성과 정신이 지켜질 수 있는 기준을 우선순위로 하여 관련 개발계획을 수립하고, 도시민의 행복한 삶의 현장 속에서 우러나오는 매력적인 도시환경을 관광자원화하여 관광객을 유치하는 세

---

10 Markusen, A. Schrock and G., Consumption‒Driven Regional Development, Urban Geography, 30(4), 2009, pp.1‒24.
11 고토 가즈코, "창조성의 동기와 도시정책‒문화정책과 산업정책의 종합적인 시점으로", 사사키 마사유키 종합연구개발기구 저, 이석현 역, 창조도시를 디자인하라‒도시의 문화정책과 마을 만들기, 미세움, 2010, p.87.

심한 배려를 하여야 합니다.

따라서 지역주민이 행복한 삶을 살아갈 수 있는 도시를 우선적으로 만들어 가며, 동시에 한국으로 관광을 오는 외래 관광객 유치를 증진하기 위해 도시관광과 문화관광을 개발해 나가는 것에 대해서 정부 차원의 종합적인 대책 마련과 중장기적 관점에서 꾸준히 추진해 나가는 것이 매우 중요합니다. 2018년 유럽문화유산의 해 행사 중에 NECSTouR[12]는 바르셀로나 선언을 통해서 "더 살기 좋은 장소, 방문하기 더 좋은 장소(Better Places to Live, Better Places to Visit)"라고 문화관광의 목적을 밝혔습니다. 이는 도시의 문화관광은 지역주민이 쾌적하고 행복한 삶을 살게 하는 원천이고, 각국의 관광객들이 방문국의 문화에 매료되어 찾아오고, 사랑하게 만드는 강력한 집객력(集客力)과 유입요소(Pull factor)를 가지고 있다고 선언한 것입니다. 이처럼 문화관광개발로 도시의 문화예술적인 매력이 개선되게 되면, 풍요로운 문화와 심미적인 예술로 전 세계인을 감동시키고, 세계적인 문화도시, 세계문화수도로 존경을 받을 수 있게 됩니다. 그리고 국민들은 세계인들의 존중과 사랑을 받게 되고, 위상이 높아지게 됩니다. 우리나라 제품은 높은 브랜드 가치와 부가가치를 가지고 있는 세계적인 명품으로 높게 평가받게 되어 전 세계인의 사랑을 받을 수 있게 됩니다. 또한 도시관광개발로 문화예술 수준이 향상되게 되면 전 세계인들의 호감도와 신뢰도가 높아져서 국가의 위상과 품격을 높아지는 놀라운 효과를 가지고 있습니다. 문화관광은 국가의 품격을 높이는 중요한 국가전략산업입니다.

---

12 NECSTouR는 지속 가능하고 경쟁력 있는 관광의 유럽지역 네트워크(Network of European Regions for Sustainable and Competitive Tourism)의 약자입니다. 벨기에에 위치한 UNWTO의 산하 비영리 단체로 34개의 유럽지역 관광행정조직과 대학교, 연구소, 관광기업, 관광단체 등이 포함된 30개의 협회 회원을 연계하는 네트워크입니다. 전 유럽의 회원들 간에 최고의 실무적인 해결방법 등에 대한 정보를 교환하여 더욱 스마트하고 지속 가능한 관광개발을 할 수 있도록 지원을 하는 단체입니다. 미래의 지속 가능한 관광을 위한 5S라는 NECSTouR의 다섯 가지 핵심전략은 정보화된 관광목적지(Smart Destination), 사회문화적인 균형(Sociocultural balance), 기술과 재능(Skill and talent), 안전과 회복력(Safety and resilience), 통계와 가측성(Statistics and measurability)입니다.

세계적인 관광도시로 만들기 위한 도시관광자원

도시는 오랜 시간 사람들이 생활해 온 역사와 삶의 흔적들이 남아있고, 아름다운 문화예술과 추억, 낭만이 서려 있으며, 서로 다른 문화와 풍습 속에 사람들이 함께 모여 교류해가는 다양함과 활력이 존재하는 역동적인 장소입니다. 특히 관광도시는 매혹적인 콘텐츠와 다채로운 지역특성을 가진 문화예술이 살아 숨 쉬는 감동적인 공간이여야 합니다.

현재 한국의 도시들은 대부분 천박한 자본주의, 과도한 수익성 추구의 경제적 논리가 만들어낸 영혼 없는 천편일률적 형태의 회색빛 콘크리트 건물들과 아파트들로 꽉 차들어가고 있습니다. 건축물의 디자인 역시 미국 건축양식을 모방한 프랜차이즈화된 상업시설과 표준화된 디자인 위주라서 전 세계 어디서나 볼 수 있는 획일화된 국제주의양식 일색입니다. 과도한 광고와 간판들, 무분별하고 어지러운 네온사인 불빛으로 도배된 도심 풍경으로 거리와 주거지 전체가 특색이 없는 모습을 하고 있습니다. 도시의 어느 곳에서도 한국의 특성과 지역고유한 모습 그리고 이 시대를 의미 있게 살아가려고 노력하는 현 시대 한국인과 대한민국만의 차별화된 매력을 찾아보기가 어렵습니다. 인정이 넘치던 우리의 공동체는 사람 간의 인정이 사라지고, 오랜 세월 동안에 쌓인 역사의 향기가 사라져 정체성이 없는 비장소성(Non-place)[13]과 무장소성(Placelessness)[14]을 특색으로 하는 사막 같은 도시공간으로 변했습니다. 이렇게 무색무취의 사막 같은 도시를 만드는 국적불명의 건축물들과 무표정한 거리 모습에서 벗어나 최대한 우리들의 표정이 살아 있는 도시[15]를 만들어야 하겠습니다. 이를 위해서는 한국적인 개성이 살아 있는 건축물들과 문화예술공간들을 도처에 조성하여 역사성과 인간적인 정서가 살아 있는 도시마을·거리 만들기 등을 통해서 도시의 문화와 관광특성을

---

13 프랑스 인류학자 오제(Auge)는 관계의 부재, 역사성의 부재, 고유한 정체성의 부재 등을 특징으로 하는 '인간적인 장소'가 될 수 없는 공간을 '비장소(Non-place)'라고 하였습니다. 정헌목, 전통적인 장소의 변화와 '비장소(Non-place)'의 등장─마르크 오제의 논의와 적용사례를 중심으로, 비교문화연구 제19집 1호, 2013, p.117.

14 영국 인문지리학자 렐프(Relph)는 산업화에 의해 획일적으로 변화하는 의미 있는 장소를 가지지 못한 환경을 무장소성(Placelessness) 혹은 장소 상실이라고 표현하였습니다.

15 최영집, "가자! 우리도 건축문화 强國으로", 기문당, 2011, p.131.

발전시켜야 합니다.

획일적인 아파트 주거공간이나 콘크리트 건물군에서 벗어나 보다 색깔이 있고 쾌적하고 활기찬 도시공간, 지역특색이 살아 숨 쉬는 개성적인 예술화된 공간으로 도시를 변화시키기 위한 범사회적 차원의 도시미화운동이 절실히 필요하다고 봅니다. 도시들이 천편일률적으로 비슷해지고, 도시의 정체성이 희미해질수록 사람들은 광고와 마케팅의 힘을 사용하게 됩니다.[16] 그러나 외향적으로 아름다운 건축물을 조성할 수 있고, 광고와 마케팅의 힘으로 환상적인 브랜드를 만들 수는 있지만, 그 안에 사는 사람들의 삶이 행복하지 않다면 좋은 도시라고 할 수 없습니다. 하드웨어 못지않게 도시에 다양한 문화예술과 프로그램을 개발하여 시민들에게 즐거운 삶을 제공하는 소프트웨어 마련이 중요합니다. 그리고 숨겨진 미적요소를 발굴하고 다채로운 문화공간을 도시공간 속에 충분히 조성하여 언제든지 시민들이 편히 쉬고 즐길 수 있는 기회를 충분히 제공해야 합니다. 문화관광개발이야말로 여러 가지 도시문제를 근본적으로 해결해주는 지혜로운 방법이라고 봅니다.

한국 도시들의 몰개성, 무디자인 감각은 국내 도시관광의 발전을 가로막는 큰 문제로서 우리사회가 더욱 발전되려면 조속히 해결해야 할 국가적 과제라고 할 수 있습니다. 어떻게 도시 특유의 정체성을 구현하고, 사라진 옛것과 보이지 않는 도시의 꿈과 추억을 도시공간에 잘 표현하고 전달하는가, 그리하여 주민과 관광객들이 그 도시의 문화예술을 수준 높게 즐기고 경험하게 만들어 줄 것인가 하는 점이 도시관광개발의 중요한 과제가 되어야 합니다. 이를 위하여 전국의 모든 도시에 대해 특별한 대책을 강구하고 시행하기는 어렵겠지만, 우선 일차적으로 서울이나 부산 등 대도시나 지방의 관광거점도시를 대상으로 도시관광특구를 설정하고, 특구 내의 건축물과 구조물, 거리나 광장, 공원 등에 대한 도시디자인 기준과 개발 철학을 마련하고, 건축재료, 건축 장식물, 파사드(Facade) 등 건축디자인에 대한 세부 기준을 새롭게 마련해 적용할 필요가 있습니다. 그리고 문화예술공간이 없는 사막 같은 도시 내에 시민들이 언제든지 찾아 가서 편히 휴식하고, 즐길 수 있는 매력적인 문화예술공간을 확충해야 합니다. 도시의 하드웨어의

---

16 Kevin Robins, Prisoners of the City: Whatever can a Postmodern City Be?, In Erica Carter, James Donald, and Judith Squires(Eds.), Space and Place: Theories of Identity and Location, Lawrence & Wishart, 1993.

개선과 더불어 다양한 문화예술 프로그램과 이벤트 등 소프트웨어의 개선이 절실히 필요합니다. 이외에 <표 2-1>과 같은 다양한 분야에 걸친 도시관광자원에 대한 문화관광 혁신정책을 개발해 추진할 필요성이 크다고 봅니다.

한편, 도시를 찾아오는 관광객은 그 도시 특유의 차별화된 관광, 지역고유의 문화예술 등을 경험하기를 희망하지만, 동시에 관련 시설이 세계적 수준으로 개발되고 서비스 수준이 세계적인 표준에 맞는 일류가 되길 바란다는 양면성을 가지고 있습니다. 이러한 관광객의 다면적이고 동시적인 욕구를 만족시키기 위해서는 어떻게 도시의 정체성을 제고하고, 역사와 전통이 살아 있는 문화예술을 활성화시키며 동시에 세계적인 기준의 관광자원을 개발할 것인지에 대해 깊이 연구할 필요가 있습니다. 도시관광계획가와 행정가들이 도시관광을 발전시키려 노력할 때 활용할 수 있는 도시관광자원은 <표 2-1>과 같이 분류할 수 있습니다.

표 2-1 도시관광자원의 분류

구분		세부항목
하드웨어 (Morphology)	자연관광자원	숲, 공원, 산, 계곡, 강변, 호수변 등 수변
	역사관광자원	궁궐. 성곽, 국보, 보물, 사적 등 중요유형문화재, 지방 유형문화재, 오픈에어뮤지엄, 에코뮤지엄 등
	도시형 문화관광시설	건축구조물, 랜드마크, 미술관, 박물관, 공연장, 문화예술센터, 극장, 전시장, 회의장, 상징 조형물, 광장과 거리, 교회/사찰 등 종교시설, 주거시설, 운동장 등 체육시설, 전통시장/백화점 등 쇼핑시설, 레스토랑, 숙박시설, 수족관, 과학관, 동물원, 식물원, 골프장, 스키장, 마리나, 오락시설, 크루즈부두, 철도역사 등 교통시설, 유원지, 리조트, 테마파크 등 휴양시설 등
소프트웨어 (Physiology)	인적문화관광자원	문화유산해설사, 서비스업 종사원, 주민들의 환대성, 주민들의 예절과 언어, 행동양식, 토착언어, 놀이, 미술, 음악, 시, 문학, 사진, 무용, 연극, 공예 등 생활문화 수준, 의식주 관련 생활풍습 등
	비인적문화관광자원	각종 문화축제, 메가 이벤트 전시, 공연 등 문화행사, 전설, 신화, 역사, 전쟁 등 사건, 교육 프로그램, 종교, 민간요법 등
	문화예술 프로그램	문학, 회화, 조각, 공예, 사진, 연극, 영화, 미디어 아트, 음악, 무용, 기타 문예 프로그램 등
	이미지	CI 등 상징체계, 브랜드, 광고, 랜드마크, 추억, 선입견, 초두 효과, 스토리텔링 등

도시를 주민들과 외래객을 위한 매력적인 공간으로 조성하기 위해서는 고려해야 할 요소들이 다양하지만 무엇보다도 도시를 구성하는 기본적인 하드웨어와 소프트웨어를 균형 있고 개성 있게 개발하는 것이 중요합니다. 특히 문화·예술 분야에는 눈에 보이지 않는 비가시적인 자원이 많습니다. 전설, 신화, 역사, 추억과 낭만, 생활문화 등과 같은 문화관광자원은 시각적으로 잘 보이지 않고, 냄새나 촉감을 느끼기도 어렵고, 들을 수도 없는 자원입니다. 이러한 비가시적이고 무형적인 문화관광자원을 시각, 후각, 촉각, 미각, 청각이라는 오감으로 느낄 수 있도록 적절히 유형화시키고, 스토리텔링하는 것이 도시를 매력적 공간으로 조성하고 도시관광을 창의적으로 개발하기 위한 중요 전략 과제의 하나라고 봅니다.

　　이 과정에서 고유 전통을 중시하고 보전하려는 전통문화 보전전략도 중요하지만, 과거의 전통과 문화를 현대적으로 재해석해서 현대인들에게 맞는 새로운 문화 콘텐츠로 재탄생시키거나 재창조하려는 전략도 매우 중요합니다. 그리고 창의성을 바탕으로 과거에는 존재하지 않았던 전혀 새로운 문화예술 활동을 통해 도시매력이나 도시경쟁력을 세계적 수준으로 향상시키려는 예술화전략도 소홀히 해서는 안 됩니다. 인간의 상상력과 창조력을 활용해 새롭고 유익한 유무형 문화관광자원을 만들어가는 것은 시대를 초월해 강조되어야할 인류적 과제라고 봅니다. 예를 들어, 세계인들이 놀라고 감탄하는 백남준 작가의 미디어 아트 관련 선구적 활동과 창조적 작품들이 현대사회의 문화예술, 현대인들의 문화예술적 감수성을 크게 발전시켰던 것처럼 세계적 수준의 문화예술 창작활동을 할 수 있는 지역환경의 조성에 노력하고 그런 예술작품을 적절히 활용해 도시의 매력과 관광 경쟁력을 제고해나가는 방법을 구사하는 일상의 미학에 대해 적극 관심을 기울일 필요가 있습니다.

　　이를 위해서는 해당 분야 전문가, 아티스트들의 창의적인 노력을 촉진시키는 것이 중요하지만, 창조적 예술환경을 다양하게 만드는 노력을 동시에 추진하여야 합니다. 관련 교육을 통하여 도시주민들의 생활문화 발전을 지원하여 상상력과 창의성을 진작시키는 일도 지원해야 합니다. 그 결과로 많은 시민들의 아이디어를 수합하고, 시민·전문가·지방정부·민간기업의 긴밀한 협력을 통하여 우수한 도시매력 조성과 관련 도시문화관광개발 프로젝트를 개발해 나가는 등 새로운 도시관광전략의 발전이 계속 강화되어야 할 것으로 봅니다.

제2절
도시 경쟁력 강화를 위한 도시관광개발전략

도시관광개발을 추진하는 이유

요즘 들어 고령화와 저출산, 산업사회의 쇠퇴와 고실업, 그리고 뉴타운, 신도시개발 등의 원인으로 한국의 지방도시와 농촌지역의 공동화 현상이 심화되고, 지방경제가 계속 침체되고 있습니다. 이에 따라 각 지방자치단체들은 외래 관광객 유치 증진을 통한 지역경제 발전과 도시활력 제고 그리고 공동체의 결속과 유지, 지역 이미지 개선 등을 위하여 다채로운 정책이나 계획을 수립하고 있습니다. 문화예술을 활용한 지역경제 활성화를 위하여 도시 어메니티공간의 확충, 공공예술작품의 설치, 문화예술 관련 축제와 행사 등 관련 프로그램을 개발하려는 노력도 늘어나고 있습니다. 문화관광은 삭막한 도시의 무의미한 공간을 감동적이고, 특별한 가치를 지닌 의미 있는 장소로 탈바꿈시키는 힘이 있으므로 그런 국내 지자체들의 노력은 올바른 방향이라고 평가할 수 있습니다.

현재 여러 지자체들에서 진행되고 있는 도시관광개발정책의 명칭과 과제 유형들은 다양합니다. 도시재생, 테마도시 창조, 미술관 등 문화시설 건립, 공공예술작품 설치를 포함한 스트리트 아트 사업, 문화마을 만들기, 문화의 거리 조성, 역사적 문화유산의 복원, 전통문화의 부흥, 공예공방거리 조성, 축제, 복합문화센터 등을 포함한 도시형 리조트 건설, 테마관광코스개발 등의 다채로운 이름으로 추진되고 있습니다. 이름은 다르지만, 모두 도시 경제의 활성화, 지역 이미지 개선, 지역의 개성화, 도시관광지로서의 매력 향상을 목적으로 하는 도시관광개발사업에 속하는 것들입니다. 각국의 도시들은 막대한 재정투자와 더불어 다양한 개발전략을 도입해서 '창조도시', '예술도시', '관광도시', '디자인도시' 등의 도시브랜드를 구축해가며 새롭게 변신하기 위한 노력에 매진하고 있습니다.

현재 세계 여러나라들에서는 문화예술에 대한 정부보조금 지원 대신에 문화투자(Cultural investment)를 통한 문화예술사업 개발이 활성화되고 있고, 도시를 살려내고 활기차게 만들기 위한 다양한 아트 프로젝트나 축제들도 추진되고 있습니다. 예를 들어, 영국의 이스트 런던의 지역사회 예술운동이나 1960~70년대 미국의 커뮤니티 아트(Community art) 운동, 일본의 마치즈쿠리처럼 지역주민이나 예술가들이 중심이 되어서 상향식으로 프로젝트가 추진되는 풀뿌리문화운동(Grassroots cultural movement)의 경우도 있습니다. 그러나 일본의 세토우치 트리엔날레나 에치코츠마리 트리엔날레 대지예술제처럼 기업이나 관주도로 기획되고, 추진되는 아트 프로젝트도 있습니다. 이러한 예술운동은 한 사람의 개인적 작업이 아니고 예술가 그룹의 작품 혹은 전문예술가와 지역사회 주민과 협력적인 관계를 통해 상호작용하면서 만들어 내는 예술이라는 점에서 기존의 예술개념과는 차이가 있습니다. 아트 프로젝트가 주민이 중심이 된 상향식이든 아니면 기업이나 관이 주도하는 하향식이든 지역주민과의 협력과 타협 그리고 참여는 대단히 중요한 요소입니다. 세계 여러나라들에서는 기업 그리고 민관이 협력하여 문화예술을 통한 지역 살리기를 추진하는 사례가 급증하고 있고, 많은 지역에서 성공적인 성과를 거두고 있습니다.

한국사회에서도 문화관광개발전략을 도입하여 지역을 활성화시키기 위한 다양한 전략사업들이 추진되고 있습니다. 그런데 이런 프로젝트들에서 나타나는 현상을 살펴보면 가장 중요한 '왜 도시관광개발전략을 추진하는가?'와 관련된 프로젝트의 목적과 종합적인 전략과 계획수립, 세밀한 조감도가 그려지지 않은 상태에서 심층적 조사연구 없이 관련 프로젝트를 서둘러 구상하고, 조급히 추진하는 경우가 많습니다. 그리고 성과가 미약하면 중단을 해버리는 '일단 추진해놓고 보자'는 무책임한 사업추진사례들이 발생하고 있습니다. 소액 다건주의로 프로젝트가 너무나 많이 진행되고 있거나, 마치 친목회에 후원금을 나누어주듯 문화예술분야 예산을 효과가 별로 기대되지도 않는 프로그램에 천편일률적으로 투여하고 있는 경우도 많이 볼 수 있습니다. 주부 연극교실, 음악교실, 무용강좌와 같은 아마추어 프로그램에도 정부 예산이 무분별하게 지출되는 경우들이 많이 있습니다.

본서 제11장의 스페인 빌바오의 사례를 통해서 살펴보겠지만 성공한 문화도시들은 프리츠커상(Pritzker Architectural Prize) 수상자와 같은 세계적인 톱 클래스 예술가들의 작품을 활용하는 스타마케팅을 통하여 도시의 가치와 매력을 상승시키는 전략을 추진했습니다. 천재적인 스타작가 한 사람이 창조한 예술세계가 한 도시의 문화예술적 잠재력을 키우고 주민이나 관광객들의 문화적 감수성을 제고시키는 등 효과가 다양하게 발생할 수 있음에 유의해야 할 것입니다.

낙후지역이라는 이유 때문에 한 지역에만 여러 건의 정부 사업지원이 몰리는 현상도 문제로 나타나고 있습니다. 잡화점식으로 이것저것 들여놓고, 아무것도 안 팔리는 식으로 문화관광 사업을 해서는 안 됩니다. 전문성이 없는 지역사회 친목단체에 문화사업을 추진한다는 명목으로 투입되는 국가재정 지출은 더 이상 계속되어서는 곤란할 것입니다.

지역주민이 전문성이 있는 경우라도 이를 추진하는 정부는 명확한 목표를 가지고 있어야 하며, 이에 따른 중장기적인 전략과 계획을 마련해 치밀하게 추진해 나가야 할 것입니다. 단순히 도시관광개발의 추진 건수 자체가 중요한 것이 아닙니다. 양적으로 문화관광 프로젝트의 건수가 많다고 좋은 것은 아닙니다. 단 하나라도 세계 최고 수준의 문화예술작품이 도시공간 내에 창조되고, 이것이 국제적으로 지명도를 갖게 되면, 아무리 산골짝 시골지역이라도 국제적인 관광목적지로 변신시킬 수 있는 힘을 가진다는 점에 유념해야 합니다. 이러한 성공을 이루어 내려면 관련 행정을 추진하는 공공기관들의 기발한 기획력과 추진력이 중요하고, 세계적 수준의 예술가와 작품을 이해하고 존중하며 이를 국제적 홍보 네트워크를 활용해 홍보해나가는 일련의 문화관광개발전략이 마련되고, 가동되어야 할 것입니다.

문화관광개발전략을 제대로 수립하기 위해서는 무엇보다도 중장기적인 안목에서 전체적인 사업계획의 목적과 적정 추진전략 및 투자계획의 수립 그리고 장기적인 조감도를 사전에 치밀하게 준비하고 단계적으로 꾸준하게 사업을 추진해 나가야 합니다. 하루아침에 명품을 만들 수는 없는 일입니다. 조급하거나 대충대충 추진해서는 결코 명품이 탄생할 수 없습니다.

대체적으로 여러 도시에서 제시하고 있는 문화관광개발사업의 주목적은 관광객 증가, 지역사회 경제발전과 소득 증대와 같은 경제적인 목적을 우선적 목표로 제시하고 있는 경우가 많습니다. 그러나 문화관광개발사업은 단순히 경제적인 목적 이외에 공익적이고 사회적인 목적, 환경개선과 사회교육적 목적, 상징자본적인 목적 등 다양한 목적이 있습니다. 도시관광은 이러한 다중다양한 목적을 동시에 추구할 수 있는 사업으로서 지역사회와 국가적으로 미치는 효과가 광범위합니다.

도시관광개발의 다양한 목적을 살펴보면 <표 2-2>와 같이 분류할 수 있습니다.

표 2-2 도시관광개발의 목적

목적	내용
경제적 목적	• 문화사업을 통한 고용창출 • 외부지역의 투자와 자본 유입 • 커뮤니티 비즈니스를 통한 지역경제 활성화 • 관광산업 경쟁력 강화를 통한 국가경쟁력 개선 • 각종 문화예술 제품을 명품으로 품질을 개선하여 수출상품으로 개발(패션, 영화, 애니메이션, 가죽공예 등 각종 공예)
사회적 목적	• 시민의 삶과 행복을 위한 문화예술공간 조성 • 다양한 문화를 향유하는 기회를 제공하여 문화기본권 보장 • 시민의 문화예술활동 기회 확대 • 휴식과 여가활동으로서 문화예술 창조 • 사회적 소통과 결속력 강화 • 창의적 인재 유입
정치적 목적	• 문화 다양성을 표현하는 수단 • 소외된 계층에게 여가활동와 표현의 기회 제공 • 보다 안전하고, 접근성이 개선된 안전한 공간 창출 • 문화예술을 통한 시민의 문화역량 강화 • 문화예술과 관광산업분야 고용증대
공익적 목적	• 시민들이 문화를 향유하며 정신적인 안정과 삶의 질 향상 • 사회적 통합과 응집력 강화 • 문화교육을 통한 시민의 문화능력과 정서 향상 • 예술인 고용과 복지 제공 • 문화예술에 대한 교육 기회 제공 • 문화예술을 통한 도시재생
환경개선 목적	• 보행 친화적인 공간 조성 • 도시의 경관을 미화 • 도시공간에 활력 제공 • 시민이 행복한 어메니티공간과 이벤트 제공
문화적 목적	• 관광객 유치를 통한 외화 수입 증대와 직업 창출 • 문화예술을 통한 도시 브랜드와 이미지 개선 • 공예, 예술품, 패션 등 문화상품을 판매촉진하여 문화산업 경쟁력 강화 • 엔터테인먼트산업의 경쟁력 강화
상징자본적 목적	• 시민의 지역에 대한 자부심 향상 • 메가 이벤트와 랜드마크를 개발하여 이미지 개선 • 도시의 장소성과 정체성 개선 • 문화예술을 통한 대외적인 이미지 개선과 관광객 유치 증진

출처: Smith, M. K., Cultural Planning for Urban Regeneration, Lambert Academic Publishing, 2010.의 내용에 추가하고, 보완하여 재작성.

세계적 명소로 발전하기 위한 도시관광개발전략

　도시관광개발이란 도시관광을 촉진하기 위해서 기존 도시 내의 방치된 브라운 필드나 그레이 필드, 유휴지 등 기능을 상실한 도시공간을 대상으로 관광객들을 위한 미술관, 박물관, 공연장, 복합문화센터, 전시장, 문화거리 등 문화예술 공간이나 녹지공원, 오락시설, 테마파크 등 휴양시설과 같은 관련 인프라스트럭처와 이벤트나 페스티벌 그리고 예술, 엔터테인먼트 등의 소프트웨어를 정비 확충하거나 조성하여 매력적이고 활력 있는 도시문화공간을 재창조해내는 것을 의미합니다. 다종다양한 도시관광개발 관련 사업들은 관광객 이외에 지역공동체의 삶과 주민들의 생활문화 등과 밀접하게 얽혀 있기 때문에 개발사업 과정에 주민의 참여[17]는 필수적입니다. 도시의 관광 경쟁력을 강화하고, 지역주민과 관광객을 위한 도시관광개발을 한다는 목적을 달성하기 위해서는 특히 도시의 문화관광에 대한 전략이 효과적으로 수립되어야 합니다.

　문화전략이나 문화관광전략이라고 하면 펄로프(Harvey Perloff)의 문화계획[18] 혹은 플로리다(Richard Florida)[19]의 창조계급, 창조인력 혹은 랜드리(Charles Landry)[20]의 창조도시 등 다양한 개념들을 사례로 참조할 수 있습니다. 그리고 경영학과 행정학 등에서도 포터(Michael E. Porter)[21]의 경쟁우위전략을 비롯하여 다양한 학자들이 수많은 이론들을 주장하고 있습니다. 도시에 역사성과 지역성을 살리고 새로운 가치를 만들어내는 문화관광전략에는 창조적인 전략만이 아니라 다양한 측면이 고려되어야 합니다. 이러한 관점에서 더욱 많은 문화관광개발전략이 존재할 수 있지만 여기서는 다음 <표 2-3>과 같은 16가지 유형의 다각적인 전략을 제시하려고 합니다.

　문화관광의 경우에는 창조적인 전략이 아니라 기존에 가지고 있던 가치를 보전하고, 유지하려는 전략을 채택하기도 합니다. 200년 동안 도시의 모습을 그대

---

17 이정호, 동신대학교 공연전시기획과, 지역자원, 새 콘텐츠 결합 '박물관 도시'.
18 Harvey Perloff, The Art in the Economic Life of City, 1979.
19 Richard Florida, The Rise of the Creative Class, Perseus Books, 2002.
20 Charles Landry, The Creative City: A Toolkit for Urban Innovators, Comedia, Earthscan, 2012.
21 Michael E. Porter, Competitive Strategy-Techniques for Analyzing Industries and Competitors, Simon and Schuster, 2008.

로 간직하고 있는 스페인의 톨레도 같은 도시는 전혀 창의적인 것이나 새로운 것을 추구하지 않는 보전전략에 집중하고 있습니다. 그리고 문화재보전이나 환경보전 그리고 오픈에어뮤지엄과 에코뮤지엄개발의 경우에는 새로운 것을 추구하는 창조적인 전략이 아니라 보전적이고, 복구적인 전략이 추구됩니다. 때로는 오버 투어리즘 문제나 환경문제를 해결하기 위해서 관광객 이용을 제한하는 역발상적이고 극단적인 전략을 채택하기도 합니다. 그리고 전혀 창조를 하지 않고, 자신이 가지고 있지도 않은 남의 문화를 차용하거나 모방하는 전략을 사용하는 경우도 있습니다. 캐나다의 셰익스피어축제나 호주의 엘비스축제 그리고 나가하마의 유리공예 등 문화관광지는 자신의 도시와 전혀 관계가 없는 타문화 자원을 차용해서 매력적인 문화관광자원으로 창조해내기도 합니다. 따라서 문화관광개발자나 기획자는 문화관광자원을 개발하는 데 있어서, 수많은 전략이 있고, 다양한 선택을 내릴 수 있다는 것을 항상 고려하여야 합니다.

표 2-3 도시관광전략

유형	전략의 내용	대표적 사례
보전전략	기존의 가치를 유지하거나 보전하는 전략	• 각종 문화재 및 문화유산 보전, 환경보전 • Honeypot development • 일본의 역사가로 보전 운동 • 각종 사용제한 및 입장금지 • 보행자 없는 거리 • 영국의 온천 마을 베스 • 스페인의 역사도시 톨레도 • 파크 & 버스 라이드[22] • 영국 비미쉬 등 오픈에어뮤지엄
가치강화전략	경제적 가치, 사회문화적 가치, 상징적 가치를 강화하는 전략	• 도로와 보행로의 개선 • 그레이 필드[23]의 리모델링 • 수복형 도시재생

---

22 파크 & 버스 라이드(Park & Bus Ride)는 관광객이 너무 많이 몰려서 교통체증이 심각한 관광지의 부작용을 감소시키기 위해서 관광지구에 자가용 진입을 금지시키고, 원거리에 대형 무료주차장을 조성해서 관광객들이 주차장에 자가용을 주차하고 셔틀버스를 타고 관광지구에 진입하게 하는 제도입니다. 파크 & 레일 라이드(Park & Rail Ride)라는 제도도 있는데, 관광지 인근 역에 대형주차장을 조성하여 관광객들이 자가용을 주차하고, 역에서 열차나 트램을 타고 관광지로 진입하도록 하는 제도입니다.
23 그레이 필드(Greyfield)는 p.23 각주 4의 내용을 참조 바랍니다.

자원발굴전략	사라진 가치를 발굴해서 도시관광자원으로 재창조하는 전략	• 잊혀진 신화를 주제공원으로 창조 • 조선시대 엽전을 시장에서 유통되는 코인으로 재현해서 사용(통인시장)
스토리텔링전략	현재 존재하는 무형의 자원을 유형화하여 도시관광자원화하는 전략	영화마을, 디즈니랜드 등 주제공원, 둘리공원
재생전략	부정적 가치를 개선하여 새로운 자원으로 창조하는 전략	• 독일 졸펜하임 폐탄광 • 영국 테이트 모던 미술관 • 이탈리아 볼로냐 고건축물
차용전략	다른 지역의 성공사례를 도입하여 적용하는 차용전략	• 일본 나가하마 유리공예 • 일본 네덜란드촌 하우스덴보스 • 캐나다 스트랫퍼드 셰익스피어축제 • 호주 파크스 엘비스축제
창조전략	현재까지 전혀 없었던 가치를 만들어내는 전략	• 미디어 아트 • 뉴질랜드 웨어러블 아트 • 우주관광여행
재활성화전략	현재의 기능적인 측면을 활성화하는 전략	• 덴버 16th Street • 벌링턴시의 처치 스트리트 • 상가 기능 재활성화
복원전략	파괴된 형상을 원상태로 복원하고, 원래 없었던 것은 제거해서 원래의 상태로 되돌리는 전략	• 각종 문화재 복원 사업 • 환경오염된 브라운 필드의 환경오염요인 제거와 복원
재개발전략	모두 제거하고 새롭게 쇄신하는 전략	• 청계천 복개 • 기타 도시재개발사업
대체전략	현재의 기능과 가치를 바꾸어서 새로운 대체적 가치와 기능으로 변경하는 전략	빌바오 철강업에서 미술관이라는 문화예술산업으로 대체
보완전략	현재의 기능과 가치에 보완적인 성격의 가치와 기능을 도입하는 전략	한국민속촌에 무용 등 이벤트 프로그램 추가
차별화전략	경쟁 자원과의 가격·품질·디자인·접근성 등을 차별화하여 경쟁적인 우위를 차지하는 전략	• 각종 차별화된 디자인과 브랜드개발 • 차별화된 관광자원의 개발 • 창조적인 기술의 개발
집중전략	개발 노력을 분산시키는 것보다는 경쟁우위를 차지할 수 있는 기회가 있는 특정지역이나 분야에 집중하여 개발하는 전략	• 관광특구나 관광거리와 같은 특정지역을 집중적인 문화관광자원으로 개발 • 특정 세분시장 관광객의 유치를 위한 집중

복고전략	과거의 문화나 풍습, 예술, 정치, 사상, 건축 등을 그리워하고 회귀하려는 전략	• 영국의 비미쉬 오픈에어뮤지엄 • 프랑스의 에코뮤지엄 • 한국의 민속촌, 이집트 아스완 파라오 석조예술 • 미국 산타페 인디언 예술
복합전략	여러 가지 전략을 함께 사용하는 전략	• 위의 다양한 전략을 복합적으로 채용하여 전략을 추진하는 것 • 전통문화와 현대산업의 결합 • 주택·상업·문화·예술 복합건축물개발 • 예술과 산업의 융복합 창조지구 • 크로스오버 예술, 융복합기술 등

제3절
이상적인 도시관광을 실현하기 위한 전략 수단

역사성과 예술성이 살아 숨 쉬는 도시

도시관광개발정책을 계획하고 추진하는 계획가는 다양한 전략과 전략 수단을 활용하여 도시관광지의 가치를 지속적으로 창조해 해당 도시의 경쟁력을 향상시킬 수 있어야 합니다. 관광자원으로서의 경쟁력을 강화시키고, 관광객을 지속적으로 유치하기 위해 문화시설을 주요관광자원으로 개발하려는 사업을 추진할 경우에는, 반드시 관광객의 만족뿐만 아니라 주민과 투자자의 만족와 행복을 동시에 중요시하여야 성공할 수 있습니다. 이런 점에서 지역주민이 행복한 도시는 외래 관광객이 방문하고 싶어 하는 매력적인 관광지이고, 반대로 관광객이 행복한 도시는 주민이 살아가기에도 만족스럽고 행복한 도시가 되는 것입니다. 따라서 도시관광개발사업을 계획하고 추진하는 것은 관광객의 만족과 지역민의 삶의 행복을 실현시키고, 국가의 이미지를 개선하고, 국가경쟁력을 강화한다는 복합적인 목적을 동시에 추구하는 다면적인 전략이어야 합니다. 우리나라의 도시공간은 획일화된 건물들이 조밀하게 밀집되어 있고, 시민들이 가깝게 걸어가서 휴식하고, 즐길 수 있는 문화예술공간과 제3의 장소가 너무도 부족한 상황입니다.

대부분의 도시가 사람들이 정을 붙이기 어려운 숨이 막히고, 장소의 의미를 상실(Placelessness)'[24]한 비인간적인 공간으로 변화하였습니다. 단조롭고 지루한 도시에서 즐겁고 행복할 주민은 없고, 관광객도 없습니다. 아름다운 경관에 감동할 수 있는 심미적인 장소, 놀라움에 경탄할 수 있는 WOW 포인트, 재미있는 놀이가 있는 흥겨운 거리, 아름다운 예술품들이 우아한 감동을 주는 예술화된 장소, 자연 속에 휴식을 취할 수 있는 쉼터, 매력적인 이성들을 마주칠 수 있는 젊음의 거리, 볼거리, 즐길거리, 살거리, 먹을거리가 많은 왁자지껄한 관광지역, 풍요로운 이벤트와 축제가 활기찬 축제의 거리, 인간의 체온과 따뜻한 마음이 담겨 있는 제3의 장소 등 도시 내에 인간적인 체온과 감성이 느껴지는 공간이 다채롭게 조성되어야 합니다. 사람들이 걸으면서 전혀 예측하지 못했던 다양한 주제의 행복한 공간과 흥미로운 이벤트를 만날 수 있는 장소들을 보다 많이 만드는 것이 중요합니다. 도시 내 각종 공원, 미술관, 문화의 거리, 역사와 추억이 살아 숨쉬는 옛길, 문화탐방로, 랜드마크 건물, 공공예술품, 아름다운 가게, 재미있는 이벤트 등 다양한 문화관광공간을 개발하면 관광객이 이용하기도 하지만, 도시민들이 더 많이 이용하며, 도시민이 행복해지는 쾌적공간이 됩니다. 이런 관점에서 도시관광개발은 도시의 잃어버린 매력과 추억이 깃든 감동적인 장소성을 되찾아 주고, 도시민의 삶에 활기를 찾아주고, 자신이 살고 있는 도시에 대해 자부심을 갖게 합니다. 동시에 도시의 매력과 이미지를 개선해서 주민과 관광객 모두를 행복하게 만들어주는 바람직한 사업이라고 할 수 있습니다.

도시관광을 활성화하고 문화관광을 촉진하기 위해서는 미술관이나 메가 이벤트 혹은 주제공원 등을 개발해야 한다고 주장하는 분도 있습니다. 그러나 도시관광은 하나의 전략 수단을 통해서 달성되기 어렵습니다. 다양한 전략 수단이 고려되어야만 합니다. 도시관광개발전략을 구현하는 수단은 계획가에 따라서 다양한 방법으로 고안될 수 있어서 전문적 연구자에 따라서 여러 가지로 분류할 수 있습니다. 우선 '도시가 어떤 특정한 문제를 갖고 있다'라고 인식하고 개선을 추진하는가에 따라서 선택할 수 있는 전략 수단은 다양합니다. 또한 수많은 문

---

24 Ralph, Edward, Place and Placelessness, 1976, 김덕현, 김현주, 심승희 역, 장소와 장소상실, 논형, 2005, p.290.

화관광분야 중에 어떤 분야를 선정하는 것이 효과적 전략일 것인가에 따라 채택할 수 있는 전략 수단들도 많이 달라지게 됩니다. 그리고 투입할 수 있는 재정의 규모와 지역주민의 특성, 지역의 환경, 주민 의견 등 각종 변수들에 의해서 선택할 수 있는 전략적 수단은 다양해질 수 있습니다. 도시관광은 도시를 감동적이고 놀라움과 쾌적함이 있는 살고 싶은 심미적인 도시로 조성하는 것입니다. 단조롭고 삭막한 도시에 역사성과 지역성 그리고 예술성이 살아 숨 쉬는 개성 있는 장소로 변화시키는 것입니다.

본서에서는 <표 2-4>와 같은 11가지 부문의 30가지 수단으로 도시관광 전략 수단을 분류하고, 주요 내용으로 검토해 보았습니다. 이와 같은 다양한 도시관광의 전략 수단은 대중들에게 매력적인 도시의 이미지와 브랜드를 각인시키고, 도시에 대해서 관심과 호감을 갖게 하고, 신뢰하게 하고, 숭배하고, 사랑하는 마음을 갖게 하는 것을 목표로 하고 있습니다. 이를 통해서 도시의 브랜드 로열티(상표충성도)[25]와 강력한 집객력을 갖게 되는 것입니다. 이러한 점에서 도시관광개발을 추진하는 계획가나 행정가는 사전에 사용 가능한 전략적 수단들과 다른 나라나 지방들에서 추진하고 있는 유사사례들을 심층 검토해 볼 필요가 있습니다. 각 전략 수단별 요소에 대한 내용은 이 책의 각 장에서 소개하고 있는 해외사례들을 살펴보며 분석해보고, 이 장에서는 도시관광개발의 소프트웨어라고 말할 수 있는 문화예술부문의 개발전략 수단을 중점적으로 살펴보겠습니다. 11가지 부문의 전략 수단 중에 도시형 리조트, 도시 하드웨어, 생태환경 조성, 교통환경 개선 등에 관한 내용은 이 책에서는 다루지 않고 제외됩니다.

표 2-4 도시관광개발전략 수단

구분	도시관광개발전략 수단	대표적인 개발사례
랜드마크개발	대표성이 있는 랜드마크	프랑스 에펠탑, 호주 오페라하우스, 빌바오 구겐하임 미술관, 싱가포르 멀라이언, 영국 런던 아이, 두바이 버즈두바이 등

---

25 브랜드 로열티(상표충성도)는 고객이 특정 브랜드에 대해서 신뢰하고 사랑하는 마음을 갖게 되어 브랜드 구매를 선호하고, 계속적으로 지명 구매를 하는 것을 의미합니다. 관광객도 특정 도시를 사랑하게 되면, 강력한 관광지 로열티가 형성되고 유독 그 도시를 반복적으로 방문하는 현상이 나타나게 됩니다.

예술	문화예술시설 도입	스페인 빌바오, 영국 테이트 모던, 영국 게이츠헤드, 독일 졸펜하인, 프랑스 퐁피드, 가나자와 21세기 미술관, 영국 밀레니엄 돔, 이탈리아 볼로냐 현대미술관 등
	공공미술 등 예술관광	뉴욕 월스트리트의 명물 돌진하는 황소, 런던 뱅크시의 스트리트 아트 및 각국의 스트리트 아트, 베를린 이스트 사이드 갤러리 등
	공예, 공방거리	미국 산타페 국제민속 아트마켓, 베니스 무라노 유리공예, 볼로냐의 가죽공예, 이집트 아스완 파라오공예, 일본 나가하마 유리공예, 일본 전통공예 주제공원 유노쿠니노모리, 일본 시가라키 도예의 숲 등
	아트 프로젝트	독일 뮌스터 조각 프로젝트, 미국 Federal Art Project, 일본 세토우치 트리엔날레, 일본 에치코 츠마리 대지예술제 등
역사	문화유산	이탈리아 로마, 프랑스 파리, 영국 런던, 일본 교토, 이집트 카이로, 터키 이스탄불, 중국 베이징, 한국 경주 등
	오픈에어뮤지엄 / 에코뮤지엄	스웨덴 스칸센, 영국 비미쉬 오픈에어뮤지엄, 블랙 컨트리 리빙 뮤지엄, 아이언 브릿지 조지 뮤지엄, 미국 윌리엄스 버그 콜로니얼 타운, 프랑스 크뢰조-몽소 에코뮤지엄, 프랑스 방댕 습지 에코뮤지엄 등
	역사문화 테마파크	하와이 폴리네시안 컬츄럴센터, 바르셀로나 스페인촌, 일본 메이지촌, 한국 민속촌 등
	문화유산 네트워크	유럽문화루트, 보스턴 프리덤 트레일, 스페인 산티아고길, 프랑스 낭트 Le Voyage A Nant, 낭트 에스튀아르 아트트레일, 미국 메인스트리트 프로그램 등
주제화	테마거리	각국의 문화의 거리, 미국 코니아일랜드, 핀란드 로바니에미의 산타클로스 마을, 일본 하우스덴보스 등
	주제공원	디즈니랜드, 유니버설 스튜디오, 레고랜드, 프랑스 낭트 기계동물 테마파크, 핀란드 무민월드 등
	스토리텔링	이탈리아 베로나 줄리엣하우스, 캐나다 스트라트포드 셰익스피어축제, 유니버설 스튜디오 해리포터 성, 유럽문화루트들, 일본 역사의 길, 핀란드 산타클로스 마을, 루마니아 브라쇼브 드라큘라
메가 이벤트	축제와 이벤트	일본 기온마츠리, 에든버러 페스티벌, 뉴질랜드 웰링턴 웨어러블 아트, 베니스 가면축제, 아비뇽 연극축제, 브라질 삼바축제 등
	미술축제	베니스 비엔날레, 뮌스터 조각 프로젝트, 홍콩 아트페어, 바젤 아트페어, 일본 에치코 츠마리, 세토우치 국제예술제, 북경 798예술구
	팝음악축제	영국 글래스톤, 미국 우드스탁 음악예술제, 캘리포니아 코첼라 한국 자라섬 재즈페스티벌 호주 파크스시 엘비스 페스티벌, 텍사스 오스틴
	클래식음악축제	오스트리아 잘츠부르크 페스티벌, 오스트리아 브레겐츠 페스티벌, 프랑스 낭트 폴 주르네 등

도시 브랜드 전략	로고, 브랜드, 슬로건, CI	유럽문화수도, UNESCO 창의도시, 아메리카 문화수도, 세계디자인수도, 아랍문화수도, 전통예술도시, 미식도시, 도자기도시 등 유럽문화루트, 음악도시
쇼핑	전통시장 축제시장	스페인 산미구엘시장, 중국 단동 안동옛거리, 일본 가나자와 오마쵸시장, 뉴욕 첼시마켓 등
	관광쇼핑마을	뉴욕 우드버리 커먼스 아울렛, 밸류 리테일, 워싱턴 타이슨즈 코너 등
	쇼핑거리	런던 웨스트엔드, 프랑스 플레이스 벤돔, 뉴욕 소호거리, 타임스퀘어, 5th Avenue 베니스 Celle Larga XXII, 일본 동경 하라주쿠, 일본 오사카 신사이바시, 미국 덴버 '16번가 몰', 미국 버몬트주 벌링턴시 처치 스트리트 마켓플레이스 등
	관광쇼핑 축제	두바이 쇼핑 페스티벌, 말레시아 메가세일 페스티벌, 블랙프라이데이, 중국 광군절
	멀티몰	두바이 멀티몰 두바이몰, 롯데월드 등
도시리조트	도시리조트 카지노, 컨벤션	라스베가스, 마카오, 싱가포르 마리나 베이 샌즈, 말레지아 캔팅카지노 리조트, 베트남 코로나 카지노 푸꾸옥, 중국 마쭈다오 카지노특구, 필리핀 오카다 마닐라 리조트, 한국 제주 신화월드, 한국 롯데월드
도시계획과 디자인	도시계획 기법	미국 도시미화운동, 통합적인 문화계획, 일본 마치즈쿠리, 영국 어반 빌리지, 미국 뉴어버니즘, 컴팩트 시티, 스마트 시티, 플레이어블 시티, 미국 메인스트리트 프로그램, CI 등 상징체계
	도시관광 관련 법 제도	• 도시관광 건축 & 디자인 규정, 도시관광 관련 조례 • 일본 중심시가지 활성화법, 대규모 소매점포 입지법 • 미국의 BID, 관광사업법 • 관광경찰제도 • 관광정보시스템
생태환경 조성	공원 및 녹지	• 각국의 공원과 녹지 그리고 수변위락시설 • 미국 시카고 밀레니엄 파크, 미국 뉴욕 센트럴파크 • 뉴욕 하이라인 파크 • 각국의 어린이 자연학습시설, 관광농원, 관광화원
	수변환경	• 미국 샌안토니오 리버워크, 포틀랜드 수변공원 • 뉴욕 허드슨 수변공원, 관광어촌 • 한국의 한강 르네상스, 해수욕장, 워터파크 등
교통환경개선	관광교통 수단 개발	미국 덴버 '16번가 몰' 무료 셔틀버스시스템(Free mall ride) 보행자도로 개선, 스페인 빌바오의 트램과 보행도로와 자전거도로, 뉴욕 허드슨 수변 전차선로(Light Rail Transit system), 호주 시드니 수륙양용버스(Aussie, Duck), 영국 리버풀 수륙양용버스, 미국 샌안토니오 리버워크 리버택시 등

보행로와 자전거 전용도로 탐방로	빌바오 보행자도로와 자전거 전용도로, 포틀랜드 걷고 싶은 거리 콩그레스 스트리트, 인디애나폴리스 컬츄럴 트레일, 싱가포르 컬츄럴 트레일 등
도시위생환경 개선	빌바오 수질개선 사업, 뉴욕 허드슨강 수변 정화, 오수처리시설, 독일 루르지역 엠셔강의 정화사업, TIPS 등의 탄광 오염물질 제거, 네덜란드 베스터 가스공장 문화공원의 기름오염 제거 등

수익성보다 공익성을 중시하는 도시관광개발

앞에서 살펴본 바와 같이 새로운 도시관광개발전략을 수립하는 전략에는 16가지 요소를 고려할 수 있습니다. 그리고 도시관광개발전략의 수단 역시 30가지 다양한 방법들이 적절하게 이용될 수 있습니다. 그렇다면 다종다양한 전략과 전략 수단이 조합을 이루면서 여러 유형의 도시관광개발 전략 대안을 마련하는 것이 가능해질 수 있습니다. 도시관광개발전략을 수립하기 위해서는 우선적으로 전략 대안을 사전에 조합해보고, 각 대안들이 창출할 것으로 예상되는 효과를 예측하여 측정하고, 비교·평가해야 합니다. 도시관광개발 프로젝트에 투자한 결과 얻게 되는 수익이나 보상 등을 사전에 분석하는 것인데, 각 대안별로 수요예측과 더불어 지역사회의 경제적 효과 등을 고려해서 투입－산출 분석을 해보아야 합니다. 모든 프로젝트에서 수요예측이 잘못되면, 공급이 과잉되거나 공급이 부족이 발생해서 심각한 문제가 발생합니다. 수요예측이 잘못되면, 호텔 객실공급 부족, 도로교통 체증, 식량부족 등 심각한 사회문제를 발생시킬 수 있습니다. 그리고 투입－산출 분석을 할 때는 재무적인 성과를 예측하는 것과 더불어, 사회적 효과, 환경적 효과 등의 비재무적인 효과에 대한 정성적인 분석도 함께 이루어져야 합니다.

도시관광개발사업이 경제적인 수익성은 있지만, 수익 이상의 사회적·환경적 비용을 발생시키는 경우도 있습니다. 반대로 사업의 재무적 수익성은 없지만 비재무적인 사회·문화·환경적으로 긍정적인 효과와 외부 효과를 발생시킬 수 있습니다. 도시관광의 개발은 문화예술의 심미성과 창의성을 통해서 시민들의 삶을 풍요롭게 하고, 정서를 함양하는 정신적인 가치를 가지고 있기 때문에 공공재적인 성격을 가지고 있습니다. 따라서 화폐적인 수익성보다는 시민의 삶을 행복하게 하고, 정서를 풍요롭게 하고 사회를 통합하는 사회적 가치가 더 중요한 의미를 가질 수 있습니다. 더욱이 도시관광개발로 문화예술이 발전하게 되면 답답하고, 지루하던 도시공간이 다양한 볼거리, 놀거리, 살거리, 할거리, 먹거리, 이벤트 등이 확충되어 재미있는 공간이 많아지고, 도시가 아름다워질 뿐만 아니라 도시의 브랜드 가치가 향상되고, 이미지가 개선되게 됩니다. 이러한 문화적 가치와 상징적 가치의 개선 효과는 화폐가치로는 평가할 수 없는 무형적 가치를 발생시킵니다. 한류 효과가 한국의 제조업, 서비스업 등 다양한 부문에 긍정적인 효과를 미친 사례를 경험하였습니다. 이처럼 문화·예술은 도시의 브랜드 가치와 이미지 개선을 통해서 수출증대, 기타 부문의 제품의 부가가치 향상 등 긍정적인 파급 효과를 창출하여 지역경제가 활성화되고, 그 긍정적인 효과가 전산업, 전국가적인 차원으로 파급됩니다. 따라서 도시관광개발의 성과를 예측할 때는 수요예측이나 투입−산출분석과 같은 정량적인 분석도 중요하지만 사회·문화적인 긍정적인 효과도 통합적으로 분석하여야 합니다.

도시관광을 통해서 얻을 수 있는 긍정적인 경제적·사회적·문화적 기대 효과는 다양합니다. 그러나 긍정적인 효과 이외에 젠트리피케이션, 오버 투어리즘, 공해발생 등과 같은 부정적인 효과도 있습니다. 이러한 부정적인 효과는 투입산출분석이라는 재무적인 분석으로는 판단할 수 없는 비재무적인 요소입니다. 정량적인 투입−산출분석만 하면 비재무적인 사회적·환경적 부정적 효과 등에 대해서는 분석할 수 없습니다. 따라서 반드시 정성적인 분석을 통합하여 분석하는 것이 중요한 요소입니다. 또 한가지는 프로젝트의 사업성을 분석할 때, 하나의 변수만을 가지고 분석을 해서는 안 되므로 다양한 변수를 고려하여 민감도 분석을 할 필요가 있습니다. 예를 들면, 경제가 10% 성장한다고 가정하고, 단일 변수로 예상되는 성과를 측정하는 것보다는 경제성장률을 여러 가지 시나리오를 통해서 가정하여 다양한 변수로 분석해보고, 서로 다른 경제적인 상황에서 예상되는 프로젝트의 성과를 비교·분석 해보는 것이 필요합니다.

이후 도시관광 프로젝트의 사업성과 분석의 결과를 가지고, 세미나 워크숍, 공청회, 소셜 픽션[26] 등을 통하여 주민과 투자자, 시민사회단체, 전문가, 지방자

---

26 소셜 픽션(Social Fiction)은 2013년 노벨평화상 수상자인 무함마드 유누스가 주장한 개념입니다. 공상과

치단체 금융기관, 언론 등 다양한 이해관계자[27]들의 의견을 수렴하고, 합의하는 과정을 거쳐야 합니다. 지역주민과의 협의과정에서 가장 중요한 것은 진정성 있는 소통을 통해서 지역주민들에게 공감과 감동을 줄 수 있는 메시지를 전달하는 것입니다. 도시관광개발은 지역주민과 함께 지역의 미래를 상상하고, 지역의 문제를 해결하고 지역사회를 변화시키는 것입니다. 과학적이고 객관적인 데이터 없이 지역주민과 다양한 이해관계자와 논의하는 것보다는 과학적인 수요예측과 사업성평가 결과를 가지고 지역주민과 소통할 때 이해관계자들의 신뢰를 얻을 수 있습니다. 전문적인 논의와 협의를 통해서 갈등과 오해의 소지를 제거하고, 다양한 이해관계자 간에 신뢰관계를 조성하여 합의를 도출하는 것은 어렵고, 복잡한 과정이기 때문에 전문적인 설득과 협상 기술이 요구되는 업무입니다. 지역주민, 지방자치단체, 전문가, 투자자와의 의사소통에 시간과 비용이 많이 소요된다는 것을 사업 초기단계부터 감안하여 충분히 대처해나가야 합니다.

무엇보다도 지역주민의 지역을 사랑하는 마음과 지역활성화를 실현하겠다는 뜨거운 열정이 중요합니다. 한 사람의 열정이 불씨처럼 다른 사람에게 옮겨가고, 이러한 열정들이 모여서 모든 사람의 마음을 모으고, 산불처럼 번져서 강력한 지역력(地域力)을 만들어낸다면 불가능하게만 보였던 어려운 문제들을 해결하게 됩니다. 도시관광 성공의 가장 중요한 요소는 '사람'이고, 특히 그들의 '지역을 사랑하는 마음'입니다. 그리고 도시관광개발의 가장 중요한 목적은 단순히 관광객의 만족이 아니고, '지역주민의 행복'이라는 점을 항상 염두에 두어야 합니다.

학소설이 상상을 통해서 과학과 미래사회를 변화시킨 것처럼 소셜 픽션이라는 상상을 통해서 사회를 변화시키자고 주장하였습니다. 소셜 픽션은 지역주민들이 모여서 지역의 미래를 마음껏 상상하고 사회문제를 해결하는 방법의 하나가 되고 있습니다. HuffPost, Social Fiction: Muhammad Yunus Ask Social Entrepreneurs to Write the Future. June 12, 2013.

27 프리맨(Freeman, 1984)은 이해관계자란 조직의 목표 달성이나 정책에 영향을 주거나 영향을 받는 단체나 개인이라고 정의하였습니다. 즉, 직접적 · 간접적 이해관계를 가지고 있는 개인이나 단체입니다. 그리고 라슨(Larson)은 페스티벌의 이해관계자를 1차적인 이해관계자와 2차적인 이해관계자로 구분하였습니다. 1차적인 이해관계자는 방문객, 지역관광 및 예술산업, 공공기관과 정부, 스폰서, 자원봉사자, 참여 단체와 클럽을 포함시켰습니다. 그리고 2차적인 이해관계자는 호텔, 레스토랑, 지역산업과 무역업체, 미디어(방송, 신문, 잡지)로 구분하였습니다. Larson, M., Managing Festival Stakeholders, In Paper presented at the 13th Nordic Symposium in Tourism and Hospitality Research 4th-7th, November 2004. Denmark: Aalborg.

제4절
지역주민과의 갈등해소전략

갈등은 미리 예방하는 게 최고

도시관광개발사업은 지역주민과 지방자치단체 그리고 투자자 등 이해관계자 간에 원만히 합의가 이루어지고 그를 바탕으로 추진하는 것이 가장 이상적입니다. 그러나 지역주민들은 관광객들이 가져오는 새로운 문화를 싫어하는 경우도 있고, 외지인과의 문화적인 갈등과 환경파괴나 오염이라는 경험하지 못한 위험을 두려워하며 갈등이 발생하기도 합니다. 특히 혐오시설과 비선호시설이 지역에 유치되는 것으로 인식되면 지역이기주의와 더불어 님비(NIMBY, Not In My Back Yard) 현상으로 인하여 갈등은 더욱 심화됩니다. 사람들은 경제적 피해나 부정적 경험을 하게 되는 것을 두려워하여 집단행동이나 실력 저지 등 폭력적인 방법까지 동원하며, 적극적으로 반대를 하게 되는 경우가 많습니다. 대체적으로 도시관광개발 과정에 다양한 이해관계자의 가치, 선호, 이념의 차이나 이해관계 등으로 인하여 다양한 충돌이 발생하기도 합니다.[28]

최근에도 포스코 프랭크 스텔라의 공공미술작품 반대(1996년), 천성산 고속전철 터널 건설 반대(1999년), 청계천 복원사업 반대(2002년),[29] 군산 방폐장 반대 시위(2003년), 용산재개발 반대로 인한 참사(2009년), 강릉 구정골프장 건설 반대(2012년),[30] 새만금 게임시티계획 반대(2012년), 춘천 레고월드 각 주체 간 갈등(2014년), 제주 해군기지 건설 반대(2007년), 서울시 이화동 벽화 훼손사건(2016년), 제주 제2신공항 건설 반대(2018년), 서울 북촌한옥마을 오버 투어리즘 반대(2018년), 제주 선흘리 동물테마파크 반대(2019년), 서울 아현동 기생충 관광지 반대(2020년) 등 다양한 국책개발사업에 대한 지역주민 및 이해관계자 집단의 갈등으로 인하여 국책사업이 중단되기도 한 사례들이 있었습니다. 서로 자신의 이익만을 추구하고, 남의 탓만

---

28 김기형, 공공갈등 관리시스템의 개선방안에 관한 연구, 국가정책연구, 제33권 4호, 2019, p.119.
29 성지은, 청계천 복원사업의 갈등관리 전략분석, 한국사회와 행정연구, 2005, pp.155–177.
30 유재봉, 주상현, 공공갈등 발생요인과 갈등관리방안, 한국자치행정학보, 제30권, 제1호, 2016, pp.443–467.

하고, 배타하는 사회로 변했기 때문에 쉽게 갈등을 해결하기 어려운 지나치게 이기적인 사회가 많아졌습니다. 특히 제주도는 관광과 관련된 다양한 문제들에 대한 갈등이 다수 표출되고 있는 대표적인 지역이 되었습니다.

지역주민은 관광개발계획의 수립과 동 계획의 집행, 그리고 관광지의 운영에 이르는 관광개발사업의 전 과정에 참여하기 때문에 도시관광개발과정에서 지역주민의 협조가 절대적으로 필요하고, 지역주민과 관광개발사업자, 지자체, 투자자 등 이해관계자 간의 갈등이나 지역주민과 관광객과의 갈등 등으로 인하여 발생하는 부정적인 효과를 사전에 방지하거나 줄여야만 성공적인 관광개발이 가능합니다. 극단적인 갈등이 발생하는 경우에는 폭력적인 데모나 지역주민 간의 분열도 발생하기 때문에 엄청난 사회적 비용이 발생할 수 있습니다. 가장 좋은 것은 이해관계자 간의 원만한 합의와 협력이 이루어지는 것입니다. 아니면 사전에 갈등을 예방하거나 중재를 통해서 갈등을 최소화 하고 현명하게 갈등을 해소하는 것이 중요합니다. 그렇지 못하면 용산 재개발사업 추진에서 발생한 참사사건처럼 폭력적인 시위가 일어나거나, 재판을 통한 사법적 해결을 하거나, 강압적인 행정집행이나 진압이라는 강제력을 동원해야만 됩니다. 이러한 갈등해결방식은 경제적, 시간적인 소모뿐만 아니라 심리적, 정서적으로 나쁜 감정을 축적[31]하게 되기 때문에 지역사회에 씻을 수 없는 상처를 남길 수 있어 매우 바람직하지 않습니다.

외국의 지역주민 반대 사례

관광으로 인하여 발생하는 사회문화적인 변화에 대해서는 대체적으로 지역주민과 관광객 그리고 관광개발 주체 간에 심각한 갈등과 반목의 소지가 존재하고 있습니다. 프랑스 파리 주변에 유로 디즈니랜드를 개발하려고 했을 때, 프랑스 국민들은 디즈니화(Disnification)에 대해 극렬한 반대를 했습니다. 오랜 세월이 지나고 나서 당시를 뒤돌아보면 프랑스 국민들이 우려한 것처럼 프랑스문화가 미국문화의 영향으로 디즈니화되지는 않았습니다. 이처럼 새로운 개발에 대한 사람

---

31 이호용, 공공갈등 해결을 위한 국가공론위원회법 제정에 관한 연구, 법과 정책연구, 2013, p.721.

들의 거부반응과 반대는 항상 존재해 왔습니다. 파리에 에펠탑이 건설될 때도 파리의 모든 지식인 그리고 시민들이 격렬하게 반대했었습니다. 만약 당시 프랑스 시민들의 반대로 에펠탑 건설계획이 수포로 돌아갔다면, 오늘날의 프랑스를 대표하는 에펠탑은 존재하지 못했을 것입니다. 이런 사례를 보면 지역주민의 반대가 항상 옳은 것은 아니라는 것을 알 수도 있습니다.

공공미술작품을 설치하는 것에 대해서 지역주민이 반대했던 또 하나의 사례는 1998년 2월 15일 영국 게이츠헤드지역에 설치된 안토니 곰리(Antony Gormley)의 '북쪽의 천사(Angel of North)'라는 공공미술작품입니다. 원래 이 지역은 탄광지역으로 어려운 경제사정과 열악한 노동환경으로 영국 내에서 악명이 높은 낙후 지역이었습니다. 열악한 탄광촌의 광부들이 사용하던 목욕탕 자리에 16억의 예산을 투자하여 조각상을 만든다는 계획이 발표되자, 시민뿐만이 아니라 예술계, 학계 등 모두가 지나친 사치이고, 웃음거리가 될 것이라고 반대하였습니다.[32] 이러한 반대에도 불구하고 시당국은 공청회와 워크숍 그리고 작품모형전시와 디자인 전시회 등을 개최하여 해당 미술작품에 대해서 시민들을 이해시키고, 설득하여 결국은 북쪽의 천사라는 유명한 작품을 설치하였습니다. 이와 같이 공공미술작품은 지역공동체의 사회적 합의에 이르는 일련의 과정이 담겨진 역사적인 내러티브입니다.[33]

그런데 당시 지역주민들이 극심하게 반대한 이 작품은 현재 영국에서 가장 유명한 공공미술작품이 되었고, 영국 동북부 문화를 상징하는 랜드마크의 역할을 하고 있습니다. 또한 가난한 탄광촌 게이츠헤드를 문화의 도시로 재생시키는데 결정적인 역할을 해서 매년 수십만 명의 관광객이 방문하는 세계적인 관광지가 되게 만들었습니다. 이 사례 역시 지역주민이나 심지어는 전문가들의 반대조차도 옳지 않은 경우가 많다는 것을 시사해주고 있습니다. 1898년 프랑스 조각가 오귀스트 로댕이 문학의 거장 오노레 발자크를 모델로 한 작품인 '발자크 상'은 그로테스크 한 형상 때문에 작품 주문자인 프랑스 문학가협회가 작품을 거부하였습니다. 이로 인해서 원래 설치하기로 했던 루브르 궁전 옆 광장에 설치하

---

32 김새미, 영국의 문화주도 재생정책: 리버풀과 뉴캐슬케이츠헤드 사례 비교, 이화여자대학교 박사논문, 2011, pp.203-204.
33 임근혜, 창조의 제국: 영국 현대미술의 센세이션, 지안, 2009, p.291.

는 것이 취소되었습니다. 이보다 더한 사례는 1981년에는 조각가 리처드 세라가 뉴욕시의 연방정부 광장(Federal Plaza)에 '기울어진 호(Tilted Arc)'라는 작품을 설치했는 데, 시민들이 광장을 통과하는 데 방해가 된다고 반대를 하였습니다. 이때 리처드 세라(Richard Serra)는 장소 특정적 미술은 특정한 장소에 맞추어 창조된 작품이라서 장소의 역사성과 정체성이 담겨있으므로 그 장소를 떠나면 작품의 본래 의도, 의미, 개념 자체가 훼손된다고 주장했습니다. 그리고 이러한 이유 때문에 "작품이 놓여진 바로 '그 장소'를 떠나게 되면 파괴되어야 한다"[34]라고 장소 특정적 미술에 대한 유명한 명언을 말했다고 합니다. 작품은 결국 9년에 걸친 법정공방과 공청회 끝에 1989년 법원이 공공의 권리에 손을 들어주게 됨에 따라 작품이 철거되고, 폐기되었습니다. 이처럼 지역주민과의 갈등으로 공공미술작품이 철거된 사건은 공공미술과 장소 특정적 미술에 있어서 표현의 자유와 공공의 권리가 대립하여 발생한 역사적인 사건으로 미술사에 기록되고 있습니다.

1988년에 미국계 중국인 건축가인 I. M. 페이가 설계한 프랑스 루브르 박물관의 유리 피라미드 역시 건설과정에서 시민과 미술평론가들의 적극적인 반대에 시달렸습니다. 파리 시민과 미술평론가들은 1665년 루이 14세가 이탈리아 건축가 베르니니(Bernini)에게 설계하도록 하여 건축한 르네상스양식의 루브르 박물관은 프랑스를 대표하는 역사적인 랜드마크인데, 현대적인 유리건축물이 어울리지 않는다고 주장했습니다.[35] 그리고 피라미드가 고대 이집트의 죽음을 상징하기 때문에 불길하고, 유리의 수가 666개로 666은 요한계시록에 나오는 악마의 수라는 등의 미신적인 반대 이유도 있었습니다. 더구나 중국계 미국인 건축가가 프랑스를 상징하는 루브르 박물관에 손을 대는 것은 신성모독이라는 등 다양한 이유로 결사적으로 반대를 하였습니다. 건축가들은 '디즈니랜드 별관'이라고 조롱하였습니다.[36] 그러나 프랑스 미테랑 대통령과 파리 시장이었던 자크 시라크가 루브르 박물관의 유리 피라미드 건설에 대해서 지지하고 적극적으로 추진하

---

34 권미원, 장소 특정적 미술, 현실문화, 2013.
35 Richard Bernstein, I. M., Pei's Pyramid: A Provocative Plan for the Louvre, The NewYork Times Magazine, November 24, 1985.
36 Rone Tempest, Controversial New Pyramid Entrance to the Louvre Opens in Paris, Los Angeles Times, March 30, 1989.

여 1989년 완공되어 시민들에게 공개가 되었습니다. 그리고 현재는 아시다시피 루브르의 유리 피라미드는 에펠탑 못지않은 파리의 상징적인 랜드마크이자 연간 850만 명 이상의 관광객이 방문하는 파리 최고의 관광명소가 되었습니다.

우리나라에서도 강원도 춘천 중도에 레고랜드를 건설하는 사업이 진행 중에 있는데 중도는 우리나라 최대 규모의 청동기 유적이 발굴된 지역이어서 문화재 관련 학계와 시민들의 강력한 반대에 직면하고 있습니다. 2020년 현재, 도로 건설, 기반시설 조성 등에 막대한 예산을 투입한 강원도의 사업추진에 대한 시민 단체와 문화재 관련 학계의 반대는 해결되지 않고 현재도 진행 중입니다.[37]

1996년 강남구 테헤란로 포스코센터 앞에 세워진 미국 작가 프랭크 스텔라 (Frank Stella)의 '아마벨'이라는 야외조각 작품에 대해 '고철 덩어리', '흉물스럽다', '혐오감을 준다'는 이유로 시민들이 반대하는 사태가 발생하였고 사회적으로 치열한 찬반 논쟁이 벌어졌습니다. 다행히도 논쟁 끝에 결국 프랭크 스텔라의 작품을 계속 설치하는 것으로 결정되었습니다. 요즘은 오히려 아마벨에 야간조명을 투사해서 밤의 꽃이 피어나는 것처럼 보이게 하여 대중들의 사랑을 받는 작품으로 변신했습니다.[38]

그리고 2017년 서울로 7017의 개장을 기념하는 작품으로 서울역 앞에 신발 3만여쪽으로 제작한 슈즈트리라는 작품이 설치되었습니다. 그러나 설치작업을 시작하면서부터 '흉물이다', '세금이 아깝다' 등의 시민들의 비난이 쏟아졌습니다. '악취'뿐만 아니라 파리도 꼬인다는 비난이 작품을 철거하기 직전까지 빗발쳤습니다.[39] 이처럼 공공미술작품은 대중성과 예술성, 공공성 간에 충돌로 인하여 갈등의 주제가 되는 경우가 많이 있습니다.

문화예술을 통하여 경제적으로 침체되고, 정치적 테러의 온상이라는 나쁜 이미지를 가진 스페인 빌바오시의 구겐하임 미술관의 경우에도 건립계획을 추진하는 과정에서 많은 시민들이 반대하였고, 또 지역주민의 의견도 제대로 수렴한 것도 아니었습니다.[40] 아이러니하게도 구겐하임 미술관은 협상과정에서 설립에

이르기까지 지역주민들의 반대에도 불구하고 비민주적이고, 일방적인 정책을 추진[41]한 결과라고 할 수 있습니다. 만약 지역주민이 크게 반대하기 때문에 구겐하임 미술관을 건립하지 못했다면, 오늘날의 세계적 문화예술도시 빌바오는 있을 수 없었을 것입니다.

일본 오오이타 유후인의 경우는 유후인 분지인 이노세토 습지에 골프장을 건설하겠다는 지방자치단체의 계획이 발표되자, 주민들의 골프장 공사 반대운동이 시작되었습니다. 습지에서 생식하고 있는 소중한 동식물을 지키자는 '자연보호'가 주된 반대 이유였습니다. 지역주민들은 '유후인의 자연을 지키는 모임'이라는 단체를 만들어 반대운동을 하여 골프장 건설계획을 무산시켰습니다. 구불구불하고 좁은 길은 그대로 유지하고, 온천이 흐르는 하천, 풀과 나무 그리고 아담한 풍경이 있는 여유로운 산책길을 조성하였습니다. 이렇게 마을의 자연을 지킨 결과 유후인은 "일본에서 얼마 남지 않은 신비한 마을", "주민들의 삶이 여유롭고 아름다운 마을"이라는 매력적인 장소로 평가받게 되었습니다. 그리고 서구화 되고 도시화 된 다른 온천 관광지보다 인기 있는 온천 관광지로 부상하였습니다. 결과적으로 주민들이 아름다운 자연경관을 지키고, 지역의 전통적인 삶의 모습을 지킨 것 때문에 자연이 살아 숨 쉬고, 지역주민의 삶 그 자체가 매력적 관광자원인 "생활관광지"가 되었습니다.[42] 현재는 유후인의 아름다운 자연과 여유로운 온천을 경험하기 위해 방문하는 관광객들이 급증해서 심각한 교통체증을 경험하고 있다고 합니다.

2003년에 우리 정부가 제주도에 국제적인 쇼핑관광단지를 개발하려는 프로젝트는 제주국제자유도시개발사업의 핵심인 7대 선도 프로젝트의 하나였습니다. 당시 미국, 유럽, 일본 등지에서 유행하는 프리미엄형 쇼핑아울렛을 제주도에 조성해 외래 관광객을 집중 유치하려고 하였습니다. 그러나 지역상인들의 지나친 우려와 지역주민의 반대의 벽을 넘지 못한 채 사업을 무한정 지연시키게 되는 사태가 발생했습니다. 결국은 제주도 진출을 검토하던 미국의 유명한 쇼핑아울렛 기업이 제주도 진출을 포기하게 되었습니다. 그 후 제주에 진출하려던

---

41 이은해, 유럽의 전통산업도시에서 문화·예술도시로의 변모: 빌바오 구겐하임 효과에 대한 비판적 고찰, EU연구, 제25호, p.223.
42 木谷文弘, 유후인의 작은 기적, 남한산성 문화관광사업단, p.167.

쇼핑아울렛은 2007년 경기도 여주에 오픈하였고, 연달아 파주에도 추가로 개발되었습니다. 경기도는 쇼핑아울렛을 유치함으로 많은 고용을 창출하고, 지방세수가 증대하는 등 경제적으로 긍정적인 효과를 얻게 되었습니다.[43]

다수가 항상 옳은 것은 아니다

앞에서 살펴본 여러 가지 관광개발 과정에서 발생하는 지역주민과의 다양한 갈등사례를 통해서 지역주민 모두의 동의가 있어야만 한다고 강조하는 논리가 항상 옳은 것만은 아니라는 것을 알 수 있습니다. 대표적인 사례는 1967년 경부고속도로 건설 반대의 경우였는데, 국가예산의 23.6%를 부유층만이 유람길로 사용하는 고속도로 건설에 투자한다면 국가 재정이 파탄난다고 크게 반대를 했습니다. 이 당시 반대는 야당만이 아니라 여당과 심지어 경제기획원과 재무부와 같은 정부 관련 부처들마저 반기를 들었다고 합니다.[44] 고속도로 덕분에 한국경제가 빠르게 발전했다는 것을 전 국민들이 알고 있는 현재, 과거 우리 선배들의 바보 같은 반대를 생각하면 어이없고, 무척 어리석은 반대였다는 것을 알 수 있습니다.

지역주민의 합리적이고 이성적인 반대나 갈등은 비교적 소통하고 설득하기가 쉽습니다. 그러나 비이성적이고 감정적인 반대와 갈등은 설득하거나 협상하기 어렵습니다. 특히 거기에 지역주민의 경제적인 이익이나 정치적인 목적이 개입되어 있는 경우에는 더욱 합의에 이르기 어렵고, 갈등과 반목은 폭력까지 동원되는 사태로 발전하기도 합니다. 최악의 경우는 비이성적인 지역주민이 선동하는 경우도 있고, 지역주민의 반대가 반대를 위한 반대인 경우와 같은 심각한 양상을 보일 수도 있습니다. 특히 다수의 주민들이 순수한 열정을 가진 현명한 집단이라면 좋지만, 상업주의에 오염되고, 부패한 이기주의자들의 집단일 경우 주민 의견 수렴과정에서 오히려 계획의 현명함과 순수성을 오염시킬 수도 있습니다.

---

43 이광희, 문화관광에서 길을 찾다, 2019, 산수야, p.281.
44 한국경제, 국책사업은 반대의 역사, 경부고속도로계획에 "달릴 차도 없는데… 부유층 유람길", 2010년 7월 6일.

다수의 의견이 항상 올바른 것은 아닙니다. 따라서 다수가 사회에서 우선권을 가질 권리가 있다는 다수주의(多數主義)는 다수의 편견과 횡포로부터 소수의 권리를 보호하기 위하여 어느 정도 제한을 둘 필요가 있습니다. 역사를 뒤돌아보면 한 사람 현자의 아이디어가 다수의 대중으로부터 비판을 받거나 심판을 받아 영원히 묻히는 경우가 많았습니다. 심지어 예수나 소크라테스와 같은 시대를 앞서 간 선각자들조차 다수의 폭력 앞에 죽임을 당하기까지도 했습니다. 많은 사람들이 믿고 있는 명제를 참이라고 결론을 내리는 것을 '군중에 호소하는 오류(Appeal to the masses)'라고 합니다. 다수의 믿음이 잘못된 경우도 많이 있음은 간과해서는 안 됩니다.

경영학 인사조직론 교과서에서 가장 좋은 리더십은 어떤 리더십이냐라는 문제에 대해서 천편일률적으로 독재적인 리더십보다는 민주적인 리더십이 가장 좋은 리더십이라고 적어 놓고 있습니다. 그런데 이는 정말 낭만적인 생각입니다. 물론 대다수의 민중이 현명하고, 착한 경우에는 이 말이 정말 옳은 말입니다. 그러나 극단적인 경우이지만 대다수의 민중이 극악무도하고, 끔찍한 범죄자, 사기꾼으로 구성된 교도소 같은 조직에서 민주적인 리더십을 쓰고, 다수결의 원칙에 따라 의사결정을 한다면 최악의 사태에 직면하게 될 것입니다. 다수가 항상 옳다면, 대다수와 다른 생각을 가지고 있는 소수의 약자에게 조직적인 멸시와 폭력을 행사하는 범죄행위까지도 정당화될 수 있습니다. 따라서 그 조직의 구성원이 어떤 사람들인가, 조직의 사회적 환경이 어떤 환경이냐에 따라서 가장 효과적인 리더십의 유형은 다를 수 있습니다. 때로는 다수의 반대가 있다고 하더라도 공익적인 차원에서 꼭 필요한 것이고, 긍정적인 외부 효과가 있는 사업의 경우는 적극적으로 추진할 수 있도록 제도적인 보완을 하는 것이 필요하다고 봅니다.

지역주민이 혜택을 피부로 느낄 수 있어야 한다

도시관광개발에 대한 지역주민의 인식은 존압(John Ap)의 사회교환이론[45]으로

---

45 John Ap, "Residents' Perspectives on Tourism Impacts", Annals of Tourism Research Vol.19, 1992, pp.665–690.

설명할 수 있습니다. 관광에 대한 지역주민의 긍정적인 인식과 부정적인 인식이 발생하는 원인을 관광에 대한 지역주민의 욕구 혹은 기대 수준이 관광으로부터 지역주민이 얻게 되는 편익이나 만족과 비교하였을 때, 관광의 편익보다 지역주민의 기대수준이 높으면 지역주민은 관광에 대해서 부정적인 태도를 보이거나 적극적으로 반대를 하는 갈등이 발생하게 됩니다. 관광으로 인한 편익이 지역주민의 욕구와 기대 수준 이상을 충족시켜 주어야 지역주민의 반대나 갈등이 발생하지 않게 됩니다.

비록 관광으로 인하여 지역사회에서 발생하는 부정적인 영향이 있더라도 관광으로 인하여 얻는 편익이 비용보다 크다고 인식되는 경우에는 관광에 대한 지역주민의 지지와 긍정적인 태도는 유지되는 경우가 많습니다.[46] 반면에 도시관광개발이 환경오염을 초래하거나, 지역 이미지의 훼손, 지역주민의 생활을 침해하는 경우와 같이 부당한 사례로 인식되면, 지역주민이 불만과 분노를 터뜨릴 것입니다.[47] 지역주민의 분노는 무력 반대시위, 부당한 요구, 무례한 태도, 지나친 불친절, 범죄, 관광객에 대한 적대감 등 여러 가지 형태로 나타날 수 있습니다.[48]

지역주민은 도시관광개발로 인하여 공정한 보상이 있기를 기대합니다. 지역주민은 문화관광의 피해자가 되어서는 안 되고, 진정한 수혜자가 되어야 합니다. 따라서 관광개발계획을 수립할 때, 경제적인 편익이 합리적 수준으로 직접 지역주민에게 돌아갈 수 있는 제도적인 대책이 수립되어야 합니다. 지역주민에게 직접적으로 세제혜택을 제공하거나, 관광개발로 인해 발생한 수익을 주민을 위한 교육시설과 복지시설 및 생활환경 개선, 지역주민의 우선고용, 교육비 감면, 생필품 할인제도 운영, 관광지와 관광시설 무료이용제도 운영, 생계비 보조 등으로 지원하는 등 주민들이 관광개발의 수혜를 피부로 느낄 수 있는 제도를 초기계획 단계부터 마련해 놓아야 합니다. 그리고 지역주민들에게 관광개발로 인하여 발생

---

46 Bystrazanowski, J. Tourism a Factor of Change: Socio Cultural Study, Vienna: European Coordination Center for Research and Documentation in Social Science, 1989, pp.191–204.
47 Krippendorf, J., Holiday Makers: Understanding the Impacts of Leisure and Travel, Heinemann, 1987, pp.169–190.
48 Pearce, P., "Social Impact of Tourism", In the Social, Cultural and Environmental Impacts of Tourism, New South Wales Tourism Commission, 1989.

하는 비용과 편익을 사전에 알려주고, 지역주민들이 치러야 할 비용보다는 지역주민들에게 충분한 보상이 돌아간다는 것을 인식시켜야 합니다.[49]

두 번째, 갈등의 예방이 무엇보다 중요합니다. 지역주민들의 갈등은 자신들의 경제적 이권에 피해가 오거나 환경이 훼손되는 것과 같은 미래의 불확실성에 대한 우려 때문인 경우가 많습니다. 흔히 지역주민의 불안은 대부분 부정확한 정보에 기초하고 있는 경우가 많습니다. 따라서 지역주민들의 오해를 풀어주고, 불안을 해소하기 위해서 개발사업 초기단계에 과학적인 수요예측과 사업성분석을 통해서 미래 지역사회에 발생할 수 있는 편익에 대해서 충분하고 정확히 설득하려는 노력을 기울여야 합니다. 그리고 오버 투어리즘이나 관광의 부정적 영향을 사전에 방지하기 위해서 유입되는 관광객 수의 제한, 방문자 예약제도, 파크 & 버스 라이드 제도 도입,[50] 고가 입장료 징수, 음주나 고성방가 그리고 낙서 등의 파괴적 풍기문란 행위를 하는 관광객에 대한 고액 벌금제도 운영, 치안 유지와 관광객의 안전을 위한 관광경찰 제도 도입, 보행자 천국 조성, 정부에서 특정 지역의 부동산을 집중적으로 매입하고 관광객을 그 지역에 집중 유치하여 지역주민과의 접촉을 감소시키는 전략 등을 초기계획단계부터 제도화 하고 지역주민들에게 안전함을 알려주어야 합니다. 그리고 지방자치단체에서 관광객으로 인한 지역주민의 피해를 최소화시키기 위해서 다양한 대책을 강구하고 있다는 내용을 간담회, 세미나, 시나리오 워크숍, 전시회 등을 통해서 지역주민과 이해관계자들에게 적기에 정확하고 충분하게 이해시키기 위한 소통의 노력을 하여야 합니다.

세 번째, 도시관광개발과 마을 만들기를 위한 전문적인 지역인재를 육성하여 지역사회가 가급적 관련 업무를 주도적으로 추진할 수 있도록 하여야 합니다. 그러나 현실적으로 우리나라의 지역사회에 도시관광개발과 문화관광에 대한 전문가가 부족한 상황입니다. 도시관광개발을 장기적으로 추진하기 위해서는 뉴욕의

---

49 Howard Kunreuther, Douglas Easterling, Are Risk-Benefit Tradeoffs Possible in Siting Harzardous Facilities?, American Economic Review: Papers and Proceedings, 1990, p.45.
50 파크 & 버스 라이드(Park & Bus Ride)는 관광객이 집중하는 혼잡한 관광지가 아닌 인근 지역에 대형주차장을 마련하여 자가용 이용객들이 주차를 하고, 관광객 전용버스를 이용해서 혼잡한 관광지에 진입하도록 관광지에 자동차 진입을 통제하는 제도입니다. 경우에 따라서는 인근지역의 철도역에 대형 주차장을 조성하여 자가용 이용객이 주차를 하고, 철도를 이용해서 관광지까지 이동하도록 하여 교통체증을 감소시키고, 환경오염을 최소화하는 방법이 있는데 이를 파크 & 레일 라이드(Park & Rail Ride)라고 합니다.

ABNY(Association for Better NewYork)[51]와 같은 지역주민이 중심이 된 지역발전을 위한 네트워크 조직을 구성하는 것이 중요합니다. 그리고 도시관광개발사업의 전문성을 확보하기 위해서는 지역주민을 대표해서 지역의 도시관광개발을 추진하는 사무국장은 전국 공모를 통하여 채용하는 것이 효과적입니다. 사업의 성과는 리더의 전문성과 카리스마에 달려 있다고 해도 과언이 아닙니다. 전문성은 직무에 적합한 기술, 경험 그리고 능력을 가지고 있는 것을 의미합니다. 특히 창의적인 사업을 하는 조직은 구성원들의 개성이 너무 강해서 참여와 협조를 이루기 무척 어려운 조직입니다. 이런 응집력이 없는 조직을 운영하기 위해서는 카리스마 있는 리더십이 절대적으로 필요합니다. 예술가에게 비전과 영감을 주고, 예술가들이 존경하고, 신뢰할 수 있는 권위적인 명성과 예술적인 리더십(Artistic leadership)[52]을 갖춘 인물을 선정하여야 합니다. 전문성과 리더십이 없는 리더가 선발되면 개성이 강한 문화예술인들을 결집시키고, 설득하고 통제할 수 없게 됩니다. 예술적인 리더십과 카리스마를 갖춘 리더를 찾기 어렵기 때문에 스타 예술감독 한 사람이 전 세계 여러 곳의 비엔날레를 감독하기도 합니다. 전문성과 예술적인 리더십을 갖춘 리더는 사업성공의 성패를 좌우할 정도로 중요합니다. 이처럼 지역사회 주민들이 중심이 되어 사업을 추진하면 관 주도의 일방적인 개발이 아니기 때문에 공권력에 대한 거부감도 감소시킬 수 있고, 신뢰감을 조성하여 주민들의 적극적인 참여를 유도할 수 있습니다.

네 번째, 지역주민들이 타인의 행복을 위해 기여하고, 협동하고 헌신하려는 사회적 관심을 갖는 것이 공동체 의식입니다.[53] 공동체 의식과 남을 배려하는 마음이 중요한데, 이는 선천적으로 타고나기도 하지만 지속적인 교육과 홍보 그리고 소통으로 함양될 수도 있습니다. 지역주민들이 남을 배려하는 마음 그리고 지역을 사랑하는 마음이라는 공동체 의식을 가지고 있어야만 도시관광개발에 적극적으로 참여하게 됩니다.[54] 이러한 이유에서 지역주민들이 공동체 의식을 함

---

51 ABNY Homepage https://abny.org/

52 Greg Richard & Robert Palmer, Eventful Cities, Elsvier, 2010, pp.131-135.

53 당인숙, 류진아, 농촌 마을 만들기 참여주민의 공동체 의식 영향요인, 농촌지도와 개발, Vol.24, No.4, 2017, p.267.

54 Brodsky, A. E., O'Campo, P. J. & Aronson, R. E., PSOC in Community Context: Multi-Level Correlates of Measure of Psychological Sense of Community in Low-Income,

양하고, 문화관광에 대한 전문가로 성장할 수 있도록 온라인교육과 오프라인교육, 그리고 세미나 등 전문가를 양성하기 위한 교육 프로그램과 자격증 제도도 지속적으로 개발하고, 추진하여야 합니다. 지방정부는 교육 프로그램의 개발과 연구를 위한 제도 및 행정적, 재정적 지원체계를 적극적으로 마련해야 합니다.

다섯 번째, 갈등은 초기에 수습되지 않으면 해결이 용이하지 않고, 장기화 될수록 감정이 개입되어 물리적 충돌까지 이어집니다.[55] 따라서 갈등을 예방하기 위해서 최선의 노력을 했는데도 불구하고, 갈등이 발생한다면 초기단계에 적극적인 조치를 취해야 합니다. 사회적인 신뢰를 받을 수 있는 법률가, 전문가, 학계인사, 지역주민, 시민단체 대표 등으로 구성된 독립성과 중립성을 지닌 갈등해결위원회[56]를 조례로 설치하여, 이해관계자들 간의 갈등을 조정하고, 개발여부에 대한 최종 합의를 중재하거나, 간접투표 형식으로 개발여부를 결정하는 조직과 제도를 마련해야 합니다.

여섯 번째, 갈등해결위원회의 중재와 최종결정에도 불구하고, 불복하거나 불이행시에는 벌금 등의 불이익을 주거나, 강제진압 혹은 강압적인 행정집행 등 강제력에 의한 갈등해결을 할 수 있도록 제도화하여야 합니다. 갈등이 발생하면 지방자치단체와 지역주민 사이뿐만 아니라 지역사회 주민 내부에서도 찬성과 반대로 나뉘어 갈등이 지속되게 됩니다. 결국 갈등이 모두 해결된 이후에도 지역사회에는 치유하기 어려운 마음의 상처들이 남을 수 있습니다. 지역주민들이 다시 서로를 신뢰하고 존중하는 공동체 의식을 회복하도록 만드는 것이 중요합니다.[57] 따라서 갈등이 있었다면 지역사회가 다시 화목하고, 건강한 공동체로 회복될 수 있도록 치유책을 마련하는 것이 중요한 과제입니다.

Urban Neighborhoods, Journal of Community Psychology, 27(6), 1999, pp.659-679.
[55] 유재봉, 주상현, 공공갈등 발생요인과 갈등관리 방안, 한국자치행정학보, 제30권 제1호, 2016, p.459.
[56] 지방자치법 제116조에 의하면 "지방자치단체는 그 소관 사무의 일부를 독립하여 수행할 필요가 있으면 법령이나 그 지방자치단체의 조례로 정하는 바에 따라 합의제행정기관을 설치할 수 있다"라고 명시되어 있습니다. 중앙정부차원에서는 국무조정실에 갈등관리정책협의회와 행정협의조정위원회를 설치하고 있고 행정안전부에 중앙분쟁조정위원회와 지방분쟁조정위원회를 설치·운영하고 있습니다. 또한 전해철 의원이 대표발의한 국가공론위원회의 설립 및 운영에 관한 법률안이 국회에 계류 중입니다.
[57] 최문형, 정문기, 공동체 의식이 주민참여에 미치는 영향: 서울시를 중심으로, 한국정책학회 추계학술대회 자료집, 2014, p.33.

3장

한국관광은 어디로 가고 있나

제1절
한국관광은 왜 뒤처졌나?

만성적인 관광수지적자, 한국관광 어디로 가고 있나?

2018년 한국관광은 믿기 어려운 통계수치로 인하여 충격에 빠졌습니다. 2018년 방한 외래 관광객이 1,535만 명인데, 내국인 해외여행객 수가 2,869만 명으로 방한 외국인 관광객 수를 크게 앞질렀습니다. 2018년 기준 추정인구 5,100만 명인 한국은 내국인 해외여행객이 2,869만 명으로 전체 인구대비 약 56%가 해외여행을 나가고 있습니다. 이로 인해 2018년 기준으로 한국은 국제관광수지 적자가 146억불(약 15조 원)에 이르는 심각한 상황에 놓이게 되었습니다. 공식적인 통계에 나타난 국제관광수지 적자가 15조 원이지만 내국인들의 해외여행 소비성향으로 볼 때 이보다 더 많은 관광적자가 발생하고 있다고 볼 수 있습니다. 인구 5,100만 명 중 50% 이상의 국민들이 해외여행을 하고 있는 유례를 찾아보기 힘든 엑소도스 같은 현상이 최근 들어 국제관광분야에서 계속 발생하고 있습니다. 2018년 기준 1억 2,718만5천 명의 인구를 가지고 있는 일본의 경우, 해외여행객이 1,895만 명으로 인구대비 약 15%가 해외여행을 하고 있습니다.

반면 일본은 2019년 방일 외국인 관광객이 3,188만 명에 달하고, 방일 외국인 관광객의 지출액은 4조 8113억 엔에 이르고 있습니다. 방일 관광객의 증가로 인하여 2019년도 일본의 국제관광수지 흑자는 2조 6,350엔[1](2018년 약 17조 8,600억 원)으로 전년대비 9.1% 증가하는 성과를 달성하였습니다. 2019년 한국의 관광수지 적자가 147억불(2018년 146억불 약 15조 원)이라는 것과는 크게 대조되는 상황입니다. 일본은 관광흑자 추세가 계속되고 있으나 한국은 관광적자가 계속 증가하고 있는 안타까운 실정입니다.

코로나 19로 인하여 2020년 일본 동경하계올림픽이 2021년으로 연기되었습니다. 그런데 원래 일본은 동경하계올림픽이 개최되는 2020년에는 방일 외래 관광객 4,000만 명 유치, 외래 관광객 소비 8조 엔을 목표로 하고 있었습니다. 그리고 2030년에는 방일 외래 관광객 6,000만 명, 외래 관광객 소비액은 15조 엔을 정책목표로 세우고 노력해 나가고 있습니다. 일본이 2030년에 인바운드 외래 관광객 유치목표 6,000만 명을 달성한다면, 일본은 2018년 기준 입국 외국인 관광객 8,000만 명 이상을 유치하고 있는 프랑스(8,681만 명)나 스페인(8,178만 명) 그리고 미국(7,586만 명), 중국(6,074만 명)과 같은 관광대국으로 우뚝 올라서게 됩니다. 매우 부러운 상황입니다. 오죽하면 이러한 현상에 대해서 2018년 시사저널은 "한국관광은 '왜' 이렇게 일본에 뒤처졌을까"[2]라는 제목의 기사를 보도하기도 하였습니다.

우리나라는 일제강점기라는 불행한 역사를 가지고 있기 때문에 일본에 대해 썩 좋은 감정을 가지고 있지 않습니다. 그래서 일본이 어떤 분야에서든 잘하고 있다는 표현을 보면 상당히 불쾌하게 생각하는 것이 우리의 정서입니다. 그러나 이웃 경쟁국가의 장점에 대해서 객관적으로 분석해보고 일본을 극복할 수 있는 우리의 발전전략을 수립하는 것은 중요한 의미를 가지고 있습니다. "지피지기(知彼知己)면 백전불태(百戰不殆)"라는 말이 있습니다. 손자병법에 나오는 말로, '적을 알고 나를 알면 백번 싸워도 위태롭지 않다'는 뜻입니다. 일본이 우리가 극복해야 하는 경쟁국이라면 우리는 일본의 장점을 분석해보고 우리의 단점을 비판적인 시점에서 분석해야만 어떻게 그들을 이길 수 있는지 길을 찾을 수 있습니다.

---

1 교토뉴스, 2020년 2월 10일.
2 김종일, 조유빈, 한국관광은 '왜' 이렇게 일본에 뒤처졌을까, 시사저널, 2018년 9월 21일.

이 장에서는 한국관광은 왜 이렇게 일본관광에 뒤처졌는지, 한국과 일본의 관광 정책을 살펴보고, 그 원인을 살펴보고자 합니다. 일본이 우수하다는 것이 아니라 일본관광정책을 세밀하게 분석해보고 타산지석으로 삼아 한국을 세계 최고의 문화관광 강국으로 만들자는 것이 분석의 목적입니다.

한국 관광객이 해외로 탈출하듯이 떠나가는 이유

휴가, 휴식, 견학, 여가선용 등 각종 이유로 외국 여행을 떠나는 한국인 관광 행렬의 선두에는 정치인, 공무원 등 사회지도층 인사들에서부터 어린 학생들까지 총망라되고 있습니다. 이제 우리 국민 모두가 여행을 나간다면, 당연히 해외로 가야 하는 것으로 생각하고 있는 것처럼 지나칠 정도로 해외여행에 참여하는 이상 현상이 나타나고 있습니다. 특히 정치인들이 국민의 혈세로 선진국 견학이라고 하며 매년 반복적으로 해외로 나가는 것을 되풀이하면서, 고질적 사회문제의 하나로 언론에 자주 지적되기도 합니다. 정부는 우리 국민들이 지나칠 정도로 해외여행을 떠나고 있는 배출요인(Push factor)[3]을 분석해서 원인을 파악하고 대책을 마련해야 합니다. 그리고 내국인 관광객들을 유치하고 있는 외국관광지의 유입요인(Pull factor)[4] 분석을 통해서 해외 관광객들을 국내로 유치할 수 있는 대안을 마련해야 합니다.

2017년 일본관광백서를 살펴보면 방일 외국인 관광객 수 1위는 중국으로 736만 명(전체 방일 관광객의 25.6%)으로 나타났습니다. 그런데 놀랍게도 2위는 한국으로 714만 명(전체 방일 관광객의 24.9%)으로 나타났습니다. 중국인구는 2018년 현재 14억 명이 넘는데 그 중 736만 명이 일본을 방문[5]했습니다. 그런데 한국 인구는

---

3 배출요소(Push factor)는 사람들이 자발적으로 혹은 체제 시 위험하기 때문에 특정장소로 이동하게 하는 요소입니다. 사람이 특정장소로 이동하는 이유는 상황에 따라 다르지만 갈등, 가뭄, 경제적인 어려움, 실업, 인종과 종교 차별, 정치적인 불안, 환경오염 등이 있습니다. 관광의 경우에는 국내관광자원의 부족, 기후, 환경오염, 정치적 혼란 등의 요소가 배출요소가 될 수 있습니다. 이용근, 페이스북 강의자료, 2020.

4 유입요소(Pull factor)는 사람들이 거주지를 떠나 특정장소로 이동을 하도록 하는 요소로 집객력(集客力)이라고 표현할 수 있습니다. 이에는 매력적인 관광자원, 쾌적한 어메니티, 경제적 풍요, 문화예술의 심미성 등의 다양한 요소들이 있습니다. 표성수, 추진요인(Push factor)과 유인요인(Pull factor)의 관계를 활용한 관광시장 세분화에 관한 연구, Tourism Research, Vol.34, 2012.

불과 5,100만 명인데, 일본을 방문하는 한국인 해외 관광객 수가 14억 중국인들과 별반 차이가 없는 것입니다. 이렇게 외국으로 탈출하듯이 떠나서 관광을 즐기고 지출을 하고 있는 50% 이상의 한국인 해외 관광이 다소라도 줄어들게 하거나 국내관광지로 발길을 돌리게 하는 방안이 정부차원에서 국제관광수지 만성 적자 해소를 위해 시급히 추진되어야 할 필요가 큽니다. 우리나라 형편에서 과도한 국제관광수지 적자가 지속되는 것은 결코 바람직하지 않기 때문입니다. 한국인들이 왜 그렇게 많이 해외여행을 떠나고 있는가에 대한 심층적인 원인 분석과 효과적인 대책 추진이 절실하다고 봅니다.

한국인이 해외여행을 선호하는 원인은 다양하겠지만 일단 저가 항공으로 인해 해외여행 비용이 저렴해졌습니다. 가장 중요한 것은 국내관광지들이 볼거리나 쉴거리, 즐길거리가 별로 없고, 터무니없이 비싼 관광지 물가와 숙박비용 등으로 인해 국내관광지보다는 해외로 여행을 가는 것이 더욱 가성비가 높다고 생각하는 것이 첫 번째 원인이라고 할 것입니다.

두 번째는 그동안 정부에서 여러 가지 관광개발계획을 발표했지만, 장밋빛 청사진처럼 제대로 개발된 관광지들이 별로 없다는 점입니다. 이에 따라 외국인은 물론이고, 내국인도 선택할 만한 우수한 관광지들이 거의 없고, 그나마 국내관광지를 선택하면, 교통 혼잡과 환대서비스 미흡 등 여러 가지 불편을 겪기 쉽다는 점입니다. 이런 이유 때문에 국내관광보다는 외국으로 여행을 나가려는 내국인들이 많게 됩니다.

세 번째는 홈쇼핑TV 등에서 초저가형 해외여행 상품을 대량 판매하고 있고 여행업체들이 무분별한 초저가 상품을 개발해 덤핑 판매하여 너도나도 해외여행을 나가도록 유도하고 있습니다. 이러한 초저가 여행상품은 대부분 품질이 열악하고, 옵션 등의 추가비용을 현지에서 추가로 받아내고 있습니다. 이렇듯 쇼핑수수료와 옵션을 통해서 적자를 메우는 해외 여행상품들이 별다른 제재 없이 마구 판매되고 있는 현실이 심각한 지경입니다.

우리나라와 유사한 문제점을 가지고 있는 중국의 경우에는 2013년 10월 관광객을 보호하고 중국인의 여행권을 보장하기 위하여 윤리적 관광과 관광사업의

---

5 日本 觀光白書, 2018, p.22.

사회적 책임을 명시한 새로운 관광법을 시행하고 있습니다. 그 중 "관광사업자가 관광객에게 제공하는 정보는 진실하고 정확하여야 하고 허위나 오해의 소지가 없어야 한다"는 제32조 법조항은 관광사업자가 관광객에게 진실한 정보를 제공하여야 한다는 의무를 명시하고 있습니다. 또 "여행사는 관광활동을 조직하거나 관광객을 유치하면서 터무니없이 낮은 가격으로 관광객을 유인하거나, 쇼핑을 주선하거나 추가결제가 필요한 관광서비스를 제공하면서 리베이트 등의 불법적인 이득을 얻는 것을 금한다"[6]라는 제35조 법조항은 현재 한국관광이 당면한 저가 저질 여행상품을 금지할 수 있는 좋은 벤치마킹 대상이라고 할 수 있습니다. 우리나라에서도 국내외 관광을 떠나는 이용객들의 정당한 권익을 보호하고 관광시장 질서의 규제와 관광서비스산업의 건전한 발전을 위해서 저가·저질 여행상품을 규제하기 위한 법적, 제도적 조치가 강력히 가동되어야 할 것입니다.

네 번째는 익명성이 보장되는 외국에서 자유롭게 휴식을 취하고 싶은 국민들의 심리가 또 하나의 요인일 것으로 봅니다. 해외로 떠나는 내국인 관광객들의 여행 동기와 심리, 여행 실태, 소비 행태 등에 대해 좀 더 깊이 있고 과학적인 조사연구가 이루어져야만 내국인 해외 관광객을 국내관광지로 돌릴 수 있는 바람직한 관광개발전략을 제대로 수립할 수 있을 것입니다. 정부기관의 관련 조치가 조속히 이루어지길 바랍니다. 우리나라의 국제관광수지 만성적자를 조금이라도 줄이고, 방한 외래 관광객을 늘리게 하기 위해서는 관련 조사연구와 동시에 방한 외국인 관광객(Inbound) 유치를 위한 창의적 관광개발과 효과적인 관광마케팅 활동에 정부 투자가 늘어나야 할 것입니다.

사실 우수한 관광개발과 관광마케팅이라는 두 가지 측면에서 한국관광은 모두 미흡한 게 사실입니다. 한국관광의 실정에 대해서 비판적인 언론 매체 기사들의 제목을 살펴보면 한국관광의 현주소를 잘 알 수 있습니다. "관광으로 돈벌기를 포기한 나라 한국", "먹거리 팔거리 놀거리 볼거리 없는 '4무 한국관광'", "새로움 부족한 한국", "돈 쓸 곳 없는 한국", "즐길 것 없는 한국" 등의 신문기사 제목이 그런 사실을 말해주고 있습니다. 현재 한국관광의 현주소를 짧은 문장 하나로 이토록 잘 표현한 것은 거의 없을 것 같습니다. 해외에서 외국인 관

---

6 UNWTO, Global Report on Shopping Tourism, 2014, pp.22－23.

광객을 힘들게 유치해놓고도 제대로 보일 것도 없고, 즐기게 할 것도 없고, 먹일 것도 없으며 팔 것도 없는 '4무(無) 관광'이 바로 요즘 한국관광의 민낯입니다.[7]

이처럼 위기에 처한 한국관광의 실상을 빠르게 타개하며 세계적 수준의 관광상품을 전략적으로 개발해 관광적자를 줄이고, 국내관광산업이 국가경제와 사회발전에 제대로 기여하는 효자산업으로 변하기 위해서는 무엇보다도 정부가 나서서 특단의 정책을 마련해야 합니다. 관광산업분야는 공익성이 강하고, 민간부문의 역량이 아직은 미약하여 정부가 나서지 않으면 효과가 잘 나타나지 않을 것이기 때문입니다. 관광자원과 고부가가치형 상품개발을 위한 투자활동 그리고 효과적인 관광홍보마케팅, 숙박업, 이용시설업 등 업종별 경쟁력 제고 등에 대한 획기적인 관광정책과 관광전략의 마련과 집행이 시급합니다. 이를 위하여 우선적으로 그런 혁신적 정책과 전략개발과 추진을 전담할 특수행정조직이 가동될 필요가 큽니다. 예를 들어, 문화체육관광부, 국토교통부, 농림부, 해양부, 환경부, 행안부 등 관광 관련 업무를 담당하는 각 중앙부처의 관계공무원들과 지방자치단체 공무원 및 관련 기업가와 잠재투자가, 전문가 등으로 구성된 특별 관광행정조직을 대통령 직속에 설치해놓고 강력히 운영되도록 하는 조치가 필요합니다. 그들에게 종합적 관점에서 범정부적 관광정책과 전략개발 과제를 부여토록 하고 정부부서 간 시너지 효과의 발생이 극대화되도록 조정과 통합의 권한과 책임을 부여해주는 것이 효과적일 것입니다. 그와 같은 특수행정기관이 조속히 활동하여 범정부적 관광혁신정책의 추진 과제를 시달하고, 그 추진을 독려하며 관련 법령제도를 개선하는 등의 조치가 이루어지면 분명 한국의 관광시스템은 대외경쟁력과 활력을 되찾게 되고 국민들의 행복과 국가번영에 충분히 기여하게 될 것으로 생각합니다. 그러면 이웃 일본의 성공을 부러워만 할 필요가 없게 되고, 해외로만 나가는 내국인 관광객을 국내로 유치하여 해외여행과 국내여행이 균형을 이루게 될 것이고, 명실상부한 관광보국을 실현할 수 있을 것으로 봅니다.

---

7 박병원, "관광으로 돈 벌기를 포기한 나라, 한국", 한국경제신문, 2016년 10월 3일.

제2절
일본은 어떻게 관광흑자국으로 돌변했나

방일 관광객 2,800만 명 시대의 일본관광정책

일본을 방문하는 방일외국인 관광객이 급증하고 일본의 관광산업이 호황을 누리게 되게 된 것은 결코 우연이 아니라고 봅니다. 일본은 관광을 국가 핵심전략으로 삼고, 아베수상을 중심으로 강력한 정책을 추진하기 이전인 2014년까지 지속적으로 관광수지 적자가 발생하는 나라였습니다. 그런데 일본정부가 관광정책을 강력하게 추진하기 시작한 2015년부터 관광수지가 1조 902억 엔 규모의 흑자를 기록하면서 갑자기 일본은 관광수지 흑자국으로 변화하였습니다. 이는 그동안 일본정부가 아베수상 집권 이전부터 행정수반의 진두지휘 아래 중장기적으로 추진한 관광정책들의 명백한 성과라고 평가할 수 있습니다. 이하에서는 이러한 관점에서 일본이 추구해온 관광정책들에서 한국의 관광정책이 배워야 할 점을 살펴보고자 합니다.

2003년 1월 당시 일본의 고이즈미 내각총리대신은 국회 시정방침연설에서 국제교류의 증진과 일본경제의 활성화라는 관점을 토대로 관광입국정책을 제창하고, 관광입국 간담회를 설치합니다. 관광입국간담회에서는 '거주하기 좋고 방문하여 좋은 국가 조성'을 부제로 채택하고 관광과 지역진흥을 결합하는 관광지 조성정책을 확대하게 됩니다.[8] 동 간담회의 보고서에서 개성이 넘치는 지역의 매력을 확립하는 것을 목표로 관광거리 조성과 '일지역 일관광(−地域−觀光)'의 창조를 도모하게 됩니다. 그리고 2003년 방일 외국인 관광객을 두 배로 늘리기 위한 '비지트 재팬 캠페인(Visit Japan Campaign)'을 시작했습니다.[9] 또한 관광을 국가적으로 중요한 정책대상으로 중시하기 위하여 2006년 관광기본법을 전면적으로 개정하여 관광입국추진기본법을 제정하며, 관광입국을 표방하였습니다. 그리고

---

8 권병욱, 권동극, 일본의 관광정책과 지역활성화−나가하마의 사례를 중심으로, 관광연구, 제21권 2호, 2006, p.178.

9 조선일보, "5년새 3배로... 日, 외국인 관광객 3000만 명 돌파", 2018년 12월 20일.

동법에 근거하여 관광입국추진기본계획이 추진되었습니다.

그 후 2008년에는 국토교통성의 일개 국에 불과했던 관광국을 관광정책을 종합적으로 추진할 수 있는 관광청으로 확대시켰습니다. 관광전문 행정기관이 일본 내각에 설치된 것입니다.[10] 2020년 현재 우리나라는 문화체육관광부 내 관광국이 국가관광정책을 전담하고 있고, 청와대 대통령비서실에는 오랫동안 지속되던 관광전담비서관제가 폐기되고 있습니다. 이런 측면을 보면 안타깝지만, 관광을 바라보는 정책당국자들의 시각에 일본과 한국은 많은 차이가 존재하고 있는 것 같습니다. 우리가 관광을 하대하고 있는 것과는 달리 일본은 지역개발에 있어서도 관광의 중요성을 크게 인식하고, 정책의 대전환과 더불어 관광국에서 관광청으로 관광행정조직을 확대개편하며, 법령제도를 크게 확충·개선하는 일들을 꾸준히 추진했습니다.

그 후 아베수상이 들어서자 아베노믹스를 천명하며, 2013년도 외래 관광객 유치로 내수를 살리겠다는 관광입국(觀光立國)을 정책목표로 확고히 하고, 총리주재 관광입국각료회의를 신설하였습니다.[11] 일본은 아베수상이 관광입국각료회의를 매월 직접 주재하며 관광동향을 점검하고, 외국인 관광객 유치정책을 직접 지휘하고 있다고 합니다. 행정수반인 수상이 직접 나서서 관광정책과 관련 전략과제들의 추진을 점검해가고 있기 때문에 관련 부처와 민간업계가 긴밀히 협력하며 시너지 효과를 강하게 낼 수 있었던 것입니다. 그리고 부처 간의 원활한 업무추진을 위해 국토교통성 대신을 본부장으로 하고, 각 부처의 부대신으로 구성된 관광입국 추진본부를 설치하여 운영하고 있습니다.[12] 아베수상이 관광입국을 위해 선두에 서서 진두지휘하고 있기 때문에 전체 행정부가 일사불란하게 움직일 수밖에 없고, 전담 행정기관을 관광청으로 승격하였기 때문에 관련 정책의 추진력이 크게 늘어나게 된 것은 당연한 결과입니다.

10 조아라, "일본의 관광입국정책동향", 문화관광저널, 2015년 3월 6일.
11 이데일리, 관광, 일본서 배워라 - 아베식 실용주의, 관광이 경제를 살렸다, 2018년 11월 22일.
12 트레블 데일리, "일본관광정책 일본인바운드정책 및 시장사례 연구", 2017년 12월 17일.

국가소멸의 위기를 관광입국으로 돌파한다

2014년 5월에는 2040년까지 일본 전국의 지방 기초단체 1,799곳 중에 절반이 인구 감소로 인하여 소멸할 가능성이 있다는 마스다 히로야(增田 寬也) 총무상의 보고서가 발표되었습니다.[13] 이 보고서는 일본사회에 큰 충격을 주었고, 지방의 인구감소를 극복하고, 지방창생을 이룩하는 것이 중요한 정책적 과제로 대두되게 되었습니다. 이에 대한 일본정부의 대응책은 신속했습니다. 보고서 발표 4개월 후인 9월에 총리 직속 내각부에 마을·사람·일 창생본부를 신설하고, 개각을 통하여 지방창생 장관직을 신설하였습니다. 그리고 연말에는 지방에 일자리를 창출하고, 인구를 유입하는 선순환 구조를 구축하기 위한 지방창생 장기비전과 5개년 종합전략을 수립하였습니다. 아베수상은 "관광은 일본 성장전략의 큰 기둥"이고 "지방창생의 기폭제이며, 결정적인 수단"이라고 강조하였습니다. 결국 일본은 지방의 인구감소, 지역경쟁력의 상실을 우려하여 그 대응책으로 관광산업을 집중 육성하고 있는 것입니다.

그리고 2015년에는 아베수상이 의장인 '내일의 일본을 뒷받침하는 관광비전 구상회의'를 출범시켰습니다. 그 후 중국인 등에 대한 비자발급 완화, 외국인 면세점 확대, 민박 허용, 크루즈선 항만 우선 사용 등 관광분야의 각종 규제를 완화시켰습니다. 또한 외국인 관광객을 위한 11개의 광역관광 주유루트를 선정하였고, 2020년까지 농어촌 체류형 관광지역을 500개로 증대시킬 계획을 세웠다고 합니다. 일본은 최근의 이런 계획들이 수립되기 훨씬 이전인 2003년부터 관광입국간담회를 통하여 관광거리조성과 일지역 일관광(一地域一觀光) 창조를 위한 계획을 추진해오고 있었습니다. 또한 1970년대부터 일본 역사가도[14](역사가도협의회), 일본 풍경가도[15](국토교통성), 장거리 자연보도[16](환경성), 로맨틱가도[17] 등 다양한 관광

---

13 중앙일보, "아베의 지방창생 도전... 관광수입이 반도체 수출 넘었다", 2019년 5월 21일.

14 1988년 발표되고 1991년에 역사가도 추진협의회가 발족되었습니다. 현재 4개의 메인루트와 3개의 네트워크 루트로 구성되어 있습니다. 일본 역사가도 홈페이지, https://www.rekishikaido.gr.jp 2020년 2월 15일 검색.

15 2007년 9월에 시작된 풍경가도는 전국에 총 142개 루트가 등록되어 있습니다. 풍경가도 홈페이지, https://www.mlit.go.jp/road/sisaku/fukeikaidou/index-map2.html 2020년 2월 15일 검색.

16 1970년 동해 자연산책로의 정비에서 시작하여 8개의 자연산책로가 정비되어 있고, 자연산책로 정비가 완료되면 총연장은 약 27,000Km입니다. 장거리 자연보도 홈페이지. https://www.env.go.jp/nature/nats/shizenhodo/index.html 2016년 8월 9일 검색.

17 독일의 로맨틱가도에서 개념을 형성한 가도입니다. 나나노형 우에다시보다 카루이자와쵸를 지나 군마현 쿠

루트를 개발하여 일본의 문화와 정신을 소개하고 있습니다. 그리고 고향역사의 광장, 주요 전통적 건축물보호지구, 역사적 풍토보존구역, 국제교류촌, 국제관광 모델지구, 국제회의 관광도시 등 관광자원을 차별화시키기 위한 전략을 중장기 적으로 꾸준히 추진하고 있습니다. 지역주민이 중심이 되어서 다양한 지역 만들기, 관광거리 조성하기, 관광루트의 개발과 관리를 통해서 일본 전역이 다채로운 매력이 넘치는 관광지로 가꾸어져 나가고 있다는 점이 부러운 지경입니다. 이러한 프로젝트들을 살펴보면 일본이 최근 관광적자국에서 관광흑자국으로 변화된 것은 갑자기 일어난 우연한 현상이 결코 아니라는 사실과 오랫동안 중장기 적 관점에서 꾸준히 추진해온 정책들이 결합되고 시너지를 발휘하여 얻게 된 값진 효과라는 것을 알 수 있습니다. 이런 이웃나라 일본의 성공 원인을 알게 되면 관광산업의 경쟁력을 강화시키고 관광입국을 추진하는 길에 정부의 역할이 얼마나 중요한 것인가를 뚜렷이 이해할 수 있습니다. 우리 정부의 관광에 대한 새로운 인식과 발빠른 대응 조치를 기대해 봅니다.

제3절
해외로 나가는 관광객을 국내로 돌아오게 하는 길

국내관광개발정책, 소문난 잔치에 먹을 것 없다?

오랜 기간 동안 한국관광정책은 국민들에게 화려한 미래관광의 청사진을 보여주었지만 실제로 성공적으로 관광자원을 개발하고 관광개발을 추진한 실적은 별로 없습니다. 현재 한국관광은 정책 비전과 목표가 미약하고, 시대변화와 사회트렌드 변화를 이끌어나갈 종합적이고 전략적 관점의 추진계획이 제대로 마련되지 못하고 있습니다. 이러한 상황 속에서는 관광산업의 특성에 맞는 범정부적, 범사회적 기능과 역할분담이 실효성을 발휘하기가 어려운 실정입니다.

사츠 마치, 누마시를 거쳐 도치기현 닛코시까지의 길이 약 320km의 가도를 로맨틱가도라고 합니다. 일본 로맨틱가도 홈페이지, https://www.jrs-roman.org/about.html/ 2020년 2월 15일 검색.

이 책을 쓰면서 일본관광청 통계를 살펴보고는 놀라지 않을 수 없었습니다. 각종 관광통계자료가 일목요연하게 도표로 정리되어 있었고, 각종 내국인의 관광동향뿐만 아니라 방일 외국인 관광객의 소비성향, 각 국가별 관광객의 관광활동 등 통계자료만으로도 일본관광의 현주소를 한눈에 알 수 있었습니다. 또한 한국인이 일본에서 소비하는 패턴과 소비액, 주요 관광활동 등에 대한 자료가 상세히 조사가 되어 있었습니다. 그리고 매년 발행되는 관광백서에는 일본관광의 현주소, 외국인 관광객의 통계와 성향에 대해서 세밀하게 조사되어 있었습니다. 그러나 우리나라 문화체육관광부 산하 한국관광공사의 통계자료를 찾아보면 많이 부실합니다. 어디에도 한국관광정책이라든지, 한국관광의 현실 그리고 방한 외국인 관광객 성향에 대한 통계를 세세히 살펴볼 수 있는 자료는 존재하지 않았습니다. 이러한 사실은 독자들께서 직접 일본관광청 홈페이지에 들어가서 일본관광청의 통계자료와 관광백서를 살펴보고, 한국관광공사 홈페이지에 들어가서 한국관광공사의 관련 통계를 찾아보면, 두 나라 관광정책의 질적 차이가 어느 정도인지 쉽게 실감할 수 있을 겁니다. 이보다 더 확실하게 한국관광의 문제점을 보여주는 일례는 별로 없을 것입니다. 관광정책을 올바르게 수립할 수 있는 기본적인 데이터들이 부족하고 부실한 것이 우리나라의 현주소입니다.

우리 정부도 관광부문의 취약한 점들을 해결해보고자 노력하고는 있습니다. 예를 들어, 2017년 12월과 2018년 7월 국무총리 주재로 국가관광전략회의를 개최하였습니다. 그러나 회의 결과를 살펴보면 국내관광산업 하드웨어개발에 대한 오랫동안 반복되고 있는 내용들이 주가 되고 있음을 알 수 있습니다. 거의 "뜬구름 잡는 계획", "관광시설개발 위주의 탁상공론"이 관광분야에서 계속 되풀이되고 있는 형편입니다.

동 국가관광전략회의에서 제시된 관광정책의 주요 키워드를 살펴보면 "지역관광", "DMZ", "생태관광", "한류", "MICE", "의료관광", "숙박시설 확대", "근로자 휴가제도", "방한 관광객 비자발급 편의", "항공 및 교통망 확충", "고부가가치", "크루즈시설 확충 및 해양관광", "인바운드 시장 다변화" 등인데 아래 <표 3-1>과 같이 정리해볼 수 있습니다. 이러한 목표들은 오래전부터 자주 사용해온 진부한 내용들입니다. 거의 모두 하드웨어개발 위주의 목표로 실현가능성이 미약하거나 논리적으로 문제점이 있는 나열식 구호 같은 것들입니다.

표 3-1 국가관광전략회의 주요내용

제1차 국가관광전략회의 주요내용(2017년 12월)
• 지역관광발전, 관광두레, 관광형 마을기업 활성화
• 창덕궁, 인정전, 파주 장릉 등 미공개 유적지 등을 특별개방
• 지역 교통거점 관광지 연계확대
• 방한시장 고부가화 구축
• 웰리스 관광 확대
• 크루즈부두, 국제 여객터미널 등 인프라 확충
• 연차휴가 사용문화 정착, 대체 공휴일 확대
• 숨은 관광지 발굴 및 개방
• 매력적인 지역관광 콘텐츠 육성
• 생태관광 활성화
• 인바운드 시장 다변화
• 방한 관광객 비자발급편의 제고
• 중국 개별 관광객 무사증 관광허가
• 한·중·일 관광장관 회의를 통해 역내 관광 활성화 도모
• 공유민박업에 대한 법적 근거 마련
• 관광지 접근성 제고
제2차 국가관광전략회의 주요내용(2018년 7월)
• 지역이 중심 '지역주도형' 관광정책 추진을 통해 관광일자리 창출, 지역경제 성장 지원
• 비무장지대(DMZ) '평화관광거점' 육성 브랜드
• 해양관광자원 활용하여 내국인 관광객이 즐겨 찾는 관광
• 생태·휴양·체험 관광지개발
• 지방공항 활성화, 호남고속철도 2단계 조속 추진 등 지역교통망 확충
• 국내관광유도 위해 '근로자 휴가지원제도' 대폭 확대
• 지역주도형 청년일자리 공모사업 등 일자리 창출
• '생태관광 디렉터', '산림관광 코디네이터', '농촌관광 플래너' 인력 확충
• '해양레저관광활성화 추진계획' 마련

　　이하에서는 한국관광이 추구하고 있는 정책의 주요 내용과 그 정책 목표의 문제점이 무엇인지를 살펴보고, 문화관광 관련 외국개발사례를 살펴보며, 어떠한 개선책이 필요할 것인지 생각해보고자 합니다.

관광인프라개발만으로 해결되지 않는다

　　위에서 살펴본 국가관광전략회의의 주요내용을 보면 대부분 관광 하드웨어를 확충하려는 계획들이고, 매력적 콘텐츠 또는 문화예술이라는 소프트웨어를 어떻게 관광자원이나 관광상품과 효율적으로 연계시킬 것인지에 대한 고려는 거의 없다는 것을 알 수 있습니다. 이제는 건축물 등 하드웨어를 건설하는 것도 중요하지만 하드웨어 안에 어떤 콘텐츠와 프로그램을 넣어 관광객들의 트렌드에 맞추거나 이끌 것인가를 고려해야 하는 것이 더욱 중요합니다.

예를 들어, 정부는 크루즈 국제여객터미널 등 크루즈 인프라 확충이라는 정책을 제시하고 있습니다. 그런데 국비 수백억 원을 들여 이미 개발해놓은 마산항 연안크루즈 터미널의 경우, 현재 이용자가 거의 없어, 창원시 시의회에서 크루즈 터미널을 어시장의 임시주차장으로 활용하는 방안을 추진 중이라고 합니다.[18] 또한 국비 373억 원을 투입해 개발한 속초항 국제크루즈 터미널은 사용되지 않고, 텅 빈 건물로 남아서 예산 낭비를 하고 있다는 비판을 받고 있는 것이 현재 국내크루즈 터미널의 현황이기도 합니다.[19] 그런데도 크루즈시설을 계속 확충하겠다는 정책을 내놓고 있는 정부는 과연 현장을 제대로 파악하고 있는 것인지 의아심이 들게 합니다.

수천억 원을 투자하여 크루즈 터미널 6개를 건설하면, 외국의 크루즈 선박이 관광객을 싣고 와서 국내관광산업이 진흥될 것이라고 기대하고 있습니다. 그러나 과학적인 수요예측과 시장조사 등 사업 타당성 검토 없이 주먹구구식으로 추진하려는 사업으로 그 목표달성이 불투명하다고 봅니다. 이런 일들은 더 이상 계속 되어서는 안 될 것입니다. 단순히 하드웨어시설을 개발해 공급을 확대하면, 수요가 증대될 것이라는 논리는 철 지난 과거형으로서 더 이상 반복되면 안 될 것입니다. 공급과잉으로 인하여 아까운 혈세가 낭비되고 있고, 개발된 시설은 이용객이 없어 폐허 같이 방치되고 있는 웃지 못할 현장 상황이 계속 반복되어서는 안 되기 때문입니다.

또한 지난 정부 시절에 수천억 원을 투자하여 건설한 전라남도 영암의 F1경기장은 2006년 'F1 그랑프리 코리아'를 유치하면서 2010년부터 2016년까지 총 7회의 대회를 개최하였습니다. 그런데 계속적으로 적자가 발생하여 대회는 중단

---

18 창원시 시의회 정광식 의원, 마산항 연안크루즈 터미널 광장을 임시주차장으로 활용하는 방안에 대하여, 창원시 시의회, 2013년 6월 5일.
19 "북방항로 끊기고 크루즈사업은 부진하고" 속초항 침체 장기화, 연합뉴스, 수백억 들여 만들었는데.. '떵떵' '대던 크루즈터미널 '텅텅', jtbc, 2018년 12월 23일.

되고 말았고, 4년 동안의 누적적자는 1,900억 원에 이르렀으며 주최측인 '포뮬라원 매니지먼트'는 대회를 개최하지 않은 것에 대한 위약금 약 988억 원을 정부에 요구하게 되었습니다.[20] 제대로 된 사업성 검토 없이 정치적 논리로 개발사업을 결정하여, 혈세를 투자하여 건설한 관광시설들이 대부분은 텅텅 비어 있고, 관련 시설들의 관리유지비조차 조달하지 못해 국민들의 세금에서 부담되고 있는 사례들이 너무 많아 기가 막힐 지경입니다. 잘못된 수요예측과 비과학적인 사업계획으로 인하여 밑 빠진 독에 물붓기식으로 엄청난 세금이 낭비되는 상황들에 대해 누구 하나도 제대로 책임을 지지 않는 것에 대해서도 답답할 뿐입니다.

앞으로 공공 프로젝트를 추진할 때는 관련 사업의 수요예측이나 사업타당성을 철저히 검토해야만 하고, 그 경우 반드시 여러 가지 상황을 고려한 시나리오 분석과 더불어 민감도 분석 등을 실시하도록 해야 합니다. 그리고 수천억 원대의 대형 국가사업이 문제가 생기거나 부도가 나지 않도록 프로젝트 책임자와 정책결정 책임자에 대한 유한 책임제도를 도입하는 등 제도적 혁신의 필요가 큽니다.

해외로 나가는 여행객을 국내관광지로 수용하라

현 정부는 연차휴가 사용문화 정착과 대체 공휴일 확대를 주요한 관광정책 목표의 하나로 제시하고 있습니다. 그런데 이미 수많은 한국인이 연휴만 되면, 해외로 빠져나가는 현상이 고착화되고 있는데, 이에 대한 대책 없이 해외여행 가기 편하도록 연차휴가와 대체 공휴일만을 확대한다면, 앞으로 몇 년 안에 한국인 outbound 관광객이 3,000만 명을 넘어서는 위기 상황이 초래할 수도 있다고 생각됩니다.

국민들이 여가생활과 관광을 즐길 수 있는 환경을 조성하겠다는 정책 취지와 발표는 좋지만, 해외여행 수요를 대체할 수 있는 국내관광지의 개발과 정비확충하여 해외로 향하는 내국인관광객들을 국내로 유턴시킬 수 있는 휴가환경을 조성하는 것이 시급한 과제입니다.

참고로, 현재 한국에서 발생하고 있는 과잉 해외여행과 유사한 현상은 1960년

---

20 "'빚더미' 앉은 영암 F1경기장, 자동차경주로 활로 찾나", 중앙일보, 2015년 7월 5일.

대의 프랑스에서 찾아볼 수 있습니다. 1960년대 초 바캉스 왕국으로 알려진 프랑스는 해마다 휴가철만 되면 이웃나라 스페인이나 포르투갈 등 지중해 연안을 찾아 국민들이 물밀듯이 해외여행을 떠나고 있었고, 프랑스정부는 그런 바캉스족을 안타깝게 바라만 볼 수밖에 없는 상황이었습니다. 그러다가 당시 샤를르 드골 대통령은 프랑스의 바캉스족을 자국 내 관광지에 수용하지 못하고, 타국에 빼앗기는 프랑스의 불명예 등을 씻어내기 위해서 과감한 국가계획을 세우고 그 추진을 위한 전담기관으로 대통령 직속으로 관계부처 합동의 특별행정기관을 설치하였습니다.

1963년 6월 18일 국토개발특별법안이 통과되었고, 피에르 라시느(Pierre Racine)를 특별행정기관의 총책임자로 임명하고 관광개발에 대한 전권을 위임하였으며 각 정부부처에서 1명씩 파견해줌으로써 독립적인 운영이 가능한 특별행정기관이 출범했습니다. 이 특별조직은 피에르 라시느 본부장 이하 17명으로 구성된 특수부대 같은 관광개발을 위한 행정조직이었습니다. 1982년에 새로운 조직에게 관련 업무가 인계되기 전까지 20년간 피에르 라시느 본부장 이하 주요멤버들이 거의 바뀌지 않고 관광개발 프로젝트에 몰입하도록 했습니다. 그들이 프로젝트를 추진한 20여 년 동안 프랑스정부의 행정수반이 여러 명 바뀌었으나 그들은 정치적인 외압의 영향을 받지 않고 초지일관 관광개발 프로젝트에 집중했습니다. 책임자가 바뀔 때마다 전임자가 진행하던 정책들이 불합리하게 축소되거나 사장되어 버리는 경우가 많은 우리 현실을 비춰볼 때 무척 부러운 일입니다. 결국 프랑스정부는 이 특별행정기관을 통해서 프랑스 남부의 해안 불모지였던 랑독 루시옹 연안에 '자유시간도시'라는 리조트도시개발사업을 20여 년 동안 꾸준히 추진해 크게 성공시키게 됩니다.[21]

랑독 루시옹(Languedoc-Roussillon) 리조트도시 개발사업은 그랑모또에서부터 스페인 국경지역에 이르는 180km에 달하는 광범위한 해안지역을 관광휴양지로 전격개발하는 프로젝트였습니다. 5200ha(15,600,000평)에 이르는 방대한 개발계획지역의 카프다쥬(Capd'Agde), 까네(Canet), 뢰까르(Leucate), 바르까레(Barcares), 그뤼상(Gruissan) 그리고 그랑모또(Grande Motte) 지역 등 6개 지구를 선정해 매력적인 관광

---

21 Pierre Racine, 자유시간도시, p.2.

휴양도시개발을 추진했으며 그 중 첫 번째로 개발된 그랑모또 지역은 약 135만 평을 새로 개발했습니다.

동 프로젝트팀은 이후 20년간 랑독 루시옹(Languedoc-Roussillon) 연안 리조트개발에 대한 전적인 권한과 책임을 가진 채 최후까지 자주성이 인정되고 보장되는 프랑스정부의 멋진 기동부대로 크게 활약하였습니다. 이 프로젝트의 성공적 추진으로 왕모기 떼로 가득 찬 쓸모없는 늪지대와 불모지로 구성된 180km의 남부 프랑스 해안선이 프랑스 국민들을 위한 내셔널 리조트 지구로 눈부시게 변화되었습니다. 불과 20년만에 해당 지방자치단체들은 프랑스 22개 지방 가운데 최하위 수준이었던 지역경제수준을 전국 3위 지역경제권으로 도약시켰습니다. 랑독 루시옹개발의 가장 중요한 성과는 해외로 바캉스휴가를 떠나는 프랑스 관광객들이 국내로 관심을 돌리도록 하여 남부프랑스의 낙후지방들을 발전하게 했으며 동시에 외국인 관광객을 유치해낼 수 있게 된 것이었습니다. 이것이야말로 일거양득의 효과를 달성한 세계적 성공사례인 것입니다.

내국인 관광객들이 물밀듯이 해외로 몰려 나가는 프랑스의 1960년대 관광현실과 요즘의 엄청난 내국인 해외여행 참가, 관광수지 만성적자 지속 등 한국관광의 고민거리가 매우 유사한 것 같습니다. 문제가 유사하다면 해결방법도 비슷할 수 있습니다. 우리나라도 자주성이 보장되는 대통령 직속 특별행정조직을 구성해 능력 있는 전문가들이 장기간 안정적으로 장기적 프로젝트를 꾸준히 추진토록 하여 세계 일류급 관광개발 프로젝트들이 성공하도록 조치할 필요가 큽니다. 이런 방식으로 정부가 앞장서 노력해서 내국인 관광객의 해외여행을 줄여나가고, 외국 관광객을 유치·증대시키며 지역사회를 동시에 발전시켜내는 관광개발전략을 서둘러 추진하기 바랍니다.

해양관광자원에 투자하는 것은 재고해야 할 사안

정부는 해양관광자원을 활용하여 외국인 관광객을 유치한다는 방안도 제시하고 있습니다. 그러나 사계절이 뚜렷한 한국은 일년 내내 해양관광을 즐길 수 있는 동남아시아나 열대 지방과는 달리 해양 관광객을 유치할 수 있는 계절이 연중 7~8월 두 달 뿐이라는 사실을 간과하여서는 안 됩니다. 7월과 8월 한국의 모든 해수욕장은 내국인들로 인산인해를 이루기 때문에 외국인 관광객을 유치할 수용능력도 부족하고, 성수기 바가지요금을 지불하고, 콩나물시루 같은 해수욕장을 방문할 외국인 관광객 수요도 거의 없을 것입니다. 더구나 사람들이 인산인해를 이루고 있는 쓰레기 더미 상태의 해안에 가서 즐거운 관광체험을 하기는 어렵다는 것이 국내 하계휴양지들의 현실입니다. 결국 이와 같은 정부계획은 현실을 고려하지 않은 뜬구름 잡는 이야기처럼 생각되게 됩니다.

제4절
지방의 특색이 살아 숨 쉬는 관광개발이 해답

지역주도형 관광정책, 참 아름다운 말이지만...

정부가 지역주도형 관광정책이라고 표현하는 사업들은, 지역의 관광숙박 및 인프라가 제대로 갖추어져 있지 않은 상황이기 때문에 인프라개발에 엄청난 예산이 투자되어야 효과가 발생되게 되는 사업들이 많습니다. 천문학적인 재정 투자는 지자체의 예산 또는 문화체육관광부 예산만으로는 감당하기 어려운 사업입니다. 더구나 지방도시와 농촌사회의 공동화 현상은 이미 심각한 수준으로서 고령화된 지역민들이 대다수인 지역에 대해 지역주도형 관광정책을 추진한다는 것은 어려움이 매우 많습니다.

현 단계에서 우리나라는 전 국토를 관광지화 할 수도 없고, 그렇게 할 필요도 없다고 봅니다. 특정 관광지역과 경쟁력이 있는 관광루트와 탐방로, 관광특구 등을 선택적으로 지정하고, 집중 육성하는 선택과 집중전략이 효과적이라고 믿습니다. 선택된 지역의 지자체와 지역 기업가 그리고 중앙정부가 합심하여 관련 투자를 집중 유치하는 게 바람직합니다. 경쟁력이 없는 관광지를 여러 개 개발하는 것보다 하나라도 제대로 된, 국제적 경쟁력이 있는 관광지를 개발한다면, 국내외 관광객을 모두 유치할 수 있는 명소로 빠르게 발전될 수 있습니다. 관광지 숫자가 많다고 국가 관광경쟁력이 강화되는 것은 결코 아니라고 봅니다. 세계적인 최고 수준의 관광자원과 관광지가 몇 개소만 있으면 충분할 수 있습니다.

그리고 급속히 고령화 되어 가고 있는 농촌의 현실에 활용할 수 있는 전문적인 인력자원도 없고, 전문적인 홍보마케팅 능력도 부족한 상황임을 간과하면 곤란합니다. 각 지역이 보유하고 있는 독창적인 공예나 향토적인 특산품, 기념품, 전통생활양식 등이 도시화와 산업화, 정보화의 여파로 너무 심하게 훼손되거나 사라져버리고 있습니다. 이제는 어느 지방에 가더라도 획일적으로 대량생산된 공산품만이 산재한 채 지역 고유한 아름다움은 찾아보기 어려운 것이 요즘 국내 지방도시의 실정입니다. 따라서 이미 지역특성과 특산품이 소멸되고, 획일화된 지방에서 지역의 독창성과 고유성을 다시 되살려 낸다는 것이 결코 쉬운 일이 아닌 것입니다. 따라서 지역의 특성을 살린 관광두레, 관광형 마을기업의 활성화와 같은 프로젝트를 추진하는 것도 현실적으로는 어려운 상황입니다. 일본의 나가하마처럼 완전히 다른 지역의 특화 공예산업을 들여와서, 새롭게 시작해야 하는 지방자치단체가 많을 수 있습니다. 그렇게 해서라도 지역 특성을 새로 만들어가는 것은 바람직하다고 봅니다. 지방의 많은 도시들을 일괄적으로 관광지로 개발하여 외국인 관광객을 유치한다는 것은 지자체의 능력으로는 불가능합니다. 외국인 관광객을 유치하거나 해외로 떠나가려는 내국인의 관심을 돌릴 수 있는 수준 높은 국내관광지를 확보하기 위해서는 국가적인 관광정책, 전략과 대형 프로젝트를 통해서만이 가능하다고 생각합니다.

지역주도형 관광정책이라는 것이 참 아름다운 말처럼 들릴지 모르지만, 자칫 잘못하면 전국적으로 별 가치가 없는 소규모 개발사업을 여기저기 추진하는 방식으로 정부재정을 낭비하는 결과를 낳을 수도 있습니다. 자연환경을 훼손하고 관광객 유치에는 효과가 없는, 아마추어들의 저급하고 천박한 모방 위주의 삼류 관광지들이 많이 조성되게 될 수도 있습니다. 지역관광개발을 추진해 명품가치가 있는 관광지 조성에 성공하려면 마치 하나의 예술작품을 만드는 것과 같은 각고의 노력이 필요합니다. 작가가 온 심혈을 기울이는 창조적인 작업과정이 있어야 명작이 탄생될 수 있습니다. 세계의 관광객을 매혹할 수 있는 최고의 예술적 가치와 상업성이 모두 있는 최고의 작품을 만들어 내야 할 것입니다.

지금 우리에게 필요한 것은 다른 지역에서 이제껏 볼 수 없었던 개성적인 관광경험을 맛보게 해주고, 아무도 제시하지 못했던 새로운 작품을 만들어 내는 탁월한 천재의 창작품과 같은 관광지가 필요합니다. 마치 월트디즈니가 1955년에 세계 최초로 디즈니랜드라는 세상에 없었던 새로운 놀이시설을 개발해 엄청난 성공을 이룩했듯이 그런 창의적이고 혁신적인 관광자원을 개발해야 합니다.

문화관광과 소프트웨어형 관광개발이 시급한 과제

이제부터 한국관광은 역사문화와 예술 등 콘텐츠가 강조되는 소프트웨어형 관광개발이 활발히 이루어져야 합니다. 과거의 정부에서 발표해왔던 지나치게 하드웨어 중심의 화려한 청사진 계획들과 실현되지 않을 계획들은 관광개발에서 지양되어야 합니다. 미술관 건물을 건설하는 경우를 사례로 살펴보면, 독창적이고 세계적인 건축물로 건설하여야 하는데, 독창성과 창의성이라는 측면이 부족하여 아쉬운 경우가 많습니다. 더구나 하드웨어 측면에서 건축물을 건설하는 것만 계획하고, 내부에 전시할 소장품, 미술관을 운영할 인력과 교육과정 그리고 홍보마케팅전략과 같은 소프트웨어에 대한 장기적인계획이 수립되지 않으면 '속이 텅 빈 미술관'이 됩니다. 한국관광도 하드웨어적인 측면에서도 독창적이고 세계적인 관광개발이 이루어지고, 소프트웨어적인 측면에서도 다양한 콘텐츠가 개발되도록, 장기적인 전략과 효율적인 투자가 이루어져야 합니다. 특히 문화관광개발전략은 다양한 문화예술분야에 대한 종합적이고 장기적인 차원의 세부계획이 수립되고 초지일관 추진되어야 하는 분야입니다.

<표 3-2>에서 볼 수 있는 것처럼 관광개발은 시설만을 개발한다고 해결되는 문제가 아닙니다. 하드웨어를 중심으로 한 유형관광자원의 개발도 중요하지만, 다양한 소프트웨어의 개발과 이미지 형성이 절실히 필요한 여러 분야의 융복합 기술입니다. 그러나 문화관광의 소프트웨어는 정부가 행정적으로 단기간에 응급처치를 실시한다고 해서 해결되는 분야는 아닙니다.

산업정책은 눈에 보이는 큰 자산 즉, 시설과 설비를 갖추는 것이 중요[22]하고,

---

[22] 사사키 마사유키 종합연구개발기구 저, 이석현 역, 창조도시를 디자인 하라-도시의 문화정책과 마을 만들기, 미세움, 2010, p.99.

비교적 단기간에 그런 시설을 건설할 수 있습니다. 그러나 문화관광자원의 개발의 경우는 눈에 보이지 않는 문화예술과 이미지를 발굴해서 가시화하고, 개발하는 것이기 때문에 다양한 분야에 대한 특별한 관심과 투자가 필요하고, 투자 효과도 장기간에 걸쳐 나타나는 경우가 많습니다.

예를 들면, 미술, 음악, 시민의 문화적 소양, 인심, 예절, 교양, 과학기술 등 문화적인 소프트웨어를 변화시키는 것은 정부의 투자로 단기간 내에 만들어 낼 수는 없는 분야입니다. 소프트웨어인 문화예술은 오랜 세월에 걸쳐 세대와 세대를 이어온 그 지역의 고유자산입니다. 이러한 세월이 만든 전통과 예술은 누구도 단시간에 복제하기 어렵고, 문화예술분야의 세계적인 명장을 단기간에 만들어 내기 어려운 것이기 때문입니다. 그리고 우리의 전통예술과 지역문화라고 하더라도 이미 소멸되어 버려서 대가 끊어진 전통문화예술을 단시간에 복구해내는 것은 어렵습니다. 그래서 대단히 장기적이고 지속적인 계획의 수립과 일관성 있는 사업 추진이 필요한 분야입니다.

2018년 일본관광백서를 살펴보면서 크게 놀란 것은 방일 외국인 관광객의 오락서비스 지출 비중에서 미술관, 박물관, 동물원, 수족관 부문의 지출액이 압도적으로 많다는 것이었습니다. 그만큼 일본은 미술관, 박물관 등 문화시설 투자에 오랫동안 천문학적인 투자를 해왔다는 것을 알 수 있습니다. 그러나 한국의 박물관과 미술관에 방문하는 외국인 관광객의 비율을 살펴보면 경악스러울 정도로 소수입니다. 외국인 관광객이 박물관과 미술관에 많이 방문하는 결과를 도출하기 위해서는 재정적인 투자도 필요하지만, 장기적이고 지속적인 문화예술정책의 추진이 절실히 필요합니다. 그리고 무엇보다도 어려운 문제는 전 국민들이 문화예술을 사랑하는 마음이 생겨야 하는 국민들의 정신적·정서적 문제입니다. 하루아침에 될 수 있는 것이 아니고 국가적인 문화예술수준과 국민들의 문화예술에 대한 정서적인 수준이 높아져야만 합니다. 가장 어려운 것은 기업과 정부의 예술과 문화에 대한 관점이 바뀌어야 한다는 것입니다. 일본 미술관에 가보면 많은 미술작품이 기업가들이 기부한 작품입니다. 일본 전국에서 실시되고 있는 각종 예술 프로젝트를 살펴보면 정부와 기업이 적극적으로 협력하여 주도하고 있습니다. 문화예술에 대한 기본적인 인식을 바꾸기 위해서는, 국영수 위주의 암기식 교육이 점령하고 있는 한국의 획일적인 교육시스템이 먼저 창의적이고 심미적인 교육으로 바뀌어야 하는 매우 근본적이고, 어려운 과제이기도 합니다.

　이러한 점에 무형적인 예술, 전설, 풍속, 종교, 가치관 등을 예술적으로 스토리화 하고, 유형화하여 관광자원화 하는 것은 한국문화관광의 중요한 과제로서 향후 강력히 도전해 나갈 과제입니다. 단순히 호텔, 골프장, 마리나, 미술관 등의 건물과 시설만을 개발한다고 관광개발이 되는 것이 아니라 과학기술, 역사, 문화유산, 미술, 음악, 무용 등의 다양한 문화분야 등도 함께 발전해야만 하는 과제이기 때문에 오랜 시간과 노력, 인내심이 소요되는 장기적인 정책의 추진이 필요한 작업이라고 할 수 있습니다.

　대체적으로 관광개발은 건축, 미술, 공예, 음악, 공학, 문학, 민속학 등 여러 분야의 발전과 함께 하는 분야로서, 다양한 학문과 과학기술분야가 잘 융복합되어야 제대로 성공할 수 있는 분야입니다. 더구나 세계적 수준의 관광지를 개발한다는 것은 예술명품을 제작하려는 것과 같이 깊은 고민과 세심한 접근이 필수적이고, 다양한 전문가들이 힘을 합쳐가야 하는 장기적인 노력이 불가피한 일인 것입니다.

　또한 문화관광개발은 단기이익을 추구하는 중소 민간기업의 입장에서는 결코 매력적인 사업이 아니기 때문에 투자 유치의 어려움이 있습니다. 이러한 점에서 대형 관광개발 프로젝트는 국민들의 건전한 관광생활과 외국인 관광객의 유치를 통한 선진사회 건설이라는 공익적인 관점이 강조될 필요가 큽니다. 단순 수익성만을 추구해서는 결코 명품관광지를 개발할 수 없는 성격을 가진 사업입니다. 대형 관광개발은 국민들 행복과 해당 지역사회 발전, 국가 전체의 경쟁력 제고 등을 위해서 정부가 앞장서서 개발전략을 강구하고 대규모 재정을 투자하는 등 선도적으로 공익사업으로 추진하는 것이 바람직합니다. 선진국의 수많은 대형 관광개발사례들에서 그런 내용을 다수 확인할 수 있습니다.

　특히 문화관광명소를 개발하는 것은 더욱 그러합니다. <표 3-2>에서 분류하고 있는 문화관광자원의 종류를 보면 문화관광지를 개발해낸다는 것이 얼마나 광범위한 영역에 해당하는 큰일인가를 이해할 수 있을 것입니다. 문화관광개발은 문화체육관광부라는 한 개 부처가 전담해야 할 업무가 결코 아니라고 봅니다. 범정부 차원에서 여러 부처들이 모두 협력해야 되는 총체적인 사업인 것입니다.

표 3-2 문화관광자원의 분류

구분		세부항목
하드웨어	역사문화관광자원	유형문화재, 국보, 보물, 중요문화재, 지방문화재 등
	문화관광시설자원	• 호텔, 카지노, 주제공원, 건축물, 미술관, 박물관 • 조형물, 숙박시설, 도로, 스키장, 크루즈부두, 마리나, 골프장, 수영장, 리조트, 식당, 문화의 거리, 의료시설, 교통시설, 수족관, 야영장, 공원, 쇼핑센터, 특산물, 극장 등
소프트웨어	인적문화관광자원	관광종사원, 무형문화재, 인심, 예절, 생활양식, 가치관념, 철학, 사상, 언어, 의술, 놀이, 스포츠, 방언 등
	비인적문화관광자원	• 축제, 전시, 공연, 풍속, 음식, 전설, 역사 • 교육 프로그램, 문화행사, 종교, 민간요법 등
	문화예술 프로그램	공예, 미술, 연극, 음악, 무용 등
	이미지	• 랜드마크, 디자인, 추억, 선입견, CI 상징 • 지역주민의 행복한 삶, 주민의 복지 등

전통과 장인정신을 존중하는 사회 분위기 조성

일본이 최근 방일 외국인 관광객 유치에 성공하는 이유를 일본정부의 강력한 관광정책 추진에서 일차적인 원인을 찾을 수 있습니다. 그러나 일본사회를 살펴보면 그보다 더 장기적이고 복합적인 원인이 내재되어 있는 것임을 알 수 있습니다. 요즘 우리나라에서는 일본의 관광수지 흑자 지속에 관심을 두는 사람들이 많지만, 일본정부가 장기적으로 대형 프로젝트를 추진하면서 관광분야에 천문학적인 투자를 해왔다는 점을 지적하는 사람은 거의 없습니다. 특히 일본의 미술관, 박물관, 테마파크, 문화예술시설 투자를 살펴보면 거의 천문학적인 재정이 투자되어 왔습니다.

단기간적으로 임기응변식으로 관광정책을 추진해서는 절대로 관광객 유치 증진을 지속시키기 어렵습니다. 일본은 각 지역에 자신들의 고유전통 문화를 삶 속에 보존하고, 발전시키고 있고, 각 지역의 개성이 살아 있는 문화예술교육 수준의 향상과 더불어 독창적인 문화예술을 발전시켜 왔습니다. 관광객에게 보여주기 위해서 억지로 급조한 문화예술이 아니고, 일본사회의 시민들의 삶 속에 녹아있는 문화예술이 외국인 관광객들에게 매력적인 관광자원으로 작용하고 있습니다. 외국인 관광객을 효과적으로 유치하기 위해서 단기간에 급조해서 만들어낸 '공항예술(Airport art)'이나 관광객의 볼거리를 제공하기 위한 '상업적인 쇼'만으로는 안 됩니다. 일본의 문화예술은 지역공동체 구성원의 일상과 삶 속에 살아 있고, 특히 독특한 관광자원으로서의 그 가치가 뛰어납니다. 이러한 것은 지역주민이 주체가 되고, 함께 손잡고 만들어내는 지역문화라는 것은 지역주민의 자생적이고, 정신적인 운동으로부터 출발하는 일상의 미학과 같은 철학적인 문제이기도 하다는 것을 알 수 있습니다. 지역주민들의 의식을 변화시키는 것은 단기간에 정책적으로 급조해내거나 흉내를 낼 수 없는 장기적인 정책의 추진이 필요합니다. 국민 정신적인 문제와 예술수준은 영원히 변화시키지 못할 지난한 과제일지도 모릅니다. 그러나 아무리 어려워도 지속적으로 서로를 신뢰하고 배려하는 공동체 정신을 조성하고, 아름다운 삶이 흘러넘치는 매력적인 나라를 만들기 위해서 정책적인 노력을 기울여야 합니다.

일본은 오랜 기간 동안 수조원 이상의 투자비가 요구되는 동경의 디즈니랜드, 오사카의 유니버셜 스튜디오, 무민월드, 네덜란드촌 하우스덴보스 등 다양한 주제공원과 초대형 관광개발 프로젝트에 천문학적인 투자를 하였습니다. 그리고 일본의 여러 지방을 방문해보면 천문학적인 규모의 투자가 필요한 미술관, 갤러리, 축제, 관광토산품 등을 각 지방에서 개발하고 있고, 외국인 관광객 유치에 민관이 합심이 되어 총력을 기울여 왔다는 것을 알 수 있습니다. 이러한 막대한 재정투자와 국민들의 노력에 비하여 일본관광수지 흑자 17조 8,600억 원은 사실 그다지 놀라운 결과가 아닙니다. 오히려 그렇게까지 관광분야에 천문학적인 투자를 해놓고, 그 정도의 성과밖에는 못 내고 있다는 생각이 들 정도입니다. 일본이 장기적으로 천문학적인 재정을 문화관광개발에 투자한 결과는 앞으로 더욱 놀라운 결과를 보여주게 될 것으로 예상됩니다. 독특한 관광자원개발에 거의 투자하지 않고 있는 한국은 그저 잘나가는 문화관광 대국 이웃나라의 경이로운 실적을 부러운 눈으로 쳐다만 봐야 하는 상황이 계속될 것 같아서 걱정이 됩니다.

이에 더해서 일본사회에는 장인을 존중하는 사회 분위기와 각 지역 공예의 오랜 전통이 살아 있습니다. 따라서 여러 지역에 독특한 수공예 장인과 특산품이 차별화되어 있습니다. 또 한 가지 일본은 어디를 가나 100년 이상 영업을 계

속하고 있는 상인과 장인들이 있습니다. 이러한 '장인과 상인 그리고 전통을 존중하는 사회적 분위기'가 매력적인 문화관광자원으로 관광객에게 큰 만족감을 더해주고 있습니다. 그리고 일본을 여행한 외국인 여행객들이 모두 하는 이야기는 일본인들이 관광객들에게 미안할 정도로 친절하다는 것입니다. 아주 세심한 부분까지 철저하게 배려하는 "손님을 마음으로부터 맞이한다"는 '오모데나시(お持て成し)'라는 친절을 중요시 하는 정신은 관광객을 감동시키는 중요한 요인입니다. 일본인은 속마음을 가슴 깊이 숨겨 놓고 있기 때문에 겉 다르고 속 다를지 모르지만 그래도 이런 친절한 접대가 매력적인 관광자원으로 인기를 끌고 있습니다. 이런 생활 속에 뿌리 박힌 전통은 오랜 세월 국민들의 정신 속에 살아 숨 쉬는 강력한 관광자원입니다. 갑자기 정책적으로 급조하거나 재정을 투입한다고 조성될 수 있는 것이 아닙니다. 이러한 정신적이고, 사회적인 문제는 인위적으로 바뀌기가 어렵고, 영원히 해결되지 않을 고질적인 문제일 수 있습니다. 그러나 변화를 위한 노력을 지속적으로 강화해야 하는 매우 중요한 과제입니다.

이제라도 한국관광과 지역사회의 체질과 구조는 변화해야 합니다. 이를 위해서는 단순히 호텔이나 골프장 리조트를 건설하는 문제가 아니고, 국민 한사람 한사람의 정신적인 변화와 성숙을 지향해가고 매력적인 지역사회 고유문화가 육성되어야 하며, 문화예술과 장인을 존중하는 사회적 분위기가 조성되게 하는 등 기필코 풀어내야 할 과제들이 많이 산적해 있습니다.

관광개발을 장기적으로 추진할 수 있는 특별행정조직

관광개발계획을 성공적으로 추진하기 위해서는 정부기관, 지방정부 그리고 지역 기업, 그리고 주민자치조직이 파트너십을 제대로 형성해서 추진해야 합니다. 해당 지역의 관광지 관리의 경우 주민과 기업 그리고 상인으로 구성된 주민자치조직이 구성되어 재원을 확보하고, 자치적으로 관리하는 것이 가장 이상적입니다. 이제까지 한국관광계획에는 계획을 하는 조직은 있지만, 중장기에 걸쳐 일관적으로 계획을 추진하는 추진조직은 존재하지 않았습니다. 멋진 계획만 해서 청사진을 만들고 국민들에게 발표만 했지 정작 이것을 추진하는 조직이 없었던 것입니다. 특히 문화관광은 다양한 부처의 적극적인 협력이 없으면 추진될 수 없는 성격을 가지고 있습니다. 따라서 관련 기관들의 적극적인 협조를 얻을 수 있는 강력한 추진조직 설치가 성공요체이므로, 대통령 직속의 전담추진조직의 설치와 운영이 효과가 클 것으로 생각합니다.

문화관광개발 프로젝트를 추진하기 위한 재원조달을 하는 전문기구나 전문가도 없습니다. 미국의 메인스트리트 프로그램(제16장)은 정부나 지방정부의 재정에만 의존하는 것이 아닙니다. 재원을 조달하기 위해서 후원회원을 모집하고, 해당 지역의 상인, 기관 등이 일정 비율의 계획지구의 관리를 위한 비용을 부담하는 BID(Business Improvement District)[23]라는 제도를 도입하고 있습니다. 중앙정부와 지방정부의 재정에 전적으로 의존하는 관광개발이 아니라 지역주민, 지역기업인, 지역상인 그리고 지방정부가 협력하여 재원을 조달하는 노력을 기울여야 합니다. 물론 민간에서 조성된 재원으로 관광개발을 하기에는 부족합니다. 그러나 지역에서 자체적으로 BID를 통하여 문화관광지의 관리를 위한 일정 재원을 마련하는 자조적인 노력을 하고, 지방정부와 중앙정부가 보조금을 지원하는 형식의 개발이 사업의 지속성을 위해서 이상적입니다.

그런데 미국의 역사적 중심가를 개발하는 메인스트리트 프로그램은 정부가 추진하는 계획이 아닌데도 불구하고, 민간기구인 역사보존트러스트(National Trust for Historic Preservation)가 지속적으로 미국의 각 지역사회를 변화시키고 있습니다. 1980년 시작된 이후 43개주 2,000개가 넘는 지역사회에서 수천 개의 중심 시가지를 재활성화 하였고, 고용을 창출하고, 지역경제를 활성화 하였습니다. 이러한 메인스트리트 프로그램은 한국의 문화관광개발에도 응용해서 적용할 수 있는 탁월한 도시관광개발전략이 될 수 있습니다.

---

23 BID(Business Improvement District)는 지리적으로 지정된 특별한 목적과 용도를 가진 지정된 지역으로, 상가 소유자나 지역상인이 별도의 세금이나 관리비용을 납부하여 보다 뛰어난 양질의 공공서비스를 제공하기 위한 재원 조성 방법입니다. Jerry Mitchell, "Business Improvement Districts and the "New" Revitalization of Downtown, Economic Development Quarterly, 2001, pp.115-120.

각 지역별로 특화된 주제가 있는 문화관광특구개발

우리나라는 관광특구제도를 지정하고 있는데, 원래 관광특구의 목적은 외래 관광객 유치를 위해서 특구 내의 영업규제나 행위규제를 철폐 혹은 완화하여 관광을 촉진시키기 위한 것이었습니다. 그러나 1994년 관광특구가 지정될 당시에는 12시 이후 통금이 있었고, 영업을 할 수 없는 영업규제가 존재했기 때문에 관광특구에서는 12시 이후에도 영업을 할 수 있는 것이 일종의 특혜라고 할 수 있었습니다. 그러나 현재는 통행금지나 12시 이후 영업규제가 없기 때문에 관광특구라는 것은 특별한 효과가 별로 없는 제도가 되었습니다. 따라서 개선할 필요가 있습니다.

우리나라의 역사, 문화, 예술, 자연, 농산물, 산업 특산품 그리고 한국인의 정신문화를 외국인들에게 제대로 알리기 위해서는 지금보다 더 많고 다양한 관광특구를 지정하고, 전문인력으로 조직하고, 차별적으로 개발하고, 관리하여 한국을 관광자원화하여야 합니다. 한국의 긍정적인 이미지를 강화하고 한국의 매력을 널리 알리기 위해서는 관광특구라는 제도를 더욱 차별화시키고, 더욱 강화해야만 합니다. 그리고 내국인, 특히 자라나는 청소년들에게 한국인으로서 갖추어야 하는 한국인의 정신과 자부심을 고양하고 우리의 역사와 국토의 아름다움을 알려 주기 위해서는 더욱 다양한 관광특구를 지정하고, 청소년을 위한 교육자료를 만들고, 청소년들이 국토의 구석구석을 답사하도록 하는 것이 중요한 수단이 될 수 있습니다. 그러기 위해서는 향후 제도를 개선하고, 더욱 강화해서 관광특구를 단순히 영업규제나 행위규제를 완화하거나 해제하는 지역이 아니라 문화관광특구로 지정하고, 효과적인 관광개발을 하고, 문화관광특구를 조성하는 장기적인 관광개발전략을 수립하고 추진할 필요가 있습니다.

현재 전국에 32개의 관광특구가 지정되어 있는데, 모두 한결같이 관광특구라고 지정되어 차별화된 특색이 없고, 단순하고, 획일적인 관광특구를 계획하고 있습니다. 이렇게 모두 같은 주제로 개발하면 천편일률적인 관광개발이 될 수밖에 없습니다. 한국의 각 지역을 차별화된 문화관광지, 문화예술공간과 문화관광자원으로 개발하기 위해서는 다양한 주제의 관광지, 관광단지, 관광의 거리를 차별화하여 지정하고, 전문화된 도시관광개발 기법을 적용해서 주제에 맞게 개성화된 관광개발을 추진할 필요가 있습니다. 각 도시의 특색이 살아 있는 상징적인 거리, 예술화된 공간을 다양한 개성 있는 주제로 지정하고, 주제별 관광특별지구를 개발하는 프로젝트를 진행한다면 전국은 천편일률적이지 않고, 다채롭고 다각적인 문화예술공간으로 육성할 수 있을 것입니다. 주제를 다양화하고, 다각화하여 집중적으로 육성하면 전국을 차별화된 문화예술이 살아 숨 쉬는 지역으로 차별화하고, 색다른 문화관광자원과 문화관광공간으로 개발하는 것이 가능합니다. 이를 위해서는 각각 주제별로 다른 계획과 추진전략 그리고 실행전술이 필요하지만, 계속 전국을 차별화 시켜서 특화해나간다면 독특한 국제적인 관광자원과 문화관광공간으로 발전할 수 있습니다.

관료적인 냄새가 나는 "관광특구"라는 군대 같은 딱딱한 이름이 아니라 맛깔나게 보이게, 이쁘게 보이게, 멋있어 보이게, 군침이 돌게, 재미있게 다채로운 주제별로 특화된 관광의 거리나 관광특구를 홍보하면 홍보 효과도 극대화 될 수 있습니다. 내국인들에게도 전국에 다양한 주제의 놀거리, 볼거리, 먹을거리, 할거리, 즐길거리가 개발된다면 굳이 비행기 타고 오랜 시간 이동하는 고생을 하며 외국으로 빠져나갈 필요가 없어질 것입니다. 회색빛 흑백 TV 같은 단조롭고, 획일적인 국토와 도시들을 총천연색 TV처럼 바꿔서 어디를 가나 독특하고, 기발하고, 다채롭고, 재미있고, 행복한 공간으로 재탄생시켜야 합니다.

문화관광지구(점적인 문화관광특구)

과거의 관광지나 관광특구는 면적인 장소를 기준으로 지정하였습니다. 따라서 면적이 넓지 않은 전통공방, 아름다운 건축물, 미술관, 아름다운 정원, 관광거리 혹은 관광명소, 무형관광자원과 같이 넓은 면적은 아니지만 관광자원으로서 가치가 뛰어난 유무형의 점적인 관광자원을 지정할 수 없었습니다. 그러나 점적인 문화관광자원과 무형적인 문화관광자원을 점적인 문화관광특구로 지정하여 집중 육성한다면 세계적인 관광자원으로 발전시킬 수 있습니다. 그리고 공간적인 측면에서 보았을 때, 기존 관광특구나 관광지의 경우에 모든 지역을 면적기준으로 지정하고 있습니다. 이런 경우, 면적은 작지만 매력도가 높고, 경쟁력이 있는 지역이나 관광자원 그리고 무형 문화관광자원은 선정되기 어렵고 세계적인 관광지로 육성될 수 없습니다. 문화관광자원은 면적이 광활한 지역만 아니라 면적이 협소한 장소이거나 무형적인 문화관광자원도 점적인 개발이 가능합니다. 이처럼 점적으로 지정되는 문화관광지구는 장기적으로 관광자원의 자원성과 문화성을 더욱 강화하여 더욱 매력적인 관광자원으로 개발할 수 있습니다. 그리고 점진적으로 주변지역의 경관과 기타 관광자원과의 연계를 통해서 시너지 효과를 발생시키고, 선적인 문화관광루트 혹은 면적인 문화관광특구로 발전시켜 개발 효과를 확산시킬 수 있습니다. 점적인 문화관광특구는 그 주제에 따라서 역사·문화의 거리, 국제교류지역, K-POP거리, 명품공예 거리, 도시리조트지구, K-Food거리, 아름다운 전통건축물, 도시예술촌 등으로 차별화하여 개발할 수 있습니다.

문화관광루트(선적인 문화관광특구)

아무리 많은 재원을 투자하여 관광자원을 개발해도 외딴섬처럼 홀로 동떨어져 있으면 가치를 발휘할 수 없습니다. 그러나 여러 지역에 흩어져 있는 문화관광자원들을 관광루트로 연계하여 하나의 엄브렐러 브랜드로 개발하면 시너지 효과를 발휘할 수 있습니다. 다채로운 문화관광자원을 여러 개 연계하여 선적인 문화관광루트로 개발할 수 있습니다.

관광명소와 같은 점적인 문화관광특구인 문화관광지구, 다채로운 문화관광자원을 연결하여 하나의 관광자원으로 개발하는 선적인 문화관광특구인 문화관광루트, 한국을 대표하는 문화관광 특별지역인 관광특구로 차별화하여 문화관광지를 지정하고, 전국에 다양하고 개성 있는 문화관광지를 개발한다면 전국에서 독특하고 매력이 있는 다채로운 관광지로 다각적인 개발을 하는 것이 가능해집니다. 선적인 관광개발에는 탐방로와 관광루트가 있는데, 탐방로는 보행 또는 자전거와 같은 교통 수단으로 느리게 여행하는 관광코스라고 할 수 있습니다. 문화관광루트는 자전거나 자동차를 이용하여 여행할 수 있는 관광코스입니다. 문화관광루트는 지리적인 연계가 아니라 온천관광지의 네트워크 등 다양한 관광기능의 네트워크도 포함될 수 있습니다.

이처럼 여러 가지 다채로운 관광지와 문화관광도시를 연계하여 하나의 주제를 가진 문화관광루트로 연계하고, 다양한 관광자원을 엄브렐러 브랜드로 연계하여 개발하면 시너지 효과를 얻을 수가 있습니다. 국토를 단순히 하나의 색깔을 가진 천편일률적인 관광지로 조성할 것이 아니라 다양한 주제와 다채로운 프로그램을 가진 다각적이고 차별화된 관광공간으로 조성한다면 외국인 관광객 유치뿐만 아니라 외국으로 나가는 국내 관광객의 수요도 국내관광지로 유치할 수 있는 효과를 가져올 수 있습니다.

선적인 문화관광특구는 인사동 옛길 탐방로, 북촌 한옥마을 탐방로, 한국음식 탐방로, 비무장지대 생태관광루트, 한국 근대사 관광탐방루트, 한국미술 탐방루트 등 다양한 관광자원들을 연계해서 하나의 브랜드와 주제로 묶어서 엄브렐러 브랜드로 개발하면, 한국을 대표하는 관광루트를 개발할 수 있습니다.

문화관광특구(면적인 문화관광특구)

전형적인 관광지나 관광특구의 지정과 같이 면적공간으로 문화관광특구를 지정합니다. 면적인 특성을 가진 문화관광특구는 도시엔터테인먼트 특구, 공예관광특구, 청년예술관광특구, 관광농업특구, 국제회의특구, 예술관광특구, 패션관광특구, 전통무술 관광특구, 예술섬 관광특구 등으로 다채롭게 주제별로 차별화하여 관광특구를 다각화하여 개발하면, 관광자원과 문화예술공간을 더욱 다양하게 조성할 수 있습니다.

이를 실천하기 위해서 정치적인 변화에 영향 받지 않고 장기적인 관광개발을 추진할 수 있는 대통령 직속 한국관광개발 기관을 설립하고, 문화체육관광부의 관광국을 관광청으로 격상하여 기능을 강화하여야 합니다. 그리고 다양한 문화관광특구의 지정과 개발, 문화관광특구의 민관협력 조직 구성, 문화관광 특구의 디자인 및 건축물 재생, 예산 확보 및 재원조달, 국내외 기업의 투자유치, 선정된 문화관광특구의 감독과 관리, 문화관광특구의 정보시스템 구축과 관리, 문화관광특구의 국내외 홍보, 문화관광특구에 대한 연구개발 등을 통합적으로 관리하는 전문적인 조직을 구축해야 합니다.

아무리 매력적인 관광지와 관광자원을 개발해도, 외국인들이 한국관광에 대한 정보를 알지 못하면 외국인 관광객을 유치할 수 없습니다. 따라서 매력적인 한국관광에 대한 정보를 외국어로 번역해서 전 세계에 알리는 효과적인 스토리텔링전략이 절실히 필요합니다. 그리고 외국인 관광객이 한국에 방문했을 때, 핸드폰 앱을 통해서 각종 한국관광정보를 손쉽게 찾아보고, 예약을 하고, 문제가 발생했을 때는 외국어가 가능한 상담사와 통화하여 상담할 수 있는 친절한 관광정보시스템의 구축이 중요합니다.

한국의 주변에는 인구 14억의 중국, 인구 1억3천만의 일본, 인구 13억의 인도 등 엄청난 아시아 인구라는 잠재적 관광시장이 둘러싸고 있습니다. 언젠가는 영국 웨스트엔드처럼 한국에도 2억 명 이상의 관광객들이 방문하는 세계적인 문화관광특구, 문화관광지구, 문화관광 탐방로, 문화관광루트, 문화관광거리가 나오게 되길 희망해봅니다.

제5절
2018년 평창 동계올림픽 이후 문화관광전략에 대한 제언

세계적인 메가 이벤트를 개최하기 위한 각국의 경쟁

1988년 개최된 서울 올림픽은 변방의 개발도상국의 무명도시였던 서울을 세계에 알리고, 서울의 이미지와 브랜드 가치 상승을 통하여 국제도시로 거듭나게 하는 데 큰 역할을 하였습니다. 2002년에 개최된 한·일 월드컵 역시 국가의 이미지를 개선하고 경제적으로도 성공적인 메가 이벤트(Mega event)[24]였습니다. 이러한 메가 이벤트의 강력한 지역재생 효과 때문에 월드엑스포, 올림픽, 월드컵, 유럽문화수도와 같은 세계적인 메가 이벤트를 유치하기 위하여 각국의 도시들은 치열한 경쟁과 투자를 하고 있습니다. 우리나라에서 개최한 세계적인 메가 이벤

---

24 이벤트는 메가 이벤트, 스페셜 이벤트, 문화 이벤트, 복합목적 이벤트 등으로 분류될 수 있습니다. 이 중 메가 이벤트는 주로 방문객의 수가 백만 명 이상이고, 투자비용은 최소한 5억달러 이상이고, 행사의 명성은 반드시 보고 싶은 행사(Must-see)로 국제적인 메스컴의 관심을 받고, 전 세계에 중계가 되는 세계적인 행사를 의미합니다. 메가 이벤트에 해당하는 이벤트는 올림픽, 월드컵, 월드 엑스포가 해당됩니다. Andrew Smith, Events and Urban Regeneration: The Strategic Use of Events to Revitalise Cities, Routledge, 2012, p.3.

트인 올림픽과 월드컵은 개최도시와 국가의 이미지와 브랜드를 개선하고, 동시에 강력한 경제적인 긍정적 효과를 창출한 것으로 나타나고 있습니다. 그러나 메가 이벤트의 경제적 효과를 산출하는 데 있어서, 어떠한 항목을 수입과 비용으로 선정하여 산출을 하느냐에 따라서 경제적 효과의 결과치는 다를 수 있습니다. 우리나라의 사례는 올림픽이나 월드컵을 개최한 다른 국가들이 경제적인 효과가 거의 없거나 엄청난 재정 적자를 경험한 것과 비교하면, 놀라운 경제적인 흑자 효과를 발생시킨 예외적인 사례이거나 아니면 통계적인 신뢰성이 다소 부족한 경우라고 평가할 수 있습니다.

항상 올림픽 같은 스포츠 이벤트가 성공했던 것은 아닙니다. 1976년 캐나다 몬트리올 올림픽은 10억달러의 적자를 보면서 도시가 파산의 위기에 몰리기까지 했습니다. 1998년 나가노 동계올림픽은 약 5조원의 적자가 발생했고, 아직까지도 빚이 남아있다고 합니다. 2010년 밴쿠버 동계올림픽도 약 5조원의 적자를 보았고, 2014년 소치 올림픽은 50조원의 적자를 발생시켰다고 합니다. 2004년 그리스 하계올림픽은 엄청난 적자를 발생시켜서 국가 재정위기로 이어졌다고 합니다. 그리고 2002년 부산 아시안게임, 2014년에 개최된 인천 아시안게임은 적자를 면하지 못한 것으로 평가를 받고 있습니다.

메가 이벤트의 효과는 경제적 효과 이외에 다양한 효과를 발생시켜 줍니다. 경제적으로는 적자일 수 있지만 다른 측면에서 경제적인 적자 이상의 긍정적인 효과가 발생할 수 있습니다. 국가 이미지 및 국가 브랜드 개선 효과와 기업 이미지 개선 효과, 고용 효과, 상징자본 효과 등 다양한 긍정적인 효과가 있을 수 있습니다. 특히 해당 도시에 활력 있는 분위기를 만들어주고, 의미 있는 장소성을 창출하여 주고, 새로운 비즈니스 환경을 창조해주기 때문에 공익적인 측면에서 경제적인 적자 이상의 비화폐적인 수익을 발생시키는 사례가 많이 있습니다. 이러한 이유 때문에 각국에서 국제적인 메가 이벤트나 스포츠 이벤트를 유치하기 위해서 치열한 경쟁을 합니다.

전 세계에 이름을 알린 무명 산골도시 평창

　2018에 개최된 평창 동계올림픽은 산골 소도시를 전 세계에 알리고, 경제적으로 성공한 것으로 평가를 받고 있습니다. 그러나 평창을 아시아의 다보스로 만들어 마이스(MICE)산업의 심장으로 키우고 관광허브로 육성하자는 야심찬 목표는 평창의 동계올림픽 이후에 흐지부지해졌습니다. 그리고 동계올림픽 개최 시에 올림픽 이후의 시설활용계획과 더불어 장기적인 관광개발전략을 미리 준비하여 올림픽이 끝나자마자 후속조치를 적극적으로 추진했어야 했다는 아쉬움이 많이 남아 있습니다.

　다행히 올림픽 이후에 지역의 성장률이 감소하는 밸리 효과(Valley effect)나 돈만 많이 잡아먹는 처치 곤란한 하얀 코끼리 효과(White elephants)[25]라는 심각한 문제점은 나타나지는 않았습니다. 그러나 외국인 관광객 유치가 지나치게 서울과 수도권, 제주도 그리고 부산권을 중심으로 편향되고 있어서 동계올림픽을 계기로 강원도와 같은 지역이 제주도와 같은 국제적인 브랜드 가치가 있는 국제문화도시로 발전될 수 있었다면 한국관광의 지역적인 편중도 완화하고, 국제 관광객 유치 증진에 큰 도움이 되었을텐데, 기대보다는 아쉬움이 많이 남았습니다.

　이제부터 한국관광은 서울 등 수도권과 부산권, 제주도 등으로 지나치게 집중되고 있는 바람직하지 못한 현상에서 벗어나 강원도권, 충청도권, 전라도권, 경상도권 등에 지역 특성을 바탕으로 글로벌 관광 트렌드를 이끌어갈 만한 세계 일류급 문화관광도시와 국제회의도시를 조성하여, 해외여행을 떠나려는 내국인 관광객들의 발걸음이 국내로 되돌아올 수 있도록 유도하면서 동시에 전 세계로부터 외국인 관광객을 다수 유치해 나가는 기대 효과를 달성시킬 중장기차원의 문화관광개발전략을 강구해야 할 것입니다. 본서에서는 2018년 평창 동계올림픽을 성공리에 개최해 국제적 이미지를 제고한 강원도지역의 관광개발전략에 대해 간단히 몇 가지 제안을 해보고자 합니다.

---

25 Joaquim Rius-Ulldemolins et. al., Urban Development and Cultural Policy "White Elephants": Barcelona and Valencia, European Planning Studies, 2015, p.5.

평창 동계올림픽 효과를 활성화하기 위한 강원도 문화관광전략

강원도는 동계올림픽을 계획하는 시작 단계에서부터 동계올림픽시설의 사후 활용 방안과 장기적인 관광종합개발계획을 수립하고 추진하였어야 했습니다. 그러나 평창 동계올림픽이 폐막하고 1년이 지나서야 평창 동계올림픽시설 활용 방안이 준비되었고, 2019년 8월이 되어서야 평창 올림픽시설의 향후 적자폭이 연간 74억 원에 달한다는 것이 언론에 보도되는 상황이었습니다. 동계올림픽이 유치되고, 관련 시설들의 설계가 시작될 당시부터 사후 활용방안 등을 충분히 고려하였었다면 좋았을 것이라는 아쉬움이 있습니다.

무엇보다도 평창 동계올림픽유산으로 평창군과 주변의 횡성군, 강릉시 등의 문화시설과 예술시설로 활용하거나 차별화될 콘텐츠를 다양하게 개발할 수 있었는데도 불구하고, 지역사회의 문화예술에 대한 인식과 활용이 취약했다는 문제점도 있었습니다. 평창을 아시아의 다보스로 만들겠다는 야심찬 목표도 결국은 랜드마크의 부재, 수준 높은 문화예술 부재, 역사문화유산의 취약성 등 평창의 문화예술적인 취약점 때문에 실현되기 어려웠다는 한계점이 있었습니다. 강원도는 설악산, 오대산, 소금강, 그리고 아름다운 동해바다라는 자연경관과 환경은 세계적인 수준이지만 자연환경을 제외한 문화·예술적인 측면에서 국제적인 도시로 부상하기에 어려운 한계점이 있습니다. 세계적인 국제회의도시, 문화예술 도시로 발전하려면 세계적인 인물들을 매혹할 수 있는 매력적인 문화와 예술 그리고 강력한 집객력을 가지고 있는 쇼핑, 세계인들이 놀랄만한 랜드마크 등 세계적인 매력이 갖추어져 있어야 합니다. 강원도가 국제적인 명품도시로 발전하기 위해서는 장기적으로 매력적인 문화예술공간과 세계인의 관심을 집중시킬 수 있는 랜드마크 그리고 창의적이고 개성 있는 이벤트와 엔터테인먼트의 개발 그리고 최고급 명품을 저렴하게 살 수 있는 쇼핑환경의 조성, 국제적인 홍보 추진 등이 절실히 필요합니다.

두바이는 프랑스 에펠타워의 상징성을 넘어서고, 세계최고의 도시로 부상하기 위해서 버즈 두바이(Burj Dubai)와 같은 세계 최고의 162층 복합빌딩, 최고급 7성급 호텔 버즈 알 아랍(Burj Al Arab), 가장 높은 호텔 JW 마리오트 말퀴스 두바이 호텔, 세계 최고의 해양센터 두바이 해양도시(Dubai maritime city) 등 세계인들이 경탄할만한 경이로운 랜드마크를 연속해서 건설하면서 최고층 빌딩들로 스카이라인을 점령하는 세계신기록을 경신하며 역사를 새로 써나가고 있습니다. 이와 같은 도시의 경쟁상대가 없는 최고의 랜드마크는 권력과 발전의 상징[26]이고, 세계 최상급 도시(City of superlative)가 되겠다는 야망[27]을 담고 있습니다.

(1) 창의적인 이벤트와 축제를 통한 예술도시로 변신이 필요

클래식 음악제인 대관령음악제가 성공하고 지속될 수 있다는 것은, 창의적이고 현대적인 주제의 문화예술축제나 이벤트도 성공할 수 있고, 청춘 음악축제나 세계적인 예술축제의 창조를 통한 예술도시나 축제도시로 발전시킬 수 있는 가능성이 있다는 것을 의미합니다.

많은 이벤트와 축제가 수백 년을 이어온 전통에 기초하고 있습니다. 그러나 전통적인 축제도 현대인의 취향에 맞게 현대적으로 각색되거나, 재편성될 필요가 있습니다. 더 나아가 완전히 현대적이고 창의적인 이벤트가 창조되어 새로운 피가 공급될 필요성이 있습니다. 또 하나의 가능성은 세계적으로 유명한 국제적인 축제나 이벤트를 차용하거나 도입하여 관광자원화 하는 것입니다. 본서 제10장에서 상세하게 설명하고 있는 유럽문화수도(European Capital of Culture, ECOC)는 1985년 그리스 문화부장관인 멜리나 메르쿠리의 아이디어에서 시작되었습니다. 현재는 유럽의 약 60개 도시가 유럽문화수도로 지정되었고, 쇠락하던 산업도시 독일 루르지역의 에센(제12장)이나 프랑스 마르세이유나 낭트(제12장)가 문화의 중심지, 예술도시로 변화하는 기적 같은 문화의 힘을 전 세계에 보여주었습니다. 이제 문화 이벤트는 단순히 문화적인 문제가 아니고 도시재활성화를 위한 중요한 정책 수단의 하나가 되었습니다. 그리고 때로는 이벤트 자체가 도시를 상징하는 물리적인 랜드마크 역할을 하기도 합니다. 1998년 리스본 엑스포, 축제도시 에든버러(Edinburgh), 유럽문화수도, 올림픽, 월드컵 등은 국가를 대표하는 랜드마크의 역할을 할 정도로 강력한 영향력을 가지고 있습니다.

---

26 Elsheshtawy, Y., Dubai: Behind and Urban Spectacle, Routledge, 2010, p.164.
27 Baker, W. B. et. al., Burj Dubai: Engineering the World's Tallest Building, The Structural Design of Tall and Special Buildings, 16, 2007, pp.361-375.

세계적인 문화 이벤트와 축제는 시작은 거리에서 소수의 인원이 모여서 초라할 정도로 작았습니다. 대다수 이벤트와 축제가 한사람의 창작 혹은 아이디어에서 시작되어 거리에서 열광적으로 불타기 시작합니다. 그리고 창작된 이벤트가 세계적으로 유명해지면 이름, 디자인, 프로그램, 가수 및 연기자 등이 복제되어서 다른 지역이나 국가로 수출되기도 하는 축제의 국제화 현상도 나타나게 됩니다. 그리고 축제나 이벤트의 주제가 차용되거나 모방되고, 각색되고 재편성되기도 합니다. 맨체스터 국제 페스티벌, 버밍엄, 멜버른, 싱가포르, 밴쿠버의 축제는 에든버러 페스티벌을 모델로 하고 있습니다. 과거의 지역전통을 보존하거나 혹은 재창조하는 축제와 문화예술도 중요한 의미를 가지고 있습니다. 그러나 기존 전통이나 다른 지역의 이벤트를 복제하는 것보다는 현대적인 문화와 예술을 창조하려는 축제나 이벤트가 더 중요한 의미를 가지고 있습니다.[28]

베를린 장벽이 무너진 후 1989년 베를린 러브 퍼레이드(Berlin Love Parade)가 베를린 시의 DJ 한사람에 의해서 시작되었습니다. 1989년 첫행사에는 150명이 초라하게 시작하였습니다.[29] 그 다음해인 1990년에는 2,000명, 1992년에는 50,000명이 참가를 했고, '사랑의 고속도로'라는 주제로 개최된 2008년에는 160만 명이 참가하였습니다. 평화롭게 진행되는 러브 퍼레이드는 일렉트로닉 댄스 음악 속에서 열광적인 춤으로 진행되었습니다.[30] 그러나 2010년 뒤스부르크(Duisburg)에서 개최된 러브 퍼레이드 행사에서 불행하게 행사 중에 인파에 밀려서 21명이 사망하였고, 500명이 부상을 당하는 불의의 사고가 발생하였습니다. 주최 측은 사망자를 추모하는 의미에서 "러브 퍼레이드는 다시 개최되지 않을 것"이라고 선언하고 2010년 행사 이후 중단을 했습니다.[31] 그러나 최근 신문기사 헤드라인에 "러브

28 Crespi-Vallbona, M. & Richards, G., The Meaning of Cultural Festivals: Stakeholder Perspectives, International Journal of Cultural Policy, 27, 2007, pp.103-122.
29 John Borneman & Stefan Senders, Politics without a Head: Is the "Love Parade" a New Form of Political Identification?, Cultural Anthropology J, 5(2), pp.294-331, American Anthropological Association, 2000.
30 Evans, G., Creative Spaces, Tourism and the City, In G. Richards, & J. Wilson(Eds.) Tourism, Creativity and Development, Routledge, 2007, pp.57-70.
31 Connolly, Kate, "Prosecutors Investigate 'Ignored' Safety Warnings after 21 Die in Love Parade Crush-Organisers Allowed Just One Entrance to Music Festival Grounds for Expected Crowd of 1.4 Million, Witnesses Say", 25 July 2010.

퍼레이드가 2021년에 베를린에 다시 돌아온다!"[32]라고 적힌 기사가 등장했습니다. 기사 내용을 살펴보면 음악 이벤트를 주최하는 레이브 더 플레닛(Rave the planet)이 "내년(2021년 7월 10일)에 전설적인 음악 페스티벌 베를린 러브 퍼레이드가 베를린에 귀환을 한다"고 선언하였다는 것입니다. 중단된 지 10년만인 2021년에는 베를린 러브 퍼레이드를 다시 볼 수 있게 될 것 같습니다. 러브 퍼레이드처럼 현대문화는 콘서트홀, 극장, 박물관과 같은 제한된 공간을 벗어나 길거리, 시민광장, 수변공간, 채석장, 종합운동장, 철도역 등 도시 전체가 이벤트의 무대가 될 수 있는 '도시의 축제화'[33]라는 현상이 나타나고 있습니다.

독일 베를린 러브 퍼레이드나 영국의 해양휴양도시 브라이튼에서 개최되는 브라이트 페스티벌,[34] 일본 니카타와 에치코 츠마리(제17장), 세토우치 트리엔날레(제18장) 등과 같이 단순히 자연이나 전통을 주제로 한 축제나 이벤트가 아니라 현대적인 예술이나 활기차고 역동적인 청년문화와 예술이라는 주제를 도입할 필요가 있습니다. 낡고 어두운 강릉과 평창지역의 이미지를 현대예술과 청년문화라는 젊은 피를 수혈해서 생동감이 살아 있는 국제적인 '축제도시', '예술도시', '국제회의도시'로 도시 이미지와 도시 브랜드를 더욱 젊고 활기차고, 역동적으로 변신시킬 필요가 있습니다. 이벤트나 축제의 개발은 성수기에 집중하는 관광수요를 분산시키는 효과도 거둘 수 있습니다.

(2) 다양한 주제의 문화관광도시개발과 문화관광루트 연계

강원도 내에는 다양한 주제로 차별화하여 관광거점도시로 개발할 수 있는 도시들이 많이 있습니다. 그러나 아직까지 이들 도시들이 국제적인 수준으로 개발이 이루어지지 않았고, 차별화된 문화관광공간과 시설이 개발되거나 세계적으로 알려지지 않았습니다. 따라서 거점도시들을 차별화하여 장기적으로 개발하고, 거점도시들을 연계해서 문화관광루트로 개발하고, 세계시장에 홍보하는 장기적인 문화관광전략의 추진이 절실히 필요합니다.

---

32 William Nehra, Love Parade is Coming Back to Berlin Next Year!, I AM EXPAT, 6 March, 2020.
33 Gerg Richards & Robert Palmer, Eventful Cities - Cultural Management and Revitalization, Elsevier, 2010, p.27.
34 브라이튼 페스티벌은 런던 동남부에 위치한 해양휴양도시에서 5월 한달동안 개최되는 축제입니다. 1967년 부터 시작되었는데, 연극, 영화, 오페라, 서커스 등 다양한 공연이 펼쳐집니다.

강원도지역에 문화관광도시, 예술도시, 공예도시, 국제회의도시, 북방외교도시, 호반예술도시, 생태관광도시, 패션·디자인도시 등 다채롭고, 차별적인 성격을 가진 다각화된 문화관광거점도시를 육성할 필요가 있습니다. 예를 들면 강릉, 평창, 동해지역은 예술도시, 국제회의도시, 축제도시의 성격으로 고성 속초 양양은 북방외교 거점도시, DMZ 생태관광도시로 강원도의 각 도시들을 주제별로 차별화하여 다각적인 개발을 할 필요가 있습니다.

그러나 문화관광거점 도시를 육성하더라도 외딴섬처럼 고립되어 있으면 관광객을 유치하기가 어렵습니다. 문화관광거점도시와 주변의 다른 관광자원 문화예술공간과 연계해서 엄브렐러 브랜드를 개발하고, 문화관광루트(제13장)로 연계하면 시너지 효과를 발생시킬 수 있습니다. 강원도의 문화관광도시와 문화관광루트가 성공적으로 개발되고, 세계적으로 홍보되어 세계적인 문화관광거점과 문화관광루트로 발전할 수 있길 기대해봅니다.

자연관광자원이 탁월함에도 불구하고 역사적인 자원과 문화적인 자원 그리고 예술성이 부족하여 세계적인 문화관광지로 발전하는 데 어려움을 겪고 있는 강원도의 입장에서는 유명한 디즈니랜드나 레고랜드와 같은 테마파크를 유치하는 것은 큰 효과를 얻을 수 있을 것입니다. 그러나 대안은 테마파크뿐만이 아니라, 미국 시카고의 밀레니엄 파크(제15장)와 같은 아트 파크(Art park), 영국 비미쉬와 같은 오픈에어뮤지엄(제7장)이나 에코뮤지엄(제7장), 대지미술제 에치코 츠마리(제17장) 등과 같은 문화예술공간과 이벤트의 개발과 도입도 대안이 될 수 있다는 것이 중시해야 할 필요가 있습니다. 그리고 역사와 예술을 주제로 한 오픈에어뮤지엄이나 에코뮤지엄 혹은 아트 파크 등 다양한 문화예술공간을 개발하거나 문화관광을 개발하기 위한 전문적인 특별행정조직을 설립하고, 천재적인 전문가를 영입하는 방안을 신중히 검토할 필요가 있습니다.

(3) 국제회의, 엔터테인먼트 그리고 쇼핑이 복합된 문화관광도시개발

우리나라는 이벤트나 국제회의 유치라는 측면에서 탁월한 능력을 발휘하고 있습니다. 강원도는 수려한 산악과 해안이라는 자연환경이 우수하고, 카지노시설도 유치되어 있으며 숙박시설 역시 수준급이기 때문에 국제회의와 쇼핑을 결합한 국제회의도시로 개발할 수 있는 잠재력이 있는 지역입니다. 따라서 역사성

과 예술성 그리고 쇼핑과 엔터테인먼트 기능을 보완하면 세계적인 국제회의 도시로 발전할 수 있는 가능성이 충분히 있습니다. 그러나 관광객들이 여행을 하는 중요한 이유 중에 놀거리, 볼거리, 먹거리 못지않게 중요한 요소는 '살거리' 즉, 쇼핑입니다. 최근에는 관광에서 쇼핑이라는 요소가 더욱 비중을 차지하게 되었고 쇼핑만을 주목적으로 하는 쇼핑관광이 부상하고 있습니다.[35] 그런데 강원도에 관광하는 관광객들이 살거리라는 측면에서 볼 때 강원도를 대표하는 예술적인 지역특산물과 공예의 수준이 취약하다는 문제점이 있습니다.

또한 제주도에 관광하는 내국인 관광객은 내국인 관광객용 면세점을 이용할 수 있는데 불구하고, 강원도를 방문하는 내국인 관광객이 이용할 수 있는 면세점은 없는 상황입니다. 따라서 지역 형평성 차원에서 강원도를 방문하는 국내 관광객도 이용할 수 있는 면세점[36]과, 뉴욕 우드버리 아웃렛(Woodbury outlet)이나 밸류 리테일 PIC(Value Retail PIC)와 같은 관광쇼핑마을(Tourist Shopping Village, TSV)의 개발이 절실히 필요합니다. 그리고 기존의 전통시장의 경우에는 예술적인 공간과 엔터테인먼트와 이벤트 기능을 추가하여 환상적이고, 개성적인 '축제시장(Festival market)'으로 리모델링하여 관광명소화하는 정책을 추진할 수 있습니다.

관광쇼핑마을(TSV)은 놀라울 정도로 저렴한 가격에 쇼핑을 즐길 수 있고, 테마파크처럼 환상적인 이벤트, 다양한 먹거리를 즐길 수 있도록 연출된 쇼핑공간[37]으로 쇼핑과 엔터테인먼트를 융합한 리테일테인먼트(Retailtainment)[38] 혹은 환상도시(Fantasy city)[39]로 새로운 도시개발의 형태라고까지 표현하는 학자도 있습니다.

---

35 Jasen‐Verbeke M., Leisure Shopping: A Magic Concept for the Tourism Industry?, Tourism Management, 1991, 12(1), p.11.

36 내국인 관광객이 이용할 수 있는 면세점은 강원도뿐만이 아니라 전국의 주요 관광거점도시와 주요 문화관광지역에 한하여 허용하는 것이 지역 형평성 차원에서도 필요합니다. 그리고 내국인 관광객의 해외여행을 감소시키는 효과를 창출할 수 있을 것입니다. 그리고 이로 인하여 발생하는 수익은 지역의 관광개발 재원으로 사용할 수 있습니다.

37 Getz, D., Tourist Shopping Villages: Development and Planning Strategies, In Chris Ryan & Stephen Page(Eds.), Tourism Management Towards the New Millennium, Taylor & Francis, 2012, pp.211‐220.

38 Stephenson M. L., Tourism, development and 'destination Dubai': Cultural Dilemmas and Future Challenges, Current Issues in Tourism, Vol.17(8), 2014, pp.723‐738.

39 John Hannigan, Fantasy City: Pleasure and profit in the Postmodern Metropolis, Routledge, 1999, p.8.

현재 뉴욕 우드버리 아울렛은 엠파이어 스테이트 빌딩에 오르는 것만큼이나 유명한 뉴욕의 필수 관광코스가 되어서 연간 1,300만 명의 방문하고 있는데 그 중 30%는 중국인이라고 합니다.[40] 그리고 밸류리테일 PIC는 매년 3,100만 명의 관광객들이 관광쇼핑마을을 방문하고 있다고 합니다.[41]

(4) 지역특화산업과 공예의 개발

강원도의 또 다른 취약점은 지역을 세계에 알릴 수 있는 지역특화산업과 공예가 없다는 것입니다. 밀라노의 디자인, 스위스의 시계, 암스테르담의 다이아몬드, 태국의 루비, 프랑스의 향수, 이탈리아의 패션, 베니스의 유리공예와 같은 관광객을 매혹할 수 있는 지역특화산업이 취약합니다. 저렴한 가격에 쇼핑하기 위해서 세일기간 동안에 면세지역인 싱가포르와 홍콩으로 쇼핑여행을 가는 관광객도 많을 정도로 쇼핑은 관광의 중요한 요소입니다.

특히 공예는 여러 세대에 이어져 전승되어 오면서 지역의 역사문화 그리고 전통이 내재되어 있기 때문에 그 지역을 대표하는 관광자원이라고 할 수 있습니다. 이러한 이유에서 2006년 5월 13일 이란의 수도 테헤란에서 처음으로 UNWTO가 주최하고 UNESCO가 후원한 '관광과 공예에 대한 국제 컨퍼런스'가 개최되었습니다. 관광은 21세기 최고의 산업이고, 공예는 가장 빠르게 성장하는 분야입니다. 국제컨퍼런스 결과는 관광과 공예라는 두 분야가 결합하면 강력한 조합이 될 수 있다고 선언하고 있습니다.[42] 여기서 공예라고 하는 것은 단지 전통적인 수공예만을 의미하는 것이 아니고 세계적인 명품으로 인정을 받고 있는 이탈리아의 볼로냐 명품 가죽공예(제12장 4절), 베니스의 유리공예, 밀라노의 섬유공예와 패션 그리고 디자인관광(제14장), 프랑스의 향수 등과 같은 현대적인 공예와 명품을 포함하는 개념입니다. 그리고 관광객이 소비하는 것은 물질적인 일상용품뿐만 아니라 아이디어, 가치 그리고 정보와 같은 문화가 포함되어 있습니다.

---

40 Ruonan Zheng and Yiling Pan, How NY's Woodbury Outlet Become a Key Chinese Tourist Destination, Jing Travel, January 11, 2018.
41 WTO, Global Report on Shopping Tourism, May 2014, p.39.
42 Suja John, A Study on the Role of the Tourism in Promoting Arts and Crafts-A Case Study on Channapatna Toys, Proceedings of the Second International Conference on Global Business, Economics, Finance and Social Science, 2014, p.3.

현재 중국의 저가 공예품과 짝퉁명품의 시장점유라는 현상은 한국뿐만 아니라 남아프리카의 공예시장과 전 세계 공예시장에 대한 연구에도 나타나고 있는 현상입니다.[43] 기계화와 외국 저가공예품의 유입으로 인하여 발생하는 부정적인 상황을 극복하고, 지역경제를 살리고 관광산업 경쟁력을 강화하기 위해서는 지역의 경쟁력 있는 공예와 예술교육이 활성화 되어야 합니다. 중국의 값싼 공예품이 전 세계시장을 휩쓸고 있다는 현실은 반대로 한국이 저렴하고, 품질이 뛰어난 공예품을 개발하여 세계시장에 내놓으면 수출효자산업이 될 수도 있다는 것을 의미합니다. 제조업분야의 제품 수출을 촉진하기 위해서 무역협회 등에서 기구를 운영하고 있습니다. 공예분야도 이와 같이 한국공예를 세계화하고, 공예기술을 연구개발하고, 홍보하고, 공예품 수출과 세계시장 개척을 추진할 강력한 협동조합과 정부 산하 관련 조직의 개발 및 지역의 차별화된 공예를 육성하기 위한 전략의 추진이 절실히 필요합니다.

최근 각 국에서 도자기, 유리공예, 가죽공예, 지공예 등 다양한 공예분야에 걸쳐서 다양한 공예시설과 공방거리가 개발되고 있습니다. 공예를 주제로 한 공방거리 등을 살펴보면 공예를 주제로 한 다양한 형태의 관광개발이 많은 지역에서 개발되고 있지만 대부분의 경우 매우 작고 영세하고, 기술적으로도 조악한 단지 공예품의 전시나 판매만을 위한 진부한 상업시설들입니다. 그 외에 대부분의 공예가들은 자신의 소규모 공방에서 작품을 제작하는 상황입니다. '구슬이 서 말이라도 꿰어야 보배'이라는 말이 있습니다. 한국공예의 생산과 판매 장소가 흩어져 있기 때문에 관광객들이 한국공예에 대해서 관심이 있어도 공방을 방문하기는 어려운 상황입니다. 따라서 생산자들을 한 공간에 군집시켜 클러스터화 하고, 생산, 시연, 체험, 판매, 교육, 홍보 등의 기능을 한 공간에 종합화 시키고, 협동조합으로 연계하여 세계적인 명품을 생산하는 창조적인 허브(Creative hub)[44]로 개발하고, 오픈에어뮤지엄으로 개발하여 관광자원화시킬 필요가 있습니다.

---

43 Jabulani Nyawo, Betty C Mubangizi, Art and Craft in Local Economic Development: Tourism Possibilities in Mtubatuba Local Municipality, African Journal of Hospitality, Tourism and Leisure, Vol.4(2), 2015, p.5.
44 Dovey, Jon and Pratt, Andy, C., "The Creative Hubs Report: 2016", British Council, United Kingdom, 2016.

정부의 적극적인 문화관광도시개발을 기대하며

각 국에서 매력적인 문화관광자원을 개발하고, 쾌적하고 안전한 환경을 조성하여 관광객 유치를 증진하기 위해 노력하고 있습니다. 그러나 관광개발을 통해서 쾌적하고 매력적인 관광자원과 관광상품, 문화예술공간, 놀이공간 등이 충분히 창출되지 못하면, 국민들은 매력적이지 않고, 삭막하고, 혼잡하고, 관리되지 않은 국내관광지를 회피합니다. 이 결과는 내국인들이 더욱 매력적이고 물가가 싼 해외관광지로 향하게 되는 것은 당연한 결과입니다. 이처럼 활력 없고, 즐겁지 않은 관광지를 회피하는 현상을 고프만(Goffman)은 방어적인 탈자극(Defensive destimulation)[45]이라고 했습니다.

국내에 관광자원을 개발하지 않으면 이러한 현상이 나타나는 것은 자연스러운 현상입니다. 해결책은 국내에 매력적인 관광자원과 관광상품, 활기차고, 생동적인 이벤트, 도시의 심미적인 예술공간과 문화예술 프로그램개발, 놀이공간, 문화공간을 창출해서 살아 숨 쉬는 활력과 리듬이 살아 있는 생명력을 도시에 불어 넣어주어야 합니다. 전국 각지에 개성이 있고, 다채로운 관광자원을 개발하고 해외로 향하는 내국인 관광객이 국내관광지로 되돌아오게 하기 위해서는 정부의 적극적인 문화관광개발에 대한 과감한 투자와 노력이 절실히 필요합니다. 이러한 점에서 서울이나 제주도 그리고 경기도 이외에 강원도권, 충청도권, 전라도권, 경상도권에 차별화된 문화관광도시, 예술도시, 국제회의도시, 문화예술공간 등을 다각적으로 차별화하여 개발하고, 공급하여야 합니다. 중요한 것은 남의 것을 흉내 내거나 모방을 하는 것이 아니고, 자신만의 꿈과 비전을 가지고, 자신의 눈으로 현실을 냉철하게 분석하고, 자신만의 독창적인 예술적 가치를 창조하고, 자신만의 개성 있는 목소리와 몸짓으로 독창적인 표현을 해야 한다는 것입니다.

강원도의 경우에는 현재 자연자원이 세계적인 수준으로 탁월하지만, 예술적인 공간이 부족하고, 쇼핑을 할 만한 쇼핑 매력도 부족하고, 나이트 라이프와 같

---

45 Goffman, E., Relations in Public: Microstudies of the Public Order, Transaction Publishers, 1971, p.22.

은 역동성, 역사·문화적인 매력, 그리고 국제성도 부족합니다. 따라서 예술성, 엔터테인먼트, 쇼핑, 국제성 그리고 역사성이라는 문화예술적인 측면을 강화하기 위한 장기적인 문화관광전략을 수립하여야 합니다. 그리고 장기적인 문화관광전략을 효과적으로 추진하기 위해서는 프랑스 랭도크 루시옹의 자유도시개발 프로젝트를 추진했던 강력한 특별행정조직과 같은 행정조직이 설립될 필요성이 있습니다. 현재 한국의 각 시·도에 관광공사가 설립되어 있지만, 기능이 관광홍보, 기획 정도의 업무를 수행하는 수준에 그치는 한계점을 보여주고 있습니다. 종합적인 문화관광도시와 국제회의도시를 계획하고, 건설하는 프로젝트를 추진하기 위해서는 관광공사 수준의 조직이 아니라 강력한 행정력이 있고, 정치적인 독립성이 보장되는 강력한 특별행정조직 제도를 도입할 필요성이 있습니다. 가장 중요한 것은 문화·예술·관광에 대해서 정통한 이론과 경험을 가지고 있고, 국제적인 프로젝트의 경험이 있는 천재적인 전문가의 영입이 프로젝트의 가장 필수적인 성공조건이라고 할 수 있습니다. 세계적인 천혜의 자연조건을 갖춘 강원도가 성공적으로 문화예술부문의 경쟁력을 강화하고 국제적인 문화예술 중심지로 발전하여 국제적인 문화도시, 국제회의 도시, 예술도시로 발전하게 되길 희망해봅니다.

4장

현대인과 문화관광

제1절
관광객이 문화예술에 매혹되도록 하라

문화예술의 정신적인 의미와 민족 정체성

인간은 자연 속 동물처럼 살아갈 수 없기 때문에 생명을 유지하기 위하여 지붕을 올려 집을 만들고 밭을 갈아 수확을 하는 등 여러 가지 수단을 자기 스스로 마련하였습니다. 넓게 보면, 생존의 안정적 지속을 위해서 자연을 변형하는 모든 인간 행위의 결과가 문화이고, 자연이 아닌 인간이 만든 모든 것이 문화에 속한다고 말할 수 있습니다. 이러한 관점에서 문화란 자연과 대립되는 개념으로 인간이 자연을 활용해 창조해 낸 정신적, 육체적 노동의 총화를 의미합니다.[1] 본서에서는 문화예술을 문화와 예술의 합성어로 보지 않으며, 예술의 실천이 곧 문화라는 의미에서 예술과 문화는 두 개의 서로 다른 영역이 아닌 관계적인 의미[2]로 정의하고 있습니다. 이와 관련해서 "인간의 삶에 있어서 문화예술은 어떠

---

[1] 엄정식, "민족문화와 민족적 자아", 문화철학, 철학과 현실사, 1996, p.155.
[2] 박신의, "문화예술경영의 경영학적 토대와 창의적 확산", 한국문화경제학회, 문화경제연구, Vol.12, No.1, 2009, p.92.

한 의미인가?"라는 질문을 먼저 던지며 문화예술의 의미를 살펴보고자 합니다.

　문화예술은 한 집단의 삶과, 사고방식, 행동양식 등이 오롯이 담겨 있다고 할 수 있습니다. 과거의 예술작품이나 문화 현상을 접하는 것을 통해서 시공간을 초월해서 과거를 살았던 선조들과 정신적으로 이어지게 될 수 있습니다. 여러 세대의 경험과 지혜가 쌓이고 쌓여서 귀중한 정신적 가치가 발전되고 후대에 계승되게 됩니다. 따라서 독창적인 문화예술을 공유한 집단이나 민족은 다른 사람들과는 차별되는 정신세계를 갖게 됩니다. 민족의 문화와 예술이 존재한다는 것은 그 민족의 정체성과 존재가치이고 독립의 상징이라고 할 수 있습니다. 자칫 현 시대에 맞지 않고, 현대사회에 별로 쓸모없는 것 같이 보이는 전통문화예술 속에 한 민족의 정신과 영혼이 흐르고 있고,[3] 전 국민의 마음을 긴밀히 연결해 주며 민족 정체성을 확고히 형성시켜 주는 정신이 존재하는 것입니다. 이런 의미에서 미래는 오랜 세월 속에 걸친 과거가 쌓여서 만들어진 오래된 미래입니다. 과거가 파괴된다는 것은 나라의 미래도 파괴되는 것입니다.

　이 때문에 식민지시대의 지배자들은 역사적으로 왜곡된 사실을 피지배자들에게 억지로 주입시키며 문화적인 열등감을 주거나 고유 언어와 역사를 파괴하고 말살하는 문화적 학살(Cultural holocaust)을 자행합니다.[4] 그리고 종종 지배계층의 문화를 우월한 것으로 전파시켜 피지배자들이 스스로 지배자의 문화예술을 존경하고 칭송하게 만들며, 문화적으로 예속시키려고 합니다.[5]

　이런 방식으로 인해 피지배계층이 문화적으로 종속상태에 이르게 되면 그들 스스로 "자신들의 문화는 열등하다, 미신이다, 악습이다, 구시대적이고 이단이다"[6]라고 비하하고 무시하며 심한 경우에는 공격하거나 파괴하게 됩니다. 우리는 사회에서 조상들이 믿던 종교를 헛된 미신적 행위일 뿐이라고 스스로 정죄하고 파괴하며 악습이라고 범죄시하는 외래 종교단체나 외국세력들의 만행을 많이 보아왔습니다. 그런 외부세력들이 원하는 것은 정치적이나 군사적인 침략과 정복뿐만 아니라, 피지배자들의 정신상태까지도 식민지화시키려는 나쁜 의도가 깔

---

3 조요한, 예술철학, 미술문화, 2008, p.224.
4 笠原契, 西村淸和, 世界の芸術文化政策, 放送通信大学教育振興会, 2008, p.20.
5 최도빈, 철학의 눈으로 본 현대예술, 아모르문디, 2012, pp.107-109.
6 변재진, "한국 전통문화예술의 세계화?", 컬쳐오션, 2013년 3월호, p.23.

려있는 것입니다. 무기와 무력을 앞세운 제국주의보다 밖으로 드러나지는 않지만 정신을 갉아먹고 굴종시키려는 정신적인 신민화가 훨씬 더 무서운 일인 것입니다. 이러한 점에서 한 민족의 고유문화는 '민족의 자존심'이고 '독립의 상징'으로 마땅히 존중되어야 할 것이라고 말할 수 있습니다.

문화예술의 경제적 의미

오늘날 문화예술은 고부가가치형 산업으로 각광받고 있고, 활기찬 사회발전의 토대일 뿐만 아니라 경제성장에도 다각도로 영향을 미치는 원천으로 주목받고 있습니다. 문화산업은 21세기 미래사회의 중요한 성장동력으로 여겨지고 있는 것입니다. 피터 드러커는 "21세기는 문화산업에서 각국의 승패가 결정될 것이고, 최고의 승부처 역시 문화산업이다"라고 주장하였습니다.[7]

21세기 들어 우리나라에서도 K-POP의 선풍적인 인기와 한류의 영향으로 국가브랜드 가치가 크게 향상되고, 타 산업에까지 경제적 혜택을 받게 되는 등 긍정적인 외부 효과가 많이 발생하게 됨에 따라 문화예술을 국가경제의 신성장동력으로 인식하게 되었습니다.

세계 각국은 문화예술을 통하여 그들 나라와 도시의 이미지를 개선하고, 브랜드 가치를 향상시키고 국가경쟁력을 향상시키기 위하여 온갖 노력을 기울이고 있습니다. 스페인의 빌바오는 구겐하임 미술관을 건설해 도시이미지를 혁신적으로 바꿔내고, 수백만 명이 넘는 관광객을 유치하는 등 엄청난 사회적 효과와 경제적 발전을 이루었습니다. 아랍에미레이트의 아부다비는 무인도인 시디야트섬에 약 270억 달러라는 거액을 투자하여 루브르 박물관 분관과 구겐하임 미술관 분관 같은 세계적 문화시설을 수년전부터 개발해오고 있습니다. 특히 아부다비 루브르 박물관 건설과 관련해서 루브르라는 명칭사용과 소장품 백여 점을 아부다비로 빌려오기 위해서 약 10억 유로(1조 4천억 원)라는 엄청난 비용을 지불[8]했다고도 합니다.

---

7 최연구, 4차 산업혁명시대 문화경제의 힘, 중앙경제평론사, 2017, p.47.
8 송기형, 아부다비 루브르 박물관을 둘러싼 논쟁, 프랑스학 연구, 제44집, 2008, p.227.

아시아지역의 문화예술 중심지로 부상하기 위해서 치열한 경쟁을 벌이는 싱가포르와 홍콩은 문화 관련 인프라시설들의 건설을 위해서 수십조 원의 투자를 해오고 있습니다. 싱가포르는 박물관과 극장, 공연장이 포함된 에스프러네이드 개발에 약 100억 달러(약 12조 원)를 투자하여 이미 2002년에 완공시켰습니다. 홍콩은 주룽문화지구 건설을 위해서 약 28억 달러(약 3조 3천억 원)을 투자하여 현대적 미술관과 다목적 전시장, 콘서트홀과 오페라 극장 등 복합문화타운을 건설하고 있습니다.

이와 같이 우리 주변국들은 국가 브랜드를 세계에 널리 알리고 국가 경쟁력을 계속 강화하기 위해서 문화예술 관련 공공기반시설들을 수준 높게 구축하기 위해서 불필요한 각종 규제들을 철폐하고 과감한 투자를 추진하고 있습니다. 싱가포르와 일본은 오래전부터 절대 허가해주지 않았던 카지노시설을 허용하고 매력적인 문화관광시설을 확충해나가는 등 기존정책을 과감하게 전환했습니다. 이에 비해 우리나라는 아직도 문화예술 관련 공공인프라시설들에 대한 투자가 주변의 중국, 홍콩이나 싱가포르에 비해 미흡하고 관련정책과 법제도, 투자환경 등도 많이 부족한 형편입니다. 문화예술과 문화관광에 대한 범사회적 인식 변화와 정책 및 제도의 혁신을 통해 관련 투자활동이 활발히 추진되도록 정부가 적극 나서야 할 필요가 많다고 봅니다.

하드웨어 이외에 문화의 소프트웨어 측면을 생각해보더라도 문화예술의 경제적인 의미는 대단히 큽니다. 우리나라는 한류를 통해서 TV연속극 드라마와 음악부분에서 세계적인 한류스타를 여럿 키워냈습니다. 이들이 우리나라의 문화예술을 세계에 수출하는 수출 역군으로 경제적으로나 사회적으로 크게 기여하고 있습니다. 한국문화산업 교류재단이 2015년에 발표한 통계에 의하면 한류수출로 인한 생산유발 효과는 15.6조 원, 부가가치유발 효과는 5.8조 원, 취업유발 효과는 11.3만 명에 달하는 것으로 나타났습니다. 또한 한류로 인한 총수출액은 70.3억 달러였고, 한류로 인한 문화콘텐츠 수출액은 28.2억 달러였습니다.[9] 문화예술부문의 한류는 화장품, 의류패션, 관광, 식료품 등 기타 산업에도 대단히 긍정적인 효과를 파급시켰습니다. 또한 우리 국민들의 자부심과 국가 이미지 홍보

9 한국국제문화교류진흥원, 한류의 경제적 효과에 관한 연구 결과 발표, 2015.

효과 등 통계수치로 잘 나타나지 않는 사회문화적인 효과 또한 엄청나게 유발하고 있습니다. 우리나라로 한류 팬들이나 관광객들이 문화관광을 즐기러 방문해 오는 추세도 꾸준히 늘어나고 있습니다. 문화관광산업이 발전하게 되면 연관 산업들에 미치는 경제적 영향이 크기 때문에 문화관광발전은 우리나라에서 중요한 정책과제의 하나가 되고 있습니다.

문화예술의 마술과 같은 집객력

로마, 파리, 런던, 뉴욕 등 세계 각국의 대도시는 모두 문화관광 도시들로서 각자 보유한 문화예술 자원을 주요한 관광 매력으로 삼아 매년 수천만 명씩 외래 관광객을 유치해 경제발전을 지속하고 있습니다. 그들 도시들은 마법과 같은 문화예술의 강력한 힘을 주민들의 행복증진 이외에 관광객 유치 증대의 주요 도구로 활용하고 있습니다.

이러한 이유에서 여러 나라 도시들은 바람직한 도시재생과 경제적 발전을 추구하기 위해 문화와 관광을 전략적으로 활용하고 있습니다. 아름다운 산이나 호수, 해안과 같은 세계적인 자연환경을 가진 국가가 아닌 경우 산과 바다 등 자연환경을 인위적으로 만들어내기가 불가능합니다. 그러나 자연생태계가 우수하지 않은 지역일지라도 그 지역만이 보유한 문화와 예술이 있을 수 있습니다. 혹시 그마저 없더라도 도전을 마다하지 않는 열정과 창의력을 가진 사람들이 있어 새로운 문화예술을 창조하거나 다른 지역에서 성공한 문화관광의 주제와 전략을 활용한다면, 수많은 관광객들을 새롭게 유치할 수 있습니다. 어느 나라나 지역이든 문화와 관광을 고도로 연계시키고, 현대인들의 감성에 어필하는 콘텐츠를 개발해내면 각자 나름대로 문화관광을 발전시켜 나갈 수 있습니다.

문화관광개발로 문화예술이 발전하게 되면 단순히 관광객을 유치하는 효과만 있는 것이 아닙니다. 관광개발로 인한 문화예술의 일차적인 수혜자는 지역주민이기 때문에 지역주민의 쾌적하고 행복한 삶의 원천이 될 수 있습니다. 그리고 아름다운 문화와 예술에 감동받은 외국인들이 한국인에 대한 존경심과 애정을 갖게 되기 때문에 한국인의 국제적인 위상이 높아지게 됩니다. 한류의 사례에서 보았듯이 세계인들이 한국의 문화예술을 사랑하게 되면 그 파급 효과는 관광업

뿐만이 아니라 제조업, 건설업, 부동산업, 교육산업, 기타 서비스업 등 국가의 전 산업으로 긍정적인 효과를 미쳐 전반적인 국가경쟁력을 강화합니다. 우리나라의 제품과 영상 미디어 등은 세계적인 명품으로 높이 평가받게 되고, 브랜드 가치와 부가가치가 올라가게 됩니다. 그리고 한국은 세계적인 문화의 중심지로 인정받게 됨으로 호감도와 신뢰도가 향상되어 품위 있는 인류국가로 존경을 받게 됩니다. 이러한 이유에서 각국은 자국의 매력을 강화하여 국가경쟁력을 향상하기 위해서 전 국민과 전 조직이 합심하여 문화관광에 집중적으로 투자하면서 총력을 기울이고 있습니다. 현재 지구촌은 무기나 경제력, 제품의 생산력이 아니라 문화예술 그리고 문화관광의 매력도를 높이기 위한 치열한 문화전쟁시대에 돌입하였습니다.

문화예술은 황금알을 낳는 거위인가?

그러나 문화예술부문에 투자하기만 하면 큰 수익이 발생한다고 주장하며 "모든 문화관광은 황금알을 낳는 거위"라고 단순하게 말해서는 곤란합니다. 극단적인 사례지만 일본 홋카이도의 유바리시는 지역 전래의 석탄산업이 몰락하여 폐광하게 되고 지역 경제가 크게 침체되자 '탄광에서 관광으로'라는 야심찬 슬로건을 내세우고, 유바리를 관광으로 활성화시키기 위해 정부와 금융기관으로부터 융자받아 유원지 등 관광시설을 조성했습니다. 그러다가 2006년에 632억엔(약 6,899억 원)의 적자를 발생시키고 자치단체 파산을 선언[10]하게 되었고, 지방자치단체가 아닌 "재정자치단체"가 되어 자치권을 반납하고 예산 편성과 집행 권한을 잃게 되었습니다. 유바리시는 2027년 3월까지 매년 25억엔(약 273억 원)을 갚아 나가야만 하는 심각한 상황에 처하게 되었습니다, 이로 인해 시민들의 세부담은 늘어났지만 의료 등 행정서비스 혜택은 줄어들고, 시민들에게 지원되던 보조금도 중단되고, 지방공무원 수 역시 크게 감축되었습니다. 이런 사례와 같이 아무리 문화관광 투자라 하더라도 적절한 수요예측과 사업성 검토 없이 무분별하게 투자할 경우 지자체나 국가사회도 재정 파탄의 위기를 겪게 된다는 점에 유념해야 합니다.

우리나라의 경우도 각 지방자치단체가 공연장, 음악당, 박물관, 미술관, 문화

---

10 "재정파탄 10년 유바리(일본)를 가다-1심각한 도시공동화", 경인일보, 2016년 10월 4일.

센터 등 문화예술분야와 테마파크, 유원지, 휴양시설 등에 대한 투자를 할 때는 반드시 사전에 사업타당성 검토를 충분히 거쳐야 합니다. 지금도 전국적으로 문화 관련 하드웨어를 건설하고 있지만, 그런 시설들이 제대로 운영되는 데 필수적인 콘텐츠나 프로그램을 사전에 마련하지 않아 사후 정상적 운영이 우려되는 경우가 많다고 생각합니다. 물론 문화센터 등 관련 하드웨어시설을 건설할 필요가 크지만, 절대적으로 시설개발만이 전부는 아니라는 겁니다. 즉, 해당 문화예술 하드웨어가 지역민이나 관광객들에게 애용되도록 만들어주는 소프트웨어, 콘텐츠의 개발이 반드시 필요하다는 겁니다. 이런 콘텐츠를 매력 있게 개발하는 데는 시설투자보다 더욱 어려운 문제들이 있고 지역문화예술이 활성화되도록 하기 위해서 상당한 예산과 시간 투자가 필수적입니다. 흔히 시설만 잘 개발하면 운영은 저절로 되게 된다는 식으로 이용객 요구사항과 트렌드 변화를 중시하지 않는 사업추진방식은 실패할 우려가 큽니다. 때로 영국의 테이트 모던, 빌바오 구겐하임 미술관, 게이츠헤드의 현대미술관의 사례를 들면서 지역에 미술관을 유치하면 지역재생에 성공한다고 주장하는 분도 있습니다. 그러나 미술이 세계적인 수준으로 인정받고 있는 국가의 사례가 우리나라처럼 미술이 국제적으로 인정받지 못하고 있는 국가에 그대로 적용될 수 있는 모델인지에 대해서는 심도 있는 연구가 필요합니다. 문화관광을 성공시킬 수 있는 전략 수단은 미술관이나 공원녹지뿐만 아니라 제2장 <표 2-4>에서 논의되었듯이 30가지에 달하는 다양한 전략 수단이 있습니다.

문화예술을 담을 그릇을 잘 만들어내는 것도 중요하지만, 그 그릇에 무엇을 담아내 사람들을 만족시킬 것인가에 대한 대책을 마련하는 것이 더 중요함을 결코 잊지 말아야 할 것입니다.

국민행복지수가 높은 나라

영국의 사회비평가 존 러스킨은 경제학의 가치는 부자가 되는 기술을 가르치는 학문이 아니고, '인간의 행복'에 목적[11]이 있다고 말했습니다. 케인즈는 '예술은

11 박지혜, 존 러스킨의 예술정치 경제학에 나타난 예술경제사상과 현대문화경제학에 주는 의미, 홍익대학교

목적이고, 경제는 이를 위한 수단'이라고 보았고, 예술문화를 창조하고 향유하는 능력에 최고의 인간가치를 두었습니다.[12] 이와 같이 유명한 학자들도 승자독식의 살벌한 경쟁적 상황과 인간성을 파괴하는 비도덕적인 경쟁사회, 이기적인 산업생산으로 인한 부의 극대화를 학문의 목적으로 보지는 않았습니다. 그 반대로 사람들이 문화예술을 향유하며 인간다운 삶을 누릴 수 있고, 예술성을 발휘할 수 있는 행복한 사회를 만드는 것을 학문의 목적으로 보았습니다. 그들은 예술을 통하여 인간이 행복한 삶과 아름다운 인간성을 유지하고 회복하는 것이야말로 모든 학문이 지향해야 할 중요한 목적이라고 보고 있습니다.

1972년에 히말라야 산맥 동쪽에 있는 작은 나라 부탄의 지그메 싱예 왕추크 왕은 GDP측정과 함께 국민행복지수(Gross National Happiness)라는 새로운 척도를 개발해야 한다고 주장하였습니다. 그는 행복이란 물질과 영혼 모두가 균형 있게 성장하고, 서로를 보완할 때 느낄 수 있다고 합니다.[13] 우리사회는 유엔 세계행복보고서에 의하면 국민행복지수가 156개국 중에 54위[14]이며, 15년째 OECD 국가 중에서 자살율 1위라는 불명예를 놓친 적이 없는 국가라고 합니다.[15] 과도한 경쟁과 나와는 다른 남을 인정하지 않는 배타성, 관심과 배려가 없는 삭막한 정신세계, 그리고 부패와 반칙이 만연한 사회지도층의 행태가 사람들을 절망하게 하고 자살로 몰아가는 피로사회·혐오사회에 살고 있습니다. 이제는 국민들의 삶과 정신을 황폐화 시키는 성장 일변도의 경제정책과 몰개성적이고 비인간화된 교육제도, 그리고 배타적이고 독선적인 종교와 같은 우리 공동체를 분열시키고, 삭막하게 만드는 현실은 지양되어야 하고, 국민행복지수가 높은 상생의 사회로의 전환이 필요합니다. 이런 관점에서 국민들의 삶의 질, 건강, 행복감 등을 끌어올려 더 나은 삶을 누릴 수 있는 문화예술사회를 만들기 위한 정책개발에 가일층 노력해야 할 때입니다. 행복한 삶을 위한 문화예술의 중요성은 그 어느 분야보다 크다고 봅니다. 문화예술은 수익창출만을 목적으로 하지 않고 주민들에

경영대학원 석사논문, 2011, p.25.

12 김문환, 문화경제론, 서울대학교 출판부, 1997, p.18.

13 필립 코틀러 저, 박준형 역, 필립 코틀러의 다른 자본주의, 더난출판, 2015, pp.315–323의 글을 재구성.

14 한준, 한국인은 왜 행복지수 낮을까, 문화일보, 2019년 4월 18일.

15 서한기, 하루 36명, 40분마다 1명 자살하는 나라... 13년째 자살률 1위, 연합뉴스, 2018년 1월 23일. 동아일보, 한국, OECD국가 중 자살률 1위 하루 37.5명꼴, 2019년 9월 24일.

게 행복을 느끼게 하는 중요한 가치를 갖고 있고, 진정한 행복을 제공하는 사회적 외부가치를 가진 공공재적인 성격을 가지고 있습니다. 그리고 문화예술은 국가의 자부심을 높이는 문화유산 가치를 가지고 있고, 외지 관광객들을 끌어들이는 효과가 큰 문화관광자원으로서 중요합니다. 이렇게 다양한 긍정적 외부 효과를 발생시키는 문화예술은 가치재(Merit good)라는 점에서 일반재화와는 성격이 다르므로, 정부가 보다 적극적인 관심을 갖고 재정적 지원 등에 노력해야 할 필요가 있습니다. 미래 한국사회에는 자살 1위 국가, 갈등사회, 피로사회, 혐오사회라는 슬픈 표현이 사라지길 간절히 소망합니다. 대신 인간적인 따뜻한 정서가 담긴 사회, 아름답고 풍성한 문화예술로 국민들의 삶이 윤택하고 행복지수가 높은 나라가 되길 희망해봅니다.

제2절
그랜드 투어와 로맨틱 그랜드 투어

모든 관광은 문화다

한 나라의 역사, 종교, 풍습, 민속 등 다양한 문화요소는 관광객의 여행욕구를 자극하는 중요한 동기들입니다. 또한 매력적이고 차별화된 문화자산을 보유한 나라나 지역은 관광경쟁력을 강화시키는 중요한 자원입니다. 관광학자 맥커넬(MacCannell)은 "모든 관광은 문화적인 경험이다"[16]라고 하였고 어리(Urry)는 "모든 관광은 문화"[17]라고 하였습니다. 대부분의 학자들은 문화관광의 기원을 17세기~18세기 유럽에서 귀족들 간에 유행하였던 그랜드 투어(Grand tour)에서 찾고 있습니다.

17세기 유럽은 고대 그리스 로마시대의 문화예술에 대한 관심이 고조되었었

---

16 MacCannell, D., Empty Meeting Grounds: The Tourist Papers, Routledge, London, 1993.
17 Urry, J., The Tourist Gaze: Leisure and Travel in Contemporary Societies, Sage, London, 1990.

고, 고대문명을 다룬 고전문학과 고대예술 그리고 여행문학이 발전하였습니다. 이러한 사회적 상황 속에서 영국 엘리자베스 1세 여왕시대에 궁정에서 교육을 받던 귀족 젊은이들을 위한 세련된 교육 형태로 그랜드 투어가 시작되었습니다.[18] 상류층 자제들은 짧게는 몇 달에서 길게는 몇 년 동안 프랑스, 이탈리아, 오스트리아, 독일, 스위스, 네덜란드 등을 방문하는 그랜드 투어를 하며 고대문화에 대한 지식을 직접 접하며 정신적인 감화를 받았다고 합니다. 당시 그랜드 투어는 상류사회에 진입하기 위한 일종의 입문절차였습니다.[19]

지금처럼 교통기관이 발달하지 않았던 17~18세기에 여러 나라를 여행한다는 것은 엄청난 경비가 필요하고 목숨까지 걸어야 하는 험난한 여행길이었습니다. 여행길 대부분은 위태롭고 산짐승과 산적들의 출몰 등 대단히 위험하였을 것임을 생각하면, 아무나 쉽게 참가할 수 없는 여행이었을 겁니다. 이들이 방문하는 그랜드 투어 여행코스와 도시들에는 숙박시설과 주점이 번성했었고, 문화적인 소양을 기르기 위해 시행된 그랜드 투어는 숙박업, 주점, 마차 역사 등 관광산업의 발전으로 이어졌습니다. 당시의 기록을 살펴보면 요즘 관광객들이 관광지에 가면 습관적으로 기념사진을 찍듯이 당시에 로마의 판테온, 트레비분수, 성베드로 성당 등 중요 유적지들을 배경으로 여행을 증명하는 초상화를 그리고, 돌아와서 집에다 걸어 놓는 것이 유행했다고 합니다. 또한 오늘날 관광객들이 여행지에서 기념품을 즐겨 사듯이 당시에도 골동품이나 기념품을 구매해 돌아와서 집안에 장식해놓는 것을 즐기기도 했다고 합니다. 시간이 많이 지났지만 여행을 하는 사람들의 심리는 예나 지금이나 유사한 것 같습니다.

관광의 시민혁명, 로맨틱 그랜드 투어

그랜드 투어는 교육적인 관광(Educational tour)이라고 할 수 있었는데, 18세기 초가 되면서 그랜드 투어 당초의 교육적인 목적이 희석되고, 위락목적의 로맨틱 그랜드 투어(Romantic grand tour)로 여행 성격의 변화가 나타나기 시작했습니다.[20] 이

---

18 Hyungyu Park, Heritage Tourism, Routledge, 2014, p.37.
19 이은기, 김미정, 서양미술사, 미진사, 2008, p.332.
20 Milena Ivanovic, Cultural Tourism, Juta & Company, 2008, p.33.

러한 현상이 나타나게 된 배경은 18세기 초 산업혁명으로 인하여 사회적인 급격한 변화가 발생하면서 신흥부유층인 부르주아라는 새로운 계급이 등장하면서부터였습니다. 이런 부르주아들은 여행할 수 있는 재력은 넘쳐났지만, 귀족들과는 달리 클래식 예술에 대한 교육수준이 낮았습니다. 결국 부르주아들의 관심은 교육적인 관광이 아니고, 여가와 위락 여행이 주목적이 되었습니다. 이렇게 새로운 부르주아계급에 의해 그랜드 투어에서 교육적인 목적이 없어지자, 덩달아 귀족들의 여행 성격도 함께 변화하게 되었습니다.[21]

18세기 후반에 유행하게 된 로맨틱 그랜드 투어는 여행의 당초 성격과 목적도 바꿨지만 참가하는 사람들의 성격도 바뀌게 했는데, 초기의 그랜드 투어는 젊은 귀족계층이 참여하였으나, 후기의 로맨틱 그랜드 투어는 돈이 있는 중산층의 모든 연령계층이 참여하였습니다. 여행목적지에도 변화가 있었습니다. 로마, 파리와 같은 유럽의 문화중심지가 아니고 자연의 힘을 강조하는 낭만주의 운동의 영향력이 커지게 됨에 따라 아름다운 자연과 경치들이 새로운 관광목적지로 부상하였습니다. 알프스산맥, 호수, 스코틀랜드 하이랜드 등을 포함한 시골의 전원지역을 여행하는 것이 인기를 끌게 되었습니다. 그리고 또 다른 변화는 여행기간이었는데, 그랜드 투어시대에는 여행기간이 최소 몇 개월에서 최대 몇 년으로 대단히 장기적이었지만, 로맨틱 그랜드 투어의 여행기간은 매우 짧아지게 되었습니다.

이런 관점에서 볼 때, 로맨틱 그랜드 투어의 등장은 문화예술을 감상하고 즐길 수 있는 권리가 왕족과 귀족중심에서 부르주아와 일반 대중에게 하향적으로 확산되는, 문화관광의 민주화가 이루어지게 했다고 평가할 수 있습니다. 그리고 지나치게 귀족적이고, 현학적이고, 권위적인 상류사회의 관광에서 보다 '인간적'이고 '즐거운' 여행으로 바뀌게 되었다는 점에서 대중들이 관광여행을 즐길 수 있는 시대가 도래되었다고 볼 수 있습니다. 현학적이고, 고지식한 학자들의 취향에는 왕족과 귀족들이 행하는 교육적이고 지적인 상류사회의 여행이 더 가치 있다고도 평가할 수 있습니다. 그러나 소수 특권층만 참여해 즐기던 여행을 바꿔서 모든 시민

---

21 Elena Paschinger, Authenticity, Interpretation and the Issue of Demand: How Product Development at World Heritage Sites Can Encourage Sustainable Management, Diploma Thesis of IMC University of Applied Sciences Krems, 2008, p.32.

들이 즐겁고 행복한 여행을 할 수 있는 대중관광 시대의 문이 열리기 시작했다는 점에서 로맨틱 그랜드 투어시대는 '관광분야의 시민혁명'과 같다고 말하고 싶습니다. 이런 로맨틱 그랜드 투어 확산을 계기로 극소수 상류층만 문화예술을 즐기는 시대가 아니라 만인이 문화예술을 즐길 수 있는 시대로 문화관광의 패러다임도 바뀌었습니다.

18세기 로맨틱 그랜드 투어리스트와 현시대 관광객의 여행 행태는 많은 부분 유사점이 있습니다. 로맨틱 그랜드 투어는 현대적 패키지 투어와 대중관광의 시작이었다고 볼 수 있습니다. 18세기 로마에서 처음으로 조직화된 관광상품이 등장합니다. 로마에서는 6일간의 로마도시와 고미술을 주제로 한 단체관광 상품을 개발해 판매하였는데, 당시 그 상품을 이용하는 로마 관광객들이 방문하였던 장소들은 오늘날에도 많은 관광객들이 즐겨 찾는 문화관광지들이라고 합니다. 그리고 관광안내원이 처음으로 정규 직업이 되었고, 이후 지금까지 계속 관광안내 직업은 발전해오고 있습니다.

19세기 중반까지 초기 미국 관광객들에게 그랜드 투어는 유럽의 고대문화를 경험할 수 있는 좋은 기회로 여겨져 많은 인기를 끌었습니다. 그리고 그랜드 투어시대에 가장 인기가 있었던 문화관광도시였던 이탈리아 플로렌스, 베니스, 로마는 현대사회의 문화관광객들에게도 가장 인기 있는 도시입니다.[22]

제3절
문화관광이란 과연 무엇인가?

목숨을 걸고 히말라야에 오르는 이유

2017년 기준으로 전 세계 관광객은 총 13억 2,000만 명으로 증가하였고[23] 미래관광 발전에 대한 UNWTO의 장기적 전망과 평가는 긍정적입니다. 향후에도

---

22 Hyungyu Park, Op. cit., 2014, p.38.
23 日本 観光庁, 観光白書, 2018, p.3.

국제 관광객이 매년 증가하여 2030년에는 국제 관광객 수가 총 18억 명에 이르게 될 것으로 예상하고 있습니다.[24]

　　2014년 세계여행관광협의회(World Travel and Tourism Council, WTTC)에 따르면 2013년 기준으로 전 세계 관광객의 지출은 약 2조 1,554억 달러를 넘어섰고, 세계 GDP의 2.9%를 차지하고 있다고 합니다. 2014년에는 2조 2,482억 달러 그리고 2024년에는 3조 3,793억 달러로 꾸준히 늘어나 전 세계 GDP의 약 3.1%를 점유하게 될 것으로 예상합니다.[25] 어떤 연구논문에 따르면, 관광산업은 4.4조 달러 규모로 세계군사지출 총액을 능가하는 세계에서 가장 큰 산업이라고도 말합니다.[26] 최근 급성장하고 있는 문화관광은 전체 관광시장의 약 5%~8%를 차지하고 있고, 전 세계적으로 약 6천만 건 이상의 문화관광이 발생하고 있다고 합니다.[27] 유럽의 경우에는 문화관광이 전체 유럽관광의 약 40%를 차지하고 있는 것으로 추정되고 있습니다.[28]

　　문화관광이란 다른 문화권에 사는 사람들을 관광목적지에 방문하게 하여 이질적인 문화를 경험케 하며 해당 지역주민과의 접촉을 늘려 문화적 이해와 교류가 생겨나게 하는 것입니다. 문화관광을 통해서 다른 나라와 세계 및 인류에 대해 좀 더 넓은 이해와 공감을 가능케 한다는 것에 궁극적인 의미가 있습니다. 따라서 문화관광을 개발한다는 것은 '공감할 수 있는 볼거리, 할거리, 먹을거리, 살거리, 즐길거리 등 문화에 기반하는 관광자원과 상품을 개발해서 관광객의 마음을 사로잡고, 행복하게 만들며 즐거운 추억거리를 제공해 다시 찾아오게 하는 방안을 마련하는 것'[29]이라고 할 수 있습니다. 세계관광기구(UNWTO)에서는 "문화

24 UNWTO, Global Report on Shopping Tourism, World Tourism Organization, 2014, p.8.
25 Esmart A. Zaidan, Shopping Tourism and Destination Development: Dubai as a Case Study, Arab World Geographer, January 2014, p.3.
26 Liu, J. C., "Tourism and Value of Culture in Regions", The Annals of Regional Science, 39(1), 2005, p.20.
27 Sebová, Miriam, Peter Džupka, Oto Hudec, Urbancikova, Natasa, Promoting and Financing Cultural Tourism in Europe through European Capitals of Culture: A Case Study of Košice, European Capitals of Culture 2013, Amfiteatru Economic Journal, The Bucharest University of Economic Studies, 16(36), 2014, p.655.
28 European Commission, Cultural tourism, 2013, https://ec.europa.eu/enterprise/sectors/tourism/cultural-routes/index_en.htm
29 김문환, 문화경제론, 서울대학교 출판부, 1997, p.271.

관광이란 교육관광, 공연예술 및 문화유적 관광, 축제나 문화이벤트에 참가하는 관광, 자연, 민속, 예술 그리고 순례여행과 같이 핵심적으로 문화적 동기를 가지고 있는 인간의 이동"이라고 정의하고 있습니다.[30] 이처럼 문화관광의 핵심적인 요소는 관광객의 '문화적 동기'입니다.

17세기 그랜드 투어의 사례를 통해서 알 수 있듯이 교통 수단도 미비하고, 여행길에 목숨을 잃을 수도 있는 위험성이 있는데도 불구하고, 유럽 상류층 자제들은 집을 떠나 몇 년 동안 유럽의 각국을 여행하면서 고대문화를 답사하였습니다. 이와 같이 문화관광객은 타국이나 타지역의 이질적인 문화를 배우려는 욕구와 동기로 인해 여행을 합니다. 집에서 안전하게 TV나 보면서 편안히 쉴 수 있는데 특별한 이유 없이 목숨을 걸고 남극대륙을 횡단하고, 요트로 대서양을 횡단하고, 목숨을 걸고 고산에 오르고, 위험한 행글라이딩이나 스카이다이빙을 즐기고, 전 세계를 요트로 떠도는 사람들이 있습니다. 그리고 이런 사람들의 모험에 대한 강렬한 욕구는 일반인들로서는 도저히 이해하기 어려운 경우가 많습니다.

생명의 위험을 무릅쓰고 위험한 탐험과 모험을 즐기고자 하는 인간의 욕구를 앤더슨(Anderson)은 율리시스 요인(Ulysses factor)이라고 설명을 합니다.[31] 사람들은 누구나 미지의 세계와 그곳의 문화를 알고 싶어 하는 욕구를 가지고 있지만, 특별히 고위험도의 모험을 선호하는 율리시스 요인을 많이 가지고 있는 사람도 있습니다. 반대로 안전하고 예측 가능한 여행만을 선호하는 사람도 많이 있습니다. 따라서 문화관광을 개발하는 기획자는 문화관광객의 모험과 위험에 대한 선호도를 조사하고, 목표시장에 적합한 수준의 위험도와 차별화를 가진 관광자원을 개발해내는 지혜가 필요합니다.

---

30 Richards G., European Cultural Tourism: A View from Barcelona, Workshop Paper on National Tourism Policy in Vienna, May 2004, https://www.academia.edu/2393237/European_Cultural_Tourism_A_view_from_Barcelona

31 Anderson, J. R. L., The Ulysses Factor, Harcourt Brace Johanovich Inc., 1970, pp.17-18.

문화관광은 문화관광객 수만큼 다양하다

문화관광은 적은 수의 고소득 문화관광객을 유치하여 지역경제에 도움이 되고, 자연환경이나 지역문화에 피해를 주지 않는 '좋은' 관광이라는 인식이 일반적입니다. 그러나 버틀러는 "문화관광객은 소수의 인원으로 여행을 하고, 피해가 거의 없는 '착한' 관광객으로 보이지만, 문화관광객은 대량 관광객들이 방문하지 않아서 관광객 수용능력과 내성이 거의 없는 미개척지에 많은 관광객들이 방문하도록 계기를 만들어주는 '트로이 목마'와 같은 역할을 할 수도 있다"[32]고 주장하기도 합니다. 따라서 개발 시에는 문화관광이 발생시킬 수 있는 부정적인 효과에 대해서 철저하게 미리 파악하고 부정적인 효과를 해소하거나 감소시키기 위한 대책을 수립하여야 합니다.

문화관광은 예술관광(Art Tourism), 축제관광(Festival Tourism), 크리에이티브 투어리즘(Creative Tourism), 오페라관광(Opera Tourism), 건축관광(Architecture Tourism), 역사문화유산관광(Heritage Tourism), 민족관광(Ethnic Tourism), 예술관광(Art Tourism), 미식관광(Gastronomic Tourism), 의료관광(Medical Tourism), 순례관광(Pilgrimige) 등 다양한 용어로 표현되기도 합니다. 대중관광은 여행의 민주화와 표준화를 특징으로 하지만 현대 문화관광은 문화의 진정성, 심미성을 추구하고, 심지어 금욕적이거나 고통스러운 고행까지 해야 하는 아주 특이한 여행까지 포함됩니다. 그리고 표준화되고 상식적인 여행이 아니고 개인의 독특한 취향에 맞게 맞춤화된 개성적 여행을 추구하는 새로운 문화관광 엘리트도 등장하고 있습니다.[33] 이렇게 다양한 문화관광의 특성 때문에, 스코틀랜드 관광청이 새로운 문화관광정책의 개발을 깊이 논의해보기 위해 마련한 세미나의 제목은 '문화와 관광: 우리는 같은 언어를 사용하고 있는가?(Culture and tourism: are we speaking the same language?)'였습니다. 문화관광의 이런 복잡성 때문에 맥커쳐(Mckercher)와 두 크로스(Du Cross)는 "문화관광에 대한 정의의 수는 문화관광객의 수와 거의 일치한다"[34]라고 조금 과장해 말하기

---

32 Butler, R., Alternative Tourism: Pious Hope or Trojan Horse? Journal of Travel Research. 1990.

33 Liu, J. C., Op. cit., 39(1), 2005, p.22.

34 McKercher, R. W. and Du Cros, H., Cultural Tourism: The partnership between Tourism

도 하였습니다.

'무엇이 문화관광인가' 정의하는 것은 쉬운 일이 아닙니다. 일반적으로, 문화 관광은 여행의 본질로 설명될 수 있으며, 관광의 맥락에서 제시될 수 있는 다양한 문화적 요소를 동반한 특정 장소의 생활과 역사를 이해하고 친숙해지기 위한 관광으로서 이러한 요소들은 음식, 의복, 주거, 오락, 건축, 예술, 수공예 및 제조 제품 또는 특정 목적지에서의 생활양식의 특성을 나타내는 모든 요소를 포함할 수 있습니다.

문화관광객은 문화커뮤니케이션의 매개체이며, 그들을 통해서 타 지역의 이질적인 문화가 전파되고, 방문지역의 주민에게도 다른 문화에 대한 이해를 넓히게 할 수 있는 문화적 승수 효과를 가져올 수 있습니다. 관광객이 살아가는 나라의 문화와 관광객을 받아들이는 관광지라는 두 문화 간의 차이로 인해 발생되는 문화적 역학관계와 피드백, 그리고 그 결과로 나타나게 되는 효과들에 대한 연구가 다양한 각도에서 시도되기도 합니다.[35]

관광객과 관광객을 받아들이는 지역의 주민은 어떤 형태로든 문화적인 차이로 인하여 발생하는 문화적인 충격을 경험합니다. 새로운 문화를 접하는 외국인 관광객은 가장 기본적인 것도 새로 배워야 하는 유아적인 정신상태로 되돌아오는 경험을 하게 됩니다. 이때 관광객은 타문화에 대해서 이해하고 적응하거나, 몰이해나 오해로 인하여 문화적인 충격을 느끼기도 합니다. 이런 문화적인 충격이 관광객에게는 새로운 문화에 대한 일생일대의 황홀한 경험일 수도 있고, 엄청난 정신적 고통이 될 수도 있습니다. 그러나 역설적이지만 관광객은 이러한 이질적인 문화와의 충돌과 색다른 문화를 경험하면 할수록 여행의 보람과 만족을 느끼게 됩니다. 이러한 면에서 볼 때 차별화된 민족의 고유문화는 훌륭한 문화관광자원이 되는 것입니다.

타 지역의 이질적인 문화를 체험하는 것이 문화관광객에게는 흥미로운 관광동기입니다. 관광객은 현실과는 다른 이질적인 것 그리고 비현실적이고 환상적인 꿈을 추구해보려는 욕구를 가지고 있습니다. 그러나 관광객이 원하는 이질적

and cultural heritage management, Haworth Press, NewYork, 2002.

35 Harms, L. S., International Communication, Haper & Row Publishers, 1973, p.2.

인 문화적 차이는 어느 한 문화권에서는 평범하게 여겨지는 것이 다른 문화권에 서는 충격적으로 이국적일 수도 있습니다. 한국에서 돼지고기를 먹는 것이 아주 평범한 일이지만, 아랍권에서 온 관광객에게는 상상도 할 수 없는 이질적인 음 식문화로서, 커다란 문화적 충격이 될 수 있습니다. 나라나 지역마다 문화가 서 로 다르기 때문에 창의적인 문화관광을 기획하기 위해서는 국가 간의 문화적인 차이와 충격에 대해서 심도 깊은 이해가 필요합니다.

문화는 현재진행형이다

흔히 문화(Culture)라는 단어를 올바로 정의하기가 대단히 어려운 말이라는 것을 모두가 인정하고 있습니다. 문화를 "고급"문화로 한정할 것인지 아니면 "대중"문화를 포함하는 것으로 볼 것인지에 따라서 전혀 다른 의미와 정의가 나올 수 있습니다.

관광 역시 1) 관광산업적 차원의 정의 2) 관광객 활동에서 본 정의 3) 관광객의 여행동기적 관점의 정의 4) 관광자원 입장에서의 정의 5) 관광개발의 측면에서 본 정의 6) 관광객 통계와 소비를 중점으로 한 정의 7) 관광정책적인 입장에서 보는지 여부에 따라서 전혀 다른 내용과 정의로 규정될 수 있기 때문에 간단하게 한 줄로 개념을 정의하기가 상당히 어려운 현상입니다. 따라서 정의하기 어려운 '문화'와 '관광'이라는 두 단어가 결합된 '문화관광'이라는 합성어를 정의하는 것은 더욱 어려운 과제입니다.

이하에서는 문화에 대한 정의부터 다시 살펴보고, 다양한 문헌에 나타난 문화관광에 대한 정의를 살펴보고자 합니다.

문화는 매우 복잡한 개념입니다. 문화에 대한 수백 가지의 정의가 논문에 나와 있습니다. 일반적으로, "문화 전체"는 "다양한 생활 방식에 대한 통일된 개념을 전달하는 복합적인 전체(Complex whole)"로 봅니다.[36] 릿트렐(Littrell)은 문화는 사람들이 생각하는 것(태도, 신념, 사상, 가치관), 사람들이 하는 것(일반적인 행동 패턴 또는 삶의 방식)

---

36 Richards, G., The Development of Cultural Tourism in Europe. In Richards, G.(Eds.) Cultural Attractions and European Tourism, Wallingford: CABI, 2001.

과 사람들이 만드는 것(예술, 예술품, 문화 상품)으로 구성되는 것으로 볼 수 있다고 합니다. 따라서 문화는 프로세스(사람들의 사상과 생활 방식)와 이러한 과정의 생산물(건축, 예술, 공예, 관습, 분위기)로 구성됩니다.[37] 이런 속성을 가진 문화는 사람들이 사는 공동체마다 여러 세대를 거치면서 같은 집단이 공유하고 있는 차별화된 문화가 있습니다. 이러한 관점에서 보면 문화관광은 단순히 문화관광의 '전통적인' 호칭처럼 되어 왔던 유적이나 기념물, 박물관 등 지역주민의 삶과 일상생활을 방문하는 것에 그치지 않고, 방문하는 지역주민의 태도, 가치관, 생활방식, 관습 등 지역주민의 삶과 일상생활을 경험하는 관광도 포함됩니다.

모든 인류의 문화를 인류문화라고 한다면 어느 특정한 민족이 일정지역을 중심으로 유지발전 시켜온 문화는 '민족문화'라고 할 수 있습니다. 이런 민족문화는 어느 시점에 고정된 완성품이 아니라 언제나 새롭게 창조되고 변화하면서 역사를 만들어 가는 것입니다. 민족문화는 시대적인 변천에 따라서 끊임없이 변화하고, 생성되는 일종의 흐름과 같은 것으로 결정론적인 관점에서 유형화시키거나 분석되기 어려운 초개념이고 초대상적인 것임이 전제되어야 합니다.[38] 문화는 영원히 샘솟아 오르는 샘물처럼 끊임없이 창조되는 생명력에 본질이 있다고 할 수 있습니다. 따라서 그런 문화를 이해하고 느끼며 즐기고자 하는 문화관광도 역시 끊임없이 변화하는 동사이고, 시제는 현재 진행형이라고 할 수 있습니다.

너무나도 다양한 문화관광 어떻게 정의해야 하나

한 나라의 문화를 구성하는 역사와 풍습, 민속, 예술, 종교 등 다양한 요소들은 관광객들의 여행욕구를 자극하는 중요한 동기이고, 관광매력도를 차별화시키는 중요한 핵심적 관광자원입니다.

국제관광에 있어서 각 지역의 전통문화에 대한 관심이 점차 늘어나고 있고, 고유문화를 보존·전승하며 다른 나라 문화와 차별화 되는 개성 있는 관광지를

---

37 Littrell, M. A., Shopping Experiences and Marketing of Culture to Tourists. In: Robinson, M., Evans, N. and Callaghan, P.(Eds.), Tourism and Culture: Image, Identity and Marketing. Centre for Travel and Tourism, University of Northumbria, 1997, pp.107 – 120.
38 김민수, 21세기 디자인 문화탐사 – 디자인 문화·상징의 변증법, 솔, 1977, p.12.

만들기 위한 노력들이 활발히 전개되고 있습니다.[39] 이런 문화관광에 대해서 적정하다고 인정될 수 있는 일반적 정의를 규정하는 것은 중요한 과제라고 봅니다.

(1) 문화관광자원 중심의 정의

문화관광객이 방문하는 관광지를 통해서 문화관광을 정의하는 방법은 주로 문화를 생산물로 보는 관점으로서 문화관광객이 방문하는 문화관광지의 종류를 설명하는 데 중점을 두고 있고, 문화상품에 기초를 둔 정의입니다. 이는 문화관광자원을 방문하는 관광객을 구분하고, 통계조사나 면접조사를 실시하기가 용이하기 때문에 문화관광 연구를 수행할 때 적용하기 편리한 정의입니다.

이러한 정의는 단순히 문화관광지를 방문하는 소비자로서의 문화관광객과 문화관광지라는 공간에서 발생하는 관광을 정의하는 것입니다. 따라서 문화관광객의 동기와 같은 심리적인 요소나 문화활동에 대해서는 비교적 제한된 관점을 가지고 있습니다.

10년 동안 문화관광지를 방문한 관광객들에게 설문조사한 결과, 인터뷰한 관광객 중 20%만이 자기 스스로 '문화관광객'이라고 생각한다고 대답하였다[40]고 합니다. 이것이 의미하는 것은 문화관광지를 방문하는 80%에 이르는 대부분의 관광객은 문화관광지를 방문한 것은 단지 여러 가지 성격의 관광지를 연계한 관광코스 중에 일부분이라고 여긴다는 것입니다. 그래서 문화관광지에 방문하였다고 무조건 문화관광객이라고 규정하기는 어렵다는 문제점이 있습니다. 관광객이 문화관광지를 방문하는 행위도 중요하지만, 관광객이 타 지역의 문화에 대해서 느끼거나, 학습하려는 동기가 있는지, 아니면 문화에 대한 관심이 있어서 방문한 것인지에 관한 심리적 요인이 고려되어야 합니다. 따라서 아래와 같은 문화관광의 정의는 특정 문화관광지에 방문을 한 관광객을 분류하는 것으로 제한된 정의입니다.

문화관광에 대한 문화관광자원 중심 정의는 일반적으로 다음과 같이 문화관광지를 '무형문화관광자원'과 '유형문화관광자원'으로 분류하고 이곳을 방문하는

---

39 변재진, 문화관광론, 대전과학기술대학교, 1997, p.3.
40 Richardss, G., Op. cit., 2003, p.16.

사람을 문화관광객으로 정의합니다.[41] 아래는 1989년 ECTARC에서 정의한 내용입니다.

---

a. 고고학적 유적지와 박물관

b. 건축(고적, 유명한 건물, 마을 전체)

c. 미술, 조각, 공예, 갤러리, 축제, 이벤트

d. 음악과 무용(전통, 민속, 현대)

e. 드라마(극장, 영화, 연극)

f. 언어 및 문학 연구, 관광, 행사

g. 종교 축제, 순례

h. 문화 및 하위 문화

네덜란드와 벨기에의 다양한 문화관광명소를 다음과 같이 분류하는 문스터(Munsters)도 이와 유사한 접근법을 채택하고 있습니다.[42]

---

1. 관광자원

(a) 문화유적

종교적인 건축물	공공건축물
역사적인 건축물	성곽과 궁전
공원과 정원	방어물
고고학적인 산업유산건축물	고고학적인 건축물

(b) 박물관

민속박물관	예술박물관

(c) 관광루트

문화·역사적인 관광루트	예술적인 관광루트

---

41 ECTARC, Contribution to the Drafting of a Charter for Cultural Tourism. European Centre for Traditional and Regional Cultures, Llangollen, Wales, 1989.

42 Munsters, W., Cultural Tourism in Belgium, In Richards, G.(Eds.), Cultural Tourism in Europe. CABI, 1996.

    (d) 테마파크

       문화·역사적인 공원   고고학적인 공원

       건축을 주제로 한 공원

2. 이벤트

    (a) 문화적·역사적 이벤트

       종교축제   세속적인 축제

       민속축제

    (b) 예술 이벤트

       예술전시회(아트페어, 비엔날레 등)   예술축제

자료: Munsters, W., Cultuurtoerisme, Garant, Louvain-Apeldoorn, 1994.

그러나 이런 방식의 문화관광자원을 분류하는 것은 지나치게 하드웨어 중심적인 정의입니다. 하드웨어 중심으로 문화관광자원을 정의하게 되면 문화관광자원을 개발하려할 때 박물관, 미술관, 유적지, 테마파크 등 시설개발 중심의 관광개발을 하는 오류를 범할 우려가 커지게 됩니다. 문화관광자원은 박물관, 테마파크 등 하드웨어적인 성격도 중요하지만, 지역주민과 그들의 언어, 생활양식, 민속전통예술과 공예 그리고 현대적 문화예술 활동 등 각종 소프트웨어 내용도 중요한 자원입니다.

따라서 본서에서는 문화관광자원을 다음과 같이 분류하고자 합니다. 우선 문화관광자원을 하드웨어와 소프트웨어로 구분하였습니다. 관광지의 지역주민도 관광객에게는 매력적인 관광자원일 수 있고, 보이지 않는 사고방식, 생활풍속, 종교생활, 건축양식과 주거문화, 이미지 등도 매력 있는 관광자원이 될 수 있습니다. 파리를 방문하는 사람들 중 많은 사람들이 프랑스인들의 언어와 행동패턴 그리고 그들의 생활방식, 이미지와 예술 그리고 각종 의식주 및 관련 디자인 등에 매혹되어 방문하게 된다는 것을 알 수 있습니다. 따라서 문화관광자원에는 이러한 소프트웨어와 무형적 관광자원에 대한 관심과 연구가 마땅히 필요합니다.

표 4-1 문화관광자원

구분		세부항목
하드웨어	역사문화관광자원	유형문화재, 국보, 보물, 중요문화재, 지방문화재 등
	문화관광시설자원	호텔, 카지노, 주제공원, 건축물, 미술관, 박물관 조형물, 숙박시설, 도로, 스키장, 크루즈부두, 마리나, 골프장, 수영장, 리조트, 식당, 문화의 거리, 의료시설, 교통시설, 수족관, 야영장, 공원, 쇼핑센터, 특산물, 극장 등
소프트웨어	인적문화관광자원	관광종사원, 무형문화재, 인심, 예절, 생활양식, 가치관념, 철학, 사상, 언어, 의술, 놀이, 스포츠, 방언, 회화, 조각, 공예, 음악, 무용, 연극, 스트리트 아트, 디자인 등
	비인적문화관광자원	축제, 전시, 공연, 풍속, 음식, 전설, 역사교육 프로그램, 문화행사, 종교, 민간요법 등
	문화예술 프로그램	회화, 조각, 공예, 연극, 음악, 무용, 무예 등
	이미지	랜드마크, 디자인, 추억, 선입견, CI 상징 지역주민의 행복한 삶, 주민의 복지 등

(2) 문화관광에 대한 개념적 접근법

개념적 접근법이란 다른 문화와 접촉하는 문화관광객의 관행, 경험, 의미를 분석하는 보다 질적인 방법으로 문화관광개념을 정의하려는 시도입니다. '일반적인 관광'과 마찬가지로, 문화관광에 대한 개념적 정의는 관광객의 문화관광 활동의 동기와 의미를 설명합니다.

예를 들어, 매킨토시(McIntosh)와 고엘드너(Goeldner)는 "관광객들이 다른 사람들의 문화유산과 역사 혹은 방문지역의 현대적 생활방식이나 사고방식을 배우는 여행으로서 그에 관한 모든 측면을 포함하는 것"[43]을 문화관광이라고 정의합니다. 즉, 문화관광객들은 다른 문화의 특성과 문화 과정에 대해 배우고자 하는 동기에서 여행을 한다는 것입니다. 이러한 개념적인 정의는 단순히 얼마나 많은 문화관광객이 방문하는가를 파악하는 것보다는 "왜, 그리고, 어떻게 사람들이 문화관광에 참여하는가"라는 관광객의 여행동기와 성격을 중심으로 연구할 때 유용한 정의입니다.

---

43 McIntosh R. and Goeldner C., Tourism: Principles, Practices, Philosophies(6th ed.), John Wiley & Sons, Inc., 1990.

세계관광기구(UNWTO)는 문화관광을 '협의적 정의'와 '광의적 정의'의 두 가지로 정의하고 있습니다.[44] 협의의 정의는 "교육여행, 공연예술관광, 문화관광, 축제나 기타 다른 문화적 이벤트를 관람하기 위한 여행, 역사적인 장소와 문화유적의 방문, 그리고 자연, 민속, 예술, 성지를 학습하기 위한 여행과 같이 핵심적으로 문화적 동기부여가 된 사람들의 이동"이라고 정의하고 있습니다. 비록 UNWTO의 협의적인 정의는 관광객의 목표관광지를 확대하여 정의하려고 하였으나 여전히 관광객들이 방문하는 문화관광지와 관련 활동들을 열거하는 성격을 가지고 있습니다. 그리고 ECTARC의 정의와 같이 여기서 언급된 문화관광지와 활동들은 귀족적인 고급문화와 관련되어 있습니다.

그리고 세계관광기구(UNWTO)가 말하는 광의의 정의는 "문화적 다양성에 대한 인간의 욕구를 충족시키고, 개인의 문화수준을 향상시키며, 새로운 지식과 경험과의 만남을 갖게 하기 때문에 ⋯ '모든 사람의 이동'을 포괄한다"라고 정의하고 있습니다.

이 넓은 의미의 문화관광에 대한 정의는 인간의 지적 발전에 기여하는 학습적인 측면의 문화관광을 강조하고 있습니다. 그러나 이와 같은 대단히 긍정적인 개념접근 방법은 실질적으로 무엇이 문화관광인지를 구별할 수 있는 기초를 제대로 제공해주지 못하기 때문에 정의로는 거의 사용되지 않고 있습니다.

따라서 문화관광은 '사람들이 문화적 욕구를 충족시키고, 새로운 정보와 경험을 쌓을 목적으로 정상적인 거주지에서 멀리 떨어진 문화관광지로 이동하는 것'으로 정의할 수 있습니다. 이 개념적 정의에 따르면 문화관광은 단순히 과거의 문화상품 소비뿐 아니라 현대 문화나 한 국가나 지역의 '생활양식'을 모두 포함합니다. 따라서 문화관광은 과거의 문화유산이나 예술품과 관련된 '문화유산관광(Heritage travel)'과 현대 문화예술의 과정과 생산에 관련된 예술관광, 문학관광, 창조관광, 도시문화관광, 대중문화관광, 쇼핑관광, 축제관광, 농촌문화관광, 의료관광 등을 모두 포괄하는 개념으로 볼 수 있습니다.[45]

---

[44] World Tourism Organization, The State's Role in Protecting and Promoting Culture as a Factor of Tourism Development and the Proper Use and Exploitation of the National Cultural Heritage of Sites and Managements for Tourism, WTO, Marid, 1985.

[45] Richards, G., Op. cit., 2003, p.10.의 원문에 추가적인 내용을 포함시킴.

ATLAS(Association for Tourism and Leisure Education and research) 문화관광연구 프로젝트[46]에서 채택된 문화관광의 정의는 문화과정과 문화상품 양측의 정의를 포괄하는 정의입니다. 문화상품에 기초한 문화관광의 정의는 문화관광의 통계 측정을 위해 필요한 개념입니다. 반면 문화과정에 기초를 둔 개념적인 정의는 활동으로서의 문화관광을 정의하기 위해서 필요한 개념입니다.

- 개념적인 정의: 문화적인 욕구를 충족시키기 위하여 새로운 정보와 경험을 얻으려고 일상생활을 떠나서 문화관광자원까지 찾아가는 인간의 이동
- 기술적인 정의: 일상생활을 떠나 문화유적지, 예술적인 공간, 문화적인 공간, 예술 그리고 특정한 문화관광자원까지 인간이 이동하는 것

첫 번째 개념적인 정의는 관광객의 동기를 중심으로 하고 있는데, 주로 '학습요소'가 문화관광을 본질적으로 차별화하고 있다고 보고 있습니다. 크롬프튼 (Crompton)은 관광의 문화적인 동기는 '새롭고 신기함(Novelty)'과 학습을 추구하는 것[47]이라고 말합니다. 개념적인 정의는 문화관광객의 문화관광의 활동에 중심을 두고 있습니다. 교육과 오락의 합성어인 에듀테인먼트와 같이 에듀 투어리즘이라고 표현할 수 있습니다. 이 정의는 마치 문화관광자원에 중점을 둔 정의와 유사합니다.

두 번째는 문화관광은 일반적인 관광과는 달리 문학이나 음악, 미술공예와 같은 특별한 관심과 목적을 갖고 여행하는 것이기 때문에 특수목적관광(Special Interest Tourism)이라고 볼 수 있습니다. 특수목적관광이라는 것은 특정한 관광목적지에 특별한 목적을 가지고 가는 여행을 말합니다.[48] 문화관광의 한 종류인 영화관광의 경우는 관광객이 자신이 좋아하는 작가나 배우의 탄생지나 영화와 관련된 장소, 작품 속의 배경 혹은 작품을 소재로 만들어 놓은 테마파크 등을 방문하는 경우와 같이 영화라는 특수한 목적을 가지고 여행을 합니다. 이런 특수목

---

46 Bonink, C. and Richards, G., Cultural Tourism in Europe, Center for Leisure and Tourism Studies, University of North London, 1992, p.35.
47 Crompton, J., Motivations for Pleasure Vacation, Annals of Tourism Research, 1979. pp.408-424.
48 Weiler, B. & Hall, C. M., Special Interest Tourism, Belhaven Press, 1992.

적관광객은 특정한 주제에 대해서 특별한 관심을 가지고 이를 경험하기 위해서 여행을 합니다. 이처럼 관광은 유형적인 물질을 구매하는 것이 아니고 느낌이나 감정적인 자극을 추구하기 때문에 경험산업(Experience industry)[49]이라고 할 수 있습니다.

관광객이 어떠한 관심을 가지고 여행하는가에 따라 일반목적관광(General Interest Tourism, GIT), 겸목적관광(Mixed Interest Tourism, MIT), 특수목적관광(Special Interest Tourism, SIT)으로 구분할 수 있습니다. 일반목적관광(GIT)은 특정한 정해진 목적 없이 여행하는 일반적인 여행의 범주입니다. 겸목적관광(MIT)은 특정한 주요 목적을 가지고 여행하지만 기타 부수적인 목적도 있는 여행을 의미합니다. 영화주인공의 탄생지, 배경 등을 여행하는 것이 여행의 주목적이지만 여행 중에 쇼핑관광과 의료관광도 부수적인 목적으로 한다면 겸목적관광이라고 분류할 수 있습니다. 특수목적관광(SIT)이라는 것은 문학 등 특정주제에 동기부여되어, 그 주제를 이해하고 경험하려는 특수한 목적만을 위해서 여행을 하는 여행형태입니다. 그러나 일반적으로 문화관광이라고 하더라도 하나의 목적만을 가진 특수목적관광보다는 겸목적관광인 경우가 많다고 볼 수 있습니다.

문화라는 것이 워낙 광범위 하다 보니 문화관광이라는 하나의 울타리 안에는 <표 4-2>와 같이 매우 광범위한 관광유형들이 포함되고 있습니다. 일반적으로 많이 사용되고 표현되고 있는 문화관광의 형태에 국한하였는데도 불구하고 종류가 12가지나 됩니다. 주제 하나 하나가 책 한권으로 소개될 수 있는 광범위한 내용을 포함하고 있습니다.

본서에서는 그 모든 것을 한꺼번에 설명하기가 곤란하여 이 책의 서술 과정에 따라 적절히 나누어 설명하고자 합니다.

---

49 Trauer, B., Conceptualizing Special Interest Tourism-Frameworks for Analysis, Tourism Management, 27, 2004, pp.183-200.

표 4-2 문화관광의 유형

문화관광의 유형	관심 장소와 활동
문화유산관광 (Heritage Tourism)	고고학적인 장소, 종교적인 장소, 박물관, 기념비 등을 방문하는 활동
예술관광 (Arts Tourism)	극장, 음악회, 갤러리, 미술관, 축제와 이벤트를 방문하는 활동
문학관광 (Literary Tourism)	유명한 문학가의 탄생지, 문학작품에 나오는 지역을 방문하는 특수목적관광, 셰익스피어축제관광, 베로나 줄리엣의 집, 핀란드 무민월드
영화관광 (Screen Tourism)	• 영화는 물론이고 TV 프로그램이나 비디오, DVD를 보고 영상 속에 나온 지역을 방문하는 여행 • 한류관광지 여행, 유니버설 스튜디오, 영화제작지 방문 등
크리에이티브 투어리즘 (Creative Tourism)	사진, 회화, 도자기, 공예, 외국어 학습 등 직접 창조적인 작업을 하는 활동
도시문화관광 (Urban Cultural Tourism)	역사적인 도시, 수변공간, 예술과 문화유산, 쇼핑, 나이트 라이프, 문화의 거리
농촌문화관광 (Rural Cultural Tourism)	농장관광, 농업관광(Agro-Tourism), 생태박물관, 문화적인 경관지대, 국립공원, 둘레길
토착문화관광 (Indigenous Cultural Tourism)	트레킹, 예술과 공예, 문화센터 방문, 축제
대중문화관광 (Popular Cultural Tourism)	주제공원, 쇼핑몰, 팝콘서트, 쇼핑 이벤트, 산업역사문화공간
교육관광 (Education Tourism)	수학여행, 역사유적 학습여행, 다양한 목적의 사전답사여행 등 문화예술을 학습하기 위한 여행
의료관광 (Medical Tourism)	성형수술, 안과치료 등 치료목적으로 의료선진국에 방문
미식관광 (Gastronomic Tourism)	각국의 진귀한 전통 음식문화를 경험하기 위한 방문
다크 투어리즘 (Dark Tourism)	인류의 죽음이나 슬픔을 대상으로 한 관광. 기독교 순교지 순례, 홀로코스트의 현장 아우슈비츠 수용소 등을 방문하는 것. 블랙 투어리즘, 타나 투어리즘이라고도 함
종교순례여행 (Pilgrimage)	종교의 성지를 순례하는 정신적이고, 영적인 여행
쇼핑관광 (Shopping Tourism)	크리스마스 바겐세일 등 각국의 특별한 쇼핑기회를 즐기려는 방문
패션관광 (Fashion Tourism)	의상에 관한 학술적 관심 혹은 취미, 거래 등을 목적으로 특정장소를 방문하는 여행
산업관광 (Industrial Tourism)	현재 혹은 과거의 지역산업의 생산과정을 보기 위해서 관광하는 경우. 사례는 독일 루르지역, 보석, 과테말라 커피, 도자기 마을, 컴퓨터, 첨단과학 등 산업견학

출처: Smith, Issues in Cultural Tourism Studies, Routledge, 2003, p.37의 자료에 교육관광, 의료관광, 미식관광, 타나 투어리즘, 종교순례여행, 쇼핑관광 등을 추가하여 재편집함.

제4절

문화관광으로 새롭게 태어나는 육체와 영혼

창조적인 혼돈과 파괴를 경험하는 문화관광

관광객은 익명성이라는 가면 속에 자신의 진정한 모습을 감추고 여행을 합니다. 마찬가지로 지역주민도 관광객에게 자신의 진정한 모습은 어느 정도 감추고 주어진 자신의 역할만을 연기합니다. 따라서 관광객은 지역에 방문해서 지역주민과 진정한 친밀한 관계를 맺고 싶어 하지만, 지역주민의 신비화된 단편적이고, 피상적인 무대의 전면부만을 보고, 무대 뒤의 진정한 모습은 보지 못하고 돌아오게 됩니다. 관광객이 체험한 지역주민과 문화의 실체가 어느 정도 지역 원주민과 원주민문화의 진면목에 가까울지는 몰라도 정확한 모습은 아닐 가능성이 많습니다. 미국사회학자 고프만(Erving Goffman)[50]은 관광객이 접할 수 있는 문화, 그리고 사회적 만남이 이루어지는 공간을 무대의 전면부로 비유했습니다. 그리고 관광객이 볼 수 없는 감추어진 지역사회의 숨겨진 진면목은 무대의 후면부로 비유했습니다. 관광객은 무대의 후면부까지는 보지 못하고 무대화된 고유성(Staged authenticity)이라는 무대의 전면부만을 경험할 수 있습니다.

지역주민이 경험하는 관광객의 모습도 익명성이라는 가면에 쌓인 채 신분을 감춘채 비일상적인 행동을 하고, 일상적인 규칙에서 벗어나 자유분방한 생활을 하기 때문에 관광객이 거주지에서 하는 일상적인 생활 모습과는 상당히 다를 수밖에 없습니다. 따라서 관광객과 지역주민은 서로 진정한 자신의 모습을 가면 속에 감추고 만나는 것이라서 서로의 진정한 실체를 모를 수밖에 없습니다.

관광객은 여행기간 동안에 일상적인 시간과 공간에서 완전하게 벗어나는 자유를 체험합니다. 그런데 관광이 주는 자유가 '진정으로 모든 것으로부터 벗어나는 경험'을 주는 이유는 익명성과 휴가지의 자유로운 옷차림으로 인한 획일성으로 인하여 사회적인 신분을 감춘 채, 모든 제약에서 벗어나는 환상적인 자유를

---

50 Dean MacCannell, "Staged Authenticity", The Tourist: A New Theory of the Leisure Class, Schocken Books Inc., 1976, pp.91–107.

느끼게 되기 때문입니다. 이러다 보니 일상적인 규칙과 규제라는 제약의 사슬을 끊어 버리고, 마음대로 행동하며, 일상적인 규칙을 완전히 무시하거나 전도시키는 것을 즐깁니다. 이러한 비일상적인 심리상태로 인하여 가면무도회에서 서로의 얼굴을 감추고서 만난 사람처럼 익면성이라는 가면을 쓰고, 쉽게 다른 사람과 가까워지는 개방성을 보이고, 성문화에 대한 일상적인 관습조차도 일시적으로 전도되는 성적인 무질서 현상이 나타나기도 합니다. 관광객의 소비성향 역시 거주지에서 소비하던 일상적인 소비습관보다 낭비적인 성향을 보입니다. 이러한 관광객들의 비정상적인 과소비행태를 보는 지역사회주민들에게서 전시 효과가 나타나기도 합니다.

이와 같이 관광은 일상 거주지를 떠나는 신분이탈의 단계, 새로운 신분으로 역할이 전도되는 단계, 다시 일상으로 복귀하는 사회복귀의 단계라는 세 가지 단계를 경험하는 삶의 통과의례[51]라고 볼 수 있습니다.

(1) 일상의 거주지를 떠나는 신분 이탈의 단계

관광객이라는 것을 상류층, 하류층, 중산층과 같은 사회계급처럼 인간 중에 특정한 부류의 인간을 지칭하는 것으로 인식하는 사람이 많습니다. 그러나 나는 관광객이 누구냐 하는 질문을 하면, "인간은 누구나 관광객입니다"라고 대답합니다. 인간은 누구나 자신의 거주지에 살 때는 '평범한 인간'입니다. 그러나 거주지를 떠나면 누구나 '관광객'이 됩니다. 이러한 이유에서 관광학은 '거주지를 떠난 인간'에 대한 연구라고 할 수 있습니다. 관광객에 대해서 더 많이 이해하게 되면, 인간에 대한 이해를 넓힐 수 있습니다.

현대사회는 산업화, 기계화, 도시화, 세계화, 정보화를 특징으로 하고 있습니다. 산업화와 기계화는 극심한 전문화와 분업화로 인하여 노동의 비인간화·상품화로 인하여 각박한 사회가 되어 가고 있습니다. 이러한 상황 속에 인간은 마치 기계의 부품처럼 소외되고, 정신적인 압박에 시달리고 있습니다. 또한 도시화는 사람의 주거환경을 콘크리트로 둘러싸인 새집과 같은 비인간적인 비장소로 만들어 가고 있습니다. 이러한 도시의 인간관계는 과거와 같은 전통적인 가족관계도

---

51 Dean MacCannell, Op. cit., p.13.

변화시키고 있고, 이웃과의 친밀한 관계도 단절시켜 '대중 속의 고독'을 느끼며 살아가게 하고 있습니다. 또한 기계화 못지않게 정보화는 다양한 정보를 제공해 주고 있지만, 앞으로 인공지능 기술이 발전하게 되면 인간의 노동을 대체하고, 인간과 기계의 경쟁이 발생할 상황 속에 있습니다. 인공지능과 결합된 정보화는 앞으로 기계가 대체한 인간의 직업을 초월하는 엄청난 파도를 가져올 것으로 예상됩니다. 이와 같이 현대사회를 사는 현대인들에게는 직장, 가정에서 인간이 주는 스트레스와 기계가 주는 위협, 그리고 인공지능 등 정보화가 주는 직장 상실의 위협 그리고 도시화가 가져다주는 '고독감' 속에 살고 있는 마르쿠제가 이 야기한 일차원적인 인간입니다. 이러한 스트레스사회 속에서 건강한 정신과 육체 그리고 영혼에 활력을 회복해주고 피폐해진 정신적인 상처를 치유해주는 것은 중요한 사회적인 문제로 대두되고 있습니다.

여러 가지 대안이 있겠지만, 잠시라도 자신이 괴로워하고 있는 고통과 압박에서 벗어나서 타인의 신분으로 살면서 재충전을 할 수 있는 시간이 주어진다면 이보다 더 좋은 처방은 없을 것입니다. 이러한 이유에서 관광은 현대인의 정신적인 고통에 한줄기 희망의 빛을 던져줄 수 있는 해답이라고 할 수 있습니다.

(2) 새로운 신분으로 역할이 전도되는 단계

사람은 일상거주지를 떠나면서 원래의 자기 위치를 일시적으로 비우고, 익명성이라는 새로운 사회적 신분을 입고 자신이 아닌 타인으로서의 경험을 하게 됩니다. 이 시기에 색다른 문화를 체험하기도 하고, 모든 일상적인 규칙과 관습에서 벗어나 전도되는 놀이를 즐기고, 역할전도도 경험합니다. 그리고 사회적 위계 질서가 평등해지고, 개방화되는 경험도 하게 됩니다. 인터넷공간에서는 익명성 때문에 인간의 숨은 본성과 폭력성이 극대화되기도 합니다.[52] 이와 비슷하게 아무도 자신을 모르는 외지를 여행하는 관광객이라는 익명성으로 인하여 일상에서 볼 수 없던 숨겨진 모습이 나타나기도 합니다.

관광은 정상적인 일상생활에서 벗어나 있기 때문에 일시적인 막간(幕間)이라고 할 수 있습니다. 이러한 '관광의 비일상성'을 빅터 터너(Victor Turner)는 역치성

---

52 유현준, 어디서 살 것인가 – 우리가 살고 싶은 곳의 기준을 바꾸다, 을유문화사, 2018, p.13.

(Liminal) 혹은 '리미노이드(Liminoid)'[53]로 설명하고 있고 노벡(Norbeck)은 전도의례[54]라는 용어로 설명하고 있습니다. 리미노이드란 역치적, 이행적 단계와 관련된 활동 및 경험을 의미합니다. 여기서 역치성이라는 것은 일상생활의 기본적인 정치·경제적인 사건과는 다른 외부 혹은 그 주변의 모든 조건을 가리킵니다. 리미노이드는 일상적인 영역으로부터의 이탈 이외에 전도라는 특성을 가지고 있습니다. 즉, 리미노이드 활동은 정상적인 세계에서의 규칙과 규제에서 벗어나 있을 뿐만 아니라 그 규칙과 규제를 부정하거나 전도시킵니다.[55] 관광객은 비일상적인 공간에서 자신의 신분이 감추어지고, 아무도 모르는 사람들에 둘러싸여 익명성이 보장된다는 것을 무의식적으로 인식하고 있습니다. 따라서 집이나 직장과 같은 일상적인 공간에서는 절대 할 수 없는 자유분방한 행동을 마음대로 하기도 합니다. 노벡이 말하는 전도의례라는 것은 "일시적으로 인정되는 의례기간 동안에는 "사회적 위계질서가 전도되고, 도덕행위의 관습적 규칙들이 망각된다는 것입니다.[56] 가면무도회, 브라질의 카니발, 뉴올리언스의 마디그라 축제 등 사회적 신분이 은폐된 채 행해지는 일시적인 혼돈과 무질서 상태에서 일반적으로 나타나는 현상입니다. 이러한 역치성과 리미노이드의 특성은 이행성, 동질성, 평등성, 신분차별의 부재, 익명성, 획일적인 복장, 성적인 무절제, 그리고 코뮤니타스 전시 효과[57] 등으로 나타나고 있습니다.

관광지에서도 옷차림이 획일적으로 되기 때문에 사회적 신분의 차이가 감추어지고, 익명성으로 인하여 자신의 정체가 감추어지기 때문에 관광객 집단은 동질적이고, 신분차별에 대한 의식이 결여되어, 평등성이 두드러지게 나타납니다. 관광지에서 만난 대기업 간부와 하층 노무자는 비슷한 휴가지 복장을 입고 있기 때문에, 신분차이에 불구하고 금방 친구가 되어 버립니다. 일상적인 사회에서는

---

53 Victor Turner, Dramas, Fields, and Metaphors, Cornell University Press, 1974, p.47.
54 Norbeck, Man at Play, Natural History Special Supplement: Play, 1971, p.51.
55 전경수 편역, 관광과 문화, 일신사, 1994, p.136.
56 James W., Lett, Jr., "Ludic and Liminoid Aspects of Charter Yacht Tourism, in the Caribbean", Annals of Tourism Research, 1983, 10(1), pp.35-56.
57 전시 효과(Demonstration effect)는 듀젠베리가 처음 사용한 용어로, 개인의 소비가 사회적 관계에 있는 타인의 영향을 받아 결정되는 사회·심리적 효과입니다. 관광지의 다른 관광객들의 소비수준이 높으면 자신의 소비수준이 높아지는 효과가 나타납니다. 관광객은 일반적으로 일상생활에서 볼 수 없는 과소비 현상을 보입니다.

도저히 친구가 될 수 없는 신분의 차이가 있지만, 관광지에서 만난 두 사람은 함께 즐기면서 서로 같은 일탈적인 놀이를 즐기는 동료라는 연대의식까지 생기게 됩니다. 일시적인 만남이라는 생각에 경계심을 갖지 않고 쉽게 개방적으로 되고, 쉽게 친해지게 됩니다. 이와 같이 축제·관광·순례 등의 비일상적인 장소에서 동등한 사회적 존재가 되어 사람들 간에 신분차별이 없이 이루어지는 인격적인 커뮤니케이션을 '코뮤니타스(Communitas)'라고 합니다.[58]

이러한 관광객의 일시적인 자유와 특수한 심리상태는 때때로 관광객이 자기사회의 규칙뿐만 아니라 방문하는 지역사회의 규칙까지도 맘대로 무시하는 만용을 북돋아 주기도 합니다. 연구결과에 따르면 영국령 버진제도에서는 관광객들 간에 "여자는 너무 많고, 시간은 너무 적다"라는 등 외설적인 표현이 나타나기도 하고, 네틀포드에서는 바베이도섬의 '제비족 증후군(Gigolo syndrome)'이라는 성적 무절제 현상이 나타나고, 일시적이고 쾌락적인 성생활이라는 성의 관습적 표준이 전도되는 현상도 나타났습니다. 그리고 다양한 학자들은 전 세계적으로 일어나고 있는 섹스관광(Sex Tourism)이라는 현상에 대해서 보고하고 있습니다.

특히 남성과 현지여성의 관계에서 일어나는 현상이 아니라 경제력을 가진 서양여성들이 아프리카 자메이카 현지의 남성을 상대로 발생하는 성적인 관계를 로맨틱관광(Romantic Tourism)이라는 용어로 표현하며, 남성의 섹스관광과는 차별화하여 표현한 연구도 있습니다.[59] 이 논문에서는 남성을 중심으로 한 섹스관광이라는 현상과 구별하기 위해서 여성이 성적관계를 추구하는 역할반전 현상을 "로맨틱관광"이라는 용어로 설명하고 있습니다.

이와 같이 외국의 여행지에서 일탈적인 성관계가 나타나는 현상은 남성뿐만 아니라 여성에게도 발생하는 현상으로 나타나고 있습니다. 이러한 관광지에서 발생하는 성적 무절제 현상 때문에 관광이 마치 퇴폐의 대명사처럼 취급되기도 합니다. 그러나 이러한 성적 무질서라는 현상이 반드시 관광지에서만 발생하는 현상은 아니고, 인간이 사는 곳은 어디에서든 존재하고, 고대사회부터 존재했던 현상이라는 점은 고려되어야 합니다. 물론 여행지에서 익명성으로 인하여 무질

---

58 Turner, Fields and Metaphors, Cornell University Press, 1974, p.47.
59 Deborah Pruitt and Suzanne LaFont, For Love and Money: Romantic Tourism in Jamaica, Annals of Tourism Research, 22, 1995, pp.422–440.

서해진 인간의 일탈행위가 조금 더 많이 발생하겠지만, 인간의 삶과 그들이 살고 있는 사회 속에는 이러한 일탈행위가 존재하고 있습니다. 그리고 이러한 성적 일탈행위가 항상 발생하는 것은 아니고, 일부에서 발생하는 현상이고, 다시 평범한 일상으로 돌아가는 일시적인 현상이라는 점 역시 고려되어야 합니다. 그리고 이러한 관광객은 특별한 사람이 아니고 집이라는 일상을 떠난 모든 사람입니다. 인간은 누구나 일상을 떠나면 낯선 이방인이 됩니다.

(3) 다시 일상으로 복귀하는 사회복귀의 단계

노벡은 놀이가 생활을 유지하고, 사회를 건강하게 유지하는 데 대단히 중요한 역할을 하고 있다고 주장[60]합니다. 휴가 기간 동안에 즐기는 무규범적인 생활은 그 사회에서 부과하는 압박과 긴장으로부터 개인을 해방시키고,[61] 일상의 자신으로부터 탈출해서 익명성이라는 가면 뒤에 자신을 숨기고, 새로운 사회적 신분을 연기하면서 자신과는 완전히 다른 타인의 삶을 연기해볼 수 있게 됩니다. 관광은 일시적으로 일상적인 시간과 공간으로부터 벗어난 비일상적인 막간입니다. 흥분, 쾌락, 놀이 등으로 구태의연한 일상에서 찌들은 영혼에 활력을 불어넣는 과정[62]을 통해서 정신적인 상처를 치유하고, 내면적인 존재를 회복하여, 피폐해진 육체와 영혼을 재충전 할 수 있는 기회를 얻게 됩니다.

이와 같이 일상적인 행위규칙에서 벗어났다가 다시 원래의 정상사회로 복귀하여 다시 자신의 신분으로 돌아오는 것 즉, 일상적인 질서와 규칙이라는 압박과 긴장 속으로 다시 돌아오는 것마저도 즐거운 일로 만들어 줍니다. 이처럼 사회적으로 인정되고 용인되는 상태에서 일상적인 규칙들을 일시적으로 중단하는 것은 오히려 사회의 규칙과 관습의 중요성을 더 강조하게 되는 사회적 순기능을 수행합니다.[63] 관광객들은 새로이 재창조하는 힘을 얻기 위한 '창조적인 혼돈(Creative chaos: Mircea Eliade)'과 '창조적 파괴(Joseph A. Schumpeter)'의 과정을 경험하게 되

---

60 Norbeck, Op. cit., 1971, p.51.
61 James W., Lett, Jr., "Ludic and Liminoid Aspect of Charter Yacht Tourism in the Caribbean", Annals of Tourism Research, 10(1), 1983, p.52.
62 Dean MacCannell, Op. cit., p.426.
63 Norbeck, Op. cit., p.56.

는 것입니다. 사회는 무질서와 혼돈 그리고 파괴 속에서 새롭게 재창조되고, 더욱 건강해집니다. 개인은 혼돈과 무질서 속에서 재충전하고, 자기 자신의 일상생활의 압박과 속박에 다시 적응하게 됩니다.

이러한 관광이라는 통과의례를 맥켄널은 현대적인 순례의 형태라고 주장하고 있습니다. 물론 종교순례는 순수하고, 고유하고, 진지한 성스러운 것으로 생각합니다. 관광객 역시 수준 낮고, 무질서하고 천박한 관광도 있지만, 대부분은 경건하고 순수한 지적인 활동을 합니다. 그리고 종교순례도 스리랑카 타밀 힌두교의 시바라티리(Sivarattiri: 시바의 밤) 축제와 같이 밤에 깨어 있기만 한다면 그날 저녁에 무슨 일이 벌어지더라도 시바신의 자비를 얻게 된다는 믿음으로, 밤새 술을 마시는 무질서와 창조적 혼돈을 경험하기도 합니다.[64] 종교적 순례에도 무질서와 혼돈 그리고 쾌락적인 성격이 포함된 순례가 있습니다. 이와 같이 종교적인 축제가 신을 받아들이고, 신과 함께 놀고, 다시 신을 보내는 의례라면 관광은 자신의 신분에서 벗어나고, 익명성 하에 다른 신분으로 가장한 채 자유로운 놀이를 즐기고, 다시 자신의 신분으로 되돌아오는 아주 특별한 의례이고 현대적인 순례라고 할 수 있습니다.

문화관광객을 바라보는 서로 다른 시각

문화관광에 대한 연구결과에 따르면 오페라, 클래식 음악, 연극, 발레 등을 즐기는 문화관광에 참여하는 관광객의 특성을 살펴보면 문화예술을 즐기는 관광객은 일반적인 관광객보다 사회경제적인 수준이 높은 것으로 나타났습니다.[65] 보르디외(Bourdieu)는 수준 높은 문화관광을 즐기려면 수준 높은 문화예술에 대한 문화자산(Cultural capital)이나 문화 역량(Cultural competence)이 필요하다고 주장합니다. 그는 이러한 문화자산은 교육이나 기타 다른 형태의 사회화를 통해서 길러진다고 하였습니다. 즉, 수준 높은 문화예술관광에 참여하기 위해서는 문화와 예술

---

64 Bryan Pfaffenberger, "The Serious Pilgrims and Frivolous Tourist: The Chimera of Tourism in the Pilgrimages of Sri Lanka", Annals of Tourism Research, 10(1), 1983, pp.57–74.
65 Merriman, N., Beyond the Glass Case: The Past, the Heritage and the Public in Britain, Leichester University Press, 1991.

에 대한 지식을 가지고 있어야 한다는 것입니다.[66] 그러므로 개인적으로 문화자산이 부족하면, 일부 수준 높은 문화관광에 참여하는 데 장애물이 될 수도 있습니다. 따라서 문화관광을 활성화하기 위해서는 교육을 통해서 시민들의 문화수준을 높이는 것이 필요하다고 주장하였습니다. 최근 문화관광객이 증가하는 추세는 각국에서 교육수준이 높아지면서 사회에서 문화자본이나 문화역량의 수준이 높아졌기 때문이라고 보는 학자도 있습니다.[67]

그러나 최근 문화관광의 추세는 지나치게 엘리트주의적 표현으로 여겨지는 일부 고급 문화적 관념에서 벗어나서 보다 포괄적이고, 민주적인 형태로 나아가고 있습니다.[68] 이러한 움직임은 문화관광 체험 그 자체의 성격과 관련되어 있습니다. 문화관광객들을 관찰해보면 그들이 오페라, 갤러리, 박물관, 역사적인 건축물과 같은 전형적인 문화 환경을 방문하여 체류하는 시간이 줄어들고 있다는 것입니다. 오히려 식당, 카페, 술집, 쇼핑센터, 공항, 호텔에서 더 많은 시간을 보냅니다.

이러한 측면에서 보았을 때 소수의 고급문화를 지향하는 오페라 축제 관광객이나 학술여행자를 제외한 일반적인 수준의 문화관광객은 고차원적인 오페라와 클래식 음악 등 고급문화에 대한 고상한 고급지식을 보유하지 않은 경우도 많기 때문에 문화관광의 문턱을 조금 낮출 필요가 있습니다. '고급' 문화예술과 클래식 공연의 중요성을 부정하는 것이 아니라 오히려 문화 변화의 현실과 청년문화와 같은 대중문화 형태의 창조성, 그리고 관광에서의 전반적인 경험의 중요성을 인식하기 위해서라도 문화관광도 대중문화 중심적인 관점으로 인식의 전환이 필요합니다. 따라서 문화관광의 연구는 학술여행이나 클래식 음악축제와 같은 고급문화관광을 즐기는 고급문화관광객과 서민문화를 즐기는 대중문화관광객에 대한 차별화된 연구가 필요합니다. 과거의 문화관광의 개념이 귀족문화 중심적이고, 딱딱하고, 엄숙했다면, 대중문화 중심의 문화관광의 개념은 즐겁고 유쾌한 놀이와 같다고 볼 수 있습니다.

---

66 Bourdieu, P. and Darbel, A.(Eds.), The Love of Art: European Art Museums and Their Public, Polity, 1991, p.20.
67 Greg Richards, G., What is cultural Tourism?, Toerisme National Contact Monumenten, 2003, p.13.
68 Melanie Smith and Mike Robinson, Cultural Tourism in a Changing World: Politics, Participation and(Re)presentation, Channel View Publications, 2005, p.9.

과거에는 문화가 '고급'문화를 의미하는 것으로 간주되었지만, 최근에는 문화관광상품을 '대중'문화, 청년문화 등 다양한 성격의 문화를 포함하고 있습니다. 이런 맥락에서 대중문화와 고급문화의 구분이 그 의미를 잃기 시작했습니다.[69] 문화관광자원을 개발하는 데 있어서, 고급문화이든 대중문화이든 크로스 오버이든 관계없이 관광객이 가슴 설레고, 감동하고, 공감할 수 있는 생명력 있는 문화예술을 관광자원화 하는 것이 중요합니다.

문화관광객의 유형분류

국내외 관광패턴을 자극하는 매체들을 자세히 살펴보면 고상하고 학술적인 문화보다는 '재미있는 일상적인 문화'입니다. 고전 오페라보다 텔레비전 연속극이나 인터넷이 여행 선택에 더 많은 영향을 미칩니다. 책을 읽고 문학작품 속에 나온 관광지를 찾는 관광객보다 영화나 유튜브에서 본 적이 있는 장소이기 때문에 관광지를 방문하는 관광객이 압도적으로 많습니다. 쇼핑과 외식 경험은 박물관 방문보다 전반적인 문화적 경험을 하는 데 있어서 더 중요합니다. 이러한 고상한 '고급'문화의 애호가들이 좋아 하는 취향이 아닐지도 모르지만, 대중문화의 일상성과 즐거움은 문화관광에서 절대 무시할 수 없는 중요한 요소입니다. 최근 들어 문화관광의 문턱은 좀 더 낮아졌고, 넓어졌고, 누구나 참가하기 쉬워졌고, 즐겁고, 창조적으로 되었습니다. 이와 같이 문화관광에 참여하는 문화관광객의 유형은 문화관광객의 방문목적, 방문동기, 사회계층, 학습능력 등에 따라 다양하게 구분될 수 있습니다.

문화관광객을 분류하는 유형분류체계(Typologies)는 관광객의 문화적 동기의 정도에 기초하고 있습니다. 문화관광객의 동기는 문화에 대해서 상당히 일반적이거나 피상적인 관심을 가진 사람들에서부터 매우 구체적이고, 강한 관심을 가진 사람들에 이르기까지 다양합니다. 초기에는 스테빈스(Stebbins)가 문화관광객을 전문적인 문화관광객과 일반 문화관광객으로 나누어 유형을 분류[70]하였습니다.

---

69 Greg Richards, Op. cit., 2003, p.16.
70 Stebbins, R. A., "Cultural Tourism as Serious Leisure", Annals of Tourism Research Vol.23, No.4, 1996, pp.948-950.

(1) 일반 문화관광객(The general cultural tourist)

다양한 지리적 장소를 방문하는 것을 취미로 하는 관광객을 일반 문화관광객이라고 합니다. 시간이 흐르면서 일반 문화관광객들은 서로 다른 문화에 대한 지식을 넓히면서 하나 혹은 소수의 지리적 장소나 문화관광자원에 초점을 맞추는 '전문'적인 문화관광객으로 변화될 수도 있습니다.

(2) 전문적인 문화관광객(The specialized cultural tourist)

문화관광지에 대한 심도 있는 문화적 이해를 하기 위해 특정 도시, 지역 또는 국가를 반복적으로 방문하는 관광객을 전문 문화관광객이라고 합니다. 예를 들면, 예술, 역사, 축제, 박물관을 방문해서 학습하기 위해서 특정지역 또는 국가를 방문하는 경우입니다.

특정 문화명소에 대한 문화관광객의 관심도 조사 결과에 따르면, 전체 관광객의 약 9%가 전문 문화관광객으로 분류되고, 그 중 10%에서 15%는 목적지에 따라 '일반' 문화관광객으로 구분된다고 합니다. 또한 어떤 연구는 '전문' 문화관광객의 수가 지난 몇 년간 상당히 증가하는 경향을 보이고 있지만 정작 문화관광시장이 성장하는 이유는 대부분 일반 문화관광객이 급증하고 있기 때문이라고 밝혔습니다.

여행 결정에서 문화의 중요성은 물론 여행자가 추구하는 '경험의 깊이'도 중요하다고 주장하는 맥커처(McKercher)와 두 크로스(Du Cros)는 보다 복잡한 문화관광객 유형분류체계를 제안했습니다. 그들은 문화관광객을 문화관광 경험 깊이에 따라서 다음과 같은 5개 그룹으로 유형을 분류하였습니다.[71]

① 문화목적 문화관광객(The purposeful cultural tourist): 문화관광은 목적지 방문의 1차적 동기이고 매우 깊은 문화경험을 가지고 있음
② 관광목적 문화관광객(The sightseeing cultural tourist): 관광목적 문화관광객은 문화관광이 목적지 방문의 1차적 이유지만 경험은 더 얕음

---

71 McKercher, R. W. and Du Cros, H., Cultural Tourism: The Partnership Between Tourism and Cultural Heritage Management, Haworth Press, NewYork, 2002.

③ 우연한 문화관광객(The serendipitous cultural tourist): 문화관광을 이유로 여행을 하지는 않지만, 문화관광 참가 후 깊은 문화관광 경험을 하게 되는 사람

④ 일시적 문화관광객(The casual cultural tourist): 문화관광은 여행의 약한 동기가 되고, 문화관광에 따른 경험은 얕음

⑤ 부수적인 문화관광객(The incidental cultural tourist): 이 부류의 관광객은 문화관광의 이유로 여행을 하는 것이 아닌데, 그럼에도 불구하고 몇가지 문화예술 활동에 참여하고, 얕은 경험을 가지고 있음

이러한 유형을 기준으로 홍콩에서 현장조사를 한 결과, 대부분의 관광객들은 여행에 대한 문화적 동기가 있지만, 보통 '깊은' 문화적 경험을 추구하는 것은 아니라고 나타났습니다. 따라서 유형별로는 관광목적 문화관광(31%), 부수적인 문화관광(28%), 일시적 문화관광(24%) 등이 가장 많았습니다. 이와는 대조적으로 문화목적 문화관광객(12%)과 우연한 문화관광객(6%)은 훨씬 적은 것으로 나타났습니다.[72] 이처럼 문화관광의 동기는 개인적인 교육수준, 예술적 취향, 직업 등에 따라 다양합니다.

---

72 Greg Richards, G., What is Cultural Tourism?, In van Maaren, A.(ed.), Erfgoed voor Toerisme, Weesp: Nationaal Contact Monumenten, 2003, p.5.

5장

관광객을 끌어들이는 자석 같은 문화유산관광

제1절
보통사람의 삶과 일상이 소중한 문화유산

위험을 무릅쓰고 탐험하려는 인간의 욕구

사람들은 위험을 무릅쓰고, 미지의 장소와 이색적인 문화를 찾아 탐험하고 싶어 하는 본능적인 욕구를 가지고 있습니다. 일종의 지적인 모험욕구입니다. 이러한 욕구는 새로운 문화를 경험하거나 배우고 이를 통해서 창조까지 하게 만드는 힘이 되기도 합니다. 또한 자신이 모르는 역사와 문화 그리고 외국의 문물을 직접 보고 싶어 하고, 배우고 싶어 하는 욕구가 있습니다. 고대 로마인은 지적인 호기심과 모험심을 채우기 위해서 고대 그리스나 이집트의 문화유산을 탐험하였습니다. 중세시대에는 신앙적 이유로 종교 성지를 방문하고 관련 문화유산을 순례하는 여행이 있었습니다. 17~18세기 유럽의 귀족 자제들은 유럽의 찬란한 고대문화를 직접 보고 느끼기 위한 그랜드 투어에 참여하는 것이 귀족으로 입문하는 필수절차였는데, 이것은 오늘날의 문화유산관광과 같은 지적인 욕구를 충족하려는 문화관광과 문화유산관광의 원조라고 할 수 있습니다.

문화관광은 인간의 모든 행위와 관련되어 대단히 넓은 유형을 포괄하고 있는

데, 그 중에서도 가장 중요한 위치를 차지하고 있는 분야는 문화유산관광이라고 할 수 있습니다. 세계관광기구(UNWTO)가 10년 동안 조사한 연구에 따르면 국제관광에서 문화유산과 문화가 차지하는 비중이 거의 40%에 이르고 있으며, 앞으로도 문화유산관광에 대한 수요는 지속적으로 늘어날 것으로 예상된다고 합니다. 그리고 WTO가 발표한 '관광 2020비전 보고서'[1]에 의하면 2020년에는 전 세계에 15억 6,100만 명이 국제관광을 할 것이고, 그 중 7억 1천 7백만 명이 유럽을 방문할 것으로 예측하고 있습니다.

문화유산관광은 과거를 현재에 재해석한 문화유산에 기초하여 관광에 연계하는 것입니다. 문화유산관광은 진정한 과거의 역사와 사람들의 이야기를 간직하고 있는 장소와 활동을 경험하기 위해서 여행하는 것을 의미합니다.[2]

일반적으로 문화유산관광에 참여하는 문화관광객은 고령층일 것이라는 예상과는 달리 민텔그룹(Mintel group)이 조사한 바에 따르면 문화유산관광에 참여한 관광객의 40% 이상이 20세에서 29세 사이의 연령층인 것으로 나타났습니다.[3] 그리고 문화관광객의 지출이라는 측면에서도 일반 관광객은 52€를 소비하고, 해변 관광객은 48€를, 도시 관광객은 42€를 소비하는 데 비해서 문화유산관광 참가자는 70€ 이상으로 평균 지출액이 다른 관광객에 비해 상당히 높았습니다.[4] 또한 동 조사 결과에 따르면 예상 밖으로 젊은 층이 문화유산관광에 참여하고 있고, 문화유산을 중요한 가치를 가지고 있는 관광자원으로 생각하고 있다고 합니다.

문화유산은 복수이다

영어로 문화유산이란 단어는 Heritage인데, 이는 유목민 용어로 "쉽게 이동한다"라는 뜻입니다.[5] 문화유산이란 '공동체가 발전시켜 대대로 계승되어온 문화

---

1 WTO, Tourism 2020 Vision Report, p.20.
2 Wided Majdoub, Cultural Routes: An Innovating Tool for Creative Tourism, Management International Conference-MIC 2009- Sousse Tunisia, November 2009, p.1841.
3 Mintel Group, Cultural and Heritage Tourism - International Travel & Tourism Analyst, London: Mintel International Group Ltd, 2004, p.23.
4 Mintel Group, Op. cit., 2004, p.24.
5 Hyungyu Park, Heritage Tourism, Routledge, 2014, p.37.

적 전통으로 관습, 관행, 장소, 사물, 예술적 표현, 유무형 문화재, 정신적인 가치관 등이 포함'됩니다. 이러한 문화유산이라는 용어는 단수가 아니고 복수입니다.[6] 문화유산이라는 용어는 다양한 의미로 사용되고 있고, 과거에 문화유산을 생산한 사람들도 여러 계층이 존재합니다. 왕족, 귀족, 공공부문/개인부문, 공직자/일반시민 기업가/노동자 등 다양한 계층과 직종의 사람들이 있는데 이들은 계층별로 다른 문화유산을 생산하는 다양한 복수의 목적을 가지고 있습니다. 문화유산은 규모에 따라 세계문화유산, 국가문화유산, 지역문화유산, 개인적 문화유산으로 나누어질 수 있습니다.[7] 그리고 주제별로 종교문화유산, 건축문화유산, 무형문화유산, 음악문화유산 등으로 구분하기도 합니다. 그리고, 국적, 종교, 민족, 사회계층, 경제적 계급, 성, 개인적인 인생사에 따라서 같은 문화유산이라도 다르게 해석될 수 있습니다. 따라서 문화유산은 과거세대로부터 계승되어 온 것인데, 항상 동질적인 것이 아니라, 끊임없이 재해석되고, 때로는 반론의 대상이 되기도 합니다. 문화유산은 시대의 해석에 따라 변화하기도 하고, 시대에 따라 사람들의 이해, 의미, 경험 등에 맞게 조정되기도 합니다.[8]

이처럼 다양한 성격의 문화유산이 존재하는데, 각국의 전통적인 박물관에서는 단순히 왕족과 귀족 그리고 상류층의 문화유산만을 선택적으로 발굴, 수집, 보존, 전시하고, 상류층의 문화만을 문화유산이라고 규정하는 경우가 많았습니다. 궁궐, 성곽, 고분, 종교시설 등 상류층과 종교집단의 문화유산이나 전통적인 박물관 그리고 전쟁 등 역사적 사건이 발생한 장소가 주로 문화유산의 범주에 속했습니다. 문화유산은 동시대라도 다양한 계층과 다양한 시기의 문화유산들이 존재했는데도 불구하고 현시대의 취향에 따라 과거의 특정계층과 시점의 문화유산이 그 시대를 대표하는 문화유산으로 해석되고, 선택됩니다.[9] 그러므로 모든 과거가 문화유산이 아니고 문화도 아닙니다. 현세대의 정치적·경제적·문화적

---

6 Brian Graham and Peter Howard, Heritage and Identity, In Brian Graham, Peter Howard(Eds.), The Ashgate Research Companion to Heritage and Identity, Ashgate, 2008, p.1.

7 Timothy D. J., Boyd S.W., Heritage Tourism, Pearson Education, 2003, pp.14-16.

8 Sofield T., Li S., Heritage; In: Jafari J.(ed.), Encyclopaedia of Tourism, Routledge, 2000, pp.275-276.

9 Brian Graham and Peter Howard, Ibid., 2008, p.2.

이유와 해석 때문에 다양한 문화유산 중에 특정 문화유산이 과거를 대표하는 정통 문화유산으로 선택되는 것입니다. 즉, 과거시대의 무수히 많은 유산 중에서 현대인의 프리즘을 통해서 재해석하고 선택된 문화유산이 과거를 대표하는 문화유산이 됩니다.

어느 나라이든지 대부분의 외국인 관광객들은 거의 예외 없이 궁궐과 종교시설, 박물관 등 역사유적지와 문화유산을 관람하기 위해서 방문합니다. 영국의 경우 내국인 관광객이 연중 9억 8,300만회의 당일여행을 했는데, 그 중 1/4이 문화유산관광이었다고 하고, 81%의 외국인 관광객이 영국을 방문하는 의사결정을 하는 데 문화유산이 가장 중요한 요소로 작용을 했다고 합니다.[10] 역사와 문화유산은 이처럼 국가의 주요한 관광자원이고, 황금알을 낳는 수익성 있는 관광산업이며, 고용창출을 하는 국가전략산업의 역할을 담당합니다.

잔인하고 슬픈 역사가 만들어낸 다크 투어리즘

전쟁이나 외세의 침략으로 인하여 발생한 잔혹한 과거의 침략사와 범죄와 관련된 문화유산은 민족주의와 민족 분파주의의 중요한 자원이 되기도 합니다.[11] 유고슬라비아와 북아일랜드 그리고 우리나라는 외세의 침략으로 인하여 상처 받은 과거의 역사와 문화유산이 민족주의를 강화하는 역할을 하고 있습니다. 병자호란 당시 청나라의 침략을 받아 산성으로 피신했던 왕과 백성들이 추위와 굶주림 속에 목숨을 잃어가며 항전을 하였던 남한산성은 2014년에 유네스코 세계문화유산이 되었습니다. 그리고 일제의 잔혹한 역사를 전시하고 있는 독립기념관이나 6.25 한국전쟁의 참상을 볼 수 있는 전쟁기념관은 과거의 아픈 상처이지만 과거에서 끝나지 않고 현재까지 전해지고 있고, 민족주의를 교육할 수 있는 교육적 가치를 가지고 있는 문화유산입니다. 그리고 많은 사람들이 학살을 당하거나 목숨을 잃은 현장과 유물도 중요한 문화유산입니다. 독일 나치가 저지른 유

---

10 Department of National Heritage, Preserving the Past, Shaping the Future, Department of National Heritage, 1994, p.12.
11 Graham, B. and McDowell, S., "Meaning in the Maze: The Heritage of Long Kesh, Cultural Geographies, 14(3), 2007, pp.343-368.

태인 대학살 현장인 폴란드의 아우슈비츠 강제 수용소,[12] 일본군이 중국인 30만 명을 대학살한 난징 대학살 사건을 고발하는 난징의 대학살기념관 그리고 원폭으로 사망한 일본인을 기리는 일본 히로시마의 평화공원, 영화 킬링필드로 인하여 전 세계적으로 유명한 캄보디아의 대학살현장, 투올 슬렝 학살박물관,[13] 원전 폭발사고로 전지역이 초토화된 우크라이나의 체르노빌 원전, 9.11테러로 숨진 뉴욕시민을 죽음을 추모하고 있는 뉴욕의 그라운드 제로의 9.11 메모리얼 박물관[14]과 같이 인류의 죽음과 대학살 그리고 슬픔을 주제로 한 문화유산은 다크 투어리즘(Dark Tourism) 혹은 블랙 투어리즘(Black Tourism)이라고 합니다. 이처럼 인류의 잔혹한 죽음의 역사와 대학살의 현장이라는 문화유산도 관광객이 끊임없이 방문하고 추모하는 문화유산입니다.

보통사람의 삶이 문화유산이 되다

일반시민 그리고 노동자의 일상적인 삶 속에서 탄생한 생활용품, 전통의상, 산업유물, 가구, 농기구, 하층민의 건축물, 관습과 언어, 놀이, 축제, 공예 등 사라져가는 하층민과 소수자의 문화유물은 박물관의 수집과 보존의 대상에서 제외되는 경우가 많았습니다. 전통적인 박물관이 발굴하고 전시하는 국가적인 문화유산에서는 왕족과 귀족 그리고 상류층의 고급문화와 종교시설 이외에 하층민과 노동자 그리고 소수자의 일상생활과 삶에서 나온 보통사람들의 문화유물은 제외되어 왔습니다. 이러한 모순에 대한 반발로 1970년대에 '뉴뮤지올로지(New museology)'와 '커뮤니티 뮤지올로지(Community museology)'[15]라고 하는 총체적인 문화적 맥락에서 문화유산을 새롭게 이해하려고 하는 제2차 박물관 혁명(Second museum

---

12 Auschwitz-Birkenau Memorial and Museum, https://auschwitz.org/en/ 2020년 3월 15일 검색.

13 Tuol Sleng Genocide Museum, https://tuolsleng.gov.kh/en/ 2020년 3월 15일 검색.

14 9/11 Memorial & Museum, https://www.911memorial.org/ 2020년 3월 15일 검색.

15 커뮤니티 뮤지올로지는 주로 장애인, 소외계층, 토착소수민족, 하층노동자들의 문화유산으로, 지역사회의 사회적 경제적 조건을 향상하기 위한 목적을 가지고 있습니다. 따라서 에코뮤지엄, 오픈에어뮤지엄, 기타 다른 형태의 커뮤니티 뮤지엄이나 1973년 샌디에고에서 주창된 통합 뮤지엄(Integrated museum)과 밀접하게 연결되어 있습니다. 일반적으로 커뮤니티 뮤지엄은 전통적인 박물관의 철학과 원칙에서 벗어난 뉴뮤지올로지의 영역에 속한 요소로 간주되고 있습니다.

revolution)이 확산되었습니다. 왕실과 귀족 상류층 중심의 유물을 전시하던 박물관에서 벗어나 하층민, 광부, 농부, 흑인, 노예, 여성 등 보통사람과 소수자 등의 살아가는 생활방식과 문화유산을 보전하고 전시하는 새로운 개념의 '보통사람들의 박물관'인 오픈에어뮤지엄과 에코뮤지엄이 등장했는데, 이러한 현상을 박물관의 민주화[16]라고 표현하기도 합니다.

1891년에 최초의 오픈에어뮤지엄인 스웨덴의 스칸센(Skansen)이 설립되었고, 유럽 전역에 일반인과 하층민 그리고 노동자의 일상적인 삶 속에 탄생한 건축물과 유물 그리고 생활사, 공예 그리고 예술을 연구하고, 보존하고 전시하는 오픈에어뮤지엄이 확산되기 시작하였습니다. 1982년에 발표된 통계에 따르면 오픈에어뮤지엄은 184개로, 그 중 반은 스칸디나비아 반도에 분포되어 있고, 삼분의 일은 동유럽 그리고 나머지는 서유럽에 분포하고 있는 것으로 나타났습니다.[17] 영국의 경우, 과거 탄광촌의 삶의 모습을 그대로 재현한 비미쉬(Beamish) 오픈에어뮤지엄[18]이 1971년에 개장하였고, 1976년 블랙 컨트리 리빙 뮤지엄,[19] 아이언브릿지 조지 뮤지엄[20] 등 다양한 오픈뮤지엄이 설립되었습니다, 미국은 1926년 윌리엄스 버그와 버지니아에 콜로니얼 타운이 설립되었습니다. 그리고 프랑스의 경우에는 오픈에어뮤지엄이라는 용어를 쓰지 않고 에코뮤지엄[21]이라는 용어로 개발되어 있습니다. 1973년 크뢰조-몽소 에코뮤지엄(Ecomusee du Creusot-Monceau)[22]

---

16 Peter Davis, New Museologies and the Ecomuseum, In Edited by Brian Graham, Peter Howard(Eds.), The Ashgate Research Companion to Heritage and Identity, Ashgate Publishing, 2008, p.418.

17 Janice Ann Keys, Local Parcitipation in the Cowichan and Chemainus Valleys Ecomuseum: An Exploration of Individual Participatory Experiences, University of British Columbia, M. A. Thesis, 1992, p.10.

18 Beamish Homepage, https://www.beamish.org.uk/ 2020년 3월 15일 검색.

19 Black Country Living Museum Homepage, https://www.bclm.co.uk/?gclid=Cj0KCQjw3qzz BRDnARIsAECmryrxqVR4oX2J6tzy3ufrUjz8oDH9w94D-ETa6Bk2NnAFLjCQ7qeicGoaAgHr EALw_wcB 2020년 3월 15일 검색.

20 IronBridge George Museum Homepage, https://www.ironbridge.org.uk/our-story/ 2020년 3월 15일 검색.

21 에코뮤지엄이라는 용어는 프랑스 환경부 장관이었던 위그 드 바린(Hugues de Varine)과 리비에르 (Georges Henri Riviere)에 의해서 제안되었고, 1971년에 로베르 푸자드(Robert Poujade)가 디종(Dijon) 에서 개최된 국제박물관학회총회에서 처음 사용하였습니다.

22 Ecomusée de Creusot-Montceau, https://www.ecomusee-creusot-montceau.fr/ 2020년 3월 15일 검색.

이 설립되었고, 랑데 드 가스코뉴 뮤지엄(Landes de Gascogne Museum),[23] 방댕 습지 에코뮤지엄(Ecomusée du marais Vendéen)[24] 등 약 80여개의 에코뮤지엄이 개발되어 있고[25] 2020년 현재 전 세계에 600개 이상의 에코뮤지엄이 개발되었습니다.[26] 오픈에어뮤지엄과 에코뮤지엄은 모두 평민들과 노동자계층의 일상적인 생활과 삶 속에 창조된 생활 속의 문화유산과 자연환경을 발굴하고, 보존하고, 생활 모습 그대로를 전시하고, 관람객이 직접 체험할 수 있는 야외에 조성된 새로운 개념의 '지붕 없는 박물관'입니다.

오픈에어뮤지엄과 에코뮤지엄 그리고 역사테마파크는 역사와 문화유산이라는 주제가 유사하고, 야외에 실물을 전시한다는 점에서 성격이 비슷합니다. 그러나 오픈에어뮤지엄이나 에코뮤지엄은 학술적인 연구와 전시 그리고 과거 문화유산의 보존이라는 성격이 강합니다. 그러나 역사테마파크는 문화유산의 보존이나 연구라는 측면보다는 관람객의 흥미와 오락을 더 중요시하고, 과거를 보존하기도 하지만 창조하기도 한다는 점에서 위락적인 성격이 강합니다. 그러나 오픈에어뮤지엄과 에코뮤지엄 그리고 역사 테마파크는 많은 관광객을 유치하는 매력적인 관광자원이고, 국가 및 지역의 관광개발정책에 있어서 중요한 역할을 담당하고 있습니다.

문화유산과 문화관광 그리고 관광의 관계에 대해서는 긍정적 영향 혹은 부정적 영향에 대해 서로 다른 논쟁이 계속되어 왔습니다. 주로 관광산업이 문화유산을 관광상품으로 전락시켰다는 잘못된 비난을 받는 경우도 많았습니다. 그런데 이러한 문화유산 및 자연유산은 관광산업을 통하여 수익을 발생시키고, 이 수익금이 문화유산의 보전에 재투자되고 있다는 점에서 관광과 문화유산은 불가분의 공생적인 관계라고 볼 수 있습니다. 문화관광은 세계의 가장 규모가 큰 문화유산관련서비스 산업입니다.

23 Landes de Gascogne Museum, https://www.tourisme-sud-gironde.com/en/nature/the-landes-de-gascogne-regional-nature-park/ 2020년 3월 15일 검색.
24 Ecomusée du marais Vendéen, https://www.vendee-tourisme.com/actualites/2208-l-ecomusee-du-marais-breton-vendeen-se-reinvente.html 2020년 3월 15일 검색.
25 박정연, 영국 오픈에어뮤지엄(Open-Air Museum)과 프랑스 에코뮤지엄(Ecomuseum)의 특징 비교연구, 경희대학교 석사논문, 2010, pp.3-7.
26 https://www.ecomuseum.eu/pindos-ecomuseum 2020년 3월 15일 검색.

탄광노동자의 삶과 노동의 역사가 세계유산이 되다

화려한 궁궐이나 대성당, 귀족의 집만이 아니고 평범한 하층민의 삶이라는, 역사 속에 하찮은 존재로 버려진 유산이 오픈에어뮤지엄과 에코뮤지엄을 통해서 가치 있는 문화유산으로 변신하고, 세계적인 관광자원으로 변신하는 것을 살펴 보았습니다. 이외에도 산업시설로 활용되다가 산업구조의 급변으로 인하여 폐업 하고 버려지거나 방치된 노동자의 삶의 이야기가 그대로 담겨있는 발전소, 창고, 저장고, 탄광, 제철소, 제분소, 양조장, 도축장, 공장, 조선소, 배수탑, 감옥, 부 두, 철로, 교량 등과 같은 산업문화유산의 브라운 필드(Brownfield)[27]와 그레이 필드 (Greyfield)[28]가 수복재생을 통하여 새로운 생명력을 얻고, 인류의 산업문화유산으 로 재창조되는 일들이 지구촌 곳곳에서 발생하고 있습니다.

가장 대표적인 사례는 화력발전소를 현대미술관으로 개조한 영국 런던의 테 이트 모던 현대미술관을 들 수 있습니다. 폐탄광지를 문화중심지로 변화시킨 대 표적인 사례로는 2001년 세계유산으로 지정된 독일의 루르지역의 촐퍼라인 탄 광, 영국의 게이츠헤드와 비미쉬 오픈에어뮤지엄 등을 들 수 있습니다. 폐조선 소를 문화시설로 개조한 대표적인 경우는 스페인의 빌바오, 프랑스 낭트와 말뫼 의 눈물로 유명한 스웨덴의 말뫼가 있습니다. 철도역을 문화예술시설로 변화시 킨 유명 사례로는 프랑스 파리의 오르세 미술관을 들 수 있습니다. 그리고 방치 된 철길 즉, 폐선부지를 산책로로 개발한 프랑스 파리의 프롬나드 플랑테(1993년 개발) 와 버려진 고가 철길을 공중 도시공원으로 변화시킨 미국 뉴욕의 하이라인 파크 (2009년 개발)은 주민과 관광객이 즐겨 찾는 세계적인 관광자원이 되었습니다. 그 외에 제빵공장을 개조하여 현대미술관을 만든 볼로냐 현대미술관, 제과공장을 복합문화시설로 수복재생한 프랑스 낭트의 리우 유닉(Le Lieu Unique) 등을 들 수 있 습니다. 노동자들이 땀을 흘리며 작업을 하던 노동의 장소는 역사가나 박물관학 자들에게 별 볼 일 없는 장소로 여겨졌던 공간이었는데, 수복재생을 통해서 새 로운 활용가치를 창조하고, 더 나아가 문화유산으로서의 가치를 인정받으며, 세

---

27 브라운 필드(Brownfield)는 p.22 각주 3의 내용을 참조 바랍니다.
28 그레이 필드(Greyfield)는 p.23 각주 4의 내용을 참조 바랍니다.

계적인 문화관광지로 변신하였습니다. 왕족과 귀족 위주의 역사관과 문화유산의 개념은 일반인과 노동자, 노예, 성소수자에게까지 확대되는 개념으로 변화하였습니다.

이처럼 문화유산은 다양한 계층과 종류가 세계 도처에 존재합니다. 이하에서 세계문화유산 협약을 통해 적극 보호받고 있는 세계유산에 대해 중점적으로 살펴보겠습니다.

제2절
유네스코 세계유산과 한국의 세계유산

탁월한 보편적 가치를 지닌 인류의 보물

1959년 이집트의 아스완댐 건설로 세계적 문화유산인 아부심벨사원이 침수될 위기를 맞게 됨에 따라 전 세계적으로 문화유산에 대한 심각한 문제가 제기되고, 문화유산 보호에 대한 관심이 증대되게 되었습니다. 이에 따라 유네스코가 누비아 유적보호 운동을 전개하게 되었습니다. 이런 사건으로 인하여 세계적 문화유산의 보호에 대한 세계적 관심이 계속 증대되다가 1972년 스웨덴 스톡홀름에서 열린 '인간과 환경' 유엔회의에서 세계문화유산 국제협약 채택을 각국 정부에 권고하게 되고 그 해 유네스코 총회에서 세계유산협약(World Heritage Convention)이 공식적으로 채택되었습니다.

그러나 당시의 세계유산협약은 무형문화유산(Intangible heritage)과 이동할 수 있는 유형자산(Movable tangible property)에 대해서는 포괄적으로 적용되지 않는다는 문제점이 있었습니다. 이에 따라 30년 후인 2003년 무형문화유산보호협약(The convention for the Safeguarding of the Intangible Cultural Heritage, ICH Convention)을 통하여 세계유산협약(World Heritage Convention)에 포함되지 않는 무형문화유산을 보호하기 위한 세계문화유산협약의 개정이 이루어졌습니다.[29]

---

29 Domna A. Alzahrani, The Adoption of a Standard Definition of Cultural Heritage, International Journal of Social Science and Humanity, Vol.3, No.1, January, 2013, p.33.

세계유산으로 지정된 세계 도처의 문화유산은 관광객들에게 그 나라를 방문하게 되면 꼭 찾아봐야 할 필수 장소로 인식되게 됨에 따라 세계 각국에서는 보유한 세계문화유산을 관광객들을 끌어들이는 자석과 같은 역할을 하도록 유도하고 있습니다. 또한 세계문화유산을 통해서 무명의 오지가 하루아침에 세계적인 문화명소로 국제적 지명도를 얻게 되는 경우도 있습니다. 따라서 세계문화유산 지정으로 인한 지역홍보 효과는 금전적 가치로 환산하기 어려울 만큼 커다란 실정입니다. 그에 더해 세계문화유산은 해당 지역사회 주민들의 자부심이 높아지고, 지역의 정체성을 높여주며 지역 경제도 덩달아 발전하도록 지원해주는 효과도 갖고 있는 것으로 알려져 있습니다. 한편, 저개발국가의 경우에는 세계유산에 등재되면 세계유산기금 및 세계유산센터, 국제기념물유적협의회 등 관련 국제기구를 통해 유산보호에 필요한 재정 지원과 기술 지원을 받을 수 있습니다.[30] 이에 따라 각국은 자국의 문화유산을 유네스코지정 세계유산으로 등재시키기 위하여 많이 노력하며 유네스코에 경쟁적으로 등재신청을 하기도 합니다.

현재 유네스코가 지정하는 세계유산은 <표 5-1>과 같이 문화유산, 자연유산, 복합유산으로 분류됩니다. 이 중에 77.5%가 문화유산입니다. 2019년 현재 등재된 세계유산은 1,121건으로 문화유산 869건, 자연유산 213건, 복합유산 39건이 있고 위험에 처한 세계유산 목록에는 총 53건이 등재되어 있습니다. 지역적으로 세계유산은 이탈리아, 스페인, 독일, 프랑스, 중국 등 문화강국에 편중되어 있어 지역적 편중이 심한 편입니다.[31]

한편 세계문화유산은 주로 인간의 창조물과 인간의 기술로 만든 산물을 보호하는 것을 목적으로 하고 있습니다. 이런 세계적 문화유산을 선정하는 유네스코의 기준을 살펴보면, '탁월한 보편적 가치(Outstanding Universal Value, OUV)'라는 것을 기본으로 하고 있습니다. 탁월한 보편적 가치(OUV)라는 개념은 상당히 모호한 개념일 수 있습니다. 주관적 개념이기 때문에 평가를 행하는 사람에 따라서 '탁월한 보편적 가치를 인정받을만한 뛰어난 가치를 지닌'이라는 범주에 들어가느냐 여부가 결정됩니다. 물론 여러 명의 전문가가 평가에 참여하므로 공정성이 훼손될 우려는 거의 없다고 봅니다. 그러나 세계문화유산으로 선정되어 보호받을 가

---

30 UNESCO & HERITAGE, https://heritage.unesco.or.kr/wh/wh_reg/wh_reg_effect/
31 UNESCO, World Heritage List, https://whc.unesco.org/en/list/ 2020년 3월 15일 검색.

표 5-1 유네스코 세계유산의 종류

구분		정의
문화유산	기념물	기념물, 건축물, 기념 조각 및 회화, 고고 유물 및 구조물, 금석문, 혈거 유적지 및 혼합유적지 가운데 역사, 예술, 학문적으로 탁월한 보편적 가치가 있는 유산
	건조물군	독립되었거나 또는 이어져 있는 구조물들로서 역사상, 미술상 탁월한 보편적 가치가 있는 유산
	유적지	인공의 소산 또는 인공과 자연의 결합의 소산 및 고고 유적을 포함한 구역에서 역사상, 관상상, 민족학상 또는 인류학상 탁월한 보편적 가치가 있는 유산
자연유산		• 무기적 또는 생물학적 생성물들로부터 이룩된 자연의 기념물로서 관상상 또는 과학상 탁월한 보편적 가치가 있는 것 • 지질학적 및 지문학(地文學)적 생성물과 이와 함께 위협에 처해 있는 동물 및 생물의 종의 생식지 및 자생지로서 특히 일정구역에서 과학상, 보존상, 미관상 탁월한 보편적 가치가 있는 것 • 과학, 보존, 자연미의 시각에서 볼 때 탁월한 보편적 가치를 주는 정확히 드러난 자연지역이나 자연유적지
복합유산		문화유산과 자연유산의 특징을 동시에 충족하는 유산

출처: 배기동, 세계유산과 남한산성

치가 있는 문화유산의 범주에 들어가지 못하는 나머지 문화유산들은 보호받을만한 가치가 없는 것이라는 것을 암시하는 차별적인 기준일 수는 있습니다.

또 다른 문제는 동산(動産) 즉, 유형동산유산(Movable tangible property)의 경우에는 세계유산으로 보호받기가 상대적으로 어렵다는 점입니다. 아주 귀중한 고분이 발굴되었을 때 부동산인 고분은 세계유산으로 등록되어 보호받을 수 있으나, 발굴된 고분에서 고귀한 향로, 왕관 등 동산(動産)이 발견되었더라도 향로와 같은 유형동산유산은 세계유산으로 지정되어 보호받기 어렵다는 문제점도 있습니다. 동산형태의 세계적인 문화유산과 국보급 골동품의 불법거래에 대한 국제적 분쟁과 국제적 우려가 심각하지만, 세계유산 보호협약에서는 포괄적으로 다루어지지 못하고 있는 실정입니다.

유네스코 세계유산 등재기준

세계유산 등재기준은 탁월한 가치가 있는 세계 인류의 보편적인 유산으로서 진정성(Authenticity)과 완전성(Integrity)을 가지고 있어야 합니다. 여기서 진정성(Authenticity)이란 문화유산의 재질, 기법 등에서 원래 가치를 보유하고 있어야 함을 의미합니다. 완전성(Integrity)이란 문화유산의 가치를 보여줄 수 있는 제반요소를 충분히 보유하고 있음을 의미합니다.[32]

<표 5-2>와 같이 세계유산의 등재기준은 문화유산 6개, 자연유산 4개가 있습니다. 공통적인 조건으로 진정성과 완전성이 검증되어야 합니다. 세계문화

표 5-2 세계유산 등재기준

구분		기준	사례
문화 유산	I	인간의 창의성으로 빚어진 걸작을 대표할 것	호주 오페라 하우스
	II	오랜 세월에 걸쳐 또는 세계의 일정 문화권 내에서 건축이나 기술 발전, 기념물 제작, 도시계획이나 조경 디자인에 있어 인간 가치의 중요한 교환을 반영	러시아 콜로멘스코이 성당
	III	현존하거나 이미 사라진 문화적 전통이나 문명의 독보적 또는 적어도 특출한 증거일 것	태국 아유타야 유적
	IV	인류 역사에 있어 중요 단계를 예증하는 건물, 건축이나 기술의 총체, 경관 유형의 대표적인 사례일 것	종묘
	V	특히 번복할 수 없는 변화의 영향으로 취약해졌을 때 환경이나 인간의 상호작용이나 문화를 대변하는 전통적 정주지나 육지·바다의 사용을 예증할 것	리비아 가다메스 옛도시
	VI	사건이나 실존하는 전통, 사상이나 신조, 보편적 중요성이 탁월한 예술 및 문학작품과 직접 또는 가시적으로 연관될 것(다른 기준과 함께 적용 권장)	일본 히로시마 원폭돔
	* 모든 문화유산은 진정성(Authenticity; 재질, 기법 등에서 원래 가치 보유) 필요		
자연 유산	VII	최상의 자연 현상이나 뛰어난 자연미와 미학적 중요성을 지닌 지역을 포함할 것	케냐 국립공원, 제주 용암동굴· 화산섬
	VIII	생명의 기록이나, 지형 발전상의 지질학적 주요 진행과정, 지형학이나 자연지리학적 측면의 중요 특징을 포함해 지구 역사상 주요단계를 입증하는 대표적 사례	제주 용암동굴·화산섬
	IX	육상, 민물, 해안 및 해양 생태계와 동·식물 군락의 진화 및 발전에 있어 생태적, 생물학적 주요 진행 과정을 입증하는 대표적 사례일 것	케냐 국립공원
	X	과학이나 보존 관점에서 볼 때 보편적 가치가 탁월하고 현재 멸종 위기에 처한 종을 포함한 생물학적 다양성의 현장 보존을 위해 가장 중요하고 의미가 큰 자연 서식지를 보괄	중국 쓰촨 자이언트팬더 보호구역
공통	완전성(Integrity): 유산의 가치를 충분히 보여 줄 수 있는 충분한 제반 요소 보유		
	보호 및 관리체계: 법적, 행정적 보호제도, 완충지역(buffer zone) 설정 등		

출처: UNESCO & HERITAGE

---

32 배기동, 세계문화유산과 남한산성, 특강자료, p.3.

유산으로 신청하려면 먼저 1년 전에 해당 유산을 잠정목록(Tentative list)에 등재하여야 합니다. 그 다음 본 신청서를 제출하면(연간 2점 이내), 해당 문화유산을 국제기념물 유적협의회(ICOMOS), 그리고 자연유산은 세계자연보호연맹(IUCN)에서 평가합니다. 복합유산의 경우에는 국제기념물 유적협의회와 세계자연보호연맹에서 공동조사를 하게 됩니다. 자문기구 권고사항을 고려하여 세계유산 등재, 보류, 반려 그리고 등재 불가 등의 결정이 나게 됩니다.[33]

한국은 2019년 소수서원을 비롯한 16세기에서 17세기에 건립된 국내 9개 서원이 등록됨으로 인하여 총 14개의 문화유산이 유네스코 세계유산으로 등재되었습니다.

표 5-3 한국의 세계유산 등재현황

번호	세계유산	등재년도
1	종묘	1995년
2	해인사 장경판전	1995년
3	석굴암 및 불국사	1995년
4	화성	1997년
5	창덕궁	1997년
6	고창·화순·강화 고인돌 유적	2000년
7	경주 역사지구	2000년
8	제주화산섬과 용암동굴	2007년
9	조선 왕릉	2007년
10	한국의 역사마을: 하회와 양동	2010년
11	남한산성	2014년
12	백제역사유적지구	2015년
13	'산사' 한국의 산지승원	2018년
14	서원(소수 서원등 16~17세기에 건립된 국내 9개 서원)	2019년

출처: 문화재청 국가문화유산포털 https://www.heritage.go.kr/heri/html/HtmlPage.do?pg=/unesco/korHeritage Info.jsp&pageNo=1_2_2_0

---

33 https://heritage.unesco.or.kr/wh/wh_reg/wh_reg_process/

세대를 이어서 전해 내려오는 인류무형문화유산

유네스코는 무형유산협약 제2조 1항에 '무형문화유산'을 "공동체, 집단 및 개인들이 그들의 문화유산의 일부분으로서 인식하는 실행, 표출, 표현, 지식 및 기술뿐만 아니라 이와 관련된 전달도구, 사물, 유물 및 문화공간 모두를 의미한다"라고 정의하고 있습니다. 인류무형문화유산의 경우는 특히 가시적으로 볼 수 있는 물리적인 자료가 없기 때문에 일관성 있는 정의를 하는 것이 어렵고, 보호의 수준을 결정하고 평가하는 데 큰 어려움이 있습니다. 이러한 점을 개선하기 위해서 2003년 무형문화유산보호협약(Convention for the Safeguarding of the Intangible Cultural Heritage, ICH Convention)을 통해서 인류무형문화유산의 누락문제를 해결하려고 노력하였습니다.[34]

인류무형문화유산은 가시적이지도 않고, 인간의 육체와 무관하게 존재하기 때문에 현대인의 언어, 예술, 관습, 지식, 기술 그리고 기타 활동 속에서 존재합니다. 인류무형문화유산은 대대로 이어져 전해지는 것으로 환경, 자연과의 상호작용, 지역사회와 집단에 의해 끊임없이 재창조되는 유산으로서 문화적 다양성과 창조성을 보존하고 있습니다. 따라서 인류학자가 오래전에 녹음한 귀중한 민요라고 할지라도 현재 그 후손들이 더 이상 부르지 않는 노래라면 이 민요가 무형문화유산이 될 수 없습니다. 그리고 해당 지역사회의 구성원이 아닌 다른 지역의 사람이 전용을 하는 경우 지정을 유지할 수 없습니다.[35] 이런 예에서 알 수 있듯이 인류무형문화유산은 현재의 공동체 구성원이 실천하고 있는 생활문화유산입니다.[36]

무형문화유산 보호협약이 지정하고 있는 '무형문화유산'은 다음과 같습니다.

• 무형문화유산의 전달체로서의 언어를 포함한 구전전통 및 표현
• 공연예술

---

34 Kuruk, P., "Cultural Heritage, Traditional Knowledge and Indigenous Rights – An Analysis of the Convention for the Safeguarding of Intangible Cultural Heritage", Macquarie Journal of International and Comparative Environmental Law, Vol.1, No.1, 2004, pp.111 – 134.

35 Kurin, R., "Safeguarding Intangible Cultural Heritage in the 2003 UNESCO Convention: A Critical Appraisal", Museum International, Vol.56, 2004, pp.66 – 76.

36 Kurin, R., Ibid., 2003, pp.66 – 76.

- 사회관습, 의식과 축제
- 자연과 우주에 관한 지식과 실천
- 전통적 공예기술

우리나라는 2018년 기준으로 20개가 인류무형문화유산으로 등재되어 있습니다. 우리나라는 중국(1위 29개), 일본(2위 21개)을 이어 세계 3위의 인류무형문화유산 등재국가입니다.

유네스코 인류무형문화유산으로 등재되어 있는 우리나라의 무형문화유산은 다음 <표 5-4>와 같습니다.

표 5-4 한국의 인류무형문화유산 등재현황

번호	등재된 인류무형문화유산	등재년도
1	종묘 제례 및 종묘 제례악	2001년
2	판소리	2003년
3	강릉 단오제	2005년
4	강강술래	2009년
5	남사당 놀이	2009년
6	영산재	2009년
7	제주 칠머리당 영등굿	2009년
8	처용무	2009년
9	가곡, 관현악 반주에 맞춰 부르는 서정적 노래	2010년
10	대목장	2010년
11	매사냥술	2010년
12	줄타기	2011년
13	택견	2011년
14	한산모시짜기	2011년
15	아리랑	2014년
16	김장문화	2013년
17	농악	2014년
18	줄다리기	2015년
19	제주해녀문화	2016년
20	씨름(남북공동 무형문화유산으로 등재)	2018년

이외에 유네스코는 세계적 가치가 있는 기록유산들에 대해 세계기록유산으로 등재하고 있습니다. 세계기록유산은 "전 세계 민족들의 집단기록이자 인류의 사상, 발견 및 성과의 진화기록을 의미한다"[37]라고 정의하고 있습니다.

이에는 문자로 기록된 것(책, 필사본, 포스터 등), 이미지나 기호로 기록된 것(데생, 지도, 악보, 설계도면 등), 비문, 시청각자료(음악 컬렉션, 영화, 음성기록물, 사진 등), 인터넷 기록물 등 동산유산이 모두 포함됩니다. 한국은 1997년 훈민정음을 세계기록유산으로 등재한 후, 18번째로 2017년 조선통신사 기록물을 등재하였습니다.

여러 연구결과에 따르면 문화유산관광은 지역사회 경제발전에 공헌하고, 지역사회의 안전과 안정 그리고 지역 정체성에 대한 이념의 틀을 제공해주는 것으로 파악되고 있습니다.[38]

문화유산은 파손 시에는 재생 불가능하고 대체할 수 없기 때문에 관리와 보존이 매우 필요한 인류의 보물입니다. 문화유산은 문화관광자원 중에서 관광객들에게 가장 선호되는 관광자원으로서 국가나 지역의 관광정책에서 전략적으로 다뤄야할 중요한 대상입니다. 문화유산은 지역사회의 발전에 필요한 창의적 콘텐츠와 긍정적 효과를 제공해주는 귀중한 관광자원인 것입니다.

제3절
지속 가능한 문화유산관광과 에코뮤지엄

문화유산보호, 누구의 권리인가

각종 문화유산을 보호하고, 관리할 권리는 기본적으로 토착 원주민에게 있습니다. 그러나 정부 입장에서는 세계문화유산과 인류무형문화유산을 보전한다는 것은 그 지역을 산업단지화하거나 현대적 개발지구로 변화시키고자 하는 지역주

---

37 문화재청 국가문화유산포털, https://www.heritage.go.kr/heri/html/HtmlPage.do;jsessionid=
oBeO70GuEi9Z9npCIAQbKljjSuZmU1wiUtoIcxBSvczYaExUHNaNN8nnQdC5fVG.cpawas_serv
let_engine1?pg=/unesco/korWorldMemHeritage.jsp&pageNo=1_4_2_0

38 Hyungyu Park, Heritage Tourism, 2014, p.17.

민이나 지방정부와는 이해관계가 충돌할 수 있습니다. 현대화와 상업화를 희망하는 지역주민이나 당해 지방정부는 자신들이 보유한 문화유산의 가치가 '탁월한 보편적인 가치(OUV)'로 평가되어, 세계유산으로 등재되는 것을 회피하려고 노력할 수 있습니다. 이러한 경우 국제사회는 문화유산을 제대로 보호할 수 있는 대책을 강구할 수가 없습니다. 이와 같은 상반된 입장과 의견차이를 해소하여 우수한 문화유산들이 무분별하게 훼손되는 것을 방지할 수 있는 효과적인 대책 마련이 필요합니다.

또한 오늘날 서구식 생활양식이 오지까지 확산되고 있어, 현대적인 문화가 전통적인 무형문화의 관행을 대체하고, 대대로 전해 내려오던 무형문화는 소멸되어 버리는 현상도 나타나고 있습니다. 이러한 경우 무형문화유산이 사라지지 않도록 보존하기 위해서 토착 원주민들이 편리한 서구식 생활양식을 채택하는 것을 포기하도록 강제할 수는 없습니다. 원주민들이 현대적 생활양식을 중시하여 전통문화유산을 포기하는 결정을 내릴 경우, 국제사회는 어떤 대응을 취할 수 있을지에 대해서 다시 한번 검토하여야 합니다.

오지 농촌의 경우 직업을 찾아서 젊은이들이 도시로 이주하게 됨에 따라 마을에는 극소수의 고령층만 남게 되고 그 노인들마저 죽게 되면, 무형문화유산도 함께 사라지며 귀중한 무형문화유산이 멸종될 위기에 봉착할 수 있습니다. 이렇게 훼손되거나 사라지는 문화유산들의 보호에 대한 권리가 일차적으로 원주민의 것이기 때문에 당해 원주민들이 현대화와 경제적 이익 등을 위해서 문화유산을 훼손하거나 소멸시키겠다는 의사결정을 하는 것에 대해서 국제사회는 과연 어떠한 대책을 세울 수 있을까요?

인류무형문화유산은 인간의 사고, 삶의 경험 등을 포함하는 지극히 개인적이고 주관적인 유산입니다. 이러한 인류무형문화유산은 끊임없이 진화하고, 재창조되기도 합니다. 그러면 '보호되어야만 하는 살아있는 무형문화유산에 대해서 객관적으로 불변하는 기준을 규정하는 것과 무형문화의 목록은 어떻게 작성되어야 하는지'에 대한 문제들이 발생하게 됩니다. 따라서 산업화, 현대화 그리고 토착 원주민의 생활양식의 변화 등으로 인하여 사라질 수 있는 무형문화유산을 적절히 발굴하고, 기록이나 영상으로 기록하여 남기고, 보존할 수 있도록 하는 효율적인 대책이 마련되어야 할 것입니다.

지속 가능한 문화유산 관광개발을 위하여

지속 가능한 관광은 '미래세대의 유산을 훼손하지 않으면서 현세대의 욕구를 동시에 충족시키는 관광'[39]이라고 정의할 수 있습니다. 즉, 관광객의 욕구만을 충족시키는 것이 목표가 아니라, 이해관계자들의 협력을 통하여 사회적 형평성을 얻을 수 있고, 지역사회 구성원들의 행복도 고려한 마케팅을 수행하는 것입니다.[40] 관광은 문화유산에 대한 위협이기도 하지만 기회이기도 합니다. 위협은 수백만 명의 관광객이 방문하는 인기 있는 문화유산의 경우에 밀려드는 관광객으로 인하여 교통체증과 오버 투어리즘 현상과 같은 문제들이 발생하기도 하고, 문화유산이 훼손되거나 파괴되는 바람직하지 않은 현상이 발생할 수 있습니다.[41] 따라서 관광객의 급증으로 인한 문화유산의 훼손을 막기 위해서 사전 예약제, 관광객 유도형개발방식(Honeypot development) 등을 활용하여 방문자 관리를 보다 엄격히 하여야 합니다.

또한 문화유산의 보호라는 측면을 강조하여 지나친 규제 위주로 문화유산을 보호하려는 보수적인 문화재 보호법은 문화유산을 일류급 문화관광자원으로 활용하는 데 큰 제약요소가 되기도 합니다. 보호제일주의라는 명목 하에 규제 위주로 문화유산을 관리해 나가는 경우, 해당 문화유산이 가지고 있는 역사적인 가치를 방문객들에게 널리 알려주고 이해를 높여줄 조치를 효과적으로 할 수 없게 됩니다. 여기에서 "문화유산의 보존이냐, 보전이냐"라는 오래된 두 가지 관점의 차이가 발생하게 됩니다. 여기서 보존(保存)을 강조하는 관점은 문화유산에 대한 활용을 무조건 제한하고, 그대로 유지해야만 한다는 보수적인 관점이고, 보전(保全)의 관점은 문화유산을 적절히 이용하면서 유지·관리하는 것이 필요하다고 여기는 관점이라고 할 수 있습니다. 우리나라의 문화재 보호법은 지극히 보

39 Weaver D., Sustainable Tourism: Is it Sustainable?; Edited by: Faulkner B., Moscardo G. and Laws E., Tourism in the 21st Century–Lessons from Experience; Continuum, 2001, pp.300–311.

40 Ibid., p.302.

41 Garrod B., Managing Visitor Impacts, In Edited by Fyall, A., Garrod, B., Leask, A.(Eds.), Managing Visitor Attractions–New Directions, Elsevier Butterworth–Heinemann, 2008, pp.125–139.

존위주의 관점과 입장을 견지하고 있어서, 문화유산 자체 가치를 높여주기 위해 일정 공간을 활용하거나 조명장치를 부설하는 것조차 허용하지 않는 등 활용을 최대한 억제하는 보수적인 관점을 계속 유지하고 있습니다.

관광과 문화유산의 관계에 대해서도 관광객 내방으로 문화유산이 훼손된다고 보는 관점과 반대로 관광객이 증가하면서 문화유산을 온전하게 보전할 수 있는 재원이 확충되어 문화유산을 더 잘 유지하고, 보호하는 데 도움이 된다는 관점이 있습니다. 어느 관점이 옳은 것인지는 경우에 따라 다르겠지만, 관광객이 지역에 유입되어 관광수입이 발생하지 않으면, 문화유산의 존재가치도 감소하게 되는 것이고, 문화유산을 개보수하는 문화재 관리를 위한 예산도 제대로 확보할 수 없게 됩니다. 따라서 지나친 보존 위주의 문화유산 관리도 문제이고, 지나친 활용 위주의 문화유산 관리도 문제가 되기 때문에 보존과 활용 사이의 균형있는 결정이 필수적입니다. 현재 우리나라의 문화재 보호법이 가지고 있는 지나친 규제 사항들은 일부 개선이 필요하다고 봅니다.

관광객이 문화유산을 사랑하는 마음을 갖게 만들기

문화유산의 보전 못지않게 중요한 요소는 문화유산을 통해서 현대인들이 과거에 대한 향수를 느끼게 해주고, 역사적인 의미를 알게 함으로서 감동적인 가치(Feeling value)가 전달되도록 해주는 것입니다. 이런 관점에서 문화유산관광은 에듀테인먼트(Edutainment)[42]활동이라고 할 수 있습니다. 관광객 중에는 정말로 무엇인가를 배우려는 마음을 가지고 문화유산을 방문하는 지성적인 관광객(Mindful tourist)도 있고, 재미있는 여행을 즐기러 온 김에 문화유산을 단순 방문하는 비지성적인 관광객도 있습니다.[43] 지성적인 관광객은 문화유산에 대한 사전 조사를 통하여 사전 지식과 정보를 준비했을 뿐만 아니라 그 유산의 진정한 가치와 의미에 대해서 적극적으로 파악하려는 성향을 보입니다. 이 중에는 문화유산에 대

---

42 Swarbrooke J., The Future of the Past: Heritage Tourism in the 21st Century; in A. V. Seaton(ed.), Tourism, the State of the Art. Chichester: John Wiley & Sons, 1994, pp.222-229.
43 Timothy D. J., Boyd S. W., Heritage Tourism, Pearson Education, 2003, p.198.

해서 전문적인 지식을 가지고 있는 전문가도 있을 것입니다. 반대로 비지성적이고 무관심한 관광객은 문화유산에 대한 사전 조사나 사전정보 없이 참가할 뿐만 아니라, 새로운 지식을 적극적으로 얻으려하지 않습니다. 단지 호기심으로 방문하는 경우가 많습니다. 이러한 지적 호기심이라는 측면에서 차이가 나는 두 종류의 관광객 모두 감동적이거나 재미있는 해설 서비스를 받게 되면 '해당 문화유산을 사랑하는 마음'을 적극적으로 갖게 되는 변화가 나타날 가능성이 많습니다.

내방 관광객들이 즐기면서, 자연스럽게 문화유산을 사랑하게 만들고, 더욱 알고 싶어 하게 변화시킬 수 있는 해설이야말로 문화재 해설의 중요한 목적입니다. 그러므로 억지로 주입시키려는 것이 아니라 자연스럽게 해당 문화유산을 이해하고 사랑하고 싶은 마음이 자리잡게 하기 위한 수준 높은 해설 즉, 스토리텔링 기술이 매우 필요합니다. 일단 방문객들이 해당 문화유산에 대해서 이해하고 사랑하는 마음을 갖도록 하는 데 성공하였다면, 그들은 향후 문화재를 훼손하는 몰지각한 행위를 스스로 하지 않게 될 것이고, 오히려 문화유산 보호에 대한 메시지를 전파하는 전도사 역할을 하게 될 수 있습니다. 이렇게 변화된 관광객은 주변의 가족이나 친지, 다른 관광객들에게 문화유산을 사랑하는 마음을 전파해 주는 문화유산 메신저가 될 것입니다. 따라서 감동적인 문화유산 해설 기법을 개발하고 효과적으로 운영해서 '문화유산을 사랑하는 마음을 가진 관광객'이 많이 늘어나게 하는 것이 중요한 정책과제입니다.

문화유산관광을 촉진하는 전략

문화유산 해설을 성공리에 수행하기 위해서는 방문하는 관광객이 어떤 사람들인지, 이들의 주요 동기가 무엇인지, 어떠한 것을 알고 싶어 하는지, 주로 하는 질문은 무엇인지 등에 대해서 사전 조사와 준비를 철저히 하여야 합니다. 그리고 관광객이 공감하고, 감동할 수 있는 문화유산해설 방법 등에 대한 사전계획과 관리가 이루어져야 합니다.[44] 이를 위해서는 매력적인 스토리텔링 프로그

---

44 ICOMOS and WTO, Tourism at World Heritage Cultural Sites: The Site Manager's Handbook, 2nd edition, Madrid: World Tourism Organization, 1993.

램을 수립하고, 해당 문화유산이 가지고 있는 감탄요소(Wow-factor)를 효과적으로 연출할 수 있도록 조치하여야 합니다. 풍부한 역사지식 등을 바탕으로 상세한 현장정보를 제공하고, 정직하고 진심을 담아서 생동감 있게 문화유산에 대해 설명한다면 긍정적인 결과를 얻을 수 있을 것입니다.

맥커쳐(McKercher)와 두 크로스(Du Cros)는 문화유산해설을 기획하는 데 있어서 다음과 같은 7가지 전략들을 제안[45]하고 있습니다. 아래의 8번째 전략인 오픈뮤지엄이나 에코뮤지엄으로 조성하는 전략은 맥커쳐와 두 크로스 이론에 추가하였습니다.

(1) 문화유산을 신화화

문화유산의 조성 과정, 역사적 일화, 관련된 영웅, 전설 등에 관한 스토리 등을 신화화하여 해당 문화유산에 대한 환상과 매력을 홍보합니다.

(2) 문화유산 주변의 스토리텔링

소설이나 역사적 사실에 바탕을 둔 감동적인 이야기를 가시화시키도록 기획하고, 생동감 있는 감동을 그대로 전달할 수 있도록 전달해주면 문화유산에 대한 매력을 증대시킬 수 있습니다.

(3) 과거와 현재를 연결

관광객들의 현대적 감각에 맞지 않는 고리타분한 이야기를 해주는 것은 오히려 역효과를 가져올 수 있습니다. 역사적인 사실을 전달하더라도 현대사회와 현대인의 감각에 맞도록 그 표현과 전달방법을 개발하는 것이 필요합니다.

(4) 차이를 강조

차별화된 관광경험을 제공하는 것은 또 하나의 성공적인 전략이 될 수 있습

---

45 McKercher B., Du Cros H., Cultural Tourism: The Partnership between Tourism and Cultural Heritage Management, Haworth Hospitality Press, 2002, p.124-134.의 내용을 보완하여 작성.

니다. 다른 문화유산과 차별화되는 독특한 점을 부각시켜서 알려주고, 차별화된 메시지를 전달해주는 것이 중요합니다.

(5) 문화유산을 매혹적인 구경거리, 환상으로 만들기

환상적인 스토리나 특수조명 효과를 제공하는 것은 현실을 벗어나고 싶어 하는 관광객들에게 어필할 수 있는 좋은 기술입니다. 사람들에게 잊혀진 공간, 폐허, 보이지 않는 무형자원도 멋진 스토리텔링과 특수조명기법을 동원하면 매력적인 공간으로 변화시킬 수 있습니다.

(6) 재미와 오락으로 포장

문화유산을 찾는 이들 대다수는 휴가 기간 동안에 즐길거리와 무엇인가 재미있는 이벤트를 원하는 사람이 많습니다. 이들을 즐겁게 하면서도 문화유산에 대해서 충분히 공감할 수 있는 해설을 이벤트 방식으로 제공할 수 있다면 관광객을 감탄하게 하고, 감동시킬 수 있습니다. 문화유산에 대한 해설이라고 무조건 엄숙한 분위기를 조성하는 것은 오히려 역효과를 낼 수 있습니다. 게임과 같은 오락적 요소와 재미요소를 첨가하는 에듀테인먼트(Edutainment)의 성격이 적극 도입되어야 합니다.

(7) 문화유산을 네트워크로 연결

문화유산 네트워크를 통하여 지역의 다양한 문화예술명소를 하나의 엄브렐러 브랜드로 연계하는 문화관광루트, 문화탐방로, 역사의 길, 경관탐방로 등을 개발하고, 과거의 옛길을 복원하여 독특한 문화유산 관광자원으로 만들어내는 것은 매력적인 관광상품이 될 수 있습니다. 문화유산과 지역의 문화예술, 주요 자연환경 등을 하나로 결합하여 시너지 효과를 창출한다면 지역의 관광경쟁력을 동시에 향상시킬 수 있습니다.

(8) 오픈에어뮤지엄 혹은 에코뮤지엄으로 조성

오픈에어뮤지엄이나 에코뮤지엄은 모두 일반주민과 노동자계층의 일상생활 속에서 창출되는 건축물, 산업유산, 공예, 풍습, 의식주, 자연 등 지역만이 가지고 있는 특징적인 기증문화를 보존하는 지붕 없는 야외 박물관입니다. 오픈에어뮤지엄은 다른 지역에 있는 건축물을 해체하여 특정 공간에 복원하는 형태로 조성하는 것이 일반적입니다. 그러나 에코뮤지엄은 특정지역 전체를 에코뮤지엄으로 지정하고, 지정된 지역 내에 존재하는 건축물들을 그대로 유지·보전하는 방식을 취하고 있습니다. 오픈에어뮤지엄으로 유명한 영국의 비미쉬의 경우 전통적인 탄광촌의 과거 모습과 생활방식을 그대로 복원하여 방문하는 사람들이 타임머신을 타고 과거로 되돌아가 옛날 탄광촌의 모습과 그 시대의 삶을 그대로 체험할 수 있도록 개발하고 있습니다.

에코뮤지엄은 프랑스에서 개발된 개념으로, 지역 전체의 건축물과 자연환경을 그대로 보전하는 방식을 취하고 있기 때문에 지역주민들의 참여가 중요한 요소입니다. 유럽에서는 쇠퇴하고 있는 탄광촌이나 습지 그리고 농촌의 지역을 문화관광을 통해서 재활성화하기 위한 전략으로 오픈에어뮤지엄과 에코뮤지엄을 많이 개발하고, 연구하고 있습니다. 최근에는 일본과 중국도 오픈에어뮤지엄과 에코뮤지엄에 대해서 상당한 관심을 가지고 연구를 진행하고 있습니다.

제4절
해외 문화유산 네트워크 성공사례

문화유산을 네트워크화하여 매력적인 관광루트로 개발

지역의 전통과 문화유산들을 연계하는 세계적으로 유명한 문화유산 네트워크는 '산티아고 길(Camino de Santiago)'이 대표적입니다. 산티아고 길은 유네스코 세계문화유산이며, 유럽문화루트로 지정되어 있는 세계적으로 유명한 문화유산입니다. 그리고 스코틀랜드 그레이트 트래일(Scotland Great Trail), 아시아의 실크로드, 그외 다양한 문화루트들도 문화유산과 자연환경을 연계하여 관광루트를 개발한 사례들입니다. 유럽문화루트에 대해서는 여기서는 간략하게 설명하고, 본서 "제13장

유럽의 과거와 미래를 연결하는 유럽문화루트"에서 상세히 설명하고 있으니 제13장을 참고하기 바랍니다.

다음으로는 여러 도시들이 지역의 역사유적이나 문화유산을 연계하여 지역을 보다 잘 이해하고 즐기게 유도해주는 관광탐방로를 다양하게 개발하여 도시관광 상품으로 활용하는 경우인데, 그 사례들을 살펴보고자 합니다. 대표적으로 미국 동부 보스턴시의 프리덤 트레일(Freedom Trail)과 인디애나폴리스의 인디애나폴리스 컬츄럴 트레일(Indianapolis Cultural Trail), 독일 루르지역의 산업유산의 길, 프랑스 낭트의 녹색선, 독일의 로맨틱가도, 싱가포르 컬츄럴 트레일, 일본 각 도시에 개발되고, 등록된 다양한 풍경가도, 역사가도, 로맨틱가도 등 그러한 주요 사례로 들수 있습니다.

21세기 첨단과학기술의 시대가 발전될수록 지난 시절의 과도한 도시화, 산업화 과정에서 야기된 삭막한 도시환경에서 벗어나 인간미가 넘치는 스토리와 감동이 있는 문화유산 네트워크의 중요성이 늘어나게 될 것입니다. 이러한 이유로 세계 여러 곳에서는 지역의 역사적 사건과 추억들이 담겨져 있는 문화유산을 발굴하고 다양한 문화유산과 예술공간 그리고 관광지를 재미있고 즐겁게 경험할수 있도록 연계해주는 문화유산 네트워크를 개발하고 있습니다. 문화유산 네트워크는 이용하는 사람들이 문화유산과 문화예술공간, 편의공간, 휴게휴식공간, 자연공간, 스포츠공간이 연계된 탐방로를 걸어 다니면서 진정한 휴식과 여가활동의 즐거움을 맛볼 수 있는 웰빙 & 슬로우 라이프형 관광의 한 형태라고도 할수 있습니다. 각자 흩어져 있으면 그다지 큰 가치가 없는 개별적 문화유산과 예술공간, 자연공원 등이 역사성이나 문화성 등 일정한 주제에 의해 새롭게 의미를 부여받고 창조적으로 연결되어 시너지 효과를 발휘하는 명소로 만드는 창의적 개발 기법이라고 할 수 있습니다. 일종의 '명품 관광상품 만들기'라고 볼 수 있습니다. 우리나라에서도 다소 이질적인 부문과 사건, 사고, 이야기 등이 융합되고, 수준 높은 해설 등을 곁들이는 식으로 연계될 때 문화유산을 네트워크한 명품 문화관광상품이 출현할 수 있을 것입니다.

미국 독립 역사를 연계하는 보스턴시의 프리덤 트레일

보스턴 지역의 저널리스트인 윌리엄 스코필드(William Schofield)는 1951년부터 주요 유적지를 연결하는 보행구간을 만들고자 계획하였습니다. 그리고 1958년에 보스턴의 중요한 역사유적지를 연결하는 문화관광 탐방로 '프리덤 트레일'을 조성하기 시작하였습니다. 보스턴 코먼(Boston Common), 보스턴 옛 주 의사당(Old State House), 파크 스트리트 교회(Park Street Church), 그래너리 공동묘지(Granary Burying Ground), 폴 리비어 하우스(Paul Revere House)를 포함한 16개의 유명한 역사유적지가 하나의 탐방로로 연결되었습니다. 이 보스턴 프리덤 트레일은 보스턴 국립 역사공원의 일부가 되어있습니다.[46] 이와 같이 탐방로나 관광루트를 조성하는 것은 흩어져있는 여러 가지 역사이야기와 유적지, 문화관광자원 등을 연계해서 감동적인 '스토리텔링'을 전개토록 하는 것이라고 볼 수 있습니다.

프리덤 트레일(Freedom Trail)은 매사추세츠주 보스턴시 중심부 도로에 벽돌로 만든 붉은 선과 청동으로 만든 메달리온이라는 표지판으로 표시되어 있는 관광루트를 따라가다 보면 자연스럽게 도보여행을 즐기면서 보스턴의 역사와 미국독립의 이야기를 이해할 수 있도록 조성되어 있습니다. 프리덤 트레일은 벽돌로 만들어진 붉은 선과 표지판을 따라가기만 하면 편리하게 문화유산과 도심의 주요관광지를 방문할 수 있습니다. 미국이 영국의 식민지 상태에서 벗어나 자유를 쟁취해가는 미국의 역사와 독립정신을 알게 해주는 귀중한 역사문화유산탐방로입니다.

프리덤 트레일은 보스턴 커먼에서 찰스 타운의 USS 컨스티투션까지 길이 약 4km 연계하여 이용객들이 주요 문화유산들을 둘러보며 도보관광을 경험할 수도록 만들어져 있습니다. 현재는 무버블 피스트(Moveable feast)라는 모바일 앱을 길찾기에 이용할 수도 있습니다.[47]

보스턴시는 프리덤 트레일의 조성을 통해서 복잡한 구도심 골목길에서 길을 찾지 못해서 헤매는 관광객들을 효과적으로 도와주는 데 성공했습니다. 프리덤

---

46 [네이버 지식백과] 프리덤 트레일(두산백과)
47 Scott Kirsner, A Freedom Trail for Innovators, Innovation Economy, July 7, 2013.

트레일은 보스턴시가 자랑하는 역사문화형 옛길로서 해마다 400만 명이 넘는 많은 관광객들이 전 세계에서 몰려와서 보스턴시의 도시관광을 즐기는 관광상품이 되었습니다. 우리나라 서울 종로의 북촌에 가면, 수없이 많은 관광객들이 지도를 들고 길을 찾지 못해서 헤매고 있는 것을 볼 수 있습니다. 보스턴 트레일과 같이 붉은 선으로 안내표시를 하거나 모바일앱으로 쉽게 길을 찾을 수 있도록 관광정보시스템과 안내시스템을 제도적으로 보완하여야 합니다.

독일 루르지역의 산업문화유산 루트

독일 루르지역은 중공업과 탄광지대로 석탄산업과 제철업이 경쟁력을 잃게 되어 탄광과 제철소 등이 폐업하게 됨에 따라 대량실업자가 발생하고, 경기가 침체되어 지역이 황폐화 되었습니다. 이처럼 산업폐기물로 오염된 탄광지역의 환경오염을 정화하기 위한 환경정화 프로젝트가 추진되었습니다. 그리고 탄광지역을 문화관광지로 변화시키기 위한 IBM 엠셔조경공원 프로젝트가 시행되었습니다. 그 결과 회색빛 암울한 폐탄광지역이 녹색문화예술도시로 바뀌게 되었습니다.

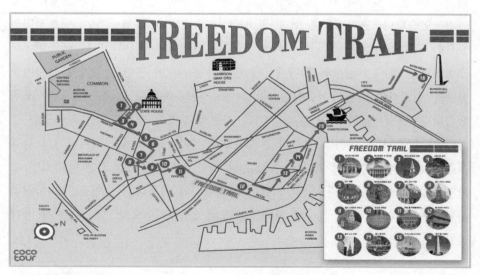

● 보스턴 프리덤 트레일

루르지역의 산업문화유산인 탄광시설의 외관을 그대로 유지한 채, 루르 박물관, 레드 닷 디자인 박물관, 과학공원, 컨벤션센터, 디자인스쿨 등 문화예술시설로 탈바꿈 시켰습니다. 이와 같이 변화된 산업유산 문화관광자원을 그린벨트의 녹지공간과 연계하여 28개의 주제로 구성된 자전거 탐방코스 700km, 보행탐방코스 400km를 산업문화유산루트로 개발하였습니다. 이처럼 일반적인 문화유산뿐만 아니라 산업문화유산도 다양한 문화유산을 연계하여 보행탐방로 및 자전거 탐방로로 개발하면 훌륭한 관광루트가 될 수 있습니다.

문화예술공간을 연결하는 프랑스 낭트시의 녹색 선

낭트는 조선업의 쇠퇴로 조선소가 폐쇄됨에 따라 지역경제가 침체되게 되었습니다. 이러한 지역문제를 해결하기 위하여 낭트시가 선택한 전략은 문화관광 개발전략이었습니다. 낭트시는 공기업 사모아(SAMOA)를 중심으로 조선소 건물과 대형 기중기 등 산업유산을 그대로 유지하면서, 도시재생을 추진하고, 루아르 강의 회복과 낭트섬 재생을 중심으로 한 문화관광 위주의 도시재생을 추진하였습니다. 이를 통해서 개발된 낭트의 도심의 명소, 미술관, 갤러리, 복합문화공간 등 관광자원을 찾아다니기 쉽도록 12km 동선을 녹색 선으로 표시된 관광루트로 연결하였습니다. 관광객들은 이 녹색 선을 따라서 도심을 걸어가면, 낭트시내의 중요한 관광볼거리는 거의 다 볼 수 있도록 기획하였습니다. 또한 에스튀에르 프로젝트를 통해서 낭트와 생나제르를 연결하는 60km 루아르 강가에 설치미술 작품을 설치하여 오픈에어뮤지엄 에스튀에르 아트 트레일(Estuaire Art Trail)을 조성했습니다. 관광객들은 루아르 강을 따라 가면서 강가에 설치된 미술작품들을 감상할 수 있습니다. 이처럼 강가의 관광명소와 설치미술 사이를 연계하여서 관광객들이 혼자서도 쉽게 찾아다닐 수 있는 문화탐방로를 만드는 것은 매력적인 관광자원이 될 수 있습니다. 한강과 같은 우리나라의 아름다운 수변공간도 이처럼 아름다운 설치작품들이 설치된 매력적인 오픈에어뮤지엄으로 개발하는 게 바람직할 수 있습니다.

역사와 정신을 전달하는 일본 역사가도

일본은 1970년대부터 '길'을 문화자산으로 인식하고, 풍경가도, 역사가도, 장거리 자연보도, 로맨틱가도 등 다양한 탐방로와 관광루트의 보존 및 개발사업을 진행했습니다. 그로 인해 현재 '가도(街道)'라는 명칭의 관광루트가 재정비되어 다양한 주제의 탐방로 산책을 통해 국민이 역사와 자연을 체감할 수 있는 환경을 조성했습니다. 옛길의 재생은 보전되어야 할 건축물의 재생과 연결을 포함하거나, 후원조직 네트워크의 형성, 혹은 관광자원으로 개발되는 효과를 가지고 있습니다.

1988년 3월 '역사가도 만들기 제언'이 발표된 이후 시작된 일본 '역사가도'는 역사가도 추진협의회를 통해서 1996년 역사가도 100선을 발표하였습니다. 그리고 지속적으로 역사문화 옛길을 개발함과 동시에, 각 지역과의 연계를 통해 역사의 길의 개발과 관리 그리고 교육을 실시하고 있습니다. 역사가도의 메인 루트는 신화의 마을 이세, 고대에서 중세까지의 역사도시 아스카, 나라, 교토, 그리고 메이지시대 이후 겐로쿠 문화가 꽃피웠던 상업도시 오사카와 같은 일본 역사를 대표하는 각 지역의 역사적 무대를 연결하는 300km의 역사가도로 1500년의 일본의 역사와 정신이 전해져오는 관광루트입니다.[48]

역사가도 계획의 다섯 가지 사업은 전 세계 사람들에게 일본 고유의 역사와 전통을 매력적으로 홍보하기 위한 '정보의 발신', 옛거리와 자연환경을 보호하고 활용하여 '지역 만들기', 역사현장을 무대로 한 거대한 테마파크, 멋진 여행 등 '여가공간 만들기', 역사문화를 배우는 '지적체험', 역사문화의 '지역 인적 네트워크 형성'에 있습니다. 역사가도 추진협의회는 해외 관광 프로모션에 참가하며, '역사거리 산책'과 같은 교육 프로그램 실시 등 다각적으로 역사가도 관련 사업을 전개하고 있으며, 여행사 또는 대학교 등 전문기관의 협력을 얻어 보다 효율적으로 전개해가는 방법을 계속 모색하고 있습니다. 역사가도를 찾는 관광객을 위한 전철과 버스 등 교통기관과 연계한 홍보활동도 특기할 만합니다. 일본 문화청은 '역사가도' 사업으로 100개의 '가도(街道)'를 선정하여 정비하였습니다.

---

48 일본 역사가도 홈페이지, https://www.rekishikaido.gr.jp/ 2020년 2월 15일 검색.

일본의 국토교통성이 관광 및 지역활성화를 위해 추진하고 있는 일본 풍경가도사업은 2007년 9월 제1회 풍경가도의 등록을 시작으로 2019년 현재 전국에 142개의 관광루트가 등록되어 있습니다. '일본 풍경가도'는 정부 중심이 아닌 지역주민을 포함한 다양한 민간협력체가 중심이 되어 아름다운 나라 만들기를 위해서 진행하는 관광루트사업입니다. 즉, 국토교통성 산하의 각 지방 도로정비국과 지역주민, 비영리사회단체, 기업 등 다양한 관계자가 지역 활성화와 관광 진흥을 위해 일본풍경가도 파트너십을 조직하고, 협력하여 자발적인 아름다운 경관 만들기, 매력 있는 관광공간 만들기, 풍경가도의 관리, 운영 체계를 구축하는 정책을 추진하고 있습니다.[49] 특히 풍경가도에 대한 다양한 요구에 대응하기 위하여 휴게소와 카페 등 편의시설의 정비, 청소 등 아름다운 가도 만들기 활동이 주민들의 적극적인 참여하에 실시되고 있습니다.

환경부가 계획하고 일본의 각 현에서 정비를 진행하고 있는 장거리 자연보도사업은 1970년 동해 자연산책로의 정비에서 시작해서 큐슈, 주고쿠, 시코쿠, 수도권, 동북, 중부 호쿠리쿠 킨키에 8개의 자연산책로가 정비되고 있습니다. 정비가 완료되면 전국의 자연산책로의 총연장은 약 27,000km가 됩니다. 장거리 자연보도는 자연을 사랑하는 사람들이 사계절 내내 즐겁고 안전하게 도보여행을 하면서 일본의 풍부한 자연과 역사, 문화와의 만남을 통해서 생의 활력을 얻고, 자연보호에 대한 이해를 촉진시키는 것을 목적으로 하고 있습니다.[50] 이를 위해서 자연을 체감할 수 있는 다양한 프로그램과 시설을 확충하고, 전국 10개소의 자연관찰 숲을 정비하고 있습니다.

한편, 사단법인 일본워킹협회[51]가 2003년 12월부터 '아름다운 일본의 걷고 싶은 길 500선'을 선정하고 있는데, 그 대상에는 '역사길'을 비롯하여 '해변길', '숲속길', '마을의 거리' 등 자연경관을 만끽하며 걸을 수 있는 다양한 길들이 포함되어 있습니다. 길이는 5km에서 20km의 거리로 험한 지형이 아니고 전망이 좋

---

49 일본 풍경가도 홈페이지, https://www.mlit.go.jp/road/sisaku/fukeikaidou/index-map2.html 2020년 2월 15일 검색.

50 일본 장거리 자연보도 홈페이지, https://www.env.go.jp/nature/nats/shizenhodo/index.html 2020년 2월 15일 검색.

51 일본 워킹협회 홈페이지, https://www.walking.or.jp/tournament/select500/ 2020년 2월 15일 검색.

은 곳이라서 남녀노소가 편안하고 안전하게 걸을 수 있는 길 위주로 선정하고 있습니다. 아름다운 걷고 싶은 길 500선을 완주하면 스템프를 찍어주는데, 이미 여러 명이 아름다운 일본의 걷고 싶은 길 500선을 완주하였다고 합니다.

● 일본역사가도 탐방기념 스탬프

일본의 역사가도 등 문화유산 네트워크 사업에서 우리가 참고할 점은 지역 공동체의 창조와 지역 정체성 형성에 문화유산 네트워크와 관광루트가 중요한 역할을 하고 있다는 것입니다. 그리고 지역주민 및 기업, 비영리사회단체 등의 협력시스템에 의한 자발적인 개발, 관리, 운영이 이루어지고 있는 점입니다. 정부의 재정적 지원에만 의존하기보다는 독자적인 재정확보를 통해 역사가도와 풍경가도 등 관광루트 개발사업의 지속성을 확보하고 있습니다.[52]

문화유산은 가장 중요한 관광자원의 하나입니다. 우리나라도 오랜 역사와 찬란한 문화유산을 가지고 있습니다. 그러나 이러한 문화유산을 오픈에어뮤지엄화하거나 네트워크로 연결하고 매력 있는 관광자원으로 홍보하는 데 있어서는 우리나라는 아직도 아쉬운 점이 많습니다. 유형적인 문화유산은 물론이고 보이지

---

52 김금향, 문화디자인연구소 대표의 일본 옛길에 관한 연구, 2016 경기옛길 학술대회 보고서) 자료 참고.

않는 무형문화유산도 세계적 수준으로 개발하고, 국제적인 관광자원으로 홍보마케팅하여 관광자원화 하기 위한 장기적인 전략 추진이 필요합니다. 이를 위해서는 문화유산을 대상으로 다음과 같은 정책이 추진될 필요가 있습니다.

- 각 시도에 보유문화유산을 고도로 네트워크화 하는 테마형 역사문화의 길을 지정하고 개발
- 범정부적 문화유산 탐방로와 자연유산 탐방로의 지정과 개발을 위한 전담 추진조직 가동
- 다양한 주제로 차별화된 문화관광특구의 지정과 개발
- 지방의 개성이 살아 숨 쉬는 오픈에어뮤지엄을 지정하고, 조성
- 지역의 특산품과 공예를 살리기 위한 교육제도와 육성책 도입
- 동아시아 국가 간을 연계하는 문화 관광루트의 개발

도시를 명소로 만드는 미술관광의 매력

6장

제1절
문화관광과 미술의 새로운 관계

문화관광과 미술의 공생적 관계

관광객이나 방문객이 없는 예술이나 미술관이 존재할 수 있을까요? 관광객이 사라진 루브르 박물관을 상상하면 답이 나올 것입니다. 아무도 오지 않는 미술관이나 박물관은 유지하기조차 불가능합니다. 역으로 루브르 박물관이 없다면 관광객도 없습니다. 이런 점에서 보았을 때, 예술이 없는 관광도, 관광이 없는 예술도 존재할 수 없습니다. 따라서 관광과 예술은 지속적 발전을 위해서 서로를 필요로 하는 공생적인 관계라고 말할 수 있습니다. 그리고 문화관광을 개발하는 것은 국가나 도시의 예술을 발전시키고 관광객을 유치하는 전략이 많은 부분을 차지하고 있습니다. 이러한 점에서 도시 행정부서의 명칭을 문화·예술·관광부라 하여, 문화예술과 관광을 하나의 부서로 통합하는 도시도 있습니다.[1] 그만큼 문화예술과 관광은 밀접한 관계에 있습니다. 이 장에서는 예술이란 무엇인

---

1 Costas Spirou, Urban Tourism and Urban Change, Cities in a Global Economy, Routledge, 2011, p.130.

가, 그리고 문화관광개발에 어떠한 의미를 가지고 있는가에 대해서 간략하게 살펴보고자 합니다.

과거시대의 창조적인 현대예술작품은 현시점에서는 전통예술입니다. 그리고 현대예술은 미래의 전통예술입니다. 지금은 최첨단이지만, 시간이 흐르고 나면 구식이 되고, 더 시간이 지나면 골동품 혹은 전통예술이 됩니다. 제5장에서 살펴본 문화유산은 과거 그 시대에는 최첨단 예술이었습니다. 따라서 문화유산은 과거의 예술이고, 현대예술은 현시대의 예술이라고 구분하여 설명할 수 있습니다. 그리고 미래예술은 과거와 현재라는 오랜 시간과 추억들이 첩첩히 쌓이고 세월 속에 영글어 생성됩니다. 이 장에서 살펴보게 될 예술관광은 앞에서 다룬 문화유산관광과 여러 부분에서 유사하기도 합니다. 예술은 시각예술, 공연예술, 인터넷 아트, 문학, 디자인, 조각, 공예, 음악, 무용, 영화 등 다양한 세부분야가 있기 때문에 공통적 분모를 찾아서 예술관광의 개념을 정의하는 것은 어렵습니다. 그러나 예술과 관광과의 관계를 살펴보면 17~18세기 그랜드 투어의 경우처럼 관광은 교양인들이 역사문화와 예술에 관심을 끌 수 있도록 재정적·정신적 기반을 마련해주고, 예술 관객의 폭을 넓히는 데 많은 도움이 되어 왔습니다.[2]

예술가들의 작품을 보기 위해 관광하는 예술 관광객(Arts tourist)이 있듯이, 예술가들도 영감을 얻거나 새로운 작품을 창작하기 위해서 또는 연주 등 예술 자체를 위해 관광하기도 합니다. 이런 경우에는 관광객으로서의 예술가 즉, 예술인 관광객(Artist-tourist)이라고 표현하게 되고, 예술가에게 영감을 주는 예술관광이라고 말할 수 있습니다. 예술과 관광의 또 다른 관계는 관광예술(Tourist art)이라고 할 수 있는데, 이는 관광객을 위한 예술을 의미합니다.[3]

예술 관광객(Art tourists)의 기원은 오래되었으나 일반적으로 17~18세기 그랜드 투어에서 그 유례를 찾아볼 수 있습니다. 물론 예술 관광객에는 예술에 대한 전문적인 지식을 가진 관광객도 있고, 전문적인 지식은 없지만 예술에 대해서 알고 싶은 호기심 때문에 여행을 하는 관광객도 있을 것입니다. 따라서 예술에

---

2 Smith M., Issues in Cultural Tourism Studies, Routledge, 2009, pp.22-23.
3 Karolina Buczkowska et al., Art, Tourism, 2014, p.2.

대한 전문적인 지식의 정도와 여행을 결정하는 주요 동기의 차이에 의해 여러 형태로 예술 관광객을 분류해 볼 수 있습니다.

예술인 관광객(Artists-tourists)은 예술 자체와 관련 창작을 위하여 직접 여행하는 예술가들입니다. 새로운 창작에 필요한 예술적인 영감을 얻기 위해서 스케치 여행을 하는 미술가, 새로운 소재를 찾기 위해서 여행하는 소설가 등 창작 자체를 위해서 여행을 하는 예술가들이 있습니다. 그리고 여러 지역의 축제, 음악회, 전시회 등에 참석해서 연주나 전시 등 예술행위를 직접 하기 위해서 여행하는 음악가, 무용가, 미술가, 가수, 연주자 등 다양한 사람들이 있습니다.

관광예술(Tourist art)은 '관광객이 예술 관련 소비를 하도록 하기 위해서 현지에서 제작한 현대예술의 한 형태'입니다.[4] 관광객들은 관광지에서 기념품이나 예술품을 구매하려는 욕구가 있는 경우가 많기 때문에 현지 공예나 예술가들이 제작한 예술품이나 기념품을 구입하게 됩니다. 이러한 이유로 현지 공예나 예술가들이 주로 관광객의 취향에 맞춘 작품들을 만들어 판매하면서 새로운 표현 형태가 개발되기도 하고, 사용하지 않던 재료를 사용하거나 새로운 전통을 창조하기도 합니다.[5] 그러나 이러한 문화예술의 변화가 단순히 관광으로 인한 것인지 현대화, 서구화의 영향을 받은 것인지는 뚜렷하게 구별하기가 어렵습니다. 또한 인도네시아 발리 무용의 변화 사례와 같이 서구 예술의 영향으로 인하여 토착 원주민의 무용이 더욱 풍요로워지고, 심지어 사원에서 공식적으로 사용하는 무용으로 채택되어 토착화되는 현상도 나타난다는 연구결과도 있습니다. 따라서 관광이나 세계화, 현대화 등으로 인하여 발생하는 문화예술의 변화를 '관광상품화 현상'과 같은 부정적 용어[6]를 사용하여 무조건 문화예술에 '부정적인 영향'을 주는 해로운 것으로 간주하거나 "추하다"거나 "바가지 요금 위주"라는 식으로 표현해서는 안 된다고 봅니다. 물론 관광객에게 판매하기 위해서 얄팍한 상술에 의해 제작된 조잡한 예술품이나 복제품들도 있지만, 상당히 예술성이 있는 작품

---

4 Jules-Rosette, B., The Messages of Tourist Art: An African Semiotic System in Comparative Perspective, Springer, 1984, p.9.
5 Anna Wieczorkiewicz, The Appetite of a Tourist, The Experience of the World in Travel, Krakow; Universitas, 2012, pp.53-54.
6 Daniel Crowley, Art., In Encylopedia of Tourism, J. Jafari(Eds.), Routledge, 2000, pp.30-36.

들도 관광환경 속에서 창조되었다는 것을 인정해야 하는 것입니다.

많은 예술가들이 관광객을 위해서 예술작품을 제작하거나 공연하는 일은 최근의 일이 아닙니다. 역사적으로 17~18세기 유럽의 그랜드 투어시대에도 이탈리아 로마 등지에는 관광객들이 로마유적을 배경으로 초상화를 그리거나 골동품이나 복제품을 와서 자신의 거실에 장식하는 것을 선호했다고 합니다. 당시 화가 조반니 파울로 파니니(Giovanni Paolo Pannini)의 작품 속에는 로마의 골동품 가게에서 관광객들이 기념품과 예술품을 구매하기 위해 예술품을 고르는 모습이 묘사되고 있습니다.[7] 18세기에도 관광객들에게 예술작품을 판매하는 전문 갤러리와 화가가 다수 존재하였다는 기록이 있습니다.

◉ 조반니 파울로 파니니(Giovanni Paolo Pannini) 1757년, 캔버스에 유채, 파리 루브르 박물관

이러한 그랜드 투어리즘은 문화관광이라는 이름으로 현대사회에도 그 맥이 이어지고 있습니다. 요즘도 이탈리아 로마, 프랑스 파리, 영국 런던 등 유럽의 주요 도시 내 박물관과 미술관 그리고 수많은 문화관광지에는 다양한 예술품을 감상하기 위한 관광객들의 행렬이 일 년 내내 끊이지 않고 있습니다. 이탈리아 베로나나 오스트리아 잘츠부르크, 브레겐츠 등의 음악축제에는 오페라와 음악을

---

7 이은기, 김미정, 서양미술사, 미진사, 2008, p.333.

감상하기 위한 관광객들이 매년 수없이 방문하고 있습니다. 그야말로 예술과 관광은 유럽 국가와 도시들에게 "황금알을 낳는 거위"와도 같은 존재입니다. 조반니 파올로 파니니가 18세기에 그린 로마 트레비분수의 모습을 보면, 마치 현재와 같이 많은 관광객들이 트레비분수 주변에 모여 있습니다. 이런 작품을 통해서도 얼마나 많은 그랜드 투어 관광객들이 유럽 각 지역의 예술을 직접 보고 느끼기 위해 미술관이나 박물관 및 관련 문화유산들을 방문했는지 쉽게 알 수 있습니다.

○ 조반니 파올로 파니니, 로마 트레비분수

현대미술에도 관광의 바람이 불고 있다

유럽의 고미술뿐만 아니라 현대미술분야도 관광과 밀접한 관련이 있습니다. 최근에 미국 마이애미 아트 바젤이 개막하는 시기에 마이애미를 방문하게 되면, 많은 사람들이 아트페어 개막 파티에 참가하기 위해 몰려들어서 교통 혼잡이 발생하고, 거리가 온통 현대미술로 뒤덮이고 있는 것을 알 수 있습니다. 거의 모든 지역언론의 1면에 미술 관련 기사가 흘러넘치고, 상류층 여성과 은행가들의 대화 주제는 대부분 마이애미의 233개 화랑 중에 어느 곳을 가볼 것인가에 대한 것들입니다. 아트바젤 기간에는 그야말로 마이애미시 전체가 예술 열기로 둘러싸인듯한 느낌이 들 수 있습니다.[8] 아마도 예술에 대한 이러한 열기는 미술품이 투자가치가 있는 환금성과 시장성이 있다는 사실을 알려준 '사치 효과(Saatchi effect)'[9]가 상류층 사이에 널리 인식[10]되면서, 그들 사이에 예술에 대한 광적인 수집 열풍이 일어났기 때문인 것으로 추정됩니다. 아시아의 경우도 예외는 아닙니다. 홍콩 아트페어 개막 시기에는 전 세계의 예술가, 예술품 수집가, 미술전공자, 미술애호가들이 너도 나도 홍콩으로 원정을 옵니다. 한국의 미술작가들도 매년 전세 항공편을 이용해 단체로 홍콩을 방문해 전시하거나 미술행사에 참여하기도 합니다.

호텔업계에도 이러한 미술관광에 대한 관심이 증대하고 있습니다. 미국 라스베가스의 다양한 테마호텔들처럼 우리나라 인천공항주변의 파라다이스 호텔 등이 우수한 미술작품을 전시하는 공간을 많이 확보하고 있습니다. 대만의 만다린 오리엔탈 호텔은 1,700여점의 미술품을 전시하는 공간을 마련하고 있어서 반은 갤러리이고, 반은 호텔이라고 해도 과언이 아닐 정도인 곳도 있습니다. 공항 라운지 역시 많은 변화가 발생하고 있습니다. 각국의 주요 공항은 미술품을 전시하는 갤러리공간을 확보하고 있는데, 홍콩 케세이 퍼시픽은 홍콩 공항라운지의 벽을 갤러리로 바꾸고 있기도 합니다.

대체적으로 박물관, 미술관, 오페라 극장, 공연장 등 문화예술시설이 잘 갖추어진 도시는 지역의 독특성과 창조적 매력을 증대시키기 때문에 관광객의 만족뿐만 아니라 지역주민의 삶의 질과 행복감도 증대시키게 됩니다. 따라서 미술과 관광은 도시나 농촌지역의 수준 높은 발전을 위한 필수적 협력 관계이고, 예술자원은 지역관광개발에서 집중 고려해야 할 핵심적인 요소의 하나라고 말할 수

---

8 Mark Jones, Art tourism: Hospitality finds itself in the frame, Displaying art is an easy and relatively cheap way to add interest and personality to public spaces, Independent, 3 August, 2015.

9 찰스 사치(Charles Saatchi)는 영국의 성공한 광고재벌이자 세계미술계에 큰 영향을 미치는 미술품 슈퍼 콜렉터입니다. 그는 데미안 허스트, 트레이시 에민, 마크 퀸 등 현대 영국미술을 대표하는 yBa를 키워낸 가장 중요한 후원자이자 수집가로 현대 영국미술을 뉴욕, 파리, 베를린과 경쟁할 수 있는 세계적인 수준으로 끌어올린 사람으로 평가받고 있습니다. 사치의 콜렉션 목록에 오르는 작가는 대부분이 세계적인 작가의 대열에 오르는 기회를 잡고, 작품가격이 치솟는 사치 효과를 보입니다. 김현성, 영국미술을 세계에 알린 찰스 사치, BIZart webzine.

10 Mark Jones, Op. cit.. 2015.

있습니다.[11] 미술과 문화 그리고 문화유산을 하나의 테마형 네트워크로 연결하여 특색 있는 문화예술탐방로나 관광루트로 개발하는 방식은 지역의 정체성과 개성을 부여해주고, 외지 관광객의 방문을 증대시켜주는[12] 마술과 같은 집객력을 발휘합니다.

미술관광(Art Tourism)을 제대로 이해하기 위해서는 우선 미술과 관광이라는 두 분야에 대한 이해가 필요합니다. 본서에서는 우선 미술이란 무엇인가 그리고 미술가들의 세계가 어떤 것인지를 살펴보고, 미술과 관광, 문학과 관광 등에 대해서 살펴보고자 합니다.

제2절
사람들이 미술에 매료되는 8가지 이유

예술이란 것은 음악, 미술, 무용, 연극 등 다양한 분야가 포함되어 있기 때문에 각 분야에 내포된 공통적이며 동일한 요소를 찾아내어, 몇 줄의 표현으로 정의를 내리는 것이 매우 어려운 일[13]입니다. 특히 현대미술은 행위미술, 개념미술, 미디어 아트, 인터넷 아트, 키네틱 아트, 공동체 예술,[14] 공공미술, 장소 특정적

---

11 Art in Tourism, Tourism in Art, Breda University, 2010, https://www.tourism-master.com/2010/10/31/art-in-tourism-tourism-in-art/

12 ArtsHub, Why Arts and Tourism need Each Other, https://www.artshub.com.au/news-article/sponsored-content/audience-development/brooke-boland/why-arts-and-tourism-need-each-other-251464

13 박이문, 예술철학, 문학과 지성사, 2006, p.17.

14 공동체예술(Community art)은 수잔 레이시(Susan Lacy)의 저서 '지형그리기: 새로운 장르 공공미술(Mapping the Terrain: New Genre Public Art)'에서 등장하는 개념입니다. "전통적 또는 비전통적 매체를 사용하여 보다 광범위하고 다양한 관객과 함께 그들의 삶과 직접 관련된 이슈들에 관해 소통하고, 상호작용하는 시각예술"이라고 정의됩니다. 공동체예술은 공동체 회복을 위한 예술가의 사회적 역할을 강조하고, 관객의 참여를 특징으로 하고 있습니다. Susan Lacy, Mapping the Terrain: New Genre Public Art, Bay Press, 1995 이영욱 역, 새로운 장르 공공미술: 지형 그리기, 문화과학사, 1995, pp.20-26.

미술,15 관계의 미학,16 일상의 미학,17 환경의 미학,18 도시의 미학, 생태미술 등

---

15 장소 특정적 미술(Site‐specific art)은 1960년대 말과 1970년대에 일상공간에서 예술작품을 격리하는 미술관의 화이트 큐브 공간에 갇혀 있는 미술작품에 대한 대안적 관점에서 탈미술관, 탈화이트 큐브하여 장소의 고유성을 중시하는 미술입니다. 현재 전 세계적으로 장소 특정적 작업이 증가하는 추세에 있습니다. 장소 특정적 미술은 협소한 미술관의 벽을 부수고, 탈출하여 치열한 삶의 현장, 아름다운 자연풍경, 일상적 공간, 소외된 사회문제의 현장, 공장과 같은 산업현장 등 기존의 미술과는 전혀 관계가 없는 장소로 찾아가는 탈영토화하는 동력이라고 할 수 있습니다. 결과적으로 작품이 제작되는 장소, 작품제작 방식, 작품과 관객과의 관계 역시 근본적으로 변화되었습니다. 미술가들이 완성된 결과물인 미술작품을 미술관에 전시하는 것이 아니라 실제 장소에 찾아가서 그곳에 사는 사람들과 함께 작품을 만들어나가는 협업활동에 기반한 작업을 하기도 합니다. 작가가 작품을 제작할 때, 작품이 놓일 장소를 충분히 이해하고, 주제와 크기 등도 장소에 대한 고려를 통해서 제작하는 작품입니다. 이처럼 전통적인 미술관이나 갤러리의 공간을 탈출하는 장소 특정적 미술은 원래 작품이 설치된 그 장소를 떠나면 파괴되어야 한다는 의식에 기초한 것입니다. 그러나 현재는 "장소가 적절하면 작품이 그 장소로 이동하여 조절될 수 있다"라고 인식이 바뀌었습니다. 때로는 장소 특정적 미술작품이 다시 미술관으로 돌아와서 전시되는 아이러니한 사례도 많이 발생하고 있습니다. 장소 특정적 미술이라는 표현은 조금 더 포괄적인 표현으로 '현장미술(In Situ Work)'이라는 용어로 사용되기도 합니다(참고자료: 이영철, 장소 특정적(Site specific) 미술에 대한 비평적 노트, 김달진 미술연구소, 2013, 권미원, 장소 특정적 미술, 현실문화, 2013, 윤동식, 장소 특정적 예술에 있어서 장소성의 표현방법에 관한 연구, 청소년시설환경, 제4호, 2013, p.253).

16 관계의 미학 혹은 관계의 미술이라는 용어는 프랑스 큐레이터인 니꼴라 부리요(Bourriaud, Nicolas)가 1996년 Traffic이라는 주제의 전시를 하면서 전시를 소개하는 전시도록에 사회와 삶을 연결하는 작가들의 작업을 설명하면서 사용한 용어입니다. 그 후 1998년 그의 저서 '관계의 미학(Relational Aesthetic)'에서 다시 그 용어를 사용하였습니다. 관계예술은 "사적인 공간이 아니라 사회적 맥락과 인간관계를 이론과 실기의 출발점으로 하는 예술관행입니다." 따라서 전통적인 예술처럼 관객이 작품을 감상하는 것이 아니고, 관객들이 함께 와서 참여하고 활동을 공유하는 사회적 환경을 창조합니다. 따라서 관계의 미학은 관객이 서서 작품을 감상하는 것이 아니라 참여하고, 작품 제작에도 관여하기도 하고, 작품의 일부가 되기도 하면서 상호작용하는 특성을 가지고 있습니다. Bourriaud, Nicolas, Relational Aesthetics, 1998.

17 일상의 미학(Everyday Aesthetics)은 존 듀이의 '경험으로서의 예술'을 이론의 근원으로 하고 있습니다. 최근에는 2007년에 카트야 만도키(Katya Mandoki)가 일상의 미학이라는 용어를 처음 사용하였고, 유리코 사이토(Yuriko Saito) 등의 학자들이 일상의 미학 이론을 발전시키고 있습니다. 일상의 미학은 미술관이나 전문적인 예술가의 영역의 미술이 아닌 인간사회의 풍요로운 미학적 차원과 예술화(Artification)를 조명하는 데 목적이 있다고 합니다. 일상생활 속, 도시의 예술화전략(Artification Strategy) 그리고 자연환경에 나타나는 미술 등 "인간의 모든 일상활동 속에 내재되어 있는 보물 같은 미학적 삶과 사회의 예술화 현상"에 대해서 관심을 가지고 있습니다. 이론의 전제는 모든 사람은 예술가로 되는 깨달음을 가지고 있기 때문에 만인이 창의적인 인간으로 다루어져야 한다는 것입니다. Yuriko Saito, Everyday Aesthetics and Artification, Artification, 2012.

18 환경의 미학(Environmental Aesthetics)은 아놀드 벌리언트(Arnold Berleant)가 발전시킨 개념으로, 알도 레오폴드(Aldo Leopold)는 토지 윤리(Land ethic)와 토지미학(Land aesthetics)을 주장하였습니다. 환경법규와 과학적인 이론으로 인간이 자연에 대한 책임 있는 태도를 갖도록 하는 것이 어렵기 때문에 미학적인 가치를 통해서 인간의 감정에 감동을 주고 변화를 주어야 한다는 관점을 취하고 있습니다. Arnold Berleant, The Aesthetic of Art and Nature, in Allen Carson & Arnold Berleant, The Aesthetics of Natural Environment, Broadview Press, 2004.

새로운 이념과 실천이 등장하게 됨에 따라 미술영역과 개념이 끊임없이 변화되고 확장되고 있기 때문에 미술의 공통분모를 찾아서 정의하는 것은 거의 불가능합니다.

이러한 미술의 불규정성 때문에 현대미술은 무엇이라고 한 마디로 개념 지우는 것이 곤란합니다. 현대사회는 미술이 취해야할 특정한 역사적 방향 같은 것이 존재하지 않는 미술 다원주의시대에 들어서 있기 때문입니다.[19] 그러다 보니 미술가들의 광기 어린 창조물 속에서 감지되는 자유로운 인간을 향한 열망과 미술가의 삶과 정신세계 속에서 미술의 속성을 예리하게 찾아낼 수밖에는 없는 실정입니다. '미술의 자유'를 빼면 미술은 없는 것이나 마찬가지[20]라고 그 속성을 표현할 수도 있습니다. 본서에서 간명하게 규정할 수 없는 속성을 가진 미술분야이지만, 미술가의 삶과 작품에서 드러나는 성격 속에서 찾아낼 수 있는 공통분모 요소를 설명하며 최대한 예술의 본질을 알아보고자 합니다. 이하에서는 우선 사람들이 미술에 매혹되는 이유 8가지 속성[21]을 살펴보겠습니다.

(1) 끊임없는 새로움의 추구

추상화의 아버지라고 불리는 칸딘스키는 미술에 대해서 한 "시대의 산물"이라고 주장하며 다음과 같이 설명하고 있습니다.

"모든 미술작품은 그 시대의 아들이며, 때로는 우리 감정의 어머니이기도 하다. 각 시대는 자기의 미술을 만들어 내며, 그것은 결코 반복될 수 없는 일이다. 지나간 시대의 미술원리를 재생시키려는 노력은 고작해야 사산된 아이를 닮은 작품을 만들어 내는 꼴이 될 뿐이다. 예컨대 우리가 고대 그리스 사람들처럼 생활하고 느낄 수는 없는 일이다. 때문에 조각품을 만들면서 그리스식의 원칙을 쫓으려는 작가가 있다면, 그의 작품은 창조성이 결여된, 오로지 형식의 유사성만 따르는 결과가 될 것이다. 이러한 모방은 원숭이의 광대 짓과 마찬가지다. 겉보기에 원숭이와 인간은 닮았다. 하지만 원숭이가 코앞에 책을 놓고 앉아 심각한 표정으로 책장을 넘긴다 하더라도 실제적으로는 아무런 의미가 없는 것이다."[22]

---

19 김광명, 예술에 대한 사색, 학연문화사, p.10.
20 최도빈, 새로운 예술을 꿈꾸는 사람들, 아모르문디, 2016, p.117.
21 변재진, 예술의 창조정신, 컬처오션, 2013년 2월, p.22.
22 칸딘스키 저, 권영필 역, 예술에서의 정신적인 것에 대하여 – 칸딘스키 예술론, 열화당, 2007, p.17.

칸딘스키의 이런 주장처럼 미술은 시대의 새로운 양식입니다. 쇤베르크도 "'새로운 미술'이라는 말은 필요 없다. 미술이라면 당연히 새로운 것이기 때문이다"라고 주장하였습니다.[23] "새롭지 않으면 미술이 아니다"라는 주장처럼 미술은 기존의 생각과 삶을 끊임없이 전복시키고, 새로운 것의 창조를 추구하는 새로움을 향한 몸짓입니다. 미술가들의 끊임없는 열정과 에너지로 만든 새로운 세계는 언제나 사람들의 가슴을 설레게 하고, 사람들의 영혼에 새로운 희망과 치유를 주고 있습니다. 새롭게 창조된 미술은 사람의 마음에 감동을 주고, 세상을 보는 새로운 시각을 열어주며, 작은 울림이 되어 사람과 세상을 아름답게 변화시킵니다. 그리고 변화된 사람과 세상은 다시 미술을 변화시킵니다.

(2) 신명나는 유희적 상상력

호이징가는 인간을 호모 루덴스(Homo Ludens) 즉, '놀이 하는 인간'이라고 정의하고, 모든 문화가 놀이에서 창조되었다고 보았습니다. 공자는 아는 자는 좋아하는 자만 못하고, 좋아하는 자는 즐기는 자를 당할 수 없다고도 했습니다. 미술은 일종의 놀이이고, 오락입니다. 배우는 연극을 놀이하고, 음악가는 악기를 놀이하고, 미술가는 화폭 위에서 놀이합니다. 이러한 점에서 쉴러는 미술을 유희충동(Spieltrieb)이라고 규정[24]하기도 했습니다.

인간은 기계가 아니기 때문에 하기 싫은 일을 억지로 해서는 타인을 감동시킬 수 있는 명작을 만들어 내기 어렵습니다. 돈을 벌겠다는 욕심을 가득 안고 벌이는 예술작업은 힘겨운 노동일뿐입니다. 획일적이고, 기계적인 노동을 통해서 만들어낸 예술은 무미건조한 표준화된 대량 생산품 같은 것임을 의미합니다.

그러나 너무나 재미가 있어서 자기 자신조차도 망각하고, 순진무구한 어린아이처럼 신명나게 유희에 몰입하며 창조한 예술은 모든 사람을 매혹시키고, 감동을 주는 명작이 되기 쉽습니다. 예술행위는 본질적으로 디오니소스적인 혼돈이 존재하는 축제이고, 놀이인 것입니다. 우리 시대에 특히 필요한 것은 유희에 몰입하여 자유로운 상상력을 발휘하고, 상상조차 하지 못했던 새로운 예술을 창조

---

23 노버트 린튼 저, 윤난지 역, 20세기의 미술, 예경, 2007, p.339.
24 조요한, 예술철학, 미술문화, 2008, p.36.

하는 천재 같은 예술가들입니다. 그런 예술가들은 이제까지 대중들이 보지 못했던 독창적인 세계를 열어보였습니다. 아직까지 아무도 펼쳐주지 못했던 새로운 세계를 사람들에게 보여주며 깨우침을 주기도 했습니다. 그들의 작품은 미지의 세계를 개척하는 것이었고, 새로운 지혜를 깨우쳐주는 계발[25]입니다. 천재들이 풍부한 상상의 세계에 몰입하여 자유롭게 즐기면서 만든 신명나는 예술은 모든 사람들을 즐겁게 춤추도록 하고, 세상을 아름답게 만드는 위대한 힘입니다.

(3) 깊은 애정과 열정

인상파 대표화가인 네덜란드의 빈센트 반 고흐의 자화상 중에는 귀에 붕대를 감은 상태의 얼굴모습을 그린 자화상이 있습니다. 고흐가 자신의 귀를 자른 후 그린 그림인데, 왜 그가 자신의 귀를 잘랐는지에 대해서는 다양한 이야기가 있습니다. 그 중 한 이야기는 친구 고갱이 자신의 자화상작품을 보고는 "귀가 없는 그림"이라고 조롱하였다고 합니다. 그러자 고흐는 자신의 그림이 옳다는 것을 입증하기 위해서 자신의 귀를 잘라냈다고 합니다. 고흐는 자신의 귀보다 자신의 작품을 더 사랑했나 봅니다. 세상에 그 누구가 자신의 작품에 대해서, 인생에 대해서 이보다 더 깊은 애정을 가질 수 있겠습니까.

또 조선후기 화가 호생관 최북은 고위층 인사의 그림 요구를 거절하자, 그로부터 협박을 당하게 되었습니다. 이에 분개한 최북은 송곳으로 한쪽 눈을 찔러 스스로 애꾸눈이 되었다고 합니다.[26] 그림 한 점을 주기 싫다고 자신의 눈을 찌른 최북 역시 자신의 작품을 자기 생명보다도 더 사랑했던 것 같습니다.

누가 이들처럼 자신의 작품을 자신의 몸보다 더 사랑할 수 있겠는지요. 많은 사람들을 감동시키는 세기의 명작을 창조한 예술가들은 자신의 작품을 진정으로 사랑하였고, 미치광이 같이 불같은 열정을 가지고 있었다는 것을 알 수 있습니다. 깊은 사랑과 뜨거운 열정이 있어야만 세계인을 감동시킬 수 있는 창조적인 명작이 탄생할 수 있는 것입니다. 미술가의 작품에 대한 열정과 애정이 작품을 보는 이의 가슴에 전달되어 미술작품을 접하는 모든 사람들이 가슴 설레는 감흥

---

25 야나기 무네요시 저, 민병산 역, 공예문화, 신구, 1999, p.44.
26 유홍준, 화인열전 2 - 고독한 나날 속에도 붓을 놓지 않고, 역사비평사, 2001, p.134.

을 느끼게 되는 것입니다. 화가는 뜨거운 사랑과 열정이라는 꿈과 같은 감동의 언어로 사람들에게 세상을 보는 새로운 눈을 뜨게 해주고, 세상을 아름답게 변화시킵니다.

(4) 진심으로 사랑하는 마음

미술은 단순히 사물의 외관을 재현하는 것이 아니라, 새로운 것을 창조해내는 힘이 있다고 합니다. 그리스 신화에는 자신이 진심으로 사랑하는 여인의 형상을 그대로 만들어 내려고 하다가 자기가 만든 조각품과 사랑에 빠져 버리는 피그말리온이라는 조각가의 이야기가 등장합니다. 비너스여신은 피그말리온의 간절한 기도에 응답하여 차디찬 대리석 조각을 실제 살아 있는 육체로 바꾸어 줍니다.[27] 이런 연유로 도저히 불가능한 것을 새롭게 창조하는 미술의 힘을 비유할 때나 혹은 교육학에서 타인의 믿음과 기대 그리고 관심이 학생에게 긍정적인 영향을 미치게 되는 현상을 피그말리온 효과라고 칭하기도 합니다. 이 이야기를 통해 인간은 사랑이라는 감정을 통해서 엄청난 창조를 할 수 있는 존재임을 알 수 있습니다. 어느 분야이든 예술활동의 핵심에는 '진심으로 사랑하는 마음'이 존재하고 있으며, 그래야만 참 예술인 것입니다.

많은 미술가들은 진심으로 사랑하는 마음을 가지고 이제까지 세상에 존재하지 않았던, 그리고 상상할 수 없었던 일들을 창조하려 노력해왔습니다. 작품을 대하는 사람들이 예술가의 진심으로 작품을 사랑하는 그런 마음을 전달받을 수 있기 때문에 유명 예술품을 접하는 사람들은 그들 마음속에 감동과 공감을 갖게 되는 것입니다. 생명이 없는 죽은 나무나 버려진 돌을 재료로 생기가 살아 넘치는 예술작품을 창조할 수 있는 것은 예술가들의 마음에 불같이 타오르는 진실한 사랑이 존재하기 때문인 것입니다. 진심으로 사랑하지 않는 예술가는 작품을 통해 사람을 감동시키기가 어렵습니다. 사랑이 예술의 원동력이라고 보는 코헨은 "인간을 사랑하는 것이 예술가의 덕목"[28]이라고 말하기도 하였습니다.

---

27 E. H. Gombrich 저, 차미례 역, 예술과 환영 – 회화적 재현의 심리학적 연구, 열화당, 2008, p.110.
28 Hermann Cohen, 순수감정의 미학 Asthetik des reinen Gefubls, 1922, p.224.의 원문을 조요한, 예술철학, 미술문화, 2008, p.74.

(5) 자유로운 창조정신

리처드 바크의 소설 '갈매기의 꿈'에는 두 부류의 갈매기가 나옵니다. 한 부류는 사람들이 먹다가 버린 빵 부스러기나 썩은 생선대가리를 얻어먹기 위해서 보기 흉한 싸움을 벌이고 있는 저속한 갈매기들입니다. 그러나 조나단 리빙스턴이라는 특이한 갈매기는 무엇을 먹을까 하는 생존의 문제보다는 완전한 비행, 완전한 자유에 이르려는 꿈을 가지고 살고 있었습니다. 그는 모두가 불가능하다고 생각하는 고속비행을 하다가 추락하기도 하고, 절망하기도 하였고, 동료 갈매기들로부터 자신들처럼 살지 않고, 생각하지 않으며, 날지 않는다는 이유로 파문을 당하고, 결국 추방당하게 됩니다. 그러나 끊임없는 시행착오에도 불구하고 포기하지 않고 계속 도전하여 결국은 무제약적으로 비행을 할 수 있는 완전한 갈매기가 되서, 수많은 제자들을 얻고 새로운 세계를 창조하게 됩니다.[29]

이 이야기 속에서 대다수의 갈매기들은 관습에 따라 살아가는 대중들을 지칭하는 것이라고 볼 수 있습니다. 그러나 자유로운 영혼의 갈매기인 조나단 리빙스턴은 관습과 전통에 얽매이지 않고 아무도 눈을 돌리지 않은 새로운 분야에 끝내 진입하였습니다. 모두가 불가능하다는 것에 과감히 도전하였고, 끊임없는 노력을 통하여 새로운 세계를 창조했습니다. 예술가는 현실세계의 제약과 관습에 구속되는 사람이 아니고 영혼이 자유로운 아름다운 사람들입니다. 예술가는 꿈을 꾸는 사람이고, 그 꿈을 실현하기 위해 수도 없이 실패하고 절망할지라도, 다시 도전하고 노력하는 불굴의 자유 정신 소유자입니다.

기술자는 주인의 지시와 관습과 규칙에 따라 무비판적으로 육체노동을 하는 사람이라고 할 수 있습니다. 그러나 예술가는 자신이 삶의 주인이 되어 자유롭게 살아가며 새로운 세계를 창조하고, 개척하는 주체적인 인간입니다. 즉, 예술은 자유정신의 소산으로 작가의 주관적 정신 세계가 자기방식대로 표현된 행위입니다.[30] 그러나 자유로움이란 억지로 무엇인가를 꾸미거나 조작하여 아름답게 만들려는 것이 아니고, 무심(無心) 무애(無碍)의 경지에서 나타나는 갇히지 않고, 얽매이지 않는 자유로운 정신상태인 것입니다.[31]

---

29 변선환, 인생은 살만한가, 한들출판사, 2002, p.115.
30 조요한, Op. cit., 2008, p.39.

어떠한 권력이나 협박 앞에서도 비굴하거나 굴복하지 않고, 당당하게 자신이 해야 하는 이야기를 말하고, 굶어 죽거나 절필을 하는 한이 있어도 거짓을 이야기하지 않는 불굴의 지성입니다. 예술가의 독창성과 강한 개성은 때로는 시대의 이해를 넘어서서, 권력이나 대중의 비난과 핍박을 받는 경우도 있습니다. 그러나 권력에 아부하고, 돈을 탐하고, 대중의 취향에 맞추는 사람들은 진정한 예술가가 아닙니다. 예술을 빙자한 상인 같은 사람일 뿐입니다. 진정한 예술가들이 목숨을 걸고 만들어 낸 창조적 작품 세계로 인해 우리들은 문화적 향기가 있는 삶을 누리며 살 수 있게 되는 것입니다.

(6) 고난을 극복하는 투혼

프랑스의 인상파 화가인 르누와르는 말년에 고통스러운 관절염 때문에 엄지와 약지 사이에 붓을 끼고, 천으로 동여맨 채로 작업을 계속하였는데도 불구하고, 최상의 걸작품들을 낳았습니다.[32] 야수파 운동을 주도한 프랑스화가 앙리 마티스는 수술 때문에 거동이 불편해지자, 낚시대에 목탄조각을 매달고, 침대에 누워 천장에 거대한 인물상을 스케치하였고, 말년에는 관절염과 십이지장암으로 거동이 매우 불편해지자, 타인의 도움을 받아가면서도 색종이 콜라주작업을 하였습니다.[33] 베토벤은 음악가의 생명이라고 할 수 있는 청력을 잃어 절망 속에 자살을 심각하게 고민할 정도로 비참한 역경에 시달렸으나 결코 포기하지 않았고, 어떤 소리도 듣지 못하는 음악가라는 참담한 운명을 극복하고, 청력으로는 들을 수 없는 마음속의 음악을 작품으로 만들었습니다. 이러한 그의 정신적 승리의 감동이 울려 퍼져서 아직도 세계인의 마음속에 메아리치고 있는 것입니다. 이와 같이 예술가의 인격 속에 담겨 있는 아름다운 품격과 고난을 극복하는 정신적인 승리가 불후의 명작으로 창조되어 세기를 뛰어 넘는 신화가 되고 사람들을 계속 감동시키게 되는 것입니다.

그리고 대다수의 예술가들의 삶을 살펴보면 지독한 가난에 시달렸습니다. 버나드 쇼는 "진정한 예술가는 아내가 굶주리고, 아이들이 맨발이 되고, 그의 어머

---

31 야나기 무네요시 저, 최재목, 기정희 역, 야나기 무네요시의 불교미학-미의 법문, 이학사, 2005, pp.29-33.
32 최민식, 사진은 사상이다, 눈빛, 2009, p.65.
33 변종필, "모던시대를 열다: 야수주의는 모든 것의 시작이다.", 월간전시 가이드, 2013년 2월, Vol.81, p.27.

니가 70세에 생계를 위한 막노동을 해도 오로지 자기의 예술만을 위해서 일한다"[34]라고 했습니다. 새로운 예술을 창작하여 불멸의 걸작으로 승화시킨 위대한 예술가들의 삶을 살펴보면 대체로 가난과 빚으로 고통 받고, 치명적인 장애에 시달리며, 고통스런 병마에 육신이 짓밟히면서도 좌절하지 않고 끊임없이 예술혼을 불살랐다는 것을 알 수 있습니다.

위대한 예술가의 투혼이 아름다운 것은 엄청난 시련 앞에서도 그들의 예술에 대한 사랑을 멈추지 않았고, 생명의 마지막 심지가 끝날 때까지 쉬지 않고 창조의 노력을 멈추지 않았다는 점에 있습니다. 함석헌 선생이 쓴 "죽는 날까지 이 걸음"으로라는 책의 제목처럼 이들은 죽는 날까지 지독한 고통과 처절한 고난 그리고 가난 앞에서도 한 치의 흔들림도 없이, 한결같이 자신이 사랑하는 예술 세계 속에 몰입하여 열정적으로 살았습니다. 창조는 뜨거운 열정과 오랜 인내의 세월이 필요합니다. 예술가들은 인간의 삶의 방식을 이모저모로 보여주고 있습니다.[35] 우리들은 그렇게 창조된 예술작품을 통해서 예술가들의 열정과 투혼을 느끼며 크게 감명 받게 되는 것입니다.

(7) 위대한 인격에서 나오는 아름다움

현대 서구예술에서는 예술가의 학문적 능력이나 인격적 품성을 논하지는 않습니다. 그러나 고대 스콜라철학에서는 예술이 품성의 소산이라고 보았고, 습관이나 숙련이 아니라 영혼을 충만 시키는 능동적인 활력이라고 보았습니다.[36] 즉, 예술은 실천적 지성의 품성이라고 보았습니다. 동양미술사를 살펴보면 미술가의 정신적 수양과 인품과 학식에 대한 논의가 중요하게 다루어지고 있음을 알 수 있습니다.

동양에서는 직업화가나 장인이 그린 그림을 비천하다고 보았습니다. 반면 문인의 내적 수양으로부터 표출되는 기운인 일기(逸氣)·사기(士氣)가 나타난 시·서·화(詩·書·畵)가 결합된 문인화의 위상이 훨씬 높은 것으로 평가[37]하였습니다. 이러한 선

---

34 이재희, 미술경제학 - 현대미술시장의 이해, 탑북스, 2013, p.126.
35 김광명, 예술에 대한 사색, 학연문화사, 2006, p.167.
36 조요한, Op. cit., 2008, p.107.
37 하영준, 소식의 문인화관에 대한 사상적 특징 고찰, 동방대학원 대학교 논문집, 2011, p.187.

비들이 그린 문인화는 "정신의 미학, 심의(心意)나 사의(土意)의 예술"이라고 하며, 심오한 학문과 고결한 인품을 갖춘 문인의 향기가 담겨져 있는 그림이라고 칭송하였습니다. 이를 중국 송나라의 소동파는 화중유시 시중유화(畵中有詩 詩中有畵) 즉, "시 가운데 그림이 있고, 그림 가운데 시가 있다"라고 표현한 바 있습니다.

동양화의 역사를 살펴보면, 직업화가들이 그린 원체화와 문인들이 그린 문인화라는 서로 다른 심미안이 대립, 투쟁[38]하는 양상을 보였습니다. 곽약허는 무식한 직업화공들의 그림과 구별하는 기준으로 기운생동을 기준으로 삼았고, 다음과 같이 설명하고 있습니다.

"삼가 예로부터 명적을 보니, 대개 고위 고관의 현인, 재사들이나 재야에 은둔한 명사들이 인에 의거하고, 예에 노닐며 그윽한 것을 탐구해 고상하고, 우아한 뜻을 한때 그림에 부친 것이다. 인품이 높으면 기운이 높지 않을 수 없고, 기운이 높으면 생동이 이르지 않을 수 없다"[39]라고 하였습니다. 또한 "기운생동은 기교를 연마해서 얻을 수 있는 것이 아니고, 오랜 세월 동안 각고의 노력을 한다고 해서 얻기를 기대할 수 있는 것도 아니다"라고 하며 기운생동은 "반드시 태어나면서부터 아는 것"[40]이라고 주장하였습니다.

이와 같이 동양의 문인화가들은 화가의 내적 수양을 중시하였습니다. 그런데 신분이 높은 문인화가들이 말하는 화가의 인품이라는 것은 정신적인 경지에 의해서 결정되는 것이 아니라 사회적 지위와 학식에 의해서 결정된다는 관점을 가지고 있었습니다. 문인화가들이 지위와 학식이 높았기 때문에 그림은 잘 그리지만 무식한 직업적인 화공들의 그림을 멸시하는 잘못된 편견을 가지고 있었습니다. 이러한 동양화의 문인화가들의 관점에서 서양미술사에 등장했던 많은 전문화가들을 평가를 해보면, 대부분의 서양화가들은 동양의 문인화가들이 멸시하는 직업화공들입니다. 이렇듯이 동양화는 서양화의 평가기준과는 전혀 다른 관점을 가지고 있습니다. 그러나 서양미학자 중에서 마리탱(Jacque Maritain)은 "손재주는 예술의 요소가 아니고, 그것은 단지 예술의 재료적, 그리고 외래적인 조건일 따름"[41]이라고 주장하기도 했습니다. 그는 마치 동양화가들처럼 손재주가 아니라,

---

38 갈로 저, 강관식 역, 중국회화 이론사, 돌배게, 2010, p.201.
39 Ibid., p.203.
40 Ibid., p.202.

예술가의 내면적·정신적 요소를 중요시한 것입니다. 그러나 "예술작품은 사람의 기교뿐만 아니라, 그 사람의 인격적인 징표입니다". 예술가가 기교만을 예술의 목적으로 삼는다면 비본질적인 것을 숭배하는 우상숭배자[42]라고 할 수 있습니다. 억지로 꾸민듯한 지나치게 화려함 속에서 오히려 역겨운 추함을 느끼는 경우가 많습니다.

한마디로 모든 예술작품은 예술가의 인격, 품성, 감정, 경험이라는 내면적 정신세계의 표현입니다. 예술가의 위대한 인격과 품성이 창조한 아름다움이 모든 사람을 감동시키는 미(美)입니다. 예술이라는 세계가 마치 구도자의 길과 같아서 드물기는 하지만 예술가 중에는 선승에 비교할 만큼 정신세계가 순수하고, 고귀한 경우도 볼 수 있습니다.

(8) 관용 – 사랑하고, 이해하는 마음

역사적으로 소크라테스, 예수와 같은 혁신적인 선각자들은 수구적이고 배타적이며, 폐쇄적인 사고를 가진 다수의 기득권 보수세력들로부터 박해를 받았습니다. 새로운 혁신과 창조에 대한 배타적인 반발과 공격은 어느 사회에서나 있었던 현상입니다. 그러나 새롭고, 창조적인 문화를 포용하지 못하는 배타성과 폐쇄성은 새로운 문화예술이 뿌리내리고 싹을 틔우는 데 가장 큰 장애물입니다. 창조적인 활동이 활발하게 추진되어서 끊임없이 새로운 문화가 발달되게 만들기 위해서는 '타인을 존중하고, 진심으로 이해하며 포용하려는 관용적인 사회풍토'가 조속히 조성되어야 합니다. 이러한 관용적 사회분위기가 미약한 지역에서는 우수한 예술가들이 살아가거나 문화예술 활동을 전개하기가 어렵습니다. 결국 예술을 관통하는 중심적 사상은 남을 이해하고, 배려하는 마음이며, 진심으로 사랑하는 마음의 표출인 것입니다. 서로 사랑으로 배려하고, 서로의 다름과 차이로 인하여 나타나는 다양성을 이해하고 포용할 때, 아름다운 예술이 뿌리내리고 꽃을 피울 것입니다.

대부분 이성적인 사고를 하고 합리성과 효율성을 추구하는 사회에서도 아직

---

41 Jacque Maritain, Art and Scholasticism and the Frontiers of Poetry, new trans, by Joseph W. Evans, Charles Scribner's Sons, 1963, p.14.
42 조요한, Op. cit., 2008, p.109.

도 아름다운 꿈을 찾고, 미를 추구하는 예술가를 '아름다운 패배자'[43]로 보는 것은 무척 안타깝지만 어쩌면 당연한 일인지도 모릅니다. 사실 오늘날 성공한 일부 예술가들은 경제적인 풍요를 누리고, 대학교에 좋은 직장도 얻어 사회적으로 존경받는 삶을 사는 경우도 있습니다. 그러나 그런 사람들은 극소수이고, 대부분의 예술가들은 가난에 시달리고, 고난을 짊어지고 사는 '아름다운 패배자의 삶'을 살아가고 있습니다. 예술시장은 극소수의 상위층과 궁핍에 시달리는 대다수를 차지하는 하위계층의 소득격차가 아주 심합니다. 슈퍼스타급 예술가는 엄청난 수입을 얻는 반면, 대다수 예술가들은 심한 가난에 시달리는 승자독식시장(Winner–take–all market)[44]이 바로 예술시장입니다.

이렇게 스타예술가가 일반예술가보다 소득 면에서 월등히 앞서는 현상을 슈퍼스타 효과(Super star effect)[45]라고 합니다. 의류시장에서도 대개 명품만이 인기가 있고 고가에 팔려나가며 일반적인 브랜드 상품에는 관심이 별로 없습니다. 예술도 마찬가지 상황입니다. 유명예술가는 마치 명품의류처럼 브랜드 가치가 높고, 독점적인 인기를 누립니다. 허나 대부분의 예술가들은 기회조차 얻기 어려워지고, 평생 주목받지 못한 채 살아가게 됩니다.

세계적으로 매우 유명한 화가인 반 고흐는 일생동안 수천 점의 작품을 제작하였지만 단 한 점밖에는 판매하지 못했습니다. 동생 테오가 생활비를 보내주었다고는 하지만, 소득이 전혀 없이 미술재료를 구입하고, 생활한다는 것은 상상하기 어려운 고통스러운 시간이었을 것이고, 세속과 멀리 떨어진 도인의 삶을 사는 사람이 아니면 견디기 어려운 고행이었을 것입니다. 대부분의 화가, 음악가 등 예술가의 삶 속에는 항상 가난이 등장하고, 괴로운 병마에 시달리는 이야기가 나옵니다. 아름다운 패배자라는 표현도 이들에게는 너무나도 좋게 미화된 표현일 수 있습니다. 대부분의 예술가들은 이렇게 살아생전에는 사회적 무시와 가난 속에 '무명의 삶'을 묵묵히 살아갑니다. 그러나 평생을 무명과 사회적 무시를 받고 살았던 아름다운 패배자인 예술가들이 남긴 작품은 사후에 크게 인정받기도 하고, 많은

---

43 주지완, 뉴욕의 현대미술 이야기, 문학세계사, 2011.
44 Frank, Robert H. and Phillip J. Cook, The Winner–Take–All Society, Free Press, 권영경, 김양미 역, 승자독식사회, 웅진지식하우스, 2008.
45 이재희, 미술경제학–현대미술시장의 이해, 2012, p.128.

이들이 사랑해주는 명작으로 세계사에 남는 경우가 많았습니다. '꿈을 꾸는 아름다운 패배자'라는 말처럼 예술가의 삶을 잘 설명해주는 단어는 없는 것 같습니다.

제3절
현대미술의 다양한 특성

새로운 미술

쇤베르크는 "'새로운 미술'이라는 말은 필요 없다. 미술이라면 당연히 새로운 것이기 때문이다"라고 주장하였습니다.[46] 그의 말처럼 미술은 새로운 아이디어를 창조해왔고, 새로운 미술재료를 발명해왔으며, 새로운 표현기법을 개발하면서 항상 새롭게 발전을 해왔습니다. 그러나 요즘 일반인들이 미술관에 가면 "이해하기 어렵다", "혼돈스럽다"라는 말들을 많이 합니다. 이것이 미술인지 영화인지, 무용인지, 문학인지, 음악인지, 시인지, 컴퓨터 게임인지 모르겠다고 합니다. 전통적인 미술이라는 관점에서 현재 나타나고 있는 미술들을 보면 너무 다르기 때문에 사람들이 혼돈 속에 빠지고, 당혹스런 느낌을 갖는 것은 지극히 당연한 것입니다.

심지어는 미술전문가들조차도 왜 하필 "예술"이라는 이름으로 자칫 난해한 놀이에 빠지기 쉬운 테크놀로지의 제스처가 필요한가?[47]라고 과학기술의 도입에 대해서 거부감을 표현하기도 합니다. 또 어떤 미술평론가는 매너리즘시대와 유사하게 놀랍고, 기발하고, 전에는 보지 못한 것만이 예술이라고 생각하는 단세포적인 사고가 유행하고 있다[48]라고 하며 어떻게 받아들여야 할지 모르겠다는

---

46 노버트 린튼 저, 윤난지 역, 20세기의 미술, 예경, 2007, p.339.
47 송미숙, 미디어 아트인가? 테크놀로지 아트인가?-7회 서울 국제미디어 아트 비엔날레, Seoul Art Guide, Vol.131, 2012년 11월, p.30.
48 오광수, 현대는 매너리즘의 시대인가-오늘 미술에 대한 단상, Seoul Art Guide, Vol.131, 2012년 11월, p.28.

표현을 하고 있습니다.

그뿐 아니라 미술관이나 갤러리라는 전통적인 미술 전시공간을 탈출하여 자연 속에 전시가 되는 장소 특정적 미술이 등장하고 있습니다. 이제는 미술가들이 스튜디오에 앉아서 작품을 창작하는 것이 아니라 도심의 재생 현장에서 예술로 도시를 살리려는 역할을 하기도 하고, 도시의 경관 속에 공공미술이라는 현장미술을 창조하기도 합니다. 또한 죽어가는 농촌을 살리기 위한 목표로 지역주민과 더불어 여러 명의 작가가 예술팀이 되어 아트 프로젝트를 진행하기도 합니다. 또 하나의 현상은 예술이 순수한 예술을 벗어나서 지역재생이라는 경제적인 목적, 극빈층의 구호 등 사회변화를 추구하는 복지적인 목적, 정부를 비판하거나 정책에 반대하는 정치적인 목적 등 예술 이외의 다른 목적을 가지고 있는 관계의 예술(Relational art)이 등장하게 됨에 따라 예술가가 건축가, 도시계획가, 철학가, 정치인이 하던 영역의 프로젝트까지 수행하는 역할의 변화 현상이 나타나기도 하고 있습니다.

현 시대의 미술은 일반인이 이해하기 어려운 것은 당연하고, 어떤 현상은 전문가들조차 이해하기 어려운, 난해하기만 한 예술입니다. 이렇게 빠르게 변화하고, 진화하는 현대미술을 따라 잡기 위해서는 왜 이런 변화가 발생을 했는지를 이해하여야 합니다. 문화관광개발을 추진하는 기획자는 관광개발의 중요한 수단인 현대미술에 대한 전문가적인 식견과 안목을 가질 필요가 있습니다. 과거 서구 미술의 근본적인 법칙들을 해체하고, 파괴적 창조를 거듭하고 있는 현대미술의 특징은 어떠한 것인지 살펴보고, 현대미술의 추세와 방향을 이해하는 것은 문화관광자원을 개발하는 데 있어서 필수적인 지식입니다. 이하에서는 현대미술의 추세를 문화관광개발자나 기획자가 이해하기 쉽게 살펴보고자 합니다.

왜 현대미술은 어려운가?

(1) 자유와 해방

과거시대의 미술은 오랜 세월 동안 원근법과 자연의 재현이라는 정확하고, 불변의 법칙의 지배하에 있었습니다. 그리고 부패한 왕권과 정치 권력을 미화하고, 찬양하는 수단으로 이용되기도 하였습니다. 그리고 특정 종교의 믿을 수 없는 신화와 허상을 사실인 것처럼 우상화하고, 신비화하는 도구로도 사용되어 왔습니다. 그러나 현대미술은 과거의 고정적이고 권위적인 틀에서 벗어나 자유와 해방을 추구하는 전복적인 반예술로 변화하기도 합니다.[49]

르네상스 이후 오랜 세월 동안 원근법을 통하여 입체감이 있는 미술을 추구하는 것이 회화의 영구불변의 법칙처럼 여겨져 왔으나 모더니즘미술은 원근법을 무시하는 평면적인 회화를 추구하였고, 입체주의는 원근법을 해체하고, 파괴하는 변화를 만들었습니다. 그리고 부패한 왕권과 교권을 미화한 과거의 미술을 비판하고, 인간의 감정을 솔직히 표현하는 다다이즘 등과 같은 새로운 미술들이 나타났습니다. 추상미술은 미술이 보이는 사물을 '재현'하는 것이라는 오래된 불변의 법칙마저도 파괴한 미술의 혁명이었습니다. 그리고 마음의 눈으로 보이지 않고, 표현할 수 없는 인간 내면의 심리상태와 현실세계에서는 볼 수 없는 환상의 세계를 그리는 초현실주의가 등장하였습니다. 이 모든 현상들이 과거의 미술과는 다른 새로운 미술이고 과거와의 차별화된 현상들입니다.

그 후 다다, 미니멀 아트, 추상표현주의, 독일의 플럭서스, 프랑스의 누보 레알리슴 등 더 급진적이고, 파괴적이며, 추하고 폭력적인 미술[50]이 등장하면서 미술은 모더니즘 미술이 새롭게 정의한 법칙에서조차도 해방되어, 더욱 새로운 시각을 갖게 되었습니다. 이와 같이 현대미술은 과거의 불합리를 비판하고, 사물의 재현성이라는 고정적인 틀마저도 파괴하고, 잭슨 폴록처럼 물감을 마구 뿌리면서 우연성에 의존하는 작가까지 나타났습니다. 최근에는 작품이 작가의 손에서 완성된다기보다는 현재진행형으로 끝이 열린 작업(Open-ended)[51]이거나 스스로 생성되는 방식(Self-generation)[52]이라는 혁명적인 기법으로 작품을 제작하는 전위적인 작가들도 등장했습니다. 미술은 재현이 아니라 새로운 시선으로 인간의 내면과 정신세계 그리고 우연이라는 보이지도 않고, 표현 불가능한 영역까지 표현하

49 변재진, 우리는 지금 어디로 가고 있나?, 컬쳐오션, 2012년 12월, p.32.
50 서영희, 누보 레알리슴에 나타난 폭력의 미학, 2012년 세미나교재, p.6.
51 이영욱, 적대와 관계미학, 클레어 비숍, 2014.
52 오재란, 아니쉬 카푸어 과정미술작품을 통한 상호성에 관한 연구, 한국공간디자인학회 논문집, 제13권 5호, 통권 53호, 2018, p.160.

는 새로운 도전을 시작하였습니다. 그리고 지속적으로 자유와 해방의 정신을 가지고 급진적인 변화를 추구하였습니다. 현대미술은 과거의 법칙을 비판하고, 과감히 파괴하고, 새로운 전복을 하고 있습니다. 그리고 전통적이고 관료주의적인 미술관의 화이트 큐브의 벽을 허물고, 허름한 작업실이나 건설현장과 같은 폐허 속에서 전시하거나, 자연 속이나 도심 속으로 미술전시의 영역을 넓힌 장소 특정적 예술은 화이트 큐브라는 전통적인 공간적 장벽을 허물어 버렸습니다. 그리고 사회적, 정치적, 경제적 목적 달성과 같은 순수예술 이외의 다른 목적으로 기획되고, 심지어 관객까지도 작품 제작과정에 참여하고 상호작용하는 관계의 예술(Relational art)과 같은 전통적인 미술의 영역을 크게 초월한 예술형태가 나타나고 있습니다.

특히 일본에서는 지역사회의 재생을 목적으로 다수의 예술가들이 참여하여 공동작업을 하고, 지역주민까지 함께 소통하고, 참여하여 장소 특정적인 작품을 제작하는 지역재생형 아트 프로젝트[53]가 확산되고 있습니다. 단순히 공공장소에 작품을 설치하는 공공미술의 개념을 초월하여 지역주민이 참여하고 여러 명의 예술가들이 공동작업을 하는 과정 속에서 지역사회의 공동체성 회복[54]과 결속력 강화를 추구하는 미술의 패러다임 변화가 발생하고 있는 것입니다. 이제 미술가의 역할은 마치 건축가나 도시계획가들과 같은 지역재생을 촉진하는 사회적인 역할을 수행하는 행동가로 변화하고 있습니다. 농촌과 도시의 지역 활성화에 있어서 예술의 역할의 변화와 가능성[55]은 본서 제17장 대지예술제 에치코 츠마리와 제18장 세토우치 국제예술제에서 자세히 살펴볼 예정이기 때문에 여기에서는 간략하게 설명하고자 합니다. 관계의 미술이라는 특별한 성격의 예술 등장은 미술가의 역할과 영역을 도시계획가, 건축가, 정치인, 철학자의 영역에까지 확대시키고, 변화시키고 있습니다.

한국의 민중예술은 민주주의의 실현이라는 목표를 위하여 정부에 대항하는

---

53 신나경, 글로벌시대의 아트 프로젝트와 예술작품의 의미 – 한국과 일본의 지역 예술을 중심으로, 미학예술학연구, 39집, 2013, p.153.

54 한국 커뮤니티 아트의 예술성/공공성 연구 – 참여주체 간 갈등 사례 분석을 중심으로, 연세대학교 석사논문, 2014, p.8.

55 小泉元宏, 地域社会に アートプロジェ クト は必要か? – 接触領域としての地域型アートプロジェクト, 地域学論集, 鳥取大学地域 学部紀要, 第9巻 第2号, 2012.

민중투사의 정치적 역할을 수행하면서 정부권력의 억압과 탄압을 받기도 하였습니다. 그러나 그들의 굴복하지 않는 정신은 세상을 변화시켰고, 얼어붙었던 이 땅에 민주주의라는 새로운 봄을 가져오기도 했습니다. 그리고 중국예술가 아이 웨이웨이(Ai Weiwei)는 중국 반체제미술가의 상징적 인물인데, 인간의 기본권을 억압하는 중국정부에 대해 거침없이 비판의 목소리를 높여서 강제로 가택연금과 구금을 당하기도 했습니다. 그는 중국정부의 비리를 풍자하는 뱀천장(Snake ceiling 2009년),[56] 해바라기씨(Sunflower 2010년),[57] 감시카메라(Surveilance camera 2010년)[58] 등 중국정부의 정치적 억압에 대항하는 작품을 제작하여 정치적 투사의 역할을 하기도 했습니다. 그뿐 아니라 2016년 베를린영화제에서는 시리아 난민들이 구명보트로 탈출하면서 입었다가 그리스 레스보스섬에 버린 구명조끼 14,000개로 베를린의 음악당 기둥을 덮는 설치미술작품 난민의 구명복(Refuge Life Jacket)을 제작하기도 하였습니다.[59] 이 작품은 목숨을 걸고 구명보트에 몸을 의지한 채 바다를 건너 유럽으로 탈출하는 시리아 난민에 대한 유럽정부의 미온적 반응을 비판하는 작품입니다.

이와 같이 현대예술가들은 권력층이나 기득권층이 감추고 싶은 불편한 진실을 거리낌 없이 말하고 표현하는 저항정신을 가지고 세상을 변화시키려는 정치적인 성격의 작업을 하기도 합니다. 그리고 현대예술가들은 정치적인 억압과 부조리에 대항하다가 탄압받기도 하는데, 이처럼 미술이 현실

● 아이 웨이웨이, 난민의 구명복

---

56 중국 쓰촨성 지진으로 무너진 학교 건물에 깔려 죽은 학생들의 책가방을 전시실 천장 위에 뱀처럼 길게 연결하는 뱀천장이라는 작품을 제작하였습니다.

57 마우쩌둥이 자신의 국민들을 가리켜 "나를 바라보는 해바라기들"이라고 말한 것을 비유해서 해바라기 씨 모양의 작은 도자기 조각을 만들어서 미술관 바닥에 쌓아 놓았습니다.

58 북경 경찰이 아이웨이웨이의 집과 작업실에 감시카메라를 설치하고 일거수일투족을 감시하였습니다. 이러한 중국정부의 비인간적인 행위를 풍자하는 감시카메라 모양의 작품을 제작하여 전시하였습니다.

59 Henri Neuendorf, Ai Weiwei Commemorates Drowned Refugees with Public Installation during Berlin Film Festival, Artnet, Feburuary 15, 2016, https://news.artnet.com/art-world/ai-weiwei-life-jackets-installation-berlin-427247 2020년 1월 30일 검색.

사회와 정치에 개입하고, 투쟁하며 새로운 사회의 올바른 방향을 제시하는 현상은 요셉 보이스가 말한 "인간의 삶에 유익한 사회를 만드는 사회적 조각" 그리고 "행동으로 실천하는 삶의 예술"의 영역에 속한다고 볼 수 있습니다.[60] 그는 박물관에 박제된 것 같이 구태의연한 미술에서 벗어나 인간 공동체의 삶에 따스한 온기를 스며들게 함으로써 차갑게 경직된 기존의 낡은 사회가 병든 모습에서 벗어나 인간의 영혼과 삶을 촉진시키는 건강한 모습으로 변화되는 사회적 조각을 주장하였습니다. 그는 사회적 조각은 단순히 미술영역을 벗어나서 정치, 경제, 교육과 환경, 군사문제 등을 포함하는 전체사회로 확장된 예술의 개념이라고 말하며 "모든 사람은 예술가이다"라고 주장하였습니다.[61]

이처럼 현대미술가들은 단순히 미술관 안에서 얌전히 전시만을 하던 샌님 같은 화가의 역할을 거부합니다. 미술관의 화이트 큐브의 벽을 허물고 거리로 나가서 자연 속에 작품을 설치하는 장소 특정적 예술, 관계의 예술, 새로운 장르 공공미술(New genre public art),[62] 게릴라미술, 대지미술, 미디어 아트, 비디오 아트, 생태미술 등 예전에는 상상도 할 수 없었던 미술의 패러다임 변화가 거세지고 있습니다. 미술가들의 단순하지만 강력한 시각적인 메시지와 기발하고 자극적인 이미지는 대중에게 감동적이고, 잊지 못할 기억으로 남게 하는 힘이 있습니다. 니꼴라 부리요는 예술이 사회적·정치적 목적을 가지고 있고, 관객의 참여까지 이루어지는 새로운 미술 현상을 '관계의 미학(Relational aesthetics)'이라는 개념으로 설명하고 있습니다. 그런데 미술이 지나친 사회참여로 예술의 본질을 벗어났다고 비판하는 또 다른 시각도 존재하고 있습니다. 현대미술은 이렇듯 다양한 시각과 정신들이 서로 갈등하며 힘의 균형 속에서 함께 존재하며, 다양성을 싹틔우며, 더욱 풍성한 세계를 만들어 가고 있습니다.

현대미술은 과거의 오래된 집을 파괴하고 있고, 수많은 시행착오를 겪으며, 새롭게 아름다운 집을 지으려는 과정에 있다고 비유할 수 있습니다. 그러니 옛

---

60 요셉 보이스 저, 송혜영 역, 요제프 보이스, 우리가 혁명이다, 사회평론 아카데미, 2015, p.31.
61 요셉 보이스 저, 송혜영 역, Op. cit., p.122.
62 공익을 위한 미술(Art-in-the-public-interest)이라고도 불리는 새로운 장르 공공미술(New genre public art)은 사회적인 목적을 위하여 공동체와 더불어 지역주민이 참여하고, 소통하면서 공동작업을 하는 미술운동입니다. Suzanne Lacy, Mapping the Terrain: New Genre Public Art, Bay Press, 1994.

집을 부수고 있는 현재의 모습을 보고 '이해할 수 없다', '현대미술은 부서진 잔해뿐이다'라고 하며 혼돈스러워 하는 것은 너무나도 당연한 일입니다. 현대미술의 핵심은 '자유'이고, '해방'입니다. 이는 오래된 고정관념과 틀에서 벗어나 허구적인 신화들을 모두 부정하며 새롭게 재창조되는 과정에 있습니다. 이하에서는 모더니즘 이후 급변하고 있는 예술의 특징들을 살펴보고자 합니다.

(2) 예술장르의 붕괴와 통합 현상

독일 작곡가 바그너는 1849년에 쓴 "미래의 예술작품(The Artwork of the Future)"이라는 글에서 미술, 문학, 음악이라는 세가지 예술이 총체적인 작용 속에서 역량을 통합하는 "종합예술(Total artwork)에서야 말로 각각의 장르들이 자신들의 최고능력을 발휘할 수 있다"고 주장하였습니다.[63] 바그너가 주장한 종합예술이라는 말처럼 현대미술은 장르의 구분이 모호해지는 탈 장르와 장르의 융합, 상상을 초월하는 특이한 미술재료의 사용 등 자유분방한 실험과 전위 현상이 발생하고 있습니다.

이와 같은 예술분야의 장르혼합 현상은 일찍이 발레분야에서 두드러지게 나타났습니다. 러시아 발레 발레뤼스의 제작자 디아길레프는 무용, 음악, 시, 회화를 종합하는 혁신적인 아방가르드적 공연[64]으로 파리에서 대단한 인기를 누렸습니다. 피카소는 다섯번이나 발레뤼스의 무대디자인과 의상디자인에 참여하였고,[65] 스페인 화가 미로, 러시아 여성화가 곤차로바 등 많은 미술가들이 무대미술에 참여하였다고 합니다. 이미 오래전부터 발레와 오페라에서는 문학, 연극, 회화, 음악, 무용분야를 망라한 다양한 분야의 최고예술가들의 예술혼이 어우러져서 파격적인 종합예술을 창작하였습니다.

1960년 3월 프랑스의 한 화랑에서 턱시도를 차려입은 이브 클라인(Yve Klein)이 물감이 들어있는 양동이를 든 세 명의 벌거벗은 여인과 하얀 종이가 깔린 무

---

63 박영욱, "매체, 매체예술 그리고 철학", 향연, 2008, p.199.
64 김영나, 서양미술사, 조선일보, 2010년 12월 7일.
65 에릭사티가 작곡하고, 장콕토가 연출한 "피라미드"공연에서는 피카소가 의상을 담당했는데, 두꺼운 종이로 된 입체주의 무용의상을 입은 무용수는 거의 움직이지 못했고, 이로 인해 관객들로부터 혹평을 받았다고 합니다.

대에 등장하였습니다. 이 공연에는 초대 받은 관객만이 참가할 수 있었는데, 관객석 옆에는 20명의 연주자들이 음악을 연주하고 있었습니다.

연주자들은 10분간 지속되는 단일음조와 10분간의 침묵이 번갈아 이어지는 이브 클라인이 작곡한 '단일조 교향곡'을 연주하였습니다.[66] 작가는 음악이 연주되는 가운데, 마치 지휘자처럼 푸른 물감을 세 여인의 온몸에 칠하였습니다. 그러자 온몸에 물감이 뒤범벅이 된 여인들이 바닥 위에 깔아 놓은 종이와 무대배경에 붙여 놓은 종이에 몸을 밀착시켜서 자신들의 신체 모양을 종이에 찍어내기 시작했습니다. 이렇게 종이 위에 찍힌 여인들의 육체 모양이 "인체측정"이라는 이브 클라인의 작품입니다.

이와 같은 이브 클라인의 미술은 음악(이브 클라인이 작곡한 단일조 교향곡)과 무용(누드모델들이 음악에 맞추어 종이 위에 몸을 찍어내는 행위), 미술(종이 위에 찍혀진 여인들의 신체 모습) 세 가지 모두 융합된 형태의 종합예술적 미술작품이라고 할 수 있습니다.

1960년대 독일지역의 플럭서스 예술가들은 미술 이외에 음악, 무용, 시, 영화 등 다양한 장르 사이를 스스럼 없이 드나들며 상업화 되어가는 기존예술에 대한 '반예술', 내지는 '대안예술'을 제시했습니다.[67] 이들은 예술의 인위적인 경계를 허물고자 하였고, 우연성과 즉흥성, 그리고 관객들과의 상호작용을 중요하게 생각했습니다. 예술가들은 일방적으로 예술작품을 창작하여 관객에게 보여주는 창조자라기보다는, 관객 혹은 참가자를 능동적으로 예술작품의 창작과정에 참여시키는 중개자이고, 관객과 더불어 예술작품을 만들어 나가는 조력자의 역할을 하게 되었습니다.[68]

최근 인터넷 예술가들은 최첨단 하이퍼미디어를 많이 사용하고 있으며 미술, 음악, 무용, 텍스트, 사이버네틱시스템 등 다양한 디지털 기술을 종합적으로 이용하고 있습니다. 인터넷 아트는 다양한 디지털정보가 한데 이루어져 하나의 작품을 이루기 때문에 멀티미디어의 특성[69]을 보여주고 있고, 첨단과학기술과 예

---

66 에드워드 루시 스미스, 김금미 역, 20세기 시각예술, 예경, 2006, p.319.
67 노소영, "예술독립군" 플럭서스그룹의 등장, 노소영관장 칼럼, 2012년 1월 17일.
68 크리스티안 폴 저, 조중연 역, 예술창작의 새로운 가능성－디지털 아트, 시공사, 2007, p.24.
69 이지혜, 인터넷에서 인터랙티브 넷 아트에 관한 연구, 한국디자인 문화 학회지, Vol.11, No.3, 2005, p.130.

술분야의 전문가들의 협업이 요구되는 작업으로 변화되어가고 있습니다. 인터넷 아트는 인터넷을 통해서 제작되고, 유통되고, 전시되고 있습니다. 인터넷은 세계 인을 연결하고 있고 전 세계 어디서나 인터넷에 접속하는 것이 가능해짐에 따라 급속히 확산되고 있습니다. 과거에는 한 작가의 작품을 감상하려면 작가가 전시 하고 있는 특정 장소로 가야 그 작가의 작품과 대면하고 소통할 수 있었습니다. 이제는 전세계의 모든 사람들에게 다중적으로 소통할 수 있게 되었습니다. 또한 인터넷 앱을 통하여 누구나 자신의 시각디자인이나 미술작품을 제작하기도 하 고, 예술활동을 즐길 수 있는 시대가 도래했습니다. 유치원 아이도 핸드폰의 포 토샵을 이용해서 그림을 그리는 시대가 된 것입니다.

미래사회에는 전문예술인이 아니고, 과학자 혹은 기술자가 만든 작품일지라 도 예술적 가치가 있고, 사람들에게 감동을 주고, 기쁨을 줄 수 있다면 진정한 예술작품으로 인정받게 될 것입니다. 아마도 이러한 의미에서 요셉 보이스는 모 든 사람이 예술가가 되어 사회의 총체적인 조형을 수행하는 확장된 예술개념인 총체예술[70]이라는 개념을 주장한 것 같습니다.

이처럼 현대미술은 개념미술, 대지미술, 과정미술, 환경미술, 행위미술, 미디 어 아트, 키네틱 아트, 관계의 미술, 장소 특정적 미술 등 너무도 많은 새로운 미술 현상이 쏟아져 나오면서 작업방식과 장르를 구분하는 경계 자체가 사라지 고 있습니다. 재료라는 측면에서도 너무나 다양해지고 통합되는 현상을 보이고 있어서 경계를 구분할 수 없는 상황입니다. 구겐하임 미술관을 설계한 건축가 프랭크 게리(Frank Gehry), 뉴욕의 폭포나 테이트 모던의 태양 등 유사자연을 작품 으로 창작하는 올라퍼 엘리아슨(Olafur Eliasson), 클라우드 게이트를 제작한 아니쉬 카푸어(Anish Kapoor) 등 현대미술을 대표하는 거장들의 작품은 건축과 설치미술의 경계를 초월하고 있습니다. 예술적인 건축(Artistic architecture) 혹은 건축적인 예술 (Architectural art)이라는 표현조차도 부족할 만큼 미술과 건축 그리고 조각 사이에는 경계가 거의 없어져 가고 있습니다.

소피 칼(Sophie Calle)은 프랑스 문인이며, 사진작가이며, 설치미술가이며, 개념 미술가입니다. 그녀의 작품집의 사진을 보면 사진작가이고, 텍스트를 읽으면 문

---

70 전선자, 요셉 보이스의 "확장된 미술개념"과 대안문화, 서양미술사학회, 제29집, 2008, pp.150-160.

학작가라고 생각할 정도로 문학과 미술 그리고 사진의 영역을 융합하고 있고, 작품의 내용은 실제와 허구, 가상과 현실이 혼재되어 있습니다. 마우리치오 카텔란(Maurizio Cattelan)은 행위미술가이자 조각가로 종교, 정치, 사회 등의 부조리에 대한 파격적인 풍자와 해학을 통해서 사회를 고발하고, 선정적이고 도발적인 작품을 통해서 사회를 뒤흔드는 논란을 일으키고 있습니다. 특히 운석에 깔려서 쓰러진 교황 바오로 2세의 모습을 표현한 The Nineth Hour(1999년)는 종교계를 뒤흔드는 큰 반향을 일으켰고, 종교계로부터 엄청난 비난을 받기도 했습니다. 로빈 로드(Robin Rhode)는 남아프리카 출신 사진작가, 행위예술가, 조각가로 다학제적인 예술가입니다. 로빈 로드는 길거리를 캔버스 삼아서 초크, 비누, 숯 등과 같은 재료를 사용하여 작품활동을 하고 있습니다. 그는 사진, 행위예술, 조각, 동영상과 같은 다양한 시각적인 언어를 통하여 기발하고 재치 있는 아이디어를 담은 창의적인 이야기들을 만들어 내고 있습니다. 이처럼 현대 미술가들은 다양한 학문적인 영역과 장르를 자유롭게 넘나들면서 예술 활동을 하고 있고, 다양한 분야와 이질적인 문화의 융복합을 통해서 이제까지 볼 수 없었던 새로운 혁신적인 예술과 기존의 상식과 이론으로는 설명할 수 없는 돌연변이를 창조하는 파격적인 작업을 하고 있습니다. 이처럼 현대미술은 다른 학문 분야와의 다학제간의 융합, 다른 재료와의 융합, 인터넷과 인간적인 가치의 융합, 이질적인 문화와의 접목을 통해서 새로운 창조의 세계를 열어나가고 있습니다. 미래세계의 새로운 가치는 이종 분야의 갈등과 충돌이 아니라 접목과 조화 그리고 융합을 통해서 새롭게 창조될 것입니다.

뉴질랜드 웰링턴시(Wellington)에는 월드 오브 웨어러블 아트(World Of WearableArt, WOW)[71]라는 기발한 이벤트가 있습니다. 40개국에서 참가하는 팀이 3주 동안 경연하는 형식입니다. 여러 명의 연기자들이 무대에 올라가서 디자이너가 디자인한 특이한 의상예술작품을 입고 연극, 춤, 미술, 음악 그리고 행위예술과 조명쇼까지 결합된 종합예술 형태의 퍼포먼스를 하는 경연대회입니다.

원래 월드 웨어러블 아트(WOW)는 1987년에 넬슨에 있는 아주 작은 농촌 아트 갤러리의 홍보차원에서 소규모 행사로 시작되었는데, 이제는 60,000명의 관

---

71 WearableArt, https://www.worldofwearableart.com/ 2020년 2월 1일 검색.

객이 참가하는 웰링턴시를 대표하는 국제적인 행사로 변화하였습니다.[72] 사람들은 이 경연을 '평범함에 대항하는 반란(Rebellion against the mundane)'이라고 표현하고 있습니다. 경악스럽다고까지 표현할 수 있는 도발적인 의상과 퍼포먼스는 전 세계 어디에서도 볼 수 없는 흥미진진한 볼거리입니다. 이 경연이 개최되는 동안 웰링턴 시의 호텔은 객실을 예약하기 어렵고, 소매업체와 식당의 매출이 크게 증가하는 등 지역사회에 긍정적인 효과를 가져다주고 있다고 합니다.[73] 앞으로는 미술도 이런 모든 예술이 종합된 형태로 영역을 확대하고, 변화할 수 있을 것으로 예상됩니다. 우스꽝스러워 보이는 천재적인 괴짜들이 정상인들은 도저히 상상조차 할 수 없는 새롭고 도발적인 예술을 창조하기도 합니다.

(3) 고정관념의 파괴

1951년 존 케이지의 친구 로버트 라우센버그(Robert Rauschenberg)의 흰페인팅(White paintings)이라는 작품은 전시회장에 아무것도 그려지지 않은 빈 캠퍼스를 걸어 놓은 것이었습니다.[74] 이 빈캠퍼스는 아무것도 그려지지 않은 상태이지만, 전시장의 조명이나 작품을 관람하는 사람들의 움직임, 관람객의 소음 등에 따라서 작품의 모습이 변화하는 우연성을 주제로 한 고정관념을 파괴하는 작품이었습니다. 이 작품을 통해 나타난 우연성과 관람객과의 상호작용, 불확실성이라는 아이디어는 존 케이지의 '4분 33초'라는 작품에 영향을 미쳤다고 합니다.

1952년 존 케이지(John Cage)는 4분 33초라는 제명의 음악을 최초로 연주하였습니다. 케이지의 작품은 음악이 없는 4분 33초 동안의 시간으로 3악장으로 구성되어 있었으나 악보에는 모두 "침묵(Tacet)"[75]이라는 지시만이 있었습니다. 이제까지의 음악은 음표가 주인공이었고, 쉼표는 부수적인 역할만을 했는데, 이 작품에는 음표는 전혀 없고 쉼표만 계속되고, 연주장에는 고요한 정적만이 있었

72 Wellington City Council, World of WearableArt, https://wellington.govt.nz/events/major-events/world-of-wearableart 2020년 2월 1일 검색.
73 OECD, Tourism and the Creative Economy, OECD Studies on Tourism, 2014, pp.155-163.
74 이난희, 세상에서 가장 조용한 음악-존 케이지의 4분 33초, https://blog.daum.net/nanhee223/3461459, 2011년 10월 24일.
75 조정환, 전선자, 김진호 저, 플럭서스 예술혁명, 갈무리, 2011, p.116.

습니다.[76]

　이렇게 기존의 고정관념을 파괴하는 개념미술은 지금도 계속되고 있는데, 이러한 미술이나 음악을 듣고 감동받았다거나 이해했다는 관객이 있다면 오히려 그 관객이 이상하다고 할 정도입니다. 고정관념과 오래된 전통이라는 경직된 틀을 파괴하려는 반예술은 이해하지 못하는 것이 지극히 정상적입니다.

　1917년 마르셀 뒤샹(Marcel Duchamp)은 "샘(Fountain)"이라는 레디 메이드작품을 전시장에 전시했는데, 뒤샹이 작품이라며 전시장에 가져온 것은 공장에서 대량 생산된 화장실 '변기'였습니다. 그런데 이 화장실 변기 "샘"의 가격은 현재는 36억을 호가한다고 합니다. 1961년 피에로 만초니(Piero Manzoni)는 '예술가의 똥(Artist's shit)'이라는 작품을 제작했는데, 자기 똥 30g을 통조림통에 넣어서 밀봉하고 통조림으로 만들어 약 37달러에 작품으로 판매했습니다. 현재 만초니의 '예술가의 똥'이라는 작품은 최근 경매에서 1억 7천만 원에 거래가 되었다고 합니다.[77] 이러한 작품들은 미술사에서 과거 미술의 고정개념을 깨뜨린 획기적인 기념비적인 사건으로 기록되고 있다는 것에 그 의미가 있습니다.

　그 후에도 도발적인 예술작품에 대한 논쟁은 예술세계의 경계를 넘어서 금기시되던 사회적인 문제나 종교적인 문제에 대해서 거침없이 의문을 제기하고, 자극하면서 사회적 파장을 일으키기도 하였습니다. 그 예로, 안드레 세라노(Andres Serrano)가 십자가를 소의 피와 오줌에 담가서 사진작품으로 만든 오줌 예수(Piss Christ)라는 도발적인 작품으로 세상에 파문을 던졌습니다. 크리스 오필리(Chris Ofili)는 성모 마리아를 흑인으로 표현하고 가슴은 코끼리 똥을 오브제로 사용하고, 포르노 잡지에서 오려낸 여성의 둔부를 아기천사로 표현한 '거룩한 동정녀 마리아(The Holy Virgin Mary)'라는 엽기적인 작품을 전시하여 종교계의 극심한 신성모독 논란과 더불어 격한 분노를 일으키기도 했습니다. 이러한 예술의 도발적인 표현은 이제까지의 전통적인 가치관이나 편견과는 전혀 다른 시각으로 세상을 볼 수 있도록 자극하는 역할을 하고 있습니다. 이처럼 현대미술은 관습화되어 무감각해진 세상을 향하여 끊임없이 도전하고, 새로운 의문을 제기하며, 도발적인 화두

76　노버트 린튼 저, 윤난지 역, 20세기의 미술, 예경, 2007, p.331.
77　똥으로 만든 작품? 피에로 만초니의 작품 '예술가의 똥' 2015년 12월 29일, https://dohny.com/64
　　2020년 4월 25일 검색.

를 던지고 있습니다.

추상미술은 미술이 대상을 재현하는 것이라는 고정관념을 파괴하였고, 사물의 재현이 아니고, 다양한 색채를 사용하지 않는 미니멀리즘은 미술의 특성이라고 할 수 있는 재현성과 채색이라는 원칙을 탈피하였습니다. 그리고 추상표현주의는 작품의 완성이 작가의 손을 떠나 우연과 번짐에 의해서 결정되는 사고의 전환을 가져왔습니다. 그리고 관객의 참여와 사회적 관계를 중시하는 관계의 예술(Relational art)이라는 개념의 등장으로 작가의 개입 없이 작품과 관객 사이의 중립적 공간에서 상호작용하면서 작품이 자가생성되는 그리고 결과가 오픈되어 있는 '작가의 죽음'이라는 새로운 미술 현상이 등장하게 되었습니다. 이러한 현대미술의 현상들은 끊임없이 과거의 고정관념을 벗어나려는 자유를 향한 몸부림이고, 새로운 혁신입니다.

(4) 과학기술과의 융합 현상

21세기 들어, 최근에는 광통신망과 이동통신을 통해서 초고속으로 전달되는 정보, 컴퓨터의 인터스페이스가 만들어 놓은 인터랙티브, 시각, 청각, 촉각 등의 감각으로 느낄 수 있는 현실보다 더 현실 같은 가상현실의 세계, 일상화 된 스마트폰 등의 과학기술의 발달은 이전에는 상상도 할 수 없었던 새로운 미술을 많이 만들어내고 있습니다.

앞으로 과학기술이 더욱 발전하면, 컴퓨터 화면이 캔버스의 질감을 그대로 표현해낼 수 있는 기술, 자유롭게 구부릴 수 있는 화면의 개발, 사람의 뇌파를 통하여 인간의 오감에 호소할 수 있는 초감각지각(Extrasensory Perception, ESP) 기술, 인간의 생각을 읽을 수 있는 기술, 3D를 넘어서 더욱 입체적인 표현을 할 수 있는 화면, 동공에 직접 빛을 투사하여 입체적인 영상을 보여줄 수 있는 기술 등 현재 과학기술로는 상상할 수조차 없는 생각들이 미래에는 실현될 수 있습니다. 그러한 기술들이 창조된다면 회화와 컴퓨터 그래픽 그리고 영상과의 구분조차도 무의미해 질 것입니다. 더 나아가 오감으로 느낌을 전달할 가상현실 기술발전이 제대로 이루어진다면 화가가 사과를 그릴 때 사과처럼 생긴 그림을 그리는 시각전달의 수준에 머무르는 것이 아니라, 사과의 향기(후각), 맛(미각), 느낌(촉각) 그리고 작품 주변의 소리(청각)까지도 전달할 수 있게 될 것입니다. 세상의 아름다운 이미지와 색깔들, 황홀한 선율, 향기, 물체의 질감, 새콤한 맛까지 인체의 모든 감각기관으로 느낄 수 있는 예술이 탄생할 수도 있는 것입니다. 이처럼 인간의 오감을 통한 감정을 완벽히 전달하는 예술이 탄생한다면 인간이 완전히 감성적인 몰입상태를 체험하게 되어 과거와는 전혀 다른 종류의 예술을 경험하게 될 것입니다.

과학기술이 발전하면서 미술분야는 음악가, 문학가 등 각종 예술가와 과학자, 기술자 등과의 협업이 필수적인 학제적 영역이 될 것이고, 과학기술과 예술의 융합, 과학기술의 예술화, 인간화라는 현상은 더욱 심화되게 될 것입니다. 미래에는 과학적인 연구를 하지 않는 미술가와 예술적인 창조적 작업을 하지 않는 과학자는 인정받기 어려운 세상이 올 것입니다. 그리고 미술가, 음악가, 과학자, 일반인의 구별이 무의미해질 수 있습니다. 과학기술의 발전은 미술의 제작, 유통, 전시, 학문적 연구 등 모든 영역에 지각변동을 지속적으로 초래하고 있습니다.

현대미술은 단순히 그림을 그리는 예술이 아니라 미술관의 벽을 뚫고 나가서, 건축가와 도시계획가의 영역에서 도시를 변화시키는 경쟁을 하기도 하고, 치열한 투사가 되어 정치적인 활동을 하기도 하며, 농촌과 도시의 지역사회 운동의 선봉에서 지역경제 활성화 프로젝트를 진행하는 경제영역에서 활동하기도 하는 등 세상을 아름답게 변화시키는 영역까지로 변화되고 확장되고 있습니다. 그리고 과학의 영역에서 과학자와 협업을 하기도 하고, 경쟁을 하기도 하여야 하는 시대로 변화하고 있습니다. 미래의 미술은 경제학, 경영학, 사회학, 정치학, 건축학 등 다양한 학문이 융복합되어 탈장르화 되고, 탈경계화된 종합적인 학문으로 변화할 것입니다. 과거 르네상스시대의 레오나르드 다빈치를 생각해보면, 다빈치는 단순히 모나리자 같은 그림만을 그린 화가가 아니었습니다. 그가 남긴 스케치북을 살펴보면 다양한 인체 해부도와 더불어, 양수기, 컴퍼스를 발명한 발명가이기도 하고, 헬리콥터, 잠수함, 전차, 로봇까지 상상하며 설계도를 남긴 과학자이기도 했습니다. 레오나르드 다빈치는 예술가이면서 동시에 과학자, 의학자, 건축가, 발명가, 기술자 등 학문의 경계를 초월하여 다방면에서 활약을 했던 만능인이었습니다. 이런 점에서 볼 때 현대미술에서 나타나고 있는 기존의 경계를 초월하는 현상들은 다시 레오나르도 다빈치 시대로의 회귀를 지향하는 것이라고 볼 수 있습니다.

(5) 생활과 예술의 통합 현상

현대미술이 추구하는 것은 미술관, 갤러리, 박물관이라는 공간적인 장벽을 넘어서 건물, 공원, 거리, 집안 등 모든 이들의 일상생활 속에 자연스럽게 스며들어서 살아 숨 쉬고 있는 것입니다. 미술관의 화이트 큐브를 벗어나 평범한 시민 곁으로 다가온 장소 특정적 예술과 만인의 생활 속에 함께 하며 살아 숨 쉬는 디자인이나 예술활동은 사람들의 삶 속에서 들어와 함께 하며 위로해주는 친근한 예술로 변하고 있습니다.

전 세계를 실시간에 연결하는 인터넷시대가 도래하게 됨에 따라 세계가 하나의 예술공연장이 되고 있고, 미술관으로 변화되고 있습니다. 그리고 포토샵, 일러스트, 플래시, 스케치북 등 다양한 그래픽 소프트웨어의 개발로 누구나 인터넷 사이버 세계에 자기 자신의 예술공간[78]을 가질 수 있는 일상이 예술화[79]되는 일상의 미학이 일반화된 시대가 도래하였습니다.

일반인들이 창작한 예술작품의 수준이 높던 낮던 간에 인류 역사상 현재보다 더 많은 사람들이 예술세계를 즐긴 적은 없었습니다. 기술의 발전은 '모든 사람이 예술가'가 되는 세계를 실현시키고 있고, 일상생활과 예술을 통합시키고 있습니다. 전문예술인이 아니더라도 과학기술의 도움을 통하여 예술적 가치가 있는 작품을 만들고, 서로 공유하고, 관람자를 감동시킬 수 있는 삶과 예술이 통합되는 일상의 미학의 시대가 도래한 것입니다. 현대인들은 누구나 핸드폰을 통해서 예술 활동을 즐기고 있으며 예술가들은 자신의 폐쇄된 작업실을 벗어나 자유롭게 활동하고 있고, 미술관 벽을 뚫고 나온 미술작품들은 모든 이들의 삶 속에

---

78 한세영, 성정환, 웹패러다임과 넷아트의 상호관계연구 - 미셸 푸코의 공간개념을 중심으로, 기초조형학연구, Vol.10, No.1, 2009, p.550.

79 예술화(Artification)라는 비교적 새로운 개념은 예술이나 미학과 관련 없는 일상, 산업, 교육, 의료, 도시 등 인간의 삶의 모든 장소에서 예술적인 감동과 정서를 경험하게 하고, 버려진 공간에 예술을 입히고, 새로운 사고와 행동을 하도록 인간의 내면을 심미적으로 변화시키는 것입니다. 도시의 벽화가 도시의 이미지를 바꿀 수 있고, 한권의 소설이 새로운 시각과 영혼을 갖게 하고, 작업장의 아름다운 음악이 작업만족도와 생산성을 높이고, 노동의 질을 향상시킬 수 있습니다. 인간은 삶의 모든 공간에서 심미적 요소에 감동을 받고, 영향을 받으며 살아가는 '예술적인 동물'입니다. 예술화전략(Artification strategy)은 목표지향적이고, 통제된 질서, 합리성, 생산성, 측정가능성과 같은 전통적인 사고와 경영방식을 파괴하는 새롭고 창의적인 사고와 지속적인 혁신 그리고 실천을 촉진하는 전략을 의미합니다. Lotte DarsØ, Artful Creation: Learning-Tales of Arts-in-Business, Samfundslitteratur, 2004.

스며들어 생활의 일부가 되었습니다. 미술이 고귀한 귀족이나 억만장자 자본가, 정치적 특권층만의 소유가 아니라 전 세계 모든 이들의 마음과 마음을 이어주고 영혼을 위로해주는 일상적인 미술로 변화하고 있습니다. 1960년대 서구사회의 플럭서스 운동이 문학, 음악, 미술, 연극 사이의 경계뿐만 아니라 삶과 예술의 경계도 허물고자 했던 것처럼 예술은 경계를 허물고 일상의 미학이라는 형태로 이미 우리들 삶 속에 깊숙이 들어와 동화되고 있습니다.

예술과 사회는 관계의 미술이라는 새로운 방법으로 함께 소통하며, 침체화되고 있는 지역사회를 활성화시키고, 소외계층의 아픔과 고통을 위로해주는 사회적 기능도 전개하고 있습니다. 이제 모든 이들의 삶 속에서 녹아있는 미술과 예술을 분리해서 특정 권력자와 특권층의 독점적인 영역으로 가두어 둘 수는 없는 '만인이 예술가인 시대' 그리고 '만인을 위한 예술의 시대'가 도래했습니다. 한사람 한사람의 핸드폰 속에서 검색되는 아름다운 미술작품은 화폐 교환가치로는 가치가 전혀 없지만, 수많은 소외계층과 어려운 사람들의 영혼을 어루만져주고, 마음의 상처를 치유해주는 예술의 본질적 가치를 지니고 있습니다.

아직까지 현대미술은 '비싼 미술', '특별한 고급미술', '현학적인 미술'이라는 엘리트집단의 배타적인 논리가 지배하고 있습니다. 그러나 후세의 미술사가들이 '보통 사람들의 영혼을 위로해준 대중적인 미술'이라는 측면에서 스트리트 아트나 인터넷 아트 그리고 다양한 상업미술을 평가한다면 미술사의 평가는 달라질 것입니다. 미래에는 정통미술과 비미술, 순수미술과 상업미술, 응용미술, 게릴라미술 그리고 고급미술과 저급미술이라는 경계와 차별은 무의미해지고, 탈경계화되어 모두 동시대의 미술로 포용될 것으로 예상합니다.

(6) 움직이고 상호작용하는 미술

미술사에는 1909년 경 이탈리아 미래파처럼 운동감을 2차원 화면 위에 표현하려고 노력한 미술가들이 있었습니다.[80] 그런데 현대의 키네틱 아트(Kinetic art)는 3차원 현실세계에 움직이는 미술을 실현하였습니다. 인터넷을 기반으로 하는 미디어 아트, 인터넷 아트 역시 운동감과 현실감을 실현하고 있습니다. 이처럼 미

---

80 변재진, 인터넷시대의 미술의 변화ㅣ, 컬쳐오션, 2012년 9월, p.21.

술은 오랫동안 움직임과 현실감을 화폭에 표현하려는 움직임이 있어 왔습니다. 현대인들은 휴대폰을 이용해서 동영상을 보기도 하고, 직접 게임을 하기도 하여 움직임과 상호작용에 익숙합니다. 심지어 어린아이들의 장난감도 이제는 컴퓨터가 내장되어 움직이고 상호작용을 하고 있습니다. 이보다 더한 것은 신발조차도 칩이 내장되어 있어 이동거리를 기록하고 스마트폰과 연동되는 진화를 하고 있습니다. 이런 환경 속에서 움직이고, 상호작용을 하는 장난감을 가지고 놀면서 자라난 아이들이 성장하면, 단순히 2차원적인 그림을 그저 보기만 하는 전통적인 미술에 흥미를 느끼지 못하고, 감동을 받지 않을 것입니다. 현대미술은 점점 더 수동적 미술에서 상호작용을 하는 미술, 정적인 미술에서 동적인 미술, 정지화면에서 움직이는 화면으로 발전하고 있습니다.

컴퓨터를 기반으로 하는 미디어 아트는 물론이고, 다양한 설치미술작품들이 움직이고, 관람객들과 상호작용하고 있습니다. 시카고 밀레니엄 파크의 크라운 분수는 15미터 대형 비디오 탑에 시카고 시민들의 얼굴을 영상으로 보여주고, 영상 속에서 물줄기를 뿜어내며 관객들을 환호하게 하고, 춤추게 하며 상호작용을 하는 작품으로 유명합니다. 이는 본서의 제15장 밀레니엄 파크에서 자세히 설명하고 있습니다.

그리고 올라퍼 엘리아슨은 인공적으로 유사자연을 재현해 표현하는 작업으로 유명한 작가입니다. 그는 런던의 테이트 모던 미술관 터빈홀에 인공태양을 만들고, 뉴욕 허드슨 강과 프랑스 베르사유에 인공폭포를 설치하기도 하였습니다. 관람객은 엄청난 인공폭포에서 물이 떨어지는 속도와 소리를 통해서 자연의 숭고함을 느낄 수 있는 작품이라고 할 수 있습니다. 2차원의 화폭 속을 그냥 바라만 보는 폭포가 아니라 인공적으로 물이 떨어지는 폭포를 만들고 폭포의 높이와 거센 물줄기와 요란스러운 소리를 직접 재현하는 미술이 관람객에게 더욱 실감나는 느낌과 감동을 주고, 상호작용을 하게 됩니다.[81]

다음 사진은 HQ 아키텍츠(HQ Architects)가 예루살렘 발레로 광장에 설치한 설치작품인데, 이 거대한 꽃은 보행자가 가까이 걸어오면 동작을 인식하고, 꽃을 피운

---

81 Lizhi Jiang, Fountains and Urban Transformations in New York City, MA Thesis, Carleton University, 2018, p.17.

올라퍼 엘리아슨의 뉴욕 폭포

다고 합니다. 낮에는 사람들이 태양을 피하는 그늘막으로 활용될 수도 있고 야간에는 가로등 불빛을 비추어 준다고 합니다. 그리고 광장이 사람들로 붐비지 않으면 꽃이 닫혔다가 주변에서 다시 사람들의 활동이 증가할 때 다시 꽃을 피운다고 합니다.[82] 이처럼 관람객과 상호작용하는 작품들이 많이 늘어나고 있는 추세입니다.

보행자가 지나가면 거대한 꽃이 활짝 핍니다.
출처: My Modern Met, November 2, 2015.

(7) 결론이 없는 영화와 같은 작품

영화관에 갔는데, 감독이 영화 속에서 결론을 내리지 않고 이야기의 끝을 맺는다면, 관객들이 결론을 상상하는 수밖에는 없습니다. 그런데 미술에서도 이처럼 작가가 작품을 완성하는 것이 아니라 미완성인 상태로 작품을 전시하고(Open end), 관객들이 작품제작과정에 적극적으로 참여해, 작품의 완성에 개입하며 세상과 관계를 맺는 예술이 등장하고 있습니다. 1996년에 니꼴라 부리요(Nicolas Bourriaud)는 이러한 미술을 관계의 미학(Relational aesthetic)이라고 하였습니다.

---

82 Anna Gragert, Giant Urban Flowers Bloom When Pedestrians Pass By Under Them, My Modern Met, November 2, 2015.

그러나 이처럼 관객이 작품의 제작에 참여하여 상호작용하고, 사회적인 문제를 해결하는 형태의 관계의 예술작품의 대표적인 사례는 그보다 앞선 1982년 요셉 보이스(Joseph Beuys)가 제7회 카셀도큐멘타에서 선보인 '7000그루의 참나무(7000 Eichen)'였다는 생각이 듭니다. 요셉 보이스는 제2차 세계대전 때 폭격을 당해 폐허가 되었던 도시, 카셀의 황폐해진 도시공간을 녹색도시로 변화시키려는 생각에 7,000그루의 참나무라는 예술 프로젝트를 카셀도큐멘타에 선보입니다. 그는 7,000그루의 참나무와 7,000개의 현무암을 박물관 앞에 쌓아 놓았습니다. 그리고 500마르크를 기부하는 사람은 참나무 한그루를 심고, 옆에 현무암을 세울 수 있도록 하였습니다. 요셉 보이스가 먼저 삽을 들고, 참나무 한그루를 심고 옆에 현무암을 설치했습니다. 그 후 기부를 하는 시민들이 도시의 곳곳에 참나무를 가져다 심어 도시 전체 녹색환경을 조성하도록 하는 것이 동작품의 목적이었습니다.

시민들과 다양한 단체가 참여하여 참나무와 현무암을 도시 여러 곳에 심기 시작했지만, 기금 마련에 어려움은 있었다고 합니다. 그리고 요셉 보이스는 7,000그루의 참나무가 모두 도시에 심어져서 녹색도시로 변화하는 것을 직접 보지 못하고, 1986년 1월 23일 갑자기 심장마비로 사망하였습니다. 그가 사망했지만 7000그루의 참나무를 모두 심는 작품은 미완의 프로젝트로 남은 것은 아닙니다. 1987년 여덟 번째 카셀도큐멘타 개막식에서 7,000번째 참나무가 심어졌습니다. 7,000그루의 참나무 프로젝트를 완성시킨 사람은 요셉 보이스의 아내 에바 브름바허 보

● 참나무를 심는 요셉 보이스
출처: STIFTUNG 7000 EICHEN Die Bilder

이스였습니다.[83] 남편이 7,000그루의 참나무 프로젝트를 시작하고 아내가 프로젝트를 완성한 감동적인 사랑의 프로젝트이기도 했습니다. 그리고 2012년 3월

---

83 STIFTUNG 7000 ECHEN, Die Texte,

16일 카셀시는 30년 된 "7,000그루의 참나무를 기념하면서 '요셉 보이스 거리' 를 만들었습니다.84 요셉 보이스는 참나무 7,000그루와 현무암 7,000개를 쌓아놓고 자신이 한 일은 참나무 한그루를 심은 것뿐이었습니다. 보이스가 미완성 상태로 열린 결말(Open end)의 상태로 작품을 남겼고, 시민들과 그의 부인이 참나무를 거리에 심으며, 작가의 작품을 완성시켰습니다. 그리고 카셀 시를 녹색으로 변화시키고 세계적 문화관광 도시로 발전시키는 아름다운 사회적 결실을 맺었습니다.

요셉 보이스는 "모든 사람이 예술가"라고 하였습니다. 요셉 보이스의 7,000 그루 참나무 프로젝트는 관계의 미술 그리고 환경미술의 대표적 초기 사례라고 할 수 있습니다. 보이스는 이를 인간의 삶에 유익한 사회를 만드는 "사회적 조각"이라고 말하였습니다. 이러한 요셉 보이스의 사회적 조각이라는 이론은 수잔 레이시의 새로운 장르 공공 미술, 니꼴라 부리요의 관계의 미학, 유리코 사이토의 일상의 미학, 알도 레오폴드의 환경의 미학과 사회적 미학이라는 이론들과 함께 '인간의 삶을 더욱 풍요롭게 한다'는 이념을 가지고 있습니다. 일련의 이론들은 예술을 통하여 인간의 미학적 감성을 풍요롭게 하고, 사회를 유익하게 변화시키려는 것을 목표로 하고 있다는 공통점이 있습니다. 현대미술이 추구하는 인류의 미래는 오랜 과거의 연장선상의 낡은 미래가 아니라 더 나은 미래, 밝은 미래입니다.

◉ 7,000그루 참나무 프로젝트의 현재 모습
출처: STIFTUNG 7000 ECHEN, Die Texte

---

84 송혜영, 요셉 보이스 우리가 혁명이다, 사회평론, 2015, p.211.

"나는 7,000그루의 참나무를 심을 것입니다. 7,000그루의 참나무의 옆에는 각각 한 개의 돌들이 세워질 것이고, 최소한 800년을 생존한다고 알려진 참나무의 수명이 다할 때까지 역사적인 순간은 지속될 것입니다."

– 요셉 보이스

요셉 보이스의 프로젝트는 참나무가 생명을 다하는 800년이 프로젝트 기간이었습니다. 그런데 참나무가 번식해서 새싹을 피우고, 새로운 생명을 성장시키는 생명의 순환이 일어나기 때문에 사실은 보이스의 프로젝트 기간은 영원한 것이기도 합니다. 그리고 독일뿐만 아니라 1987년 미국 뉴욕의 디아센터가 첼시 22번가에 보이스의 참나무 18그루를 심었는데,[85] 보이스의 참나무는 뉴욕 거리에서도 잘 자라고 있습니다. 보이스의 참나무 몇 그루를 우리나라에도 가져오고, 벌거숭이 산투성이라는 북한의 민둥산에도 심을 수 있었으면 좋겠습니다.

제4절
도시를 관광명소로 만들어 주는 공공미술

벽 없는 미술관

원래 미술품들은 미술관이나 박물관이라는 폐쇄된 공간에 갇힌 귀족들의 전리품 같은 존재가 아니었습니다. 미술작품이 미술관이라는 한정된 공간 속에 갇히게 된 것은 기원전 3세기경 이집트 알렉산드리아의 프톨레미 1세가 궁전의 한 공간에 진귀한 미술품과 희귀서적을 저장해두고 뮤제이언(Museion)[86]이라고 한 것에서 기원한다고 합니다. 미술품은 원래부터 미술관 속에 보관되고 전시되었던 것은 아닙니다. 고대 신전의 신상이나 로마시대 광장에 세워진 황제의 석상이나 성당의 모자이크화나 스테인드글라스 등 고대에서 중세에 이르는 미술역사를 보

---

85 주지완, 뉴욕의 현대미술 이야기, 문학세계사, 2011, p.213.
86 고대 그리스의 뮤제이언은 뮤즈에게 헌납된 사원을 의미하며 박물관(Museum)이라는 용어의 기원입니다.
　이보아, 박물관학 개론 박물관의 형성과 발전, 김영사, 2000.

면 공공장소에서 대중이 보도록 제작된 공공미술이 대부분이었습니다.[87] 그 후 귀족들의 전리품 같은 미술작품들을 잘 보관하고, 전시할 미술관이나 박물관이라는 폐쇄된 공간을 만들게 되면서 미술품은 당연히 미술관이나 박물관이라는 폐쇄된 벽 속에 갇힌 존재로 변하게 되었습니다. 그러다가 1753년 대영 박물관이 설립되었고, 1793년에 루브르 박물관이 개관되면서 박물관의 보편화와 대중화가 시작되었습니다.

프랑스의 소설가이자 정치가인 앙드레 말로(Andre-Georges Malraux)는 1947년 출판된 저서 "상상미술관"에서 '벽 없는 미술관의 출현'을 예고했습니다.[88] 요즘은 미술관이나 박물관 안에서가 아니라 거리나 광장, 공원 등 야외에서 볼 수 있는 조각품이나 벽화 등 미술작품들을 흔히 볼 수 있습니다. 앙드레 말로는 아마도 이러한 공공미술작품이 야외에 전시된 장소를 '벽 없는 미술관'이라고 표현한 것 같습니다.

공공미술이라는 용어는 1967년 영국의 존 윌렛(John Willett)이 '도시 속의 미술(Art in a city)'에서 처음 사용한 것으로 알려져 있습니다.[89] 공공미술은 미술작품들이 더 이상 궁전, 미술관, 박물관과 같은 귀족적인 공간을 장식하는 방식이 아니고, 공공장소에서 대중들과 직접 소통하고 공감하게 하는 민중의 삶속의 미술로 다시 돌아가고 있습니다. 공공미술에 대해서는 설치된 장소를 중심으로 보는 공공장소의 미술이라는 개념과 공공의 관심 속의 미술[90] 그리고 공공의 이익을 위한 미술이라는 세 가지 서로 다른 관점이 존재합니다. 그리고 특별히 정부나 기업체 건물 앞에 있는 광장을 장식하는 공공미술작품은 공공공간 내 미술(Art-in public spaces)이나 플랍미술(Plop art)이라고 불립니다.[91]

이런 공공미술은 미술가뿐만 아니라, 지역주민, 공무원, 도시계획가 등 다양한 분야의 이해관계자들이 참여하는 협업을 필요로 하는 작업입니다. 다양한 분야의 서로 다른 견해와 이해관계로 인하여 발생하는 갈등을 해결하기 위해서는

---

87 윤난지, 공공미술, 눈빛, 2016, p.11.
88 박민우, "공공미술과 현대미학", 미학으로 읽는 미술-미학강의 A에서 Q까지, 월간미술, 2007, p.162.
89 주지완, 뉴욕의 현대미술 이야기, 문학세계사, 2011, p.200.
90 윤난지, Op. cit., p.21.
91 애너 바츠와베크 저, 이정연 역, 벽을 타고 세상과 소통한 예술-그라피티와 거리미술, 시공사, 2015, p.80.

예술 이외에 설득과 협의라는 관리적 측면의 기술도 필요한 분야입니다. 공공미술을 도입하는 목적은 사례에 따라 다양합니다. 기본적으로는 도시미화, 교육, 지역사회 건축물의 개선, 쇠퇴하는 지역의 재활성화, 예술가 지원 등의 공익적인 목적을 가지고 있습니다.[92]

공공미술에는 조각, 벽화, 기념상, 대지미술, 퍼포먼스, 미디어 아트 등 공공장소에서 대중들과 소통하는 다양한 종류의 예술이 포함되어 있습니다. 때로는 무허가로 불법적으로 거리에 그려지는 스트리트 아트와 그래피티가 포함되기도 합니다. 이러한 공공미술이 도시관광에서 중요한 위치를 차지하게 되는 것은 무색무취한 도시의 경관을 예술의 향기로 개선하고, 지역에 활기를 불어넣어 주며 관광객들에게 즐거움을 주는 등 여러 가지 긍정적인 효과를 발생시키기 때문입니다.

예를 들면, 뉴욕의 자유의 여신상이나 파리의 에펠탑, 암스테르담의 인어공주상, 뉴욕 월스트리트의 돌진하는 황소상 '챠징 불(Charging Bull)', 싱가포르의 멀라이언상, 로마의 트레비분수, 영국 스트리트 아티스트 뱅크시(Banksy)의 그래피티작품 등은 그 국가나 도시의 정신, 문화성을 대표하는 랜드마크와 같은 상징적인 의미를 가지고 있습니다. 그렇다면 아름다운 공공미술작품을 창작해서 여러 공공장소에 설치하는 것만으로도 해당 지역의 이미지를 긍정적으로 변화시킬 수 있다는 것을 의미합니다. 오늘날 많은 도시에서 공공미술작품은 매력적 문화관광자원으로서 역할을 수행하고 있습니다. 공공미술작품이 설치되기 전에는 아무런 의미가 없었던 허허벌판이 미술작품 하나가 설치되면서 매력적인 관광목적물로 탈바꿈된 사례가 많습니다. 이러한 이유에서 도시경영자들이 도시의 브랜드 이미지를 새롭게 하고 관광매력을 제고시키고자 할 때, 조각공원 혹은 오픈에어뮤지엄 또는 아트 스트리트, 벽화작품 등 공공미술의 설치와 같은 예술화전략(Artification Strategy)을 적극 활용하기도 합니다. 그리고 독일의 뮌스터 조각 프로젝트나 일본의 에치코 츠마리와 같은 공공미술작품 혹은 대지미술작품을 야외에 설치하는 미술축제를 개최하기도 합니다. 이하에서는 세계적인 도시관광명소를 만들어준 공공미술의 대표적 사례를 몇 가지 살펴보고자 합니다.

---

92 Corrinn Conard, Where is the Public in Public Art?, A Case Study of Millennium Park, MA Thesis, Ohio State University, 2008, p.1.

뉴욕 월스트리트의 명물 '돌진하는 황소(Charging Bull)'

뉴욕 월스트리트를 상징하는 인기 있는 조각상인 돌진하는 황소(Charging Bull)는 월스트리트 황소(Wall Street Bull)라고도 불리는 거대한 청동조각입니다. 1987년 이탈리아 조각가 아르투로 디모디카(Arturo Di Modica)에 의해서 제작되었습니다. 동상 제작비용은 당시 시세로 36만 달러가 들었고, 이 작품 제작비는 자신의 농장 등을 처분하여 만든 돈으로 충당하였다고 합니다. 작가가 1987년 이 동상을 제작했을 당시에 미국 증시가 폭락하였는데, 디모디카는 시당국의 허가도 받지 않고, 월스트리트에 자기의 조각작품을 설치해 놓고 갔다고 합니다. 그리고 작가는 황소 상작품을 보러오는 사람들에게 작품 설명서까지 나누어 주었다고 합니다.[93]

그 후 조각작품은 뉴욕시 경찰당국에 의해서 불법설치물로 철거되었으나, 많은 시민들이 황소상 보기를 원한다고 당국에 항의하였고, 그 결과 1989년 시당국이 작가로부터 작품을 장기임대하여, 다시 월스트리트에 설치하게 되었다고 합니다. 이렇게 작가가 몰래 두고 간 게릴라 예술작품이 이제는 월스트리트를 상징하는 명물이 되었습니다. 많은 관광객들이 월스트리트에 들르면 반드시 보

월스트리트 상징 '돌진하는 황소(Charging Bull)' 상

---

93 주지완, Op. cit., 문학세계사, 2011, p.210.

는 인기 있는 관광대상이고, 사람들이 동상 앞에서 사진을 찍고 싶어 하는 만인의 사랑을 받는 명품 조형물이 되었습니다. 뉴욕 월스트리트를 방문하는 세계인들은 돌진하는 황소를 너무 좋아했고, 사랑하게 되었습니다. 특히 아이들은 황소에 올라타는 것을 정말 좋아한다고 합니다. 사람들이 가장 좋아하는 포토존은 정력의 상징인 황소상의 고환 근처라고도 합니다.[94] 이런 에피소드를 가지고 있는 월스트리트의 상징물 돌진하는 황소(Charging Bull)상에게 2017년 어느 날 갑자기 친구가 생겼습니다. 글로벌 자산운용사인 SSGA(State Street Global Advisors)는 월스트리트의 상징인 질주하는 황소상 앞에 조각가 크리스티안 비스발(Khristian Visbal)이 디자인한 "겁 없는 소녀(Fearless Girl)"라는 이름의 청동상을 별도로 설치하였습니다.[95] 그런데, 이 소녀상은 단지 예술적인 가치 그 이상을 나타내고 있습니다. 황소상의 반대편에 자신만만하고 도전적으로 서있는 어린소녀는 현대 직장사회의 성차별에 대한 투쟁을 상징합니다. 비즈니스 세계 속에서 남성지배를 의미하기도 하는 '황소'에 과감히 맞서는 그녀는 여성들에게 용기 있는 행동을 하도록 동기를 부여하고 있습니다.

돌진하는 황소상 앞에 세워진 '겁 없는 소녀상'

94 Dunlap, David W., Downtown's Bull, No Longer Emblematic Remains Popular, September 16, 2008, The New York Times, June 13, 2009.
95 Weiner-Bronner, Danielle, "Why a Defiant Girl is Staring Down the Wall Streetbull", CNN Money, March 7, 2017.

소녀상의 앞에 설치된 동판에는 "리더십에 있어서 여성의 힘을 알라(Know the power of woman in leadership)"라는 문구가 새겨져 있습니다. 이 작품이 설치된 날은 국제여성의 날이었습니다. 그리고 3,500개의 기업들에게 이사회에 더 많은 여성을 고용할 것을 요청하는 편지를 보냈습니다.[96]

● 4톤의 플라스틱 폐기물로 만든 고래

벨기에 브뤼즈(Bruges)에서는 브뤼즈 트리에니얼(Bruges Triennial) 2018을 기념하여 뉴욕 브루클린의 건축 디자인 회사인 StudioKCA가 대서양과 태평양에서 수거한 4톤 이상의 플라스틱 폐기물로 38피트 크기의 대형 고래상을 만들었습니다.

제임스 크리모스키와 레스리 장이 운영하는 StudioKCA는, 전 세계의 도시들이 바다에 쌓여가는 플라스틱 폐기물 공해에 어느 정도 악영향을 미치는지를 한 눈에 보여주고 싶어서 이런 공공미술품을 제작했다고 합니다. 세계 각처의 도시에서 버려지는 플라스틱 폐기물들이 해안과 바다를 뒤덮고, 해양동식물의 생존을 위험에 빠트리고, 생명을 빼앗고 있는 안타까운 현상을 강하게 고발하며 현대인들의 무분별한 플라스틱 사용 습관에 일대 각성을 주려는 의미를 전달해주는 성공적 공공미술품인 것입니다. 이 작품은 엄청난 양의 플라스틱 폐기물로 만들어졌지만, 5대양 바다를 떠다니는 1억 5천만 톤의 플라스틱 폐기물에 비교하면 아주 미미한 양에 불과합니다.[97] 이처럼 미술은 현대인의 삶의 문제나 환경문제에 참여하고, 경각심을 일으키는 데 중요한 메신저의 역할을 하기도 합니다.

96 변재진, "겁 없는 소녀(Fearless girl)"상 작가-크리스텐 비스발(Kristen Visbal), 2017년 3월 19일 https://cafe.daum. net/honglk23/QjGY/96
97 변재진, 1,000 파운드 플라스틱 폐기물로 만든 38피트 크기의 고래, 2018년 7월 1일, https://cafe. daum.net/honglk23/QjGY/150 2020년 4월 10일 검색.

제5절

도시의 폐허를 아름다운 예술품으로 변화시키는 스트리트 아트

도시 뒷골목의 얼굴 없는 예술가

스트리트 아트(Street art)란 도시 내 공공장소에서 익명으로 이루어지는 시각예술 활동을 주로 의미합니다. 작가들이 몰래 거리의 건축물에 스프레이로 그림이나 낙서 같은 그래피티를 그리거나, 스텐실로 그림을 찍어내거나, 스티커를 붙이거나 설치미술작품을 설치하는 게릴라 예술과 밀접한 관계가 있습니다. 스트리트 아트 작가들은 대부분 도시의 일정 장소나 공간에 그림을 그리기 때문에 법규제를 피해서 활동하며 짜릿한 쾌감을 즐기는 경우가 많습니다. 스트리트 아티스트에게 법적 규제는 오히려 도전적 작품활동을 자극해주는 추진력이 됩니다. 이렇게 도시의 건축물이나 구조물에 소유주의 허락 없이 불법적으로 낙서 같은 작품활동을 하는 행위가 법적으로 허용되는 나라는 없습니다. 도시당국의 허락을 받지 않고 공공장소에 그림을 그린다는 것은 공인받은 공공미술과 이미지에 대한 저항이고, 도시를 어지럽히는 갈등과 충돌 현상입니다. 그러나 스트리트 아티스트들은 불법성이 있음에도 불구하고 정치적 폭력, 가난과 불평등, 환경문제, 전쟁에 대한 반대, 기아문제 등 반제도적인 저항의 몸짓이 담긴 메시지를 대중들에게 전달하고 있습니다.[98]

불법적인 성격 때문에 과거에는 일반적으로 인정받지 못하는 미술분야였습니다. 그러나 시간이 지나면서 스트리트 아트와 그래피티는 다양한 매체와 창의적 아이디어를 가진 작가들의 등장으로 성격이 변화하게 됨에 따라 도시회화(Urban painting) 혹은 네오 그레피티(Neo-graffitti)라는 이름으로 불리게 되었습니다. 미술관이나 갤러리에 전시했을 때는 단지 수백명의 관객들과 소통할 뿐이지만, 거리에 그려진 그림은 도시의 이미지를 변화시키고, 그 장소를 지나치는 수십만 명의 시민들에게 다양한 영향을 미칠 수 있으며, 관람객과 공감과 연대감을 비교적 쉽게 형성할 수 있습니다. 스트리트 아트는 보통 도시의 삭막한 비장소(Non-

---

98 Anotova, Maria, "Street Art", Russian Life, 57(5), 2014, p.17.

place)와 의미 없는 공간을 보다 의미 있고 재미있는 장소로 변화시키는 매력이 있습니다. 작가들이 그림을 그리는 장소를 선택할 때, 물리적, 심미적, 사회적 환경에 대해서도 고민을 하는 장소 특정적인 예술의 성격을 가지고 있습니다. 좋은 작품은 도시의 미관을 개선하여 도심에 생명을 불어 넣기도 하고, 빠르게 많은 사람들에게 사회적 메시지를 전달하는 장점을 가지고 있습니다. 그러나 때로는 심미적으로 아름답지 못한 환경을 만들기도 하고, 전달하는 메시지가 혐오스러운 경우도 있습니다.

스트리트 아트의 불법성으로 인해서 각국에서 다양한 사회적인 문제가 발생하기도 합니다. 특히 정부나 권력자들에 대한 비판이 담겨 있을 때는 많은 예술가들이 사법 처리를 받기도 합니다. 정치적인 풍자 그림이나 스트리트 아트에 대한 정부나 사회의 대응 수준은 그 사회의 관용성과 개방성에 비례한다[99]고 볼 수 있습니다. 한 가지 분명한 것은 예술은 관용성과 개방성이 없는 곳에서는 제대로 꽃이 필 수 없다는 것입니다.

스트리트 아트나 공공미술은 모두 미술관이 아닌 특정 장소나 거리에서 미술활동을 하는 비영리적이고 비상업적인 미술운동입니다. 그러나 공공미술은 '공인을 받은 합법적인' 미술로 분류되기 때문에 스트리트 아트에서는 인정하지 않습니다.[100] 그래피티와 스트리트 아트는 스프레이 페인트로 건물의 벽에 폭격(Bombing)[101]을 하고 다니며 뒷골목에 낙서와 같은 그림을 그리는 게릴라 예술을 특징으로 하고 있습니다. 작품을 통해 전달되는 사회적·정치적인 메시지가 대체로 반자본주의적이고 반제도적 성격을 가지고 있습니다. 그리고 스텐실, 마커펜, 스프레이 페인트 등 전통적인 미술에서 일반적으로 사용하지 않는 재료와 작품제작기법 등을 구사하는 것이 제도권의 미술과는 차이가 있기 때문에 공공미술의 영역에서는 포함시키지 않는 경우가 많았습니다. 그러나 이제 스트리트 아트는 전 세계 도시 어느 곳에서나 흔하게 볼 수 있는 자연스러운 거리풍경이 되었고, 각국에서 도시미화와 거리의 활성화를 위해서 유명작가들을 고용해서 스트리트 아트작품을 제작하는 현상들이 나타나게 됨에 따라 미술의 한 장르로 자리

---

99 정준모, "테러 당한 아트테러리스트, 뱅크시", 정준모의 영화 속 그림 이야기, 서울신문, 2017년 8월 2일.
100 애너 바츠와베크 저, 이정연 역, 벽을 타고 세상과 소통한 예술 – 그라피티와 거리미술, 2015, p.79.
101 그래피티에서는 작업을 할 때 폭격(Bombing)한다는 표현을 사용합니다.

잡았습니다. 이제 스트리트 아트는 21세기를 대표하는 독립적인 미술운동의 하나로 자리매김 되고 있습니다.

스트리트 아트와 관련해서 가장 유명한 작가는 뱅크시(Banksy)인데, 그는 아무도 모르게 새벽에 도둑처럼 런던 거리에 나타나서 권력과 제도, 사회 문화를 조롱하고 신랄하게 풍자하는 그림을 그려놓고 사라지는 작가입니다. 얼굴도 이름도 알 수 없는 신비의  베일에 가려져 있는 작가이기 때문에 '얼굴 없는 예술가', '게릴라 아티스트', '아트 테러리스트' 등 다양한 이름으로 불리고 있습니다.[102] 뱅크시는 '반사회적인 그림', '싸구려 거리 그림'으로 취급을 받던 스트리트 아트를 하나의 예술로 승화시켰습니다. 그리고 뱅크시의 작품은 현재 미술경매시장에서 15억 이상의 고가에 거래되고 있습니다. 또 미술품이 고가에 팔리고 있기 때문에 뱅크시의 그림이 있는 건물의 벽과 문짝을 뜯어가는 사태까지 벌어지고 있습니다. 그의 작품이 설치되어 있는 런던에서는 뱅크시의 작품이 그려져 있는 장소를 방문하는 뱅크시 관광이 선풍적인 인기를 끌고 있기도 합니다.

또한 뱅크시보다는 시대적으로 앞선 작가로 키스 헤링(Keith Haring 1958~1990)과 바스키아(Jean Michel Basquiat 1960~1988)를 사례로 들 수 있습니다. 이들도 현재는 제도권 미술계에서 모두 유명한 예술가로 인정받고 있지만, 한때는 뉴욕의 뒷골목에서 낙서를 하던 무명화가였습니다. 이러한 스트리트 아티스트들은 미술관에 박제된 미술작품이 아니라 거리의 공공장소에 설치된 작품으로 입장권 없이 볼 수 있는 미술을 주장합니다. 이러한 생각과 이념은 마리네티(Marinetti)의 "미래주의의 선언(Manifesto of Futurism)"이라는 책 속에서 "우리는 모든 박물관을 파괴할 것이다(We will destroy all the museum)"[103]라고 과격하게 표현되어 있습니다. 이들이 미술관을 파괴하고 거리로, 야외로 돌아가겠다고 주장하는 것은 어떤 면에서는 마치 기원전 3세기 이전의 원시시대부터 존재하였던 미술원류로 돌아가겠다는 주장처럼 들리기도 합니다.

---

102 마틴 불 저, 이승호 역, 아트테러리스트 뱅크시, 그래피티로 세상에 저항하다, 리스컴, 2013, p.6.
103 Zox-Weaver, Annalisa, "Institutional Guerilla Art Open Access: The Public Sculpture of Florentjin Hofman", Sculpture Review, 2015, June, pp.22-26.

불편한 진실을 말해주는 게릴라 아트

세상을 변화시키는 예술의 힘은 정치인이나 기득권층이 숨기고 싶은 불편한 진실을 거리낌 없이 말하고 표현하는 용기입니다. 예술이 정치적 행동이나 저항 정신을 고취시킬 수 있기 때문에 도시의 벽들은 중요한 스트리트 아트 메시지를 위한 캔버스가 되기도 합니다.[104]

⬤ 가짜 도널드 트럼프 비석

옆 사진은 2016년 4월 28일 예술가들이 대통령 예비후보 도널드 트럼프에 대한 불만을 표현하기 위해서 뉴욕 센트럴 파크에 세운 도널드 트럼프의 묘지비석입니다. 가짜 비석 하단에는 "미국을 다시 위대하게(Make America Great Again)"가 아니라 "미국을 다시 미워하게 (Make America Hate Again)"라고 새겨져 있습니다. 이렇듯이 스트리트 아티스트들은 지위고하를 막론하고 심지어 최고권력자에게도 거리낌 없이 자신들의 생각과 저항정신을 표현하고 있습니다.[105]

이처럼 스트리트 아트는 아직도 정부가 합법적으로 허가 또는 승인하고 있지는 않지만, 대중들로부터 친숙한 예술의 한 분야로 받아들여지고 있는 상황입니다. 그리고 이러한 형태의 예술은 각국 정부 혹은 지방정부에서 공식적으로 스트리트 아트 페스티벌을 개최하게 하고 있습니다. 스트리트 아트 페스티벌에 참가하는 유명 스트리트 아트 작가들은 전 세계를 다니면서 벽화작업을 하고 있고, 유명작가의 경우는 갤러리나 경매에서 작품들이 고가에 매매되고 있습니다. 이러한 이유에서 정부나 시민단체에서 유명 스트리트 아트 작가를 공식적으로 초빙해서, 공공건물이나 시설물에 작품을 그려달라고 의뢰하고 있습니다. 유명 작가가 건축물에 스트리트 아트를 그려준 경우, 뱅크시의 벽화가 그려진 런던처

104 변재진, 불편한 진실을 말해주고 있는 스트리트 아트작품, 2017년 10월 30일, https://cafe.daum.net/honglk23/UWOx/51
105 변재진, "예술가들이 센트럴파크에 세운 도널드 트럼프의 비석", 2016년 4월 28일, https://cafe.daum.net/honglk23/QjGY/92

럼 유명한 관광지가 될 수도 있는 것입니다.

　이러한 관점에서 보면, 스트리트 아트는 도시의 단조로운 건축물에 의미 있는 미술작품을 그려 넣음으로써 해당 건축물이 새로운 관광매력물로서 가치를 갖게 되는 변화를 불러일으킬 수 있습니다. 이것이 문화예술이 가지고 있는 힘이라고 할 수 있고 그런 잠재력을 특징적인 관광자원으로 활용하려는 것이 문화관광개발의 한 방법이기도 합니다.

　스트리트 아티스트들에게는 도시의 황량한 건축물은 마치 캔버스와도 같습니다. 스트리트 아티스트의 작품이 부랑자들이 사는 뉴욕시 할렘의 어지러운 낙서일 수도 있으나, 황량한 도시의 폐허를 아름다운 예술작품공간으로 변화시키기도 합니다. 예술가의 무한한 상상력을 통하여 우리는 쓸쓸하고, 어두운 도시의 뒷골목까지도 희망차고, 생기가 넘치는 예술적인 공간으로 변화시킬 수 있습니다. 따라서 스트리트 아트는 도시관광개발 방법 중 하나의 중요한 수단으로 활용될 수 있고, 많은 관광객들을 방문하게 만드는 힘을 발휘할 수 있습니다.

　우리나라 통영의 동피랑과 부산 감천문화마을은 이미 벽화마을로 유명합니다. 그런데 폴란드에도 이런 마을이 있어서 소개합니다. 우리나라의 사례와 비슷한데 우리나라와는 시작된 이유와 운영방식이 다르고, 재미있는 부분이 있어서 문화관광개발 사례로 좋은 자료가 될 것 같습니다.

　오래 전 폴란드의 작은 마을 자리피에(Zalipie)에서는 스토브로 인하여 발생하는 숯 검댕이가 오두막집의 벽을 보기 싫게 덮어버리는 것이 큰 문제였습니다. 당시 주택은 공기환기가 안 되었기 때문에 숯검정이 자국은 대부분의 가정에서 볼 수 있는 일반적인 광경이었습니다. 그러던 중 어떤 사람이 자기 집에 붙은 숯검정이를 커버하기 위해서 벽에 꽃 그림을 그리기 시작하였습니다. 그것을 본 다른 사람들도 자기 집의 숯검정이 자국을 감추기 위해서 너도나도 꽃그림을 그리기 시작하였습니다.

　점차 마을의 모든 건물은 꽃그림으로 덮였고, 1948년 이후 꽃그림이 그려진 오두막 경연대회인 마로와나 챠타(Malowana Chata)를 개최하게 되었습니다. 이 경연대회의 원래 목적은 2차 세계대전 중에 발생한 전쟁의 잔혹함으로 인해 정신적인 고통을 받은 지역 시민들이 심리적으로 치유되고 빠르게 회복할 수 있도록 돕기 위한 정책의 일환이었습니다.

대만 타이중시의 무지개 마을

이렇게 마을이 꽃그림으로 아름다워지고, 그러한 소문이 주위에 퍼지게 되면서 자연스럽게 마을을 찾아오는 관광객이 많아지게 되어 관광지로 변화하였다고 합니다. 이처럼 문화관광은 항상 대도시의 관광 프로젝트만을 대상으로 하고 있는 것이 아니라 작은 시골마을에서도 참신한 아이디어만 있으면 훌륭한 문화관광자원을 개발할 수 있다는 장점이 있습니다. 문제는 독창적인 창의력일 뿐입니다.

대만 타이중시의 무지개 마을은 퇴역군인들이 살던 낙후된 마을인데, 정부의 재개발계획으로 인하여 철거될 예정이었습니다. 그런데 마을에 사는 96세의 황융푸라는 할아버지가 집집마다 돌아다니면서 그림을 그리면서 마을이 유명해졌습니다. 할아버지의 유명한 그림을 보려는 관광객들이 마을로 몰려오기 시작했고, 재개발을 취소하라는 민원이 쇄도하자 시당국의 마을철거계획은 취소가 되었습니다. 무지개 마을은 현재 전 세계에서 100만 여명이 방문하는 인기 관광지가 되었다고 합니다.[106] 미술은 버려진 장소를 아름다운 관광지로 변신시키는 놀라운 마술과 같은 힘이 있습니다.

런던 웸블리공원의 스트리트 아트 프로젝트

글로벌 스트리트 아티스트라는 단체와 미스터 두들(Mr Doodle)이 함께 추진하고 있는 런던 웸블리공원의 스트리트 아트 프로젝트(Wembley park street art project)가 2017년 8월 25일에 그 모습을 드러냈습니다. 웸블리공원 스트리트 아트 프로젝트는 2012년 런던올림픽에서 한국과 가봉의 축구예선경기가 열려서 한국 축구 팬들에게 잘 알려진 영국 축구의 성지인 웸블리 경기장에서부터 올림픽웨이(웸블

---

106 Journalist on The Run, Rainbow Village Taichung and Meeting Taiwan's Rainbow Grandpa, https://journalistontherun.com/2018/07/11/rainbow-village-taichung-taiwan/ 2020년 4월 24일 검색.

리웨이)를 연결하는 보행자 도로를 공간적 프로젝트 영역으로 정하고 있습니다. 글로벌 스트리트 아티스트와 협력사업으로 추진하는 스트리트 아트 프로젝트는 100개국의 스트리트 아티스트들에게 작품 제작의 기회를 주기 위해서 추진되고 있습니다.

미스터 두들의 작품이 첫 번째 웸블리공원 스트리트 아트 프로젝트의 설치작품입니다. 웸블리공원 스트리트 아트 프로젝트는 12개월이 소요되는 프로젝트로 다양한 예술가들이 웸블리공원의 여러 지역을 스트리트 아트작품으로 변화시키는 것을 목표로 하고 있습니다. 미스터 두들이라는 작가가 직접 그린 스트리트 아트작품은 올림픽 웨이지역에 제작되었는데, 이 지역의 단조로운 도로와 우중충한 거리가 동작품으로 인하여 스트리트 아트 애호가들이 좋아하는 공공갤러리로 변신하였습니다. 작가인 미스터 두들은 7개의 기둥(3.5m 높이)에 그린 웅장한 설치물과 12개의 콘크리트 블록 등 전체 4,300만 스퀘어 인치에 이르는 작업을 모두 수작업으로 추진하였습니다. 향후 100개국의 스트리트 아티스트들이 모두 작품을 완성하면, 웸블리공원 인근의 보행자도로는 국제적인 스트리트 아티스트 100명이 그린 작품으로 인하여 거리 전체가 '지붕 없는 열린 미술관'으로 변화하게 될 것이고, 세계적인 관광지로 변화할 것으로 예상됩니다.

글로벌 스트리트 아트의 공동설립자인 리 보프킨(Lee Bofkin)은 "스트리트 아트는 기대하지 않는 장소에서 사람들이 예술을 접하는 기쁨을 맛보게 한다는 것이 매력적입니다. 많은 사람들이 웸블리공원을 그냥 지나쳐 가는데, 그들이 잠시 멈추어 작품을 보고, 사진을 찍을 수 있다는 것이 훌륭한 경험입니다. 그것이 단순히 작은 미소일 수도 있겠지만, 스트리트 아트작품이 사람들의 일상에 무언가 기쁨을 줄 수 있다는 것은 의미 있는 일입니다. 스트리트 아트 프로젝트는 런던지역의 주택이나 빌딩과 같은 지역에도 예술가들이 스트리트 아트 작업을 할 수 있도록 지원을 해줍니다. 그리고 '그림이 그려진 도시에서 사는 것(Live in Painted Cities)'이라는 모든 주민들의 희망을 실현시켜 줍니다[107]라고 말하였습니다.

세계 각국에서 벌어지고 있는 스트리트 아트 프로젝트나 스트리트 아트 페스

---

107 Artdaily, "Today Wembley Park Unveiled, The Wembley Park Street Art Project", Friday, August 25, 2017.

● 웸블리공원 스트리트 아트 프로젝트

티벌로 인하여 아무런 의미가 없는 도시의 뒷골목이 매력적인 명소로 변화하고, 관광자원화 되는 사례들이 계속 발생하고 있습니다. 유럽에서 가장 큰 스트리트 아트와 그래피티 축제인 Upfest 2017은 300명의 예술가들이 영국의 브리스톨에 모여서 도시에 변화를 주는 프로젝트를 수행했습니다.[108]

300명의 스트리트 아티스트들이 변화시킨 도시의 모습은 엄청날 것입니다. 미술은 이처럼 폐허에도 새로운 생명력을 불어넣어주고, 버려진 도시의 공간의 가치를 매력적으로 변화시켜 주는 힘이 있습니다. 그리고 스트리트 아트로 인하여 아름다워진 도시는 주민들이 살기에 행복한 의미 있는 장소로 변화하고, 관광객들을 끌어 오는 놀라운 힘을 가지고 있습니다. 르네상스시대에 로마교황청에 벽화를 남겼던 미켈란젤로가 있었다면 현대에는 전 세계의 다양한 거리에서 매력적인 스트리트 아트작품을 남기고 있는 스트리트 아티스트들이 있습니다. 이러한 이유에서 각국에서 스트리트 아티스트들을 초빙해서 자국의 도시를 아름답게 만드는 프로젝트를 문화관광자원 개발정책으로 추진하는 국가들이 증가하고 있습니다.

최고 수준의 스트리트 아티스트들이 남긴 작품은 현재 유명 갤러리에서 고가로 매매되고 있습니다. 뱅크시가 영국 런던의 곳곳에 남긴 스트리트 아트작품은 런던의 가장 인기 있는 관광코스가 되고 있습니다. 시간이 지나면 뛰어난 작가들이 도시 건축물에 남긴 작품들 중 일부는 미켈란젤로나 레오나르드 다빈치의 작품 같은 가치 있는 명화로 인정을 받을 것이고, 국보적인 관광자원이 될 수 있을 것입니다. 따라서 스트리트 아트를 활용하여 관광자원화하는 것은 도시관광개발에 있어서 중요한 전략 수단이라고 할 수 있습니다.

---

108 변재진, 유럽에서 가장 큰 스트리트 아트 페스티벌 Upfest 2017, https://cafe.daum.net/honglk23/UWOx/30 2020년 4월 24일 검색.

제6절

세계적으로 확산되고 있는 미술 이벤트

미술 이벤트를 주도하는 세력

2017년 6월 유럽은 현대미술 이벤트로 성황을 이루었습니다. 스위스 바젤아트페어(Art Basel)가 2017년 6월 15일부터 6월 18일까지 스위스 바젤에서 개최되었고, 2년마다 개최되는 57회 베니스 비엔날레(Biennale di Venezia)가 5월 13일부터 11월 26일까지 이탈리아 베니스에서 개최되었습니다. 그리고 5년마다 개최되는 14회 카셀도큐멘타(Dokumenta Kassel)가 4월 8일부터 7월 16일까지 개최되었습니다. 마지막으로 10년에 한번 열리는 뮌스터 조각 프로젝트(Skulptur Project Munster)가 6월 10일부터 10월 1일까지 개최되었습니다. 따라서 6월에 유럽을 방문하면 스위스 바젤 아트페어, 이탈리아 베니스 비엔날레, 독일 카셀도큐멘타, 뮌스터 조각 프로젝트를 모두 관람하는 것이 가능했기 때문에 현대미술을 대표하는 아트페어와 비엔날레를 보는 여행 상품까지 나왔고, 많은 한국 미술인들이 패키지 여행으로 유럽을 방문하여 미술 이벤트를 관람하기도 했습니다.

1970년 스위스에서 아트바젤이 처음 시작되었는데, 이후 세계 최고의 아트페어로 발전하였습니다.[109] 아트페어는 미술관처럼 감상이 목적이 아니라 미술품의 거래를 목적으로 하는 미술시장입니다. 마치 무역 엑스포처럼 수백명의 갤러리스트와 갤러리들이 부스전시와 미술품을 판매하고 있고, 이외에도 도슨트의 작품설명, 세미나와 컨퍼런스 같은 학술행사, 음악회 등 다양한 프로그램이 함께 개최되는 축제의 장이라고 할 수 있습니다. 따라서 현대미술시장의 흐름을 이해하고, 미술에 대한 안목을 넓히기에는 아트페어만한 행사가 없습니다.[110] 아트페어에 참여하는 사람들은 전문적으로 미술품을 수집하는 컬렉터, 작품에서 투자 이익을 바라는 사람, 비자금 조성을 위해 기웃거리는 사람 등 다양한 사람들이

109 이재희, 미술경제학 – 현대미술시장의 이해, 탑북스, 2012, p.172.
110 김보름, 뉴욕 미술시장 – 예술과 경제가 만나는 곳, 미술문화, 2010, p.78.

모여서 시장을 구성하고 미술축제를 즐깁니다.[111]

국제적인 비엔날레나 국제전시들은 조금씩 차이는 있지만 최근의 예술적 혁신과 성취 결과물을 보여주는 것이 목적입니다.[112] 2년에 한번씩 열리는 미술 이벤트를 비엔날레(Biennale)라고 하는데, 만국박람회에서처럼 각국의 대표적인 예술가들이 각국의 전시관을 운영하는 형식입니다. 각국의 스타 아티스트들이 전시에 참가하고, 신진스타 아티스트가 새롭게 탄생하는 창구 역할을 하기도 합니다. 3년마다 열리는 행사는 트리엔날레(Triennale)라고 합니다. 베니스 비엔날레는 2년만에 한번 개최되는데, 카셀도큐멘타는 5년에 한번 개최됩니다. 그리고 뮌스터 조각 프로젝트는 10년에 한번 개최되고 있습니다. 비엔날레나 트리엔날레는 예술과 정치가 밀접하게 연결되어 있다는 것이 특징입니다. 따라서 비엔날레의 역사는 '미술사와 정치'로 읽어야 합니다.[113] 비엔날레와 트리엔날레는 예술의 발전만을 목적으로 하는 것이 아니라 국민들의 자부심을 향상시키는 목적, 국제적인 교류 활성화 등의 정치적인 의미가 있는 관계의 예술(Relative art)입니다.

비엔날레에 대해서는 1990년대부터 몇 가지 비판이 제기되고 있습니다. 비엔날레와 국제적인 미술전시의 경우 대부분의 예술감독을 서구 백인이 차지하고 있어 지나치게 유럽과 미국이 주도권을 가지고 있다는 비판이 있습니다.[114] 세계화로 인하여 예술세계도 유럽과 미국문화가 강세가 되었기 때문인 것으로 이해됩니다. 그러나 1990년대 이후 점차 여성과 유색인종이 예술감독으로 진출하면서 이러한 비판은 줄어들고 있습니다.

그리고 두 번째 비판은 비엔날레의 전시의 질이 동질화되고 있다는 것입니다. 세계화로 인하여 문화예술의 서구 중심의 보편화 현상이 세계적으로 문화적 차별성을 희소시키고 있습니다. 그리고 소수의 유명한 예술감독이 다른 도시에서 개최되고 있는 비엔날레를 함께 기획하고 있기 때문에 전시의 질이 균질화되

---

111 최도빈, 새로운 예술을 꿈꾸는 사람들, 아모르 문디, 2016, p.29.
112 Altshuler, B., Biennials and Beyond: Exhibitions that made Art History, 1962-2002, Phaidon Press, 2013.
113 Vogel, S. B., Biennials-Art on a Global Scale, Springer, 2010, p.11.
114 Noda, K., Bunka-Seisaku no Tenkai(Development of the Cultural Policy) Gakugei-Syuppansya, 2014, Naoko Takahashi, Discussion Papers in Arts & Festivals Management, 2015, p.53.

는 경향이 있습니다.[115] 향후 비엔날레는 여러 국가의 다양한 계층과 연령층의 예술감독이 전시를 기획할 수 있는 기회를 주어서 좀 더 공평하고 창의적인 전시가 개최될 수 있도록 개선하는 것이 중요하다고 봅니다.

미술 이벤트 비엔날레의 역사

세계 최초의 비엔날레는 1895년 처음 개최된 베니스 비엔날레입니다. 19세기 말 베니스는 이탈리아의 통일로 도시의 자치권을 잃게 됩니다. 이로 인하여 상실된 도시의 긍지와 권위를 회복하기 위해서 예술축제를 기획하게 되었다고 합니다.[116] 베니스 비엔날레에 이어 1907년에 워싱턴의 콜코란 비엔날레(Corcoran Biennial)가 개최되었고, 1932년 뉴욕 휘트니 비엔날레(Whitney Biennale)가 개최되었습니다.[117] 최초의 베니스 비엔날레가 개최되고서 70년 후인 1951년 베니스 비엔날레를 모델로 삼은 상파울루 비엔날레가 개최되었습니다. 상파울루 비엔날레는 베니스 비엔날레처럼 각국의 대표 미술작가를 선정하였습니다. 상파울루 비엔날레의 목적은 브라질과 남미 예술가들을 국제적인 무대에 소개하고, 상파울루를 라이벌 도시인 리우데자네이루를 능가하는 남미의 문화수도로 만들려는 것이었습니다.[118]

1955년 카셀도큐멘타(Kassel Documenta)가 시작된 카셀이라는 독일의 도시는 18세기에는 가장 아름다운 도시의 하나라고 불리던 도시였습니다. 그런데 제2차 세계대전 때 하늘을 뒤덮은 영국 전투기들의 엄청난 폭격으로 도시 대부분이 파괴되어 잿더미가 되었습니다. 패전 이후 폭격으로 파괴된 카셀의 시민들을 예술로 치유하고, 나치정권하에서 퇴폐미술이라고 억압받았던 현대미술의 명예를 회복시키려는 목적으로 카셀대학교 교수이자 화가인 아놀드 보데(Arnold Bode)가 도큐

---

115 Altshuler, Op. cit., 2013, p.22.
116 Naoko Takahashi, Discussion Papers in Arts & Festivals Management - The Role of Arts Festivals in Contemporary Japan, 2015, p.9.
117 Vogel, S. B., Biennials - Art on a Global Scale, Springer, 2010, p.6.
118 Altshuler, Biennials and Beyond: Exhibitions that made Art History, 1962 - 2002, Phaidon Press, 2013, p.12.

멘타를 처음 기획하기 시작하였다고 합니다.[119] 초기에는 피카소, 칸딘스키 등 현대미술에 지대한 영향을 미친 저명한 미술가들의 작품이 전시되었습니다. 4년에 한번 개최하기도 하였는데, 현재는 5년에 한번씩 100일 동안 개최되고 있어서 "백일 동안의 미술관"이라고 하기도 합니다.[120] 도큐멘타는 현대미술의 기록(Documentation)이라는 의미를 가지고 있는데, 국가별·대표작가별로 구분하여 전시하는 구조가 아니라, 위원회 구조로 운영되고 있습니다. 최근에는 미술관 전시장 안이 아니라 거리에 장소 특정적인 설치작품들이 많아지고 있는 추세입니다.

2017년 카셀도큐멘타의 주제는 '아테네에서 배우기'였는데, 독일의 카셀과 그리스 아테네 두 곳에서 동시에 개최되었습니다. 카셀은 도큐멘타 기간 중에는 도시 전체가 예술작품으로 가득했습니다. 많은 작품들 중에서 가장 인상적이었던 작품은 카셀 국립박물관 앞에 설치된 예술가 마루타 미누힌(Marta Minujin)의 아테네 신전과 같이 생긴 작품 '책의 파르테논(Parthenon of Books)'이었습니다. 이 작품은 전 세계 10만 권의 '금서'를 기증받아서 만든 설치작품이었습니다.

뮌스터 조각 프로젝트(Sculpture Projects in Münster)는 10년에 한번 개최되는 미술축제입니다. 뮌스터 조각 프로젝트는 시민들의 공공미술에 대한 불만을 해소하고, 시민들의 미술에 대한 이해를 높이기 위해서 개최하기 시작한 장소 특정 설치예술작품 위주의 전시행사입니다. 1977년 처음 시작된 뮌스터 조각 프로젝트는 1회부터 4회까지 40년간 75세 거장 카스퍼 쾨니히(Kasper König)라는 한사람의 예술감독이 진두지휘하고 있습니다. 전시가 개최되는 동안 독일북부에 위치한 소도시 뮌스터는 도시 전체가 하나의 커다란 조각 전시장으로 변하고, 이를 보기 위해서 찾아오는 외지 관광객들로 축제의 장으로 변합니다. 최근에는 뮌스터 조각 프로젝트의 주요장소에는 바와 레스토랑들이 생겨나면서 임대료가 오르는 젠트리피케이션 현상까지 나타나고 있다고 합니다. 뮌스터 조각 프로젝트가 장소 특정적인 설치미술을 중심으로 개최되기 시작하고 나서 1980년대부터는 장소 특정적인 예술작품이 더욱 일반화되기 시작했습니다.

---

119 Andrian Searle, Documenta 13: Mysteries in the Mountain of Mud, The Guardian, 11 Jun, 2012.

120 Documenta, https://ko.wikipedia.org/wiki/%EB%8F%84%ED%81%90%EB%A9%98%ED%83%80 2020년 1월 28일 검색.

1984년 쿠바에서 시작된 하바나 비엔날레(Havana Biennial) 역시 장소 특정적 예술을 중심으로 하고 지역주민과 예술가의 관계를 중시하는 특성을 가지고 있습니다. 당시 서방으로부터 고립된 쿠바 카스트로 정권이 국제사회로부터의 고립을 깨고, 국가의 응집력을 강화하게 하기 위해서 몇 가지 문화축제를 시작하였습니다. 그 중 하나가 하바나 비엔날레입니다. 1984년 처음 개최된 하바나 비엔날레에는 남아메리카와 캐리비안 국가의 작가들만 작품을 전시하였습니다.[121] 그 후 아프리카와 아시아 미술이 포함되어 비서구국가 예술가들의 만남의 장이 되었습니다. 2000년대 조지 부시 대통령이 쿠바여행을 금지시키고 쿠바미술품을 구매하는 미국의 쿠바 미술애호가들의 작품구입 경로를 막아서 쿠바미술계가 큰 타격을 받기도 했습니다. 그러나 2009년 오바마 대통령이 여행 제한을 해제하면서 쿠바 미술 거래가 늘어나고 활성화되고 있다고 합니다.

그 후 많은 비엔날레가 확산되었고, 특히 1990년대에 전 세계 85개의 예술축제 중에 65개가 처음 시작되었다고 합니다.[122] 비엔날레는 아프리카, 아시아 그리고 아랍으로 확산되어, 1990년대는 비엔날레가 붐을 이루는 시대라고도 표현할 수 있습니다.

특히 2000년에 시작된 일본의 에치코 츠마리 아트 프로젝트(제17장)와 2010년 시작된 세토우치 국제예술제(제18장) 같은 일본의 아트 프로젝트는 3년에 한번씩 개최되는 트리엔날레 형식인데, 순수한 예술적인 목표보다는 예술을 통해서 쇠락하는 농촌사회와 섬마을의 지역재생을 목표로 하는 관계예술적 성격을 강하게 가지고 있고, 장소 특정적인 특성을 가지고 있습니다. 일본의 아트 프로젝트는 일본 내 여러 지역에서 수십개에 달하는 미술 이벤트가 새롭게 시작되고 있습니다. 일본 아트 프로젝트의 특성은 예술 전시도 중요한 의미를 가지고 있지만, 농촌의 인구 과소화와 고령화를 해결하기 위한 지역활력·재생의 주요수단적인 성격을 가지고 있습니다. 이런 현상은 단지 일본만의 현상이 아니고, 1999년 시작된 영국의 리버풀 비엔날레에서도 인구감소와 심각한 실업문제를 해결해보려는

121 Victoria Burnett, American Accents Being Heard on the Malecon, The NewYork Times, May 18, 2012.
122 Yoshimoto, M., The Age of Triennial, Nissei Research Center, 2014.

표 6-1 세계의 주요 비엔날레

비엔날레	설립년도	개최도시
베니스 비엔날레 (Biennale di Venezia)	1895년	이탈리아 베니스
상파울루 비엔날레 (Bienal de Sao Paulo)	1951년	브라질 상파울루
카셀도큐멘타 (Dokumenta Kassel)	1955년	독일 카셀 5년마다 개최
파리 비엔날레 (Biennale de Paris)	1959년	프랑스 파리
휘트니 비엔날레 (Whitney Biennial)	1932년	미국 뉴욕
시드니 비엔날레 (Biennale of Sydney)	1973년	오스트레일리아 시드니
뮌스터 조각 프로젝트 (Skulptur Projekte Munster)	1977년	독일 뮌스터 10년마다 개최
리옹 비엔날레 (Biennale d'art contemporain de Lyon)	1984년	프랑스 리옹
하바나 비엔날레 (Havana Biennial Art Exhibition)	1984년	쿠바 하바나
이스탄불 비엔날레 (International Istanbul Biennial)	1987년	터키 이스탄불
광주 비엔날레 (Gwangju Biennale)	1995년	한국 광주
상하이 비엔날레 (Shanghai Biennale)	1996년	중국 상하이
마니페스타 (Manifesta)	1996년	유럽도시 (로테르담)
베를린 비엔날레 (Berlin Biennale)	1998년	독일 베를린
요코하마 트리엔날레 (Yokohama Triennale)	2001년	일본 요코하마
싱가포르 비엔날레 (Singapore Biennale)	2006년	싱가포르

출처: 이재희, 미술경제학 - 현대미술시장의 이해, 탑북스, 2012.

목표에서 시작되었습니다.[123]

우리나라의 경우도 1995년에 최초로 광주 비엔날레가 개최되었고, 이후 부산 비엔날레, 청주국제공예 비엔날레, 경기도 세계도자기 비엔날레, 광주 디자인 비엔날레, 제주 비엔날레가 개최되고 있습니다. 한국의 미술시장 규모에 비해서 지나치게 많은 비엔날레가 개최되고 있고 성과측면에서는 아쉬운 점이 많습니다. 이러한 비엔날레들이 경쟁적으로 개최되고는 있지만 작품의 질이나 세계적인 인지도에서 아직은 주목받지 못하고 있고, 서구국가들의 문화식민주의에서 벗어나 우리만의 고유한 미술적 정체성을 확립하기 위한 전시를 충분히 기획하지도 못하고 있다는 점이 안타깝습니다. 아마도 이러한 문제는 한국미술의 경쟁력이 강화되어 한국작가들이 세계적으로 인정받는 수준에 이르게 되기까지는 해결되기 어려운 문제라고 판단됩니다. 전시장을 둘러보면 외국작가가 위주로 전시되고 있고, 한국작가들의 목소리가 조금 부족하지 않나 하는 생각이 들곤 합니다. 한국 비엔날레가 유명 외국작가와 큐레이터들에게 전시공간을 빌려주는 외국 작가들의 미술축제가 아니라, 우리 한국미술 그리고 한국작가들의 존재를 세계에 알리는 이벤트로 발전되기를 희망해 봅니다. 그러기 위해서는 한국작가들의 작품 수준이 세계적인 수준에 도달하여야 하고, 좋은 청년작가와 신진작가들을 세계시장으로 진출시켜 국제적인 작가로 성장시키는 정부의 노력이 무엇보다 필요하다고 할 수 있습니다.

한국미술이 세계적인 선풍을 일으키는 시대를 기대하며

앞에서 살펴본 것처럼 현대미술은 미디어 아트, 인터랙티브 아트, 관계의 미학, 참여의 미술, 공동체 미술, 장소 특정적 미술, 사회적 조각, 비디오 조각, 아티스틱 아키텍쳐 등의 전혀 다른 이름과 성격으로 영역을 확대하면서 변화되고, 발전하고 있습니다. 건축, 생명공학, 컴퓨터공학, 로봇공학, 인공지능, 키네틱 아트, 레이저 영상기술, 인체공학 등 다양한 학문영역과 이종교배를 통해서 미술은 화가의 화폭이나 미술관의 화이트 큐브를 벗어나 첨단 종합과학의 세계로 지

---

123 Garcia, B., Impacts 08: The Liverpool Model, European Capital of Cultural Research Programme, University of Liverpool, 2010.

속적으로 변신을 할 것으로 예상됩니다.

이제 미술은 화이트 큐브에서 벗어나 과학의 영역, 건축의 영역, 도시계획의 영역, 관광개발의 영역, 사회·문화·정치적 영역으로 확산하며 종합학문적인 성격으로 변화하고 있습니다.

또한 민중의 상처받은 영혼을 위로하고, 치유하는 미술의 사회적 역할은 더욱 중요해지고 있습니다. 현대미술의 변화는 장르를 파괴하면서, 도시공간과 지역사회를 변화시키고, 관광산업의 경쟁력을 강화하고, 국가 이미지를 개선하는 중요한 매개체의 역할을 수행하고 있습니다. 이러한 세계적인 미술의 추세와 비교하면 한국미술은 아직도 전통적인 회화의 영역에서 제자리걸음하고 있는 것 같아 무척 안타깝습니다.

그러나 한국인은 예술적 감수성과 끼를 가지고 있는 아름다운 민족이기 때문에 장기적인 전략을 가지고 우리 미술의 현대화와 세계화에 노력한다면, 새로운 미술의 변화를 오히려 앞질러서 향후 세계미술시장을 선도할 수 있을 것입니다. 이를 위해서는 한국정부와 관계자들이 '현대미술은 국가경쟁력을 좌우하는 중요한 전략적 수단이며 세상을 아름답게 바꾸는 도구이며 지역을 변화시키는 촉매제'라는 것을 정확히 인식하고, 한국미술을 체계적이고 효율적으로 육성하기 위한 장기적인 전략을 강구하고 꾸준히 추진하여야 합니다. 그리고 미술교육의 경우도 예쁜 그림, 잘 팔리는 그림을 그리는 것이 현대미술이 아니고, 건축가와 경쟁하여 아름다운 건축물도 창조하는 미술가, 도시계획가와 경쟁해서 아름다운 도시공간을 개발하는 미술가, 지역사회에 아름다운 변화를 가져오는 미술가 등 사회를 변화시키는 새로운 혁신적인 미술가가 나올 수 있는 방향의 교육도 이루어져야 합니다. 우리 사회를 아름답게 변화시키는 행동지향적 미술가들을 양성하기 위하여 미술교육의 틀을 바꾸어야 합니다. 그리고 금속, 미디어, 염료, 전자 등 다양한 매체에 대해서 전문적이고 과학적인 교육을 통해서 컴퓨터 아트시대에 필요한 융복합적인 교육이 이루어 질 수 있어야 합니다. 주먹구구식으로 미술을 하던 시대는 이미 지나갔습니다. 미술은 최첨단 과학이고, 발명이기도 합니다.

레오나르드 다빈치의 최후의 심판이라는 벽화 하나 때문에 세계적으로 유명해진 밀라노에 있는 산타마리아 델레 그라치에 성당이나 미켈란젤로의 천지창조와 최후의 심판으로 유명한 시스티나 성당은 미술의 위대한 힘을 보여주고 있습니다. 미술의 힘은 정치나 군사력과 같이 파괴적이거나 강압적이지 않고, 공기처럼 보이지 않고 두드러지게 나타나지도 않습니다. 그러나 점진적으로 인간의 삶과 내면세계를 변화시키고(일상의 미학), 예술화전략을 통하여 쇠락한 도시를 재생시키고(공동체 미술과 사회적 미학), 부드러운 예술적 감성이 작업환경을 쾌적하게 변화시키고(조직의 미학),[124] 도시와 농촌(도시의 미학과 환경의 미학)을 아름답게 변화시킵니다. 예술은 예술화전략(Artification strategy)[125]을 통해서 의미 없이 버려진 공간을 의미 있는 관광명소로 변화시키는 힘이 있기 때문에 문화관광개발전략에 있어서 매우 중요한 고려요소이고, 전략 수단입니다. 미술발전에 대한 우리 정부의 정책이 좀 더 과학적으로 변화하고, 미술교육도 혁신되길 바라며, 방송 드라마와 대중가요 그리고 영화분야의 한류 못지않은 K-Art의 선풍이 세계시장을 휩쓸게 되는 찬란한 한국미술의 미래를 희망해봅니다.

---

124 Sthephen Andrew Linstead et al., The Aesthetics of Organization, 2000.
125 예술화(Artification)와 예술화전략(Artification Strategy)은 p.229 각주 79 내용을 참조 바랍니다.

스토리텔링으로 관광객의 마음을 잡아라

제1절
사람의 마음을 사로잡는 스토리텔링

문자가 없는 원시사회에도 스토리텔링은 존재했다

앞에서는 예술 특히 미술분야가 문화관광개발에 밀접한 관련이 있음을 살펴보았습니다. 이번 장에서는 문학 혹은 스토리텔링이 관광개발과 어떤 관련이 있는가를 살펴보고자 합니다. 미술과 문학은 서로 다른 영역이고, 서로 생소한 것처럼 보이지만, 인간 역사를 살펴보면 미술과 문학은 모두 인간이 소통하는 스토리텔링의 도구로서 아주 밀접한 관계를 가지고 있었음을 알 수 있습니다. 언어나 문자가 없던 구석기시대에도 인간은 동굴이나 바위에 암각화와 같은 원시적인 상징을 새겨 넣어 의사를 표현해왔습니다.

최근 3만 7000년 전 구석기시대의 동굴 암각화가 프랑스 서남부 도르도뉴지방 아브리카스타네에서 발견되기도 했습니다. 세계문화유산으로 등재되어 있는 프랑스 라스코 동굴(Lascaux cave)과 스페인의 알타미라 동굴(cueva de Altamira)의 구석기시대 벽화는 전 세계적으로 많은 관광객들이 찾는 관광명소입니다. 터키 남동부 샤늘르우르파 외렌직에 있는 기원전 1만년 전~8천년경의 신석기시대 건축물 괴베클리 테페라는 인류가 농업을 하기도 전에 건축을 한 최초의 건축물로 인정받고 있습니다. 그런데 기원전 1만년 전에 만들어진 인류 초기 건축물의 기둥에도 인간과 동물의 형상이 조각되어 있다고 합니다.[1]

페루의 나스카에서는 고래, 원숭이, 벌새, 거인 등이 땅 위에 300m 이상의 크기로 그려져 있는 나스카 라인(Nazca line)이 발견되었습니다. 지상에서는 그 큰 그림의 실체가 무엇인지조차도 전혀 파악 안 되는 초대형 그림을 왜 페루에 살던 고대 원시인들이 그리게 되었는지, 어떻게 그렸는지가 아직도 미스테리입니다. 외계인들이 우주선 착륙을 위한 표지판으로 그린 그림이라는 주장까지도 있긴 합니다. 그 이유가 무엇이던 간에 인간은 구석기시대부터 소통하기 위해서 그림을 그려서 자신들의 생각을 스토리텔링하였습니다.

원시시대의 그림은 인류가 언어와 문자를 갖게 되면서 미술과 문학으로 나뉘게 됩니다. 그림으로만 스토리텔링할 수 있었던 인간이 문자라는 도구를 발명하게 되면서 문자로도 스토리텔링을 하기 시작했고, 그 결과 문학이 탄생하였습니다. 19세기까지 수많은 미술분야의 대가들이 작품의 소재와 영감을 문학의 텍스트 속에서 찾았습니다. 화가들이 그린 작품 속에는 신화, 전설, 역사, 성경 등에 표현된 문학적 주제[2]들이 시각적인 작품으로 창조되었습니다. 레오나르드 다빈치의 최후의 만찬, 미켈란젤로의 천지창조와 최후의 심판, 중세시대의 종교화는 모두 성서에 실린 이야기들을 글을 모르는 일반인들이 이해할 수 있도록 성서문학을 시각적으로 회화화 한 것이었습니다. 종교 권력자들은 보이지 않고 믿어지지 않는 성서의 기적과 환상적인 이야기들을 보이는 이미지로 만들어서 신도들의 신앙을 돈독하게 만들려고 노력했고, 포교를 하는 데 이용하였습니다. 많은 화가들은 종교기관으로부터 작품의뢰를 받거나 후원을 받고 그들이 원하는 내용의 그림을 그려주었습니다. 또한 왕이나 귀족들의 무용담, 초상화, 신화 등이 그림으로 그려지기도 했는데, 이 또한 왕이나 귀족의 권위를 높이고, 신성시하기 위한 목적으로 그려진 것이 많았습니다. 중세부터 표현주의와 야수파로 대표되는 근현대미술이 등장하기까지 대부분의 화가들의 후원자는 종교권력자나 왕족

1 유현준, 어디서 살 것인가 – 우리가 살고 싶은 곳의 기준을 바꾸다, 을유문화사, 2018, p.8.
2 Daniel Bergez 저, 김모세, 임민지 역, 문학과 미술, 시와 진실, 2009, p.5.

혹은 귀족 등 지배층이었고 화가는 종교집단의 경전 내용이나 왕족의 스토리(Story)를 그림으로 텔링(Telling)하였습니다. 문자가 발명된 후에도 그림으로 스토리텔링을 하는 현상은 현재까지 이어져 현대미술 속에도 여전히 그 흔적이 남아 있습니다.

그러나 1900년대 초반 표현주의와 독일 다리파 미술가와 같은 현대미술의 등장과 더불어 미술은 더 이상 종교나 왕권의 신성함을 시각적으로 지각시키기 위한 수단이 아니었으며, 가공 또는 실제의 이야기를 오래 기억되게 하는 강렬한 시각적 형태로 묘사하여 교회와 왕권의 위대함을 찬양하기 위한 도구도 아니었습니다.[3] 현대미술의 역할은 대중을 아름다움을 통해서 감동시키고, 열광시키는 것으로 변화되었습니다. 마티스는 "미술에 모든 것을 바치려는 자는 언어와 인연을 끊어야 한다"[4]라는 식으로 문학과 미술의 관계를 끊어야 한다는 말을 하기도 하였습니다. 그러나 아직도 미술은 문학적인 스토리텔링을 소재로 삼고 있는 경우가 많고, 미술비평가라는 전문가들의 문학적 평론에 의지하고 있는 모습을 보이고 있습니다. 결국 미술은 아직 시각언어만으로 자신의 세계를 구축하지 못하고, 언어와 문자의 스토리텔링에 도움을 받고 있는 것입니다.

동양화의 경우에도 시·서·화 삼절(詩·書·畵 三絶)이라고 하여 동양화가의 작품 속에는 그림만 있었던 것이 아니고, 시와 서예가 함께 들어 있었습니다. 따라서 옛날 동양화가 중에는 시·서·화 세 가지 부문 모두에 조예가 깊은 예술가가 가장 높이 칭송되었습니다. 동양의 화가는 화가이면서 시인이고, 서예가라는 세 가지 재능을 겸비하는 것을 목표로 하였습니다. 동서양을 막론하고 미술과 문학은 서로 함께 함으로써 더 풍부해지고 더욱 개성이 강화되는 시너지 효과를 서로 나누는 관계였습니다.

스토리텔링은 인류의 역사와 함께 시작되어 신화, 전설, 설화를 포함한 다양한 형태로 인간에게 지혜와 지식 그리고 문화를 전달[5]해주었기 때문에 인간을 스토리텔링 동물(Storytelling animal)[6]이라고 말하는 학자도 있습니다. 스토리텔링은

3 노버트 린튼 저, 윤난지 역, 20세기의 미술, 예경, 2007, p.38.
4 김모세, 임민지, 문학과 미술, 시와 진실, 2011, p.7.
5 Reamy, T. Imparting Knowledge through Storytelling, KM World, Vol.11, No.7, 2002, p.5.
6 GottSchall, J., The Storytelling Animal: How Stories Make Us Human, Houghton Mifflin Harcourt, 2012.

머리가 아닌 마음으로 이야기를 전달하는 것으로 스토리텔링을 '스토리를 전달하는 예술'[7] 혹은 '공감하게 만드는 예술'이라고 표현하기도 합니다. 어느 지역이든지 지역의 역사와 개성이 담긴 독특한 이야기가 있습니다. 지역을 경험하지 못한 사람에게 지역의 오랜 꿈과 감성이 살아있는 스토리를 들려주어 감동을 시키고, 지역을 알리고, 방문하고 싶도록 만드는 것이 스토리텔링의 힘입니다.

치열한 스토리 원조 논쟁

최근에는 문학작품에 나오는 이야기를 창조적인 스토리텔링을 통해 가시화시켜 테마파크, 테마거리, 광고, 영화, 드라마, 만화, 애니메이션, 게임, 캐릭터, 웹사이트 등 파생적 문화상품을 다양하게 창조하고 있습니다. 이야기 소재 하나를 잘 발굴해서 여러 가지 유형의 파생상품을 만들어내는 OSMU(One-Source Multi-Use)와 OMSD(One-Source Multi-Device)전략이 수많은 시너지 효과를 발생시키고 있습니다. 스토리텔링은 단순히 언어나 문자를 통해서 소통하는 문학스토리텔링뿐만 아니라 회화·상징·애니메이션·디자인 등을 통한 이미지 스토리텔링, 퍼포먼스나 이벤트 그리고 축제를 통해서 스토리를 전달하는 이벤트 스토리텔링, 테마파크·에코뮤지엄·테마거리·테마관광루트 등 이야기를 공간으로 조성하는 장소 스토리텔링, SNS·가상현실 VR·증강현실 AR·미디어 아트 등 인터넷을 통하여 정보를 소통하는 인터넷 스토리텔링, 신문, TV, 잡지, 광고와 같은 언론매체를 이용한 언론 스토리텔링 등 다양한 매체를 사용하는 스토리텔링의 형태가 존재합니다. 특히 과학기술의 발달로 인하여 인터넷을 통해서 전달되는 입소문 스토리텔링이 강력한 영향력을 발휘하고 있습니다.

과거에는 생산업체들이 물건의 품질이나 가격 혹은 디자인으로 상품들을 차별화시켰지만, 이제는 스토리텔링을 통하여 대중에게 환상적인 꿈과 이미지, 정서적 공감 그리고 용기를 제공해주며 사람들의 마음을 움직여 상품을 구매하도

---

7 Kamel Ben Youssefa et al., "Storytelling in the Context of Destination Marketing: an Analysis of Conceptualisations and Impact Measurement, Journal of Strategic Marketing", 2018, p.3.

록 하는 등 스토리텔링을 활용한 마케팅이 기업활동에 매우 중요한 시대가 되었습니다. 스토리노믹스라는 말이 회자되듯이 스토리가 창조하는 경제적 성과가 더욱 중요한 시대인 것입니다. 특히 관광상품은 실질적으로 교환되는 물질적인 제품이 거의 없고, 객관적으로 측정하기 어려운 경험, 체험이라는 무형적인 성격이 지배적인 상품입니다. 따라서 관광상품은 제조업체가 생산한 물질적 제품처럼 맛과 중량, 영양성분, 디자인, 판매가격 등과 같은 품질이나 가치를 객관적으로 측정하기가 어렵습니다. 관광객 개개인이 가지고 있는 꿈과 환상에 의해서 관광상품 가치의 많은 부분이 평가되고 판매되는 특성을 가지고 있습니다.[8] 따라서 관광마케팅에서 스토리텔링을 통해서 관광객에게 꿈과 환상을 제공하는 관광상품개발과 판매가 무엇보다도 중요한 성패 요소가 됩니다.

또한 관광상품개발이 성공할 것인가 여부는 목표 관광객이 관광지에 가서 느끼게 되는 매력도, 아름다움, 즐거움과 해당 관광지의 주민과 관광업 종사자들의 친절 정도와 환대성과 같은 무형적 요소에 달려있습니다. 그런 무형적 요소에서 발생되는 만족감과 감동, 감성 정도에 의해서 관광상품의 진정한 가치가 결정되게 됩니다. 관광상품의 가치는 물질적인 교환가치보다는 양적으로 측정하기 어려운 미학적이고 정신적인 가치, 상징적인 가치 등과 같은 무형적인 경험가치인 것입니다. 따라서 비슷한 관광상품이라 하더라도 관광객의 개인적 취향, 지적인 수준, 정신세계, 경제적 수준에 따라서 선호도는 완전히 달라질 수 있습니다. 그러므로 관광의 많은 부분은 스토리텔링을 통하여 보이지 않는 꿈과 환상이라는 가치를 느낄 수 있도록 형상화하거나 체험을 얻게 해주는 정도에 의하여 가치가 좌우된다고 봅니다. 수많은 관광객은 동일한 시간대에 동일한 경험을 하더라도 관광경험에 대한 만족도는 다를 수 있습니다. 왜냐하면 관광객이 가지고 있는 관광지와 그 지역에 대하여 가지고 있는 환상과 선입관에 따라서 동일한 경험을 해도 느끼는 관광가치는 다르기 때문입니다.

외국의 경우 전래동화와 소설을 소재로 장소 스토리텔링을 하여 국제적인 관광지로 유명해진 도시들이 많이 있습니다. 예를 들면, '로미오와 줄리엣'으로 유

---

8 Bowen, J., Research through Participant Observation in Tourism: A Creative Solution to the Measurement of Consumer Satisfaction/Dissatisfaction among Tourists, Journal of Tourism Research, 41(1), 2002, pp.279-294.

명한 이탈리아의 베로나, '드라큘라 성'이라는 브랜성으로 유명해진 도시 루마니아 브라쇼브, '피리 부는 사나이'라는 동화로 유명한 독일의 하멜른시, '동화작가 안데르센의 탄생지'로 유명한 덴마크 오덴세는 모두 동화와 소설을 주제로 세계적인 관광지가 되었습니다. 요즘 우리나라의 여러 지방자치단체에서 지역을 알리고, 관광을 통한 지역경제를 활성화시키기 위해서 스토리텔링과 플레이스 브랜드 전략을 추진하는 경우가 많습니다. 이런 과정에서 유명한 국내 고전 중의 하나인 홍길동의 실제 탄생지임을 주장하는 전남 장성과 홍길동전을 쓴 작가 허균의 출생지인 강릉이 '홍길동전'을 둘러싼 원조논쟁을 하기도 하였습니다. 그 외에 경남 함안과 전북 남원시가 '흥부전'의 원조지역을 놓고 서로 주장하고 있습니다. 그러나 유명한 이야기들의 소재에 대한 소유권을 놓고 지자체 간에 원조 논쟁이 벌어지는 과열 현상이 나타나고 있으나, 전략부재, 인식의 오류, 운영미흡 등으로 스토리텔링의 효과를 제대로 거두지 못하는 경우가 많다고 합니다.[9]

우리나라는 홍길동전, 춘향전, 별주부 등 고전소설들과 단군신화 등 오래된 이야기들, 삼국유사, 왕조실록 등의 고문헌 속에 재미난 이야기 소재를 풍부하게 보유하고 있습니다. 그런 스토리들과 한국인 특유의 상상력과 창조력, 뛰어난 기술력으로 히트 영화와 TV드라마가 다수 제작되고 있습니다. 겨울연가를 시작으로 대장금 등 다양한 한류TV드라마의 인기가 전 세계를 휩쓸고도 있습니다. 강원도 남이섬 등 겨울연가 드라마의 촬영장소가 인기 있는 관광지로 변화되었습니다. '태극기 휘날리며'라는 영화가 공전의 흥행을 기록하면서 경남 합천의 오픈 세트장이 한때 유명한 관광 대상이 되기도 하였습니다.

TV드라마의 한류나 영화부문의 눈부신 발전을 볼 때, 전해오는 이야기 하나를 잘 활용하거나 새롭게 스토리텔링하여 영상화하는 분야에서는 우리나라가 세계적 수준에 도달한 것으로 판단됩니다. 그러나 영상 이외의 스토리를 활용한 여러 가지 파생상품을 만들어내는 분야에서는 미국이나 영국, 일본 등에 비교할 때 아직 아쉬운 점이 많은 편입니다. 특히 만화영화 캐릭터를 활용해 1955년에 세계 최초로 디즈니랜드라는 테마파크를 만들어 수십 년간 성공해 온 미국에 비

---

9 심재광, 이상길, 김경수, 홍길동, 문화콘텐츠 사업 사례분석을 통한 지역문화 브랜드화 전략연구, Journal of Digital Contents Society, 11(4), 2010, p.485.

해서 각종 테마를 고도로 활용한 관광지개발분야는 많이 뒤떨어지고 있어 안타깝게 생각합니다. 우리나라가 보유한 각종 스토리자원을 주요 콘텐츠로 활용한 테마파크나 테마 타운 및 캐릭터 상품개발이 활발히 추진되어 세계관광객들의 인기를 끄는 날이 하루속히 도래하길 기대해봅니다.

외국인에게 한국문화를 적극 제공해야 관광선진국

잘 알고 있듯이, 우리나라에는 춘향전, 심청전, 별주부전, 홍길동전, 흥부전, 변강쇠전 등과 같은 유명한 고전소설이나 삼천리 강산 곳곳에 전해오는 전설과 민담, 설화와 같은 이야기들이 많이 있습니다. 그러나 '로미오와 줄리엣'이나 '백설공주', '신데렐라'와 같은 서양의 동화에 비교해보면 우리 이야기들은 아직까지 세계적으로 거의 알려지지 않은 생소한 소재입니다. 백설공주, 로미오 줄리엣과 같은 외국의 전래이야기는 오랜 시간동안 지속적으로 영화, 애니메이션, 드라마 등으로 무수히 재창조되며 지속적으로 흥행을 성공시키고 있습니다. 국제적으로 잘 알려지지 않은 생소한 소재를 가지고 테마파크를 만들거나 영화나 드라마를 만들어 세계시장에서 성공할 확률은 아주 낮습니다. 외국에서 홍길동이 누구인지 모르는데, 막대한 예산을 투자해서 '홍길동 랜드'를 만든다고 해서 외국인들이 홍길동 랜드에 찾아오고, 홍길동 랜드가 국제적인 관광지로 발전하는 것은 무척 어려운 일이기 때문입니다.

우리나라의 전래 이야기 소재를 발굴하여 외국어와 아름다운 그래픽으로 포장해서 아동 동화책, 영화, 드라마, 애니메이션, 소설 등으로 각색을 해서 전 세계인을 대상으로 스토리텔링을 활발히 추진해야 합니다. 한국의 이야기를 다양한 외국어로 각색해서 세계에 알리고 국제화하려는 노력이 우선되어야 합니다. 또 하나 필요한 것은 외국의 로미오와 줄리엣, 미녀와 야수와 같은 이야기들이 영화, 연극, 애니메이션, 오페라, 뮤지컬로 공연되었기 때문에 아주 뻔한 이야기인데 불구하고 오랜 세월 동안 변함없이 흥행에 성공하는 원인을 찾아야 합니다. 이 작품들은 일반인들이 대부분 알고 있는 스토리를 아주 매력적인 스토리로 가공해내는 '스토리 재구성'을 잘 추진해 가치를 새롭게 만들어 내는 것입니다. 따라서 우리의 이야기를 외국어로 전달하기 위한 노력과 더불어 이야기를 재구성해서 더욱 매력적인 내용으로 재창조하여 세계에 알려 나가는 전략이 함께 추진되어야 합니다.

사실은 전래 이야기뿐만 아니라 한국의 다른 문화와 역사 역시 외국인들에게는 생소하기만 합니다. 한국어로 문화와 역사를 학습할 수 없는 외국인들을 위한 외국어 출판물, 영상, 홍보물 그리고 인터넷 상의 정보가 별로 없습니다. 외국인들이 한국문화나 역사에 대한 정보를 얻기가 어렵기 때문에 이에 대해 관심을 갖기가 어려운 게 현실입니다. 이 결과 2007년 한국의 국립중앙박물관에 방문하는 일일 외국인 관광객 수는 257명이고, 연간 총 외국인 방문객 수는 93,628명으로 저조한 실적을 기록하고 있습니다.[10] 방한 외국인 관광객 1500만 명(2018년 15,347천명)[11] 중에 1%도 안 되는 93,628명만 국립중앙박물관을 방문한다는 것은 정말 부끄러운 일입니다. 한 나라를 대표하는 중앙박물관에 외국 관광객들이 이 정도밖에 찾아오지 않는 나라는 아마 찾아보기 어려울 겁니다. 어느 나라를 방문하던지 그 나라의 대표적인 박물관과 미술관을 방문하는 것은 거의 상식적인 것인데 우리나라는 그렇지 않다는 것은 무언가 중요한 문제가 있는 게 분명합니다. 외국인 관광객이 일년에 1,500만 명이 방문한다면 최소한 10%만 방문해도 국립중앙박물관에 연간 150만 명의 관광객은 방문해야 합니다. 외국 관광객 방문이 저조한 상황이 발생하는 가장 근본적인 이유는 외국인들의 무지 때문이 아니고, 우리의 문화와 역사를 외국어로 소개하고 적절한 스토리텔링을 통한 재구성을 하지 않아, 외국인들에게 제대로 홍보하지 못하고 있는 탓이라는 생각이 듭니다. 쓰레기 더미가 쌓인 오염된 폐탄광이나 아무것도 없는 사막 같이 삭막한 폐허도 환상적인 이야깃거리가 꽃피는 아름다운 이야기 정원으로 재창조해내는 사례를 많이 볼 수 있습니다. 그런데 우리는 4,000억 원이라는 막대한 예산을 투입하고, 5000년 찬란한 역사를 가지고 있는 문화유물을 가지고 있다 해도, 소중한 보물들을 제대로 활용하지 못하고 있는 것이 안타깝습니다.

---

10 4,100억 원이 넘는 돈을 들여 2005년 개관한 국립중앙박물관의 하루 외국인 입장객이 13명에 그친다는 기사가 나왔습니다. 이에 대해서 국립중앙박물관측은 2006년 5월 29일 '정책브리핑 국립중앙박물관 외국인 관람객 하루 평균 300명'을 통해서 조선일보의 기사 하루 외국인 방문객 13명이라는 것은 잘못된 수치이고, 외국인 하루 평균 관람객 수는 300명에 달하고 있다고 입장을 발표하였습니다. 그런데 하루 외국인 관람객 300명이라는 수치도 저조한 수준입니다. https://news.v.daum.net/v/20060529175015159?f=o

11 방한외래 관광객 통계, https://www.index.go.kr/potal/main/EachDtlPageDetail.do?idx_cd=1653

외국인들은 관광목적지인 한국으로 여행을 오기 전에 자국에서 한국에 대한 정보를 조사하고, 입국하기 전에 한국에서 방문할 관광지와 활동들을 미리 결정하고, 입국하는 경우가 대부분입니다. 그런데 이들이 자국에서 한국에 대한 정보를 조사할 때, 국립중앙박물관과 미술관, 한국의 역사와 문화 등에 대해서 상세한 정보를 얻을 수 있는 외국어 관광정보시스템과 외국어로 번역된 홍보자료들을 쉽게 찾을 수 있어야 하는데, 외국어로 번역된 홍보자료나 필수 정보 홍보영상도 수준 높게 준비되어 있지 않은 상황입니다. 중앙박물관과 기타 문화예술시설에 외국인 관광객의 방문이 적은 이유 중에 외국어로 관련 정보를 제공하는 스토리텔링에 문제점이 없는지 자세히 살펴보고, 해결책을 하루속히 강구해야 합니다. 이것은 국립중앙박물관만의 문제가 아니고 한국의 문화관광 발전을 위한 매우 중요한 과제인 것입니다.

이와 관련해서 몇 가지 해결방안을 다음과 같이 제시해봅니다.

첫 번째, 외국인 관광객이 관광목적지를 결정하는 자신의 모국에서부터 양질의 관광정보를 쉽게 찾을 수 있도록 국제적 관광정보제공시스템을 제대로 구축해야 합니다. 두 번째, 한국에 입국한 후, 개별 관광객들이 간단하게 휴대폰으로 관광정보를 검색할 수 있고, 관광문제에 대해서 외국어로 상담을 할 수 있는 휴대폰 앱과 관광정보제공시스템의 빠른 구축이 필요합니다. 세 번째, 관광객이 다수의 여행목적지를 놓고 의사결정을 할 때 한국을 선택할 수 있도록 주변 경쟁국보다는 매력적인 스토리텔링과 디자인으로 구성된 관광정보자료들을 온라인상에 충분히 제공해 줄 수 있어야 합니다. 스토리텔링과 더불어 브랜드 구축과 로고 그리고 캐릭터와 같은 이미지 개선전략이 동시에 개선되도록 조치해야 합니다. 우리는 인터넷상이나 오프라인에서 국립중앙박물관의 홍보물을 쉽게 접한 기억이 별로 없고, 로고나 캐릭터가 어떤 것인지조차 잘 떠오르지 않습니다. 내국인이 이런 상황인데, 외국인이 국립중앙박물관의 존재와 그 위치를 쉽게 파악하고 방문하기는 더욱 어려울 것입니다.

한국 전래동화 그리고 우리의 역사와 문화를 세계적인 이야기로 만드는 데 있어서 가장 어려운 문제는 언어의 장벽입니다. 우리나라 고유한 이야기들을 세계 각국 언어로 번역하는 작업은 수익성이 있는 사업이 아니기 때문에 민간이 추진하기에는 어려움이 있습니다. 우리 이야기의 세계화를 위해서는 정부의 정책적 관심과 배려가 필수적이라고 봅니다.

한국의 전래 이야기가 언어의 장벽을 넘어서 세련된 외국어로 스토리텔링해서 국제시장에서 흥행에 성공하게 되면 이를 기반으로 캐릭터, 영화, 테마파크, 광고 등의 각종 파생상품의 부가가치를 높게 창출해낼 수 있습니다. 우선적으로 '심청전'과 '춘향전'을 한국의 전통이야기가 아니고 전 세계인이 감동할 전래이야기로 변화시키는 전략적인 마인드를 문체부 등 관련 부서 공무원들이 확고히 가져야 합니다. 그런 생각이 있어야 관련 법제도와 투자활동이 활발히 이루어지도록 조치하게 될 것이기 때문입니다. 우리나라가 보유한 인간미 넘치고 유머스럽고 유익한 고전 스토리들에 대한 종합적이고 전략적인 스토리텔링개발사업과 파생상품개발사업이 하루속히 추진될 필요가 있습니다. 만약 사람들이 애절한 이성 간의 사랑에 대해 핵심 단어를 이야기 하게 되면 로미오와 줄리엣 이야기를 연상하는 것이 아니라 "춘향전"이야기를 떠올리게 만들고, 효녀 이야기를 하면 한국의 "심청"을 떠올리게 하며, 한국하면 "일생에 한번은 꼭 가봐야 할 환상적인 이야기가 풍성한 나라"라고 연상될 수 있도록 만들어야 합니다. 이렇게 세계인들의 마음속에 평생 지우지 못할 사랑하는 마음을 각인시키고, 행동을 유도해내는 기술이 '스토리텔링'입니다. 한편, 위에서 살펴 본 멋진 스토리텔링 작업과 더불어 짧은 시간 안에 원하는 메시지를 대중에게 효과적으로 전달하기 위해서는 '브랜드'와 가시적인 '캐릭터' 로고 등의 상징을 함께 개발해 내야 합니다. 아름다운 스토리를 통해서 사람의 마음과 영혼을 잡을 수만 있다면, 세계 각처에서 오지 말아달라고 해도 수많은 관광객들이 우리나라로 물밀듯이 밀려오게 될 것입니다.

우리는 이와 같은 현상을 한류 가수와 한류 드라마 사례에서 이미 경험하고 있습니다. 문제는 한류 드라마의 큰 성공을 활용하는 파생적 문화상품을 개발·판매하는 데는 그다지 성공적이지 못했다는 점입니다. 이를 애니메이션으로, 영화로 다시 만들고 관광여행 상품으로 만들며 캐릭터 상품을 개발해 유통시키고, 관련 축제를 새로 만들고, 연관 테마파크나 테마타운을 조성해내는, 파생적 시너지 성과를 거두는 데는 많이 미약했던 것입니다. 앞으로 음악과 드라마에서 성취한 이러한 한류의 열기를 계속 유지하면서, 문화관광분야에서 어떻게 파생적 시너지 효과를 다양하게 만들어낼 것이냐, 누가 그렇게 할 것이냐 하는 것이 주요한 정책적 과제입니다.

향후 우리의 이야기 중 하나라도 외국어와 아름다운 그래픽 그리고 감미로운 음악과 멋진 디자인 등으로 스토리텔링하여 창의적인 문화상품으로 가시화하고 파생상품도 다양하게 개발하여 국제적 흥행에 성공하기 위한 전략개발에 대해 전문적인 조사연구와 사업화 방안을 강구할 필요가 큽니다. 이하에서는 스토리텔링이 문화관광과 어떤 관계가 있는지 보다 구체적으로 살펴보고자 합니다.

스토리텔링을 통한 테마공간과 시설 조성(Thematization)

한 지역에 고유한 문화나 전래되어온 이야기 등에 기반한 관광상품은 현대인들에게 많은 호평을 받고 있습니다. 특히 시대적 트렌드에 부응하는 이야기에 기반한 연극, 영화, 공연 등이 히트하는 것처럼 그런 이야기를 잘 활용하는 주제 공원이나 관광위락시설들이 사람들의 사랑을 받을 확률이 높습니다. 물론 주제 공원이나 관광위락시설 이외에 세상에는 이미 독특한 이야기에 기반하여 크게 성공한 박물관이나 미술관, 역사문화마을, 오픈에어뮤지엄, 에코뮤지엄 등이 많이 있습니다. 스토리텔링을 통하여 쓸모없이 버려진 공간, 사람들의 기억에서 잊힌 공간, 사람들이 매력을 느끼지 못하는 공간에 새로운 매력을 부여하여 누구나 일생에 한번은 꼭 찾아가 보고 싶어 하는 세계적인 문화명소로 바꿀 수 있습니다. 이와 같이 공간에 의미를 부여하여 명소를 만들고, 특정장소를 차별화하는 것을 '장소 스토리텔링[12]이라고 할 수 있습니다.

스토리텔링은 단지 소설, 영화, 주제공원, 관광단지 조성에만 활용되는 것은 아닙니다. 테마 쇼핑몰과 라스베가스 스타일의 테마호텔, 테마 레스토랑, 테마 거리, 테마 농장 등도 늘어나고 있습니다. 오늘날 대형 상업시설들도 스토리텔링 기법을 이용하고, 테마파크와 같은 연출기술을 도입하고 있는 것을 볼 수 있습니다. 더 나아가서 일본 나가사키의 하우스텐보스처럼 요즘은 대규모 단지 전체가 명확한 테마에 기초해서 테마화된 전체 환경[13]으로 건설되는 경우도 볼 수

---

12 남양희, 스토리텔링을 통한 내 앞마을 관광활성화 방안, 안동대학교 석사논문, 2013, p.9.
13 테마화하는 도시, 찬란한 문화기술 – 착수단계로부터의 도시론, p.1.

도 있습니다.

도시관광개발 기법 중 자주 볼 수 있는 사례 중 하나는 테마도시화 혹은 테마환경의 개발입니다. 일정한 주제를 가지고 주변 환경을 특색 있게 조성하는 것은 현대사회에서만 일어나고 있는 현상은 아닙니다. 우리나라 궁궐들의 정원에는 음양오행사상에 입각한 연못이 조성되었고, 각 건물들은 왕의 통치철학에 따라 색다른 공간으로도 조성되었습니다. 불교와 같은 종교시설은 극락정토를 주제로 건물이나 불상을 만들고 배치했습니다. 사찰 건물의 대부분은 불교 교리에 기초하여 건축되었고, 건물벽화는 다양한 불교 교리를 회화적으로 표현하여 시각화하고 있습니다. 대형쇼핑몰이나 라스베가스같은 관광도시와 문화의 거리를 건설하는 도시관광개발을 추진할 때, 주제공원에서 사용되는 스토리텔링 기법이 많이 이용되고 있습니다. 현대사회에서 도시를 개발하거나 문화관광거리를 조성하는 데 있어서도 주제화된 방향으로 환경을 조성하려는 시도가 많아졌습니다. 이를테면 뉴욕의 코니아일랜드, 나가사키의 하우스텐보스(Huis Ten Bosch), 한국의 독일인 마을, 쁘띠 프랑스 등이 설정된 테마에 맞추어 조성된 사례라고 할 수 있습니다.

설정된 특정 주제에 따라 도시나 거리를 조성하는 것은 환경을 특색있고 아름답게 조성하고, 주민들의 삶을 윤택하게 만드는 것 이외에 외국인 관광객을 다수 유치하는 데 효과적입니다. 그런데 각 지역에서 나타나는 주제화된 환경 조성은 거의 방법론에 있어서 미국의 디즈니랜드화(Disneylandization)[14] 한다는 점에서 부정적인 시각으로 보는 사람들도 많습니다. 지역의 전통문화와 연계되지 않고, 창의적인 새로운 아이디어도 없이 단지 미국이 만들어내는 미국적 주제를 복제하려는 경우가 많다는 것입니다. 도시나 거리를 주제화할 때 도시의 건축물, 거리나 광장의 장식, 공공미술작품의 도입 등 하드웨어를 조성할 수도 있고, 문화예술 프로그램이나 테마형 관광루트, 문화관광해설시스템 도입 등 소프트웨어적인 개발 방법도 다양하게 사용될 수 있습니다.

---

14 「테마화」하는 미국, p.5.

스토리텔링과 문학관광

인간의 심리에 잠재해있는 새로운 이야기를 좋아하는 욕구를 자극해서 대중을 매혹시키고, 감동시키며, 움직이게 하고, 몰려오도록 하는 마력을 가진 무형적인 스토리를 가시적으로 연출하는 것이야말로 관광마케팅 기획자가 개발해야 할 요소가 아닐까 하는 생각을 해봅니다. 대중은 이야기가 주는 마력의 힘에 따라서 움직입니다. 따라서 이야기의 소재를 결정하고, 스토리텔링을 통해서 가시적으로 연출하여 사람의 마음을 움직이는 것이 관광마케팅의 시작입니다. 인간의 마음을 감동으로 설레게 하고, 꿈을 주고, 열광하게 하고, 진정한 행복감을 느낄 수 있도록 이야기를 가시화하고 체험할 수 있도록 각색하고 새롭게 연출하는 것은 결코 쉬운 일은 아닙니다. 이를 위해서는 누구도 상상하지 못했던 창의적인 아이디어와 고도의 디지털 기술, 마법과 같은 노하우가 필요한 것입니다.

이와 같이 스토리로 인하여 발생하는 관광 형태 중에서 가장 대표적인 것은 문학관광입니다. 문학관광은 문학작품을 읽고 동기부여가 되어 1) 작가의 탄생지나 삶의 현장을 방문하거나 2) 작품의 배경이 되는 장소를 방문하거나 3) 문학작품에서 받은 감동을 더욱 깊은 감정으로 느끼고 싶어서 여행을 하거나 4) 문학작품보다는 작가의 삶 속에 발생한 극적인 사건에 대한 관심으로 여행을 하게 합니다. 그리고 더 많은 이유가 있겠지만 여행 동기의 중심은 문학과 사람들이 동경하는 스타 문학작가입니다. 문학체험이라는 특별한 목적을 가지고 여행을 하는 문학관광은 특수목적관광(Special Interest Tourism)으로 분류할 수 있습니다. 물론 문학관광객 중에 문학만이 목적인 특수목적관광이 아니고, 다른 관광목적도 함께 포함되어 있는 겸목적관광(Mixed Interest Tourism)인 경우도 있고, 심지어 일반목적관광(General Interest Tourism)인데 관광일정에 문학과 관련된 장소가 포함되어 있어서 문학에 특별한 관심이 없는데도 불구하고 문학소재지를 방문하는 경우도 있습니다. 스토리텔링과 문학은 많은 사람들을 열광하게 하고, 관광객들이 그 장소로 찾게 하는 강력한 집객력을 가지고 있습니다.

그리고 대부분의 명작들은 영화 혹은 애니메이션으로 제작됩니다. 영화나 애니메이션 그리고 TV드라마와 같은 영상으로 인하여 유발되는 관광을 영화관광(Screen Tourism)이라고 합니다. 결과적으로 문학관광과 영화관광은 서로 밀접한 관련이 있어서 문학관광이면서 동시에 영화관광의 소재가 되는 경우가 많습니다. 이처럼 문학관광, 영화관광, 문화유산관광은 서로 밀접한 관련이 있기 때문에 어떤 학자는 문화유산관광(Heritage Tourism), 영화관광(Screen Tourism) 그리고 문학관광 (Literary Tourism)의 앞자를 따서 약자로 HSLT라고 표현하기도 합니다.[15]

제2절
사람을 움직이게 하는 10가지 요소

'움직이는 인간', 호모 모벤스(Homo Movens)

인간을 호모 모벤스(Homo Movens) 즉, '움직이는 인간'이라고도 표현하기도 합니다. 호모 모벤스는 '미지의 공간을 이동하는 사람'의 욕구를 묘사[16]한 것입니다. 문화관광 기획자는 인간이 왜 스토리텔링에 열광하고 감동받고 특정 장소까지 이동하고 소비하는지 그 원인을 자세히 분석해보아야 합니다. 무언가에 감동을 받고 특정한 장소를 찾아가서 구매하는 인간들의 심리를 파악하고, 대중의 욕구를 자극하여 감동하게 하고, 특정장소로 몰려와서 소비하게 만드는 능력이야말로 관광마케팅 기획자가 가져야 할 최고의 능력이라고 생각합니다. 사람을 움직이게 하거나 변화시키기 위해서는 이성적이고 논리적인 설명보다는 감성에 호소하는 감동적인 이야기와 그림이 더 용이한 경우가 많습니다.[17]

사람에게 감동을 주는 스토리텔링의 소재는 첫 번째, 전설, 신화, 민담, 소설, 시와 같은 일상생활에서 항상 접할 수 있는 문학적인 소재일 수도 있습니다. 두 번째, 도시의 상징인 랜드마크, 거리 디자인, 거리의 분위기 등이 주는 감동적인 인상일 수도 있습니다. 세 번째, 그 장소에서 경험한 축제와 같은 독특한 체험이나 특별한 사람과의 인연으로 인해 발생하는 특수한 추억일 수도 있습니다. 네

---

15 Agarwal, S. & Shaw, G., Heritage, Screen and Literary Tourism, Channel View Publications, 2018, p.55.
16 도비오카 겐 저, 최유진, 이두엽 역, 대중을 어떻게 동원할 것인가 – 이벤트의 마술, 김영사, 1994, p.155.
17 조태남, 문화콘텐츠와 스토리텔링, 경남대학교 출판부, 2008, p.18.

번째, 그 지역이 가지고 있는 역사적인 의미나 예술적 감동이 사람들에게 매력적인 동기가 될 수 있습니다. 6.25 전쟁이 벌어졌던 역사적 전적지, 보스턴의 프리덤 트레일처럼 미국 독립전쟁에 얽힌 보스턴 사람들의 비화 등을 들 수 있습니다. 다섯 번째, 단풍, 봄꽃, 국화 같은 아름다운 꽃이나 식물, 온천이나 산과 바다와 같은 자연환경 그리고 두루미나 학 등 천연기념물과 같은 동물도 스토리텔링의 소재가 될 수 있습니다. 여섯 번째, 종교나 철학, 관습 등의 정신적인 신념이 중요한 소재가 될 수 있습니다. 일곱 번째, 오랜 역사의 맛과 향기가 담긴 향토음식이나 다과, 복식 등 스토리텔링의 소재가 될 수 있는 사례는 너무나 많습니다. 사람들의 개인적 취향과 경험에 따라 서로 다른 요소가 매력적인 스토리가 될 수 있어 개인적인 차이도 존재합니다. 스토리텔링의 주제는 그곳에 가야만 경험할 수 있고, 볼 수 있는 독특한 것일수록 강력한 집객력(集客力)을 가지고 있습니다. 그러나 상황에 따라서는 아주 일상적인 것이 사람들을 움직이게 할 수도 있습니다. 사람들은 실직, 권태, 공포, 불안감 등 부정적인 요소로 인하여 자신이 살던 장소에서 떠나기도 합니다. 이처럼 사람이 특정장소를 떠나게 하는 요소를 배출요소(Push factor)라고 합니다. 반대로 사람들을 특정장소로 유입하는 요소가 있는데 이를 유입요소(Pull factor)라고 합니다. 한국인 관광객들이 왜 외국 관광지로 많이 떠나가는가에 대한 원인을 알려면 배출요소에 대한 분석이 필요합니다. 반대로 왜 외국인 관광객들이 한국으로 여행 오는지를 파악하기 위해서는 유입요소에 대한 분석이 필요합니다. 이처럼 사람들을 움직이게 하는 힘을 배출요소와 유입요소로 나누어 심층 분석해야 효과적인 대응책을 마련할 수 있습니다. 여기서는 사람이 움직이고, 이동하도록 만드는 10가지 요소들에 대해서 살펴보겠습니다.

(1) 새로운 것에 대한 끝이 없는 욕구 - 네오필리아(Neophilia)

사람들은 항상 남과는 다른 새로운 것, 과거와는 다른 재미있는 것, 진기한 것, 환상적인 것, 흥미로운 것을 추구하는 욕구를 가지고 있습니다. 심리학에서는 17~18세 정도의 청소년기에 기존의 권위를 부정하고, 새로운 것을 추구하는 현상을 보이는데 이것을 네오필리아(Neophilia)[18]라고 말합니다. 그러나 청소년뿐만

---

18 Ibid., pp.40-41.

아니고, 현대인들에게는 이렇게 끊임없이 새로운 정보와 새로운 즐거움을 추구하는 네오필리아(Neophilia)[19]와 같은 욕구가 강합니다. 이와 같이 새롭고, 환상적이고 재미있고, 맛있는 것을 추구하는 대중들을 사로잡기 위해서는 환상적이고, 놀라운 무형의 이야기를 가시적으로 스토리텔링하고 연출하는 것이 현대인들의 마음을 사로잡을 수 있는 좋은 마케팅 방법의 한가지입니다.

그러나 대중매체와 인터넷 정보가 쏟아내는 정보의 바다 속에 사는 현대인들에게 '새로운 것', '놀라운 것'이라는 소재를 찾는 것은 점점 더 어려워지고 희소해지고 있습니다. 웬만한 아이디어는 이미 TV나 인터넷을 통해서 접해본 정보이기 때문에 이미 알고 있는 진부한 내용인 경우가 많습니다. 따라서 대량정보에 노출되어 있어서 웬만한 충격적인 사건에는 전혀 감동을 하지 않게 된 무감각해진 대중을 감동시키고, 열광시킬 수 있는 아이디어를 찾는 것은 대단히 어려운 과제가 되고 있습니다. 따라서 관광개발 기획자의 상상력과 창조력을 통해서 무감각해진 대중에게 신선한 자극을 주고, 감동시킬 수 있는 참신한 문화예술공간과 기발한 이벤트, 놀라운 영상 그리고 이야기를 창조하여야 합니다.

패션산업에서는 의도적으로 의상 디자인을 일년이 지나면 유행에 뒤떨어지는 디자인인 것처럼 사람들이 생각하게 하기 위해 매년 전혀 새로운 디자인과 유행을 만들어내기도 합니다. 새로운 유행을 만들어 내서 사람들에게 작년에 입었던 멀쩡한 옷을 유행이 지나, 입고 나가기 부끄러운 옷으로 인식하도록 만듭니다. 새로운 디자인과 유행을 만들어내어 사람들이 작년에 구입하고 입지도 않은 새 옷이 옷장에 있는데도 불구하고, 유행에 맞는 새로운 옷을 다시 구매하도록 의도적인 진부화를 시켜 새로운 수요를 창출하기도 합니다. 1년 전에 한국에 와서 좋은 경험을 한 관광객도 한국에 매력적인 이벤트와 새로운 관광상품이 개발되고 세계적인 명소가 생겼다는 뉴스를 접하게 되면, 새로운 경험을 느껴 보고 싶어서 다시 한국을 방문하고 싶은 욕구가 생기는 것입니다. 이처럼 새로운 스토리텔링을 통하여 문화관광자원을 지속적으로 개발하고, 홍보하여 관광객의 재방문을 증대시키기 위한 전략을 지속적으로 추진하여야 합니다.

---

19 네오필리아(Neophilia)는 새것을 좋아하는 인간의 심리를 의미합니다. 새것만 찾는 마음, 뭐든지 신품을 찾는 마음을 말합니다. 조금 다른 각도에서 보면, 신선한 충격과 새로운 도전을 과감히 받아들이고자 하는 적극적인 마음, 열린 자세를 말하기도 합니다. 반대로 네오포비아(Neophobia)는 새로운 것을 두려워하는 마음입니다. 이는 옛것을 좋아하고 새로운 것을 싫어하는 마음입니다.

(2) 과거의 향수에 대한 큰 관심

앞에서 살펴본 것처럼 사람들은 새로운 것을 좋아하는 네오필리아(Neophilia)라는 욕구를 가지고 있습니다. 그런데 반대로 네오포비아(Neophobia)라는 새로운 것을 두려워하고 옛 것을 좋아하는 심리도 있습니다. 과거의 향수나 역사를 느낄 수 있는 이야기나 이벤트를 기획하는 것도 사람들을 열광하게 하고 움직이게 할 수 있는 테마 중에 하나입니다. 사람들은 누구나 아름다운 과거의 추억에 대한 향수를 가지고 있습니다. 고흐나 피카소와 같은 전설적인 화가, 모차르트나 베토벤과 같은 천재적인 작곡가, 엘비스 프레슬리나 퀸 같은 전설적인 대중가수, 미국 워싱턴 대통령이나 인도 간디와 같은 정치인 등 전설적인 영웅과 예수, 부처, 공자와 같은 성인들은 아무리 세월이 지났어도 생존 시의 이미지가 강렬하기 때문에 사람들을 감동시킬 수 있는 테마가 될 수 있습니다. 또한 다양한 지역에서 개발되고 있는 역사문화촌이나 향수식품, 향수거리, 복고풍 의상 등은 오래된 기억을 다시 불러 일으키는 향수산업으로 많은 사람들을 모으는 집객력을 가지고 있습니다.

영국의 북동부의 더럼(Durham) 비미쉬 오픈에어뮤지엄(Beamish Open Air Museum)은 영화 빌리엘리엇의 배경이 되었던 전통적인 탄광촌이었습니다. 콘셋 철광산(Consett Iron company) 등이 쇠락하고 결국은 폐광하게 되면서 탄광촌 지역경제가 급속히 쇠락하였습니다. 그런데 1958년부터 보유스 박물관(Bowes Museum) 관장으로 부임한 프랭크 엣킨슨(Frank Atkinson)이라는 사람이 마을사람들로부터 오래된 고물들을 무작위로 수집하였고, 1971년 그 수집된 고물들을 활용하여 약 300에이커의 마을 전체를 1820년대 탄광촌, 1900년대 탄광촌, 1940년대 탄광촌, 1950년대 탄광촌이라는 과거 탄광촌의 모습을 시대별로 충실히 복원하였습니다.[20] 마을의 건물들은 탄광소유주의 주택이었던 비미쉬 홀과 같은 대부분의 건축물과 유물들은 진품이나, 일부 중산층 주택들은 게이트헤드 등지의 역사적인 건물들을 해체해서 가져온 뒤 다시 복원한 것도 있습니다. 지금도 마을에 가면 마을 주민들이 세계 제1차 세계대전시대 이전 과거의 복장을 입고, 과거의 주택에서 살면서 증기자동차, 증기기관차를 타면서 오래전 탄광촌의 일상생활 모습 그대로 살아가고 있습니다. 방문객은 마치 타임머신을 타고 과거로 돌아간 것과 같

---

[20] Beamish Homepage, https://www.beamish.org.uk/ 2020년 3월 7일 검색.

은 진짜 살아 '숨 쉬는 오픈에어뮤지엄'을 제대로 경험할 수 있는 곳입니다. 전통적인 박물관의 경우에는 건축물 내에 귀족적 문화와 고급 문화를 보존하고 있지만, 오픈에어뮤지엄은 야외에 일반시민과 탄광촌 노동자들의 일상적인 삶과 관련된 문화유산과 추억을 보존하고 전시하고 있다는 차이점이 있습니다. 매년 과거 탄광촌의 일상생활이라는 과거의 향수를 경험하기 위해서 수십만 명의 관광객이 방문하고 있습니다.

이와 유사한 오픈에어뮤지엄은 1978년 개장한 영국의 버밍엄의 블랙 컨트리 리빙 뮤지엄,[21] 영국 슈 롭셔의 아이언 브릿지 조지 뮤지엄,[22] 영국 우스터셔주 브롬스그로브지역의 어본 크로프트 히스토릭 빌딩 뮤지엄[23]그리고 월드 다운랜드 리빙 뮤지엄,[24] 미국 윌리엄스버그의 콜로니얼 타운, 일본 이시가와현 시라카와고, 일본 게로시의 게로 갓쇼마을 등을 사례로 들 수 있습니다. 중국은 광시 좡족 자치구 난단현의 리후(lihu) 에코뮤지엄 등 소수민족의 문화의 보존을 위해서 만들어진 7개의 에코뮤지엄이 있습니다.[25] 이와같은 오픈에어뮤지엄은 관광객들이 과거시대의 색다른 삶을 생생하게 체험할 수 있다는 매력 때문에 많은 관광객들이 방문하므로 강력한 관광자원인 것입니다. 한국에도 아산 외암리 민속마을, 경주 양동마을, 안동 하회마을, 성주 한개마을, 파주시 군내면 DMZ 통일촌 등 건축문화유산이 보존된 오픈에어뮤지엄의 잠재력이 있는 장소가 있으나 아직은 국제적인 관광자원으로 홍보마케팅 측면에서 아쉬운 점이 많습니다.

위에서 설명한 오픈에어뮤지엄은 과거의 생활사와 주택, 건축물 등을 복원하고, 재현해놓은 것이지만, 과거의 전통적인 삶의 방식을 그대로 유지하면서 현대사회를 살아가고 있는 사람들도 있습니다. 미국 펜실베이니아, 오하이오, 그리고 인디애나와 캐나다 온타리오 세인 제이콥스(St. Jacobs) 등지에는 아직도 청교도

21 Black Country Living Museum Homepage, https://www.bclm.co.uk/ 20220년 3월 7일 검색.
22 Iron Bridge George Museum Homepage, https://www.ironbridge.org.uk/ 2020년 3월 7일 검색.
23 Avoncroft Historic Museum Homepage, https://avoncroft.org.uk/ 2020년 3월 7일 검색.
24 Weald Downland Living Museum Homepage, https://www.wealddown.co.uk/ 2020년 3월 7일 검색.
25 Davis, P., 'Ecomuseums and Sustainability in Italy, Japan and China: Adaptation Through Implementation', in S. Knell, J., MacLeod, S. and E. R Watson, S., Museum Revolutions: How Museums Change and are Changed, Routledge, 2007, p.21.

적인 생활을 하면서 종교적인 이유로 병역도 거부하면서 과거 청교도시대의 삶을 그대로 간직하면서 청교도 아미쉬(Amish)와 메노나이트(Mennonite) 마을에서 살고 있는 사람들이 있습니다. 이들의 과거 청교도시대의 모습을 보기 위해서 많은 전 세계 관광객들이 방문하고 있는데, 인디애나주의 홈스 카운티(Holmes county)에는 청교도시대의 삶을 보기 위해서 연간 400만 명의 관광객들이 방문한다고 합니다.[26] 한국에도 지리산 청학동의 삼성궁에는 과거의 삶을 그래도 유지하고 살아가는 사람들이 있고 많은 국내 관광객들이 방문하고 있지만 국제적 관광지화하지는 못하고 있는 실정입니다.

(3) 아름다움과 사랑의 마력

아름다운 사랑이야기가 빠진 오페라, 연극, 영화는 주변에서 찾아보기가 힘듭니다. 세상에 가장 흔한 것이 사랑이라는 단어가 아닌가 하는 생각이 들기도 합니다. 그러나 아름다운 음악, 아름다운 미술, 러브스토리 속에 나오는 남녀 간의 애절한 사랑은 무심한 사람조차 가슴을 뛰게 하고 애끓게 하는 매혹적인 주제입니다. 그리고 인간은 나이와 상관없이 끊임없이 사랑과 미적인 정서를 갈구하고 그리워합니다. 사랑이란 인간이 영원히 찾아 헤매게 하는 신기루 같은 존재인 것 같습니다. 모든 곳에 사랑이란 단어가 너무나도 흔하게 쓰이고 있고, 너무 경험이 많아서 무뎌질 것 같은데, 막상 사랑에 빠지면 오랜 기다림에 가슴 조이고, 견디기 힘들어 하는 존재인 것 같습니다. 수십 년동안 너무 많이 들어서 스토리를 거의 외우고 있는 '로미오와 줄리엣', '미녀와 야수', '신데렐라' 속에 나오는 러브스토리가 다시 각색되어 영화나 연극으로 나오면, 사람들은 또 그 이야기에 빠져들고, 감동을 받고, 눈물 흘리며 열광을 합니다. 사랑은 아무리 이성적인 사람도 마비시키고, 가슴 떨리게 하고, 눈물을 흘리게 하는 마법 같은 힘이 있나 봅니다. 관광개발도 아름다운 사랑이야기를 창조하고, 가시화하고, 사람들을 열광시킬 수 있는 러브스토리와 아름다운 디자인이라는 심미적인 요소를 끊임없이 개발해야 성공할 수 있습니다.

아름다운 자연경관과 환경 역시 인간에게는 매력적인 강력한 관광자원입니

---

26 Thomas J. Meyers, Mennonite Historical Society, Vol.77, Issue 1, 2003, p.29.

다. 아름다운 산과 강 그리고 해변과 같은 자연관광자원뿐만 아니라 인간이 인위적으로 조성한 자연환경과 지역의 전통문화유산을 보존하고 관리하는 에코뮤지엄은 문화관광자원으로 많은 관광객을 유치하고 있습니다. 특히 프랑스에는 1973년 16개 코뮌이 연합해서 설립한 크뢰조-몽소 에코뮤지엄을 비롯하여 프랑스 전역에 약 80개의 에코뮤지엄이 개발되어 있습니다. 에코뮤지엄은 자연환경, 농업, 산업, 문화유산 등 지역의 전통과 자연을 영구 전시하는 지붕 없는 박물관이라고 할 수 있습니다. 환경오염, 산업화, 전쟁 등으로 훼손되고 있는 아름다운 자연환경과 하층 지역주민과 노동자계층의 일상적인 생활문화와 전통을 보전하고, 현대의 도시민 혹은 후세에게 보여주려는 정책을 추진하는 것은 중요한 의미를 가지고 있습니다. 관광객에게 매력적인 관광자원과 환상적인 스토리텔링으로 우리나라를 '사랑하는 마음'을 심어서 '친한 외국인(親韓外國人)'을 확대하는 것은 국격을 높이는 중요한 외교전략이기도 합니다.

(4) 에로틱 자본(erotic capital)도 경쟁력

"누군가 내 마음에 각인되는 순간, 그 사람 때문에 모든 것이 변하지.
그 사람을 위한 일이라면 무엇이든 할 수 있어. 세상은 더 이상 중력에 의해서 존재하지 않고, 오로지 그녀에 의해 존재하는 거야."
-영화 "트와일라잇"에서 늑대 청년 제이콥이 사랑하는 여인 벨라 스완에게 한 말-

영화 '트와일라잇'에서 늑대청년 제이콥이 사랑하는 여인 벨라 스완에게 한 말인데 "사랑에 각인된 마음"을 정말 멋지게 표현한 것 같아서 인용해보았습니다. 이러한 사랑의 강력한 중력은 남녀 간의 사랑에만 해당되는 것은 아닌 것 같습니다. 특정한 물질에 대해서도 사람은 사랑에 빠지고, 그 사랑이 마음속에 깊이 각인되기도 합니다. 마치 마약 중독자나 애연가처럼 한번 무엇엔가 사랑에 빠지면 좀처럼 빠져나오기 어려운 것입니다.

홍보를 잘하는 사람은 "이 제품을 사주세요"라고 구매를 요청하거나 강요하는 사람이 아닙니다. 제품 매력에 대해서 아름답게 설명하고, 사람들이 애정을 느낄 수 있도록 만드는 것입니다. 사람들에게 전혀 사라고 강권하지 않았지만, 사람들에게 그 제품에 대해 사랑하는 마음이라는 마법에 걸리게 하면, 사랑에 빠진 사람은 제발 오지 말아 달라고 해도 오고 지속적으로 구매하는 브랜드 로

열티(상표충성도)가 구축됩니다. 자꾸 사라고 강요만 하면 오히려 화를 내고 오지 말라고 쫓아냅니다. 그런데 물건을 사라는 이야기 하지 않았지만, 아름다운 이야기로, 매혹적인 예술로 사람의 마음을 얻으면, 사달라고 애원하거나 강요하지 않고, 견고한 브랜드 로열티(Brand royalty)를 구축하여 원하는 목적을 달성할 수 있습니다. 국가나 도시도 마찬가지입니다. 풍요로운 문화와 매력적인 예술로 전 세계인을 감동시키고, 존경을 이끌어내면, 우리 문화와 예술을 사랑하는 마음을 갖게 할 수 있습니다. 그리고 전 세계인이 우리나라를 세계문화예술의 중심지라고 인정하고 사랑하게 될 것입니다.

영국 사회학자 캐서린 하킴(Hakim)은 이런 사랑의 힘을 에로틱 자본(Erotic capital)[27]이라고 설명하고 있습니다. 그녀는 경제적인 자본, 문화적인 자본, 사회적인 자본과 더불어 에로틱 자본을 중요한 자본으로 보고, 에로틱한 매력도 능력이고, 경쟁력이 될 수 있다고 주장하고 있습니다.

하와이나 남태평양을 선전하는 광고를 살펴보면, 노출이 심한 원주민 전통복장을 한 아름다운 젊은 여인이 춤추는 모습이 나오는 경우가 많습니다. 그런데 이런 섹시한 광고가 나오는 하와이의 전통의상은 하와이 어디에서도 볼 수 없는 허구적인 이미지입니다. 진짜 하와이 전통복장은 광고에 나오는 이미지처럼 노출이 심한 복장이 아니었습니다. 관광객이 하와이의 아름다운 여인의 모습을 보고 매력에 빠질 수 있도록 기획된 관광객용 조작된 전통문화 사진입니다. 물론 관광객을 매혹시키기 위해서 날조된 가짜문화에 대한 비판이 많습니다. 이처럼 매혹적인 이미지를 통하여 정서적인 호소를 하고, 관광목적지의 매력적인 이미지와 브랜드 그리고 정신에 대해서 사랑하는 마음을 강하게 각인시키려는 마케팅을 '정신적인 마케팅(Spiritual marketing)', '정서적 마케팅(Emotional marketing)', '무드 마케팅(Mood marketing)'[28]이라고 합니다.

---

27 Catherine Hakim, "A Theory of Erotic Capital", European Sociological Review, Vol.26, No.5, 2010, pp.500–518.

28 Pritchard, A. and Morgan, "A., 'Mood marketing'-The New Destination Branding Strategy: A Case Study of 'Wales' The Brand", Journal of Vacation Marketing, 1998, p.219.

(5) 대표성에 높은 관심

프랑스 파리의 에펠탑, 피사의 사탑, 싱가포르의 머라이언, 디즈니랜드의 신데렐라성 등은 지역이나 장소의 고유한 특성을 상징할 수 있는 랜드마크입니다. 건축물, 조각, 다리 등 랜드마크와 같은 상징물은 이야기를 가지고 있고, 관광객에게 관광을 하게 만드는 동기부여를 합니다. 아이돌 그룹이나 인기 정치인, 예수, 석가, 마호메트와 같은 성인은 사람들을 모여들게 합니다. 과연 이와 같은 영웅들에게 어떤 매력이 있기에 사람들이 감동하고, 움직이게 되는 것일까요. 사람을 감동시키고, 끌리게 하는 매력의 공통점이 무엇인지 연구해볼 필요가 있습니다.

그런데 여기서 한나라를 대표하는 랜드마크나 사람들이 숭배하는 영웅, 혹은 명품의 경우 이것이 복제된 경험이냐 아니면 오리지널이냐라는 점에서 가치의 차이가 있습니다. 요즘은 인터넷에서 검색만 하면 프랑스 파리의 에펠탑과 프랑스 문화를 간접 경험할 수 있습니다. 그리고 다양한 주제공원이 개발되어 있어서 프랑스를 주제로 한 주제공원에서 파리 에펠탑을 간접적으로 경험할 수도 있습니다. 그런데 사람들은 프랑스 파리의 에펠탑을 보기 위해서 고가의 여행비를 지불하고 여행을 합니다. TV나 인터넷에서 더욱 생생한 동영상과 사진작품을 볼 수 있는데, 무엇을 위해서 먼 거리를 여행하는 것일까요? 프랑스를 주제로 인위적인 공간에 가서 파리 에펠탑을 보는 '복제된 경험'보다는 정말로 파리에 가서 에펠탑을 보고 에펠탑 위에 올라가서 파리 시내를 발아래 놓고 보고, 카페테리아에 가서 사진을 찍는 '진짜 경험(Originality)'을 하기 위해서 관광객은 비싼 비용을 치루면서 관광을 하는 것입니다.

이와 같이 오리지널 경험은 고가를 지불하지 않으면 얻을 수 없는 희소가치가 있는 제품이기 때문에 가치가 있는 것입니다. 따라서 관광객은 이와 같이 아무나 경험할 수 없는 '진짜 경험'을 하고자 하는 욕구 때문에 고가를 지불하고, 여행을 합니다. 아이돌 팬들은 TV에서 매일 볼 수 있는 아이돌을 보기 위해서 먼 곳까지 여행하고, 며칠 밤을 공연장 앞에서 밤을 지새워 공연티켓을 사는 엄청난 희생을 합니다. TV에서 매일 보는 아이돌의 모습은 간접경험입니다. 그들은 아주 값비싼 희생을 치루더라도 자신이 사랑하는 아이돌을 무대 아래서 직접 보는 진짜 경험을 하고 싶어서 공연관람을 합니다. 따라서 관광기획을 하는 경우 고가를 받아도 사람들이 간절하게 보고 싶다고 몰려드는 '진짜 경험'을 제공하던지, 아니면 캐나다 스트라트포드의 셰익스피어축제(제8장), 호주 파크스시의 엘비스 페스티벌(제9장), 핀란드 산타클로스 마을(제7장)과 이탈리아 베로나의 줄리엣의 집(제7장)과 같이 진짜 경험보다 더 가치 있고, 유명한 '모조 경험'을 제공한다면 성공할 수 있습니다.

미래의 세계 최고의 문화예술도시, 아시아 최고의 문화예술도시가 어디일까요? 전 세계 모든 도시들이 세계를 대표하는, 아시아를 대표하는 도시가 되기 위해서 문화예술 경쟁력 강화를 위해 총력을 기울이고 있습니다. 도시가 랜드마크와 같은 세계 최고의 대표성과 상징성을 보유하기 위해서는 오랜 세월을 거치면서 쌓인 역사성과 심미적인 예술성이 중요합니다. 역사성과 예술성의 핵심은 진품가치(Originality)와 고유성(Authenticity)이 중요한 요소입니다. 역사성과 예술성이 부족한 도시가 세계적인 대표성을 얻기 위해서는 최고층 빌딩, 최신 가치와 기술, 최고의 부와 품질, 최상의 명성과 품격 등에서 경쟁상대가 없는 대표성을 갖추어야 합니다. 미래에 한국의 도시가 세계를 대표하는 '세계 최고의 문화예술도시'로 발전하길 소망합니다.

(6) 다양성과 차별성 중시

연극이나 음악이 아무런 변화 없이 일정한 템포와 패턴으로 진행된다면 흥미를 잃게 됩니다. 이미 가 본 적이 있는 일반적인 관광지에서 경험할 수 있는 것과 비슷한 놀이시설, 동일한 먹거리, 동일한 음악, 동일한 디자인을 개발해놓는다면 내용이 뻔한 관광지를 방문하고 싶어 하는 관광객은 거의 없을 것입니다. 다양하고, 기발한 아이디어들이 번득이는 곳, 다른 곳에서는 절대로 볼 수 없는 특이한 관광지, 현실세계와는 다른 경험을 할 수 있는 차별화 되고 개성 있는 관광지라는 인식을 주어야 관광객들이 방문하고자 하는 욕구를 갖게 됩니다. 이런 차이 때문에 명품관광지는 고가전략을 수립·추진할수록 더욱 많은 관광객들이 비싼 요금을 지불하고서라도 방문하게 되는 것입니다.

도시관광개발에도 속도의 변화와 강조와 같은 리듬의 다양성이 필요하고, 결과를 알 수 없는 연극처럼 기승전결을 예측할 수 없는 기발한 아이디어와 주제가 전개되는 차별화된 다양성이 필요합니다. 도시관광개발에 있어서 주제공원이나 보행공간 등을 개발할 때, 다양성을 확보해서 다양한 이용자의 욕구를 충족시키는 것은 중요합니다. 외지인들이 '그곳에 가기만 하면 우리가 이제까지 본 적이 없는 그리고 경험하고 싶은 모든 다양한 놀거리, 볼거리, 먹거리, 즐길거리, 살거리가 있다'라고 인식할 수 있도록 계획하는 것은 도시관광개발에 중요한 요소입니다. 특히 어린아이뿐만 아니라 성인들도 함께 즐길 수 있는 시설을 개발해서 가족 단위로 방문하여 '전 가족이 함께 즐길 수 있는 다양한 공간'을 조성하는 것이야말로 문화예술관광개발의 중요한 요소입니다.

현재 한국의 관광산업의 가장 큰 문제점은 획일적이고 천편일률적인 개발이 이루어지고 있다는 것입니다. 하드웨어적으로 창의적이고 예술적인 문화시설과 문화공간이 다채롭게 개발되어 다양성이 있는 국토가 조성되어야 합니다. 소프트웨어적인 측면에서도 제3장에서 언급하였듯이 다양한 성격과 주제의 관광특구와 관광공간이 조성되어야 합니다.

(7) 군집성

공구상가, 책방거리, 가구거리와 같이 많은 상가들이 밀집된 지역이 대중의 주목을 받게 되고, 즐겨 찾는 명소가 됩니다. 왜냐하면 그곳에 가면 대중이 원하는 모든 것이 진열되어 있고 구매할 수 있기 때문입니다. 관광지도 이와 같이 다양한 상점, 식당, 놀이시설 등이 한 장소에 군집되어 있는 지역에 관광객이 모이게 되어 있습니다. 따라서 이야기가 있는 테마환경의 조성과 주제공원의 개발, 문화의 거리개발 시에는 많은 상점과 놀이시설을 유치하여 다양한 볼거리, 놀거리, 먹거리를 준비하고, 거기에 더해서 자신만의 독자적인 주제를 부각시키면, 성공적으로 집객력 있는 공간을 창조할 수 있습니다.

한국사회에는 다양한 독특한 공예가 있습니다. 그러나 작가들의 공방이 여기저기 흩어져 있어서 그런 작가들의 숨어 있는 공방을 찾아다니는 것은 불가능합니다. 공예의 다양한 생산공간, 유통공간을 한 공간에 군집시켜서 종합적인 창작공간을 만든다면 훌륭한 관광자원이 될 수 있습니다. 아무리 좋은 관광자원이라도 외딴섬처럼 고립되어 있거나 너무 광범위한 지역에 분산되어 있으면 찾아다니기가 어렵습니다. 이 때문에 한곳에 기능을 군집시켜 문화예술 중심지구를 조성하거나 분산되어 있는 관광지나 문화예술공간을 하나의 엄브렐러 브랜드로 연계하여 시너지 효과를 창출하는 전략을 추진해야 합니다. 여러 가지 과일이 여기저기 흩어져 있는 것보다는 하나의 과일바구니에 담아서 진열해놓는 것이 더욱 매력적일 수 있습니다. 이와 같이 다양한 시설과 기능을 군집시키는 것은 사람들을 집객하는 탁월한 마케팅 수단이 될 수 있습니다.

(8) 실현 불가능한 꿈에 대한 동경

인간은 더 나은 삶과 풍요로운 삶을 살기를 희망하고 있습니다. 즉, 미래에 행복해질 수 있는 가능성이 있는 곳으로 움직입니다. 이러한 이유에서 현실세계에서는 절대로 실현 불가능한 미래세계와 미지의 세계에 대한 동경심 때문에 판타지 소설이나 SF소설을 좋아합니다. 타임머신을 타고 다른 세상으로 여행을 하는 터무니 없는 이야기, 마법의 나라와 마법의 성과 같은 실현 불가능한 이야기에 감동하고 열광합니다. 사람들은 굉장히 계산적이고, 현실적으로 보이지만, 때로는 인간의 계산이 정확하지 않은 경우도 많아서 이처럼 허황된 이야기, 터무니없는 환상에 감동하고, 깊이 빠져들기도 합니다. 특히 터무니없는 사교 이론에 빠져나오지 못하는 광신자들을 보면 인간이 약은 것 같지만, 황당무계한 거짓말에도 쉽게 빠지는 어리석은 존재이기도 하다는 것을 알 수 있습니다. 이미지가 허구라는 것을 당연히 알고 있으면서도 실제 상황을 경험하는 것보다 더 진짜 같은 체험을 하고 즐깁니다. 따라서 관광마케팅 기획자는 이와 같은 인간의 욕구를 파악하고 무형의 이야기를 유형적으로 만들어서 환상을 창출하고, 가상세계에 몰입시키고, 사람의 마음을 감동시킬 수 있는 주제를 기획하여야 합니다.

노벨평화상 수상자인 무하마드 유누스는 상상력을 통해서 미래 사회를 변화시키는 소셜 픽션(Social Fiction)을 쓰자고 주장하였습니다. 우리가 일상생활에 사용하고 있는 핸드폰, 비행기, 인터넷, 3D기술 등은 그리 멀지 않은 과거에는 실현 불가능한 꿈이었습니다. 그러나 인간은 끊임없이 상상하고, 실현 불가능한 꿈을 공상과학소설로 썼습니다. 그리고 현재 과학은 과거 인간의 꿈을 일상생활 속의 현실로 실현하였습니다. 이처럼 인간의 상상력은 실현 불가능한 꿈을 현실로 만들고, 사회를 변화시키는 놀라운 능력이 있습니다. 인류의 미래가 오래된 과거의 연장선상에 있는 낡은 미래가 아니고, 인간의 무한한 상상력이 발휘되고 실현되어 새롭고 행복한 미래가 펼쳐지길 희망해봅니다.

(9) 저렴함과 이익의 힘

가격이 싸다는 것과 이익이 생긴다는 테마처럼 사람을 강렬하게 움직이는 테마는 없습니다. 블랙프라이데이(11월 마지막주 금요일), 중국 광군제(11월 11일)는 세일기간 동안에 할인하는 백화점이나 쇼핑센터는 그야말로 인산인해가 됩니다. 이와 같이 상품의 할인이나 이익이 발생하는 이벤트에는 많은 사람들이 모여듭니다.

바겐세일, 면세점 역시 많은 관광객들이 몰려오게 하는 강력한 집객력을 보여주고 있습니다. '싸다', '돈을 벌 수 있다', '이익이 발생한다'라는 주제는 사람들을 열광하게 하고 몰려들게 하는 강력한 힘이 있습니다.

싱가포르나 홍콩의 바겐세일 시즌에는 많은 외국 관광객들이 할인된 상품을 구입하기 위해서 방문하는 것으로 나타나고 있습니다. 가격이 싸다고 하면 부상을 당하는 위험을 감수하고서라도 군중들이 모입니다. 그런데 여기 면세점의 함정이 있습니다. 면세점이 세금을 감면해주기 때문에 다른 곳보다는 싸다는 인식에 많은 사람들이 몰립니다. 그런데 면세점이 세금은 감면해주지만 면세점의 이익은 감면해주는 것이 아닙니다. 결과적으로 정부에서 세금은 감면해주지만, 면세점은 세금 감면보다 더 높은 이윤을 붙이기 때문에 결국은 싼 것도 아닌 경우가 많습니다. 그래도 면세점은 면세가 되어 저렴하다는 이유로 관광객이 많이 찾게 되는 홍보 효과가 있습니다. 또한 면세점 상품 판매에 대한 세금은 면제되지만, 상점직원의 소득세 등 기타 세금은 납세하고 있다는 점에서 완전히 세금을 내지 않는 것도 아닙니다. 마이클 포터는 경쟁우위를 점하기 위한 전략으로 차별화 전략, 집중화 전략, 원가우위전략, 세 가지를 들고 있습니다. 그만큼 원가가 저렴하면 경쟁에서 우위를 점할 수 있습니다. 이러한 점에서 정부에서 외국인 관광객에 대한 면세사업장을 대폭 확대해서 관광객들에게 한국은 저렴한 쇼핑이 가능한 나라라는 인식을 확산시킬 필요가 있습니다. 박리(薄利)이지만 다매(多賣)를 하는 기회를 얻을 수 있고, 더 많은 관광객을 유치하는 더욱 성공적인 결과를 낳을 수도 있습니다. 이러한 점을 파악하고 일본은 싸다는 이미지로 관광객을 유인하기 위해서 기존 면세점을 시내의 일반점포까지 대폭 확대하였습니다.

(10) 인연의 네트워크

지연, 학연, 혈연과 같은 사람의 인연이라는 테마도 사람을 모이게 하고, 움직이게 하는 강력한 집객력(集客力)을 가지고 있습니다. 이와 같이 지연, 학연, 혈연이라는 성격에는 애정과 향수, 이익과 안정감이라는 요소들이 내포되어 있기 때문입니다. 살벌한 경쟁사회 속에 가족이나 동문, 고향 선배라는 말은 비교적 신뢰할 수 있고, 애정이 있고, 신뢰가 되며, 이익을 얻을 수 있는 사람이라는 것을 뜻하는 경우가 많습니다. 그래서 학연, 지연, 혈연에 따라서 유유상종(類類相從)하는 경우가 많습니다. 특별히 목표로 하고 있는 목표시장이 이러한 인연으로 연결된 집단이면, 그들이 공유하고 있고 그리워하는 주제를 가시적으로 유형화하는 것도 좋은 마케팅 방법입니다.

그러나 사회구성원 간의 사회적 유대관계가 인터넷을 이용한 지식공유사회, 네트워크 사회[29]로 변화하면서 인터넷을 중심으로 한 새로운 네트워크와 지식의 전달체계가 강화되고 있습니다. 오프라인상에서 형성되는 혈연, 인연, 학연과는 달리 위키피디아(Wekipedia)나 네이버지식 등의 지식공유체계는 공통의 관심을 가진 사람들이 지리적으로 분산되어 네트워크를 형성하고, 불특정 다수가 지식을 창조하고 공유하는 새로운 지식의 교류와 축적의 방법으로 발전하고 있습니다. 그리고 경제적인 측면에서는 아마존, 옵션 등과 같은 비대면 거래를 통한 강력한 마케팅 방법이 유통구조를 변화시키고 있습니다. 또한 인터넷에 다양한 관광객들이 올리는 여행 후기는 입소문으로 퍼져서 관광목적지의 선택에 강력하게 영향을 미치고 있습니다. 관광객들이 인터넷에 올리는 입소문을 통한 스토리텔링은 상업적이지 않다는 이유에서 대중의 신뢰감을 얻고 있기 때문에 관광목적지 선택에 미치는 영향은 대단히 강력합니다. 따라서 관광마케팅 기획자는 인터넷을 통하여 네트워크하고, 인터넷 스토리텔링을 통하여 관광지의 플레이스 브랜드 가치를 높이고, 이미지를 개선하는 전략에 대해서 더 많은 연구와 노력을 기울여야 합니다.

---

29 Manuel Castells, The Network Society- A Cross-cultural Perspective, Edward Elgar, 2004.

제3절
핀란드의 동화, 무민과 무민월드 이야기

문학작품 속 주인공이 살아 숨 쉬는 테마파크

현대적 테마파크의 원조라고 할 수 있는 디즈니랜드의 시작은 애니메이션이었습니다. 애니메이션은 시나리오를 기초로 하여 제작되기 때문에 전설, 신화, 민담 등 다양한 스토리 자산을 중심으로 제작하고 있습니다. 영화 역시 시나리오를 기초로 하고 있기 때문에 스토리와 밀접한 관련이 있습니다. 영화를 주제로 하는 관광을 영화관광(Screen Tourism)이라 하고 스토리, 문학작품을 주제로 하는 관광은 문학관광(Literary Tourism)이라고도 합니다. 따라서 스토리를 기본으로 하는 문학관광과 영화관광은 서로 밀접한 관련이 있습니다. 이러한 관점에서 최근에 문화유산관광(Heritage Tourism), 영화관광(Screen Tourism), 문학관광(Literary Tourism)을 함께 연결해서 HSLT라는 새로운 약자로 표현하는 학자도 있습니다.[30] 많은 테마파크와 문화관광자원은 대부분 HSLT라는 세 가지 영역 중에 속할 것입니다. 이와 같은 문학관광을 개발하는 것은 문화기술의 하드웨어와 소프트웨어 양면에 노하우가 필요한데, 첫걸음은 각국에서 이야기를 활용해서 개발되고 있는 선행사례를 세심히 살펴볼 필요가 있습니다.

특히 유명한 셰익스피어의 고전과 같은 문학작품에 관한 관광여행은 작가의 탄생지, 작품 속에 나온 감동적인 장소나 주요 사건의 소재지 혹은 작품의 주제를 현실세계에 구현한 테마파크 등을 직접 방문하여 문학작품을 통해 알았거나 느꼈던 것들을 현장에서 다시 새롭게 느껴보고 싶다는 욕구에 소구하는 관광입니다. 문학관광은 그와 같은 목적이 있는 여행이기 때문에 특수목적관광(Special Interest Tourism)의 성격을 가지고 있습니다.[31] 문학관광은 주로 소설이나 희곡, 시

---

[30] Agarwal, S. & Shaw, G. Heritage, Screen and Literary Tourism, Channel View Publication, 2018, p.21.

[31] 특수목적관광(Special Interest Tourism)은 '특수한 목적이 있기 때문에 특별한 지역이나 특별한 관광목적지를 여행하는 관광'으로 모든 여행경험이 사전에 계획된 여행입니다. Weiler, B. & Hall, C. M. Special Interest Tourism, Belhaven Press, 1992.

등 문학작품 내용에 관심을 가지고 여행하지만 여행일정 중 일부는 문학작품과는 상관없는 장소가 포함되는 경우도 있습니다. 문학관광처럼 관광객들은 대부분 물리적 상품을 구매하는 것이 아니라 여행을 통해서 얻게 되는 느낌과 감정적인 자극을 구매하기 때문에 관광산업을 경험산업(Experience industry)이라고도 합니다.[32] 관광은 여행목적에 따라 일반적인 목적관광(General Interest Tourism), 혼합목적관광(Mixed Interest Tourism), 특수목적관광(Special Interest Tourism)으로 구분하기도 합니다.

문학관광과 같은 경우에는 문학작품의 저자와 그의 작품에서 받은 생각과 느낌, 감동 등으로 인하여 작품 속 이야기와 관련된 대상지를 방문하는 특수목적관광(SIP)에 속한다고 볼 수 있습니다. 그러나 문학작품의 현장, 배경지 등이 보고 싶어서 여행을 하는 관광객이더라도 자연풍경이나 상업적인 목적 등의 겸목적적인 성격의 일정을 함께 소화할 수도 있습니다. 이처럼 문학작품 이외에 겸목적적 혹은 다목적 여행을 하는 경우 혼합목적관광으로 분류할 수 있습니다.

핀란드 문학의 역사에서 빼놓을 수 없는 인물 중의 하나로 여류 동화작가 토베 얀손(Tove Marika Jansson, 1914~2001)이 있습니다. 그녀는 1945년부터 1970년까지 8편의 무민(Moomin) 동화를 출간했는데, 이 무민 동화 시리즈는 그 당시 전 세계적으로 인기를 끌었습니다. 이 동화는 핀란드의 독특한 자연환경을 배경으로 무민이라는 가상의 종족이 모험을 즐기는 내용인데, 핀란드 특유의 별로 요란하지 않고, 부드러운 방식으로 사람들을 감동시켰습니다.

무민 시리즈는 영국, 일본을 비롯해 전 세계에서 동화, 애니메이션, 영화, 연극, 오페라 같은 수많은 예술 장르로 표현이 되었습니다. 무민 동화를 소재로 한 캐릭터 상품, 박물관, 테마파크도 인기를 끌었습니다. 특히 핀란드 남부의 조그만 도시인 난탈리에 만들어진 테마파크 무민월드는 핀란드의 대표적인 랜드마크로 지역경제 활성화 등에 크게 기여했습니다. 테마파크 무민월드의 성공으로 무민은 핀란드의 대표 문화상품으로 우뚝 섰습니다. 토베 얀손의 작품은 문학이기도 하고 동시에 애니메이션으로도 유명하기 때문에 토베 얀손의 삶과 탄생지 그리고 무민월드가 보고 싶어서 많은 사람들이 핀란드로 여행하고 있습니다.

---

32 Trauer, B., Conceptualizing Special Interest Tourism-Frameworks for Analysis, Tourism Management, 27, 2004, pp.183-200.

어릴 적 낙서에서 시작된 무민 이야기

토베 얀손(Tove Jansson)의 무민(Moomin)이라는 작품은 작가가 어린 시절 즐겨하던 낙서에서 시작되었다고 합니다. 무민 동화의 주인공인 '무민 트롤'이 탄생하게 된 배경을 보면, 토베 얀손이 삼촌 집에서 지내던 16살 때, 한밤중에 음식을 먹지 말라고 말하던 삼촌께서 "한밤중에 냉장고를 열면 '무민 트롤'이 네 코를 물어버린다!"라고 말하며 수시로 겁을 주고는 했다고 합니다.[33] 그때의 기억으로 토베 얀손은 초자연적인 존재로서 모습이 하얀색 하마처럼 생긴 주인공 무민 트롤(Troll)을 창작해냈다고 합니다. 그녀 이야기 속 무민 트롤 가족들은 핀란드의 '무민골짜기'라는 숲속에서 친구들과 어울려 살면서 함께 많은 모험을 하는 이야기입니다. 무민이라는 캐릭터는 1945년 '무민과 대홍수'라는 삽화가 삽입된 소설에서 처음 나타납니다. 이 소설은 원래 1939년 핀란드가 러시아와 전쟁하고 있을 때 썼는데, 1945년이 되어서야 출판되었다고 합니다. 전쟁 기간에 토베 얀손은 무민월드 이야기를 쓰면서 정신적으로는 전쟁터를 탈출하였다고 합니다.[34] 무민계곡에서 일어나는 이야기들 속에 살면서 얀손 작가는 전쟁의 두려움으로부터 심리적으로 안전해질 수 있었습니다. 이처럼 토베 얀손은 무민이야기를 그 자신을 위한 이야기로 쓴 것입니다.

그 후 1954년부터 7년 동안 영국신문 이브닝 뉴스에 주 6회씩 만화를 연재하게 됩니다. 1961년부터는 남동생인 만화가 랄스 얀손(Lars Jansson)이 만화 제작에 주도적으로 참여하기 시작하였고,[35] 1975년까지 연재된 무민시리즈 총 9개의 이야기는 큰 인기를 끌게 되었습니다. 무민시리즈가 시작된 1950년에 이미 60개국의 언어로 번역되어 출판되었습니다.[36] 그리고 1965년 독일에서 첫 번째 인형

---

33 나무위키, 무민, https://namu.wiki/w/%EB%AC%B4%EB%AF%BC 2020년 1월 27일 검색.

34 Karjalainen, T., Tove Jansson Tee Työtä Ja Rakasta. Helsinki: Kustannusosakeyhtiö Tammi, 2012.

35 나무위키, 무민, https://namu.wiki/w/%EB%AC%B4%EB%AF%BC?from=%EC%A6%90%EA%B1%B0%EC%9A%B4%20%EB%AC%B4%EB%AF%BC%20%EC%9D%BC%EA%B0%80 2020년 1월 27일 검색.

36 유희나, 서사에 근거한 캐릭터 디자인 연구 무민(MOOMIN), 미키마우스(Mickey Mouse), 철완 아톰을 중심으로, 이화여자대학교 석사논문, 2010, p.58.

극 애니메이션이 제작되었는데 스웨덴에서도 인기를 끌었습니다.

1969년에는 일본에서 무민시리즈가 애니메이션으로 제작되었는데, 폭발적인 인기를 얻었으나 원작자인 토베 얀손과 랄스 얀손이 인정하지 않아서 중단되었다고 합니다. 그후 1990년 일본에서 텔레스크린과 TV도쿄에서 '즐거운 무민일가(楽しいムーミン一家)'라는 제목의 애니메이션으로 리메이크된 무민은 100여개 나라에서 방영되어 다시 한 번 무민 붐이 일어났습니다. 전 세계 대부분의 무민 팬들은 1990년 제작된 '즐거운 무민일가'를 통해서 무민을 알게 되었다 해도 과언이 아닙니다.

1977년에는 핀란드의 세마포(Se-ma-for)와 주피터 필림이 스탑모션 애니메이션을 제작하였는데 총 100화까지 방영되었습니다. 그리고 최근 2014년에는 핀란드와 프랑스에서 '무민 온 더 리비에라(Moomin on the Riviera)'라는 제목의 애니메이션을 제작되었고, 국내에 '무민: 더 무비라'는 제목으로 소개되기도 하였습니다.

무민 이야기는 애니메이션, 만화책, 캐릭터 상품, 티셔츠 등 다양한 문화상품으로 개발되었을 뿐만 아니라 1993년에는 핀란드 난탈리시에 무민월드라는 테마파크로 만들어졌습니다. 이곳에는 전 세계 무민 팬들이 무민 캐릭터와 무민이 사는 숲속 나라를 보기 위해 찾아오고 있습니다. 이뿐만 아니라 1987년에는 핀란드 탐페레에서 무민박물관[37]이 개관하였고, 헬싱키에도 여러 개의 무민카페가 성업 중이라고 합니다. 무민이야기의 저작권은 랄스 얀손의 딸인 소피아 얀손(Sophia Jansson)이 대표로 있는 무민캐릭터사(Moomin Characters Ltd)가 보유하고 있습니다.

일본에서 제작된 애니메이션 무민의 인기 때문에 무민이 본국인 핀란드에서보다 일본에서 아직까지도 더 인기를 누리고 있습니다. 일본에는 6월 3일을 무민 가족을 기념하는 무민데이(Moomin day)로 지정하고 있기도 합니다. 하필 6월 3일이 '무민데이'가 된 이유는 일본어로 6월 3일의 발음이 무민이 되기 때문이라고 합니다. 이뿐 아니라 무민 베이커리, 무민카페도 도쿄를 중심으로 인기리에 꾸준히 영업을 하고 있다고 합니다.[38] 도쿄에서 40km 정도 떨어진 사이타마현 하

---

37 Moomin Museum, https://www.muumimuseo.fi/en/ 2020년 3월 10일 검색.
38 유희나, Op. cit., 2009, p.64.

노시에 2018년 11월 북유럽 라이프 스타일을 체험할 수 있는 핀란드 숲 마을인 메차마을(Metsä village)[39]이 먼저 개장하였고, 2014년 4월 16일 토베 얀손의 작품인 무민 세계를 경험할 수 있는 무민밸리 파크(Moominvalley park)[40]도 개장하였습니다. 미야자와코 호수 옆에 위치한 무민밸리 파크는 3층 무민하우스와 오두막, 등대 등이 설치되어 있고, 무민이야기가 공연과 함께 재연되고 무민가족으로 분장한 캐릭터들을 만나 볼 수 있습니다. 그 외에 세계에서 가장 큰 무민상품 컬렉션이 있는 무민기프트샵, 북유럽 요리를 맛볼 수 있는 북유럽요리 레스토랑도 있다고 합니다.

무민 테마파크로 다시 태어나다

1993년 핀란드인 데니스 리브손(Dennis Livson)이 무민을 주제로 한 테마파크를 만들면 좋겠다는 구상을 시작했고, 투르크(Turku)의 루이사로(Ruissalo)섬에 건설하려고 하였습니다. 그런데 투르크 시민이 자연환경을 훼손한다고 테마파크 건설을 반대하여 무민월드를 건설하지 못했습니다. 이로 인하여 무민월드 설립자인 데니스 리브손이 난탈리시와 다시 협의해서 개발 장소를 난탈리시로 변경하고 개장이벤트를 개최하게 되었습니다. 데니스 리브손은 토베 얀손 동생의 친구이고, 1990년대 초 무민 애니메이션의 프로듀서였습니다.

결국 1993년에 핀란드 난탈리시에 무민, 동화에 나오는 숲 속 마을의 경험 그리고 남서군도의 아름다운 해안경치와 온천을 결합하여 무민월드라는 테마파크를 개장했습니다. 무민을 주제로 한 테마파크가 개장하게 됨에 따라 동화 속 나라 무민의 숲 속 마을을 방문해보고 싶어 하는 전 세계 무민 팬들 약 25만 명이 매년 방문해오고 있다고 합니다.[41]

난탈리시는 핀란드 남서쪽 남서군도(South-western Archipelago) 인근에 위치한 인

---

39 메차(Metsä)는 핀란드어로 "숲"이라는 뜻입니다.

40 Raina Ong, Moominvalley Park Open Near Tokyo, Japan-Guide.com, 2019, https://www.japan-guide.com/blog/raina/190320.html 2020년 3월 10일 검색.

41 Sanna Leminen, Wow-How to Improve the Experience of the Moominworld, Turku University of Applied Sciences Master's Thesis, 2018, p.6.

구 18,834명(2013년 2월 28일 기준)이고, 면적은 688.01 km²인 작은 항구도시입니다. '선샤인 타운(Sunshine town)'이라는 애칭으로 불리는 난탈리는 핀란드대통령의 여름별장이 있어서 '핀란드의 여름 수도'로도 불리기도 하고 온천으로도 유명한 휴양도시입니다.[42] 난탈리시의 카일로(Kailo)섬에 무민월드가 개장하면서 무민하우스와 소설 '무민' 속에 나오는 캐릭터를 직접 만날 수 있는 진짜 무민계곡이 현실로 나타나게 되었습니다.

무민월드의 전략은 전 가족이 함께 놀러와 하루종일 즐길 수 있는 활동적이고 경험적인 테마파크를 만드는 것입니다. 따라서 무민월드의 목표는 가족이 활동적으로 참여하는 놀이공간을 만드는 것으로 가족 단합, 비폭력, 친절, 환경보전, 안전 그리고 모험, 유아양육을 촉진하는 가치관 중시와 같은 무민의 철학을 실현하고자 하는 것입니다.

무민월드는 연중무휴로 일년 내내 개장하는 다른 테마파크와는 달리 여름철 6월 초에서 8월 말까지만 개장하고, 2월에 1주일 동안만 윈터매직 이벤트를 개최합니다. 그리고 무민월드에서는 다른 테마파크에서 볼 수 있는 회전목마나 롤러코스터와 같은 놀이기구(Rides)가 없습니다. 무민월드에 놀이기구를 만들지 않는다는 것은 토베 얀손이 테마파크 설립을 허락하면서 제안한 주요 조건 중의 하나라고 합니다. 이런 점에서 놀이기구가 중심시설인 디즈니랜드나 유니버설 스튜디오와는 근본적으로 성격이 다르고 공원 안에 조성된 건축물들도 전통적인 친환경 재료를 사용하였기 때문에 친환경적인 녹색 테마파크라고 정의할 수 있습니다.

이처럼 핀란드의 문화는 총천연색의 화려하고, 지나치게 인공적인 개발을 추구하는 미국식 문화와는 크게 차이가 있습니다. 핀란드의 디자인은 너무 두드러지지 않은 나무빛깔의 녹색과 회색 그리고 갈색과 같은 안정적인 자연색으로 제한하고 있습니다. 그들이 추구하는 것은 옛것을 존중하고, 따뜻한 정서와 자연이 그대로 담긴 인간적인 도시의 모습입니다. 핀란드 도시 어느 곳을 가더라도 절제되고 제한된 칼라와 공공디자인을 존중하는 도시환경을 특징으로 하고 있습니다.[43] 핀란드사회는 물질보다는 정신과 마음을 우선으로 하는 문화적 풍토를

---

42 Sunshine Town – Naantali, https://twitter.com/discoverfinland/status/869835463082770432
43 안애경, 핀란드 디자인 산책, 나무 [수], 2009, p.152.

가지고 있습니다. 현란한 색채와 디자인을 특징으로 하는 상업주의적인 미국문화와 상반되는 이러한 문화적 전통과 정신 때문에 수익성 있는 테마파크가 지역에 들어오는 것에 대해서 지역주민들이 반대하고, 테마파크 소재의 원작자가 자신의 작품으로 테마파크를 만들려면 지나치게 기계적이고 화려한 놀이시설을 도입하지 않는다는 것을 전제조건으로 내걸게 되는 것입니다. 미국문화에 젖어 있는 사람들에게는 조금 심심하고, 이해하기 어려운 핀란드만의 문화적 특성일 수도 있습니다.

무민월드에는 무민 캐릭터들이 사는 집인 무민하우스와 동화 속에 나오는 숲속 마을이 있습니다. 엠마극장에서는 낮에는 어린이를 위한 연극, 저녁에는 성인을 위한 프로그램이 진행되고 있습니다. 카일로섬 옆에 있는 바스키(Väski)섬44은 초등학교 고학년 아이들을 위한 모험의 섬입니다. 3층 파란색 건물인 무민하우스에 들어가면 동화 속에 나오는 모양의 침대, 책상 등을 볼 수 있습니다. 베란다에서는 무민 동화에 등장하는 무민 트롤과 그 가족 그리고 마녀로 분장한 사람들이 동화를 시연해주기도 합니다. 아이들은 무민 이야기에서 나오는 캐릭터들과 사진을 찍고 포옹하는 것을 가장 좋아합니다.

무민의 집 옆에는 식물과 우표를 수집하는 것이 취미인 헤믈렌의 나무로 만든 집도 있습니다. 공원 안의 주택들은 모두 핀란드의 전통적인 농가주택 양식이기 때문에 자연 친환경적인 시설이어서 풍요로운 북유럽 숲 속 마을이 주는 여유를 만끽할 수 있습니다. 야외에는 야외극장이 있는데 무민을 주제로 한 다양한 연극이 공연되고 있습니다. 특히 공연내용은 장애우들을 배려해서 수화로 내용을 전달해줍니다. 바닷가에 가면 이 세상에서 가장 큰 동물인 용모양의 조형물 에드바드 부블이 바닷속에서 헤엄을 치는 모습을 볼 수 있습니다. 관광산업은 이처럼 관광객들에게 즐거움을 경험하게 해주고, 관광객들이 다시 경험해보고 싶어 하는 추억을 선물하는 경험경제(Experience economy)45입니다. 다시 이곳을 방문해서 즐거운 경험을 하고 싶은 사람들은 재방문을 마다 않고 기꺼이 비용을 지불합니다. 무민월드 내부에서는 놀이시설이 없을 뿐 아니라 어떤 상업광

---

44 바스키(Väski)섬은 무민월드가 있는 난탈리의 카일로섬 옆에 있는 섬입니다.
45 Pine, B. & Gilmore, J., The Experience Economy, Harvard Business Press, 2011.

고도 허용되지 않습니다. 난탈리 시가지에는 난탈리 박물관과 예술품 상점, 공방, 갤러리들을 발견할 수 있는데, 주민과 예술가들이 만든 점포들이 수백 년 된 목조건물에 들어서 있어 운치를 더해 줍니다.[46]

무민월드를 방문하는 관광객의 성향

무민월드의 고객 성향을 조사한 통계를 살펴보면 무민월드를 방문하는 주요 방문객들은 핀란드 내국인(83%)으로, 자녀가 0~3세 사이(62.7%)인 25~49세 이하 젊은 부부(76.9%)들인 것을 알 수 있습니다. 그리고 무민월드에 첫 방문을 하는 사람이 49%로 많은 비중을 차지하고 있습니다. 이들은 어린 아이 때문에 장거리 여행이나 험난한 여행코스를 걸어야 하는 모험관광은 불가능하기 때문에

표 7-1 무민월드의 고객 분석

연령	25~34세	43%
	35~49세	33.9%
거주지	핀란드 남부	41%
	핀란드 서부	42%
자녀수	1~2명	73.6%
자녀의 연령	0~3세	62.7%
	4~6세	42.2%
방문횟수	첫방문	49%
	2~3번 방문	34.5%
방문 기간	4~5시간	43.7%
	5시간 이상	30.6%
교통 수단	자가용	91%

출처: Saanna Leminen, Wow-How to Improve the Experience of the Moominworld, Turku University of Applied Sciences, Master's Thesis, 2018

---

46 김상민, 미국에는 디즈니랜드, 핀란드엔 '무민월드'가 있다, Dong-a Business Review, 2011년 3월, https://dongabiz.co.kr/article/view/1203/article_no/3674

가까우면서 안전한 장소에서 아이들이 편하게 놀 수 있는 곳을 찾아서 방문한 것 같습니다. 0~3세 아이들은 고학년 아이들처럼 지나친 활동을 해야 하는 모험적인 놀이시설에도 적합하지 않기 때문에 무민월드처럼 휴식을 취할 수 있는 안전한 장소가 더 선호될 수 있습니다. 이러한 측면에서 무민월드는 아주 어린 아이들을 데리고 갈 수 있는 아동 보호와 육아시설이 있어 어린아이와 젊은 부모용 가족 테마파크로 인식되고 있습니다. 따라서 이런 형태의 테마파크는 부모가 하루 종일 아이를 돌보는 보모 역할만 했다는 느낌이 들지 않도록 아이들과 부모가 함께 즐길 수 있는 활동과 프로그램을 개발하는 것이 중요합니다. 그리고 아이들이 안전한 공간에서 놀이를 하는 동안 부모들은 안심하고 휴식을 취할 수 있는 공간도 조성할 필요가 있습니다.

일반적으로 테마파크사업은 부동산 매입비와 시설개발로 인한 많은 고정비 때문에 고정자산의 부담이 크고, 자본회수 기간이 길어서 심각한 재정적인 부담이 발생하기 쉽습니다. 이러한 어려움 때문에 민간기업이 투자하기가 어려운 성격을 가지고 있습니다. 따라서 민간기업이 성공적 운영을 할 수 있도록, 개발사업 초기에 중앙정부나 지방정부가 여러모로 후원해주는 것이 중요한 성공요소입니다. 다른 대규모 테마파크의 사례에서 볼 수 있는 테마파크 부지의 무상 또는 저렴한 가격으로 제공, 조세감면, 저금리 대출 혹은 보조금 지원, 인프라스트럭처의 개발 지원, 국제적 홍보마케팅 비용 부담 등이 정부 후원의 주요내용입니다.

무민월드의 경우에도 유치과정과 발전과정에 난탈리 시와 지역주민들의 적극적인 지원이 중요한 성공요소였습니다. 그 후 무민월드는 핀란드를 벗어나 2019년에 일본에 무민밸리라는 테마파크를 오픈하게 됨에 따라 국제적인 테마파크로 발전하게 되었습니다. 우리나라에도 춘향전, 별주부전, 홍길동전 등 유명한 고전 이야기나 현대 창작문학을 주제로 한 개성 있고 독특한 내용의 한국적 테마파크가 조속히 출현되길 기대합니다.

로미오와 줄리엣, 해리포터 그리고 산타 마을

이탈리아 베로나와 로미오와 줄리엣 이야기

대부분의 사람들에게는 아름다운 연인을 만나 이상적인 사랑을 이루려는 꿈, 영원한 소망들이 있습니다. 세계적으로 아름답고 애절한 사랑을 대표하는 상징적인 이야기로는 로미오와 줄리엣이 있습니다. 소설 '로미오와 줄리엣'의 원작은 영국의 대문호 셰익스피어가 쓴 작품이지만, 이 소설 속 이야기의 배경은 14세기 이탈리아의 베로나입니다. 셰익스피어가 애절한 사랑이야기인 '로미오와 줄리엣'을 베로나를 배경으로 썼기 때문에 베로나는 '사랑의 도시(The city of love)'라고 불리게 되었습니다. 셰익스피어가 쓴 소설 속의 로미오와 줄리엣에 대해서는 실존인물이라는 설도 있고, 가공인물이라는 설도 있습니다. 사람들이 화제로 삼고 있는 가설에 의하면 로미오와 줄리엣은 이탈리아 시에나(Siena)지역에 실존했던 인물인데, 셰익스피어가 베로나라는 도시를 좋아하는 바람에 소설 속 배경지를 베로나로 했다고도 합니다. 또 다른 설에 의하면 등장인물은 셰익스피어의 상상력이 만들어낸 가공인물이라고도 합니다. 그러나 베로나의 중요한 귀족가문인 몬테규 가문과 캐퓰릿 가문은 확실히 존재했었다고 합니다.

이탈리아정부는 로미오와 줄리엣 소설의 배경인 베로나를 사랑의 도시로 조성해 많은 관광객들을 유치하고 있습니다. 빨간 하트가 놓여있는 베로나광장 인근에는 14세기 건축 양식으로 재현한 소설 속 줄리엣의 집이 실제로 만들어져 있습니다. 이탈리아정부는 1905년에 폐허가 된 14세기 건축물을 소유주인 달카펠로 가문(Dal Capello family)으로부터 매입하여, 줄리엣의 집이라고 명명하였습니다. 카펠로(Capello)라는 집 소유주 가문의 이름은 소설 속의 로미오의 가문인 카퓨렛(Capulet)과 발음이 비슷한 유사점도 있었습니다. 이렇게 신화는 탄생하게 되었습니다. 그 이후 1936년에는 이 집에 로미오와 줄리엣이 사랑을 나누었다는 발코니도 만들어 베로나에서 가장 인기 있는 관광명소가 되었습니다.[47] 이곳을 방문

---

47 Katerina Bulovska, Juliet's House in Verona-The Home of Shakespeare's Heroin, May 23,

한 관광객들이 로미오가 발코니 아래에서 줄리엣에게 세레나데를 부르는 듯한 행동을 하거나, 그런 감흥을 느낄 수 있도록 유도하는 것입니다. 많은 관광객들이 비용을 지불해야 함에 불구하고, 발코니에 가서 사랑을 맹세하는 키스신을 연출하면서 사진을 찍어 대고 있습니다.

이곳에 설치되어 있는 줄리엣 동상은 '그녀의 오른쪽 가슴을 만지면 사랑의 소원이 이뤄진다'는 속설을 믿는 사람들이 줄리엣의 오른쪽 가슴을 쓰다듬으며 소원을 간절히 기도하는 일종의 의식을 치릅니다. 너무나 많은 관광객들이 줄리엣 동상의 가슴을 만져서 줄리엣 동상의 가슴과 오른손에 금이 가서 수리해달라는 청원이 들어왔고 2014년 2월에 동상을 수리하기 위해서 카스텔베치오 박물관(Museum Castelvecchio)으로 옮겨졌습니다. 1972년부터 줄리엣 집의 발코니 아래에 서 있었던 줄리엣의 동상은 $27,000을 투자하여 새로 제작한 복제 동상으로 대체될 예정입니다.[48] 오래된 동상은 박물관에서 전시될 것이고 새로 복제한 동상이 자리잡으면, 줄리엣에 대한 신앙도 사라질 것인지 아니면, 관광객들이 줄리엣 동상의 오른쪽 가슴을 만지며 기도하는 일종의 신앙과 같은 행동이 계속될 것인지 모두들 궁금해 합니다.

현관에 들어서면 로미오와 줄리엣의 안타까운 사랑에 대한 여행자들의 수많은 쪽지와 낙서가 붙어있습니다. 이것은 스토리텔링을 통해 개발된 베로나시의 사랑의 도시 브랜드 관광 상품이 크게 성공했다는 확실한 증거이기도 합니다. 이러한 현상을 보고 관광학자 피어스(Pearce)는 관광객으로 인한 문화유산 훼손 사례로서 베로나의 줄리엣 하우스의 낙서와 훼손 사례를 언급하고 있습니다.[49] 그런데 사실은 이 줄리엣의 집은 진짜 줄리엣의 집도 아니고, 역사적인 가치가 있는 문화유적도 아니고, 베로나시에서 13세기 폐건축물을 구입하여 리모델링하고, 줄리엣의 집이라고 명명하고 새로운 상징으로 만들어낸 가공의 공간입니다. 그럼에도 유명한 학자가 이곳을 진짜 문화유산으로 착각할 정도로 베로나시는

2017, https://www.wallswithstories.com/uncategorized/juliets-house-in-verona-the-
2019년 2월 검색.   home-of-shakespeares-heroine.html
48 Sarah Sheffer, Verona's Juliet Statue Removed after Continued Damage by Love-
Seeking Tourists, PBS News Hour, 2014, Feb, 27.
49 Philip L. Pearce, Tourist Behaviour: Themes and Conceptual Schemes, 2005, p.165.

완벽하게 가짜 신화를 만들어냈던 것입니다. 이탈리아정부는 소설의 신빙성을 더해주기 위해 폰티에르 거리에 있는 성 프란체스코 수도원 지하에 화려한 장식의 돌로 만들어진 줄리엣의 무덤까지 조성을 해놓고 있습니다. 만약 우리나라에서 이런 가공된 인물의 집과 무덤을 만들면, 기자들이 "관광객 유치를 목적으로 허위, 과장, 날조를 하는 역사 왜곡이 이 땅에서 벌어지고 있다"라고 신랄히 비판했을 겁니다. 이렇게 감쪽같이 가짜를 창조하는 것도 창의적인 문화관광전략일 수 있습니다.

매년 2월 13일부터 16일까지는 2월 14일 발렌타인데이를 기념하는 베로나 인 러브(Verona in Love)라는 축제를 개최합니다. 이 축제가 개최되는 한 주간은 일년 중 가장 로맨틱하고 시적인 일주일이 됩니다. 사랑을 주제로 다양한 이벤트가 개최되는데, 베로나시의 광장인 피아자 데이 시뇨리(Pizza dei Signori)에서는 아름다운 사랑을 상징하는 장식과 불빛이 밤거리를 환하게 비추고, 지역의 특산품을 판매하는 야외시장이 열려서 축제 분위기를 조성합니다. 이벤트로는 줄리엣 상(Dear Juliet Award)이라는 연애 편지경연대회도 하고 있습니다. 언젠가부터 관광객들이 동화 속에 나오는 사랑을 현실에서 이루기 위해 줄리엣에게 편지를 써놓고 가기도 합니다. 줄리엣클럽(Juliet Club)이라는 단체가 묘비에 놓은 편지에 답장을 해주기 시작한 것이, 지금의 연애 편지경연대회로 발전했습니다. 경연대회에 참가하려면 자신의 영원한 사랑의 약속을 솔직하게 표현한 '진심을 담은 편지(Message of the Heart)'를 영원한 사랑의 약속의 표식이 새겨 있는 왁스도장(Eternal love sealed with wax)으로 봉인하여 경연대회 마감일까지 제출해야 합니다. 매년 발렌타인데이를 기념해 줄리엣에게 쓴 편지 중에 가장 애틋한 연애 편지를 쓴 사람에게 '줄리엣 상(Dear Juliet Award)'을 줍니다. 그리고 연애편지가 낭송되고, 베로나 시내 중심가에서 자신들의 사랑을 증명하는 군중들의 집단 키스가 벌어집니다.

이곳으로 1년에 배달되는 편지만 무려 120만 통이 넘는다고 합니다.[50] 베로나시는 이제 단순히 답장을 보내 주는 정도가 아니라 각종 연애 관련 고민을 해결해주는 상담 서비스까지 제공하고 있습니다. 이를 담당하는 자원단체인 클럽

---

50 Giulio Tamassia, The Juliet Club, Dear Juliet: Letters from the Lovestruck and Lovelorn to Shakespear's Juliet in Verona, Chronicle Books, 2019, p.33.

디 줄리에타(Club di Giulietta)는 베로나를 더욱 의미 있는 관광도시로 만들기 위해 사랑과 문화사업에 대한 다양한 자문 활동을 펼치고 있습니다. 이런 활동 덕분에 베로나는 현재 유네스코가 지정한 세계에서 가장 아름다운 도시로도 선정되었습니다. 우리나라 지자체에서 적극 벤치마킹해 볼 우수한 문화관광개발의 성공사례라고 봅니다.

해리포터 이야기와 관광개발

조앤 K 롤링의 판타지 소설 '해리포터'는 성경 다음으로 가장 많이 팔린 책이라고 합니다. 소설 '해리포터'는 1997년 처음 선보인 이래 전 세계적으로 4억 5,000만 부가 넘게 팔렸고, 영화도 8편이나 만들어지는 세계적 열풍을 일으켰습니다.[51] 인세수입만 11억 5,000만 달러(1조 3,100억 원)에 달하고 영화 '해리포터'시리즈는 77억 달러(약 8조 6,240억 원)의 흥행수익을 올렸습니다.[52] 문화콘텐츠 상품으로 10년 동안 지속적으로 성공하였기 때문에 문화콘텐츠로는 유일하게 세계 10대 브랜드에 속할 정도로 크게 성장하였습니다.[53] 그밖에 해리포터를 주제로 한 캐릭터, 문구, 완구, 테마파크도 선풍적인 인기 속에 놀라운 매출을 기록하고 있어 해리포터의 경제적 파급 효과는 영국 경제에 큰 영향을 미쳤습니다.

조앤 K 롤링은 포르투갈에서 영어를 가르치다가 만난 현지기자와 결혼을 했으나 이혼하고 영국으로 되돌아왔습니다. 그 후 에든버러에 정착해서 혼자서 딸 하나를 키우던 이혼녀 조앤 K 롤링(Joan K. Rowling)은 사회보장국에서 제공하는 주당 140달러가 채 안 되는 생활보조금으로 생활하면서 생활고에 시달렸습니다. 그녀는 어린 시절 두 살 아래 동생에게 자신이 상상해 들려주던 이야기를 1997년 소설책으로 내기로 결심했습니다. 여러 출판사를 알아봤지만 무명의 작가에게 기회를 주는 곳은 없었습니다. 어렵게 스코틀랜드예술위원회의 지원을 받아 중소출판사 블룸즈 버리를 통해서 '해리포터' 시리즈 첫 권을 발간했습니다. '해리

---

51 동아일보 DB.

52 이데일리, [해리포터 20년]① 잘 만든 해리포터, 韓 반도체 안 부럽다, 2017년 6월 26일.

53 한순호, 영화 해리포터 시리즈 사례로 살펴본 문화콘텐츠 브랜드마케팅전략, 중앙대학교 예술대학원 석사논문, 2013, p.32.

포터'는 이후 79개 언어로 번역돼 4억 5,000만부 이상 팔려 21세기를 대표하는 판타지 소설로 전 세계인의 사랑을 받게 되었습니다. 당시 예술위원회의 지원이 없었다면 아마도 '해리포터'도 없었을 것입니다. 문화예술분야에 대한 정부 지원이 매우 중요하다는 것을 알 수 있는 사례이기도 합니다.

해리포터는 책과 영화로만 성공한 것이 아니라 관광, 테마파크, 게임, 서비스 및 제조업에 이르기까지 산업 전반에 크나큰 파급 효과를 가져왔습니다. 해리포터는 관광객들이 좋아하는 전문 테마파크로도 개발되었습니다. 오사카의 유니버셜 스튜디오 재팬에 가면 위저딩 월드 오브 해리포터라는 테마공간이 있는데, 소설 해리포터 중에 '해리포터와 아즈카반의 죄수'에 나오는 '호그스미드 마을'과 '호그와트 마법학교', '호그와트 성'이 재현되어 있습니다. 소설과 영화의 인기 못지않게 호그스미드 마을은 모든 사람들에게 인기가 있어서 항상 관람객이 발 디딜 틈 없이 인산인해를 이루고 있다고 합니다. 이렇듯이 우수한 스토리는 훌륭한 관광자원 개발의 주된 소재가 될 수 있습니다. 스토리를 어떻게 가시적으로 재현하고, 기발하고 창의적으로 스토리텔링을 할 것인가야말로 문화관광개발의 중요한 성공요체라고 할 수 있습니다.

1997년 해리포터 시리즈가 처음 나온 시점으로부터 완결된 2007년까지 창출한 경제적인 효과는 308조 원에 이른다고 합니다. 영국은 과거부터 셰익스피어라는 대문호의 문학작품이 세계를 휩쓸어 왔고, 현대에도 해리포터 이외에도 007, 비틀즈, 에든버러축제 등 다양한 분야에서 문화예술콘텐츠를 선점하며 관련 고부가가치산업을 주력산업으로 육성해가고 있습니다. '크리에이티브 브리튼(Creative Britain: 창의적인 영국)'으로 불리는 1990년대 말 토니블레어정부의 문화육성정책이 초래한 결과라고 할 수 있습니다.

핀란드 로바니에미의 산타클로스 마을

핀란드 수도 헬싱키에서 산타클로스 특급 열차를 타면 북위 66도에 있는 한 마을에 도착합니다. 그곳은 6개월 동안 눈이 내리는 북극권으로 산타클로스의 고향이자 현재 주소로도 지정되어 있는 북극권 도시 로바니에미(Rovaniemi)[54]입니

---

54 Rovaniemi Homepage, https://santaclausvillage.info/ 2020년 4월 20일 검색.

다. 이 마을의 '산타클로스의 오두막집'에 가면 산타클로스와 사진을 찍고 루돌프 사슴을 탈 수 있습니다. 거기에서는 산타클로스가 등장하는 시각표에 따라 관광객들이 산타클로스와 직접 만나고 함께 의사소통도 할 수 있습니다.

원래 산타클로스 이야기의 유래는 3세기 터키에 살았던 가난한 이웃에게 자선을 하는 성인 성 니콜라우스에서 시작되었습니다. 터키가 산타클로스의 원조국이라고 할 수 있습니다. 그런데 1866년 하퍼스(Harpers)라는 잡지에 실린 삽화에 산타의 집이 북극인 것으로 처음 그려져 있었습니다. 그 후 산타클로스의 집은 북극인 것으로 사람들이 인식하게 되었습니다. 1927년에는 엉클 마쿠스(Uncle Markus)로 알려진 핀란드 라디오 방송의 아나운서 마쿠스 로티오(Markus Rautio)가 "핀란드 로바니에미 마을의 고르바툰투리(Gorvantunturi) 산에서 산타클로스의 거주지가 발견되었다"라는 말을 방송에서 언급하면서 로바니에미 산타클로스 마을의 역사가 시작되었습니다.[55] 이 말은 곧 사람들에게 회자가 되었습니다. 핀란드에 산타클로스 마을이 만들어지고 유명해지게 된 것은 결국 스토리텔링을 통하여 창조된 것입니다.

로바니에미지역은 제2차 세계대전 당시 치열한 전투와 러시아의 폭격으로 황폐해진 도시입니다. 핀란드정부는 쇠락한 도시를 회생시키기 위해서 산타클로스 지역을 관광산업의 주제로 하여 전략적 지원을 했습니다. 산타클로스 이야기를 소재로 갖가지 재미있는 관광상품을 개발했고, 1984년 12월 16일에는 주지사 아스코 오이나스(Asko Oinas)가 이곳을 공식적인 산타클로스 마을로 전 세계에 선포를 했습니다. 핀란드 로바니에미 마을의 개발 사례를 통해서 방송사 아나운서의 우연한 발언을 기회로 스토리텔링을 통한 새로운 신화를 만들어내고, 이것을 지역의 새로운 브랜드로 키워, 주요 관광자원으로 개발하게 되는 과정을 알 수 있습니다.

로바니에미의 주요 건축물은 세계적으로 유명한 핀란드의 건축가인 알바 알토(Alba Alto)가 디자인 했습니다. 그는 순록의 뿔을 형상화한 도로를 중심으로 도시를 설계했습니다. 1989년에는 16개의 핀란드 대기업이 '산타클로스 랜드협회'를

---

55 Heather Timmons, How Rovaniemi, Finland Became the "Official Hometown" of Santa Claus, Quartz, December 24, 2014.

설립하여 전 세계에 산타클로스 마을을 홍보하였습니다. 실제 거주 인구가 약 5만 8,000명밖에 안 되는 로바니에미에는 현재 연간 100만 명 이상의 여행객들이 몰려오고, 관광 수입만 연 40억 달러가 넘고 있습니다. 이와 같은 핀란드 산타클로스 마을개발 프로젝트는 우리나라의 중소도시나 농촌 마을에서도 얼마든지 적용할 수 있는 모범사례라고 생각합니다.

핀란드 산타클로스 마을 로바니에미에는 산타클로스 외에도 여러 명의 빨간 모자를 쓴 똔뚜(Tonttu, 핀란드에서 산타클로스를 돕는 요정)들이 있습니다. 핀란드 크리스마스에는 산타클로스의 일을 도와주는 빨간 모자의 요정들 모습이 많이 등장합니다.[56] 이 마을의 산타클로스 우체국에서는 매년 50만통 이상의 편지가 오고 있는데 각국 어린이들이 보낸 편지에 산타클로스가 산타 우표를 붙여서 12개국의 언어로 답장을 해줍니다. 그리고 우편물에는 산타클로스의 얼굴 모습이 그려진 소인이 찍혀져서 보내집니다. 산타 마을을 방문한 사람뿐 아니라 전 세계 아이들과 편지를 주고받음으로써 크리스마스의 행복을 이웃들과 나누는 데에도 크게 기여하고 있습니다.

재미있는 것은 2019년 11월부터 미세스 산타클로스 크리스마스 오두막이라는 공간이 조성되었는데, 아이들이 산타클로스 아줌마와 함께 과자도 굽고, 다과를 즐기며 재미있는 시간을 보냅니다. 아마 공식적인 여성 산타는 이곳에만 존재하는 것 같습니다. 그리고 산타클로스가 사슴이 끄는 썰매를 타고 가는 모습도 볼 수 있고, 근처의 아프카 리조트(Apukka Resort)에 가면 북극 개나 사슴이 끄는 썰매를 타거나 스노우모빌을 타고 눈 덮인 숲속길을 탐험하는 경험도 할 수 있습니다. 스노우맨 월드에 가면 눈으로 만든 건축물과 얼음조각을 감상할 수 있고, 눈썰매, 매직트레인 등 겨울놀이도 즐길 수 있습니다. 특이한 점이 또 하나 있는데, 이곳에는 굵은 흰 선으로 북극권(The arctic circle)[57]이라고 적혀있고, 선을 따라서 기둥이 설치되어 있는 것입니다. 북극권을 통과하는 곳이라는 표시입니다. 이곳에서 북극권을 표시한 흰 선을 넘어서는 경험을 한 방문객들은 산타클로스도 경험하지만, 북극권을 통과하는 경험도 하고 6개국 언어로 제작된

---

56 안영애, 핀란드 디자인 산책, 나무 [수], 2009, p.290.

57 황달기 옮김, 야마시다 신지 엮음, 관광인류학의 이해, 일신사, 1997, p.165.

북극권 통과증명서도 받을 수 있습니다.

다양한 겨울 활동과 더불어 수많은 크리스마스 관련 제품과 순록뿔로 만든 토산품, 인형, 사탕, 의류 등을 구입할 수 있는 기념품점 그리고 수공예품 상점, 산타초콜릿과 사탕가게 등이 입주해있습니다. 상점 중에는 공예품 상점도 있지만 마리멕코 나파피리(Marimekko Outlet Napapiiri)와 같은 독창적인 인쇄 및 색상으로 유명한 핀란드 디자인 하우스와 발뮤어(BalMuir)와 같은 핀란드 패션디자인 업체도 입주해있습니다. 로바니에미 산타클로스 마을은 핀란드의 관광산업이외에 디자인산업, 공예산업 그리고 패션산업의 발전에도 기여하고 있습니다. 또한 투명한 유리 천정으로 된 독특한 디자인의 숙박시설은 북극 하늘의 오로라를 맛보면서 취침할 수 있는 낭만적 경험을 제공하고, 다양한 분위기가 있는 카페와 식당도 이곳의 멋을 더해주고 있습니다.

8장

모두가 행복한 축제관광

제1절
축제의 시대 도래

조상의 생명력이 담긴 우리나라 축제

이벤트나 축제가 마치 외국에서 도입된 문화로 잘못 인식되는 경우가 있습니다. 그러나 우리역사를 살펴보면 우리 민족은 고대로부터 축제와 이벤트를 통해서 공동체 의식을 강화하고, 풍요로운 삶을 가꾸어 왔음을 알 수 있습니다. 중국 고대문헌에 나타난 우리나라는 매년 한두 차례 농공시필기를 잡아서 국중대회를 열고, 노래와 춤을 중심으로 한 각종 놀이와 축제를 즐기는 민족으로 기록하고 있습니다.[1] 고구려의 동맹, 부여의 영고, 예의 무천으로 알려진 국중행사는 마한의 춘추제나 가락의 계욕 등과 같이 종교적인 축제였습니다. 특히 마한에서는 5월과 10월에 제귀신(祭鬼神)을 하는데 "노래하고 춤추며 술을 마시는 데 밤과 낮 쉼이 없었다"고 합니다.[2]

또한 고려시대부터 이어져 온 하회별신굿, 남사당패에 의해서 전승되어온 꼭

---

1 임재해, "놀이문화의 역사적 전개와 민속현상", 한국민속과 오늘의 문화, 지식산업사, 1994, p.262.
2 이상일, 한국인의 굿과 놀이, 문음사, 1977, p.127.

두각시놀음, 두레공동체를 중심으로 파생된 농악과 탈춤은 우리 조상들의 생명력이 담긴 축제입니다.

한국 고대사회의 축제와 놀이문화는 모든 사람들이 풍요롭고 자유로운 삶을 누리게 하는 것을 그 목표로 하고 있습니다. 이러한 놀이의 창조적인 혼돈 (Creative chaos)[3] 속에서 새로운 생명력의 근원을 찾아내고, 공동체 의식을 함양하고, 주체적 성찰을 하는 계기로 삼았습니다.[4]

그러나 일제식민 정책은 보안법, 치안유지법 등을 통해서 다중의 모임이나 운동을 제한하였습니다. 또한 향토애와 주체적인 역사의식을 고취하고, 공동체 의식을 함양하는 우리민족의 고유한 축제를 미신적인 행위로 말살하였습니다.[5] 일제 식민시기에 본질을 잃은 우리 고유한 축제문화는 6.25 전쟁과 1960년대 이후 경제개발 우선정책 그리고 서구문화의 범람으로 인하여 한국적인 축제문화를 조성할 수 있는 틀을 마련할 수 없었습니다. 1980년대에 들어서면서부터 대학가를 중심으로 마당극과 우리 것을 찾기 위한 움직임이 활발해졌는데, 이것이 그나마 우리 전통문화를 복권시키는 데 힘이 되었습니다. 그러나 1990년대 이후에는 이러한 움직임이 쇠퇴하고, 거의 찾아보기 어렵게 되어 문제가 있습니다.

1990년대 말부터 우후죽순처럼 생겨나는 관 주도의 축제

1990년대 말부터 축제가 관광객을 유치하는 집객력이 크다는 사실이 알려지면서 각지에서 관 주도의 다양한 형태와 주제의 축제가 많이 개발되었습니다. 그 중에는 함평 나비축제, 보령 머드축제, 화천 산천어축제 등 성공적인 성과를 거둔 축제도 있다고 알려지고 있습니다.

그러나 현재 각 지역에서 관 주도의 수없이 많은 축제 개최로 이제는 그 이름조차 파악하기 어려울 정도입니다. 관이 주도해서 외지 연예인을 초빙하여 외지 관광객을 위한 잔치를 벌이고, 지역주민은 제3자 같이 축제의 관객이 되는

---

3 Mircea Eliade, Le Chamanisme et les Techniques Archaiques de l'extase, Payot. 1968.
4 이상일, 한국인의 굿과 놀이, 문음사, 1981, p.143.
5 이상일, "축제문화의 정립과 그 복권", 전통문화와 서양문화−그 충격과 수용의 측면에서, 성균관대학교 출판부, 1987, p.209.

인위적인 축제의 성격[6]과 관광객만을 유치하기 위해서 급조된 공항예술(Airport art)과 같은 지나친 상업성 중시가 한국축제의 문제점입니다.

원래 축제의 목적인 지역주민의 향토애와 공동체 연대 형성 그리고 역사의식 고취라는 기능은 사라지고, 지역주민이 배제된 채 관광객 유치만을 목적으로 한 천박한 축제와 경제적 이유만으로 만들어진 시장 바닥의 호객행위와 같은 상업 축제가 너무도 많이 개최되고 있습니다.

관광객만을 위한 문화쇼는 이제 그만!

전 세계적으로 관광객들의 구경거리 제공만을 위해서 급조된 관광객용 쇼나 공항예술(Airpor art)과 같은 전통문화를 상업적인 도구로 쓰고, 심각하게 왜곡하는 현상에 대해서 우려하는 주장이 많이 나타나고 있습니다. 축제도 마찬가지입니다.

스페인 퓨엔띠라비아의 축제인 알라르데는 1638엔 69일 동안 계속된 프랑스 군의 공격을 극복하고 승리한 전투를 기리는 축제였습니다. 축제가 시작되면 마을의 주민 모두가 남녀노소를 불문하고 전통복장을 하고, 전통악기를 연주하면서 거리행진을 하며 즐기는 지역 최고의 축제였습니다. 그런데 많은 외지 관광객이 구경하러 몰려오기 시작하자, 시정부에서 관광객을 더 많이 유치하기 위해서 알라르데 축제를 두 번 개최하겠다고 발표하였습니다. 그러자 지역주민들의 생기가 가득하던 축제는 관광객의 구경거리를 위한 쇼로 변질되었고, 지역주민들이 회피하는 의무적 이벤트가 되었습니다. 그리자 지역주민은 시당국의 결정에 불쾌감을 표시하였습니다. 그에 따라 시당국은 시민들의 참여를 독려하기 위해 축제에 참여하는 지역주민들에게 대가를 지불하기로 하였습니다. 그러자 축제의 의미는 사라지고, 관광객의 볼거리만을 위한 상업쇼[7]로써 돈을 대가로 받는 노동이 되어버린 일화가 있습니다.

우리는 지나친 상업화와 기계화로 인하여 변질되고 그 의미를 잃어버리는 안

---

6 이상일, "축제의 기능", 한국인의 굿과 놀이, 문음사, p.152.
7 Greenwood, D., "Culture by the Pound: An Anthropological Perspective on Tourism as Cultural Commoditization", Host and Guest, 1977, pp.129–138에 나와 있는 스페인 퓨엔띠라 알라르떼 축제 이야기를 요약한 내용입니다.

타까운 문화유산과 향토문화라는 소중한 보물을 많이 보아 왔습니다. 돈으로 계산할 수 없는 우리 인류의 소중한 자산을 헐값에 오염시키는 어리석음을 계속해서는 안 되겠습니다. 소중한 문화유산이 지나친 상업화로 인하여 변질되고, 쇠퇴하고 멸종되어 버리는 문제점이 지속되게 하여서는 안 될 것이라고 생각합니다.

순수한 문화는 존재하지 않는다?

그러나 관광객의 구경거리로 만들어진 '관광용 무용'이나 공항예술(Airport art)이라는 상업화 현상에 대해서 부정적인 관점이 아니라 긍정적인 시각으로 보는 학자들도 있습니다. 그들의 주장은 어디에도 '순수한 문화'라는 것은 존재하지 않고, 아무런 문화적 변용이 되지 않은 순수한 문화는 상상 속에서나 존재한다는 견해입니다. 즉, 항상 문화는 변화해왔고, 앞으로도 변화한다는 관점입니다. 이들은 인도네시아, 발리의 지역문화를 사례로 들면서 관광객과의 접촉을 통해서 더욱 세련되어졌고, 발리 대중예술의 성립과정에서 활발하게 기여하고 있다고 주장합니다.[8] 그래서 어떠한 한 현상을 보는 사람의 관점에 따라서 전혀 다른 결론에 도달하기도 합니다.

발리의 문화예술을 연구한 논문에 의하면 서양문화가 발리에 들어와서 발리의 전통문화에 영향을 미쳤고, 이로서 문화융합(Syncreticism)되어 이제까지 발리 전통문화에 없었던 새롭게 만들어진 전통문화가 나타납니다. 그런데 인류학자 맥킨(Mckean)은 관광개발을 통해서 발리의 전통문화와 예술이 발전해왔다는 점을 강조하며 '문화의 인볼루션(Involution)'[9]이라는 용어로 설명하고 있습니다. 발리의 바론댄스나 렌곤댄스와 같은 발리를 대표하는 무용은 원래는 발리의 신화를 소재로 한 무용과 궁중예술이었는데, 1960년대 서양문화와의 융합을 통하여 관광객을 위한 춤으로 개발되었다고 합니다. 피카드(Picard)는 이러한 현상을 관광용 문화(Touristic culture)의 개발[10]이라고 표현하였습니다.

---

8 山下晋司, 觀光人類學, 新曜社, 1996, p.28.
9 Mckean, Phillips, "Toward a Theoretical Analysis of Tourism: Economic Dualism and Cultural Involution in Bali", In V. L. Smith(Eds.), Hosts and Gusts: Anthropology of Tourism, The University of Pennsylvania Press, 1977, p.152.

그런데 문화융합 현상을 통하여 새롭게 탄생한 춤(Panyembrama)은 현재는 발리에서 관광객에게 보여주기 위한 '관광용 웰컴댄스'로 이용되고 있을 뿐만 아니라 원래 전통춤인 펜뎃춤(Pendet dance)을 대체하고, 실제로 사원의 봉헌의식에서 공연되고 있다고 합니다.[11] 서양문화의 영향을 받아서 새롭게 창조된 혼합적인 문화(Hybrid)가 현대 발리인들의 종교의식에서 고유한 전통문화로 인정받고, 공연이 되고 있다는 것은 아이러니가 아닐 수 없습니다. 그러나 이러한 새로운 전통의 창조는 현재 발리인들의 국민문화를 대표하는 예술로 자리매김하고 있습니다. 이러한 새로운 전통예술에 대해서 '관광용 예술이기 때문에 가짜다'라고 비판하는 것은 그다지 큰 의미가 없습니다. 이런 경우에는 민족문화가 '훼손'된다든지, '소멸' 혹은 '파괴'되어 간다는 관점에서 비판적으로 볼 것이 아니라 새로운 전통이 '창조'되고 '생성'되는 것[12]이라는 긍정적인 시선으로 보는 것이 바람직하다고 봅니다.

이러한 서로 다른 견해에 대해서는 어느 것이 옳고 그른가 하는 이분법적인 결론을 내리는 것은 바람직하지 않다고 생각합니다. 단지 관광개발을 추진하는 계획가는 이러한 두가지 서로 다른 의견이 있고, 다양한 관점이 상이한 결론을 도출할 수도 있다는 점을 항상 염두에 두고 보다 신중해야 할 것입니다.

축제의 주제가 된 예술가 반 고흐와 렘브란트

축제는 다양한 주제를 가지고 있습니다. 종교, 역사, 신화, 문학, 미술, 음악, 꽃, 자연, 동물 등 축제의 주제는 대단히 많고, 창의적입니다. 다양한 주제의 축제 중에서 반 고흐, 렘브란트와 같은 미술가, 모차르트, 베토벤과 같은 클래식 음악가, 엘비스 프레슬리, 비틀즈 등 대중음악가 등 예술가를 주제로 한 축제가 전 세계적으로 선풍적인 인기를 끌고 있습니다.

---

10 Picard, M., Bali: Cultural Tourism and Touristic Culture, Archipelago Press, 1996, p.32.
11 Tanuja Barker, "Darma Putra and Agung Wiranatha, Authenticity and Commodification of Baliness Dance Performances", Edited by Meianie Smith and Mike Robinson, Cultural Tourism in a Changing World, Channel View Publications, 2005, p.218.
12 황달기, 옮김, 야마시다 신지 엮음, 관광인류학의 이해, 일신사, 1996, pp.155-156.

반 고흐의 고향인 네덜란드 준데르트(Zundert)에서는 1936년부터 84년 동안 반 고흐의 탄생일을 기념하는 코르소 준데르트 꽃 퍼레이드 축제를 실시하고 있습니다. 축제에는 지역주민들이 다알리아로 만든 대형 꽃마차 행렬이 마을 중심가 5.1km를 퍼레이드합니다.[13] 꽃마차 퍼레이드에서는 수

반 고흐 생일을 기념하는 코르소 준데르트 꽃마차 축제

천개의 다알리아 꽃으로 장식된 수십개의 꽃마차가 행진하는데, 꽃마차 2~3개가 지나가면 드럼팀이나, 밴드팀 등 악단이 섞여서 행진을 하면서 연주합니다. 이 대회에 우승하기 위해서 지역주민으로 구성된 자원봉사팀이 오랜 기간 동안 꽃마차의 디자인과 제작을 합니다. 웹사이트에 누군가가 올린 글이 이 축제의 성격을 잘 설명하고 있는 것 같습니다. "1936년 우리 할머니와 할아버지가 꽃마차 퍼레이드를 시작했습니다. 그리고 지금 우리도 꽃마차 퍼레이드를 즐기고 있습니다.[14] 매년 9월 첫 번째 일요일 우리 속에 내재한 열정이 불붙기 시작합니다." 이렇듯이 전통은 누군가 창조한 것이고 오랜 시간 이어지면서 전통이 되고 역사가 됩니다. 전통은 시간이 만들어 준 '작품'입니다.

2006년 네덜란드 암스테르담에서는 암스테르담 출신 화가 렘브란트 탄신 400주년을 맞이하여 '2006 렘브란트의 해' 행사를 하였습니다. 이처럼 네덜란드는 관광객 유치를 위해서 그 해의 주제(Theme years)를 선정하는 오래된 전통을 가지고 있습니다. '2006 렘브란트의 해'에는 120만 명이 넘는 관광객이 방문했고, 그 중 35만 명은 외국인 관광객이었습니다.[15] 렘브란트의 해 행사에는 2005~2007년 사이에 83개의 전시회가 렘브란트의 해를 기념하여 개최되었고, 뮤지컬 이벤트,

13 변재진, 세계 최대 꽃마차 퍼레이드 2017년 코르소 준데르트 축제, https://cafe.daum.net/honglk23/QjGK/76 2020년 5월 15일 검색.

14 Christopher Jobson, The Annual 'Corso Zundert' Flower Parade Features Radically Designed Floats Adorned with Dahlias, Colossal, September 5, 2016, https://www.thisiscolossal.com/2016/09/corso-zundert-flower-parade-2016/ 2020년 5월 15일 검색.

15 Greg Richards & Robert Palmer, Eventful Cities Cultural Management and Urban Revitalization, Elsevier, 2010, p.51.

요리 이벤트 등이 함께 추진되었습니다.

1906년, 1956년, 1969년에도 '렘브란트의 해' 행사를 하였다고 합니다. 1906년 렘브란트 탄생 300주년 행사에서는 렘브란트가 탄생한 장소에 동상과 기념비를 세웠고, 브레이스트라트(Breestraat)에 있는 렘브란트가 살았던 생가를 구입했습니다.[16] 1906년 행사로 인하여 렘브란트는 네덜란드의 국가 영웅이 되었습니다. 그리고 2019년에도 다시 암스테르담에서 '2019 렘브란트의 해가 개최되었다고 합니다. 1995년에 네덜란드 헤이그(Hague)에서는 몬드리아니(Piet Mondriaan)를 주제로 하는 축제가 개최되었고, 2002년 바르셀로나에서는 안토니 가우디(Antoni Gaudi)를 기념하는 2002 안토니 가우디의 해 행사를 하였습니다.

제2절
수천 년을 이어온 일본문화의 핵심 '마츠리'

수천 년 동안 이어져 온 영신의식

일본에서는 전국에서 약 2,400개가 넘는 축제가 연중 열리고 있습니다. 이 중에 1603년 도쿠가와 이에하스가 세키가하라 전투에서 승리한 것을 기념하여 시작된 도쿄의 간다 마츠리(神田祭), 1100년 넘게 이어져 오고 있는 교토의 기온 마츠리(祇園祭), 1000년 역사의 오사카 텐진 마츠리(천신제)를 일본 3대 축제라고 합니다.[17] 그런데 아오모리의 네부타 축제를 일본 3대 축제에 포함하기도 합니다.

간다 마츠리, 기온 마츠리 100만 명, 텐진 마츠리 130만 명, 아오모리 네부타 마츠리의 경우 매년 300만 명의 국내외 관광객들이 이를 보기 위해서 방문

---

16 The Conversation, It's the Year of Rembrant Again, to the Delight of Museum Audiences, October 6, 2019, https://theconversation.com/its-the-year-of-rembrandt-again-to-the-delight-of-museum-audiences-122583 2020년 5월 17일 검색.

17 김효실, 일본의 3대 축제, 간다 마쓰리(神田祭), 2015년 5월 6일 https://www.travelnbike.com/news/ rticlePrint.html?idxno=3430

한다고 합니다. 물론 방문객을 더 많이 유치하기 위해서 일본정부에서 다각도로 홍보하기는 하지만, 지역주민들이 중심이 되어 축제를 준비하는 과정을 보면 주민 자신과 공동체를 위한 축제이지, 외지 관광객들에게 보여주거나 그들을 유치하기 위해서 인위적으로 만들어낸 관광객용 축제가 아닌 것을 알 수 있습니다.

일본어의 축제라는 의미의 '마츠리'라는 단어는 '마즈루(바치다라는 뜻)'에서 파생된 단어입니다. 즉, 신에게 제물을 바치는 의식[18]에서 유래된 말입니다. 따라서 마츠리의 기본적인 구성은 1) 신을 맞이하는 신영의례(神迎儀禮)로 시작하여 2) 신과 인간이 교류하는 장인 신유의례(神遊儀禮) 3) 신을 전송하는 신송의례(神送儀禮)[19]가 행해지고 나서 마츠리의 막이 내리고, 지역주민들은 다시 일상생활로 돌아가게 됩니다. 일본의 축제는 신을 맞이하고, 신과 함께 놀이를 벌이고, 다시 신을 보내는 신에게 제물을 바치는 의미를 많이 가지고 있습니다. 이러한 축제의 형식과 절차는 우리나라의 강릉 단오제, 안동 하회탈춤, 진도 영등제 등에도 원형이 그대로 남아 있습니다.

일본 마츠리를 사례로 드는 이유는 일본은 축제를 통해서 수천년 동안 이어져온 전통문화가 지역주민들 사이에 생생하게 전승되고 있고, 주민 주도로 마츠리의 난장과 창조적인 파괴를 통해서 오히려 지역공동체가 돈독해지고, 건강한 지역사회로 새롭게 거듭난다는 것을 보여주는 좋은 사례이기 때문입니다.

그와 반대로 우리나라 축제에서는 관광객이 주인이 되고, 지역주민은 외지 관광객을 즐겁게 해줄 동물원의 원숭이 같이 되고, 외지 관광객이 와서 불편하지 않도록 뒷바라지하는 피고용인 상태가 됩니다. 그리고 주민들은 자신이 낸 세금으로 초대한 유명가수의 쇼를 보는 '축제 관람객'이 되고, 축제가 끝나면 관광객들이 버리고 간 쓰레기를 치우는 청소부 같은 역할만 하고 있다는 것에, 현재 한국 축제의 문제가 있다고 봅니다. 우리나라의 관주도의 전시적이고 상업적인 성격의 축제에서 벗어나서 지역사회의 모든 사람들이 자유로운 삶과 놀이가 될 수 있어야 합니다. 지역주민들이 능동적으로 이끌어가는 놀이의 창조적인 혼

---

18 KKday, 일본 3개 축제: 교토 기온 마츠리, 오사카 텐진 마츠리, 도쿄 간다 마츠리, 2018년 6월 27일 https:// blog.never.com/PostPrint.nhn?blogId=kkdaykr&logNo=221307727278
19 정건화, 일본의 마츠리, 신한리뷰, 1993년 여름, p.145.

돈(Creative chaos) 속에서 새로운 생명력의 근원을 받아내고, 공동체 의식을 함양하고, 제각기 주체적 성찰을 얻어가는 축제의 본래적 성격[20]을 되찾도록 개선되어지길 바랍니다.

남녀노소 모두가 참여해 즐기는 놀이터

일본 마츠리에 등장하는 인물들은 직업적인 가수도, 연예인도 아닙니다.

일반 지역주민들이 서로 마음을 모아서 마츠리에 직접 참여하고, 행렬이 시작되면 '야마'라고 불리는 화려한 가마를 20여명의 주민들이 어깨에 메고 이동을 합니다. 기온 마츠리 축제기간 중에 교토를 방문했을 때, 자신들의 '야마(축제용 가마)'를 보관한 장소 앞에서 아이들부터 어른까지 일본 전통의상을 입고, 거리에서 전통악기를 자랑스럽게 연주하는 모습을 보았습니다.

우리나라에서 이렇게 축제기간 중에 남녀노소가 모두 함께 축제를 준비하고, 어른과 아이들이 함께 모여서 가족단위로 전통악기를 연주하고, 행렬에 직접 참여해 즐기는 모습을 거의 본 적이 없습니다. 이들의 축제를 보면서 지역주민이 행복하고, 가족들이 함께 즐기는 즐거운 가족 놀이터 같은 것이라는 생각을 했습니다. 가족들의 행복한 놀이터이고, 지역주민의 놀이터이고, 개인과 가족구성원 그리고 지역사회 모두가 하나로 묶여지는 중요한 기능을 일본의 마츠리는 가지고 있습니다. 이와 같이 마을구성원이 모두 참여해 행복을 나누는 축제의 의미는 상업화로 인해서 포기해서는 결코 안 되는 소중한 문화자산입니다.

오래 전 어느 책에서 읽고 메모를 해둔 글이 축제의 의미를 너무나 실감나게 표현하고 있어서 여기에 옮겨 봅니다.

"모든 사람들의 관심이 온통 축제와 구경거리에 쏠렸다. 축제는 항상 새로운 장관을 펼쳐 놓았고, 한산하던 거리 구석구석은 믿기 어려울 정도로 구경꾼들로 가득 메워졌다. 깃발, 밴드, 애드벌룬, 풍선, 마스크, 다채로운 의상, 웃음소리, 거리는 하늘 아래 새로운 것들로 요동치고 있었다. 즐거운 분위기

---

20 변재진, 2002년 월드컵 관광객 유치를 위한 관광전략계획에 관한 연구, 경기대학교 박사논문, 1996, p.119.

속에서 진정 우리를 기쁘게 한 것은 우리와 마주치는 사람들의 얼굴에서 읽을 수 있는 '행복감'이었다."

- 출처와 작가 미상 -

비용도 지역주민이 자체적으로 마련하고, 지방자치단체가 일부 지원하는 형식으로 마련하고 있습니다. '지역상인들이 축제경비에 대한 분담을 당연하게 여긴다고 합니다. 그 이유는 마을이 존재할 수 있게 해준 조상에 대한 감사의 마음을 가지고 있고, 축제에 적은 비용을 부담하지만, 축제로 인한 수익은 그에 비할 바가 아니라는 것을 모두들 알기 때문[21]이라고 합니다. 주민이 직접 참여하고, 온 가족이 행복하게 즐기고, 지역상인들이 재정을 부담하는 일본축제를 보면서 그들의 축제문화에 대해서 부러운 마음이 들었습니다. 이렇게 지역주민이 참여하고, 후원하고, 행복하게 즐기는 즐거운 축제라는 소문이 나면, 당연히 국내외 관광객들이 몰려오게 되는 것입니다. 관광객을 몰려오게 하기 위해서 관이 주도하여 억지로 지역주민이 동원되고, 인위적으로 웃음을 짓게 한다고 해서 관광객들이 찾아오는 것은 아닐 겁니다.

한국의 관 주도 지역축제에서 주로 관심을 갖는 것은 "더 많은 관광객 유치를 위해서 어떤 독창적인 테마를 선택할 것인가", "더 많은 관광객 유치를 위한 창의적인 기획력", "관광객의 만족을 위한 세심한 정성과 배려", "관광수입 극대화를 위한 지역문화의 상품화" 등입니다. 이를 위해서 전문기획사를 이용하고,

● 기온 마츠리에 쓰일 '야마'를 보관한 곳

● 기온 마츠리시 거리에서 남녀노소가 전통악기를 연주하는 장면

21 최연수, 전통, 사람, 아이디어가 세계적 관광지로!, 시민일보, 2017년 9월 24일.

유명가수를 초대하여 이벤트를 벌리고 있습니다. 어느 곳에도 지역주민의 적극적이고, 자발적인 참여가 없고, 지역주민의 즐거운 놀이와 행복한 삶은 한국축제기획에서는 별로 고려되지 않고 있습니다.

지역주민은 관광객이 버리고 간 쓰레기나 치우고...

우리나라 축제도 마츠리처럼 지역주민들이 모두 함께 참여하여 재미있는 이벤트를 만들면서 스스로 즐기고 행복하다 보니 유명해져서 외지의 관광객이 몰려오고, 외국인 관광객들까지 몰려오게 되는 건강한 축제로 거듭나야 합니다. 관이 주도해서 혈세를 투입하여 축제를 개최하고, 지역주민은 축제에서 제외되거나, 축제의 관객이 되어 관광객 뒤치다꺼리나 하거나 아니면, 관광객이 버리고 간 쓰레기나 치우는 축제는 이제 더 이상 계속되어서는 안 됩니다.

축제의 성과를 평가하는 데 있어서도 외지 관광객이 얼마나 방문을 했고, 그들이 얼마나 많은 소비를 했는가, 지역경제에 어느 정도 도움이 되었는가를 평가 하는 데만 지나치게 중점을 두는 방식은 지양되어야 합니다. 외지인의 행복과 경제적인 수익이 축제의 근본목적이 아닙니다. 진정한 목적은 축제 기간 중에 지역주민이 얼마나 행복했고, 지역주민의 공동체 정신이 얼마나 더 건강해졌나, 축제 후에 주민 간의 단결과 화합이 얼마나 공고해졌나, 지역주민의 애향심이 얼마나 고취되었는가 하는 데 최우선적인 관심이 기울여져야 합니다.

近者悅 遠者來(근자열 원자래)

한국 지역축제의 주인공은 다시 지역주민이 되도록 발전해야 합니다. 그리고 축제에서 가장 행복해야 할 사람은 외지 관광객이 아니고 지역주민이기 때문입니다. 지역주민이 열정적으로 참여하고, 지역의 문화가 빛을 발하며, 축제를 통해 지역주민이 행복해지면 외지 관광객은 오지 말아 달라고 해도 저절로 찾아오게 되어 있습니다.

논어에는 "가까운 사람을 기쁘게 하면, 멀리 있는 사람이 찾아온다"라는 뜻의 '近者悅 遠者來(근자열 원자래)'라는 말이 있습니다. 중국 춘추전국시대 초나라에 섭공이라는 제후가 있었습니다. 그런데 이 나라에 문제가 있었으니, 백성들이 날마다 국경을 넘어, 다른 나라로 떠나서 인구가 줄어들고, 세수가 줄어들어 큰 걱정이 아닐 수 없었습니다. 초조해진 섭공이 공자에게 물었습니다. "선생님, 날마다 백성들이 도망가니, 천리장성을 쌓아서 막을까요?" 잠시 생각하던 공자는, '近者悅 遠者來(근자열 원자래)' 여섯 글자를 남기고 떠났다고 합니다.

"관광개발을 어떻게 해야 지역주민이 도시로 떠나가고 공동화 현상이 진행되지 않고, 우리 지역에 관광객을 많이 오게 할 수 있을까요?"라는 이 시대 우리의 문제에 대해서 2,500년 전에 살았던 공자는 명확하게 답을 해주고 있는 것 같습니다. 近者悅 遠者來 - "지역주민들을 즐겁게 하면, 멀리 있는 관광객들이 서로 달려올 것이다"

아무리 관광객이 많이 와서 많은 소비를 해서 지역경제를 활성화 시켜도 지역주민이 행복하지 않고, 지역주민들이 괴로운 축제는 지역의 즐거운 놀이문화, 창의적인 문화가 창출되지 않는, 성공한 축제가 아닙니다.

제3절
예술혼이 살아 숨 쉬는 축제도시 에든버러

세계 최고의 축제도시 에든버러

영국 스코틀랜드의 수도, 에든버러는 매년 8월 개최하는 '에든버러 국제페스티벌(Edinburgh International Festival)과 에든버러 프린지 페스티벌(Edinburgh Festival Fringe)을 비롯해 연간 12개 이상의 축제를 개최하는 세계 최고의 '축제 도시'입니다. 거의 일년 내내 축제가 개최되는 도시이다 보니 "에든버러축제는 에든버러라는 도시를 없애버립니다. 에든버러라는 도시는 이제 세상에 존재하지 않습니다. 단지 '에든버러 축제'라고 불리는 도시가 있을 뿐입니다"[22]라는 말이 나올 정도입니다.

---

22 Emma Webster and George McKay, From Glyndebourne to Glastonbury: The Impact of

이제 에든버러는 '축제를 상징'하는 명칭이 되었습니다. 또한 에든버러는 2004년에 세계 최초로 유네스코 문학창의도시에 선정되기도 했습니다. 작가 아서 코난도 일과 로버트 루이스 스티븐과 같은 세계적인 작가들이 태어난 문학도시이기도 하기 때문에 '북페스티벌'이 전 세계의 주목을 받기도 합니다.

최초의 에든버러 국제페스티벌은 1947년에 8월 24일에 개최되었습니다. 축제의 시작은 글라인드본(Glynde bourne) 오페라 페스티벌 총감독 루돌프 빙(Rudolf Bing)의 아이디어에서 시작되었습니다. 루돌프 빙은 1934년 독일을 탈출한 오스트리아 태생의 기획자로, 독일과 오스트리아의 좋은 모든 문화를 가지고 왔습니다.[23] 그는 2차 세계대전 후 폐허가 된 유럽 본토에서 음악축제가 불가능하다는 현실에서 아이디어를 얻었습니다. 에든버러는 활화산과 언덕들이 물결치는 듯한 파노라마가 광활하게 펼쳐진 산지로 산 위에는 성곽이 둘러싸고 있는 아름다운 경관을 가진 도시입니다. 그리고 입지 선정에 있어서 더 중요했던 것은 전쟁 중에 에든버러는 독일군의 폭격으로 인한 피해가 심각하지 않았다는 것입니다. 그래서 에든버러는 페스티벌을 하기에 가장 좋은 입지조건을 갖추고 있었습니다.[24] 이러한 지리적인 특징으로 인하여 에든버러는 축제장소로 선정되었습니다. 이렇게 시작된 에든버러 페스티벌은 전후 폐허가 된 사회 회복의 일환으로 예술을 활용하여 시민들이 전쟁의 참상을 잊고, 전쟁의 상처를 치유하며, 사기를 진작시키기 위해서 시작되었습니다. 그리고 페스티벌에 참여하는 예술가들에게는 일자리를 제공하는 기회를 만들어 주려고 시작했습니다.

British Music Festivals, Norwich: Arts and Humanities Research Council/ University of East Anglia, 2016, p.13.

23 Bk ... This and That, A History of the Edinburgh Festivals, https://bkthisandthat.org. uk/a - history - of - the - edinburgh - festivals/

24 David Pollock, Edinburgh Fringe 2018: How the legendary comedy and drama festival was founded If it wasn't for its geography, it probably wouldn't have grown up in the Scottish capital at all, Independent, 6 August 2018.

에든버러의 다양한 축제

에든버러 국제 페스티벌 기간에 1주일간의 영화제가 개최되었는데, 이는 후에 에든버러 국제 영화제로 발전하게 됩니다. 파이프 연주와 춤이 등장하는 밀리터리 타투도 초창기에 부대행사 중 하나로 에스플라네이드 성(Castle Esplanade)에서 개최되었습니다. 이는 1950년에 밀리터리 타투(Military tattoo) 축제로 독립하였습니다. 그리고 초대를 받지 않은 8개의 극단은 비록 공식적인 축제 프로그램에는 제외되었지만, 공식 축제장소에서 떨어진 장소에 무대를 설치하고, 공연하였습니다. 이것이 에든버러 프린지 페스티벌의 시작이었습니다. 그 후, 1970년대 후반에 재즈 & 부르스 페스티벌, 1980년대 초에 북 페스티벌, 그리고 2004년에는 에든버러 아트 페스티벌이 계속해서 새롭게 시작되었습니다.

1951년 시인 하미시 헨더슨(Hamish Henderson)이 노동당, 공산당, 에든버러 트레드 유니온의 지원을 받아서 에든버러 인민 페스티벌(Edinburgh People's Festival)을 개최하기도 하였습니다. 당시 에든버러 국제 페스티벌은 오페라나 클래식 그리고 고미술과 같은 '고급문화'를 강조하는 프로그램이었고, 노동자와 도시지역문화를 모두 배제하는 경향이 있었습니다. 이러한 고급문화예술에 대한 편향성과 엘리트주의에 대한 반작용으로 인민 페스티벌(People's Festival)이 등장[25]하였는데, 이는 1951년부터 1954년까지 개최되었습니다.

에든버러 인터내셔널 페스티벌은 전통적인 예술과 스코틀랜드 예술을 축제 프로그램의 중심에 두려고 했고, 인터내셔널 페스티벌과 함께 성장한 프린지 페스티벌은 실험예술과 상업적인 예술, 코미디를 포괄하는 광범위한 예술을 포용하고 있습니다. 인터내셔널 페스티벌은 엄격한 심사를 통해서 수준 높은 예술작품만을 무대에 올리게 되지만, 프린지 페스티벌은 참가를 희망하는 수많은 공연단은 스스로 공연할 장소를 물색하여 자유롭게 참가할 수 있는 개방적인 축제입니다. 엄격한 기준을 따지는 인터내셔널 페스티벌과 그렇지 않은 프린지 페스티벌은 그 시작점부터 차이가 있었습니다. 해를 거듭할수록 프린지 페스티벌의 공

---

25 The Conversation, What 70 Years of the Edinburgh Festival has done for the arts-and the Economy, August 5. 2017.

표 8-1 축제도시 에든버러의 다양한 축제

축제명	축제기간	방문객 수	비고
에든버러 국제 과학 페스티벌 (Edinburgh Internationa l Science Festival)	3월 26일~ 4월 10일	N / A	
이미지네이트 페스티벌 (Imaginate Festival)	5월 28일~ 6월 5일	N / A	국제어린이 축제
에든버러 영화 페스티벌 (Edinburgh Film Festival)	8월 8일~ 8월 29일	54,500	
에든버러 재즈 & 부르스 페스티벌 (Edinburgh Jazz and Blues Festival)	7월 30일~ 8월 8일	75,000	
에든버러 아트 페스티벌 (Edinburgh Art Festival)	7월 28일~ 8월 28일	N / A	
로얄 에든버러 밀리터리 타투 (Royal Edinburgh Military Tattoo)	8월 6일~ 8월 28일	217,000	
에든버러 프린지 페스티벌 (Edinburgh Festival Fringe)	8월 8일~ 8월 30일	1,461,997	
에든버러 국제 페스티벌 (Edinburgh International Festival)	9월 4일~ 9월 5일	334,900	
에든버러 국제 북 페스티벌 (Edinburgh International Book Festival)	8월 14일~ 8월 30일	207,000	
에든버러 멜라 (Edinburgh Mela)	8월 4일~ 9월 5일	40,000	
스코티쉬 국제 스토리텔링 페스티벌 (Scottish International Storytelling Festival)	10월 21일~ 10월 31일	N / A	
에든버러 호그머내이(섣달그믐 축제) (Edinburgh's Hogmanay)	12월 30일~ 1월 1일	N / A	
에든버러 페스티벌 카발케이드 (Edinburgh Festival Cavalcade)	8월 8일	185,000	2004
미디어 가디언 에든버러 국제 TV 페스티벌 (Media Guardian Edinburgh International TV Festival)	8월 27일~ 8월 29일	N / A	2004
에든버러 국제 게임 페스티벌 (Edinburgh International Games Festival)	8월 8일~ 8월 22일	7,289	2004

출처: BOP Consulting, Edinburgh Festivals 2015 Impact Study, Final Report, July, 2016, p.2.
SQW Limited, Edinburgh's Summer Festivals Economic Impact, 2004 Study, 각 축제의 방문객 통계는 2004
년 통계치를 사용하였음.

연이 인터내셔널 페스티벌의 공연보다 더 인기가 있게 되어 오늘날은 주객이 전도되고 있습니다.

인터내셔널 페스티벌이 광범위한 예술계를 포괄하는 공연을 선보이려고 시도하고 있지만 오랜 세월 동안 드라마, 무용, 시각예술보다는 클래식 음악과 오페라에 편중되어 왔습니다. 그 주된 이유는 거의 모든 예술감독들이 음악이나 오페라를 배경으로 하고 있다는 것입니다. 프린지 페스티벌은 인터네셔널 페스티벌의 입장에서는 눈엣가시와 같은 존재였고, 인터내셔널 페스티벌은 프린지 페스티벌과 경쟁하기 위해서 다양한 노력을 기울여왔습니다. 인터내셔널 페스티벌은 주로 낮과 이른 저녁에 프로그램을 집중하였고, 프린지 페스티벌은 늦은 저녁시간에 중점적으로 가벼운 오락 프로그램을 운영하고 있습니다. 1959년에 설립된 프린지 페스티벌 협회에 따르면 2018년에는 317개의 공연장소에서 3,458개의 공연이 개막하였고 56,796회의 공연을 하여 프린지 페스티벌은 단연코 전 세계에서 가장 큰 축제가 되었습니다. 이제는 프린지 페스티벌이 에든버러 축제를 상상할 때, 가장 상징적인 축제로 떠오르는 세계적인 축제로 발전한 것입니다.[26]

전 세계 예술애호가들이 찾는 세계예술의 성지

인구 50만 명의 작은 도시지만, 1947년에 시작해서 70여 년동안 지속되어오고 있는 에든버러 페스티벌을 보려고 전 세계에서 매년 약 1,500만 명이 넘는 문화예술을 좋아하는 관광객들과 수많은 공연예술가들이 찾아오고 있습니다. 이제 에든버러는 음악, 드라마, 오페라, 발레 등 예술을 사랑하는 세계인들이 성지순례 하듯이 찾아오는 '세계예술의 중심지', '예술의 성지'가 되었습니다. 그리고 예술가들에게는 인간 정신과 예술의 꽃을 피울 수 있는 무대를 제공하는 소중한 플랫폼의 역할을 하고 있습니다.

2010년 에든버러 축제장소 12곳에서 시행한 연구결과에 따르면, 에든버러 축제를 보는 것이 유일한 방문이유인 방문객이 82%에 이르는 것으로 나타났습니

---

26 David Pollock, op.cit., 6 August 2018.

다. 또한 전체 응답자의 85%가 축제가 자부심을 갖게 하고, 긍정적인 국가 정체성을 강화하는 것으로 응답했습니다. 그리고 응답자의 82%는 페스티벌을 경험하기 위해서 다시 에든버러에 재방문하고 싶다고 답을 하였습니다.[27] 이와 같이 축제는 에든버러의 이미지를 개선하고, 지역주민의 자부심을 높이고, 정체성을 강화하는 것으로 나타났습니다. 또한 많은 관광객들이 축제를 통해서 유익한 경험을 하였고, 향후 에든버러에 다시 재방문하고 싶다는 의사를 밝히고 있습니다.

끊임없이 생겨나는 세계의 수많은 문화 축제들 속에서 에든버러 페스티벌은 반세기 동안 '세계 최고의 축제' 자리를 지켜왔습니다.[28] 특히 에든버러 프린지 페스티벌은 해마다 8월 중순부터 3주 동안 이어지는 세계 최대의 공연 축제로서 각처에서 인정받은 연극, 마임, 퍼포먼스, 콘서트, 오페라 등이 한 자리에 모여 감동과 열정으로 가득한 환상적인 무대를 선보이는 예술세계의 중심지가 되었습니다. 그러나 1947년 처음 페스티벌이 시작될 때는 페스티벌의 전망에 대해서 많은 사람들이 의문을 가졌습니다. 유명한 지휘자인 토마스 비참 경(Sir Thomas Beecham)은 "스코틀랜드 사람들은 에든버러 음악축제에 60,000 파운드를 허비하는 형편없는 머저리(Damn fool)들이야"라고 불평을 했다고 합니다.[29]

프린지 페스티벌에서는 매년 전 세계 2,000개 안팎의 공연팀이 공연을 하다보니 객석 점유율이 60%를 넘는 공연은 전체의 2%에 불과합니다. 그리고 공연 참가팀은 숙식과 교통비 그리고 대관비 등 모든 비용을 자비 부담을 해야 하기 때문에 많은 공연단체들은 적자를 각오하고, 축제에 참가하여야 합니다. 이렇게 적자까지 감수하며 전 세계 각국의 공연단체들이 앞다투어 참가하는 이유는, 전세계 대형 공연기획자들이 축제에 와서 공연되는 작품을 보고, 예술성이 뛰어나거나 마음에 드는 비주류 공연을 구매하기 때문입니다. 대형 공연기획자들은 축제에서 구매한 비주류 공연을 고가의 주류무대에 파는 '세계 최대의 공연시장'의 역할[30]을 합니다.

---

27 Scottish Enterprise Media Centre, "Edinburgh Festivals' Impact on Local and National Life and Economy Revealed", 23 May, 2011.
28 강선영, 예술혼이 피어오르는 축제의 도시 – 에든버러.
29 Angela Bartie, "A Tale of Two festivals: the History of the Edinburgh Fringe", The Conversation, August 12, 2014.
30 정민채, "에든버러 프린지 축제(Edinburgh Festival Fringe)", 남도일보, 2015년 4월 12일.

에든버러 축제에서 매년 흥행 상위 2%에 드는 공연은 예외 없이 오락성이 두드러진다고 합니다. 그리고 공연예술이 세계로 진출할 때, 언어가 장벽이 되기 때문인지 에든버러 프린지 페스티벌에서 눈길을 끄는 작품은 대부분 언어 대신 리듬과 비트, 몸짓이 강조되는 넌버벌 퍼포먼스(Nonverbal performance: 비언어극)라는 특징을 가지고 있습니다.[31]

에든버러 페스티벌의 경제적인 효과

실제로 에든버러는 각종 페스티벌을 통해 매년 막대한 규모의 경제적 파급효과를 거두고 있습니다. 매년 70개국에서 예술가와 기획자, 에디터, 관광객이 몰려들기 때문에 페스티벌 기간에 에든버러는 최대의 비즈니스 센터의 역할을 하게 됩니다. 축제사무국에 따르면 예술가 2만 5000명 이상, 관련 미디어 2,000~3,000팀 이상이 페스티벌에 참가합니다.

아래 표는 BOP 컨설팅이 조사한 에든버러 페스티벌의 2015년 경제적 영향에 대한 조사 결과입니다. 도표를 살펴보면 2010년보다 2015년 경제적 효과가 증가하였음을 알 수 있습니다. 2015년 경제적 효과는 2억7,965만 파운드이고, 축제로 인해 발생하는 일자리는 5,660개의 정규직(Full-time)이 창출되고 있는 것으로 나타났습니다. 2010년과 비교했을 때 에든버러의 경제적 효과는 19% 증가하였고, 일자리도 613개가 증가한 것으로 나타났습니다. 이외에도 매년 에든버러 페스티벌 관련 기사가 전 세계 언론에 노출되어 막대한 광고 효과를 유발하고, 에든버러가 축제의 도시라는 브랜드 가치 제고에도 큰 역할을 하고 있습니다.

에든버러는 문화, 예술계의 종사자들에겐 꿈의 도시입니다. 단순히 경제적 성공만을 얻기 위한 축제가 아닙니다. 스코틀랜드에 있는 예술가들에게 에든버러 페스티벌은 기회이자, 영감을 떠오르게 하는 장이며 새로운 인간관계를 형성 수 있는 장소입니다. 또한 세계적으로 유명한 예술가와 기획자들에게 자신의 작

---

31 Ibid.

표 8-2 에든버러 페스티벌의 경제적인 효과

연도	에든버러		스코틀랜드	
	output(£ 백만)	고용	output(£ 백만)	고용
2015	£ 279.65	5,660	£ 312.66	6,021
2010	£ 235.53	5,047	£ 252.54	4,757

출처: BOP Consulting, Edinburgh Festivals 2015 Impact Study, 2016 p.20.

품을 선보일 수 있는 멋진 쇼케이스이기도 합니다. 예술을 사랑하는 전 세계인들의 입장에서는 세계적인 스타 예술가들의 공연을 볼 수 있다는 점도 감동적인 경험입니다. 그러나 앞으로 스타대열에 서게 될 많은 훌륭한 예술가들이 신인으로 무대에 처음 등장하여 경력을 시작하는 모습을 볼 수 있는 멋진 순간을 목격할 수 있다는 것은 또 다른 감동입니다. 세계적인 스타들의 거만함이나 지나치게 세련된 모습이 아닌 실력 있는 무명예술인이 겸손하고, 신선한 모습으로 처음 무대에 올라 환상적인 공연을 하는 모습을 볼 수 있다는 것은 소중한 기억이 될 수 있습니다. 열정적인 관객들과 함께 하는 흥분과 열정 그리고 감동적인 분위기는 에든버러 이외에 그 어느 곳에서도 느낄 수 없는 값진 경험입니다.

매년 에든버러 축제를 통해 수천명의 스코틀랜드 예술가들은 다양한 협력관계를 형성, 자체 발전시키는 발판을 마련하고 있습니다. 이런 매력적인 페스티벌은 스코틀랜드 예술인만을 대상으로 하는 것이 아니라 전 세계 예술인들에게 똑같은 기회를 제공해주고 있습니다. 그리고 예술경영인들에게 축제를 성공적으로 추진할 수 있는 가이드 라인을 제공해주기도 합니다. 에든버러 축제는 전 세계에 문화에너지를 공급해주고, 주민들의 삶을 지탱시켜주는 영양분입니다.

특히 에든버러 프린지 페스티벌은 이곳 지역주민들에게 황금알을 낳는 거위와 같습니다. 에든버러시의 많은 극장들은 8월 한달 동안에 일년치 대관수익을 올린다고 합니다. 평소에는 이곳의 극장들도 우리나라 극장과 마찬가지로 보통 하루에 한 개의 공연을 진행합니다. 하지만 프린지 페스티벌 기간 동안에는 아침부터 저녁까지 거의 1시간 단위로 공연이 올라갑니다. 아침 10시 30분부터 저녁 12시까지 무려 100개가 넘는 공연이 공연됩니다. 영화관도 아니고 공연을 아침 10시 30분부터 보러오는 관객들이 있다는 것은 도저히 이해하기 어려운 일이지만 이곳 에든버러에서는 일상적인 일입니다. 매년 전 세계에서 2,000~3,000개 이상의 공연팀들이 축제도시 에든버러로 몰려든다고 하니, 거리가 사람으로 북적거릴 수밖에 없습니다. 관광객뿐만 아니라 공연에 참가하는 팀들도 숙박비, 교통비 대관비 등 모든 비용을 자비로 부담하여야 하기 때문에 공연팀이 소비하는 여행비용도 모두 에든버러 지역사회의 수입이 됩니다.

소수의 불만도 소중히 배려하는 행정

2018년 5월 10일자 스코츠맨(The Scotsman)이라는 스코틀랜드 지방지의 기사 제목은 "에든버러 페스티벌의 영향에 대한 대중의 분노가 절정에 이르렀다(Public fury a Edinburgh festival impact reaches an all-time peak)"[32]입니다. 이 지역 신문기사의 내용을 살펴보면, 여론조사결과 지난 5년 동안 지역주민의 불만이 지속적으로 증가하고 있고, 이는 에든버러 축제의 미래에 '전략적인 위험'이라는 것입니다. 에든버러시 시의회는 축제기간에 많은 인파가 도시의 역사적인 중심지에 몰리는 현상으로 인하여 문화역사유산이 훼손될 수 있다는 인식이 제기되고 있다고 경고하고 있습니다. 또한 성수기에 도시로 몰려드는 대량 인파를 처리하는 데 어려움을 겪고 있고, 구도시 중심부와 신도시의 교통체증으로 인하여 대중교통을 이용하는 데 어려움이 있으며, 시민들이 일상생활을 하기 어렵다는 것을 문제점으로 지적하고 있습니다.

지역주민에 대한 설문조사는 5,000명의 주민을 대상으로 실시되었는데, 6%의 시민이 페스티벌이 도시를 살기 나쁜 장소로 만들고 있다고 응답하였다고 합니다. 이 수치는 처음 설문조사를 하였을 때 0.5% 이하에 불과했는데, 매년 점증하는 추세에 있다고 합니다. 이 설문조사에 따르면 67%의 지역주민이 지난 2년 동안에 에든버러의 페스티벌에 참여한 적이 있다고 답을 하여 지역주민들의 참여도가 높은 것으로 나타났습니다.

6% 시민의 부정적인 의견은 대단히 소수의 의견이라고 볼 수 있는데, 에든

---

32 Brian Ferguson, "Public Fury at Edinburgh Festival Impact Reaches an All-time", The Scotsman, 10 May, 2018.

버러 시의회는 '전략적인 위험이라고 경고'를 하고 있고, 지방신문은 "에든버러 페스티벌의 영향에 대한 대중의 분노가 절정에 이르렀다"고 기사화하고 있는 것을 보면서, 소수 시민의 의견에 귀를 기울이는 시의회와 신문사의 반응이 부럽다는 마음이 들었습니다. 우리나라에서 6%의 시민이 반대한다는 설문조사 결과가 나온다면, 이 사실이 신문 기사화가 되고, 시의회에서 위험성을 경고를 할까? 라는 생각을 해보았습니다.

이러한 설문조사 결과에 대해서 에든버러 페스티벌 대표인 줄리아 아모(Julia Amour)는 "에든버러 축제는 '축제가 도시를 더욱 살기 좋은 곳으로 만든다'라고 생각하는 76%의 시민의 강력한 지지를 받고 있습니다. 반대의견을 제시한 6%의 시민은 이러한 관점을 보아야 합니다. 그리고 여론조사에 따르면 축제에 지역주민의 참여도가 높다는 것을 생각해야 합니다"라고 말하였습니다.

에든버러 세계문화유산의 간부인 니콜라스 핫함(Nicholas Hotham)은 "우리는 에든버러 축제를 지지합니다. 그리고 축제는 독특한 매력을 지닌 이 도시에 창의적인 동력을 줄 것으로 믿습니다"라고 의견을 표명하였습니다.

제4절
캐나다 온타리오의 짝퉁 셰익스피어축제

절망적인 지역경제를 회복하기 위해서 시작

"영국의 대문호 셰익스피어는 인도와도 바꾸지 않겠다"고 말하며 영국인들이 매우 자랑스럽게 생각했던 셰익스피어는 문인의 차원을 초월해서 신화적인 인물로 현대인들에게 전설이 되었습니다. 햄릿, 오셀로, 리어왕, 맥베드와 같은 4대 비극이나 로미오 줄리엣 등 수많은 그의 명작들은 세계 각국의 언어로 번역되어 세계인들은 누구나 필독서로 즐겨 읽고 있습니다. 현재까지도 셰익스피어의 소설들은 오페라, 연극, 영화, 애니메이션으로 세계 도처에서 인기리에 재연되고 있습니다. 그의 육신은 404년 전에 죽었지만 정신은 불사조처럼 아직도 살아서 현대사회의 정치, 경제, 사회, 문화, 예술, 문학 등 각 분야에 지대한 영향을 미치고 있습니다. 대문호 셰익스피어의 생명력은 그의 시와 소설 속에 영원히 불타오르며 불멸할 것 같습니다.

캐나다의 온타리오주 퍼스 카운티 스트랫퍼드(Stratford)라는 도시에서 열리는 셰익스피어 연극축제는 1953년에 톰 페터슨(Tom Patterson)이라는 지역 신문 기자의 아이디어로 시작되었습니다. 대문호 셰익스피어의 이름은 영리한 캐나다인이 주인 허락도 없이 빌려왔고 그 셰익스피어가 태어난 도시 스트랫퍼드라는 이름까지도 그대로 차용했습니다. 허가를 받지도 않고, 대가도 지불하지 않고 그냥 가지고 왔기 때문에 훔쳐왔다고 표현해도 사실 큰 무리는 없을 것 같습니다.

매년 셰익스피어 연극축제가 개최되고 있는 캐나다의 스트랫퍼드시는 토론토에서 남서쪽으로 150km 떨어진 에이번강을 끼고 있는 소도시입니다. 매력적인 빅토리아풍의 주택과 잘 손질된 아름다운 정원 그리고 일류급 문화상품들이 유명한 곳으로 주말을 낭만적으로 보내기 좋은 곳입니다. 원래는 인디언 오지브와족이 살던 습지였는데, 굶주림과 갈등을 피해서 유럽에서 이주해 온 스코틀랜드인, 영국인, 독일인들이 1800년대 초에 정착하기 시작한 지역입니다.[33]

1953년 축제를 시작할 당시에는 캐나다 스트랫퍼드는 철도 교차점이자 철도역을 중심으로 형성된 상업지역이었습니다. 그러나 증기기관차가 디젤기관차로 교체되면서 엄청난 실업이 발생하고, 심각한 경기침체를 겪게 됩니다. 특히 2차 세계대전 이후 지역경제는 암울한 상황이 계속되었습니다. 스트랫퍼드의 셰익스피어 페스티벌은 희망없는 지역사회를 활성화하여야 한다는 절박함과 스트랫퍼드를 고전연극이 공연되는 높은 문화 수준의 도시로 끌어올리겠다는 목표로 추진되었습니다.[34]

1953년 첫 번째 공연은 시카고에서 23,000달러에 주문제작을 해온 대형 서커스 텐트로 만든 극장에서 개최했습니다. 대형텐트의 무게는 3.5톤, 직경은 150피트, 최고 높이는 61피트였고, 텐트를 고정시키기 위해서 필요한 10마일 길

---

33 The Royal Canadian Geographical Society, Stratford's Shakespeare Festival: Festival turns 60, Shakespeare never gets old, Canadian Geographic, September 1, 2012, p.3.

34 Hamlin Grange et al., The Stratford Shakespeare Festival's Journey to Diversity and Inclusion, Ivey Business Journal, 2018, p.3.

이의 로프와 2마일 길이의 케이블을 조절하는데 2일이 걸렸다고 합니다.[35] 혁신적 디자인의 텐트를 설치하는 것 자체가 놀라운 작업이었다고 합니다. 그 후 1957년 1월에 영구적인 극장 건물을 착공하였습니다. 극장 건물은 축제의 혁신적이고, 독특한 시작을 상징하는 텐트의 모양을 닮게 디자인하였습니다. 돌출무대는 셰익스피어시대의 무대를 재현한 것이었고, 극장은 그리스 원형극장과 셰익스피어가 활동하였던 글로브 극장을 닮은 건축물입니다. 극장은 20세기 가장 유명한 극장예술가인 타탸 모이세비치(Tanya Moiseiwitsch)가 디자인을 맡았습니다. 첫 공연에 영국 연극계의 권위자 타이론 구트리(Tyrone Guthrie)를 예술 감독으로 초대했고, 당시 최고의 셰익스피어 배우인 알렉 기네스(Alec Guinness)와 영국 최고의 여배우 아이린 워스(Irene Worth)를 연극 '리처드 3세'에 출연시켰습니다. 첫 번째 페스티벌에서는 셰익스피어의 희곡 '리처드 3세'와 '끝이 좋으면 모든 게 좋아'라는 두 편의 연극이 공연되었습니다. 온타리오 습지의 한여름에 시작된 첫 공연은 표가 매진될 정도로 성공적이었고, 관람객들의 호평으로 인하여 연례축제로 정착하게 되었습니다.

현재 캐나다 스트렛퍼드의 셰익스피어 페스티벌은 4월부터 11월까지 6개월 동안 개최되는데, 그리스 비극부터 브로드웨이 스타일 뮤지컬, 현대작품에 이르는 다양한 작품들이 공연되고 있습니다. 1971년에는 14개의 작품 중 3개의 작품만이 셰익스피어 작품이었습니다.[36] 또한 콘서트, 세미나, 셰익스피어 강좌, 저명한 저자의 북콘서트 등 관광객에게 어필하는 다양한 프린지 활동들이 프로그램에 포함되어 있습니다.

캐나다 몬타리오의 스트랫퍼드 셰익스피어 페스티벌은 네 곳의 극장에서 개최되고 있습니다. 스트랫퍼드 페스티벌 극장(Stratford festival theatre)은 1,824석으로 1997년 혁신적으로 리노베이션하여 돌출식 무대를 갖추고 있습니다. 에이번 극장(Avon theatre)은 객석에서 볼 때 마치 액자와 같이 원형이나 반원형으로 보이는 프로시니움 아치 무대(Procenium arch stage)를 특징으로 하는 극장으로 객석 1,105석을 보유하고 있습니다. 톰 페터슨 극장(Tom Patterson theatre)은 487석을 보유한 돌출

---

35 Gabrielle Bernardi-Dengo, Stratford Shakespeare Festival, International Journal of Case Method Research & Application, 2010, p.48.

36 What's on Stratford Festival, Stratford Festival, 2016.

식 무대를 특징으로 하고 있습니다. 스튜디오 극장(Studio theatre)은 클래식뿐만 아니라 현대연극의 발전에도 알맞도록 설계된 256석을 보유한 소극장입니다.

셰익스피어 육신은 404년 전에 떠났지만

매년 캐나다 스트랫퍼드의 셰익스피어 연극축제는 주변지역에 모두 1억 8천만 달러 정도의 경제적 효과를 발생시키고 있습니다. 고용인원이 3,296명인 것으로 나타났는데, 2016년 스트랫퍼드시의 인구가 31,465명이므로 지역사회 인구의 약 10% 이상을 차지하는 엄청난 고용창출 효과가 나타나고 있습니다. 페스티벌에 직접 고용하는 인력이 1,770명이고 이중 150명은 정규직이라고 합니다. 2011년에는 도시의 4개 극장에서 약 600개의 공연이 개최되고, 일본관광객을 비롯해 각국의 관광객에게 약 50만장의 티켓이 판매되었습니다.

셰익스피어의 진짜 고향은 영국 런던에서 북쪽으로 150km 떨어진 스트랫퍼드 어폰 에이본(Stratford - upon - Avon)입니다. 이곳에는 진짜 셰익스피어가 살았던 생가가 그대로 복원되어 있고, 셰익스피어의 무덤 그리고 기념관까지 있는 진짜 셰익스피어의 고향입니다. 이 곳 역시 성수기에는 세계 각처에서 몰려온 관광객으로 인산인해를 이루고, 차량으로 뒤덮인다고 합니다. 2014년에 994만 명의 관광객이 방문했다고 하고, 지역사회 경제에 미치는 관광의 효과는 6억 3500만 유로에 달하고 11,150명의 고용 효과가 있다고 합니다.[37] 로얄 셰익스피어 극장 근처에 있는 튜더시대(1485~1603년 사이 엘리자베스 1세 통치기간)의 찻집인 하타웨이 카페(Hathaway cafe)에는 중국과 대만, 일본 등지에서 온 아시아계 관광객으로 꽉 차 있었는데, 그들은 주로 13유로 가격의 애프터눈 티를 마시고 있었습니다. 찻집 주인의 말에 의하면 "비수기에 일주일에 1,000명 정도의 고객이 오고, 7~8월 성수기에는 일주일에 2,000명의 고객이 온다"고 합니다. 지금도 전 세계 어디에선가 셰익스피어의 작품이 책으로 출판되고 있고, 그의 희극이 극장에서 연극으로,

---

37 Peter Shadbolt, The Bard's Business: Shakespeare's Economic Legacy, BBC NEWS, 21 April 2016.

표 8-3 셰익스피어 연극축제의 경제적 효과

지역의 경제적 효과(단위 $)	
축제로 인한 관람객의 지출	125,000,000
GDP 효과	145,327,000
- 숙박비	10,348,000
- 식당	8,689,000
- 기타 서비스	17,827,000
세금 수입	55,800,000
정규직 고용(단위 명)	
- 직접고용	1,773
- 간접 및 유발 고용	1,523
총고용	3,296
임금과 급료	
- 직접임금	50,171,000
- 간접 및 유발 임금	46,315,000
총임금	96,486,000

출처: Gabrielle Bernardi-Dengo, Stratford Shakespeare Festival, International Journal of Case Method Research & Application, 2010, p.49.

오페라로, 뮤지컬로 공연되고 있습니다. 그리고 영화관에서는 셰익스피어의 희곡을 소재로 한 영화가 상영되고 있습니다. 셰익스피어는 404년 전에 이 세상을 떠났는데, 그의 정신은 아직까지도 살아남아 전 세계에서 셰익스피어 숭배자들을 끌어들이고 있습니다. 셰익스피어의 사례를 통해서 얻을 수 있는 교훈은 세계적인 문화예술작품 하나의 가치는 수백 년동안 지속되며 엄청난 경제적·사회적 가치를 만들어 낼 수 있다는 점입니다.

창의적 인재를 끌어모으는 스트랫퍼드 셰익스피어축제

캐나다 온타리오의 스트랫퍼드에는 연극축제 이외에 도시 내 주요 전시공간이 갤러리 스트랫퍼드, 온타리오와 다우니 거리에는 갤러리 인디제나와 같은 원주민 예술 갤러리, 캐네디언 소울이라는 지역공예품 상점, 그리고 도예가 메리

필포트의 공방과 브랜더 아 브랜디스(G. Brender a Brandis)와 같은 목판화가 공방이 있습니다. 그리고 거리에서는 다양한 라이브 음악을 즐길 수 있는 이벤트가 개최되고, 가구공장에서 다목적 예술공간으로 리모델링한 '팩토리 163'에서는 다양한 콘서트와 전시가 개최됩니다. 5월에서 10월까지 목판화가 브랜더 아 브랜디스는 관람객들에게 목판화를 제작하는 방법과 제작 도구를 견학시켜주고, 자신의 작품에 대해서 설명해주기도 합니다. 목판화가는 네덜란드 출신 작가인데, 현재 스트랫퍼드에 거주하고 있습니다. 그는 자신이 이곳으로 이사를 온 이유를 다음과 같이 말하고 있습니다.

> "이곳에는 지적이고 문화적인 활동들이 많이 벌어집니다. 스트랫퍼드 연극축제는 다양한 재능을 가진 사람들을 끌어 모으는 촉매제입니다. 일단 이곳에 오면, 작가들이 서로 상호작용을 합니다."

문화관광이 지역개발을 촉진시킬 수 있는 우수한 전략 수단이라고 하는 이유를 캐나다의 스트랫퍼드 셰익스피어 연극축제를 통해서 가장 잘 알 수 있습니다. 스트랫퍼드는 스위스의 알프스처럼 아름다운 산과 자연이 없는 늪지대입니다. 셰익스피어처럼 천재적인 대문호도 없습니다. 만약에 스트랫퍼드시가 스위스처럼 아름다운 자연관광을 촉진하려면 알프스산을 만들어야 합니다. 이건 전혀 가능성이 없습니다. 그러나 문화관광개발전략을 추진하면 비록 이 지역에 셰익스피어는 없지만 영국의 셰익스피어를 빌려와서라도 문화관광지역으로 변신하는 것이 가능합니다. 아니면 아예 디즈니랜드처럼 창의력을 기반으로 해서 완전히 새로운 문화관광자원을 창조해 낼 수도 있습니다. 이처럼 어느 지역이건 자연자원이 없으면 차용전략이나 창조전략을 추진해보는 것도 좋은 지역관광개발전략이 될 수 있습니다. 명품인지 아닌지를 구분하는 방법은 짝퉁이 있는지 없는지를 살펴보면 금방 알 수 있다고도 합니다. 시장에 이미테이션 짝퉁이 나와 있지 않으면 사실상 원본의 가치가 그다지 뛰어나지 않다고 말할 수 있습니다. 명품가방과 명품구두뿐만 아니라 소설도 짝퉁이 나왔다면 원작소설은 분명히 명품이라고 할 수 있습니다.

한국에서는 몇몇 지자체 간에 원조 논쟁이 벌어졌습니다. 그러나 사실은 모두가 원조가 아닐 수도 있고 모두가 짝퉁일 수도 있습니다. 지자체에서 오리지널 원조 논쟁이 벌어지고 있는 홍길동, 변강쇠, 옹녀라는 고전 속에 나오는 존재 자체가 소설 속에 나오는 허구적인 인물이고, 작가조차도 허균인지 아닌지가 확실하지도 않은데… 강릉과 장성이 서로 자신들이 원조라고 주장하고 있다는 것은 사실 난센스입니다. 어느 쪽도 완전한 증거가 있는 진실은 아니고, 어느 쪽도 완전한 가짜는 아닙니다. 사실은 문화라고 하는 것은 실체가 없어도 상상력으로 창조해서 얼마든지 새로 만들어 낼 수도 있고, 옆집 것을 빌려올 수도 있는 것입니다. 마치 캐나다 스트랫퍼드의 셰익스피어 연극축제처럼 말입니다. 풍부한 상상력을 기초로 하여 완전한 허구를 실체처럼 창조할 수 있는 문화관광개발전략에서는 사실이냐 아니냐가 중요하지 않을 수도 있습니다. 따라서 자연자원도 별로 없고, 역사도 미천하며 유명한 인물 이야기도 없는 산골 오지마을도 전혀 사실이 아닌 상상에 의한 창작을 통해서 재미있는 스토리를 만들어내고, 상징을 시각화해서 성공하는 문화관광개발을 도모할 수 있는 것입니다. 이런 점들이 바로 문화관광에 주목해야 할 장점이고 매력이라고 봅니다. 원래부터 있었던 것은 하나도 없습니다. 캐나다 스트랫퍼드에 짝퉁 셰익스피어축제를 만든 지역신문기자 톰 페터슨(Tom Patterson)처럼 아무도 가지 않는 길을 무모하게 도전하는 엉뚱한 괴짜가 새로운 역사를 만들 수 있습니다. 기존의 규칙과 상식을 깨고, 이제까지 아무도 가보지 못한 길을 발견하고, 과감하게 개척하려는 용기와 열정만 있다면 가능한 일입니다.

축제가 재능을 가진 창조적인 인재를 끌어들이고, 이곳에 모인 사람들이 서로 상호작용을 하면서 시너지 효과를 얻고, 예술적인 영감을 얻는다는 판화가의 말을 통해서 우리는 매력적인 문화축제가 사회적으로 어떠한 역할을 하는지 잘 알 수 있습니다. 한편 이러한 이유 때문에 일본은 인구과소문제를 해결하고 지역을 재생시키기 위해서 에치코 츠마리 대지예술제나 세토우치 국제예술제를 정책적으로 개최하고 있습니다. 일본은 예술이 다양한 재능을 가진 많은 사람들을 끌어들이고, 지역을 문화예술로 풍요롭게 하며, 지역경제를 활성화 시키는 많은 효과를 가지고 있다는 사실 때문에 그런 예술축제를 개최하고 있는 것입니다.

문화예술축제는 산업단지나 교육시설 같이 빠르게 인구를 증대시키거나, 지역경제를 살릴 수 있는 직접적인 수단은 아닙니다. 그러나 지역의 문화·예술이 발전되고, 지역민의 삶의 질이 향상되며, 지역환경의 어메니티가 개선되면, 창의적이고 예술적인 사람들을 모여들게 하는 집객력이 늘어납니다. 직접적으로 사람들을 모으는 것이 아니라 문화예술 환경을 주변자연과 조화롭게 조성함으로써 주민들이 행복해지고, 지역문화가 발전되며, 삶의 쾌적성이 향상됨에 따라 문화와 예술이 살아 숨 쉬는 곳에 살고 싶어 하는 타지역의 창의적 인력들이 모여들게 되는, 그런 계기를 조성해주는 것입니다. 그 곳에 모인 창의적인 사람들은 기존 주민들과 함께 모여 서로 정보를 교환하고, 삶을 함께 하면서 모두가 더 행복해지는 삶을 영위할 수 있게 되는 것입니다. 그러므로 축제가 가지고 있는 단기적이고 유형적인 경제적 수익도 중요하지만, 이러한 활동을 통해서 황폐한 습지에서 아름다운 문화가 배양되고, 석탄재에 찌들고 오염된 탄광촌이 예술도시로 변화하는 이미지 개선과 삶의 질 제고라는 무형적이고 간접적인 효과가 지역사회에 더 가치 있는 결과를 가져올 수 있음에 주목해야 합니다.

제5절
에치코 츠마리 대지예술제와 세토우치 국제예술제

산골마을 에치코 츠마리에서 개최된 대지미술제

일본 동경보다 넓은 760km² 면적이지만, 거주하는 인구는 75,000명에 불과한 깊은 산골 오지마을인 일본 서북부의 니이가타지역은 혹독한 추위, 폭설, 지진, 산사태와 같은 절망적인 자연조건을 가지고 있는 오지입니다. 거기에 더해서 청년인구의 유출로 인구가 줄고, 전체 인구 중에 40%가 65세 이상인 초고령화 산골로 지역사회 공동체가 붕괴되기 직전에 처한 위기의 농촌을 대표적으로 보여주고 있는 지역입니다. 주민들이 떠나 민가들이 빈집이 되어 방치되어 있고, 지역사회의 중심이었던 학교는 폐교가 되는 상황에 놓여 있습니다. 이런 오지 산골을 재생시키는 것이 과연 가능할까요? 이곳은 특별한 관광자원도 없어서 평소에 찾아오는 관광객도 없는 산골인데, 과연 가능할까요?

위에서 사례로 든 인구 7만 명 정도의 여러 산골마을들의 재탄생 사례는 대지미술제 에치코 츠마리 트리엔날레가 개최되고 있는 일본 니이가타현 도카마치(十日町)와 츠난마치(津南町)지역의 사례입니다. 1994년 니이가타현 지사가 '새로운 니이가타 창조계획'이라는 지역활성화정책을 세우면서 문화예술을 통해서 지역의 매력을 발굴하고, 교류확대를 도모하는 '에치코 츠마리 아트 네크리스 정비구상'이 시작되었습니다. 이와 관련해서 시작된 대지예술제가 에치코 츠마리 트리엔날레입니다. 기본이념은 '인간은 자연에 내포된다!'입니다. 대지예술은 어스워크(Earthwork), 랜드아트(Landart), 설치예술 등으로 표현되고 있는데, 미술품을 미술관이라는 특정공간에 격리하는 화이트 큐브식 전시방법에 대한 반성으로 시작된 장소의 역사성과 고유성을 중시하는 장소 특정적인 미술입니다. 미술가들이 직접 장소를 선택하고, 토지 소유주의 허가를 받는 과정에 주민과 교류가 이루어지고, 미술작품이 논과 밭 그리고 빈집이나 폐교에 설치됨으로써 자연이 그대로 예술작품이 되고, 박물관이 되게 하는 예술입니다. 이를 통해서 묻혀있던 지역의 역사, 시간, 환경 그리고 소중한 것들이 드러나게 되는 것입니다.[38]

에치코 츠마리 아트트리엔날레는 예술작가와 지역주민이 참여하여 서로 교류하고 소통하면서 예술작품을 창조하는 관계의 예술(Relational art)[39]의 성격이 있습니다. 전통적 미술공간인 화이트 큐브와 미술관건물에서 벗어나서 자연이라는 야외공간에서 미술가가 지역주민 그리고 관광객과 상호관계를 맺으면서 예술작품을 창작하면서 관계를 만들어 나가는 것입니다. 이러한 관계의 예술은 예술을 위한 예술이 아니고 실업이나 경제적 문제 등 실질적인 사회문제를 해결하려는 목표를 위해서 실천적인 행동으로 이어지기도 합니다. 에치코 츠마리 트리엔날레는 산촌의 인구감소와 고령화, 그리고 경제난 등 지역의 현안 문제를 개선한다는 사회적인 목표가 명확한 미술제이기 때문에 더욱 관계의 예술이 제대로 실현되고 있는 현장이라고 할 수 있습니다. 관계의 미술이라는 개념은 에치코 츠마리 대지예술제와 일본의 미술 프로젝트의 대표적인 특성을 잘 나타내고 있습니다.

일본의 아트 프로젝트는 원래 독일 뮌스터 조각 프로젝트의 영향을 많이 받

---

38 기타가와 프램, 일본의 공공미술 사례: 대지의 예술제 – 에치코 츠마리 아트 트리엔날레, https://www.arko.or.kr/webzine_new/sub1/content_1950.jsp 2019년 12월 검색.
39 관계의 미학(Relational Aesthetic)은 p.204 각주 16 참조.

은 것으로 알려져 있는데, 일본의 아트 프로젝트는 "공동 창작예술 활동"[40]으로 정의할 수 있습니다. 이는 도심의 공공장소, 쇼핑센터 및 농촌과 같은 비예술적인 공간에서 이루어지는 현대미술전시회 혹은 퍼포먼스라고 할 수 있습니다.[41] 관계의 미술이 농촌지역사회에 도입되면 강력한 문화적인 촉매제가 될 수 있습니다.[42] 도시출신 작가와 미술소비자를 갖고 있는 전형적인 도시문화인 현대예술을 농촌지역사회 주민들의 삶에 이식시키는 것입니다.[43] 이와 같이 도시의 이질적인 문화인 예술이 농촌사회에 들어가는 것은 관광객이 단기간 체재하는 것과는 비교할 수 없는 사회문화적인 변화를 가져올 매개체가 될 수 있습니다. 어떤 학자는 이러한 현상을 진단적 경험(Diagnostic experience)[44]이라고 주장합니다. 진단적 경험이란 예술가의 개입이 지역사회주민들과의 협동을 의미하고, 예술가역시 지역사회와 그 문화를 "읽는" 기능을 한다는 것입니다. 이러한 과정에서 상호간에 협동이 이루어질 수도 있지만, 갈등이 발생할 가능성도 있는 것입니다.[45] 예술가들이 장기간 체류하면서 작업하는 과정에서 진정으로 지역문화를 존중하고, 진정성을 갖고 있다고 지역주민들이 느끼면 문제가 없지만, 만약 전통문화나 환경을 지나치게 변질시키거나 손상시키는 경우에는 지역주민과 예술가 간에 갈등이 있을 수 있습니다. 이는 예술가와 지역주민 사이를 연결하는 다리 역할을 하는 전시 기획자의 능력이 중요한 대상입니다.

40 Kumakura S., Kikuchi T. and Nagatsu Y., "History and Present of Japanese Art Project 1990 to 2012", Tokyo Metropolitan Foundation for History and Culture, Tokyo Art Research Lab, 2014.

41 Kobayashi Rune, The Role of Art Projects for Aging Society of Japan in the Context of Rural Regeneration: Entering a New Era of Asking Why We Need "Art" Project? https://pdfs.semanticscholar.org/a676/4cb7d83d04eb6e7a1d09e971a6df269d1fae.pdf.

42 Balfour, Bruce, Michael, W-P Fortunato, and Theodore R. Alter., "The Creative Fire: An Interactional Framework for Rural Arts-Based Development", Journal of Rural Studies 63(October), 2018, pp.229-239.

43 Kondo, Junko. "Revitalization of a Community, Site-Specific Art and Art Festivals-A Case of Art Site Naoshima", Master's thesis, University of Jyväskylä, 2012.

44 Crawshaw, Julie, and Menelaos Gkartzios., "Getting to Know the Island: Artistic Experiments in Rural Community Development", Journal of Rural Studies 43, 2016, pp.134-144.

45 Borrup, Tom, "Creative Placemaking: Arts and Culture as a Partner in Community Revitalization", edited by Dee Boyle-Clapp In Fundamental of Arts Management, University of Massachusetts, 2016, pp.1-22.

에치코 츠마리의 대지예술제는 미술관이나 박물관과 같은 지정된 실내공간에 예술작품을 설치하는 것이 아닙니다. 산과 숲, 논, 밭 등 이 지역의 자연경관에 현대미술을 접목[46]시키는 장소 특정적 미술[47]입니다. 2000년도에 처음 개최된 에치코 츠마리 트리엔날레에는 23개국 150개조가 참가하였고 이어 2006년에는 40개국 225개조, 2009년에는 40개국 353개조, 2012년에는 44개국 320개조의 전 세계 아티스트들의 작품이 내 200개 지역 마을에 분산되어 설치되었습니다. 출품된 미술작품들이 한 곳에 모여 있지 않기 때문에 각지에서 찾아오는 방문객들은 지도를 보면서 대지예술작품이 설치된 곳을 찾아서 산과 들로 이동하면서 작품을 감상합니다. 효율성을 추구하는 도시의 논리와는 반대되는 비효율성이 이 전시의 의도된 특징이라고 할 수 있습니다. 작품을 찾아다니면서 지역의 아름다운 경치와 주민의 삶도 함께 관찰하며 심신산골 자연 속에서 생활해가는 지역주민들의 삶의 모습도 이해하게 되는 것입니다. 이러한 대지예술축제를 통해서 아무도 찾아오지 않던 무명 오지산골이 인구의 5배가 넘는 37만 5,000명의 방문객이 찾아오는 문화예술의 공간으로 변화되었습니다. 그리고 영국의 안토니 곰리, 중국의 차이 구어 치앙 등 세계적인 미술가들이 찾아오고, 지역주민과 예술가가 교류하고 협동해서 작품을 창작하고 전시하는 독특한 산골마을들로 변화되었습니다. 일부 빈집과 폐교는 미술관이나 숙박시설로 기능을 바꾸어 새롭게 운영을 시작하게 되는 등 지역재생 효과도 다양하게 나타나게 되었습니다. 대지예술제는 3년마다 열리지만 전시가 끝난 후에도 작품을 철거하지 않고 언제든지 감상할 수 있도록 설치하고 있어서 연중 관광객이 방문하고 있습니다.

---

[46] 예술작품이 놓이는 장소와 예술작품과의 관계는 크게 4가지로 구분하여 살펴볼 수 있습니다. 첫 번째는 작품이 놓일 장소에 대해서 전혀 고려하지 않고 제작하는 작업방식으로 장소 우세적 예술(Site dominant)이라고 합니다. 두 번째, 작품이 놓일 장소에 대해서 아주 간단한 정도만을 고려한 장소 조정적 예술(Site adjusted), 세 번째, 작품이 놓일 장소를 충분히 이해하고 주제와 크기 등도 장소를 고려해서 결정하는 장소 특정적 예술(Site specific)이 있습니다. 그리고 네 번째는 예술작품을 설치하고 나서 처음으로 그 장소의 의미가 나타나는, 또는 새로운 장소환경을 창출하는 장소 결정적 예술(Site determined)이 있습니다. 윤동식, 장소 특정적 예술에 있어서 장소성의 표현방법에 관한 연구-에치코 츠마리 아트트리엔날레작품분석을 중심으로, 청소년시설환경, 11(4), 2013년 11월, p.252.

[47] 장소 특정적 미술(Site-Specific Art)은 p.204 각주 15 참조.

세토우치 국제예술제로 성공한 나오시마

면적 8km²에 거주 인구 3,200여 명, 1960년대에는 8,000명이던 섬의 인구가 제련소 공장이 폐쇄되고, 과거형 산업이 쇠퇴하게 됨에 따라 실직하여 섬을 떠나는 사람들로 인구가 17% 이상 감소했습니다. 그리고 지역주민 중 65세 이상의 인구가 33%로 노인들만 남았습니다. 거기다가 제련산업의 산업폐기물 아황산가스 투기와 불법적인 환경오염물질 폐기사건으로 인하여 섬의 환경이 오염되었습니다.[48] 인근 7개 섬 중 하나는 한센병 환자들의 요양소가 설치되어 한센병 환자들이 오랜 세월동안 격리되어 생활하던 곳입니다. 이처럼 지역 인구가 과소화 되고, 고령화 되고 환경까지 오염된 섬마을은 곧 소멸될 위기에 놓인 공간이라고 해도 과언이 아닙니다. 누구도 이런 척박한 섬이 세계적인 문화명소에 관광목적지로 탈바꿈하게 될 것이라고는 생각하지 않았을 것이고, 그러한 시도를 하지 않았을 것입니다. 아마 이런 절망적인 공간을 현대적 문화예술의 핫플레이스로 바꾸겠다고 꿈꾸는 사람은 몽상가 돈키호테라고 비웃음을 받게 될 겁니다. 차라리 사막 한가운데 가서 장미농장을 하는 것이 더 나을 것이라고 빈정거리는 말들을 할 겁니다. 그런데 그런 기적 같은 일이 현실적으로 실현되었습니다.

이렇게 척박한 섬은 세토우치 국제예술제로 유명한 예술 섬 나오시마를 뜻합니다. 환경이 많이 오염된 인구 3,277명이 사는 나오시마는 2006년 유명한 여행잡지 콘데 나스트 트래블러(Conde Nast Traveler)에 세계 7대 명소로 기사화되었습니다.[49] 이때 7대 세계명소로 선정된 다른 명소들은 파리, 두바이, 베를린, 알렉산드리아, 리우데자네이루, 빌바오였습니다. 대단한 사건이라고 할 수 있는 기사였습니다. 현재 나오시마의 연간 관광객 수는 약 40여만 명으로 섬 인구의 100배가 넘는 관광객을 유치하고 있습니다. 인근 섬과 연계하여 3년마다 세토우치 국제예술제를 개최하는 해에는 개최 기간 100일 동안에 100만 명이 넘는 관광객이 집중적으로 방문을 해오는 문화관광 핫플레이스로 변신합니다. 나오시마는

---

48 OECD, Tourism and the Creative Economy, 2014, p.128.
49 이재은, 문화예술지원을 통한 기업의 지속 가능한 지역활성화 전략-베네세 아트 사이트 나오시마를 중심으로-서울대학교 석사논문, 2014, p.53.

일본 가가와현 내 지자체중 1인당 평균소득이 가장 높은 세계적인 예술섬으로 눈부시게 변신하여 현대판 신화가 되었습니다. 특히 희망적인 것은 고령자만 남아있던 나오시마섬에 민박이나 식당을 운영하기 위해서 젊은이들이 외지로부터 많이 이주해오고 있다는 사실입니다.

그러나 한 연구결과에 따르면 지역주민과 예술가 사이의 협동이 비교적 잘 이루어진다는 다른 연구 결과[50]와는 다르게 예술가와 상호작용을 하는 지역주민이 거의 없다는 것입니다. 이것이 의미하는 것은 지역주민과 예술가의 협력기회가 별로 없고, 예술작품이 지역사회의 경험을 바탕으로 지역문화에 기초하고 있다는 주장도 근거가 없다는 것입니다. 이 부분에 대해서는 심층적인 추가 연구 조사가 필요할 것입니다. 다른 연구결과에 따르면 예술섬 나오시마(Art Naoshima)와 같이 지역주민이 섬에 대한 통제권을 상실하거나, 테시마 예술섬(Art Teshima) 혹은 이누지마 예술섬(Art Inujima)으로 변화되어 주제공원처럼 변화하는 것을 지역주민은 실제로는 원하지 않는 것으로[51] 나타나기도 하였습니다.

에치코 츠마리 트리엔날레와 세토우치 트리엔날레의 성공으로 인하여 일본 매스컴과 정부는 전국으로 확산되고 있는 유사한 '농촌예술축제(Rural Art Festival)'에 대해서 관심을 갖고 지원하고 있습니다. 이와 유사한 아트 페스티벌이 일본 전국에 70개 이상이 개최되고 있습니다.[52] 전 세계적으로도 스페인의 빌바오, 프랑스의 낭트 등 각지에서 예술을 지역사회의 재생의 매개체로 삼는 관계적 예술과 아트 프로젝트는 확산되고 있습니다.

대지예술제 에치코 츠마리 트리엔날레는 본서 제17장 "아트 프로젝트 성공신화가 된 대지미술제 에치코 츠마리"에서 그리고 나오시마와 세토우치 국제예술제에 대해서는 제18장 "오염된 섬을 희망의 땅으로 바꾼 세토우치 국제예술제"에서 보다 상세하게 살펴보겠습니다.

---

50 Yamashima, Tetsuo, "Naoshimaa–The Island of ART in Setonaikai", The Annual Report of Urban and Regional Economic Studies 14,(March), 2014, pp.90–96.

51 Meng Qu, "An Art Interventions on Japanese Islands: The Promise and Pitfalls of Artistic Interpretations of Community", The International Journal of Social, Political, and Community Agendas in the Arts, Common Ground, 2019, p.33.

52 Meng Qu, Ibid., p.20.

세계인의 심금을 울리는 음악관광

제1절
음악의 다양한 효과와 음악축제

고난과 절망 속에서도 위로를 주는 음악축제

음악이 없는 삶은 생각조차 할 수 없습니다. 생활 속 어느 곳에서든 음악이 흐르고 있습니다. 음악은 누구에게나 마음의 위안과 힐링 그리고 기쁨을 주고, 삶을 보다 풍요롭게 해줍니다. 요즘에는 정신과 신체 건강을 복원시키거나 유지시켜주는 음악치료[1]라는 분야까지 생겨나고 있습니다. 음악은 국가가 허락해 준 합법적인 마약이라고까지 표현하는 사람들도 있습니다. 그만큼 음악에 몰입하면 세상의 고통과 시름을 덜 수 있다는 이유 때문이겠지요. 외국의 경우 여름 음악축제 시즌이 다가오면 음악애호가들은 다양한 행사에 참여하여 직접 라이브음악을 즐기는 것을 인생의 중요한 즐거움으로 생각합니다. 한국의 경우도 주5일 근무제의 정착으로 인한 여가시간 증대와 워라밸 등 삶의 질을 추구하게 됨에 따라 야외 음악공연 등에 대한 관심과 참여도가 높아지고 있는 추세입니다.[2] 예로

---

1 최병철, 음악치료학, 학지사, 2002, p.18.
2 김연수, 페스티벌 제너레이션을 위한 록페스티벌 룩 디자인개발, 이화여자대학교 대학원 석사논문, 2012.

부터 가무를 즐겨온 우리 민족의 흥겨운 신바람 문화를 고려해보면 향후 국내 음악 수요는 더욱 증가될 것으로 예상됩니다.

언제나 음악은 인생에 활기를 주고 즐거움을 주는 고마운 존재입니다. 특히 일상생활에서 어려울 때나, 지치고 힘들 때 음악이 더욱 빛이 나는 경우가 많습니다. 개인적인 고통뿐만 아니라 가뭄과 불경기로 인한 지역경제 불황 같은 사회적 문제에도 음악은 긍정적인 효과를 발생시키고, 음악축제로 같은 경우에는 지역경제를 활성화시키는 효과를 나타내고 있는 것으로 연구결과에서 입증되기도 했습니다.[3] 음악축제의 개최를 통하여 지역의 인지도를 높이고, 이미지를 개선하는 효과와 더불어 호주 농촌지역의 경우는 심각한 가뭄의 폐해를 극복하고, 우울증도 극복하며, 떠났던 주민들도 귀향하게 하는 긍정적인 효과를 거두고 있다고 합니다.[4]

2001년부터 2009년까지 호주 남동부는 최악의 가뭄을 경험하였는데 이 기간 동안에 주요도시는 물 제한 조치를 시행하고, 건조한 기후로 인한 산불 심화 등 농촌경제가 큰 어려움을 겪어야 했습니다.[5] 가뭄으로 인한 사회적 피해는 심각했는데, 가축을 도살해야만 하는 농민, 약물중독, 우울증의 증가, 자살율과 이혼율 증가, 소득 감소, 소외감 악화, 정치적 불신 증가 등의 피해와 사회적 절망감의 확산 현상 등이 나타났습니다.[6]

이러한 극단적 환경 재앙의 시기에 개최된 음악축제는 지역사람들을 하나로 모으고, 주민이 서로 얼굴을 마주보는 기회를 만들어 주면서 어려움 속에 상호 의존과 협력을 촉진케 했습니다. 음악축제는 가뭄을 지혜롭게 견디어내는 과정과 방법의 하나로 자연재해에 효과적으로 대응하고 복구하는 감정적인 치유를 수행하는 촉매가 되었습니다.[7] 주민들은 음악을 통해서 잠시나마 어려운 문제를

---

3 Kelsey Clark, The Economics of Music Festival, Huffpost, 2015년 4월 13일.
4 Gibson, C., The Role of Festivals in Drought-Affected Australian Communities, Event Management, 19(4), 2015, p.447.
5 Van Dijk, A. I., J. M., Beck, et. al., "The Millennium Drought in Southeast Australia(2001-2009): Natural and Human Causes and Implications for water Resources, Ecosystems, Economy, and Society", Water Resources Research, 49(2), 2013, pp.1040-1057. Whittaker.
6 Alston, M. & Kent, J., Social Impacts of Drought: A Report to NSW Agriculture, Centre for Rural Social Research. 2004, Wagga Wagga, Australia: Charles Sturt University, 2004.
7 Anderson, D., Drought, Endurance and "The Way Things Were": The Lived Experience of Climate and Climate Change in the Mallee. Australian Humanities Review, 45. 2008.

잊을 수 있었고, 중요한 감정적인 스트레스를 해소하며, 즐거운 시간을 가질 수 있었습니다. 장기적인 가뭄지속이라는 어려운 환경 속에서 음악은 지역사회를 활력 있고, 생기 넘치게 하여 주민들의 정신을 고양하고, 단결하게 하고, 재난에 역동적이고 창의적으로 대처하게 하는 중요한 역할을 수행하였습니다. 연구에 의하면 음악축제는 환경적인 극단에 대처하는 중요한 수단의 하나인 것으로 나타나고 있습니다.

또한 윈(Wynn)은 내슈빌(Nashville), 오스틴(Austin) 그리고 뉴포트라는 미국도시에 음악이 미친 영향에 대한 연구에서 음악 이벤트가 관광객을 유입하고, 창의적인 도시로 변화시켰고, 미국에 음악도시 연합체가 등장하였다고 분석하면서 "행사의 사회학(Sociology of Occasions)"이라는 표현을 하였습니다.[8] 알바 콜롬보(Alba colombo) 역시 바르셀로나 음악축제인 소나 페스티벌(Sonar Festival)에 대한 연구에서 도시의 정책 변화가 바르셀로나시의 두 가지 중요한 음악축제에 영향을 미친다고 보았습니다. 소나 페스티벌의 경우에는 밤에 공연을 하는 I Love Sonar by Night과는 별도로 낮 시간대에 공연을 하는 I Love Sonar by Day를 운영하는 특성을 가지고 있습니다.

그리고 스페인의 특정 지역의 음악축제인 소나 페스티벌이 축제의 브랜드와 음향적 특성, 이미지와 구조를 복제나 재생산하거나 장비와 음악축제 기획자를 외국에 수출함을 통해서 전 세계의 음악축제의 모델이 되고, 세계적인 네트워크화 되는 과정을 설명하고 있습니다. 소나페스티벌은 2010년에 스페인 꼬루냐(Corunna)에 복제 음악축제를 개발하였습니다. 그리고 아예 외국에 순회공연을 전문으로 할 팀을 구성하기도 했는데, 2012년 미국지역을 실험적으로 순회공연을 할 소나 온 투어(Sonar on Tour)를 개발하였습니다. 또한 세계적인 네트워크의 가치가 지역수준의 이벤트 네트워크에 회귀하는 효과가 있다고 설명하고 있습니다.[9] 기타 다양한 지역의 음악축제에 대한 문화관광 연구자들의 연구에서 지역경제를 활성화하고, 도시의 이미지를 개선하고, 도시의 브랜드 가치를 높이고, 관광객

8 Wynn, J. R., Music/City: American Festivals and Place Making in Austin, Nashville and Newport, University of Chicago Press, 2016.
9 Alba Colombo & Greg Richard, Creating Network Value: The Barcelona Sonar Festival as a Global Events Hub, In Donald Getz et. al.(eds), The Value of Events, Routledge, 2017, pp.73 – 86.

유치를 증진하고, 창의적인 인재를 유입시키고, 다양한 이해관계자 집단으로 구성된 네트워크 가치를 높이고,[10] 도시 공공장소의 미관과 분위기를 개선하는 등의 다양한 긍정적인 효과가 나타나고 있어서 음악과 음악축제에 대한 문화관광학 분야 연구자들의 관심이 증대되고 있습니다.

음악축제의 종류

음악이 가져오는 여러 가지 긍정적인 효과 때문에 많은 지역들에서는 전략적으로 음악축제를 개발하는 곳이 늘고 있습니다. 세계적으로 재즈, 락, 힙합, 리듬 앤드 블루스, 헤비메탈, 포크, 팝, 재즈, 인디락, 테크노 음악, 얼터너티브 등 대중음악을 주제로 한 다양한 음악축제가 젊은 층에게 큰 인기를 끌면서 산업화되고 있습니다. 클래식 음악축제 역시 오페라, 성악, 관악, 실내악, 합창 등 클래식 음악을 주제로 한 오랜 전통의 음악축제가 선풍적인 인기를 끌고, 많은 관광객을 유치하고 있습니다. 농악제, 국악제, 무형문화축제, 굿축제 등 전통음악에 관한 축제들도 전국에서 개최되고 있습니다. 이와 같은 음악축제를 분류해보면 다음과 같습니다.

현재 불법 음악 다운로드와 스트리밍 사이트가 증가하고, 복제기술이 발달함

표 9-1 음악축제 종류

구분	음악축제 유형
대중음악축제	대중가요축제, 락 페스티벌, 가요제, 가요경연대회, 인디음악축제, 재즈음악축제, 기타 축제
서양음악축제	종합음악축제, 관악축제, 합창축제, 실내악축제, 오페라축제, 타악기축제, 재즈축제
민속국악축제	농악제, 국악제, 무형문화축제, 소리축제, 국악대전, 민속국악문화제, 굿축제, 기원제

출처: 김태관, 음악축제 활성화 요인에 관한 분석연구 - 제주 국제관악제와 제주국제합창제의 비교분석을 통하여 - 추계예술대학교 대학원 박사논문, 2011의 내용을 재편성

---

[10] 개인적인 네트워크로 창출되는 가치보다는 네트워크의 연결에 의해서 창출되는 네트워크의 가치가 더 크다는 것을 의미합니다. 정보사회는 개인적인 정보창출 능력보다는 네트워크의 연계에 의한 네트워크 가치가 중요한 사회구조입니다. 온라인 상에서는 인터넷이 가치를 창조하는 중요한 플랫폼 역할을 합니다. 그런데 오프라인 상에서는 이벤트가 '가치를 창조하는 플랫폼(Value creation Platform)'의 역할을 합니다. Castells, M., The Rise of the Network Society, The Information Age: Economy, Society and Culture, Wiley - Blackwell, 2010, p.656.

에 따라 음악CD 판매를 감소시키고 있어 음반회사는 침체 일로에 있지만, 음악을 가까이서 라이브로 경험하고 싶은 사람들의 욕구는 계속 증폭되고 있습니다. 이와 같이 라이브 음악이 활기를 띠면서 라이브 음악산업과 음악축제가 각국에서 활발히 기획되고 있는 추세입니다.

영국의 한 연구결과에 따르면 영국 전역의 음악축제에서 창출된 직·간접 비용이 17억 파운드 이상이고, 이로 인해 13,500개 이상의 정규직 고용이 유지되고 있다고 합니다.[11] 2003~2007년 기간에 야외 록·팝 페스티벌이 71% 증가했고,[12] 5년간 스코틀랜드의 음악축제 수입도 185% 증가[13]했습니다. 미국의 미시건주 로스베리(Rothbury)는 연평균 400명의 거주자가 사는 아주 작은 마을입니다. 매년 6월이면 2주동안 숲속의 전자음악축제(Electric Forest Music Festival)가 개최되는데, 동 축제에 참가하려는 사람들로 인해서 축제기간에는 인구가 약 6만 명으로 증가[14]한다고도 합니다. 이렇게 음악축제가 발생시키는 엄청난 효과 때문에 음악축제에 대한 다양한 학문적 관심과 성과도 늘어나고 있습니다.

음악축제는 개최하는 방식에 따라서 다양한 형식이 존재하는데, 어느 연구결과에 따르면, 영국의 팝페스티벌의 경우 17가지의 다른 스타일이 발견되었다고 합니다. 그렇지만 대체적으로 음악축제의 유형은 크게 세가지로 나누어 볼 수 있습니다. 첫 번째는 주로 캠핑을 하면서 음악축제를 즐기는 '캠핑형 음악축제', 두 번째는 야외에서 음악 프로그램을 진행하는 '전원형 음악축제'입니다. 세 번째는 테마나 장르별로 구분된 도시에서 진행하는 '도시형 음악축제'입니다. 몇몇 음악축제는 몇 개의 밴드가 출연하는 것이 아니라 수십개의 밴드를 한꺼번에 출연시킴으로써 다양한 관객들의 욕구를 한번에 충족[15]시키기도 합니다.

---

11 Emma Webster and George Mckay, From Glyndebourne to Glastonbury: The Impact of British Music Festivals, Norwich: Arts and Humanities Research Council/University of East Anglia, 2016, p.4.

12 Anderton, Chris, 'Commercializing the Carnivalesque: the V Festival and Image/Risk management'. Event Management, 12(1), 2008, pp.39–51.

13 EKOS. Music Sector Review: Final Report for Creative Scotland. Accessed 19–Mar–16. Glasgow: EKOS, 2014.

14 How Music Festivals Boost the Local Economy, https://xlivecon.com/lasvegas/how–music–festivals–boost–the–local–economy/

15 Kelsey McKinney, The Summer Music Festival Economy, Explained, Vox Apr 10, 2015.

제2절
대중음악제의 특성과 열정 어린 참가객

밤낮으로 계속되는 열광적인 대중음악제

미국에서는 과거 수십 년동안 음악축제는 히피와 마약소지자, 나체주의자들의 일탈장소 또는 각종 위험한 사건이 발생하는 혼란스러운 장소로 인식되기도 하였습니다. 대중음악 페스티벌은 1960년대 미국과 유럽지역에서 락음악을 중심으로 젊은 층의 지지를 받으며 민간자본을 바탕으로 성장하였습니다.[16] 1950년대 그리고 그 이전에도 많은 음악축제가 존재했지만, 일반적으로 알려져 있는 최초의 미국 대중 음악축제는 1967년 몬테레이 국제 팝(Monterey International Pop)과 판타지 페어(Fantasy Fair)였습니다. 그 후 1968년 뉴포트 팝 페스티벌에 이어 뉴포트 재즈가 연달아 개최되었습니다. 1969년에는 재즈뿐만 아니라 소울(Soul)과 락(Rock)도 함께 어우러졌습니다. 1970년대를 눈앞에 두고 우드스톡(Woodstock)과 알타몬트(Altamont)축제가 등장했습니다.

1969년 여름 뉴욕주의 작은 마을 우드스탁 근처 농장에서 개최된 우드스탁 음악예술제(Woodstock Music and Art Festival)는 미국 음악예술축제 역사상 아름다운 기록적 행사로 남아 있습니다. 3일간의 '평화와 음악'이라는 주제로 개최된 동 축제는 18만 장에 달하는 입장권이 모두 판매되었는데, 행사장 주변에 텐트를 치고 야영하는 수많은 인파들 때문에 검표하는 것조차 불가능하였습니다. 결국은 주최측에서 검표도 못하고 무료 음악회를 진행하기로 했습니다. 이날 약 45만 명의 관객들이 목장 언덕을 가득 채운 채 존 바이에즈, 산타나 등 유명 가수들의 평화를 위한 음악회가 진행되었습니다.[17] 3일 밤낮으로 계속된 락음악의 열기는 점심시간에 시작되어 다음 날 아침까지 계속되었다고 합니다. 그 후 이 축제의 기록은 책으로 출간되었고, 영화로 제작되었으며, 수많은 음반으로 제작되는 신화가

---

16 위효림, 대중음악축제 서비스 품질, 지각된 가치, 고객만족도가 재방문 의도에 미치는 영향에 관한 연구, 중앙대학교 석사논문, 2017, p.1.
17 최도빈, 새로운 예술을 꿈꾸는 사람들, 아모르문디, p.217.

되었다고 합니다.[18]

미국의 캘리포니아 인디오 사막 지대에서 개최되는 야외 락 페스티벌 코첼라(Coachella)는, 2000년대 초반에는 1,500명 정도의 인원이 참석하는 사막의 광란의 파티였습니다. 미국 네바다 사막에서 개최되는 버닝맨(Burningman) 페스티벌도 1986년 샌프란시스코 해안에서 몇 사람만 모여서 8피트의 동상을 불태우면서 시작되었습니다.

● 코첼라 락페스티벌

그런데 2013년 미국 캘리포니아에 본부를 둔 코첼라(Coachella) 음악축제는 입장료가 최소 400달러인데, 20분만에 15만 8,000장의 티켓이 모두 매진되는 등 미국에서 가장 수익성이 높은 음악축제로 성장하였습니다. 빌보드 박스 스코어에 따르면, 총 4,730만 달러의 수익을 올렸으며, 이 때문에 행사 주최자들은 코첼라 축제를 두번의 주말에 걸쳐서 실시하는 것으로 행사기간을 연장했습니다.[19] 그러나 4,730만 달러의 수익이라는 것은 입장권 수입만을 의미합니다. 이 금액에는 광고와 후원금에서 발생하는 천문학적인 액수의 수입은 포함되지 않은 금액입니다.

버닝맨 축제는 전 세계에서 약 70,000명의 참가자들이 네바다 사막 한 가운데에 모여서 천막을 치고 거대한 공동체를 형성합니다. 그리고 '자유, 열정, 창조'라는 주제를 가지고, 수개월간 공을 들여서 예술작품을 제작하고 축제기간 일주일 동안 이를 즐기다가 모두 불태워버리는 대형 이벤트로 성장하였습니다. 이와 같이 축제기간에 예술작품을 창조하고, 이를 파괴하는 '불태우는 의식'으로 '버닝맨(Burningman)'이라는 축제명칭이 탄생했다고 합니다. 매년 버닝맨 축제에는 구글의 창업자 래리 페이지, 테슬라 모터스 창업자 엘론 머스크, 페이스북 창업자 마크 저커버그, 아마존 최고경영자 제프 베조스와 같은 세계적인 대부호들이 버닝

---

18 Rian Bosse, Entertaining Business: The Impact of Music Festival, National Center for Business Journalism, June 29, 2015.
19 Kelsey Clark, The Economics of Music Festival, HUFFPOST, 2015. 4. 13.

맨 메니아로 동 축제에 참여[20]하는 것으로 알려져 더욱 유명하게 되었습니다.

영국에서 가장 크고, 오래된 글래스톤베리 뮤직 페스티벌(Glastonbury Music Festival)의 경우도 2007년에 177,500명이 참여하였고, 무대에서 700명의 연기자가 공연하였다고 합니다. 축제기간 중에 방문객들의 직접소비한 금액이 73,286,500파운드에 달하였다고 합니다.[21]

최근 미국사회에는 Lollapalooza, Bonnaroo, Electric Zoo, Electric Daisy Carnival, Hangout Fest, Firefly, Electric Forest, Tomorrowland, Governor's Ball, Austin City Limits, Riotfest 등 수백 개의 색다른 음악축제가 탄생하였습니다. 따라서 음악애호가들은 자신이 원하는 장르와 분위기의 음악축제를 선택할 수 있게 되었습니다. 대중음악축제는 미국의 경우에는 도시 내 실내경기장 위주로 진행되고, 유럽은 캠핑을 하며 밤새 다양한 공연을 즐기는 형태가 주를 이루고 있습니다.[22]

현재 한국에서 개최되고 있는 대중음악축제는 대략 다음과 같습니다. 1999년 쌈지 싸운드페스티벌을 시작으로 다양한 대중음악축제가 개최되고 있는데, 락음악이 많은 비중을 차지하고 있음을 알 수 있습니다. 2004년 자라섬 재즈페스티벌 이후 2007년 대구 국제 재즈페스티벌, 2009년 마로니에 재즈페스티벌 등 재즈페스티벌이 생겼고, 월드뮤직이나 일렉트로니카 등의 페스티벌이 개최됨에 따라 장르가 확대되고 있는 추세입니다. 개최시기는 7~8월 하계음악축제가 8개로 가장 많고, 그 다음 9~10월 추계음악축제가 7개인 것으로 보입니다. 지역적으로는 서울이 7개로 가장 많았고, 그다음 경기가 6개고, 인천의 펜타포트 락 페스티벌을 포함하면 수도권지역이 14개로 전체 19개 대중음악축제 중 73.6%가 수도권에 집중된 것으로 나타나고 있습니다. 나머지도 부산광역시 1개, 광주광역시 1개, 대구광역시 1개, 울산광역시 1개, 강원도 속초 1개로 대부분 5대 도시를 중심으로 편중되어 개최되고 있음을 알 수 있습니다.

---

20 변재진, "세계에서 가장 광적인 축제 2018년 버닝맨 축제", 2018년 9월 4일, https://cafe.daum.net/honglk23/QjGK/96

21 Baker Associates., Economic Impact of Glastonbury Festivals 2007, Shepton, 2007.

22 정은정, 다차원척도법을 이용한 대중음악축제 지각도 분석 – 이미지, 속성 및 선호도 분석을 중심으로, 홍익대학교 석사논문, 2011, p.27.

지역사회개발 등 공익적인 목적을 위하여 의도적으로 농촌지역에서 음악축제를 개최하거나 특정한 정치적 혹은 철학적 이슈를 갖고 개최되는 외국 대중음악축제의 사례들과는 차이가 있음을 알 수 있습니다. 한국의 대중음악축제는 상업성 위주의 엔터테인먼트 성격이 강하고, 공익성 증진이나 명백한 가치관의 표출현상은 별로 보이지 않습니다. 향후 우리나라의 음악축제는 보다 다양한 장르

표 9-2 한국의 대중음악축제

대중음악축제	시작년도	개최시기	지역
쌈지 싸운드페스티벌	1999	10월	경기 / 남양주
동두천 락페스티벌	1999	8월	경기 / 동두천
부산국제 락페스티벌	2000	8월	부산
ETP FEST	2001	8월	서울
광주 인디 음악페스티벌	2003	11월	광주
자라섬 재즈페스티벌	2004	10월	경기 / 가평
대한민국 음악축제	2004	8월	강원 속초
광명음악축제	2005	10월	경기 / 광명
인디뮤직(라이브 뮤직)페스티벌	2005	10월	서울
펜타포트 락페스티벌	2006	7월	인천
그랜드 민트페스티벌	2007	10월	서울
지산밸리 락페스티벌	2007	7월	경기 / 이천
렛츠스프리스 락페스티벌	2007	9월	서울
서울 월드 DJ페스티벌	2007	5월	서울
울산 월드 뮤직페스티벌	2007	10월	울산
대구 국제 재즈페스티벌	2008	8월	대구
마로니에 재즈페스티벌	2009	11월	서울
구로 인디 락페스티벌	2009	7월	서울
레인보우 뮤직 캠핑페스티벌	2011	7월	춘천 / 남이섬
K-POP 월드페스티벌	2011	10월	창원

출처: 정은정, 다차원척도법을 이용한 대중음악축제 지각도 분석 - 이미지 속성 및 선호도 분석을 중심으로, 홍익대학교 석사논문, 2011에 최근 자료를 추가하여 재구성.

로 확산되고, 상업성만을 고려한 대중음악축제가 아니라, 농촌지역이나 산촌지역의 지역 활성화 혹은 정치적 이슈, 철학적 이슈, 불우이웃 돕기 등 다양한 공익적인 목적과 분명한 철학을 가진 대중음악축제들이 등장하길 기대해봅니다.

드라마 한류에 이어 2005년 보아, 동방신기 등 한국 가수들이 일본에서 선풍적인 인기를 끌면서 시작된 K-POP 한류는 최근 아시아를 넘어 유럽, 중동, 남미 그리고 미국에 이르기까지 열기가 확산되고 있습니다. 그러나 정작 한류의 본고장인 한국에서는 관광객이 방문하더라도 K-POP이나 한류드라마를 주제로 한 상설 공연이나 축제를 볼 수 있는 기회는 거의 없습니다. 2011년부터 창원에서 K-POP월드 페스티벌을 개최하고는 있지만, 상설축제는 아니기 때문에, 방문하는 관광객들이 언제든지 K-POP을 체험하고, 즐길 수 있는 축제나 상설공연의 개발이 필요합니다. 일년에 한번 하는 음악축제가 일반적이지만, 소규모로 연중공연을 진행하는 K-POP축제를 기획할 필요성도 있습니다. K-POP으로 조성된 열기를 한국의 K-POP거리, K-POP마켓, K-POP축제, K-POP공원 등으로 관광자원화하는 원 소스 멀티 유즈전략의 개발이 아쉽습니다. 로큰롤의 황제 엘비스 프레슬리의 멤피스, 비틀즈가 탄생한 영국의 리버풀, 혼성 듀오 아바(Abba)의 도시 스톡홀름, 비틀즈의 거리인 영국 런던의 에비로드, 뮤지컬의 탄생지 영국 런던의 웨스트엔드, 흑인 음악과 재즈음악의 본고장 뉴올리언스 내슈빌은 전 세계적인 음악팬과 관광객들이 찾는 음악관광도시입니다. 이곳에는 스타 음악가의 추억과 낭만이 가득한 박물관 음악거리가 있고, 감미로운 멜로디와 흥겨운 춤이 가득한 환상적인 음악도시의 분위기를 느낄 수 있는 음악축제와 공연장이 있어 관광객들이 도시를 더욱 매력적으로 느낄 수 있도록 해줍니다.

음악축제 락 인 리오(Rock in Rio)는 1985년 브라질 리우데자네이루에서 시작되어 포르투갈 리스본, 미국 라스베가스, 스페인 마드리드까지 국제적으로 확산되어 개최되고 있습니다. 프리마베라 사운드(Primavera Sound)는 2001년 스페인 바르셀로나에서 시작되어 포르투갈 포르도에서도 개최되고 있는 다국적인 음악축제입니다. 음악축제 롤라팔루자(Lollapalooza)는 미국 시카고 그랜트공원에서 4일동안 개최되는 음악축제인데, 아르헨티나 부에노스아이레스, 브라질 상파울루, 칠레의 산티아고, 프랑스, 독일에서도 개최되었습니다. 이처럼 유명 음악축제는 다양한 국가의 도시에서 확산되어 개최되고, 국제화되고 있습니다. 다국적화된 초대형 음악축제는 "개최되고 있는 도시의 브랜드보다 브랜드 가치가 더 중요하다"라고 평가를 할 정도입니다.[23] 이제 음악축제는 단순한 지역이나 국가의 이벤트가 아니고 국제적인 문화외교의 중요한 역할을 담당하고 있고, 문화수출의 첨병으로 발전하고 있습니다. 그러나 우리나라는 k-POP 가수들의 음악이 전 세계를 휩쓸고 있지만 정작 외국인 관광객이 한국에 와서 그들의 음악을 들을 수 있는 거리나 음악축제, 한류음악과 가수들의 정신과 영혼을 느낄 수 있는 박물관이나 문화공간은 찾아보기 어렵습니다. 관광객들이 언제나 K-POP을 체험할 수 있는 감미로운 음악이 흐르는 도시의 음악공간, 흥겨운 멜로디와 열정적인 춤사위가 넘치는 K-POP 음악도시와 음악거리가 탄생하길 기대해봅니다.

대중음악축제에 대한 글로벌 기업의 후원

언론 보도에 의하면 기업들이 2014년에 한 해에 각종 음악축제를 후원하기 위해서 약 13억 4천만 달러를 지출하였다고 합니다. 대중문화에서 브랜드화 기회를 찾기 위해 전념하고 있는 기획사 FRUKT는 447개 브랜드가 2013년 전 세계 300개 음악축제에서 후원자 역할을 했다고 발표하였습니다. 가장 적극적인 스폰서로는 코카콜라, 안호이-부시, 펩시콜라 등이 있으며 축제 주최측의 27%가 코카콜라와 제휴하고 있다고 합니다. 기업은 음악축제 참석자들이 자기 기업에 대한 긍정적인 이미지를 갖게 되기를 바라면서 음악축제에 후원하는 것을 중요시하고 있습니다. 그러나 일부 연구에서는 음악축제의 홍보 효과가 의문시 된다는 결론[24]을 제시하기도 합니다.

단순한 로고나 광고를 설치하는 것 이외에 직접 참여를 하는 기업후원의 형태도 있습니다. 가르니에(Garnier)는 보나루(Bonnaroo) 음악축제에서 땀에 젖은 참가자들을 위한 헤어 세탁소를 제공했습니다. 마텔(Mattel)은 춤이 필요한 사람들을 위해 게임 텐트를 제공했습니다. 주류나 음료회사들은 축제에서 안전한 소비를

23 Greg Richard and Alba Clombo, Rethinking the Eventful City: Introduction, Event Management, Vol.21, 2017, p.530.
24 Rowley, Jennifer and Catrin Williams. "The Impact of Brand Sponsorship of Music Festivals", Marketing Intelligence and Planning, 26(7-8), 2008, pp.781-792.

둘러싼 마케팅과 광고캠페인을 벌이기도 했습니다.

이처럼 음악축제는 음악을 맘껏 즐기는 것 이외에 상업적인 광고의 각축장으로 변한 것 같은 인상입니다. 또한 제조업이 쇠퇴하고, 경제가 침체된 구산업도시들에서 문화재생의 수단으로 정책적으로 음악축제를 육성하는 사례들이 발견되고 있습니다.[25] 또한 고용 증대, 지역주민의 수입증가, 경제활성화 등의 지역경제에 미치는 긍정적인 영향으로 인하여 각 지자체에서 중요한 역할[26]을 하고 있는 것으로 나타나고 있습니다.

음악축제에 참가하는 방문객의 동기

음악축제는 주기적으로 매년 특정기간에 개최됩니다. 그래서 일부 마니아들은 매년 우선 음악축제 참가 일정을 확정하고 그 나머지 일정을 조정한다고도 합니다. 그러나 한 연구결과에 따르면 음악축제 관람 동기는 음악[27]에 관한 것만이 아니라, '전반적인 축제의 즐거운 경험'에 관한 것이 주된 동기인 경우가 많은 것으로 나타났습니다. 일반적으로 음악축제에 참석하는 동기는 문화적 풍요를 누리려는 것, 교육, 새로운 것을 경험하는 것, 그리고 다양한 사람과의 만남을 통한 사회화를 추구하려는 것입니다. 음악축제는 공연자들뿐만 아니라 관객들도 축제의 정신을 형성하는 데 강한 역할을 하고 있습니다. 때로는 음악축제 관객들을 중심에 두는 '사회적 관계 개선을 위한 공연'을 개최하기도 합니다.

음악축제는 같은 생각을 가지고 있는 사람들과 함께 하고 소속감을 불어넣는 일종의 '커뮤니티'와 공동체[28]입니다. 음악축제는 다양한 세대의 팬과 가족들이

---

25 Waitt, Gordon, Urban Festivals: Geographies of Hype, Helplessness and Hope, Geography Compass, 2(2), 2008, pp.513-537.

26 Voase, Richard, 'Why Huddersfield? Media Representations of a Festival of Contemporary Music in the 'Unlikeliest' of Places', Journal of Tourism and Cultural Change, 7(2), 2009, pp.146-156.

27 Webster, Emma, Association of Independent Festivals Six-Year Report 2014, London: Association of Independent Festivals, 2014.

28 Jepson, Allan and Alan Clarke, Exploring Community Festivals and Events, London: Routledge, 2015.

모여 사교할 수 있는 다문화 및 다세대가 모여서 음악을 즐기는 행복한 공간인 것입니다.[29] 음악축제 참석은 사회적 응집력을 강화하고, 참여자들의 사회적 자본을 발전시킬 수 있지만, 이전에는 서로 알지 못했던 참석자들과 만나 새롭고 지속적인 사회적 관계[30]를 유지하게 되는 좋은 기회가 되기도 합니다.

음악축제에 참가하는 음악가의 경우 대부분 경제적인 이유에서 참가합니다. 그러나 경제적 이유 이외에 다른 동기도 있는데 음악축제는 음악실험과 융합,[31] 그리고 진부한 예술관행을 대담하게 혁신하기 위한 실험무대가[32]이 될 수 있습니다. 그리고 축제공간에는 '다른 곳에서 온 음악인들로 인하여 서로 다른 지역의 문화가 만나서 상호교류를 하고, 그로 인해 더욱 풍요로워지는 순간'을 경험할 수 있습니다.[33]

유명한 음악축제는 대개 신문의 헤드라인을 장식하는데, 국제적으로 유명한 음악가는 항상 기사의 대상이 될 수도 있지만 무명 신진음악가들에게 의외의 기회를 제공하기도 합니다. 그러므로 음악축제 제작자와 홍보담당자들은 문화 수입업자일 뿐만 아니라 음악 투자자인데, 중요한 음악계 거물 투자자들이 모두 음악축제에 참여하기 때문에 신데렐라처럼 스카우트 되는 기회를 얻을 수도 있습니다. 세계적으로 저명한 특정 음악축제 무대에서 공연을 하였다는 것만으로도 해당 뮤지션의 위상을 높여주고, 이를 계기로 다른 세계적인 음악축제에 초대되는 기회를 얻을 수도 있다는 장점이 있습니다. 그리고 음악축제는 지역의 재능 있는 예술인을 효과적으로 국제사회에 선보이고 홍보하여 해외에 지역음악가를 수출하기 위한 플랫폼을 만들기 위한 장소가 될 수도 있습니다.

29 Bennett, Andy, Music, Style, and Aging: Growing Old Disgracefully?, Temple University Press, 2008.

30 Wilks, Linda, 'Bridging and Bonding: Social Capital at Music Festivals'. Journal of Policy Research in Tourism, Leisure and Events, 3(3), 2011, pp.281–297.

31 Kaushal, Rakesh and Chris, Newbold, 'Mela in the UK: a "Travelled and Habituated"' Festival, Leicester, De Montfort University, 2014, pp.214–226.

32 Payne, Antonia, 'Festival'. A–F, Performance Research, 11(3), 2006, pp.56–57.

33 Blake, Andrew, The Land Without Music: Music, Culture and Society in Twentieth–Century Britain, Manchester: Manchester University Press, 1997.

제3절
가슴 설레는 클래식 음악축제

각국의 음악도시에서 펼쳐지는 음악의 향연

초기의 클래식 음악축제는 1724년 시작된 글루체스터(Glucester), 헤리포드(Hereford), 우스터(Worcester)라는 세가지 합창단 축제였으며, 그 후 웨스트민스터 사원의 헨델 페스티벌(Handel Festival, 1784~87, 1791)로 이어집니다. 가장 찬사를 받은 유럽의 클래식 음악축제 중에는 1876년 이후 시작된 리처드 바그너의 바우루테르 페스트스피엘레(Bayreuther Festspiele), 1934년 이후 시작된 글린데본 페스티벌(Glyndebourne Festival), 1920년에 시작된 잘츠부르크 페스티벌(Salzburger Festspiele), 1958년 이후 시작된 스폴레토 페스티벌(Spoleto Festival)이 있습니다.[34] 그 외에 유럽에서만 약 1,000개 이상의 클레식 음악축제가 개최되고 있습니다.[35]

세계적으로 유명한 클래식 음악축제는 오스트리아 잘츠부르크 페스티벌, 비엔나 필하모닉 오케스트라 신년음악회, 브레겐츠 페스티벌, 이탈리아 베로나 오페라 페스티벌, 독일의 발트뷔네 콘서트, 바이로이트의 바그너축제 등을 들 수 있습니다. 이들 클래식 음악축제는 애호가들에게는 가슴 설레는 꿈과 같은 무대입니다. 락이나 재즈와 같은 현대대중 음악과 같은 인기를 누리고 있고, 많은 관광객을 유치하고 있습니다. 인기가 있는 클래식 페스티벌은 입장권이 조기에 매진되고, 인맥을 동원해서 입장권을 어렵게 구입하거나 암시장에서 구입하고 있습니다. 특히 잘츠부르크 페스티벌의 경우는 일반적인 관객이 입장권을 구입하기 위해서는 여러 차례 신청하여야 구입을 할 수 있다고 합니다.[36]

일본의 경우 1958년 개막한 제1회 오사카 국제 예술제가 첫 번째 음악축제

---

34 Bruno S. Frey, Economics of Music Festival, Journal of Cultural Economics, 1994, pp.29-39.

35 Dümling, Albrecht, Vorsicht Kommerz! Musikfestivals am Scheideweg. NeueZeitschrift für Musikwissenschaft, 1992, pp.8-12.

36 Bruno S. Frey, The Rise and Fall of Festivals-Reflections on the Salzburg Festival, University of Zurich, 2000, p.2.

였고, 2003년 현재 전국에서 140개의 음악축제가 개최되고 있는 것으로 보고되었습니다.[37] 이시미네 에리코(伊志嶺 絵里子)의 조사결과 일본 음악축제의 주요 목적은 음악문화의 보급 및 발전과 지역음악문화진흥이 가장 많은 비중을 차지하고 있고 운영주최는 시민주체 실행위원회(28.3%)와 관민협력 실행위원회(21.7%)인 것으로 나타났습니다. 이처럼 일본 음악축제의 운영주체는 정부기관에서 민간단체로 바뀌는 경향이 있는 것으로 나타났습니다.[38]

우리나라도 야외에서 개최되는 클래식 음악축제의 경우, 경남 통영에서 개최되는 통영국제음악제와 강원도 평창에서 개최되는 대관령 국제음악제가 상당한 수준인 것으로 평가받고 있습니다. 그러나 야외에서 개최되는 음악회가 아닌 전용 공연장에서 음악축제를 하는 것은 시설의 부족으로 많은 어려움이 있는 실정입니다. 우리나라는 클래식 음악을 전문으로 할 만한 전용공연장이 서울 서초동 예술의 전당 이외에는 적당한 곳이 없다[39]는 문제점이 있습니다. 또한 클래식 음악축제에 참여하는 수준 높은 청중이 있어야 하고, 음악을 연주할 우수한 오케스트라와 성악가가 배출되어야 하기 때문에 하루 아침에 클래식 음악축제를 육성할 수 있는 것은 아닙니다. 연주자와 성악가뿐만 아니라 음악축제의 무대 제작자, 기획자 등의 전문인력과 특성화된 교통, 숙박 등 관광시설도 사전에 풍부하고 조화롭게 준비되어야 하기 때문에 중장기적인 육성전략이 필요합니다. 이러한 모든 조건이 갖추어진 세계적인 음악도시와 음악축제가 조만간 한국사회에서도 출현되길 기대해봅니다.

<표 9-3>은 우리나라의 클래식 음악축제 현황인데, 클래식(17개)·재즈(3개)·국악(3개)를 포함해서 23개의 음악축제가 개최되고 있습니다. 가까운 일본의 경우약 140개가 개최되고 있다는 것과 비교하면 한국의 음악축제는 아직 활성화되지 못하고 있다고 판단됩니다. 향후 좀 더 다양한 장르의 음악축제가 개최되고, 질적인 개선이 이루어져서 세계적인 음악축제로 성장하고, 세계인이 참가하고

---

37 伊志嶺 絵里子, 日本の音楽祭の活動状況とマネージメントに関する一考察―市民参加、協働のあり方について, 文化経済学 第5巻 第1号(通算第20号), 2010, p.84.

38 伊志嶺 絵里子, Ibid., p.86.

39 박제성, "통영 평창 넘어서는 '음악 페스티벌 도시', 나올까?", 삼성 뉴스룸, 2015년 11월 26일, https://news.samsung.com/kr/투모로우-에세이-통영·평창-넘어서는-음악-페스

표 9-3 우리나라의 클래식 음악축제

구분	음악축제 유형	개수	음악축제명
클래식 음악축제	종합음악축제	5	대한민국 국제음악제, 제천 국제영화음악제, 내장산 국제음악제, 이상근 국제음악제, 정율성 국제음악제
	오페라축제	3	대구 오페라축제, 인천 세계오페라축제, 의정부 국제음악극축제
	관악축제	3	대한민국 관악페스티벌, 진해 군악페스티벌, 제주 국제관악제
	합창축제	2	제주 국제합창제, 부산 국제합창제
	실내악축제	3	대관령 국제음악제, 통영 국제음악제, 서울 스프링 실내악축제
	타악기축제	1	사천 세계타악축제
	재즈축제	3	자라섬 국제 재즈페스티벌, 대구 국제 재즈페스티벌, 마로니에 재즈페스티벌
민속국악 축제	국악제	2	임방울 국악제, 영동 난계국악제
	판소리축제	1	전주 세계소리축제

출처: 김태관, 음악축제 활성화 요인에 관한 분석 연구, -제주 국제관악제와 제주 국제합창제의 비교분석을 통하여-, 추계 예술대학교, 박사논문, 2011, p.49을 최근 자료를 첨가하여 재구성함

싶어 하는 매력적인 문화관광자원으로 발전하도록 장기적인 체계적인 발전전략의 수립이 필요합니다.

클래식 음악은 아니지만 런던 웨스트엔드지역의 뮤지컬은 세계 뮤지컬 시장을 점령하였고, 전 세계에서 관광객들을 유치하고 있습니다. '캣츠', '레미제라블', '오페라의 유령', '미스사이공' 같은 세계 4대 뮤지컬이 모두 런던 웨스트엔드에서 창작되었습니다. 이러한 웨스트엔드 지역의 뮤지컬로 인한 경제적 파급 효과는 연간 15억파운드(약 2조6000억 원)가 넘는 것으로 알려져 있습니다. 이러한 음악산업의 힘은 국가경쟁력이라고 할 수 있습니다. 우리나라가 음악분야의 국가경쟁력을 강화하려면, 단기간에 음악시설을 건축하고 단체를 만드는 것도 중요하지만, 장기적인 안목에서 문화예술교육의 질적인 개선을 통하여 창의적인 아티스트와 예술기획자를 육성하여야 할 것입니다. 그리고 국가와 지방자치단체 그리고 기업 등 민간부문의 투자와 후원이 절실히 필요한 상황입니다. 이하에서는 선진국의 세계적 클래식 음악축제 사례를 몇 가지 살펴보고자 합니다.

모차르트의 고향에서 열리는 잘츠부르크 페스티벌

잘츠부르크 음악페스티벌(Salzburg Festival)은 1920년 극장 감독인 맥스 라인하르트가 모차르트와 지휘자 카라얀의 고향인 잘츠부르크에서 시작하였는데, 2020년은 100주년을 기념하는 해입니다. 잘츠부르크는 한때 소금 거래를 했던 서부 오스트리아 도시 잘츠부르크(잘츠부르크는 '소금 성'을 의미한다)입

● 잘츠부르크 음악 페스티벌

니다. 매년 7월 말에 시작하여 약 40일간 지속되는 축제기간에는 153,000명의 방문객이 음악축제에 참석한다고 합니다. 모차르트의 고향이기도 한 잘츠부르크는 고급 레스토랑과 많은 디자이너와 부티크 등으로 번창하고 있는 도시입니다. 잘츠부르크는 1인당 GDP가 46,100유로인데 이는 오스트리아 평균보다 높고, 룩셈부르크, 노르웨이, 스위스, 아일랜드를 제외한 다른 유럽 국가들보다 높습니다. 그곳은 볼프강 아마데우스 모차르트의 출생지로 알려진 도시로서 '모차르트 효과'라고 할 만큼 모차르트로 인한 음악적 파급 효과가 크다고 할 수 있습니다.

잘츠부르크는 아름다울 뿐만 아니라 작은 도시이기 때문에 도보로 여행하기 쉬운 매력적인 문화관광 도시입니다. 그리고 "모차르트"와 "사운드 오브 뮤직(1965)"이라는 영화 덕분에 세계적인 명성을 누리고 있습니다. 이 두 영화의 로케이션 장소를 방문하는 관광상품은 매년 전 세계의 많은 영화·음악 애호가들을 끌어들이고 있습니다.

2017년 8월 30일에 막을 내린 제97회 잘츠부르크 페스티벌의 데이터를 보면 클래식, 오페라, 극장의 공연은 97%가 판매되었는데 이는 5유로에서 450유로에 이르는 25만 장 이상의 티켓이 팔렸다는 의미입니다. 대단한 실적입니다. 그외에 거의 5만 명이 무료 행사에 참석했다고 합니다.[40]

---

40 K. Brent Tomer, The Salzburg Festival is a Boon to the Local Economy, The Economist, Sep. 26th 2017.

이와 같은 잘츠부르크 음악축제의 인기는 지역경제에도 상당한 긍정적 영향을 미치는 것으로 나타나고 있습니다. 축제 자체에서는 약 3,000만 유로의 수익이 나오는 것으로 보고되고 있습니다. 그러나, 잘츠부르크는 음악축제를 통해서 매년 1억 8,300만 유로 현금 수입 효과를 얻고 있다고 합니다. 잘츠부르크축제의 대표인 헬가 라블 - 스타들러(Helga Rabl - Stadler)는 "잘츠부르크축제의 지역에 미치는 효과가 어마어마하다"라고 표현합니다.

잘스부르크 축제의 혜택은 여름 한 달에만 발생하는 것이 아닙니다. 잘츠부르크 경제회의소가 실시한 연구에 따르면, 음악축제는 이 도시에서 2,800개의 정규직 일자리를 제공하며, 오스트리아 전역에서 600개의 일자리를 제공하고 있습니다. 세금수입이라는 측면에서 7,700만 유로의 세수를 지역사회에 가져다줍니다. 이 연구는 축제가 도시의 요리수준을 높이는 것에도 도움을 주었다고 주장합니다. 축제 방문객을 위해서 모차르트를 테마로 한 카페도 생겼고, 특히 상류사회의 취향에 맞춘 최고급음식점도 생겼다고 합니다. 이처럼 오래된 역사가 담겨 있는 전통의 음식은 많은 이야기를 담고 있는 매력적인 관광자원입니다.

잘츠부르크축제 참가자들은 하루 평균 319유로를 소비하고 있습니다. 다른 축제 참가자들의 평균 소비액보다 상당히 높습니다. 또한 매년 방문객 5명 중 4명이 다시 방문하고 평균체재기간도 6일 정도로 장기 체재를 합니다. 일반적인 잘츠부르크 방문 관광객은 잘츠부르크에서 평균 1.7일 정도 밖에 머무르지 않는다는 점을 생각하면 체재기간이 3배 이상 길다는 것을 의미합니다. 더구나 파리, 뉴욕, 런던 등 대도시와는 달리 잘츠부르크는 음악축제 이외에 다른 문화시설이나 오락이 넘쳐나는 도시가 아니기 때문에 방문객들의 방문 목적은 음악축제가 유일한 곳이라는 점에서 평균체재기간이 6일이나 된다는 것은 방문객들이 오랫동안 장기체재를 한다는 것을 의미합니다.

환상적인 수상무대로 유명한 오스트리아 브레겐츠 페스티벌

알프스 주변의 한적한 마을 브레겐츠의 아름다운 보덴 호수 위에 석양이 지고나면, 수상무대(Floating stage) 위에서는 환상적이고, 파격적인 오페라 공연이 펼쳐집니다. 이는 유명한 오스트리아의 브레겐츠 페스티벌(Bregenz Festival)의 모습으로 세계 3대 음악축제에 속하는 현장입니다. 매력적인 수상무대는 1946년 2차 세계대전 후 전쟁으로 인한 상실감을 치유하기 위해서 브레겐츠로 휴양을 온 인근지역 오스트리아, 독일, 스위스 그리고 프랑스 관광객들을 위해서 마을 사람들이 바지선 두척을 묶어서 호수 위에 간이무대를 만들고, 모차르트의 초기 오페라작품 '바스티앙과 바스티엔(Bastien et Bastienne)'[41]을 공연한 것에서 유래되었다고 합니다. 당시 브레겐츠에는 오페라를 공연할 극장이 없었기 때문에 주민들이 바지선을 이용한 오페라 공연이라는 기상천외한 창의적인 아이디어를 내었던 것이었습니다. 아름다운 보덴 호수를 배경으로 한 무대에서 처음 공연을 한 오페라는 대성공이었고, 그 후 오늘날까지 매년 수상무대에서 오페라를 공연하는 페스티벌을 개최하고 있습니다.

1950년이 되어서야 브레겐츠 페스티벌은 처음 통나무로 만든 수상무대를 갖게 되었습니다. 현재 수상무대는 콘크리트 구조물로 되어 있고, 6,800석의 관객석을 가지고 있는데, 엄청난 예산(약 100억 원)을 투자하여 웅장하고, 독특한 무대디자인을 선보이는 것으로 유명합니다. 노을이 물든 아름다운 호수 위의 장엄한 무대 위에서 펼쳐지는 환상적인 오페라를 감상하는 것은 관

객들에게 평생 잊을 수 없는 아름다운 추억으로 각인될 것입니다. 그리고 일생에 다시 한번 더 브레겐츠를 방문해보고 싶다는 간절한 마음을 갖게 하는 동기가 될 것입니다.

이제까지 듣도 보도 못한 야외 수상무대 위의 오페라 공연이라는 기발한 발상은 전 세계에 알려지게 됐습니다. 그리고 파격적인 무대연출과 독특한 스타일과 공연 운영방식, 세계적인 성악가와 빈 심포니 오케스트라가 연주하는 수준 높은 공연으로 빠르게 세계적인 명성을 얻게 되었습니다.[42]

---

41 Bregenzer Festspiele, History of the Bregenz Festival-Origin and Genesis, https://bregenzerfestspiele.com/en/company/history 2019년 5월 23일 검색.
42 오스트리아 브레겐츠 페스티벌, Itaewon News, 2013.

브레겐츠 페스티벌은 매년 7월 중순에서 8월 중순까지 개최되는데, 인구 3만이 안 되는 작은 도시에 축제 기간 동안에 전체 도시인구의 8배 정도 되는 25만 명의 관광객이 방문한다고 합니다. 순수 공연 입장료 수입 85억 원, 호텔, 식당, 상점 등 관광객이 체류하며 얻는 부수적인 경제 효과만 2,000억 원 이상[43]으로 알려져 있습니다.

2004년 데이비드 파운트니(David Pountney)가 이곳의 예술감독을 맡으면서 파격적인 무대연출로 기존 오페라의 흐름을 바꾸어 놓았다는 평가를 받고 있습니다. 브레겐츠 페스티벌은 2년마다 새로운 작품을 제작하여 상연하는데, 수상무대에서 공연되는 작품은 베르디, 푸치니, 모차르트 등 주로 대중적인 작품을 공연합니다. 그러나 같은 오페라일지라도 브레겐츠에서 공연되는 오페라는 일반인이 생각하는 오페라작품의 전형적인 이미지와는 전혀 다릅니다. 공연되는 오페라작품들은 현대인의 시각에 맞춘 현대적인 작품으로 재해석되어, 개성이 살아있는 작품으로 재탄생합니다. 그리고 1980년 건립된 1,600석 규모의 축제극장[44]인 오페라 하우스에서도 현대적인 작품들을 공연하고 있습니다.

제4절
호주에서 부활한 미국의 엘비스 프레슬리

엘비스 프레슬리는 아직 살아있다

감미로운 음악이 흐르는 도시, 흥겨운 멜로디가 떠다니는 거리, 신바람 나는 장단과 열정적인 춤사위가 넘치는 식당 등이 성업 중인 음악도시는 전 세계에서 관광객들이 몰려들게 하는 매력을 가지고 있습니다. 로큰롤 황제 엘비스 프레슬리의 고향 멤피스, 영국이 낳은 세계적인 팝그룹 비틀즈의 고향 리버풀, 혼성 듀

---

43 오윤균, 문화예술을 고부가가치산업으로 활용한 성공사례: 오스트리아 브레겐츠 오페라 페스티벌, 뉴스저널, 2015년 1월 26일.

44 오페라로 부자가 된 도시 브레겐츠·베로나, MK 뉴스, 2014년 6월 27일.

엣 아바의 스톡홀름, 재즈와 컨트리의 본고장인 뉴올리언스와 내슈빌 등은 대표적인 음악도시입니다.[45]

로큰롤의 황제 엘비스 프레슬리의 저택이 있는 미국 테네시주의 멤피스에는 아직도 프레슬리의 거리가 있고, 저택인 '그레이스 랜드'는 엘비스 테마 박물관으로 조성되어 있습니다. 지금도 매년 100만 명의 엘비스 프레스리 팬들이 마치 종교순례를 하는 것처럼 엘비스의 묘지를 방문해서 길게 늘어선 줄에 서서 오랜 시간을 기다리면서 경의를 표하고 있다고 합니다. 특히 엘비스의 생일인 8월 '엘비스 위크'에는 아직도 전 세계의 팬들이 멤피스로 운집한다고 합니다. 엘비스를 추모하는 팬클럽은 미국 내에만 400개 이상의 팬클럽이 있고[46] 국제적으로는 더 많은 팬클럽이 존재합니다. 엘비스의 팬들의 로큰롤 황제에 대한 헌신은 열정적이고, 광신적이라고 합니다.[47] 그들은 엘비스가 생전에 만졌던 물건, 의상, 기념품을 수집하고, 인터넷을 통해서 사고 팔기도 합니다. 일부 광신자들은 거실이나 차고에 신사를 만들기도 하고 자신의 자동차를 엘비스 프레스리의 사진으로 장식하기도 한다고 합니다.[48]

엘비스를 매년 기념하는 축제는 현재 미국 내에는 테네시주 멤피스, 미시시피주 투펄로(Tupelo), 미시간 입실랜티(Ypsilanti), 플로리다 탐파(Tampa), 뉴욕주 레이크 조지(Lake George) 등 5곳에서 개최되고 있습니다. 그리고 캐나다의 BC 펜틱턴(Penticton)과 콜링우드에서도 앨비스 프레슬리를 추모하는 축제가 매년 개최된다고 합니다. 미국과 캐나다는 엘비스 프레슬리와 관련이 많은 곳이지만, 호주 시드니로부터 약 350km 떨어진 파크스라는 인구 10,000명이 사는 호주의 내륙 작은 도시에서도 매년 엘비스를 기념하는 파크스 엘비스 페스티벌(Pakes Elvis Festivals)을 개최하고 있다고 합니다. 엘비스 프레슬리가 생전에 호주의 소도시 파크스라는 곳에 갔을 리도 없고, 그렇게 작은 소도시 이름조차 알지 못했을 텐데, 아무런 연고가 없는 이런 도시에서도 엘비스 프레슬리의 축제를 매년 개최하고,

45 윤순학, 음악도시의 매력, 2019년 9월 16일.
46 Elvis Fan Clubs, https://www.graceland.com/fan-clubs 2020년 2월 5일 검색.
47 Rodman, G., Elvis After Elvis: The Posthumous Career of a Living Legend, Routledge, 1996.
48 Joanne Mackellar, Dabblers, Fans and Fanatics: Exploring Behavioral Segmentation at a Special-Interest Event, Journal of Vacation Marketing, Vol.15 No.1, 2009, p.20.

각지에서 많은 관광객이 축제에 참여한다고 하니 흥미롭습니다.

무시당하는 호주 시골마을의 촌스러운 엘비스 프레슬리

셰익스피어와 전혀 관계가 없는 캐나다 몬타리오주의 스트랫퍼드에서 짝퉁 셰익스피어 페스티벌이 매년 성황리에 개최되고 있는 사례를 제8장 "모두가 행복한 축제관광"에서 살펴보았습니다. 캐나다의 짝퉁 셰익스피어축제처럼 호주의 파크스라는 소도시는 엘비스 프레슬리가 태어난 곳도 아니고, 생전에 방문했던 곳도 아닌데 매년 엘비스 프레슬리의 축제를 개최하고 있습니다. 과연 어떤 까닭이 있었던 것인지 이하에서 살펴보겠습니다.

1993년 파크스에서 엘비스 프레슬리의 저택과 이름이 같은 '그레이스 랜드'라는 식당을 운영하는 밥 스틸(Bob Steel)과 그의 아내 앤(Ann)은 어느 날 자신들의 식당에서 엘비스 프레슬리 파티를 주최하자는 아이디어를 처음 발상했습니다. 그리고 밥이 지역 호텔경영자 모임에 참석해서 엘비스 프레슬리 파티 아이디어를 설명하였는데, 그 자리에 있던 관광담당 관리가 지역주민 공청회를 소집했습니다. 그리고 이 공청회에서 소수사람들의 결정으로 파크스 엘비스 페스티벌은 탄생하였습니다.[49] 이처럼 전통이란 것은 과거부터 내려와 구축되어 있는 것이 아니고 새롭게 창조되고 탄생되는 것입니다. 만약 이들이 소망하는 것이 스위스 알프스 산과 같은 멋진 산을 관광자원으로 원하였다면, 애당초부터 불가능한 몽상이었을 것입니다. 그러나 문화관광은 매력적인 주제를 얼마든지 차용해오거나 새롭게 창조해 낼 수 있기 때문에 어느 지역이든지 좋은 아이디어와 기획 능력, 약간의 재원 그리고 실행능력만 있으면 관련 프로젝트를 추진할 수 있다는 특징이 있습니다.

특히 남들과는 다르고 이상한 괴짜들의 상상력이 보다 많은 창조적 성과를 이룩하기도 합니다. 엘비스와는 전혀 관계가 없는 호주의 시골 도시에서 엘비스 프레슬리로 우스꽝스럽게 분장을 하고, 대낮에 노상에서 퍼레이드하는 정신 나

---

49 Parkers Elvis Festival, If I can Dream... The Concept, https://www.parkeselvisfestival.com.au/about/festival-history/

간듯한 비정상적인 행동을 하는 것은 평범함을 추구하는 모범생들에게는 도저히 상상도 할 수 없는 꼴불견일 것입니다. 남들의 조롱 따위는 아랑곳하지 않는 괴짜들이기 때문에 정상적인 상식을 깨뜨리고 기발한 것을 창조해낼 수 있었던 것입니다.

첫 페스티벌은 1993년 파크스시의 그래이스 랜드에서 개최되었는데, 엘비스 테마메뉴를 준비하였고, 댄스 경연, 벼룩시장, 엘비스 프레슬리 팬들의 작품 전시회, 짝퉁 엘비스와 짝퉁 프리실라(엘비스의 아내) 경연대회, 엘비스 프레슬리 콘서트, 거리 퍼레이드, 엘비스영화 공연 등의 행사가 개최되었습니다. 첫 번째 행사에 참석한 사람

● 파크스 엘비스 축제 퍼레이드에 만난 짝퉁 엘비이

들은 약 500명 정도였습니다. 그 후 10여 년 동안 더 많은 프로그램들이 추가되고, 2일간의 행사로 규모가 커졌지만 관객의 수는 여전히 저조했습니다. 지역언론은 여름철 뉴스가 부족한 시기임에도 불구하고, 지역에 어울리지 않는다고 엘비스 축제를 무시했습니다. 그러나 전국방송은 정기적으로 해당 축제를 방송했는데, 그 이유는 천박하고 모방에 기초한 삼류 작품(Kitsch) 혹은 촌스러운 작품(Tackiness)이라는 호기심 때문에 뉴스거리가 된다고 생각했기 때문이었습니다. 매년 방송되는 내용은 화려한 공연의상을 입은 짝퉁 엘비스 프레슬리의 우스꽝스러움에 집중되고 있었습니다. 지역주민들은 이처럼 촌스럽고 야한 공연의상을 입은 짝퉁 엘비스 프레슬리를 엘비스가 아니라 엘비이(Elvii)라고 불렀습니다.[50]

마을의 조롱거리가 자랑거리로 변하다

동 축제참가자는 2006년에는 5,000명에 이르렀고, 2010년에는 10,000명 정

50 Connell, J. & Gibson, C., Outback Elvis: Musical Creativity in Rural Australia. In B. Lashua, K. Spracklen & S. Wagg(Eds.), Sounds and the City: Popular Music, Place and Globalization, Palgrave Macmillan, 2014, p.286.

도인 것으로 나타났습니다. 그리고 2012년에는 파크스 인구보다 많은 15,000명이 참가하였습니다. 2002년에 일본 영화 제작진이 배고픈 짝퉁 엘비스(엘비이)들에게 식사를 제공하기 위해서 국수 텐트를 설치하게 되면서 처음으로 언론보도가 국제화되기 시작했습니다. 이때부터 파크스시 당국에서 재정지원을 하기 시작했습니다. 2007년에는 152명이 짝퉁 엘비스로 분장하고 한 무대에 모여서 엘비스 프레슬리의 노래를 연주했는데 이것은 기네스북에 세계기록으로 기록되었습니다.[51]

그러나 오랫동안 관광홍보물에서도 엘비스 페스티벌은 무시를 당하다가 2007년 이후 공식적으로 홍보물에 나타나기 시작했습니다. 그리고 2012년이 되어서야 마침내 파크스시 홍보물의 표지에 "파크스 천문대[52]와 유명한 파크스 엘비스 페스티벌의 고향"이라고 실리게 되었습니다. 처음에는 엘비스 축제는 마을의 쓰레기나 가치 없는 존재로 간주되고 반대하는 의견도 많았지만 축제가 성장하고, 지역주민들의 참여가 증가하자 지역 민심이 긍정적으로 변화하였습니다.

2009년 설문조사를 할 때 81세 노인은 "이 도시에서 발생한 사건들 중 가장 최고이고, 도시와 지역주민을 위해서 훌륭한 행사이다"라고 평가하였습니다. 또 다른 여성은 "파크스 천문대만 생각하는 사람들은 과거에 사는 사람들입니다. 우리는 지금 더욱 창의적으로 되었습니다"라고 말을 했습니다.

그러나 반대 의견을 강렬하게 표현하는 사람들도 있었는데, 61세 여성은 "나는 축제를 혐오합니다. 중심가로를 가로막아서 상점에 갈 수가 없어요. 그러나 가장 싫은 것은 시드니에서 무례한 사람들이 몰려오는 겁니다. 또 물가가 상승합니다. 파크스 천문대와 훌륭한 지역 레스토랑을 홍보해야 합니다. 토요일 아침에 시가행렬 속에 술 취한 짝퉁 엘비스들을 보는 것은 좋은 이미지는 아닙니다. 늦은 밤에 술 취한 사람들이 소란을 떠는 것을 보는 것은 눈살 찌푸리게 하는 것입니다."라고 말을 했습니다.

51 Gibson, C., Brennan-Horley, C., and Connell, J., 'The Parkes Elvis Revival Festival: Economic Development and Contested Place Identities in Rural Australia', Geographical Research, 45, 2007, pp.71-84.
52 호주 뉴사우스웨일즈주 파크스에 위치한 전파천문대입니다. 아폴로 11호 달착륙의 생방송 TV영상을 수신하는 데 사용되었던 무선안테나 중 하나였습니다.

어느 곳이든지 오랜 습관과 관습에 젖은 지역주민들에게는 약간의 변화를 가져오더라도 조롱의 대상이 됩니다. 심하면 지역사회에 뿌리가 없는 잡놈 취급을 받거나 집단 공격의 대상이 되기도 합니다. 호주사회는 대단히 보수적인 사회로 특히 소도시는 전형적으로 종교, 정치, 스포츠 그리고 인종에 따라서 분열되어 있습니다. 축제로 인해 누가 배제되는지, 누가 수익을 얻는지에 따라 지역사회가 양분될 수도 있습니다.[53]

그러나 처음에는 반대하다가 찬성의 의견으로 돌아선 사람들도 있었는데 그들은 "나는 축제가 처음 시작할 때부터 혐오했습니다. 이건 우스꽝스럽고, 멍청하고 우리 도시의 이미지와 전혀 어울리지 않아요. 그러나 몇 년 동안 지켜보면서 축제가 수익성이 있고, 그렇게 나쁘지 않다는 것을 알게 되었습니다. 작년에 홈스테이 손님을 받았고, 올해는 6명 더 받았습니다. 모두 사랑스러운 사람들이었고, $600을 벌었습니다."

이처럼 처음에는 반대하던 주민들이 지역사회에 경제적인 도움이 되고, 관광객과 접하면서 자신의 관광객에 대한 선입견이 잘못되었다는 것을 스스로 깨달으면서 점차 지역주민의 인식이 변화되는 것을 볼 수 있습니다. 그리고 지역주민에게 직접적인 경제적인 혜택이 돌아오면 더욱 태도의 변화가 빨라지는 것을 알 수 있습니다.

그런데 2010년 조사결과는 지역주민의 적극적인 지지와 더불어 지역주민들이 축제의 단기적인 경제적인 혜택과 관광을 통한 장기적인 경제적 혜택을 동시에 인식하고 있는 것으로 나타났습니다. 그리고 약 20%의 응답자는 그들의 관점이 오랜 시간에 걸쳐서 변화하였고, 현재는 축제에 대해서 긍정적이라고 응답하였습니다.[54] 이제는 지역주민들이 단순히 축제에 참석하는 것이 아니고, 적극적으로 축제를 받아들이고, 자원봉사자나 아르바이트 형태로 적극 참여하고 있습니다. 이제 호주의 엘비스 페스티벌은 파크스 주민 삶의 일부가 되었습니다. 특히 농업패턴이 과거의 생산주의적 농업(Productivist agriculture)에서 교육과 관광, 힐링과 같은 융합적 농업을 특색으로 하는 포스트 생산주의적 농업(Post productivist

---

53 Gibson, C. and Connell, J., Music and Tourism, Channel View, 2005, p.120.
54 Gibson, C. and Connell, J., Music Festivals and Regional Development in Australia, Ashgate, 2012.

agriculture)으로 변화함에 따라 지역경제를 활성화 시키는 축제의 역할은 더욱 중요시되고 있고, 그 가치를 인정받고 있습니다.

파크스 엘비스 페스티벌의 긍정적인 효과

엘비스 페스티벌은 지역경제에 점증적으로 긍정적 혜택을 주었습니다. 2000년대 중반에 13개의 모텔과 1,000개의 객실이 있었는데 한계에 도달하였습니다. 파크스의 숙박시설이 축제 참가자들로 가득 찼을 뿐만 아니라 35km 떨어진 포브스와 같은 도시의 숙박시설도 만실이 되었습니다. 그보다 더 먼 두보(Dubbo)라는 도시 역시 숙박시설이 거의 예약이 되었습니다. 올해 축제가 끝나면 그 다음해의 숙박예약이 미리 예약 완료되기 때문에 다음 해에 더 많은 방문객이 방문할 것을 알 수 있었습니다.

2004년에는 파크스시 외곽에 방문객들이 텐트를 빌릴 수 있고, 카라반을 주차할 수 있는 '텐트도시(Tent city)'가 만들어졌습니다. 2006년에는 지속적으로 증대되는 숙박관광 수요를 충족시키고 방문객들에게 집과 같은 편리함을 제공하기 위해서 홈호스팅 제도를 도입하였습니다. 호스트와 방문객 모두 홈스테이 프로그램을 환영하였으며 많은 방문객들이 지속적으로 같은 홈스테이를 방문하였습니다.

2010년 엘비스 페스티벌에 참가하는 관람객 중에는 여성 관광객의 비중이 64%로 더 높은 것으로 나타났습니다. 그리고 연령은 55~60세가 37%로 가장 많고, 45~54세가 27%, 65세 이상이 20%로 전체 관광객의 84% 이상이 45세 이상의 중년층인 것으로 나타났습니다. 3일 동안 체재하는 방문객이 32%이고 4일 이상 체제하는 관광객도 36%인 것으로 나타나서 비교적 장기체류자가 많은 것으로 나타났습니다. 그 외에 15%가 당일관광이고 17%가 2일동안 체재한다고 응답하였습니다.[55] 평균소비측면에서는 일반적인 축제 참가자가 $256(호주 달러)를 소비하는데, 파크스 엘비스 축제에 참가하는 참가자는 $280를 소비하는 것으로

---

55 Katie Schlenker, et al., Focus World Festivals Contemporary Case Studies and Perspectives, Goodfellow Publishers, 2016, pp.302 – 303.

나타났습니다. 외부에서 방문한 엘비스 축제에 참가한 관광객의 총소비액은 300만 달러를 초과합니다. 이는 2004년 조사결과 지역경제에 유입된 관광수입 110만 달러[56]와 비교하면 많은 수입증가가 있었음을 알 수 있습니다.

그리고 지역주민들이 축제가 계속되고 더 확대되길 원하는 것으로 나타났고, 한마디로 축제를 표현해달라는 설문에 대해서는 "훌륭하다(Great)"라는 단어가 가장 많이 나왔습니다. 94%의 지역주민들이 축제가 새로운 사람들을 만나게 해준다고 대답하였고, 93%가 친구나 가족과 함께 경험을 나누는 시간을 즐긴다고 대답하였습니다. 이처럼 엘비스 축제는 사회적인 소외를 극복하고 지역의 정신을 고양시키는 사회적 긍정적인 효과가 있는 것으로 나타났습니다. 또한 98%가 파크스의 명성을 높인다고 응답했고, 91%는 지역주민들의 자부심을 증대시키는 것으로 나타났고, 파크스 엘비스 페스티벌은 파크스의 관광목적지 브랜드 가치를 높이는 것으로 나타났습니다. 이처럼 파크스 엘비스 페스티벌은 경제적 효과뿐만 아니라 사회적 효과, 문화적 효과가 큰 것으로 나타났습니다.

일부에서 파크스가 너무 작은 농촌마을이어서 조금 더 큰 두보나 포브스와 같은 도시에 이전을 해야 한다는 의견이 나오기도 했습니다. 이에 대해서 지역주민들은 "엘비스 페스티벌은 파크스에 있어서 훌륭합니다. 나는 두보가 축제를 훔쳐가지 않기를 바랍니다"라고 응답했다고 합니다. 1993년에 시작된 파크스 엘비스 페스티벌은 처음에는 지역의 조롱거리였는데, 2010년 조사결과에 의하면 지역주민들의 자랑거리가 되었고, 지역주민들이 적극적으로 참여해서 함께 무엇인가를 하자는 공동체 의식이 생기고, 자신들이 축제의 소유권을 가지고 있다는 것을 명예롭게 느끼는 것으로 나타났습니다.[57]

20세기 후반 산업화시대와 정보화시대를 거치면서 경쟁력 저하로 경제 침체에 빠진 많은 도시들이 문화예술 프로젝트를 통해 새롭게 활력을 되찾는 사례가

---

56 Gibson, C., The Parkers Elvis Revival Festival: Economic Development and Contested Place Identities in Rural Australia, Geographical Research, 45(1), 2007, p.79.

57 Jen Li and John Connell, "At Home with Elvis: Home Hosting at Parks Elvis Festival", Hospitality & Society, 2011, p.197.

많아졌습니다. 다양한 국가의 도시에서 도시재개발(Renewal), 도시재생(Regeneration), 도시재활성화(Revitalization), 장소 만들기(Place making), 지역사회 건설(Community building), 문화주도 지역재생(Culture led regeneration), 도시건설(City-making) 등의 다양한 이름으로 추진되고 있는 사업들은 대부분 지역주민, 예술가 그리고 지방정부가 협력하여 문화관광과 예술을 매개체로 창의적인 장소를 만드는 사업입니다. 최근 세계 각국에서 문화관광과 예술을 고도로 활용해 현대적인 신화를 만들어 내는 성공 사례가 다수 나타났습니다.

이런 관점에서 본 파트1에서는 문화관광개발을 활용해 쇠락하는 도시를 되살려내는 문화관광 사례와 전략, 수단들에 대해서 관련 자료들을 조사, 분석하고 도시를 재탄생시키는 문화예술과 문화관광의 힘에 관한 개념과 특성 등을 정리·분석하고 이론적인 내용을 소개하였습니다. 그리고 문화관광을 구성하는 문화유산관광, 미술관광, 스토리텔링과 문학관광, 축제관광, 음악관광, 크리에이티브 투어리즘 등 다양한 주요 분야별로 관련 연구 자료와 사례 분석을 정리해 향후 관련 학문의 발전기초를 다지기 위한 이론적 작업에 노력했습니다.

수많은 특성과 배경을 가진 기존 도시들에게 새롭게 활력을 부여하고 이미지 제고와 관광객 유치 증진 등을 촉진시켜줄 수 있는 문화관광개발 수단은 다종다양하기에, 관련 사항들을 본서에서 모두 설명드릴 수 없습니다. 그렇게 하기에는 연구자의 능력이나 시간과 비용문제 등 여러 가지 한계가 있었습니다. 차후 관련 조사와 연구가 활발히 추진되어서 우리나라의 도시관광과 문화관광이 발전될 기반이 탄탄해질 수 있길 기대합니다.

Urban Regeneration through Cultural Tourism

PART 02

세계적인 문화관광 성공신화
사례와 분석

도시를 살리는 문/화/관/광

10장

지역재생의 강력한 수단: 유럽문화수도

제1절
유럽문화수도 프로그램의 기원

다양성 속에 통일성을 추구하는 유럽문화수도

유럽문화수도(European Capital of Culture, ECOC)는 수많은 유럽 내 도시들이 유치하기를 소망하는 문화프로그램입니다. 유럽문화수도는 1983년 그리스 델피에서 개최된 유럽 국가들의 문화부장관 모임에서 그리스 문화부장관 멜리나 메르쿠리(Melina Mercouri)에 의해서 처음 제안되었습니다. 유럽문화수도는 1985년부터 지정되었습니다. 처음에는 정부 간 이니셔티브로 추진되었던 '유럽문화도시(European City of Culture)'라는 개념으로 시작된 단기적 문화축제였는데 1999년 유럽이사회의 결정에 의해 유럽연합의 사업이 되었습니다.[1] 그러나 2005년부터 도시의 문화 특성을 강화하여 도시를 재생시키는 것을 목표로 1년에 걸쳐 진행되는 '유럽문화수도'라는 문화 이벤트 프로그램으로 변화하였습니다. ECOC는 유럽문화의 공통적인 요소와 더불어 유럽문화의 풍성함과 다양성을 특성으로 하는 유럽연합의 출

---

1 홍익표, 이종서, EU의 정치 경제 통합을 위한 도시차원의 전략: '유럽문화수도 프로그램'을 중심으로, EU연구, 제32호, 2012, p.136.

현과 발전을 문화적으로 표현함'을 통하여 유럽연합 회원국의 친화와 결속을 돕기 위해서 마련되었습니다.[2] 그리고 유럽문화수도로 선정된 지역의 문화에 대해서 유럽인들의 관심과 인식을 높이기 위한 목적이 있었습니다.

이러한 유럽문화수도 프로그램은 '다양성 속의 통일성(Unity in Diversity)'이라는 EU의 문화적 포지셔닝을 반영하여 기획되었습니다. 문화는 다양한 EU회원국의 문화를 차별화 시키는 수단이기도 하지만, 동시에 정신적으로 연합시키는 유대감과 결속력을 가진 중요한 접착제로 간주되고 있습니다. 하나의 연방국가 형태를 추진 중인 EU는 사회·경제적인 통합을 더욱 공고히 하기 위해서는 회원국 간에 문화적 이해를 통한 정신적인 연대감을 제고하는 것이 중요한 과제라고 생각하고 있습니다. 이를 위한 좋은 수단으로 유럽문화수도라는 프로그램은 중요한 역할을 하고 있습니다. 창립 35주년이 된 유럽문화수도 행사는 유럽 국가 간의 문화적 기량과 공통의 연대감을 선보이면서 계속적으로 진화·발전하고 있습니다. 오늘날 유럽문화수도로 선정된다는 것은 도시재생과 사회, 문화 및 경제 발전을 위한 촉매제로 간주되고 있습니다.[3]

처음 그리스 문화부장관이 제안을 했기 때문에 그리스의 아테네 시가 1985년에 첫 번째 유럽문화수도로 지정되었고, EU회원국을 중심으로 매년 다른 도시가 유럽문화수도로 지정되고 있습니다. 2004년까지는 유럽연합 회원국들의 만장일치로 유럽문화수도를 선정하였지만 1999년에 국가 간의 과열 경쟁방지를 위하여 결의문 1419호 규정에 따라 새로운 선정절차와 평가기준을 마련하였습니다. 그에 따라 2005년부터 순환시스템을 도입하기로 결정하였습니다.[4] 그 후 2006년 새로 개정한 결의문 1622호를 공표하여 유럽문화수도 신청과 선정을 위한 심사, 평가기준을 강화하고, 선정된 도시에 관한 지속적인 모니터링을 통한 점

2 European Commission, Resolution of the Ministers Responsible for Cultural Affairs Concerning the Annual Event 'European City of Culture', Doc. 7081/84, 4th June, EC Brussels.

3 Gomes, Pedro, Liberero-Cano, A., Evaluating Three Decades of the European Capital of Culture Programme: a Difference-in-Differences Approach, Journal of Capital of Culture Economics, 42(1), 2016, p.57.

4 이순자, 장은교, 유럽 '문화수도(Capital of Culture)' 추진전략의 성과와 시사점, 2008년 4월 7일, 국토정책, p.3.

검기능을 대폭 보완하였습니다.[5] 특정년도에 선정된 회원국은 자국 내의 하나 또는 복수의 도시를 대상도시로 지정해야 합니다. 그리고 유럽문화수도 행사를 개최하기 최소 4년 전에 관련 이벤트를 시작하여야 하며, 13명의 문화 전문가로 구성된 선정위원회가 제안서를 평가한 후, 특정도시의 유럽문화수도 지정을 EU 위원회에 권고합니다. 그리고 2009년부터는 매년 최소 2개 도시를 ECOC로 선정하고 있는데, 하나의 도시는 기존의 유럽연합 회원국 중에서 선정하고, 다른 한 도시는 2004년 이후에 유럽연합에 가입한 신규회원국인 동유럽국가 도시를 대상으로 선정하고 있습니다.

1999년까지는 매년 한 개 도시만 유럽문화도시로 지정하였는데, 2000년에는 9개 신청도시 모두가 뛰어나 9개 도시 모두를 유럽문화수도로 선정하기도 하였습니다. 또한 2010년에는 독일의 에센(Essen), 터키 이스탄불(Istanbul), 헝가리 페치(Pecs) 등 3개의 유치신청 도시가 예외적으로 선정되었습니다. 2019년 기준으로 61개 도시가 유럽문화수도로 선정되었습니다.

처음에는 아테네(1984년), 플로렌스(1985년), 암스테르담(1985년), 베를린(1985년), 파리(1986년) 등과 같이 문화유산이 풍부한 도시 위주로 유럽문화의 도시로 지정하

● 그리스 파르테논 신전

---

5 곽동준, 정해조, 유럽연합의 '유럽문화수도' 프로그램 분석 – EU 결의문 1419, 649, 1622호를 중심으로, 프랑스문화연구, 제15집, 2007, p.295.

였습니다.[6] 이 도시들은 오랜 역사 속에 축적된 문화자원이 풍부할 뿐만 아니라 한 국가의 중심인 정치적인 수도이기도 했습니다. 유럽문화수도의 역사를 분석한 코리진(Corijn)과 반 프라에(Van Praet)의 연구에 의하면 1984년의 아테네는 유명한 외국 명칭을 사용하는 것에 치중해서 고대 그리스 예술을 무시했다는 평가를 얻었습니다. 그리고 1985년의 플로렌스는 도시의 역사적 중요성을 강조했고, 1986년 암스테르담은 유럽문화의 도시로 지정되고 유럽 예술의 도시로 자리매김하였습니다. 1987년 베를린은 지나치게 엘리트주의적 접근을 하였다는 평가를 받았습니다. 또한 1989년 프랑스 파리는 워낙 문화예술이 풍성한 곳이기 때문에 일상적인 파리 문화·예술계의 화려함 속에 유럽문화의 도시라는 프로그램의 취지가 묻혀 버리고, 별로 두드러지게 나타나지 못했습니다.[7]

유럽문화수도의 지역재생 효과

유럽문화수도 행사는 1990년 구산업도시로 문화적으로 소외된 영국의 글래스고우가 선정되면서 전환점을 맞게 됩니다. 글래스고우는 파리나 아테네와 같은 이전에 지정된 유럽문화수도들과는 달리 유럽의 문화중심지나 문화관광지가 아니었습니다.[8] 그 이전에 오랜 역사를 가진 화려한 유럽문화 중심도시를 집중 선정했던 이유는 풍부한 유럽문화자산의 긍지를 강화하기 위한 기회를 마련하려는 의도가 컸습니다. 그러나 글래스고우는 오랜 문화유산의 역사를 가진 도시도 아니고, 정치적인 수도도 아니라 쇠락하고 있는 구산업도시였던 것입니다.

글래스고우는 상업적인 후원과 더불어 낙후된 기존도시를 문화도시로 발전시키고, 도시재생을 촉진하는 이벤트를 추진한다는 것을 약속하고, 다른 도시와의 경쟁에서 우위를 차지해 유럽문화수도로 지정되게 된 것입니다.[9] 글래스고우

---

6 Bianchini, F., Parkinson, M., Cultural Policy and Urban Regeneration: The West European Experience, Manchester University Press, 1994, p.12.

7 Corijn, E. and Van Praet, S, Antwerp 93 in the Context of European Cultural Capitals: Art Policy as Politics, Vrije Uniwersiteit Brussel, 1994, p.15.

8 Van den Berg, et al., "Urban Tourism: Performance and Strategies in Eight European Cities", EURICUR, 1995.

9 Richards, G., The European Cultural Capital Event: Strategic Weapon in the Cultural Arms

가 유럽문화수도 경선에 참여한 주된 이유는 문화예술전략 자체만이 아니라 지역재생을 통한 지역경제회복의 핵심전략으로서 문화연계 활용을 중요시했기 때문이기도 합니다. 글래스고우가 유럽문화수도로 선정된 이후에 선정된 도시들은 대부분 전통적인 문화예술 중심도시가 아닌 도시들이었습니다. 그리고 이들 도시들은 유럽문화수도 프로그램에 문화관광을 지역재생과 경제발전 그리고 지역경쟁력 강화에 중요한 수단으로 강조하게 되었습니다. 1990년 글래스고우 이후 유럽문화수도의 선정 목적이 유럽의 우수한 역사적 문화도시를 홍보하는 차원에서 벗어나 도시재생과 지역경쟁력 향상의 촉매제로 변화되었습니다.[10]

글래스고우 이전의 다른 유럽문화수도들은 주로 단기간적인 이벤트들을 실시하였으나 글래스고우는 1년 내내 지속적으로 시각예술, 음악, 연극, 역사 디자인, 건축 등 다양하고 광범위하게 이벤트를 시행하였습니다. 글래스고우는 1990년 선정되면서 곧장 축제운영국을 설치하고 23개국의 예술가들을 초청해서 3,439개가 넘는 공공 이벤트를 개최하였습니다. 그리고 3,979개의 공연, 656개의 연극작품, 1,901개의 전시 그리고 157개의 스포츠 이벤트를 1년 동안 계속 개최하였습니다.[11] 또 하나의 변화는 글래스고우 개최 이후 유럽문화수도 관련 예산이 2배 이상 증가되었다는 점입니다. 초기에 지정된 도시들이 화려한 문화유적을 중심으로 행사를 진행했기 때문에 저예산으로 행사를 개최할 수 있었지만, 글래스고우 이후 선정된 도시들은 오랜 역사와 풍부한 문화유산이 있는 도시가 아니고, 다양한 메가 이벤트 개최와 지역재생 프로젝트를 위한 선도적 개발 투자로 인하여 예산이 증대된 것으로 보입니다. 글래스고우 행사를 '인프라스트럭처 시행 계획의 전형(Infrastructural Implementation Prototype)'[12]이라고 설명하는 학자도 있습니다. 유럽문화수도 선정과정에서 해당 지역의 지역주민, 문화예술단체, 지역기업 그리고 지방정부가 밀접한 협력관계를 구축하게 됩니다. 특히 일년 동안 계속 문화

Race?, Journal of Cultural Policy, 6(2), 2000, p.161.

10 Gracia, B., Deconstructing the City of Culture: The Long-Term Cultural Legacies of Glasgow 1990, Urban Studies, 42(5), 2005, p.843.

11 곽 현, Op. cit., 2009, p.35.

12 Sjøholt, P., Culture as a Strategic Development Device: the Role of 'European Cities of Culture' with Particular Reference to Bergen, European Urban and Regional Studies, 6(4), 1999, pp.339-347.

예술행사를 진행하기 위해 미술, 음악, 조각, 무용, 문학, 사진, 공예, 도자기, 미디어 아트 등 다양한 장르의 수천 개 예술 프로그램을 개발하여야 합니다. 1990년 영국 글래스고우의 경우 3,439개의 문화예술 프로그램이 진행되었습니다. 2004년 프랑스 릴은 2,500개의 프로그램, 2008년 리버풀은 7,000개의 프로그램, 2015년 벨기에 몽스는 2,290개의 프로그램을 진행한 것으로 나타나고 있습니다. 가장 작은 규모로 프로그램을 운영하였다고 하는 오스트리아 그라츠(Graz)도 1년 동안 108개의 프로그램을 진행했는데, 문화예술 프로그램 속에는 약 6,000개의 이벤트가 포함되어 있습니다.[13]

이와 같이 1년 동안 수천개의 문화·예술 프로그램을 효과적으로 진행하려면 다양한 민간단체와 지방정부, 지역기업들이 함께 머리를 맞대고 아이디어를 개발하여야만 합니다. 또한 긴밀한 아이디어 교환과 공동협업을 무리 없이 수행하기 위해 지역 내부에 문화예술 네트워크가 형성될 수 있습니다. 문화예술 네트워크가 성공적으로 형성된다면 최악의 경우 유럽문화수도 유치에 실패한다고 하더라도 선정과정에서 준비했던 문화예술 프로그램을 자신들만의 이벤트로 개발하는 사업을 추진할 수 있는 사회적 자본[14]과 문화적 자본[15]이 축적되는 효과를 가지게 됩니다. 이러한 네트워크는 단지 이벤트뿐만 아니라 도시 발전을 위한 여타 사업추진을 할 때 훌륭한 역할과 협조체계가 될 수 있을 것입니다.

<표 10-1>은 연도별 유럽문화수도 개최도시와 선정과정에서 탈락한 도시들의 명단입니다.

---

13 Palmer/Rae Associates, European Cities and Capitals of Culture: Study Prepared for the European Commission, Palmer /Rae Associates, 2004, p.63.
14 사회적 자본은 상호간의 친분 또는 인간관계를 통해 지속 가능한 사회적 관계망 속에서 소유할 수 있는 잠재적인 자원의 집합입니다. 한국사회의 인맥과 비슷한 의미를 가지고 있습니다. Bourdieu, p., The forms of Capital, In Richardson, Handbook of Theory and Research for the Sociology of Education, Greenwood Press, 1986, p.51.
15 문화자본은 세가지 형태의 문화자본이 있습니다. 첫 번째는 체화된 상태의 문화자본으로 사회화 과정에서 내화되며 개인의 취향, 교육의 정도, 태도 등의 형태로 나타날 수 있습니다. 두 번째 문화자본은 객관화된 상태의 물리적 문화적 생산물을 가리키는 것으로 회화, 문학작품, 도서, 기념물 등과 같은 물질적인 문화적 재화를 의미합니다. Bourdieu, Op. cit., pp.50-51.

표 10 - 1 유럽문화수도 선정도시와 탈락한 후보도시

행사연도	발표연도	선정도시	탈락한 후보도시
1989년	1984년	그리스 아테네	
1986년	1985년	이탈리아 플로렌스	
1987년	1985년	네덜란드 암스테르담	
1988년	1985년	독일 베를린	본, 뮌헨
1989년	1986년	프랑스 파리	
1990년	1986년	영국 글래스고우	배스, 브리스톨, 카디프, 캠브리지, 리드, 리버풀, 스완지, 에든버러
1991년	1989년	아일랜드 더블린	코크
1992년	1988년	스페인 마드리드	
1993년	1988년	벨기에 안트베르펜	리에주
1994년	1989년	포르투갈 리스본	
1995년	1989년	룩셈부르크	
1996년	1989년	덴마크 코펜하겐	
1997년	1992년	그리스 테살로니키	터키 이스탄불, 헝가리 부다페스트
1998년	1993년	스웨덴 스톡홀름	체코 프라하
1999년	1993년	독일 바이마르	뉘른베르크
2000년	1995년	프랑스 아비뇽	
2000년	1995년	노르웨이 베르겐	
2000년	1995년	이탈리아 볼로냐	
2000년	1995년	벨기에 브뤼셀	
2000년	1995년	핀란드 헬싱키	
2000년	1995년	폴란드 크라쿠프	
2000년	1995년	아이슬랜드 레이캬비크	
2000년	1995년	체코 프라하	
2000년	1995년	스페인 산티아고	
2001년	1998년	포르투갈 포르투	
2001년	1998년	네덜란드 로테르담	
2002년	1998년	벨기에 브뤼헤	몽스

2002년	1998년	스페인 살라만카	그라나다, 바르셀로나, 발렌시아
2003년	1998년	오스트리아 그라츠	
2004년	1998년	이탈리아 제노바	
2004년	1998년	프랑스 릴	
2005년	2001년	아일랜드 코크	골웨이, 리머릭, 워터퍼드
2006년	2002년	그리스 파트라스	
2007년	2004년	룩셈부르크	
2007년	2004년	루마니아 시비우	
2008년	2004년	영국 리버풀	버밍엄, 브리스톨, 카디프, 뉴캐슬, 옥스퍼드, 벨파스트, 캔터베리, 인버네스, 노리치
2008년	2004년	노르웨이 스타방에르	
2009년	2005년	오스트리아 린츠	
2009년	2005년	리투아니아 빌뉴스	
2010년	2006년	독일 에센	독일 괴를리츠와 폴란드 즈고젤레츠 연합, 독일 브레멘
2010년	2006년	터키 이스탄불	우크라이나 키예프
2010년	2006년	헝가리 페치	부다페스트, 데브레첸, 미슈콜츠, 디오르, 코포슈바르, 케치케에트, 쇼프론, 세케시훼헤르바르, 베즈프렘
2011년	2007년	핀란드 투르쿠	지바슬리, 라티, 만타, 오울루, 로바니에미, 탐페레
2011년	2007년	에스토니아 탈린	타르투, 합살루, 파르누, 라크베레
2012년	2008년	슬로베니아 마리보르	코페르, 류블라냐, 독일, 첼레
2012년	2008년	포르투갈 기마랑스	
2013년	2008년	프랑스 마르세유	아미앵, 리옹, 생테티엔, 보르도, 니스, 툴루즈
2013년	2008년	슬로바키아 코시체	브라티슬라바, 니트라, 트렌친, 반스카비스트리차, 마르탱, 트르나바, 돈리 쿠빈, 프레쇼프
2014년	2009년	라트비아 리가	체시스, 리에파야, 유말라
2014년	2009년	스웨덴 우메오	룬드, 예블레, 웁살라
2015년	2010년	벨기에 몽스	
2015년	2010년	체코 플젠	체코 오스트라바, 체코 흐라데츠크랄로베, 콜도바, 스페인 아칼라데에나레스, 스페인 부르고스, 스페인 카세레스, 스페인 말라가, 스페인 무르시아

2016년	2011년	스페인 산세바스티안	오비에도, 라스팔마스, 팜플로나, 산탄데르, 세고비아, 사라고사
2016년	2011년	폴란드 브로추아프	비아위스토크, 비드고슈치, 그다인스크, 카토비체, 루브린, 우치, 포즈나인, 슈체친, 토룬, 바르샤바
2017년	2012년	덴마크 오르후스	쇠르네보르
2017년	2012년	키프로스 파포스	니코시아, 리마솔
2018년	2012년	네덜란드 레바르덴	아인트호벤, 마스트리흐트
2018년	2013년	몰타 발레타	
2019년		불가리아 플로브디프	
2019년		이탈리아 마테라	

출처: Gomes, Pedro and Librero-Cano, A., Evaluating Three Decades of the European Capital of Culture Programme: a Difference-in Differences Approach, Journal of Cultural Economics, 42(1), 2018.

문화: 쇠락하는 구산업도시를 재생시키는 강력한 수단

제조업과 광업 중심으로 성장한 서구 산업사회에서 석유와 원자력이라는 대체연료의 등장으로 인한 석탄 수요의 감소와 더불어 제3국의 값싼 원료 수입으로 인하여 석탄산업, 철강업, 조선업의 경쟁력 상실이 초래되었습니다. 이로 인하여 구산업도시들의 지역경제가 침체되고, 황폐화 되는 상황에 빠지게 되고 그런 산업도시들은 새로운 도시 발전의 원동력을 찾아야만 했습니다. 제조업 경제를 대체할 수 있는 서비스 중심의 도시경제로 기존 산업구조를 전환하여야 하는 급박한 여건 속에서 문화예술을 통하여 관광객을 유치하는 문화관광개발전략의 중요성을 깨닫기 시작하였고, 그런 전략 중 가장 효과적인 도구 하나는 유럽문화수도 프로그램이었던 것입니다.

유럽문화수도로 선정된 유럽국가들에서 나타나고 있는 문화관광을 통한 도시 재생 현상은 기타 다른 도시재생 방법 이상으로 크게 부각되고 있습니다. 가장 두드러진 현상은 도시가 인간적인 감성을 담은 공간으로 변화하였다는 것입니다. 문화·예술의 아름답고 부드러운 심미성 제고와 보행자 친화적인 도심으로의 재생, 공공공간의 개방화, 쾌적한 도시, 디자인의 개선 등을 중시하는 뉴어버니즘(New Urbanism)의 개발철학이 적용된 매력적인 도시로의 변화를[16] 추진하게 되었다는 점입니다. 그리고 기존 경제구조의 조정과 재정지원을 통해서 예술, 공예, 문화유산 및 문화관광 프로젝트가 강조되는 문화 주도형 지역재생을 전개하게 되었습니다. 이처럼 유럽문화수도 프로젝트는 여타의 다른 문화 발전, 사회·경제개발정책보다 선호도가 높았습니다.[17] 이러한 유럽문화수도 프로그램이 가져다 주는 우수한 지역재생 효과와 문화중심지로 도시를 새롭게 브랜드화 해주는 효과 그리고 유치도시로서의 위상제고, 이미지 개선 등 성공 신화는 전 세계 여러 나라들의 관련 정책에 깊은 영감을 주었습니다. 유럽문화수도 프로그램의 영향으로 1997년부터 미 대륙에서 아메리카문화수도(American Capital of Culture) 행사가 시작되게 되었으며, 2000년부터 유네스코 문화수도 프로그램의 주도로 아랍문화수도(Arab capital of cultural) 프로그램을 추진하고 있습니다. 그리고 2004년부터 유네스코 창의도시 네트워크라는 행사가 새롭게 진행되고 있는데 이 또한 유럽문화수도 프로그램의 영향을 받은 플레이스 브랜딩 전략이라고 할 수 있습니다.

유럽문화수도 프로그램 행사의 특성 중 하나는 색다르고, 놀랍고, 인상적인 선도기반시설(Flagships infrastructure)[18]과 랜드마크시설을 개발하여 문화적 아이콘으로 활용한다는 것입니다. 이에는 글래스고우와 빌바오의 구겐하임 미술관을 대표적인 사례로 들 수 있습니다. 두 번째 특징으로는 도시 주변부에도 소규모 프로젝트를 추진하여 도시주변부의 문화 인프라까지 확충해준다는 것입니다.[19] 그러나 선도기반시설이나 랜드마크와 같은 대형 고정자산의 투자는 엄청난 재정투자가 필요한데, 그 결과는 예측하기 어렵고, 자칫 잘못하면 지자체의 재정을 악

---

16 Lähdesmäki, T., Impacts of the European Capital of Culture Designation on Regeneration of City Space. In Inculturalism: Meaning and Identity, 2012.

17 Evans, G., Hard-Branding the Cultural City-From Prado to Prada, International Journal of Urban and Regional Research, 27(2), 2003, pp.417-440.

18 플래그십(flagship)은 해군의 함대의 지휘관의 깃발을 달고 선단을 이끄는 사령부가 설치된 기함(旗艦)을 의미합니다. 본서에서는 플래그십 인프라스트럭처를 선도기반시설로 번역하고 있는데, 선도기반시설(Flagship infrastructure)이라는 것은 전체 프로젝트 중에서 가장 중요하고 투자 규모가 가장 크고, 사업의 규모가 대형인 주력 기반시설을 의미합니다.

19 M. Sebova, et al., "Promoting and Financing Cultural Tourism in Europe through European Capitals of Culture: A Case Study of Košice, European Capital of Culture 2013", Amfiteatru Economic Journal, 2014, p.667.

화시키는 하얀 코끼리 효과(White elephants)의 원인이 될 수도 있습니다.

또다른 특징은 유럽문화수도는 죽은 문화를 저장하는 창고가 아니라 살아있는 문화의 생산과 판매 그리고 문화 소비가 함께 이루어지는 곳으로 개발한다는 것입니다.[20] 따라서 유럽문화수도 프로그램의 성공은 문화를 생산하는 창의적 인재가 많이 모이는 도시환경을 조성해야만하는 것이 기본적인 요건입니다. 비안치니(Bianchini)는 도시재생을 위해서 선택할 수 있는 문화전략을 문화생산중심전략(Cultural production oriented strategies)과 문화소비중심전략(Cultural consumption oriented strategies)으로 분류하였습니다.[21] 문화생산중심전략은 건축, 공예, 패션, 미술, 디자인, 영화, 음악, 공연예술, 컴퓨터 게임 등 각종 문화상품을 생산하는 문화산업과 창조산업을 잘 육성하여 생산활동을 강화시키는 전략입니다. 문화적 정체성을 통해 지역문화를 차별화하는 전략은 세계화의 물결 속에 사라져가는 지역문화를 보전하면서 사회경제적 활력을 개발[22]하는 수단이기도 합니다.

유럽문화수도 프로그램과 같은 행사에 문화생산중심전략을 도입하여야 하는 이유는 이벤트는 일회성으로 끝이 나지만 이를 위해서 개발해 놓은 문화생산시스템은 지속적인 효과를 창출해낼 수 있기 때문입니다. 따라서 유럽문화수도의 효과가 장기적인 효과로 유지되도록 하기 위해서는 문화생산중심전략이 함께 추진되어야 합니다. 좋은 사례로는 베니스의 유리공예, 볼로냐의 가죽공예, 일본 나가하마의 유리공예 등 각국의 문화예술산업단지를 들 수 있습니다. 그리고 문화소비중심전략은 선도기반시설(Flagship infrastructure)이나 메가 이벤트의 개최를 통하여 도시 이미지를 매력적으로 조성하여 관광객을 적극 유치하는 문화소비중심의 문화관광전략입니다. 유럽문화수도는 인상적인 랜드마크나 문화기반시설 확충을 통하여 도시의 이미지를 개선하고 창조적인 인력들을 유입하고, 관광객을 많이 유치하는 문화소비중심전략과 더불어 우수한 문화 · 예술품을 다수 생산하는 문화생산중심전략을 병행하여야 합니다.

---

20 Zukin, S., The Culture of Cities, Oxford, 1996, Wiley-Blackwell, pp.150 - 151.
21 Bianchini, F., Urban Renaissance? The Art and the Urban Regeneration Process, in S. MacGregor & B. Pimlott, eds, Tacking the Inner Cities: The 1980s Reviewed, Prospects for the 1990s, Clarendon Press, 1990.
22 Ray, C., Culture, "Intellectual Property and Territorial Rural Development", Sociological Ruralis, 38(1), 1998, pp.3 - 20.

일부 유럽문화수도 행사의 계획단계에서 문화예술시설의 개발과 이벤트가 지역주민의 욕구를 충족시키기보다는 단지 관광객 유치만을 목적으로 개발되어, 지역주민의 소외라는 문제가 발생하기도 했습니다.[23] 또한, 젠트리피케이션 현상이 나타나고, 도시주변부의 빈곤과 박탈감이 증가되는 바람직하지 못한 현상도 나타나기도 하였습니다.[24]

이와 관련하여 지역주민의 생활 문화의 지나친 상업화를 통하여 주민들이 관광객들의 즐거움을 위해서 무대 위에 올려지고, 화려한 쇼를 연출케 하는 등 비문화적인 활동들은 지양되어야 합니다. 지역주민이 자발적으로 문화예술 활동에 참여하면서 즐길 수 있도록 기획되어야 하고 주민의 행복이 관광객의 이익에 우선되게 해야 합니다. 지역주민이 진짜 주인이 되고, 수혜자가 되는 문화예술 이벤트를 개발하는 게 필요합니다.

◉ 유럽의 축제행렬

글래스고우는 도시재생을 촉진시키기 위해서 유럽문화수도 행사를 촉매제로 활용한 최초의 도시라고 할 수 있습니다.[25] 원래 유럽문화도시를 지정한 목적은

23 Garcia, B., Cultural Policy and Urban Regeneration in Western European Cities: Lessons from Experience, Prospects for the Future, Local Economy, 19(4), 2004, pp.312-326.
24 MacLeod, G., "From Urban Entrepreneurialism to a "Revanchist City"? On the Spatial Injustice of Glasgow's Renaissance", Antipode, 34(3), 2002, pp.602-624.
25 Duocet, B., Flagship Regeneration: Panacea or Urban Problem?, Eura Conference The Vital City, September 12-14, 2007.

순수한 유럽문화예술의 발전과 확산이었습니다. 그런데 유럽문화수도 이벤트는 원작자의 순수한 문화·예술적인 이상을 벗어나 도시재생과 경제회생의 도구로 이용되는 관계의 예술(Relative art)의 형태로 변화되었습니다.

스테이너(Steiner)는 2015년 논문에서 유럽문화수도 유치가 삶의 만족도와 GDP에 미치는 효과를 분석하였습니다. 그런데 GDP에 미치는 영향을 찾을 수가 없었습니다.[26] 그러나 2018년 고메즈(Gomes)와 리브레로(Librero)의 연구결과에 의하면, 유럽문화수도 타이틀을 획득한 도시가 실패한 도시보다 1인당 GDP가 4.5% 증가했다는 것을 알게 되었습니다. GDP 상승추세는 보통 유럽문화수도 이벤트가 시행되기 2년 전부터 시작되며, 그 후 5년 동안 유지되는 것으로 나타났습니다.[27] 이러한 결과는 일반적으로 미미한 GDP 증가나 부정적 현상을 나타내는 올림픽 같은 메가 이벤트의 경제적 영향에 대한 연구결과와는 대조적입니다. 예를 들어, 머흐로트라(Mehrotra)의 연구에 의하면 올림픽 비유치 국가에 비해 유치국가의 GDP는 장기적으로는 오히려 부정적 영향이 나타난다는 것을 발견했습니다.[28] 로즈(Rose)와 스피겔(Spiegel)은 수출에 대한 긍정적인 영향은 올림픽 유치국가와 비유치국가 모두 큰 차이가 없다는 사실도 발견하였습니다.[29] 유럽문화수도 프로그램이 올림픽이나 월드컵처럼 GDP에 부정적 현상을 나타내지 않고 긍정적인 경제 효과가 나타나는 이유는 올림픽과 같은 메가 이벤트보다는 인프라 등에 투자되는 고정비용이 적고, 도시가 보유하고 있는 문화시설과 무형 문화자원을 활용하는 비율이 높기 때문인 것으로 추정됩니다. 이러한 점에서 올림픽과 같은 메가 이벤트와 유럽문화수도 행사는 성격이 매우 다른 유형의 메가 이벤트라고 할 수 있습니다.

26 Steiner, L., Frey, B., Hotz, S., European Capitals of Culture and Life Satisfaction, CREMA Working Paper, 2015, pp.374-394.

27 Gomes, Pedro, Liberro-Cano, A., Evaluating Three Decades of the European Capital of Culture Programme: a Difference-in-Differences Approach, Journal of Capital of Culture Economics, 42(1), 2018, p.58.

28 Mehrotra, A., "To Host or Not to Host?, A Comparison Study on the Long-Run Impact of the Olympic Games", Michigan Journal of Business, 5(2), 2012.

29 Rose, A., Spiegel, M., The Olympic Effect, Economic Journal, 121(553), 2011, pp.652-677.

제2절
탈락한 도시에도 경제적 효과가 발생

유럽문화수도 선정과 평가과정

유럽문화수도 선정은 행사 4~6년 전에 발표됩니다. 유럽문화수도를 추진하기 위해서는 1년 동안 수행할 이벤트와 문화예술 프로그램을 준비하여야 하고, 지역에 대한 홍보 그리고 도시가 관련 행사를 수행할 수 있도록 인프라 건설과 시설 리모델링을 하는 것을 포함해 준비기간이 최소한 3~4년이 소요됩니다.[30] 그러나 이 기간은 프로그램의 역사를 살펴보면 변화해 왔다는 것을 알 수 있습니다. 초기에는 1~3년 전에 결정되었으나, 최근에는 선정도시를 4~6년 전에 발표하고 있습니다. 그리고 유럽문화수도 행사 1~2년 전에는 사전 이벤트를 실시합니다.

유럽문화수도에 선정되기 위해서는 유럽연합이 제시하는 기준에 맞춘 신청서를 각 후보 도시들이 6년 전에 접수시켜야 합니다. 유럽연합이 제시하는 기준은 EU결의문 1622호 제4조의 '유럽적인 차원'과 '도시와 시민들'이라는 것입니다. 여기서 유럽적인 차원이라는 것은 유럽문화의 다양성을 강조하면서도 유럽문화의 공통적인 점을 드러내주는 것을 뜻합니다. 그리고 '도시와 시민들'이란 시민들의 참여가 이루어지는 이벤트로, 도시의 장기적인 사회문화 발전을 이끌 수 있는 지속적인 이벤트라는 기준을 의미합니다.[31] 그리고 일반적으로 5년 전에 13인의 심사위원[32]으로 구성된 유럽문화수도 선정위원회가 구성되고, 해당 도시에 대한 예비심사가 진행됩니다. 그리고 4년 전에 보고서 검토를 완료하고, 선정위

---

30 Palmer, R., European Capitals/Cities of Culture, Study on the European Cities and Capitals of Culture and the European Months(1995-2004), Palmer/Rae Associates, European Commissions, 2004.

31 곽동준, 정해조, 유럽연합의 '유럽문화수도' 프로그램 분석–EU의 결의문 1419, 649, 1622호를 중심으로, 프랑스문화연구 제15집, 2007, pp.289-290.

32 원래는 유럽연합이 지정하는 7인의 심사위원이 선정위원회를 구성했으나 2006년부터 13인의 심사위원으로 구성하도록 되어 있습니다. 추가된 6인의 심사위원은 회원국이 지명하는 심사위원으로 회원국의 상황에 대해서 전문적인 지식을 갖춘 심사위원입니다.

원회는 EU각료이사회에 의견을 제출합니다. 각료이사회는 3개월 이내에 추천서를 작성하고, 유럽문화수도를 선정하고 발표[33]하는 일련의 과정을 거칩니다. <표 10-2>는 유럽문화수도 신청서 제출부터 유럽문화수도 선정 그리고 행사의 개막과 평가까지의 절차를 도표로 작성한 것입니다. 1~2년동안 여러 가지 준비사항을 거치는 과정까지 합치면 총 8년 정도의 오랜 시간이 소요됩니다.

표 10-2 유럽문화수도 선정과정

유럽문화수도 선정기간	단계별 선정과정	담당기관
D-6년(행사 6년 전)	신청서 제출	회원국
D-6년+10개월	신청서 제출기간	신청도시들
D-5년	관련 회원국 내 예비선정 심사위원회(13명) 예비선정도시 선정	회원국
D-5년+9개월	관련 회원국 내 최종선정 심사위원회(13명)에서 후보도시 선정	회원국
D-4년(행사 4년 전)	유럽연합기관에 후보도시 통보	회원국
D-4년+3개월	후보도시에 대한 유럽의회의 평가 의견서 제출	유럽의회
D-4년(행사 4년 전)	유럽문화수도 지정	유럽각료이사회
D-2년(예비검토 회의 3달 전)	지정도시 예비점검 보고서를 집행위원회에 제출	유럽문화수도
D-2년	검토 및 자문위원회와 관련 도시의 예비점검 회의(7명의 유럽전문가)	집행위원회
D-11개월 (최종검토회의 3개월 전)	지정도시 최종점검 보고서 집행위원회 제출	유럽문화수도
D-8개월	검토 및 자문위원회와 관련 도시의 최종점검 회의(7명의 유럽전문가)	
D-3개월	포상	집행위원회
유럽문화수도 개막	유럽문화수도 개막	유럽문화수도
D+1개월	행사결과 평가	집행위원회

출처: 곽동준, 정해조, 유럽연합의 '유럽문화수도' 프로그램 분석-EU의 결의문 1419, 649, 1622호를 중심으로, 프랑스 문화연구 제 15집, 2007. pp.285-287의 도표를 재구성.

---

[33] 곽 현, EU '유럽문화수도 프로그램'에 관한 연구-문화주도의 지역재생 관점에서 글래스고우와 리버풀 사례를 중심으로- 연세대학교 석사논문, 2009, p.19.

탈락한 도시에도 긍정적인 경제 효과가 있다

앞에서 살펴본 것처럼 유럽문화수도로 선정되기 위해서는 많은 시간과 재정적 투자가 필요합니다. 2008년에 뉴캐슬-게이츠헤드가 유럽문화수도 선정신청을 하였습니다. 당시에 뉴캐슬시와 게이츠헤드시 도시연합은 우승후보로 예상되었지만, 리버풀에게 패했습니다. 뉴캐슬-게이츠헤드 도시연합은 적어도 선정과정에서 약 650만 파운드의 투자를 했는데, 유럽문화수도 경선에 실패하여 탈락하였음에 불구하고 2,400만 파운드의 경제적 긍정적 효과를 얻었다고 합니다.[34] 상식적으로 막대한 비용을 투자하였는데 탈락하였다면 경제적인 손실이 크게 발생했을 터인데, 오히려 상당한 긍정적인 효과가 발생했다는 것은 유럽문화수도 선정과정상의 독특한 제도가 그 원인일 수 있습니다. 따라서 본 장에서는 그 이유를 살펴보려고 합니다.

대부분의 유럽문화수도 선정과정에 대한 연구들은 선정과정에 소비되는 경제적인 비용과 잠재적 수익으로 인해 발생하는 경제적인 효과 및 방문하는 관광객 수에 대해서만 중점을 두고 있습니다. 그런데 선정과정에서 발생하는 비가시적이고 무형적인 문화·사회, 도시 이미지의 변화 그리고 주민들의 문화예술에 대한 관심과 응집력의 증가, 지역 이해관계자들 간의 협력 네트워크 강화 등과 같은 무형적인 효과에 대한 연구 자료는 극히 드문 상황입니다. 2016년 선정과정에서 탈락한 폴란드 도시 10곳은 도시의 문화와 사회경제적인 발전 사이의 관계에 대한 사고방식과 패러다임이 획기적으로 변화되었다[35]고 연구결과가 나왔습니다. 이러한 연구결과는 체계적인 과학적 연구를 통하여 얻은 결론이 아닌 일반적 추정에 기초하고 있어 향후 심층적인 연구가 필요하기도 합니다.

유럽문화수도의 선정과정은 메인 이벤트가 개최되기 약 8년 전부터 시작되기 때문에 그 과정에서 지역주민과 이해관계자의 지속적인 참여와 협조는 프로젝트

---

34 Richards, G., Palmer, R., Eventful Cities: Cultural Management and Urban Revitalisation, Routlege, 2010, p.21.

35 Sanetra-Szeliga, J., Creativity as Part of the European Capital of Culture Strategies-the Case of Poland, The Idea of Creative City/The Urban Policy Debate Cracow Conference Proceedings, 2014, pp.94-105.

의 성공을 위해 필수적인 요소입니다. 유럽문화수도 선정의 중요한 평가기준 중 하나가 지역주민의 지지를 받고 있음을 입증할 수 있어야 한다는 것입니다. 카니아(Kania)는 자신의 논문에서 2013년 유럽문화수도 선정과정에서 독일의 브라반트슈타트(BrabantStad)[36]가 선정에 대한 지역주민의 인식을 제고하고, 시민참여를 목적으로 하여 선정과정 초기부터 평가 프로그램을 실시했다고 설명하고 있습니다.[37] 브라반트슈타트시는 선정과정 초기부터 지역주민의 지지수준 등에 대해서 종합적인 평가를 하였기 때문에 유럽문화수도 선정과정의 효과에 대해서 살펴볼 수 있는 좋은 사례라고 할 수 있습니다.

2013년 유럽문화수도 선정에는 네덜란드 레이우아르던(Leeuwarden), 브라반트슈타트(BrabantStad), 마스트리흐트(Maastricht) 등 3개 지역이 경합하였습니다. 세 지역의 유럽문화수도 신청목적은 서로 달랐는데, 레이우아르던은 경제와 지역개발, 브라반슈타트는 사회적 응집력과 사회적 혁신에 대한 열망, 마스트리흐트는 유럽의 정체성과 국제적인 협조를 강화하는 것이었습니다. 이렇게 선정과정에서 경합한 세 지역은 서로 다른 목적을 가지고 유럽문화수도 타이틀을 얻고자 노력하였습니다. 수년에 걸친 선정과정을 통해서 각 지역은 향후 유럽문화수도 행사를 개최하기 위한 준비를 해야 하기 때문에 설사 선정되지 못하고 탈락하게 되더라도 선정과정 자체가 각 지역이 소망하는 목표를 향한 사업을 추진하는 데 도움이 되는 것입니다.[38]

그리고 선정과정 중에는 유럽문화수도 후보도시의 이벤트인 "테이블에서 함께(Together at the Table)"라는 프로그램이 있는데, 이 이벤트에 참여한 사람들은 참여하지 않은 사람들보다 유럽문화수도 선정과정에 대해서 긍정적인 태도를 갖게 되고, 적극적으로 참여하게 된다고 합니다. 이런 소규모 프로젝트들이 진행되었

---

36 네덜란드의 브라반슈타트는 브레다(Breda), 에인트호반(Eindhoven), 덴 보스(Den Bosch), 헬몬드(Helmond), 텔부르크(Tilburg)와 노스브라반트 주(North Brabant)가 연합하여 '모자이크 대도시'를 형성하는 네트워크를 형성하여 유럽문화수도 선정과정에 참여하였습니다. 이러한 이유에서 이벤트 프로그램 자체보다는 참여도시의 네트워크 구축이 중요한 요소였습니다.

37 Kania, L., Social Capital in the Metropolis BrabantStad, In G. Richards, M. de Brito & L. Wilks, Exploring the Social Impacts of Events, Routledge, 2013, pp.45–56.

38 Evans, G., van Heur, B., European Capital of Culture–Emancipatory Practices and Euregional Strategies: The Case of Maastricht Via 2018, In G. Richards, M. de Brito & L. Wilks(Eds.), Exploring the Social Impacts of Events, Routledge, 2013, pp.73–83.

지만, 지역주민 전체에게 영향을 미칠 정도로 큰 규모는 아니었다고 합니다.

선정과정 초반에는 브라반트슈타트가 유럽문화수도에 참여하는 것을 알고 있다는 지역주민이 53%였고, 선정신청을 한 것이 잘한 것이라는 의견이 40% 이상이었습니다. 그러나 선정과정 결과 발표를 앞두고 조사한 바에 의하면 유럽문화수도 선정신청을 한 것이 좋은 생각이라고 응답하는 사람들의 비율이 41%이던 것이 25%로 떨어졌습니다. 그리고 적극적으로 참여하겠다고 의사를 표현한 사람들의 비율도 2011년 60%에서 2013년에는 40%로 감소하였습니다.[39] 또한 내부 네트워크와 외부 네트워크가 중요한데, 브라반트슈타트의 경우 2013년 최종선정발표 전에 조사한 결과에 따르면 박물관 중 일부는 선정과정에 대해서 회의적이 된 것으로 나타났습니다. 일부 박물관은 더 이상 선정과정에 관여하지 않겠다는 입장을 취했습니다.

이와 같이 브라반트슈타트의 경우는 선정과정에서 가장 중요한 시민의 지지도와 참여의사가 하락하였고, 박물관과 같은 내부 네트워크와 외부 네트워크의 구축에도 실패한 것으로 나타났습니다. 이러한 결과 네덜란드의 브라반트슈타트는 2013년 유럽문화수도 경선과정에서 탈락하고, 경쟁상대인 네덜란드의 레이우아르던이 유럽문화수도 타이틀을 거머쥐게 되었습니다.

유럽문화수도 경선과정을 거치면서 지역주민의 지지와 참여가 이루어지고, 사회적인 응집력이 강화되며, 지역주민의 문화예술에 대한 중요성에 대한 인식이 변화하게 됩니다. 다양한 이해관계자 집단 간의 내부 네트워킹과 외부 네트워킹을 통하여 강력한 지원세력을 구축하게 되고, 전문가집단 간의 소통이 원활해지게 되며, 문화예술 관련 전문적 지식들이 축적되게 됩니다. 선정과정에서 문화사업자들과 행정기관 등 이해관계자들 간에 형성된 협업이 지속될 수 있습니다. 그리고 문화 인프라스트럭처의 정비와 선도기반시설이나 랜드마크시설과 같은 문화적 아이콘이 개발됩니다. 그리고 의미를 잃어버린 빈 공간에 역사성과 예술성 그리고 상징성을 강화하여 아름다운 스토리와 추억이 있는 의미 있는 장소를 창조하기 위한 노력을 하기 때문에 지역의 브랜드 가치와 이미지가 대폭

---

39 Richard G., Marques L., "Bidding for Success? Impact of the European Capital of Culture Bid", Scandinavian Journal of Hospitality and Tourism, 2015, p.12.

개선되게 됩니다. 또한 1년이라는 장기간 동안에 실시되어야 할 유럽문화수도 관련 다양한 프로그램들을 기획하는 과정에서 문화예술에 대한 노하우가 축적되게 됩니다. 이러한 이유에서 선정과정에서 탈락한 도시도 각종 긍정적인 효과를 상당히 얻을 수 있는 것입니다.

● 콜로세움

이처럼 유럽문화수도 프로그램은 6년 전에 신청서를 제출하고 나서 무려 6년 동안 유럽문화수도에 선정되기 위하여 각종 준비과정을 거치고 있습니다. 대개 1년 혹은 6개월 정도의 단기적인 준비과정을 거쳐서 행사를 추진하고 있는 한국의 축제와 이벤트 조직은 유럽문화수도 행사의 장기적이고, 철저한 준비과정을 보고 많이 배워야 할 것입니다. 관련 문화정책 목표와 중심철학을 사전에 치밀하게 세우고, 프로그램을 실천하여 성공시키기 위해서는 철저하고, 체계적인 준비과정과 엄청난 재정 확보 노력 그리고 전체 도시 내의 지자체와 주민들이 긴밀히 협조하고 참여해가는 노력이 필수적입니다.

게츠(Getz)는 유럽문화수도와 같은 메가 이벤트 선정과정에서 성공하기 위해서 중요한 요소를 다음과 같이 설명하고 있습니다.

① 선정과정에 강력한 파트너를 가지고 있어야 함
② 선정결과를 결정하는 의사결정자들에게 뛰어난 프리젠테이션을 해야 함
③ 모든 경선과정을 독특한 과정으로 다루어야 함
④ 이벤트를 주최한 실적을 홍보하여야 함
⑤ 다른 조직이 더 나은 경선을 할 수 있도록 지원해야 함[40]

그러나 무엇보다도 지역주민과 관련 이해자집단의 강력한 지지와 응집력 도출이 중요한 요소일 것입니다.

---

40 Getz, D., Bidding on Events: Identifying Event Selection Criteria and Critical Success Factors, Journal of Convention & Exhibition Management, 5(2), 2004, pp.1 – 24.

EU의 유럽문화수도에 대한 재정지원

유럽문화수도 행사에 소요되는 예산은 각 국가별로 차이가 있습니다. EU는 초기에는 도시 당 12만 유로를 지원하였으나, 2001년 이후 50만 유로를 지원하였고, 2007년부터 150만 유로를 지원하고 있습니다. 유럽문화수도에 대한 기대가 높아지고 참가도시 간의 경쟁이 계속 격렬해지고 있는 상황에서 이런 규모의 예산지원은 많이 부족한 규모입니다.[41] 1995년부터 2004년까지 유럽문화수도 예산의 재원을 분석한 연구에 따르면 EU예산 지원이 전체예산의 1.53%이고 국가예산지원이 56.84%, 지방정부 예산지원이 31%인 것으로 나타났습니다.[42] 리처드(Richards G.)의 연구에 따르면 유럽문화수도 행사의 예산은 <표 10-3>과 같습니다.

유럽문화수도 관련 예산의 변화는 글래스고우 개최 이후 2배 이상 증가하게 되었습니다. 원래 1985년 아테네(2,702만 유로), 1986년 플로렌스(2,040만 유로), 1987년 암스테르담(900만 유로), 1988년 서베를린(2,720만 유로)이었는데, 1990년 글래스고우의 경우에는 5,440만 유로로 급등하였습니다. 그 후 대부분 도시들의 예산이 초창기 도시들의 행사예산보다는 많은 것으로 나타나고 있습니다. 특히 1995년 룩셈부르크(1억3,610만 유로), 1997년 그리스 테살로니키(2억 8580만 유로)는 엄청난 예산을 지출했습니다. 이는 초기도시들이 화려한 문화유적을 중심으로 행사를 진행했기 때문에 저예산으로 행사를 개최할 수 있었지만, 글래스고우 이후 선정된 도시들은 메가 이벤트 개최와 지역재생 프로젝트를 위한 선도개발 투자가 많이 필요했기 때문에 전체 예산이 크게 증대한 것으로 보입니다.

가르시아가 연구한 2001년 이후 유럽문화수도 행사의 예산을 살펴보면 2010년 터키 이스탄불과 2008년 영국 리버풀의 예산이 1억 유로를 초과하여 다른 도시들보다 재정을 많이 투자한 것으로 나타났습니다. 2005년부터 2013년 사이에 개최한 유럽문화도시의 예산의 평균은 6,400만 유로인 것으로 나타났습니다. 터키나 리버풀과는 대조적으로 2005년 아일랜드 코크(Cork), 2007년 루마니아 시

---

41 Richards, G., Hitters E., and Fernandes, C., "Rotterdam and Porto, Cultural Capitals 2001: Visitor Research", Arnhem: ATLAS, 2002.

42 Palmer/ RAE Associates, Study on European Cities and Capitals of Culture 1995-2004(Part1), European Commission, 2004.

표 10-3 유럽문화수도의 예산

개최연도	유럽문화수도	예산(백만 유로)
1985년	그리스 아테네	27.2
1986년	이탈리아 플로렌스	20.4
1987년	네덜란드 암스테르담	9.0
1988년	독일 서베를린	27.2
1990년	영국 글래스고우	54.4
1991년	아일랜드 더블린	45.3
1992년	스페인 마드리드	22.6
1993년	벨기에 안트베르펜	40.8
1994년	포르투갈 리스본	23.6
1995년	룩셈부르크	136.1
1996년	덴마크 코펜하겐	86.2
1997년	그리스 테살로니키	285.8
1998년	스웨덴 스톡홀름	54.4
1999년	독일 바이마르	28.1
2001년	네덜란드 로테르담	23.6
2001년	포르투갈 포르투	104.0

출처: Richards, G., Hitters E., and Fernandes, C., Rotterdam and Porto, Cultural Capitals 2001: Visitor Research, Arnhem: ATLAS, 2002.

비우(Sibiu), 2009년 리투아니아 빌뉴스(Vilnius), 2011년 에스토니아 탈린(Tallinn)은 예산이 2,000만 유로 이하인 것으로 나타났습니다.[43] 따라서 유럽문화수도 행사의 예산은 개최도시에 따라 편차가 큰 것임을 알 수 있습니다.

2008년 리버풀 유럽문화수도 행사의 예산을 살펴보면 다음과 같습니다. 대부분 중앙정부와 지방정부의 재정지원에 의존하고 있고, EU연합회의 지원은 10.5%에 불과한 것으로 나타났습니다. 유럽연합과 공공부문의 재정지원에는 한계가 있기 때문에 행사에 필요한 재정 확보를 원활히 하기 위해서는 기업 등 민간부문의 후원을 증대시키는 전략이 필요합니다.

---

[43] Garcia, B., Cox, T., European Capitals of Culture: Success Strategies and Long-Term Effects, European Union, 2013, p.102.

표 10-4 2008년 리버풀 유럽문화수도 예산

운영기금 구성	총금액(백만 유로)	구성비 %
리버풀 시 의회	71.1	61.3
유럽연합	12.8	10.5
영국 내 보조금	18.0	14.7
사적 영역 기금	12.5	10.2
티켓 판매 등 수입	4.0	3.3
합계	122.4	100

출처: Liverpool Culture Company Final Report 2008

제3절
유럽문화수도의 다양한 효과

앞에서 살펴본 바와 같이 유럽문화수도 프로그램을 유치하는 경선과정을 통해 각 후보 도시들은 다양한 경제적, 사회·문화적 효과를 많이 발생시키고 있음을 알 수 있었습니다. 유럽문화수도 프로그램 개최 전과 후의 효과 분석 역시 중요한 의미를 가지고 있습니다. 도시에서 개최되는 이벤트의 효과를 분석하는 많은 연구들이 관광객 혹은 GDP, 고용의 증가와 같은 극히 제한적인 경제적 측면만을 고려한 평가를 하고 있습니다. 이보다 광범위한 분석하는 경우에도 경제적 효과, 사회적 효과, 문화적 효과를 중심으로 분석하고 있습니다. 그러나 유럽문화수도 이벤트의 효과는 경제적인 효과보다는 도시 이미지의 변화, 무명 도시에서 세계적인 문화예술도시로의 도시 브랜드 가치 상승, 도시관광자원의 질적 개선, 외부의 창의적 인재 유입과 지역 인재의 육성, 도시환경의 개선 등 측정하기 어려운 효과발생들이 더욱 중요한 의미를 갖는 경우가 많습니다. 따라서 다양한 투자가 이루어지는 유럽문화수도와 같은 메가 이벤트의 효과를 측정할 때는 각종 도시자본의 형태를 포괄하는 전체적 차원[44]을 정량적 기법(Quantitative)과

---

44 Sacco PL., Ferilli, G. and Pedrini, S., System-Wide Cultural Districts: An Introduction from the Italian Viewpoint, In S. Kagan & V. Kirchberg(eds), Sustainability: A New Frontier for the Arts and Cultures, VAS Verlag, 2008, pp.400-460.

더불어 정성적인 기법(Qualitative)으로 추가 분석할 필요가 있습니다.

사코(Sacco)와 브레시(Blessi)는 2004년 이탈리아 제노바(Genoa)와 프랑스 릴(Lille)에서 개최된 유럽문화수도 프로그램에 대한 연구에서 도시시스템의 다양성에 기초하여 효과를 평가하여야 하는, 아래와 같은 5가지 형태의 자본을 제시하였습니다.[45] 이런 식으로 유럽문화수도 프로그램이 다양한 자본의 축적에 미치는 효과와 여러 가지 문화 이벤트들의 기여도 등을 전체적으로 측정할 필요가 있습니다.[46]

- 물리적인 자본(Physical Capital)
- 인적자본(Human Capital)
- 사회적 자본(Social Capital)
- 문화적 자본/상징적 자본(Cultural/Symbolic Capital)
- 자연자본(Natural Capital)

1990년 글래스고우 유럽문화수도를 연구한 마이어스코프(Myerscough)의 연구[47]에 따르면 글래스고우 도시에 대한 전반적인 평가는 유럽문화수도 행사 이전보다 훨씬 좋아졌습니다. 그러나 문화예술이 중요하다는 평가항목은 이벤트 행사 년도 1년 후인 1991년에 실시된 조사에서 3% 하락하였고, 글래스고우를 방문하고 싶은 흥미로운 장소라는 응답은 5% 정도 하락한 것으로 나타났습니다. 그리고 유럽문화수도 행사 이후에 몇 년 동안 관광객 수는 급격히 감소하였습니다. 유럽문화수도 이벤트 이후 감소한 관광객 수는 1996년 새로운 현대미술관이 개관될 때까지 회복되지 않았습니다. 이를 통해서 유럽문화수도 프로그램 이벤트 효과는 비교적 단기적이라는 것을 알 수 있었습니다. 따라서 메가 이벤트 후에 지속적인 관광객 증가를 위해서는 후속적으로 문화관광상품의 중단없는 개선 조치가 필요합니다. 그리고 장기적인 성공을 지속하기 위해서는 메가 이벤트에만 중점을 두지말고, 관련 관광자원에 기초한 문화관광전략을 통합시킨 종합적인

45 Sacco, P., Blessi, G., European Culture Capitals and Local Development Strategies: Comparing the Genoa 2004 and Lille 2004 Cases, Conference of Art and Culture, 2005.
46 Richard, G., "Evaluating the European Capital of Culture that Never Was: BrabantStad 2018", Journal of Policy Research in Tourism, Leisure and Events(Special Issue on Event Evaluation), 2014, p.17.
47 Myerscough, J., Monitoring Glasgow, Glasgow City Council, 1991.

전략을 추진하여야만 합니다. 하나의 문화 이벤트가 아니라, 연중 어느 때든 그곳에 가면 항상 무엇인가 즐거운 볼거리, 즐길거리, 먹거리가 있는 행복한 이벤트 문화관광도시라는 것을 관광객들에게 인식시켜 재방문율을 높이는 전략을 추진해야 할 것입니다.

이러한 측면에서 유럽문화수도와 같은 메가 이벤트의 영향을 제대로 평가하는 것은 이벤트 개최년도뿐만 아니라 이벤트 개최 이전, 이벤트 개최 시점 그리고 이벤트 이후 지속적이고, 장기적인 차원에서 이루어져 시점별로 변화 추세를 파악해야 합니다. 일반적인 경제성장의 영향인지 아니면, 메가 이벤트로 인하여 경제가 성장한 것인지를 심층 비교하기 위해서는 유럽문화수도로 선정되어 메가 이벤트를 실시한 도시와 선정과정에서 탈락한 후보도시 그리고 기타 일반도시와의 비교 연구도 필요할 것입니다. 2018년 고메즈(Gomes)와 리브레로(Librero)는 경선에 승리해서 유럽문화도시로 선정되고 타이틀을 얻은 도시와 탈락한 후보도시 사이의 차이를 분석하기도 했습니다.[48] 이들의 연구에 의하면 유럽문화수도로 선정된 도시의 1인당 GDP가 4.5% 증가하였고, 유럽문화수도 행사 개최 이후 5년간 긍정적인 효과가 유지되는 것으로 나타났습니다. 이는 GDP 증가에 긍정적인 효과가 크게 나타나지 않은 올림픽이나 기타 메가 이벤트보다 유럽문화수도가 경제적인 긍정적인 효과가 크다는 것을 의미합니다.

대개 메가 이벤트는 관광객 수, 경제적 수입의 증대, 고용증대의 효과뿐만 아니라 다양한 도시체계 전반에 걸친 여러 가지 긍정적인 영향을 미치기 때문에 유럽문화수도 이벤트의 효과를 측정할 때는 다음과 같은 요소들에 대한 종합적인 고찰이 필요합니다.

① 물리적 효과: 선도 건축물과 선도 기반시설 등 개발, 창의적 장소 만들기
② 경제자본 효과: 경제적 자본, GDP 증가, 고용 증가, 관광수입 증가, 투자 증대
③ 사회자본 효과: 사회적 자본, 응집력, 결속력, 네트워킹 등
④ 문화자본 효과: 문화적 자본 문화자산의 증가
⑤ 상징자본 효과: 도시이미지, 도시 브랜드, 지역주민의 자부심 향상
⑥ 인적자본 효과: 창의적 인재의 개발, 창의적 인재의 유입

---

48 Gomes, P. and Librero, C., op cit, 2018, pp.57-73.

⑦ 예술자본 효과(Artistic capital): 예술품의 증가, 시민의 예술적 지식과 자질, 예술가의 예술적 가치 향상, 도시의 예술화

⑧ 생태환경자본 효과: 친환경적인 도시 환경조성

유럽문화도시의 선정과정은 최소한 6년에서 8년이라는 시간이 소요됩니다. 선정기준 중 가장 중요한 것이 시민들의 지지를 받고 있다는 것을 입증하여야 하는 것입니다. 따라서 유럽문화수도 프로그램 유치 신청을 한 도시는 선정과정에 지역주민의 참여와 문화예술 프로그램과 프로젝트에 대한 아이디어를 모아야 하고, 홍보캠페인과 이벤트를 조직하여 지역주민의 참여를 활성화하여야 합니다.[49] 장기적인 선정과정에서 시민 사이에 문화 네트워크가 형성되고 응집력이 생기고, 주체성이 강화되는 등 사회자본이 축적되게 됩니다.[50] 그러나 2018년 유럽문화수도 선정과정에서 탈락한 후보도시 브라반슈타드의 지역주민 설문조사 결과에 의하면 선정과정에서 지역주민이 초기에는 이벤트 유치에 긍정적인 의견이 많다가 점점 부정적인 의견을 표현하는 비율이 증가하는 현상이 나타나기도 한다고 합니다. 결국은 이러한 지역주민의 지지를 받지 못하는 상황이 선정에서 탈락한 이유 중에 하나였을 것으로 추측됩니다. 아마도 가장 심각한 것은 지역주민의 강력한 반대에 부딪치거나 지역사회가 분열되는 상황일 것입니다. 따라서 지역주민의 지지와 의견통합을 이루기 위한 지속적인 설득과 협상 그리고 교육이 가장 중요한 요소입니다. 6년간의 유럽문화수도의 선정과정을 통해서 지역주민과 지방정부 그리고 기타 이해관계자들은 다양한 형태의 문화예술가들과 교류를 하거나 이론적인 학습을 하는 과정에서 네트워크와 지역사회 응집력을 강화하는 사회적 자본을 축적하게 됩니다. 도시민의 일상생활 속에 일상의 미학이 스며들어 삶이 풍요롭게 되고, 도시의 예술화(Artification) 현상이 일어납니다. 이러한 과정을 통해서 문화예술에 대한 지식이 체화되고, 문화예술인으로서 변화되

---

49 Åkerlund, U., & Müller, D., Implementing Tourism Events: The Discourses of Umeå's Bid for European Capital of Culture 2014. Scandinavian Journal of Hospitality and Tourism, 12(2), 2012, p.166.

50 Verhoeven, C. A., "Houdoe or Houdios? BrabantStad 2018: European Capital of Culture and the Extent of Identification of Brabant's Inhabitants". In G. Richards, M. de Brito & L. Wilks(Eds.), Exploring the Social Impacts of Events, Routledge, 2013, p.60.

고, 예술품, 문화재, 건축물 등 문화예술생산물이 증가하게 되어 문화자본을 축적하는 긍정적인 효과가 생겨나게 됩니다.

또한 유럽문화수도 행사는 도시미화와 랜드마크 건설 등을 통해서 의미 없는 단조로운 도시의 거리에 활력을 주고, 주민들에게 자신의 도시에 대한 자부심을 강화해주며, 도시 이미지와 브랜드 가치를 개선하는 예술화전략(Artification strategy)으로 인정되고 있습니다. 이러한 메가 이벤트의 효과를 연구논문에서 할로 효과 (Halo effect),[51] 쇼케이스 효과(Showcase effect),[52] 필굿 효과(Feel good effect)[53]라고 표현하기도 합니다. 따라서 도시의 이미지를 개선하고, 차별화하기 위해서 유럽문화수도와 같은 도시 브랜드전략을 채택하고 있습니다. 도시의 이미지를 개선하고 브랜드 가치를 창출하기 위해서 세계적인 수준의 예술을 도입하고, 엔터테인먼트 도시공간을 개발하고, 환상적인 도시로 조성을 하기도 합니다. 브랜드전략으로 에든버러 페스티벌, 칸영화제, 프랑스 아비뇽 축제, 브라질 리우 카니발과 같은 문화분야 주요 이벤트들은 세계적인 '브랜드'가 되었습니다. 이러한 이벤트로 인하여 형성되는 강력한 이미지 효과를 문화적 재화(Cultural currency)[54]라는 용어로 설명하는 학자도 있습니다. 도시의 이미지와 브랜드 가치는 화폐가치로 환산할 수 없는 소중한 무형 자본입니다.

1999년 유럽문화도시 바이마르의 효과에 대한 연구결과를 살펴보면 지역에 거주하는 주민들 중 94%가 유럽문화도시 행사가 도시 발전에 도움이 되었다고 응답하였습니다. 그리고 바이마르가 살만한 매력적인 도시로 느끼고, 살고 있는 도시에 대한 자긍심을 갖게 되었다고 합니다. 이러한 결과로 바이마르 주민이 더 이상 감소하지 않게 되고, 관광객 수는 평소에 300~350만 명이었는데, 이벤트 개최 시에는 방문객이 700만 명으로 증가하여 2배 이상이 되었다고 합니다.[55]

51 Hall, C. M., Hallmark Tourist Events, Bellhaven Press, 1992.
52 Fredline, E., Faulkner, B., "Resident Reactions to a Major Tourist Event: The Gold Coast Indy Car Race", Festival Management and Event Tourism, 5(4), 1998, pp.185-205.
53 Allen, J., O'Toole, W., Mcdonnell, I. Harris R., Festival and Special Event Management, John Wiley & Sons, 2008.
54 Morgan, N., Pritchard, A., Tourism Promotion and Power: Creating Images, Creating Identities, John Wiley & Sons, 1998, p.21.

극단적인 경우는 2015년 유럽문화수도로 지정된 벨기에 몽스입니다. 몽스는 불과 주민인구가 95,299명에 불과하고, 탄광의 폐광으로 인하여 지역경제가 쇠락하고 있는 구 광산촌으로 벨기에에서 가장 가난한 지역 중 하나[56]인데도 불구하고 유럽문화수도로 선정되었습니다. 몽스는 반 고흐가 화가가 되기 전에 잠시 성직자로 근무를 하였던 곳으로 산골 오지의 폐광산 도시입니다. 2015년 몽스에서 개최되는 유럽문화수도 행사를 보기 위해서 220만 명의 관광객이 방문을 하였다고 합니다.[57] 이뿐만 아니고, 2010년 9월 구글 유럽데이터센터본부가 몽스로 본부를 이전하였습니다. 또한 마이크로소프트, IBM 등을 비롯한 첨단테크로로지 산업체들이 몽스로 이전하게 됨에 따라 몽스는 명실상부한 유럽의 디지털 비지니스 중심지로 부각되게 되었습니다.[58] 이와 같이 유럽문화수도와 같은 문화관광 관련 메가 이벤트는 지역사회에 많은 창의적인 인재와 투자를 유치하는 강력한 집객력을 가진 유입요소(Pull factor)이기도 합니다.

제4절
유럽문화수도 프로그램이 전 세계적으로 미친 영향

유럽문화수도 프로그램은 유럽 이외에 다른 지역에도 많은 영향을 미쳤습니다. 이제는 전 세계적으로 수많은 도시들이 창조도시, 문화수도, 창의도시, 문화예술도시 등 브랜드를 내세우고, 문화를 통한 지역재생전략을 추진하게 되었습니다. 1997년부터는 아메리카 문화수도(American Capital of Culture) 행사가 개최되고 있습니다. 동 아메리카 문화수도 프로젝트는 유럽문화수도 프로그램의 영향으로

55 사순옥, Op. cit., 독일문학 95집, 2005, p.176.
56 S. Fevry Joanne J., "Reinventing the City, Revisiting the Past: Mons 2015's Memoryscape", In development, Art(s) and Culture, Ninth Interdisciplinary Conference of the University Network of the European Capitals of Culture, 2016, p.96.
57 윤성원, 유럽연합과 문화이벤트: 유럽문화수도 프로그램의 통합적기제로서의 역할 및 동북아공동체 구상에의 함의, 세계지역연구논총 35집 3호, 2016, p.198.
58 이병옥, 2015년 유럽의 문화수도로 선정된 벨기에 몽스(Mons), 한위클리, 2015.

추진하게 된 사업인데, 주로 남아메리카를 중심으로 문화도시를 선정하고 있습니다. 2000년 멕시코 메리다(Merida)를 시작으로 해서 2019년 기준 21개 도시가 아메리카 문화수도로 선정되었습니다.

1996년부터는 유네스코의 문화수도 프로그램(Cultural Capital Programmes)에 의해 아랍문화수도(Arab Cultural Capital)역시 새롭게 선정되고 있습니다. 아랍문화수도 프로그램의 목적은 아랍문화를 장려하고, 아랍지역 도시들 간의 협력을 강화하는 것입니다. 1996년 이집트 카이로를 시작으로 2019년 현재 24개국의 도시가 아랍문화수도로 선정되었습니다.

2004년 10월 유네스코 이사회에서 '세계문화 다양성 협력망'의 일환으로 시작하게 된 유네스코 창의도시 네트워크 사업은 전 세계도시를 대상으로 문화산업 및 창조산업 활성화를 추진할 수 있는 네트워크를 구축하는 것이 목적입니다. 유네스코 창의도시 네트워크는 1) 문학 2) 공예와 민속예술 3) 디자인 4) 음악 5) 미디어 아트 6) 영화 7) 음식 등 7개 분야로 이루어져 있습니다. 2004년 영국의 에든버러를 시작으로 2018년 현재까지 180개 창의도시가 네트워크에 가입하였습니다. 우리나라에서 유네스코 창의도시 네트워크에 가입한 도시는 총 8개로서 <표 10-5>와 같습니다. 유네스코 창의도시에 가입을 하면 네트워크에 가입되어 활동하고 있는 다른 창의도시들과 지식 및 정보를 공유하고, 협력활동을 수행하게 됩니다. 그리고 다른 창의도시들과의 협력활동에 관한 사항을 2년마다 유네스코에 통지할 의무를 지게 됩니다.[59]

한편 동북아시아에서도 2012년 5월 한중일 문화장관회의에서 동아시아 3국의 문화 다양성 존중과 교류촉진을 기치로 동아시아의 문화교류 및 융복합 상호문화에 대한 이해정신을 실천하고자 하는 취지에 합의하면서 동아시아문화도시(Culture City of East Asia) 프로그램이 제안되었습니다. 그리고 2014년부터 국가별로 1개 도시를 아시아문화도시로 선정해서 공동으로 문화행사를 개최하고 있습니다.[60] 아직까지는 초보단계이기 때문에 '도시지역 알리기' 목적의 문화행사 정도

---

59 전승용, 유네스코 미디어 아트 창의도시 광주의 활성화 방안에 관한 연구-리옹, 삿포로, 린츠 시의 사례를 중심으로, 홍익대학교 미술대학원 석사논문, 2018년 2월, p.22.
60 오동욱, '동아시아 문화도시' 프로젝트의 성공적 운영을 위한 전략방안 연구, 지역과 문화, 5(3), 2018, p.2.

표 10-5 유네스코 창의도시 네트워크 가입 국내도시 현황

가입연도	국내가입 도시	가입분야
2010년	이천	공예와 민속예술
2010년	서울	디자인
2012년	전주	음식
2014년	부산	영화
2014년	광주	미디어 아트
2015년	통영	음악
2017년	부천	문학
2017년	대구	음악

로 치부하는 경향이 있고, 매스컴의 집중적인 관심을 받지 못하고 있는 상황입니다. 또한 추진주체 측면에서 국제적인 협력기구도 없기 때문에 통일적인 협력의 틀이 미약한 실정입니다.[61] 추진주체가 일시적인 한시조직 형태로 구성되어 있기 때문에 지속성과 안정성을 확보하지 못하는 한계[62]가 있습니다. 향후 제대로 발전시키기 위해서는 동아시아 문화교류를 추진할 국제적인 협력기구를 만들고, 협력기구의 산하에 동아시아문화교류를 추진할 전담 조직도 만들어야 할 것입니다. 또한 유럽문화수도의 경우처럼 동아시아문화수도 선정 역시 최소 5~6년의 준비

표 10-6 동아시아 문화도시 프로그램 개최도시

연도	한국	일본	중국
2014년	광주	요코하마	취안저우
2015년	청주	니가타	칭다오
2016년	제주	나라	닝보
2017년	대구	교토	창사
2018년	부산	가나자와	하얼빈
2019년	인천	도쿄도 도시마구	서안

---

61 홍익표, 이종서, Op. cit., 2012, p.153.
62 오동욱, Op. cit, 2018, p.6.

기간과 선정 절차를 거치도록 하여 그 과정에서 다양한 문화교류와 문화적 시너지 효과를 얻을 수 있도록 관련정책과 제도가 발전되어야 할 것입니다.

지금까지 개최된 동아시아 문화도시 프로그램은 <표 10-6>과 같습니다.

이런 사례들에서 알 수 있는 바와 같이 전 세계 도시들에서는 문화예술을 주제로 한 메가 이벤트를 개발하여 도시 브랜드를 강화시키고 기존의 도시 이미지를 개선시키며 궁극적으로는 해당 도시지역의 재탄생을 성공시키기 위한 다양한 프로그램들이 진행되고 있습니다. 이제는 도시가 문화관광이라는 수단을 통해 새롭게 브랜드 가치를 키우며 발전해가는 도시 브랜드시대가 도래하고 있습니다.

사실 유럽연합체는 경제적으로는 연합이 되었으나 아직은 정신적으로나 문화적으로 연합되어 있지 않는 '상상으로 만들어낸 이종 국가의 연대'라고 할 수 있습니다. 국가 간의 차이를 이해하고, 동시에 정신적인 연대감, 유대감을 형성하고 강화시키는 수단으로 문화만큼 강력한 접착제는 없습니다.

유럽문화수도 프로그램이 우리에게 주는 교훈은 서로 다른 언어, 인종, 문화를 가진 다국가들이 마치 하나의 국가처럼 연대감을 형성하기 위한 노력을 기울이는 것처럼 남한과 북한도 문화를 통하여 서로를 이해하고 사랑하려는 노력을 지속하고 결실을 얻어야 한다는 점입니다. 분단된 지 75년이 된 한반도는 같은 혈육이고, 같은 언어를 쓰지만 서로 다른 사상과 문화를 가진 타국보다 더 이질적인 문화적 차이를 갖게 되었습니다. 이와 같은 이질적 차이를 효과적으로 극복하고, 서로에 대한 불신과 마음의 상처를 제대로 치유하기 위해서는 지금부터라도 문화교류를 통한 상호간의 이해와 이질성 극복에 많은 노력을 기울여 나가야 할 것입니다.

영원한 신화가 된 빌바오의 기적

11장

제1절
세계를 놀라게 한 빌바오 효과

건물 하나로 도시 전체가 다시 살아날 수 있을까?

1999년 3월 31일자 워싱턴 포스트 기사는 다음과 같은 질문을 했습니다. "건물 하나로 도시 전체가 다시 살아날 수 있을까?" 좀 더 구체적으로 설명하면 캘리포니아의 한 건축가가 설계한 현대식 건물 하나가 쇠락해가는 스페인의 구산업도시 빌바오에 새로운 경제·문화적 삶을 불어넣을 수 있을까?"[1]라는 질문입니다.

이 질문이 의미하고 있는 도시는 스페인 북부 바스크(Bizkaia)주의 수도인 빌바오(Bilbao)입니다. 빌바오라는 도시는 19세기 철강, 조선업의 호황에 힘입어 바스크 지역의 사회경제적 중심지로 부상한 스페인의 대표적인 산업도시였습니다. 그러나 1980~1990년대의 빌바오는 극단주의 바스크 분리주의단체인 ETA의 폭력이 심각한 사회문제였고, ETA가 1977년 이후 스페인정부를 상대로 테러 캠페인을

---

1 Stefanos Skylakakis, The Vision of a Guggenheim Museum in Bilbao, Harvard Design School Case Study, 2005, p.1.

벌였기 때문에 도시는 피비린내 나는 분쟁에 휘말리게 되었습니다. 그 후 2006년 ETA와 휴전을 하게 됨으로서 빌바오의 르네상스가 시작되게 되었습니다.[2]

또한 1986년 철강산업과 조선산업의 불황으로 지역의 주요 경제원이었던 유스칼두나 조선소(Euskalduna Shipyard)가 폐쇄되어, 경제가 침체되었고 실업률이 급증하게 되었습니다. 지역 환경 역시 거친 날씨와 오염된 강, 외래객을 유치할 수 있는 문화예술의 부재 등으로 인하여 관광객이 찾아올 수 있는 환경이 아니었습니다. 미국의 유명한 건축가 프랭크 게리가 설계한 빌바오 구겐하임 미술관이 건립되기 전까지 빌바오라는 도시는 나쁜 이미지만을 가지고 있었습니다. 헤밍웨이는 빌바오를 "부유하지만 추한 광산도시"라고 묘사하기도 했습니다.[3]

이러한 악조건에도 불구하고, 유스칼두나 조선소가 폐업한지 11년만인 1997년 빌바오에 구겐하임 미술관이 건립되면서 예술이 도시를 변화시키는 놀라운 "구겐하임 효과" 또는 "빌바오 효과"라고 불리는 현대의 신화가 탄생되었습니다.[4]

전 세계를 놀라게 한 빌바오 구겐하임 미술관

1997년경 문화예술이 쇠락하고 있는 지역경제를 회복할 수 있는 전략적 수단이라고 생각하는 것은 믿기 어려운 아이디어었습니다. 하지만 테이트 모던과 테이트 리버풀의 건설을 통해서 지역 이미지가 개선되고 경제가 활성화되는 것을 실제로 경험한 영국의 런던 사람들과 리버풀 사람들은 문화예술로 도시를 살려내는 아이디어는 아주 효과적인 수단이라고 믿었습니다. 테이트 모던과 테이트 리버풀은 도시 수변공간도 변화시키고, 주변 도시환경도 획기적으로 변화시켰습니다. 그런데 빌바오에서 나타난 변화는 훨씬 더 극적이었습니다. 왜냐하면 스페인의 빌바오는 런던이나 리버풀처럼 세계적인 대도시가 아니었고, 관광객이 거

---

2 Rowan Moore, The Bilbao Effect: How 20 Years of Gehry's Guggenheim Transformed the City, The Guardian, 16 October, 2017.

3 Masboungi, Ariella, Bilbao, la Culture comme Projet de Ville, Paris: Editions de la Villette, 2001.

4 Silke N. Haarich & Beatriz Plaza, The Guggenheim Museum in Bilbao–at the Centre of a Creative City, Working Paper, April 2012, p.5.

의 찾아오지 않던 무명 중소도시였기 때문입니다. 더구나 환경오염까지 된 작은 중소도시가 구겐하임 미술관 건설로 100만 명이 넘는 외래 관광객을 유치하며 세계적 문화관광 도시로 급부상했다는 것은 '기적적인 신화를 창조'해낸 것이라고 말할 수 있을 만큼 엄청난 일이었습니다.

조각처럼 아름다운 빌바오 구겐하임 미술관

프랑크 게리가 설계한 빌바오의 구겐하임 미술관은 프랭크 로이드 라이트가 설계한 뉴욕의 구겐하임 미술관과 함께 20세기 위대한 건축물로 20세기 말 세계건축계의 랜드마크로 평가될 수 있는 명작입니다. 혁신적으로 뒤틀린 물고기와 흡사한 외형의 건축물은 신소재인 티타늄으로 제작된 '메탈 플라워(Metal flower)'가 물고기 비늘처럼 건물을 감싸돌면서 마치 물고기가 춤을 추는듯한 형태[5]를 하고 있습니다. 또는 거대한 배가 강물에 떠 있는 것 같은 모양으로 햇살 아래서 반짝이는 비늘이 다양한 광채를 발하며, 물에 반사되는 신비하고, 환상적인 작품으로[6] 건축물이라기보다 하나의 조각품과도 같은 건축물입니다. 당시 인테리어를 담당했던 하비에르 아자(Javier Aja)는 "빌바오 구겐하임 미술관 건축에 사용된 건축시스템과 재료의 80%가 완전히 혁신적이었다"[7]고 회상하고 있습니다. 영국 어반 빌리지 운동의 10대 원칙 중에는 지역성 있는 건축재료를 사용한다는 원칙이 있었습니다. 그처럼 아예 그 지역의 건축자재를 이용하여 지역의 대표성을 확

● Guggenheim Bilbao with Yves Klein's Fire Fountain artwork, 1961(fabricated in 1997)

---

5 안소민, 장동련, 홍성민, "도시의 디자인 혁신이 도시 브랜드 제고에 미치는 영향에 관한 연구", 디자인학연구, 제72호, Vol.20 No.4, p.135.

6 서수경, "감성적 접근에 의한 구겐하임 뮤지엄의 공간구성과 조형특성에 관한 기초연구 – 라이트와 게리작품 비교를 중심으로", 한국실내디자인 학회 논문집 제13권 6호, 2004, p.87.

7 Stefanos Skylakakis, Op. cit, 2005, p.14.

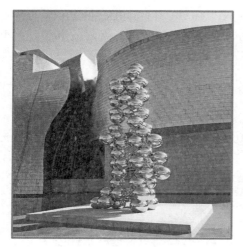

● Anish Kapoor, Tall Tree & the Eye, 2009

● Louise Bourgeois, Maman, 1999(cast 2001)

● Jeff Koons, Puppy, 1992

보하거나 아니면 이제까지 누구도 건축재료로 사용한 적이 없는 획기적이고 창의적인 건축재료와 디자인을 통하여 차별화시키는 전략도 훌륭한 도시관광전략이 될 수 있는 것입니다.

빌바오 구겐하임 미술관의 디자인은 첨단 3D 컴퓨터 소프트웨어 프로그램을 활용하여 아름다운 곡선적인 외형을 실현한 조각같이 아름다운 건축물입니다. 물고기의 자유로운 율동미를 느낄 수 있는 환상적인 곡선 디자인은 유럽 내 다른 미술관의 직선적이고, 경직된 모습과는 차별화되는 충격적인 조형물로 전 세계인의 관심을 집중시켰습니다. 이러한 점에서 빌바오 구겐하임 미술관은 소장 미술품보다 건축물 자체가 더 유명한 미술관이라고 할 수 있습니다. 아름다운 랜드마크 개발을 통한 도시의 예술화전략은 침체된 빌바오시에 활력을 주는 데 크게 기여하였습니다. 한편 미술관 입구에는 제프 쿤스(Jeff Koons), 루이스 부르주아(Louise Bourgeois), 아니쉬 카푸어(Anish Kapoor), 이브 클라인(Yves Klein) 등과 같은 세계적 미술가들의 멋진 공공미술작품이 여러 개 설치되어 빌바오 시민들의 문화생활을 더욱 수준 높게 만들어주고 있습니다. 이들은 세계 일류 미술관에 걸맞은 세계적 설치미술작들로서 빌바오가 문화관광도시로 우뚝 서는 데 여러모로 기여하고 있습니다.

제2절
빌바오의 도시재생전략계획

암울한 현실을 장밋빛 미래로 바꾸다

런던이나 리버풀은 지역 내 여러 산업과 기능들이 살아 있는 대도시라는 유리한 점이 있지만, 빌바오는 악명 높은 테러와 더불어 조선업, 철강업 등 주력산업의 쇠락으로 정치사회적으로 불안하고 경제적인 침체와 높은 실업률, 환경오염 등으로 도시가 심각하게 몰락해가는 상태였습니다. 구겐하임 관장인 후안 이그나시오 비다르트는 빌바오에서 태어나고 자랐는데 어린 시절 고향에 대한 기억은 "공장 폐쇄", "바스크 분리주의 단체 ETA의 폭력과 테러"와 같은 암울한 소식들뿐이었다고 말합니다. 이러한 어려운 상황에 직면한 지역주민과 정치인들은 위기의식을 심각하게 갖게 되었고 도시발전의 새로운 가능성, 지역경제를 새롭게 재생시킬 먹거리산업을 찾아내는 것을 최우선 과제로 삼을 수밖에는 없었습니다.

위기를 타파할 획기적인 도시재생전략을 추진하기 위하여 1989년 민간단체 성격의 빌바오 메트로 폴리 - 30(Bilbao Metropoli 30)와 주정부, 빌바오 등의 지방자치단체가 지분을 보유하고 있는 공공기관 빌바오 리아 2000(BILBAO Ria 2000)과 같은 새로운 민관합동조직이 설립되었고 전문가와 수많은 연구 토론을 행하며 '빌바오 도시재생전략계획'을 수립하였습니다. 동 계획의 결과 빌바오 메트로폴리탄 부흥계획을 수립하게 되었는데, 주로 수송 및 도시 인프라, 건축, 도시개발, 도시마케팅, 지역 인적자원 개발, 사회활동 활성화 등 8개의 핵심전략을 수행하는 내용이었습니다. 이 프로젝트 내용 중에서 가장 인상적인 것은 건축가 프랭크 게리가 설계해 1997년에 개장하여 빌바오시 도시부흥의 상징이 된 구겐하임 미술관 빌바오(GMB)입니다. 구겐하임 미술관 빌바오의 건설에는 총 1억 3,500만 유로가 투자되었고, 건물공사에만 8,400만 유로가 소비되었습니다. 그러나 빌바오가 세계적인 미술관으로 크게 성공하게 된 배경에는 미술관 건설 이외에 빌바오 도시재생전략계획에 속한 여러 가지 다른 프로젝트들이 함께 추진되었고, 엄청난 예산이 투자되었기 때문이기도 합니다.

빌바오 도시재생전략계획에 속한 프로젝트들 중에는 제철소와 조선소에서 발생시키는 시뻘건 오염물질이 마구 강으로 유입되는 것을 차단하고, 강바닥의 썩은 퇴적물을 걷어내어 심하게 오염된 네르비온강을 정화하는 수질개선 사업이 포함되어 있습니다. 빌바오정부는 오랜 시간 계속 수질개선을 준비하고 추진하였는데, 수로정화 및 청소 프로젝트에 총 9억 유로를 투자했습니다. 이 엄청난 비용은 공공재원에서 별도로 마련한 것이 아니고 25년 동안 수도세에 특별요금을 부과하는 식으로 조성하였습니다.

또한 빌바오 항구를 확장하는 프로젝트에도 7억 유로의 자금이 투자되었는데, 이 자금은 항구 자체적으로 자금을 조성해 조달하였습니다. 그리고 새로운 도시 지하철을 건설했는데, 모든 지하철 역사는 영국이 자랑하는 세계적 건축가 노만 포스터가 설계했습니다. 산티아고 칼라트라바(Santiago Calatrave)가 디자인한 새로운 공항을 건설하기도 했으며, 구겐하임 미술관을 트램이라는 첨단 대중교통 수단으로 연결시켜 교통 접근성을 개선시켰습니다. 빌바오 공항에는 새로운 터미널과 컨트롤 타워 및 활주로를 확장하는 공사에 1억 9천만 유로를 투여했는데 스페인 공항공사 AENA가 자금을 조달하였습니다. 그 외에 일본인 건축가 아라타 이소자키(Arata Isozaki)가 설계한 트윈 아티아 타워(Twin Atea Tower)[8]나 시저 페리스(Cesar Pellis)가 설계한 이버드로라 타워(Iberdrola Tower)와 같은 고층건물도 건설되었습니다.

● 빌바오 도시재생 프로젝트의 전후의 도시변화 비교

주요 문화예술시설로는 빌바오 구겐하임 미술관과 더불어 페데리코 소리아노

---

8 일본 건축가 Arata Isozaki가 설계한 바스크지역에서 제일 높은 상가와 주거공간이 혼합된 복합상업건물입니다.

400　제2편 | 세계적인 문화관광 성공신화: 사례와 분석

(Federico Soriano)와 도로레스 팔라시오스(Dolores Palacios)가 설계한 유스칼두나 음악당 (Euskalduna Juaregia)을 건설했으며, 아리아가 극장과 캄포스 엘리세오스 극장 등 여러 개를 새로 건설하였습니다. 오래된 알혼디가(Alhondiga)라는 건물은 리모델링하여 문화, 사회 및 체육이 혼합된 복합센터로 변신시키기도 했습니다. 그리고 도심 곳곳에 세계적인 일류 작가들의 공공미술과 같은 예술작품들을 설치했습니다. 8,500백만 유로가 투자된 유스칼두나 음악당 건설은 시의회가 토지를 제공하였고, 지방의회가 전액자금을 지원했습니다.

깨끗하고 쾌적한 친수공간으로 변신한 네르비온 강에 캄포 볼란틴(Campo Volantin)이 설계한 다리(Zubi Zuri White Bridge)를 신설하고, 네르비온 강을 따라 산책로와 자전거 도로를 조성하는 등 아름다운 수변환경을 개발하기도 했습니다.

이러한 각종 도시 인프라시설들을 신축하거나 개선하기 위하여 총 60억 유로라는 엄청난 재정을 투자하여 구겐하임 미술관 건설이외에 빌바오 전체 도시환경을 개선하는 종합적인 노력[9]을 병행 추진하였던 것입니다. 이 과정에서 새로운 일자리들이 많이 창출되었고, 25% 수준이던 지역 실업률을 8%로 감소시켰습니다. 위에서 언급한 지하철, 트램, 항구, 공항, 강변친수공간 등 공공 인프라 개선을 위한 프로젝트들이 동시에 진행되지 않은 채 빌바오 구겐하임 미술관만 건립했다면 세상을 놀라게 한 '빌바오 효과'라는 탁월한 성취가 일어나기는 어려웠을 것입니다. 빌바오가 문화예술도시로 세계적인 명성을 날리게 된 것은 단순히 미술관시설 하나만을 건설해서 된 것은 아니라고 생각합니다. 각종 공공 인프라시설들의 과감한 개발과 오염된 수질의 개선 그리고 항구·공항·지하철 등 교통시설, 숙박시설 등 다양한 도시관광시설들을 상호 연계해서 동시 추진하여 시너지 효과를 극대화시켰기 때문이었습니다.

거센 시민들의 반대를 무릅쓰고 이룩한 빌바오의 기적

빌바오를 야심차게 재탄생시키기 위한 빌바오 메트로폴리탄 부흥계획은 천문

---

9 Beatriz Plaza & Silke N. Haarich, The Guggenheim Museum Bilbao: Between Regional Embeddedness and Global Networking, European Planning Studies, 2015, pp.1458-1459.

학적인 투자가 필요했기 때문에 시작부터 논란이 많은 프로젝트였습니다. 단지 정치인들뿐만 아니라 시민들 또한 프로젝트 추진에 대해서 회의적이었습니다. 1988년 관련계획이 발표되자 화가 난 시민들의 반대는 거의 폭동 수준이었습니다. 쇠락하는 경제를 회복하기 위해 새로운 첨단제조업체를 육성하지 않고, 구겐하임 미술관이라는 미국 뉴욕의 문화시설을 유치하겠다는 데 대해서 시민들이 거센 반발을 하는 것은 어찌 보면 당연하기도 했습니다. 특히 새로운 미술관 건설을 위해 상당한 재정이 필요하기 때문에 정부로부터 보조금과 경제적 지원이 삭감되게 된 지역 문화단체들의 반대가 심했습니다.[10] 많은 사람들이 당시 빌바오시 시장에 대해, 유럽의 다른 도시들이 받아들이지 않는 제안을 받아들인 유럽에서 가장 바보 같은 시장이라고 욕하고, 구겐하임 미술관을 맥구겐하임이라고 조롱하거나 코카콜라 문화와 미국 제국주의를 장려하려 한다고 맹비난하였습니다. 그러나 시장은 이런 거센 시민들의 반대를 설득하고, 1990년 구겐하임 미술관 공사의 착공에 들어갔습니다.

빌바오 시민들의 강력한 반대에도 불구하고, 구겐하임 미술관 유치를 계획하였던 빌바오 구겐하임 미술관 후안 이그나시오 비다르트(Juan Ignacio Vidarte) 관장과 그의 팀원들은 아무리 어려워도 투자비용을 감축해서, 이류 미술관을 만들어낼 생각은 결코 없었습니다. 그들은 세계인의 눈과 마음을 사로잡을 수 있는 일류 미술관을 건설하고 싶어 했습니다. 비다르트는 "빌바오 프로젝트를 전 세계에 알리기 위해서는 건물의 얼굴이 무척 중요하다고 생각했습니다. 빌바오는 문화예술이 풍부한 런던도, 파리도, 뉴욕도 아닙니다. 그러므로 건축물의 구조는 독특해야 했습니다"[11]라고 당시에 자신이 가졌던 생각을 회상했습니다. 다행히 미술관 초기계획 단계에서 반대하였던 지역주민들도 미술관이 개장하자, 곧 그 가치를 인정하기 시작하였습니다. 만약 지역주민들의 거센 반발에 굴복하거나 좌절하여 구겐하임 미술관 건설을 포기하였거나 이류 수준으로 축소한 미술관을 건설했다면 지금 우리가 보고 있는 구겐하임 효과 혹은 빌바오 효과라는 엄청난

---

10 Ibon Areso, Bilbao's Strategic Evolution: The Metamorphosis of the Industrial City, Max Context Issue 30-31, 2015, p.8.

11 Rowan Moore, The Bilbao Effect: How 20 years of Gehry's Guggenheim Transformed the City, The Guardian,16 October, 2017.

역사적인 신화는 경험할 수 없었을 것입니다.

현재 우리나라에서도 문화예술을 통한 지역재생을 추진하겠다고 여러 지방에서 문화주도형 지역재생과 문화관광개발전략을 추진하고 있습니다. 그러나 그 프로젝트들을 살펴보면 대부분 아마추어 같은 예술가들과 지역주민들을 교육시키고 별로 특성이 없는 재생 프로젝트를 추진하면서 지역재생을 성공시키겠다는 목표를 가진 경우가 많습니다. 세부 프로그램 중에는 주부합창단, 취미동호회, 기타 문예교실 등 비슷비슷한 아마추어 수준의 생활형 프로그램들도 많습니다. 단순한 나열식 프로그램들은 복지사업에 속하는 것들로서, 문화예술로 해당 지역을 재생시키려는 프로젝트로는 너무 미약합니다. 거창하게 세운 목표를 달성하기에는 턱없이 부족한 사례가 많습니다. 지금이라도 진정으로 문화예술 발전을 통해 지역재생을 추진하길 원한다면 기존정책은 대폭적으로 수정해야 합니다. 빌바오와 같이 세계적인 문화의 중심지로 과감히 변신하려는 의지와 계획을 확고히 하고, 세계적 스타 예술가와 전문가들을 적극 활용하며 상당한 투자를 유치해나가는 발상과 행동이 필수적입니다. 그런 과정에서 주민들과 관광객 모두 만족할 세계 일류급 미술관이나 박물관, 음악당, 공연장, 문화센터 등 문화관련 인프라를 확충하며 교통체계, 거리환경, 수변공간 등도 일신해내는 종합적이고 중장기적인 관점에서 접근해 나가야 합니다. 정치인과 주민, 공무원, 전문가, 투자가, 기업가 등 지역 이해관계자들이 합심해서 일류 목표를 세우고 그것을 달성하려고 초지일관 자세로 노력해야 합니다. 그래야만 우리나라도 역사에 남을 수 있는 세계적인 프로젝트를 만들어내고 성사시킬 수 있게 됩니다.

세기의 거래

뉴욕에 있는 구겐하임 미술관의 빌바오 유치가 비교적 쉽게 이루어질 수 있었던 이유는 바스크 측과 구겐하임 측 모두 빌바오 구겐하임 미술관을 개관하여야만 하는 동기가 있었기 때문입니다. 먼저 바스크 측은 빌바오를 문화예술도시로 개발하기 위해서 세계적인 브랜드의 대형 미술관 설립을 모색하고 있었습니다. 그런데 전시를 할 만한 세계적 명성의 컬렉션이 없었고, 미술관을 운영하고,

관리를 할 만한 전문기술과 지식이 부족하다는 제약점을 가지고 있었습니다.[12] 구겐하임 측은 1980년대에 심각한 재정난을 겪고 있었는데, 재정상황을 개선하기 위하여 3천2백만 달러에 달하는 미니멀리즘 작품을 매각하기도 했지만, 부채는 계속 증가하는 어려운 상황이었습니다. 또한 미술품 컬렉션 중 95%가 전시되지 못하고 뉴욕 구겐하임미술관 지하 창고에 보관되고 있는 상황이었습니다. 이러한 이유에서 구겐하임 측은 기존 분관들 이외에 새로운 프랜차이즈 분관을 개발할 필요가 있었습니다.[13] 이를 통하여 미술관의 경제적인 어려움을 해소하고, 소장 컬렉션을 전시할 수 있는 충분한 공간을 확보하고자 했습니다. 이런 이유로 구겐하임측은 동경 등 여러 도시와 접촉하였지만 협상이 원만히 이루어지지 않고 있었는데, 그런 시점에서 만남을 가지게 된 빌바오 바스크측과 구겐하임 미술관 측은 '세기의 거래'를 원만하게 종결지을 수 있었습니다.

당시에 빌바오 관광객이 10만 명에 불과했는데 빌바오 미술관 건립을 계획하면서 외래 관광객 목표치를 연 50만 명으로 잡았습니다. 그런데 개관 첫해에만 130만 명이 관람해 관광수입으로 1억 4,000만 달러를 벌어들여, 미술관 건립 비용을 모두 회수하였습니다.[14] 1997년 개관한 이후 약 1천9백만 명의 방문객을 유치하였는데 그 중 70%는 외국 관광객이었습니다. 미국 뉴욕의 문화예술시설에 대한 조사에서는 외국인 관광객과 외지인의 비율이 10~20%정도 밖에는 안되었다는 점을 고려하면, 외국인 관광객이 70%라는 것은 정말 엄청난 실적입니다. 빌바오 구겐하임 미술관 건축비 1억 3500만 유로보다 더 많은 4,100억 원을 투자한 우리나라 국립중앙박물관은 하루 외국인 관광객이 평균 300명 내외에 그치고 있습니다.[15], 2014년 통계를 보면 입장객 2,904,439명 중에 외국인 관광객은 147,002명으로 5%에 불과합니다(2013년 서울시립미술관 외국인 입장객 비율이 4.3%).[16]

---

12 이은해, 유럽의 전통산업도시에서 문화·예술도시로의 변모: 빌바오에서의 '구겐하임 효과'에 대한 비판적 고찰, EU연구 제25호, p.124.

13 Stefanos Skylakakis, Op. cit., Harvard Design School, 2005.

14 제종길, Op. cit., 2018, p.334.

15 대한민국정책 브리핑, 국립중앙박물관 외국인관람객 하루 평균 300명, 2006년, https://news.v.daum.net/v/20060529175015159?f=o 2019년 2월 검색.

16 문화체육관광부, 2014년 주요관광지점 입장객 통계집, file:///C:/Users/USER/AppData/Local/Microsoft/Windows/INetCache/IE/643O30H8/ 2014년_주요관광지점_입장객통계집(최종).pdf. 2019년 3월 검색.

표 11-1 빌바오 구겐하임 미술관 방문객 수

년도	방문객 수
1997년 10월~12월	259,234
1998년	1,307,065
1999년	1,109,495
2000년	948,875
2001년	930,000
2002년	851,628
2003년	869,022
2004년	909,144
2005년	950,000
2006년	1,008,774
2007년	1,002,963
2008년	951,369
2009년	905,048
2010년	956,417
2011년	962,358
2012년	1,014,104
2013년	931,015
2014년	1,011,363
2015년	1,103,211
2016년	1,169,404
2017년	1,322,611
2018년	1,265,756
2019년	1,170,669

출처: Beatriz Plaza & Silke N Haarich, The Guggenheim Museum Bilbao: Between Regional Embeddedness and Global Networking, European Planning Studies, 2015. The Art Newspaper Statista, Annual Evolution of the Number of Visitors to the Guggenheim Museum Bilbao from 2010 to 2019.

국립중앙박물관이 용산으로 이전하기 전인 2004년에는 하루 외국인 관람객이 237명으로 전체 관람객의 4.36%에 불과하였다는 사실에 비추어 볼 때, 빌바오 구겐하임 미술관에 방문하는 외국인 관광객이 70%라는 것은 정말 대단한 수치입니다.[17]

2007년 이후 뉴욕 구겐하임 미술관과 빌바오 구겐하임의 입장객 통계를 살펴보면 2007년에 889,434명의 관람객이 방문한 뉴욕 구겐하임 미술관보다 1,002,963명의 관람객이 방문한 빌바오 구겐하임 미술관 입장객이 오히려 더 많았습니다. 그 외 뉴욕 구겐하임 미술관과 빌바오 구겐하임 미술관 입장객 수의 차이는 매년 큰 차이가 없다는 것을 알 수 있습니다. 입장객 수치에서 볼 때도 빌바오 구겐하임 미술관은 매우 성공적이라고 평가받을 수 있습니다.

완전히 새로운 '창조지구'의 개발

빌바오 구겐하임 미술관의 개관과 더불어 지역정부의 문화예술에 대한 최근의 정책이 변화하면서 빌바오 내 창작의 공간 배치에도 변화가 발생하였습니다. 문화예술 관련 시설들의 수는 1995년에서 2005년 사이에 크게 증가하였습니다. 이 시기에 박물관과 예술창작센터, 미술관, 골동품 사업체도 늘어났습니다. 이러한 시장의 확대는 창작 클러스터의 지리적 분포에도 영향을 끼쳤습니다. 빌바오의 창작시설은 두 곳으로 구분할 수 있는데, 화랑, 골동품 및 미술품 보존과 복원 사업이 집중되어 있는 아반도(빌바오 구겐하임 미술관의 위치), 다른 한편으로는 구도심으로 소매 수공예 사업이 밀집한 카스코 비에호(Casco Viejo)와 빌바오 라 비에하(Bilbao La Vieja)입니다. 아반도가 도시의 상업 예술 현장에 집중하여 주로 미술 소비에 중점을 두고 있고 반면, 구도심은 빌바오의 전위적 영역의 위치로서 예술 제작에 더 중점을 두고 있습니다. 이 두 지역은 서로 다르게 전문화하여 서로 다른 목표를 향해 도전하고 있습니다.

그런데 최근에 빌바오 라 비에하(Bilbao La Vieja)에 새로운 대체 예술 클러스터가

---

17 대한민국정책 브리핑, 국립중앙박물관 외국인관람객 하루 평균 300명, 2006년, https://news.v.daum.net/v/20060529175015159?f=o

생겨나고 있습니다. 관광지인 카스코 비에호(Casco Viejo)와의 근접성과 예술가들이 저렴한 작업공간을 이용할 수 있다는 장점은 창조적인 사람들과 예술가들뿐만 아니라 예술에 관심이 있는 사람들을 끌어들이는 데 도움을 주고 있습니다.

또한 구겐하임이라는 국제적인 프랜차이즈 예술기업의 그늘에서 벗어나기 위해서 바스크지역의 독자적인 예술의 중요성에 대한 관심이 증대되어 새로운 문화예술 촉진책이 필요하다는 목소리가 나오고 있습니다.

창의계급이론에 의하면 "지역경제 성장은 다양하고 새로운 아이디어에 대해서 관용적이고 개방된 곳을 선호하는 창조인들의 입지 선택에 대한 결정에 의해서 결정된다"[18]고 합니다. 빌바오의 젊고 창의적인 청년과 해외에서 유입된 창의적인 인재들에게 새로운 창조적 공간을 제공해주고, 바스크 지역문화예술을 활성화할 필요성에 대한 인식이 생겼습니다. 따라서 시의회와 지역개발조직에서 현재 도심

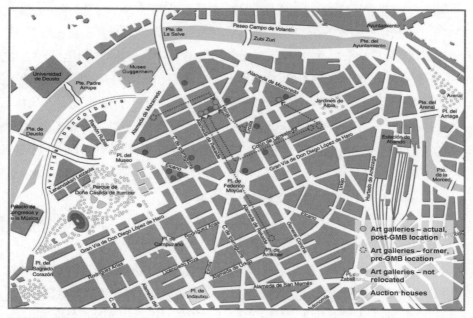

● 빌바오 도심의 예술 클러스터
출처: Beatriz Plaza, Manuel Tironi & Slike n. Haarich, Bilbao's Art Scene and the "Guggenheim effect" Revisited, European Planning Studies, Vol. 17, No. 11, November 2009, p.1721.

---

18 Digipen, Degree Programs. Campus Europe-Bilbao, 2010, p.223.

인 아반도(Abando)와 아방가르드 빌바오 라 비에하(avant-garde Bilbao La Vieja) 등에 예술창작 클러스터 외 완전히 새로운 '창조 지구'를 개발할 계획입니다. 그리고 빌바오는 문화예술도시로 성공적으로 변신한 후 제2의 발전을 위한 준비에 나서고 있습니다.

제3절
빌바오에서 일어난 놀라운 문화예술적 변화

맥구겐하임이라는 비판이 맞는가

빌바오 구겐하임 미술관은 도시개발에 새로운 신화를 썼습니다. 그 후 여러 나라의 정치인, 도시계획가, 학자들은 문화예술을 활용한 지역재생을 언급할 때마다 앞다투어 "빌바오 효과"라는 사례를 인용했습니다. 허나 빌바오 구겐하임 미술관에 대해서 항상 긍정적인 시선만이 있는 것은 아닙니다. 빌바오 미술관작품들이 주로 20세기 유럽과 미국에서 활약했던 예술가들의 것인 경우가 많고, 바스크지역 출신 지방 작가의 작품은 극소수만 전시되고 있다는 부정적인 시각도 존재합니다. 구겐하임 미술관이 바스크지방의 문화나 문화예술인과는 관계가 없고, 오히려 미국의 문화적 제국주의 확산의 거점이라는 표현으로 '맥구겐하임(McGuggenheim)'이라고 비판하는 목소리도 있습니다.[19]

또한 데이비드 하비(David Harvey)와 같은 학자는 도심의 대형 괴물(Downtown monster)[20]을 먹여 살리기 위해서 공공재정에서 막대한 예산을 투입하기 때문에 정작 어려운 도시 하층민을 위한 사회복지 예산 등이 줄어들게 되는 부작용이 있다고 주장하기도 합니다. 이러한 대형 프로젝트에 필요한 예산 확보를 위해서는 더 많은 세금이 필요한데, 이를 위해서는 일부 시민들이 희생하여야 합니다. 많은 예산 투자가 필요한 대형 프로젝트를 무리하게 추진하면 사회적 양극화를

---

19 이은해, Op. cit., p.137.
20 David Harvey, Space of Hope, University of California Press, 2000, p.141.

심화시킬 수 있고, 지역재정을 고갈시키는 하얀 코끼리 효과가 나타날 수 있습니다. 이러한 결과 지역사회의 분열을 증대시킬 수 있다는 우려가 나오기도 합니다. 그리고 경쟁에서 이긴 선택된 도시는 국제자본의 선도적 도시가 되고, 다른 도시들은 불확실한 침체 현상에 빠져드는 도시 분화 현상도 경험하게 됩니다.

빌바오가 관광객을 유치하고, 지역경제를 회생시키며, 국제적인 도시 이미지를 구축하는 데는 성공했지만, 도시의 불평등과 불균형 발전, 실업문제, 젠트리피케이션 등 사회문제를 해결하는 데는 실패했다라는 의견도 있습니다.[21] 또 구겐하임이라는 미국사회의 이질적인 문화가 바스크지역사회에 뿌리 내리지 못하고, 바스크지역 예술가들을 소외시킨다는 의견도 있습니다. 그리고 빌바오 구겐하임 미술관 하나로 인한 변화가 아니라 기타 거시경제 및 사회조건이 빌바오의 경제적 성공을 이루는 데 기여했다는 견해[22]도 있습니다.

이렇게 일부 전문가들의 비판적 견해가 존재하지만 국제사회에 거의 알려지지 않았던 이름 없는 빌바오라는 작은 소도시가 빌바오 구겐하임 미술관 건설로 인하여 전 세계에 모르는 사람이 거의 없는 국제도시로 변화한 것은 실로 엄청난 발전이라고 할 수 있습니다. 또한 빌바오 구겐하임 미술관이 건설되기 이전에는 빌바오에 관광을 오는 사람은 거의 전부가 상용여행자이거나 가족이나 친지 방문이었다고 합니다. 빌바오는 구겐하임 미술관 건설 이전에 관광이나 여가선용 목적으로 여행 오는 사람이 없는 일종의 관광불모지였는데, 일년에 백만 명 이상이나 되는 관광객이 방문해오는 세계적인 관광도시로 변화되었다는 것은 믿을 수 없는 현대판 기적 같은 현상입니다.

그러나 빌바오에서 구겐하임 미술관을 도입해서 세계적인 문화중심지로 탈바꿈하였다는 신화 때문에 우리나라도 세계적인 미술관을 추진하면 성공한다는 단순한 논리는 위험합니다. 빌바오 이후 여러 도시들이 지역재생을 위해서 막대한 재정을 투자해서 미술관을 건설하였지만 빌바오처럼 세계적으로 유명해진 곳은

---

21 Doucet. B., Global Flagships, Local Impacts, Proceedings of the ICE - Urban Design and Planning, 2009, pp.101 - 107.

22 Plaza, B. & Haarich, S. N., "a Guggenheim - Hermitage Museum as an Economic Engine?, Some Preliminary Ingredients for its Effectiveness", Transformations in Business & Economics, Vol.9(20), 2010, pp.128 - 138.

런던의 테이트 모던 등 소수 사례를 제외하고는 찾아보기 어렵습니다. 따라서 다른 미술관들이 실패하는 데 불구하고 빌바오가 성공을 할 수 있었던 그 이유를 여러 각도에서 충분히 분석해 볼 필요가 있습니다. 이하에서는 빌바오 구겐하임 미술관이 건설되고 난 후에 빌바오사회에 뿌리를 내리는 과정 속에서 발생하는 현상들을 살펴보면서 그 원인을 찾아보겠습니다.

돈으로 환산할 수 없는 상징적 가치를 얻다

빌바오 시민들이 지난 20년 동안 경험한 큰 변화는 그들 도시의 중심부에 새로 세계적 미술관을 건설하고, 경제적인 성과를 거두었다는 것만은 아닙니다. 가장 큰 변화는 오히려 지역주민의 자존심 회복과 빌바오시 지도자들의 태도 변화였습니다. 1980년대 지역주민과 지역 정치인들의 마음을 억눌렀던 도시 침체와 위기 상황에 대한 두려움은 점차 미래에 대한 보다 긍정적이고, 적극적이며, 열정적인 담론으로 바뀌었습니다.[23] 한 연구결과에 따르면 빌바오 지역주민의 56%가 빌바오 구겐하임 미술관이 설립되기 10년 전보다 건립 이후 빌바오에 대한 자부심이 높아졌다고 응답했다고 합니다. 실업률 증가, 환경오염, 정치적 불안정 등으로 우울하고 정신적인 고통을 당하던 빌바오 시민들에게 구겐하임 미술관 건립으로 세계인들의 관심이 집중된 문화도시로 부상하게 된 빌바오는 큰 자랑거리가 아닐 수 없습니다. 이처럼 주민들의 지역사회에 대한 애착과 자존감이 회복되었다는 것[24]이야말로 돈으로 환산할 수 없는 빌바오 구겐하임 미술관 건설의 큰 효과라고 할 수 있습니다.

특히 쇠락하던 구산업도시를 성공리에 아름다운 문화예술도시로 바꾸었다는 신화가 만들어지고, 그 이야기가 전 세계로 퍼져 나가면서 발생하는 홍보 효과 역시 금전적으로는 계산할 수 없는 효과를 빌바오에 가져다 주었습니다. 빌바오 재탄생이라고 하는 감동적인 신화는 흉물스런 구산업도시의 침울한 뒷골목이 관광명소로 탈바꿈을 하는 기적을 이루었다는 것과 같습니다. 구겐하임이 미국 뉴

---

23 Sara González Ceballos, The Role of the Guggenheim Museum in the Development of Urban Entrepreneurial Practices in Bilbao, IJIS, Vol.16 No.3, 2004, p.180.

24 Sara Gonzalez Ceballos, Ibid., 2004, p.180.

욕의 미술관이었기 때문에 전 세계 방송망을 독점하고 있는 미국 미디어 채널이 영어권 국가에 떠들썩하게 방송하여 비교적 용이하게 전 세계의 뉴스거리가 되었고, 빌바오 구겐하임 미술관은 개장 초부터 세계적인 브랜드가 되었습니다. 또한 빌바오 구겐하임 미술관이 개관한 1997년은 인터넷 붐이 시작되는 시점이었습니다. 뉴욕 구겐하임 박물관이 해외에 프랜차이즈로 건설된다는 획기적인 뉴스가 인터넷을 통하여 전 세계로 확산되어 많은 시너지 효과를 만들어냈습니다.[25] 문화브랜드는 미디어가 집중되는 글로벌 미디어 도시를 중심으로 형성됩니다.[26] 무엇보다 미디어의 중심에 본사를 두고 국제적인 명성을 가지고 있는 구겐하임 미술관이 아니고 빌바오가 자체적으로 개발한 미술관이었다면 미국 언론과 세계 언론의 집중적인 관심을 받지는 못했을 것입니다. 구겐하임의 세계적인 명성과 언론과의 밀접한 연계시스템이 작동될 수 있었기에 가능한 일대 사건이었습니다.

구겐하임 효과에 대해서 전 세계 언론이 집중적인 보도를 하면서 각국의 정책결정자들도 구닥다리 구산업도시에서 새로운 '도시문화관광' 중심지로 환상적인 변화를 한 빌바오에 대해서 많은 관심을 갖게 되었습니다. 각국의 정책결정자와 학자들이 빌바오의 도시재생에 대해서 배우기 위해서 단기적으로 빌바오를 집중 방문하는 도시정책관광(Urban Policy Tourism)붐이라는 새로운 현상까지 발생했습니다.[27] 빌바오에 와서 빌바오의 변화를 목격한 정치인 혹은 학자들은 자국에 돌아가서 세미나나 강좌에서 자신들이 목격한 빌바오의 변화에 대해서 대중을 대상으로 강연합니다. 빌바오가 지역재생 성공사례로 강연되는 과정에서 빌바오 구겐하임은 입소문으로 더욱 확대 재생산되어 신화가 되고, 더욱 유명해져서, 전 세계인들의 존경의 대상이 되고 상징적인 자산(Symbolic capital)[28]을 가지게 된

25 Plaza, B., Haarich S. N. & Waldron, C. M., Picasso's Guernica: The Strength of Art Brand in Destination e-Branding, International Journal of Arts Management, 15(3), 2013, pp.53-64.
26 Krätke, S. & Taylor, P. J., A World Geography of Global Media Cities, European Planning Studies, 12(14), 2004, pp.459-477.
27 González, S., Bilbao and Barcelona 'in Motion', How Urban Regeneration 'Models' Travel and Mutate in the Global Flows of Policy Tourism, Urban Studies, 48(7), 2010, pp.1397-1418.
28 Bourdieu, P., Distinction: A Social Critique of the Judgement of Taste, Cambridge, MA: Harvard University Press, 1984.
상징적 자산(Symbolic capital)은 사회학 및 인류학에서 사용되는 용어로 명예, 명성 또는 인정에 기초하

대표적 랜드마크가 되었습니다.

이와 같이 빌바오는 경제적인 효과에서도 성공적이었지만, 방송매체의 집중적인 보도와 더불어 각국의 정치인, 학자들의 방문과 사례연구 발표를 통해서 문화예술적인 명성을 얻게 되어 금전으로 환산할 수 없는 상징적 가치를 갖게 되었고, 지역주민이 자부심을 갖게 하였다는 무형적인 소득까지 매우 크게 성취해 냈습니다. 앞으로 문화시설의 예술적인 명성과 같은 상징적인 가치는 예술 브랜드 혹은 문화 브랜드의 의미와 정신적인 연계라는 관점에서 새롭게 인식되어야 하는 가치입니다.[29] 상징적인 가치는 돈을 준다고 손쉽게 얻을 수 있는 가치가 아닙니다. 상징적인 가치가 있는 명예로운 사람 혹은 사물은 사람들로부터 정신적인 친근감과 존경[30]을 받기 때문에 금전적 가치보다 소중한 무형의 브랜드 가치를 가지고 있습니다. 예술적 가치는 이러한 상징적 가치를 가지고 있습니다. 아무리 많은 돈을 준다고 해서 위대한 성인 혹은 영웅의 사회적 존경과 명예 그리고 상징적 가치를 살 수 있는 것은 절대 아닙니다. 마찬가지로 막대한 예산을 투자한다고 해서 빌바오라는 도시가 가지고 있는 '문화예술을 통한 지역재생의 신화와 명성'이라는 문화적 가치를 얻을 수 있는 것은 아닙니다. 상징적 가치측면에서 빌바오는 엄청난 성공을 거두었다고 말할 수 있습니다.

미술관 프랜차이즈라는 전대미문의 획기적인 혁신

또한 빌바오 구겐하임 미술관 이전의 미술관들은 프랜차이즈라는 개념과 비즈니스 벤처라는 다국적 기업 같은 경영 개념이 거의 존재하지 않았습니다. 이러한 국제적이고 상업적인시스템의 도입은 박물관과 미술관에 대한 오래된 고정

여 형성되는 무형적이고 비금전적인 자원입니다. 종교인이나 전쟁영웅은 자신들이 쌓은 사회적 업적과 선행으로 사람들의 존경과 인정 그리고 명성을 얻게 되는데, 이러한 명예는 금전적인 교환가치가 자산이 아닌 상징적 자산이라고 합니다. 도시의 건물도 예술적인 가치가 있거나 문화적 혹은 역사적인 의미가 있는 경우 상징적 가치를 가지고 있는 랜드마크가 됩니다.

29 Power, D. & Jansson, J., Constructing Brands from the Outside?, Brand Channels, Cyclical Clusters and Global Circuits, Edited by A Pike, Brands and Branding Geographies, Edward Elgar, 2011, pp.150 – 164.
30 Boschma, R., Proximity and Innovation: A Critical Assessment, Regional Studies, 39(1), 2005, pp.61 – 74.

관념을 깨뜨리는 인식과 패러다임의 전환이었기 때문에 더욱 언론이 관심을 가지게 되었을 것입니다. 한마디로 이제까지 듣지도 보지도 못하던 사건이 벌어진 겁니다. 이 시점을 계기로 미술관은 순수한 문화 프로젝트가 아니고 '지역경제발전 프로젝트'를 위한 정책적인 수단인 관계의 예술(Relational art)로 변화된 것입니다. 대도시뿐만이 아니라 빌바오와 같은 작은 도시에서도 프랭크 게리(Frank O. Gehry)와 같은 '유명한 스타 건축가(Starchitects)'가 핵심적인 요소가 되는 스타마케팅을 통한 전략적 도시개발계획이라는 새로운 시대가 시작되었습니다. 스타 건축가를 섭외하는 것 역시 구겐하임과 같은 국제적인 네트워크의 영향력이 결정적인 역할을 하였습니다.

빌바오 구겐하임 미술관 개장 이후에 리버풀과 세인트 아이브스(St Ives)의 데이트 모던, 렌즈(Lens)의 루브르 박물관, 메츠(Metz) 퐁피두센터, 암스테르담의 에르미다주(Hermitage), 아부다비(Abu Dhabi)의 루브르 박물관과 구겐하임 미술관이 빌바오처럼 프렌차이즈 경영방식을 도입하여 개장했습니다. 그러나 빌바오 구겐하임 미술관처럼 전 세계적인 미디어의 관심을 받지는 못했습니다. 빌바오가 이미 미술관의 국제 프랜차이즈 시대라는 새로운 장을 열었기 때문에 후발주자들은 동일한 시스템을 채용했지만 그만큼 신선한 뉴스거리는 아니었습니다. 그래서 항상 새로운 창조와 발명 그리고 혁신은 마케팅과 성공의 중요한 요소입니다. 남을 흉내내는 것, 누군가의 뒤를 따라가는 것이 아니고, 새로운 것, 놀라운 것, 참신한 것, 혁명적인 것의 예술적 가치가 참으로 중요한 것입니다.

빌바오 구겐하임 미술관은 상징적인 가치가 증대되고, 경제가 활성화되고, 창조적 도시환경이 조성되며 외국인 관광객 유치에 효과적인 엔진역할을 하였다는 것은 명백하게 증명되었습니다. 그러나 유명한 예술가와 창조적 인력 그리고 창조적 기업의 지역유치가 얼마나 많고 다양한 가시적 파급 효과를 가져왔는지에 대해서는 더 연구 분석이 필요한 분야입니다.

빌바오의 재생 과정이 성공했음을 확인할 수 있는 증거 중 하나는 2004년 베니스 비엔날레에서 건축전시부문 '치타 다쿠아(Citta D'acqua)' 부문에서 1등상을 수상하였다는 것입니다. 또한 빌바오시는 2010년 유럽에서 가장 뛰어난 행정도시로도 선정되어 엡사(EPSA 2010)상도 받았습니다.[31] 그리고 2010년 6월에는 도시

---

31 제종길 엮음, 김정원 감수, 지역주민과 정책결정자를 위한 도시재생학습, 자연과 생태, 2018, p.326.

변혁에 대한 공로를 인정받아 스웨덴 노벨 아카데미와 연계해 제정된 리콴유 세계도시상을 빌바오 시청이 수상하였습니다. 이 상은 '도시의 변혁과 몇 개의 상징적인 건물을 통해 경제적, 사회적 분위기를 얻는 것' 때문이 아니라, 빌바오측의 탄탄한 프로세스와 지원 인프라의 종합적 확충을 바탕으로 한 강력한 리더십과 체계적이고, 장기적인 계획과 추진이 도시 변혁성공의 핵심 요소라는 것을 뚜렷이 보여줬습니다.[32]

지역사회에 뿌리내리려는 구겐하임 미술관의 노력

위에서 언급한 바와 같이 초기계획단계에서부터 빌바오 구겐하임 미술관에 대해서 미국의 문화제국주의의 해악이라는 비판이 있었고, 서구작가 중심이고 바스크지방 작가들은 소외된다는 부정적인 시각이 존재했습니다. 이러한 염려처럼 미국에서 수입되어 온 구겐하임 미술관이 지역사회에 뿌리를 내리는지, 그렇게 못하고 있는지 아니면 착근성이 강화되었는지를 연구한 논문들을 통해서 살펴볼 필요가 있습니다. 또한 구겐하임 미술관이 가지고 있는 국제적인 문화 네트워크를 통한 글로벌 연계가 제대로 이루어지고 있는 것인지에 대해서도 함께 살펴보고자 합니다.

지역사회 일부 문화단체들의 부정적인 시각에 불구하고 바스크지역의 문화예술 경제의 성장에 빌바오 구겐하임 미술관은 많은 긍정적 영향을 미쳤습니다. 빌바오 구겐하임 미술관에는 15,800명의 회원으로 구성된 미술관 친구들이라는 프로그램이 있는데, 루브르 박물관이나 테이트 갤러리 같은, 전통이 오래된 미술관들에 이어 유럽에서 세 번째로 큰 애호가 조직입니다. 미술관 친구들이라는 민간 우호단체와 150개의 후원기업은 빌바오 구겐하임 미술관의 재정에 크게 기여하고 있습니다. 현재 미술관 수입이 100 유로라면, 민간후원이 70유로를 차지하고 나머지 30유로를 지방정부에서 조달하고 있습니다.[33] 빌바오 구겐하임

32 URA-Urban Redevelopment Authority Singapore, Inaugural Lee Kuan Yew World City Prize 2010 Laureate, 2010, www.leekuanyewworldcity.comsg/home.html
33 Haarich, S. N. & Plaza, B., Op. cit., 2012, p.5.

미술관 개관 이후에 민간예술 후원자들이 많이 증가했는데, 구겐하임 이전에는 민간 예술후원이 거의 존재하지 않았다고 합니다. 이렇게 구겐하임 미술관이 빌바오에 들어서면서 미술에 대한 지역사회의 관심과 후원이 생기기 시작했다는 것은 구겐하임 미술관이 지역사회에 새로운 문화를 뿌리내리고 있다는 긍정적인 효과를 반영하는 것으로 봅니다.

빌바오 구겐하임 미술관은 처음에는 지역 예술가들의 작품이 전시되거나 소장되는 사례가 거의 없었습니다. 그러나 미술관은 지역예술가들의 참여를 증가시키기 위해서 1998년 크리스티나 이글레시아스(Cristina Iglesias), 1999년 에두아르도 칠리다 회고전(Eduardo Chillida retrospective), 스페인 바스크 미술가 6인의 작품전과 2000년 호르헤 오테이자 회고전 등 지역예술가들의 전시를 개최했습니다. 현재 바스크 지역예술가의 전시 횟수는 한정되어 있지만, 향후 스페인 바스크의 미술 이미지를 세계에 홍보하고, 발전시키는 데 도움이 될 것입니다.

2008년, 구겐하임 빌바오가 작품을 컬렉션한 작가 총 51명 중에 21명이 스페인 작가였으며, 그 중 14명은 바스크 작가(27.5%)였습니다. 2012년에는 70명의 작품을 매입하였는데 30명은 스페인 작가이고, 20명은 바스크 출신(28.6%)이었습니다. 이와 같이 구겐하임 미술관은 스페인 작가와 지역향토작가들의 작품을 컬렉션하면서 지역사회에 뿌리를 내리기 위한 작업을 꾸준히 진행하고 있습니다. 또한 구겐하임의 국제적인 네트워크를 통해서 바스크지역 작가들의 해외진출과 바스크 문화를 국제사회에 알리는 효과도 기대할 수 있습니다. 그리고 젊은 지역 예술가를 위한 새로운 지원 프로그램을 통해 젊은 예술가들을 지원하는 프로그램을 진행하고 있습니다. 이 프로그램은 2012년에 시작되었는데, 바스크지역에 거주하는 젊은 예술가들을 '월 구겐하임 빌바오(Wall Guggenheim Bilbao)' 프로그램을 통해서 빌바오 구겐하임 미술관에 자신의 작품을 발표하도록 초대했습니다. 2012/2013 시즌, 75명의 출품작가 중 6명의 청년 아티스트를 선발하여 작품을 전시하였습니다.[34]

빌바오 구겐하임의 주요 관심사 중 하나는 성인, 아동 그리고 청소년을 위한 예술과 문화를 통한 교육입니다. 특정 교육 프로그램은 온라인교육 자료, 미술관 가상 투어 프로그램, 박물관 내 교육공간, 어린이 활동 프로그램 등이 있습니

---

34 Plaza, B. & Haarich, S. N. Op. cit., 2015, p.1466.

다. 이러한 교육 프로그램의 수혜자는 2011년 한 해 동안 640,000명 이상인 것으로 추산됩니다. GMB는 전시회 조직과는 별도로 문화 활동 및 이벤트를 개최하고 있습니다. GMB는 젊은이들을 위해서 정기적으로 '고전적인 구겐하임 빌바오의 밤'이라는 행사를 진행하고, 국제적인 DJ가 이끄는 음악행사와 미술관 전시가 결합된 행사를 개최합니다.[35]

빌바오 구겐하임 미술관은 문화 이벤트와 기업이벤트를 개최하는 명소이기도 합니다. 2011년 미술관은 리셉션, 디너 파티, 수상식, 신상품 소개행사 등 다양한 종류의 80가지 특별 이벤트를 주최하며 사회적 기능을 수행하고 있습니다.

그리고 빌바오에는 바스크지역 미술대학, 사립 듀스토대학, 몬드라곤대학 등 3개의 대학교육기관이 있는데, 바스크지역 미술대학원은 전통 미술대학으로 문화재의 예술, 창조 디자인, 복원 및 보존분야에서 학위제도를 운영하고 있습니다. 그런데 빌바오 구겐하임 미술관 개관 이후 이 학교에는 입학 지원자와 외국인 유학생이 늘어나고 있습니다. 실제로 빌바오 예술학교의 에라스무스 교환 프로그램은 1997년부터 2006년까지 50% 이상 증가했는데, 이는 어느 중소도시에서도 볼 수 없는 상당한 성장입니다. 빌바오 구겐하임 미술관의 개관은 미술교육에도 많은 영향을 미치고 있음을 알 수 있습니다.

지역문화예술의 발전을 위한 지역 예술단체들의 활약

구겐하임 미술관의 개관 이후 빌바오시정부는 단순하게 국제 관광객을 유치하고, 언론에 지역문화를 홍보하는 수준이 아니고, 지역 내의 창의적인 인물과 예술가를 육성하는 분야에도 중점을 두고 있습니다. 관련 문화예술 창작분야를 지원하기 위한 여러 민간예술단체와 공공예술단체가 발족되고 있습니다. 예를 들어, 빌바오 아르테(Bilbao Arte), 빌바오 비즈카이아 쿠텍사(Bilbao Bizkaia Kutxa, BBK), '시립전시 네트워크(Municipal Exhibition Network, MEN), CREATIVITY ZENTRUM(CZ)', 유럽 빌바오 디지펜 기술연구소(DigiPen Institute of Technology Europe - Bilbao)가 발족되어 왕

---

35 Guggenheim Museum Bilbao Foundation Annual Report 2011, https://www. guggenheim - bilbao - corp.es/wp - content/uploads/2012/06/MEMORIA - 2011 - ENG.pdf.

성한 활동을 하고 있습니다.

빌바오 구겐하임 미술관이 개관한 다음 해인 1998년에 창립된 빌바오 아르테(Bilbao Arte)[36]는 빌바오 시의회 문화부 소속 예술제작센터입니다. 이 조직은 젊은 크리에이터들에게 스튜디오공간, 워크숍, 디지털 이미징, 조각, 사진, 영화 세트, 문서 센터 및 영사실의 이용 편리성을 제공해주고, 예술적 아이디어를 개발하는 데 필요한 수단과 인프라를 제공합니다. 빌바오 아르테의 주요 목표는 젊은 예술가들이 현대예술창작작업에 필요한 모든 수단을 동원하여 작품을 창조할 수 있는 이상적인 작업에 환경을 제공하는 것입니다.

빌바오 구겐하임 미술관의 등장은 도시의 전통적인 예술적 초점을 흔들었기 때문에, 빌바오 아르테의 목표는 이 도시에 보다 현대적인 예술 공동체를 만들려는 것이었습니다. 이 전략은 현재 점진적으로 구체화되고 있습니다. 빌바오 아르테 재단(Bilbao Arte Foundation)은 유럽 및 미국의 다른 예술 제작 센터와 안정적인 협력 관계를 유지하고 있는데, 빌바오 아르테의 전속 예술가들이 약 2개월 동안 다른 기관에서 프로젝트를 개발할 수 있을 뿐만 아니라, 지역사회의 다양한 조직에서 새로운 것을 배우고 정보를 교환할 수 있게 해줍니다. 빌바오 아르테는 231명에게 장학금(1999~2010년)을 제공하는 등 예술가들에게 재정적인 지원을 했습니다. 빌바오 아르테가 좀 더 생산지향적인 미술시장을 개발하는 데 기여했다는 점이 강조되는 포인트입니다. 따라서 빌바오 아르테는 빌바오에 많은 외지 관광객이 방문하였지만, 독자적으로 창조되지 않은 도시이미지라는 점에 대한 반성으로 지역예술 창작환경을 조성하고, 지역 특유의 예술작품 창작을 추구하고 있습니다. 그러나 빌바오에는 마드리드와 바르셀로나와 같은 예술적, 문화적 명성이 없기 때문에 강력한 혁신 주도의 예술생산 과정을 지원하는 데 필요한 지역 내 경제적 후원이 부족한 편입니다. 경제적인 후원이라는 측면에서 빌바오의 예술가 네트워크는 저축은행인 빌바오 비즈카이아 쿠텍사(Bilbao Bizkaia Kutxa, BBK)의 지원을 많이 받고 있습니다. BKK는 일반 은행이지만, 법에 따라 수익의 일정액이 사회적 목적을 위해 투자되어야 합니다. 현재 BBK는 빌바오에서 예술을 위한 핵심 금융 플랫폼의 역할을 하고 있습니다.

---

36 Bilbao Arte, Annual Report. Bilbao City Council, 2008, www.bilbaoarte.org

빌바오에서 문화예술창조를 지원하는 또 다른 핵심 지역단체는 '시립전시 네트워크(Municipal Exhibition Network, MEN)'입니다. MEN은 빌바오지역에 위치한 8개의 전시공간으로 구성되어 있으며, 시의회에서 운영하고 있습니다. MEN은 사전 신청을 통해 지역 예술가들에게 작품을 무료로 전시할 수 있는 기회를 제공해주고 있습니다.

예술가들에 대한 또 다른 민간 지원단체는 Creativity Zentrum(CZ)[37]입니다. CZ는 바스크지역의 창조산업의 성장을 촉진하기 위한 연구개발기업입니다. 이 단체의 목표는 문화경제 활동의 새로운 초점을 만들고, 능력 있는 인재를 육성하며 양질의 고용을 창출하는 것입니다. 이뿐만 아니라 도시와 국제적인 연계를 만들어 세계적인 창조 네트워크를 빌바오에 자리 잡게 하겠다는 목표도 갖고 있습니다. CZ은 경험이 풍부한 기업가들로 구성되어 있으며, 덴마크의 데이비드 패리쉬나 카오스필롯과 같은 국제적인 협력자들의 조언과 평가를 받고 있습니다.

CZ(Creative Zentrum)는 뉴욕 영화 아카데미, 런던 패션대학, 리버풀 공연예술연구소, 국립 영화 텔레비전 학교 등과 같은 국제적인 교육기관과의 협력적 교육 프로그램을 개발하는 것을 돕기 위해 국제적 전문기관과 계약을 맺고 있습니다. CZ는 영화방송, 패션, 제품 디자인, 현대음악 및 공연예술, 비디오게임개발, 라디오와 텔레비전의 분야에서 전문적인 교육과 훈련 프로그램도 제공하고 있습니다.

마지막으로 빌바오 상공회의소와 미국의 디지펜 기술연구소(DigiPen Institute of Technology USA)가 설립한 비디오게임과 애니메이션분야의 혁신 전문학교인 유럽 빌바오 디지펜 기술연구소(DigiPen Institute of Technology Europe - Bilbao)가 있습니다. 빌바오에 있는 연구소는 2010년 9월 개교한 유럽 최초의 디지펜 캠퍼스입니다. 실시간 대화식 시뮬레이션으로 과학 학사 및 애니메이션 제작 미술학사라는 두 가지 학위 프로그램을 운영하고 있습니다. 이 학교의 주요 목표 중 하나는 바스크지역에 현대적인 비디오 게임과 관련 게임부문을 개발하고 홍보하는 것입니다.

이와는 달리 빌바오 구겐하임 미술관의 개관은 바스크지역의 기존 미술관과 박물관부문의 상황을 많이 개선시켰습니다. 지역정치가와 주민들 그리고 지방정부의 문화예술에 대한 관심이 증가해서인지, 빌바오에 있는 기존 미술관과 박물

---

37 Creativity Zentrum Bizkaia, Industrias Creativas. Report Anual 2009, www.creativityzentrum.com

관에 새로운 공공 투자와 리모델링이 많이 이루어졌습니다. 구겐하임과 가까운 아반도이바라(Abandoibarra) 신레저지역에는 해양박물관을 새로 건립하였고, 미술관과 바스크민족지리박물관, 복제박물관 등 3개 박물관을 개축하여 관광객의 증가에 발맞추고 있습니다. GMB의 개장은 바스크 지역 비토리아(Vitoria)의 현대 미술관(Artium)이나 에르나니(Hernani)의 칠리다 리쿠 박물관(Chilida Leku Museum)이 설립되도록 자극[38]함으로써 바스크 지방의 다른 도시에도 고급 박물관이 설립되도록 하는 데 여러 가지 긍정적인 영향을 주었습니다.

---

[38] Haarich, S. N., Plaza, B., Op. cit., 2012, p.5.

절망을 극복한 유럽 산업도시들

12장

제1절
오염된 폐광산이 문화중심지로 탈바꿈한 독일 루르지역

독일 루르지역에서 시작된 '라인강의 기적'과 '한강의 기적'

독일 루르지역은 중공업과 탄광중심 지대로 독일의 산업혁명과 '라인강의 기적'이라는 눈부신 경제성장의 원동력이 되었던 본거지입니다. 그리고 이곳은 1960∼1970년대 수많은 한국인 광부들이 목숨 걸고, 지하갱도에서 석탄을 캐는 고통스런 노동을 했던 시련의 세월을 간직한 곳입니다. 이곳 독일 땅에서 광부나 간호사로 근무했던 선배들의 피땀 흘려 모은 돈이 한국으로 송금되었고, 그 돈으로 '한강의 기적'이 일어나게 되었습니다. 그 후 40년이 지난 현재 한국은 첨단 전자제품과 자동차 등을 수출하는 첨단기술 수출국으로 천지개벽하였습니다. 그래서 독일의 '라인강의 기적'과 대한민국의 '한강의 기적'은 역사적으로 서로 깊이 연결되어 있고, 떼려야 뗄 수 없는 인연이 있습니다.

독일 제조업의 중심이었던 루르지역(Ruhrgebiet, Ruhr)은 노르트라인 베스트 팔렌(North Rhine Westphalia)이라는 독일 연방주에 속해 있는 53개 도시연합으로서 인구 약 230만 명이 거주하고 있는 지역입니다. 이 지역은 전통적으로 산업지대, 환경훼손지대, 저소득층 하층민과 문맹자들이 많은 지역이었습니다. 1655년에 두이스브르그 대학(University of Duisburg)이 설립되었지만, 1818년에 폐쇄되었습니다. 그 후 오랫동안 대학이 없었던 이 지역에 1965년 루르 보쿰 대학(Ruhr University of Bochum)이 설립되었고, 1968년 도르트문트 대학도 설립되었습니다. 그 후 에센 대학, 쾰른 대학 등 연구역량이 있는 대학들이 계속 들어서서 루르지역에 필요한 기술과 전문화된 인력을 양성해내고 있습니다.

루르지역은 라인강, 엠셔강, 리페, 루르라는 4개의 강이 통과하고 있습니다. 그래서 지역의 강의 이름에 따라 3가지 지역으로 구분하고 있습니다. 1) 루르지역(베르덴, 하팅겐, 위텐, 하겐과 슈베르테) 2) 엠셔지역(오버하우젠, 보트롭, 겔젠키르헨, 헤른) 3) 리페지역(베셀, 도르스텐, 말, 뤼넨과 햄)이 그것들입니다. 루르의 산업 중심지는 엠셔지역과 리페지역의 중간에 위치하고 있습니다. 산업혁명과 더불어 루르지역은 독일의 산업혁명에 필요한 석탄과 코크스를 생산하는 중심산업도시로 성장했습니다. 그 결과 독일 전역에서 일자리를 찾기 위해서 많은 사람들이 루르지역으로 이주해 왔습니다. 1850년에 인구 400,000명이던 소도시에서 1925년에는 인구 3,800,000명

● 루르지역 지도
출처: Dietwald Gruehn, Paradigm Shift in the Ruhr Region: From Industry to Innovation-From Grey to Green, 2013.

에 이르는 대도시지역으로 급성장하였습니다.[1] 호황기에는 석탄을 검은 황금 (Schwarzes Gold)이라고 불렀을 정도로 석탄산업은 루르지역 부의 원천이었고, 주력 산업이었습니다.

전 유럽의 탄광과 조선소가 줄도산하다

잘 알고 있듯이 산업혁명의 원동력이었던 석탄은 원초적으로 매장량의 한계 가 있어서 고갈되는 자원입니다. 20세기 후반에 들어서자 미국과 기타 국가로부 터 값싼 석탄이 수입되고, 석탄의 대체품인 원유와 천연가스가 등장하면서 루르 지역 내 탄광들이 많이 폐쇄되고, 광부들은 직장을 잃게 되며 지역경제가 급속 히 황폐화되기 시작했습니다.[2] 1986년에는 독일 에센의 촐퍼라인 탄광이 폐업하 였고, 1993년에는 코크스 공장이 가동을 중단했습니다. 1988년에는 에센의 크룹 철강회사 용광로가 폐쇄되면서 4,000명의 노동자들이 실업자가 되었고, 1997년 에는 도르트문트 제철소 티센 크룹(Thyssen Krupp)이 가동을 중단했습니다. 루르지 역의 경제주축이던 탄광과 코크스 공장 그리고 제철소가 연속적으로 폐업에 들 어가자 엄청난 실업자가 발생하고, 지역경제와 도시구조가 붕괴하는 현상은 지 역 경제에 상상을 초월하는 파괴적 결과를 발생시켰습니다. 이러한 탈산업화 현 상은 독일뿐만 아니었고, 1986년에는 스페인의 빌바오 조선소, 스웨덴의 말뫼 코쿰스 조선소, 1987년 프랑스 낭트 조선소 등도 모두 폐업하게 되는 사회적 변 화였습니다. 특히 유럽 여러 나라들의 조선소가 줄도산하게 된 원인은 한국과 중국 그리고 일본 조선업과의 경쟁에서 떨어졌기 때문이었다고 합니다. 유럽 내 조선업과 철광업, 탄광을 중심으로 한 석탄산업 등 과거 구산업에 의존하던 도 시들은 계속 경쟁력을 잃고 새로운 산업과 성장동력을 찾아야만 하는 절박한 위 기 상황에 처하게 되었습니다.

루르지역 또한 석탄광산과 제철소, 제철업 원료인 코크스 제조업체가 다수

---

1 Sonja Ćopić et al., Transformation of Industrial Heritage – an Example of Tourism Industry Development in the Ruhr Area(Germany), Geographica, Pannonica 18(2), 2014, p.45.
2 Hospers, G., Industrial Heritage Tourism and Regional Restructuring in the European Union, European Planning Studies, 10(3), 2002, pp.398 – 404.

폐업하게 됨에 따라 계속 인구가 감소하고, 경제가 침체되며, 도시가 황폐화되었습니다. 에센(Essen)이나 겔젠키르헨(Gelsenkirchen)과 같은 도시는 2~3년 동안에 약 100,000명의 인구가 줄어들고 실업률이 증가하여, 독일에서 가장 빠르게 인구가 감소하는 도시가 되었습니다.[3] 더구나 이 지역의 많은 광산들은 지하 채광을 했던 탓으로 지반 침하의 위험이 있어서 지하 하수구를 설치할 수가 없어서 엠셔강의 강줄기를 변경시키고, 운하화하여 산업폐기물과 생활폐기물을 강을 통해 폐기하는 개방된 하수구를 만들었었습니다.[4] 이로 인한 강물의 오염은 심각한 상태가 되었습니다.

그리고 탄광 채굴로 인해 발생하는 폐기물의 양이 엄청났는데, 그전 폐기물들이 쌓여서 인공 언덕을 형성하기도 했습니다. 폐기물이 쌓여서 만들어진 언덕을 팁스(Bergehalden, Tips)라고 하는데 가장 높은 팁스는 해발 152.5m 높이에 달해서 멀리서도 볼 수 있을 정도였다고 합니다.[5] 특히 석탄폐기물이 쌓여서 형성된 팁스(Tips)를 대상으로 오염물질을 정화한 후에 다시 녹지 자연환경으로 복원하는 프로젝트를 수행해야만 했습니다. 루르지역은 경제적인 문제도 심각했었지만, 환경오염문제와 사회 전반적으로 암울해진 분위기로 지역주민의 절망감이 지역 전체로 확산되는 문제가 큰 상태였습니다.

루르지역의 제반 문제들의 해결을 위한 도시계획 프로젝트

루르지역에 관한 대다수 연구논문에서는 루르지역의 자연 환경개선을 위한 노력이 1989년 IBM 엠셔공원에서 처음 시작된 것으로 서술하고 있습니다. 그러나 1912년부터 시작된 지역 그린벨트의 확보와 지역개발계획의 역사에 대해서 언급하지 않는 것은 단순히 엠셔조경공원 프로젝트로 루르지역의 모든 환경문제

---

3 Dietwald Gruehn, Paradigm Shift in the Ruhr Region: From Industry to Innovation – From Grey to Green, 2013, p.26.
4 LaBelle, M. J., Emscher Park, Germany: Expanding the Definition of a Park, The George Wright Society Forum, 18(3), 2001, p.23.
5 Bottmeyer, M., Land Management of Former Industrial Landscapes in the Economic Metropolis Ruhr, FIG Working Week, 2011, p.49.

가 쉽게 해결된 것으로 지나치게 단순화시키는 중대한 오류를 일으킬 수 있습니다. 마치 장미꽃을 분석하는 데 있어서 장미꽃이 핀 아름다운 모습만을 설명하고, 씨앗을 뿌리고, 물과 비료를 주고, 싹을 틔우며, 1년 동안 정성을 다해서 키워온 과정에 대해서 언급하지 않는 근시안적인 분석인 것과 같습니다. 녹색공간의 영향을 정확히 판단하기 위해서는 오랜 동안의 계획과정과 점증적인 물리적 변화로 인하여 발생하는 부분과 단순히 단기간의 조경공원 프로젝트만으로 인하여 발생하는 부분 두 가지 요소를 모두 고려해야 합니다.

또 한 가지 연구논문들에서 간과하고 있는 것은 루르지역에는 콘서트홀과 극장, 그리고 박물관이 다수 있었고, 지역의 문화예술 소프트웨어와 문화산업의 인프라스트럭처가 이미 어느 정도 개발된 곳이었다는 것입니다.[6] 그리고 루르지역의 에펠탑, 촐퍼라인 탄광을 대표하는 12번 수직갱도는 우수한 건축가가 디자인을 한 건축사적인 가치가 있고, 심미적인 건축작품이기도 했습니다. 우리나라 강원도의 사북 탄광이나 정선지역과는 문화환경의 기반이 전혀 다른 지역입니다. 그런데 루르지역에서 가능했기 때문에 우리나라 사북 탄광이나 정선과 같은 오지 폐탄광지역에도 탄광시설을 문화시설로 리모델링하면 성공할 것이라는 지나치게 단순화된 논리는 맞지 않습니다. 사북 탄광이나 정선의 문화시설 수와 그린벨트개발 상황 등 기타 다른 환경도 함께 비교 연구를 해보아야 합니다. 문화관광개발은 단순히 문화예술 관련 건축물만 건설한다고 성공하는 산업은 결코 아닙니다. 루르지역처럼 예술가의 질적인 수준, 지역주민의 문화적 역량, 지역 대학과 연구자 그리고 건축가들의 역량 등 해당 지역의 문화적 소프트웨어의 질적 수준이 잘 갖추어져 있는지도 사전에 꼭 비교 검토하여야 합니다. 스페인의 빌바오나 프랑스 낭트의 경우에도 지역재생 방법으로 좋은 사례로 소개되는 경우가 있는데, 빌바오시는 구겐하임 미술관 하나만을 개발하여 세계적인 관광지가 되었다는 단순한 주장은 잘못된 관점이라 할 수 있습니다.

앞에서 살펴보았듯이 빌바오는 구겐하임 미술관개발만으로 성공한 것이 아니고, 하천 정비, 지하철 건설, 공항 건설, 음악당 건설 등 다양한 인프라스트럭처들

---

6 EU 문화수도 프로젝트, 2010년 유럽문화수도 독일 루르(Ruhr), https://cafe.daum.net/ArtManage/GpJa/121?q=%EB%A6%AC%EB%B2%84%ED%94%8C%20%EB%AC%B8%ED%99%94%EC%88%98%EB%8F%84

과 소프트웨어개발을 종합적으로 추진했기 때문에 성공할 수 있었던 것입니다.

루르지역의 그린벨트 구상은 1912년 슈미드(R. Schmidt)에 의해서 주장되었고, 루르지역의 환경문제를 해결하기 위한 녹지확보 노력은 이미 1920년대부터 시작되었습니다.[7] 1960년에는 SVR(Siedlung Verband Rubrkohlen)에 의해서 아트라스(Atlas) 계획이 시작되었습니다. SVR이 주도한 아트라스계획은 녹색지역을 중요한 핵심 공간에 배치하는 것을 골자로 한 루르지역의 오픈 스페이스 보호라는 매우 중요한 개념을 도입한 기념비적 계획이었습니다. 그리고 1966년에는 지역 그린벨트 (Regional green belt)라는 개념이 포함된 루르지역 지역개발계획(Regional Development Plan)이 수립되고, 추진되었습니다.[8] 교통과 도시개발을 위한 인프라의 구축과 그린벨트를 효과적으로 보호하기 위해서 루르지역계획이라는 단체가 설립되었습니다. 루르지역의 그린벨트는 281km²이었는데, 1966년 696km²으로 확대되고, 2004년 1,103km²로 더욱 확대되었습니다. 1989년 IBM 엠셔정원 프로젝트가 성공할

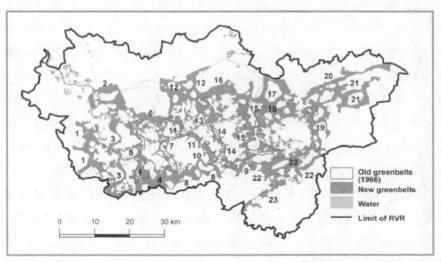

● 루르지역의 그린벨트 현황

출처: Herald Zepp, Regional Green belts in the Ruhr Region. A Planning Concept Revisited in View of Ecosystem Services, Erdkunde, 2018.

---

7 Harald Zepp, Regional Greenbelt in the Ruhr Region - A Planning Concept Revisited in View of Ecosystem Service, Erdkunde, Vol.72, 2018, p.20.

8 Herald Zepp, Ibid., p.23.

수 있었던 원인 중 하나는 루르가 탄광지역이지만 1912년부터 먼 장래를 보고 지역 그린벨트라는 제도를 만들어 지역 내 그린벨트를 확보해왔기 때문에 단기간에 놀라운 효과를 나타낼 수 있었던 것입니다. 그린벨트 보호를 통한 녹지 보전을 위한 오랜 노력이 없었다면 단기간에 엠셔정원 프로젝트만을 통해서 지역의 환경적, 사회적 문제를 해결해낼 수는 없었을 것입니다. 그렇게 오랜기간 동안 그린벨트를 확보하고 관리했음에도 불구하고, 흉물스럽게 버려진 폐탄광과 폐산업시설 그리고 황폐화되는 루르지역의 환경문제는 심각한 상황이 되었습니다.

오염된 브라운 필드를 녹색공간으로 바꾸다

루르지역의 경제적, 환경적, 사회적 문제를 해결하기 위하여 1989년 IBM 엠셔조경공원공사(IBM Emscher Park GmbH)가 주축이 되어 IBM 엠셔조경공원 프로젝트 (IBM Emscher Park)를 추진하였습니다. 1989~1999년까지 10년 동안 진행된 국제 건축전시회 IBM 엠셔조경공원 프로젝트가 시작되면서 루르지역의 환경오염문제와 흉물스럽게 방치된 폐산업시설물의 처리문제 그리고 지역의 경제적인 문제가 해결되기 시작했습니다. 이 프로젝트는 상향식 공모형식으로 아이디어를 공모했습니다. 출품자격은 자유로웠고, 다양한 전문기관, 지자체, 건축가, 민간단체 등에서 400개가 넘는 프로젝트 제안서가 제출되었습니다. 400개의 공모아이디어 중 120개의 아이디어가 최종 선정되어 조경공원사업이 추진되게 됩니다.

IBM 엠셔조경공원 프로젝트에는 17개 도시가 참여하였는데, 300km^{2}의 엠셔지역 내에 25억 유로의 예산을 투입하여 총 60개 장소에서 120개의 프로젝트가 추진되는 대형사업이었습니다. 이 프로젝트는 완성된 건축 프로젝트를 전문가와 일반인에게 공개하는 기존의 방식이 아닙니다. 10년이라는 장기간 동안 60개에 달하는 다양한 장소에서 건축과 조경 프로젝트를 진행해나가는 것 자체가 하나의 박람회 같은 장관이었습니다.[9]

그리고 2001년부터 2005년까지 후속 프로젝트로 "마스터플랜 엠셔조경공원

---

9 신명훈, 역사문화유산과 도시재생─독일 루르지역 엠셔공원의 사례, 洌上古典硏究, 48집, 2015, p.106.

2010"이 5년 동안 추진되었습니다. 조경공원은 457km² 면적에 400개 이상의 프로젝트가 진행되었는데 이는 30년 내에 실현될 예정이라고 합니다. 이와 더불어 엠셔강과 지류까지 걸치는 엠셔강 환경개선을 위하여 약 45억 유로를 투자[10]하여 마스터플랜 퓨처 엠셔－새로운 엠셔밸리라는 프로젝트를 추진하였습니다.

이와 같이 1) IBM 엠셔공원(1989~1999년) 2) 마스터플랜 엠셔조경공원(2001~2006년) 3) 마스터플랜 퓨쳐 엠셔－새로운 엠셔공원이라는 세 가지 초대형 프로젝트가 연계되어 엠셔지역의 암울하고 회색으로 찌든 때를 모두 씻어내고, 녹색 환경을 조성하였습니다. 이러한 계획은 엠셔지역에 초점을 맞추었지만 전체 루르지역에 대한 계획은 2008년 '오픈스페이스 컨셉 루르 메트로폴리스'라는 장기적인 전략계획을 수립해 추진하게 되었습니다. 이에는 1) 2008년 마스터플랜 루르(Master Plan Ruhr) 2) 마스터플랜 루르밸리(Master Plan Ruhr Valley) 3) 마스터플랜 엠셔조경공원(Projekt Ruhr GmbH 2005) 4) 뉴 엠셔밸리(New Emscher Valley) 계획들이 포함되어 있습니다. 이러한 다양한 프로젝트들의 성공적인 추진 성과로 루르의 산업폐기물과 생활오수로 오염된 하수도와 같았던 지저분한 엠셔강과 지류가 깨끗한 물이 흐르는 자연수로로 변모했습니다.

제2절
루르지역 문화관광개발의 다양한 효과

폐광산과 폐공장 부지가 문화관광자원으로 변신하다

엠셔 프로젝트 추진으로 루르지역의 환경오염을 개선하고 지역을 활성화시키려는 문화관광개발정책의 효과는 다양한 형태로 나타났습니다.

첫 번째, 석탄을 채굴해서 지상으로 올려 보내는 탄광의 권양탑과 쇳물을 쏟아내던 제철소의 거대한 용광로, 유럽 최대 규모의 가스저장탱크와 같은 폐산업

---

10 Emschergenossenschaft, Masterplan Emscher－Zukunft, Das Neue Emschertal, Essen, 2006.

시설을 외형은 그대로 보존하면서 문화예술 중심시설로 성공리에 변신시켰습니다. 폐탄광과 폐산업시설 그리고 브라운 필드를 박물관, 전시장, 공연장, 체험시설, 놀이시설, 디자인센터 등 각종 문화예술시설로 기능을 바꾸어 미래를 위한 새로운 산업이 발전될 수 있도록 했습니다. 이를 통해서 라인강의 기적을 만든 독일의 핵심산업지대라는 오랜 지역 정체성을 최대한 살리면서 문화예술기능을 동시에 도입하여 미래형 신산업을 접목시켜 냈습니다.

두 번째, 하수도와 같던 엠셔강의 수질이 정화되었습니다. 루르지역은 루르강(Ruhr), 리페강(Lippe), 엠셔강(Emscher)이라는 세 개의 강줄기에 위치하여 있습니다. 세 개의 강 중에 루르강과 리페강은 식수원으로 사용할 수 있는 강입니다. 그런데 엠셔강은 탄광 채굴작업으로 인한 지반침하가 우려되어 지하 하수도를 건설할 수 없어서 생활하수와 산업폐수를 엠셔강으로 그냥 폐기하였기 때문에 거의 하수도와 같이 크게 오염되었습니다. 따라서 지역사람들은 엠셔강을 강이 아니라 하수구 수준으로 생각했었습니다.[11] 엠셔 프로젝트를 통해 지하 하수도를 신설하여 엠셔강으로 직접 유입되던 오폐수를 제대로 하수처리를 하게 함으로 엠셔강에 더 이상 오폐수가 유입되지 않게 만들고, 엠셔강의 자연환경을 복구시킨 것이 이 프로젝트의 중요한 효과입니다. 빌바오 도시재생의 사례에서 오염된 네르비온강의 수질 개선을 성공시켰던 사례에서 알 수 있었던 것처럼, 엄청난 예산이 투자되어야 하고, 무려 25년 동안 수질개선 사업을 지속적으로 추진해야 하는 끈기와 인내가 필요한 작업이었습니다.[12]

세 번째, 산업폐기물과 오래된 광산폐기물이 있는 오염된 장소들과 산업폐기물이 계속 쌓여 인공 언덕이 된 팁스(Tips)를 녹지로 바꾸고, 지역공원을 만들었습니다. 환경오염된 브라운 필드를 자연녹지로 변화시킴으로서 유발되는 효과는 관광객을 더 많이 유치할 수 있게 되어 경제적 측면에서 지역경제가 활성화된다는 가시적인 효과가 있습니다. 그러나 경관녹지를 가꾸어서 얻게 되는 유익한 자연환경적 영향과 지역주민 삶의 질의 향상이라는 또 다른 효과는 경제적인 가치로 환산할 수 없는 매우 귀중한 가치를 가지고 있습니다. 독일 루르지역 뿐만

---

11 Dietwald Gruehn, Op. cit., p.27.
12 Ibon Areso, Bilbao's Strategic Evolution: The Metamorphosis of the Industrial City, Max Context Issue 30-31, 2015, p.8.

아니라 네덜란드의 베스터가스공장을 문화공원으로 재생하는 사례에서도 검은 기름띠와 찌든 때로 뒤덮인 가스탱크 주변의 오염물질을 제거하여 죽은 땅을 살려 자연 녹지로 조성하고, 오염된 산업폐수를 맑은 물이 흐르는 연못으로 변화시키는데, 20년 이상이 걸렸다는 사례도 있습니다.[13] 이처럼 환경오염된 회색빛 브라운 필드를 친환경적인 녹색공간(Greenfield)으로 조성하는 데는 오랜 인고의 시간과 투자 그리고 열정이 필요합니다.

네 번째, '산업과 자연의 길'을 주제로 한 산업문화의 길(Route of Industrial Culture) 프로젝트로서 28개의 다양한 테마코스로 구성된 관광 자전거 탐방코스 700km²와 보행 탐방코스 400km²를 개발하였습니다.[14] 수십 개 도시가 포함된 광대한 루르지역에는 많은 폐산업시설과 폐탄광 등을 개조해서 탄광 박물관, 전시장, 놀이시설, 레드닷 디자인뮤지엄, 과학공원 등 관광자원들을 새롭게 만들었습니다. 이렇게 만들어진 문화관광자원들을 루르지역의 그린벨트와 연계시키는 산업문화의 길을 새롭게 조성해냈던 것입니다. 1920년대부터 확보되던 지역 그린벨트 속 녹지공간들과 중요한 문화시설로 탈바꿈된 폐산업시설들을 유기적으로 연결해 냈습니다. 이렇게 함으로서 거의 이용되지 않고 있던 녹지공간인 그린벨트를 어느 정도 기능을 갖춘 그린 스트럭처(green sturcture)[15]로 변화시키고, 세계적인 문화관광자원으로 변화시켰습니다. 이러한 루르지역의 산업문화의 프로젝트는 그 후 유럽 산업유산루트(European Route of Industrial Heritage, ERIH project)라는 매력적인 유럽문화루트 프로그램이 만들어지는 데 크게 공헌했습니다.

세계화 추세와는 반대로 지역의 산업유산을 적극 유지하는 지역화 과정을 통하여 오래된 산업의 중요성을 강조하는[16] 동시에 지역의 정체성을 강화시키는 '추억을 담은 경관(Landscape of nostalgia)'[17]을 창조하여 산업문화유산 관련 관광자원으로 활용하였습니다. 루르지역의 환경조경공원 프로젝트는 엠셔강을 정화하고,

---

13 김정후, 발전소는 어떻게 미술관이 되었는가 – 유럽 산업유산 재생 프로젝트 탐구, 돌배개, 2013, p.257.
14 정을숙, 산업화시대의 기록으로서 산업문화유산 – 독일 루르 산업문화의 사례, 서양사론, 132호, 2017, p.73.
15 이자원, 한국형 브라운 필드개발을 위한 사례연구, 국토지리학회지 제50권 4호, 2016, p.430.
16 Mitchneck, B., The Heritage Industry Russian Style: The Case of Yaroslavl, Urban Affairs Review, 34, 1998, pp.28 – 52.
17 Xie, P. F., "Developing Industrial Heritage Tourism: A Case Study of the Proposed Jeep Museum in Toledo, Ohio", Tourism Management, 27(6), 2006, pp.1321 – 1330.

녹색 환경을 개선하면서 폐탄광지역을 문화예술의 중심지로 동시에 변화시키는 등 문화관광개발 수단을 다양하게 활용하여 경제적인 목표를 달성하는 다목적, 종합적인 프로젝트라고 할 수 있습니다. 문화관광은 루르지역의 암울한 회색빛 미래를 희망찬 녹색 활기찬 미래로 변화시켰고, 가난에 찌든 주민에게 행복하고 여유로운 삶을 제공해주었습니다. 또한 문화관광개발로 인하여 오염되었던 잿빛 엠셔강은 맑고 푸른 물이 흐르는 아름다운 수변공간으로 회춘하였고, 석탄재에 찌들었던 탄광과 버려졌던 폐산업부지는 관광객이 즐겨 방문하는 문화관광의 중심지로 탈바꿈하였습니다. 믿을 수 없는 신화가 루르지역에 만들어진 것입니다.

유네스코 문화유산이 된 촐퍼라인 탄광

● 유네스코 세계유산 촐퍼라인 탄광과 루르 박물관

촐퍼라인 탄광(Zeche Zollverein)은 세계 최대의 탄광으로 1851년 채탄 작업에 들어간 이후 폐광되는 1986년까지 135년 동안 하루 1만톤 이상의 석탄을 채굴해내던 독일산업의 젖줄이고 독일 광산의 상징지였습니다. 그러나 값싼 외국석탄 수입과 석유같은 대체에너지의 등장 등으로 경제적 어려움을 견디지 못하고 결국 1986년 폐쇄되고 말았습니다. 이후 10여 년 동안 방치된 채 폐허가 되었는데, 당시 지역주민들과 탄광업자는 광산시설을 철거하고 새로운 공장이 들어설 것으로 기대하였습니다. 그러나 노르트라인베스트 주정부는 탄광을 매입하고, 원형을 유지시키면서 문화공간으로 탈바꿈시켰습니다.

촐퍼라인 문화관광개발의 마스터플랜은 건축가 렘 콜하스가 주축이 되었고, 노만 포스터, 세지마 가즈오 등 세계적인 건축가들이 참여해서 새로운 문화공간과 기능으로 변신되도록 했습니다. 석탄을 지상으로 끌어올리던 58m 높이의 수직갱 샤프트 21은 외관을 그대로 유지한 채 루르지역의 역사를 전시하는 루르박물관으로 바뀌었습니다. 보일러 하우스는 노먼포스터의 리노베이션을 통해서 '레드 닷 디자인 박물관'으로 재탄생되었습니다. 코크스 공장과 샤프트 1 / 2 / 8은 박물관과 극장, 컨벤션센터, 디자인 스쿨, 기념품샵, 폴크방 조형대학 분교 등 여러 종류의 문화예술시설과 공간으로 변모되었습니다. 이러한 변신으로 촐퍼라인은 IBM 엠셔조경공원 프로젝트가 시작되면서 산업문화의 길(Route of Industrial Culture)의 중심 장소가 되었습니다. 문화, 예술, 미식, 디자인, 건축 및 수공예품 등의 기능이 결합된 세계적인 문화관광지가 되었고, 1년 평균 150만 명의 관광객이 방문하게 되었습니다.[18] 그리고 2001년 유네스코에 세계문화유산으로의 등재를 신청하였는데, 촐퍼라인 탄광시설의 대부분은 근대 독일건축의 변화를 볼 수 있는 시설들이라는 점을 높게 평가받아 유네스코 세계문화유산으로 선정되었습니다. 세계문화유산으로 등재된 이후, 지역주민들은 촐퍼라인의 산업시설들을 마치 프랑스 파리의 에펠탑처럼 자랑스러워하는 귀중한 장소가 되었다고 합니다. 그리고 2010년에는 터키 이스탄불, 헝가리의 펙스(Pecs)와 함께 루르지역이 유럽문화수도로 지정되었습니다. 유럽문화수도로 지정된 2010년에 촐퍼라인을 방문한 관광객이 약 220만 명에 달하였다고 합니다.[19]

오버하우젠(Oberhausen)의 가소메터(Gasometer)

가스를 저장하는 가소메터는 대형시설물인데 19세기 각 도시에는 가스등을 밝히기 위한 가스저장 탱크인 가소메터가 존재했었습니다. 그러나 수요가 감소

---

18 Prossek, A., Culture Through Transformation. Transformation Through Culture–Industrial Heritage in the Ruhr Region–the Example of Zeche Zollverein, Heritage and Media in Europe, 2006, p.239.

19 Lane, B. et al., Industrial Heritage and Agri/Rural Tourism in Europe, European Parliament, 2013, p.141.

하게 됨에 따라 가스를 저장하던 대형가스저장고는 근처의 토지가 가스와 검은 폐유 그리고 기름 때 등으로 오염되어 풀 한 포기조차 생존할 수 없는 죽은 땅처럼 된 브라운 필드가 대부분이었습니다. 이러한 오염된 산업부지들을 정화하는 데는 막대한 예산과 시간이 소요되었습니다. 대표적인 사례로는 가스저장시설을 문화, 상업, 편의, 유흥시설 등을 갖춘 공동주택으로 개조하여 2001년 개장한 오스트리아 빈의 가소메터 시티를 들 수 있습니다. 그리고 2003년에는 문화공원으로 탈바꿈한 네덜란드 암스테르담에 베스터 가스공장을 개장하였습니다.[20] 많은 유럽의 폐산업시설들이 이런 문화시설로 변화하는 데는 1994년에 루르지역의 오버하우젠 가소메터 가스저장소가 리모델링하여 문화시설로 탈바꿈한 것이 초기 선행 사례였다고 할 수 있습니다.

오버하우젠 가소메터는 구테호프눙스 제련소에서 나오는 가스를 저장하던 117m 높이와 210m 둘레를 자랑하는 유럽에서 가장 큰 가스저장탱크였습니다. 가소메터는 1929년에 제작되어 운영되다가 1988년에 폐쇄되었습니다. 이후 4년 동안 동 시설철거문제를 놓고 논쟁이 있었지만 결정하지 못하다가 시의회의 투표를 통하여 최종 보존하는 것으로 결정되었습니다. 그 이후 1993년에서 1994년 사이에 3,000m²의 대형 전시장으로 리모델링되었습니다. 세계적으로 가장 높은 층고와 철골구조물 그리고 탁트인 넓은 전시공간으로 기네스북에 등재되었고, 이러한 독특한 장소에서 수준 높은 전시와 문화예술공연이 펼쳐지면서 수많은 관광객과 지역주민의 사랑을 받는 핵심 문화예술공간으로 탈바꿈되었습니다.

전시장 위에는 무대와 더불어 500석 규모의 공연장이 마련되어 있습니다. 그리고 파노라마 엘리베이터가 설치되어 있어서 엘리베이터를 타고 117m 높이의 가소메터 지붕에 올라가면, 오버하우젠과 루르 서부지역의 광활한 전경을 눈 아래로 볼 수가 있습니다. 맑은 날에는 35km 떨어진 먼거리까지 볼 수 있다고 합니다. 또한 오버하우젠시는 옛 석탄 분류시설을 공연장으로 리모델링해서 매년 락페스티벌도 개최하고 있는데 매년 10만 명 이상이 방문하고 있습니다.[21]

---

20 김정후, 발전소는 어떻게 미술관이 되었는가-유럽 산업유산 재생프로젝트 탐구, 돌배개, 2013, p.76.
21 박종기, 문화주도형 도시재생의 계획적 특성에 관한 연구, 한국생태환경건축학회논문집, 13(4), 2013, p.84.

팁스관광(Tips Tourism)

　탄광폐기물이 쌓여서 만들어진 인공적인 언덕을 Tips(bergehalden)라고 하는데, 이렇게 환경이 오염된 브라운 필드를 재생시키는 것은 오염물질의 제거로부터 시작하여야 합니다. 하지만 오염물질 제거비용과 위생문제를 해결하는 과정 그리고 자연상태로 복원하는 과정은 오랜 시간과 막대한 예산이 소요되는 어려운 과정입니다. 루르지역은 그림에서 보는 바와 같이 형성된 팁스(Tips)를 계단식의 평평한 언덕으로 조성합니다. 그리고 3단계에서는 오염물질을 제거하고 식목하여 숲을 복원하는 과정을 거쳤습니다. 그리고 이러한 팁스(Tips)를 관광자원화하여 팁스관광(Tips Tourism)[22]을 개발하였습니다.

　루르의 북부에 위치한 호헤와드 팁(Hoheward tips)은 매력적인 팁스(Tips) 중 하나인데 가장 높은 지점이 해발 152.5m입니다. Tips는 산업문화유산 탐방로의 일부분이고, 호헤와드 조경공원의 일부입니다.

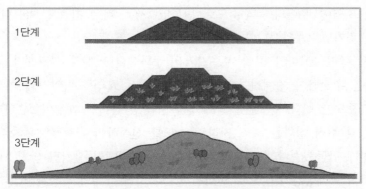

출처: Manfred Bottmeyer, Land Management of Former Industrial Landscapes in the Economic Metropolis Ruhr, FIG Working Week 2011
https://www.fig.net/resources/proceedings/fig_proceedings/fig2011/papers/ts07b/ts07b_bottmeyer_4798.pdf

---

22 Sonja Ćopić et al., Op. cit., p.47.

루르지역 문화관광개발의 효과

석탄산업과 제철업 등 제조업의 급속한 몰락으로 경제적 황폐화와 인구 급감, 자연환경 파괴 등 심각해진 지역사회의 위기를 극복하기 위해서 루르지역은 근대 산업유산들을 최대로 보전하면서, 문화관광개발을 통해서 새로운 재생을 추진하였습니다. 석탄을 캐던 탄광이 박물관, 미술관, 컨벤션센터, 미술대학 등 문화예술 관련시설로 바뀌고, 문화관광의 허브로 탈바꿈합니다. 에센의 촐퍼라인 탄광은 근대 산업화의 원동력이었던 석탄산업과 근대건축운동을 실현한 바우하우스의 정신이 살아있는 표본으로 평가되어 유네스코 세계문화유산으로도 지정되었습니다.[23] 2010년에는 루르지역이 유럽문화수도로 지정되게 됨에 따라 석탄재에 찌든 탄광지역이 유럽문화의 중심으로 탈바꿈하였음을 전 세계에 선포하게 됩니다. 그리고 2017년에는 환경보호 개선과 지속 가능한 발전을 위한 엄격한 목표를 설정하여 높은 환경수준에 도달한 도시에 수여하는 '유럽녹색수도'라는 명예로운 칭호도 수여받았습니다. 탄광에서 나온 오수와 폐기물로 잿빛으로 찌들었던 지역이 유럽의 녹색수도로 변하였다[24]는 것은 참으로 아름다운 성공 사례라고 평가할 수 있습니다.

위에서 살펴 본 바와 같이 루르지역은 문화예술 발전과 관광개발을 병행한 지역재생을 추진하여 경제적, 환경적, 사회문화적 효과를 다양하게 거두었습니다. 가장 중요한 변화는 오염물질 제거를 통한 환경적인 개선이었습니다. 오염된 엠셔강의 수질 정화를 위해 지하 하수도를 신설하여 각종 폐수들이 강에 유입되지 않게 만들었습니다. 그리고 광산폐기물이 거대한 산처럼 쌓인 Tips를 환경 개선하여 녹색공간과 숲으로 변화시킴으로 지역 특유의 관광자원을 확보하였습니다.

경제적으로는 수많은 관광객을 유치함으로 지역의 숙박업, 요식업, 문화예술 관련 비즈니스 등 문화관광수입을 증대시키고 고용을 늘려나갔습니다. 1950년대

---

23 김홍기, 독일 산업기술문화재로서의 폐광산 재생사례 연구–졸페어라인(Zollverein) 광산 및 코크스 제조소 재생계획을 중심으로, 대한건축학회 논문집, 23(12), 2007, p.207.
24 김상원, 이문기, 김경, 독일 에센의 통합적 도시재생과 문화마케팅, 독어교육, 제67집, 2016, p.242.

이후 감소하던 고용이 거꾸로 증가하게 되었습니다. 1990년에서 2009년 사이에 60.6%에 달하는 숙박관광객 증가 현상이 나타났고, 도르트문트는 50% 성장한 것으로 나타났습니다.[25]

사회적으로는 루르지역이 유네스코 세계문화유산에 등재되고, 유럽문화수도로 지정되는 과정을 통해서 지역주민들의 자부심이 늘어나는 상징자본이 증대하였습니다. 산업문화유산 및 역사문화재단설립과 같은 주정부와 기업 차원의 노력도 중요한 네트워크를 형성했습니다. 또한 역사문화포럼과 같은 시민들의 네트워크가 정부와 시민 그리고 전문가의 조율과 합의가 긴밀히 구축되게 된 사회적 자산도 증대되었습니다.

우리나라도 강원도 사북지역에 강원랜드라는 카지노시설을 유치하여 탄광지역 지역재생을 추진하였습니다. 그러나 유럽의 탄광지역처럼 문화예술을 도입하여 지역활성화를 시도하였다면 품격있는 지역발전을 이룰 수 있었을 텐데 하는 아쉬운 마음이 듭니다. 또는 카지노만이 아니고, 문화예술과 더불어 국제회의시설 등을 도입하여 국제회의도시로 종합발전을 하였으면 더 좋았을 텐데 하는 생각도 듭니다.

강원랜드라는 카지노시설이 지역경제와 연계되지 않고, 산업자원부를 최대주주로 하는 정부기업이다보니 경제적 효과가 직접적으로 지역 경제발전에 기여하는 기여도는 미약하고, 발전이 인근지역으로 확산되지 못한 채, 구 도심이 공동화되는 현상이 지속되고 있다는 점이 안타깝습니다. 이제라도 지역경제에 직접적인 수혜를 줄 수 있도록 제도 개선이 이루어지고, 강원도 탄광지역에 문화관광개발이 추진되어 문화예술의 중심지로 변화하길 기대해봅니다. 미국의 빌클린턴 대통령이 인디언 보호구역에 카지노 허가를 해주었을 때, 개발사업권을 인디언들에게 주어서 개발이익이 직접 인디언 지역사회발전에 기여를 할 수 있게 하였다는 것은 우리가 타산지석으로 삼아야 할 교훈입니다. 대규모 공익사업을 민간에게 주면 안 된다는 전근대적인 사고방식은 이제 버려야 합니다. 민간이 해야 할 것까지 정부가 하고 있는 우리 사회의 문제점은 민간 위양 강화를 통해서 개선되어야 합니다.

---

[25] Sonja Ćopić et al., Op. cit., p.48.

현재 우리나라에는 강원도 이외에 여러 지역에 폐탄광과 광산이 있고, 문화관광이 개발될 수 있는 잠재력이 있는 브라운 필드로 방치된 지역이 있습니다. 루르지역의 사례처럼 버려진 브라운 필드를 문화예술 중심지로 발전시키기 위한 특별한 전략을 추진해 볼 필요가 있습니다.

제3절
프랑스 낭트에서 이루어진 소설가 줄베른의 꿈

조선소의 폐쇄로 황폐화된 낭트시의 지역경제

유럽의 여러 나라들은 1980년대 들어 조선업이 쇠퇴하게 됨에 따라 스웨덴의 말뫼, 영국의 글래스고우, 스페인의 빌바오, 프랑스의 낭트(Nantes)와 같은 도시들은 심각한 경제위기를 맞게 되고 생존을 위한 전략을 새롭게 찾아야만 했습니다. 독일 에센의 촐퍼라인, 영국의 게이츠헤드 등 산업도시들에서도 폐광산과 폐공장이 발생하고 지역경제가 벼랑에 몰리는 현상이 나타났습니다. 그 외에 도시의 노후화, 교통 수단의 변화, 인구 감소 등으로 인하여 대부분의 구도시들은 심각한 공동화 현상과 경제침체를 겪게 되었습니다. 이렇게 서구 여러 도시들에서 산업구조변화로 시작된 지역경제 쇠락과 일자리 소멸 및 오염된 채 버려진 브라운 필드 등의 문제는 심각한 상태였습니다. 그런 와중에 스페인 북부의 작은 도시 빌바오가 예술화전략(Artification strategy) 활용한 도시재생사업을 기적적으로 성공시켜 여타 도시들의 경영자와 정치가, 도시계획가들에게 크게 공감받았고 유사한 도시재생사업의 모델이 되었습니다.

프랑스 낭트시 역시 일 드 낭트(IL de Nante) 지역재생 프로그램을 추진하면서 전략을 개발하고 사업계획을 수립하는 데 빌바오 사례를 많이 참고하였습니다.[26] 당시 낭트시의 지역재생 프로젝트 작업을 하는 젊은 프로젝트 관리자들에게 빌

---

26 Amelie Nicolas, Nantes' Urban Project: the Bilbao Model to the Test, Metropolitiques, 2014, p.1.

바오는 성공적 도시재생을 위한 필수적 학습코스가 되었습니다.

프랑스 낭트는 1987년대 주력산업인 뒤비종－노르망디 조선소가 폐업하게 됨에 따라 지역 내 다른 조선소들도 폐쇄되었습니다. 더불어 제조업의 침체 특히 낭트의 중심부인 일 드 낭트(Ile de Nante)지역이 쇠퇴하게 됨에 따라 지역경제가 급속히 침체되고, 인구가 감소하며 낭트시 역시 쇠퇴의 길을 걷게 되었습니다.[27] 이러한 사회적, 경제적 위기를 해결하기 위해서 낭트시는 새로운 도시 발전전략을 모색하게 됩니다. 1998년 시의회에서 마르셰 드 데피니션(Marche De Definition)을 출범시킨 후 일 드 낭트지역재생사업이 본격추진되었습니다.

당시 낭트시는 지역경제를 회복시키기 위해서 국제업무단지 조성 등 여러 가지 정책 대안들을 검토하였습니다. 그러나 국제업무단지 조성은 조선업 노동자와 지역주민의 반대로 좌절되었고, 기존 조선소 건물과 대형 기중기 등 뒤비종 조선소시설은 낭트시의 근대 역사문화유산으로 보존해가면서 도시재생을 추진하기로 결정하고 '산업항구 유산연합회'를 결성하게 됩니다. 그리고 2003년 일 드 낭트지역의 도시재생을 담당하는 공기업 사모아(SAMOA 서대서양 도시권정비회사)가 설립되면서 낭트시 도시재생사업이 본격적으로 시작됩니다.

2008년 낭트시 지방선거에서는 도시재생 프로젝트에서 문화의 역할이 중심 이슈가 되었고, 당시 낭트시계획팀은 일 드 낭트에 선도적 대형시설(Flagship facility: 랜드마크)을 건설하지 않는다고 결정하였습니다. 그때 시장 후보였던 소피 조잔 (Sophie Jozan)이 "우리 일 드 낭트에는 구겐하임이 필요하다"라고 기존 도시계획가들의 주장에 반대되는 입장을 역설하였습니다.[28] 그리고 당선된 후 소피 조잔 시장과 도시계획가들은 기존에 마련했던 도시계획안 대신에 다른 방안을 찾게 됩니다. 과정에서 낭트시의 도시계획가들과 이해관계자들은 빌바오 프로젝트 사례를 가능한 한 많이 적용하려고 노력했습니다. 물론 개발 방법의 선택과 내용은 빌바오와는 차별화했습니다.

낭트시는 기존 조선소와 항구시설을 보전하면서 낭트섬의 재생을 성공적으로

---

27 배준구, 프랑스의 도시재생사업과 시사점－마르세유와 낭트 사례로, 지중해지역 연구, 제21권 제1호, 2019, p.105.

28 Devisme, Laurent(Eds.), Nantes, Petite et Grande Fabrique Urbaine, Marseille: Parenthèses, 2009.

추진하기 위해서 공모전을 개최하였습니다.[29] 이 공모전에서 선정된 계획안을 기본으로 낭트섬 재생계획 관련정책지침이 준비되고, 루아르강(Loire)의 회복과 낭트섬 재생을 주요골자로 한 낭트섬 재생전략이 추진되게 됩니다. 337ha면적의 일 드 낭트지역재생 프로그램은 다양한 전략을 포함하게 되었습니다.

앞에서 살펴본 바와 같이, 빌바오시는 네르비온강의 수질과 수변환경을 개발하기 위하여 오랜 기간에 걸쳐서 9억 유로라는 막대한 예산을 투자하였고, 총 60억 유로를 투자하여 지하철, 트램, 도로와 교량, 공항 등 각종 도시 인프라시설들을 재생하는 프로젝트를 동시에 추진했습니다. 마찬가지로 낭트 역시 보행로, 도로, 대중교통, 광장, 루아르강 회복과 수변공간 정비 등 도시 인프라를 개선하고 새롭게 개발하는 사업에 막대한 예산을 투자하였습니다.

문화관광개발을 기획하는 르 보야자 낭트

2011년 르 보야자 낭트(Le Voyage a Nantes)라는 문화관광개발을 기획·추진하는 전담조직이 설립되었습니다. 예술과 문화를 도시관광개발과 지역재생의 매개체로 기획하는 역할을 담당하고 있습니다. 낭트의 관광개발과 판촉을 추진하는 조직으로 낭트시의 문화와 예술을 지속적으로 발전시키고 활성화시키는 프로젝트를 함께 진행하고 있습니다.[30] 여름철에는 2개월 동안 아트 페스티벌을 개최하는 일도 하고 있습니다. 르 보야자 낭트는 예술의 파격성과 평범함을 깨뜨리는 개혁성과 창의성이 도시의 단조로움을 깨고, 도시관광자원을 강화하는 효과를 내도록 활동하고 있습니다. 많은 예술가들을 초대하여 도시경관 속에 예술작품을 조화시키고 있습니다. 한마디로 낭트는 예술에 집중해 천지개벽을 만들어낸 도시입니다. 낭트의 예술 환경은 예술가들의 창작터, 놀이터를 넘어서 세계적 창의도시로 나아가고 있습니다.[31]

---

29 임승휘, 프랑스 낭트(Nantes)시의 도시재생 – 낭트섬(Ile de Nantes)의 역사문화유적의 재활용 사례를 중심으로, 泂上古典研究, 제51집, 2016, p.186.

30 AIPC, Nantes, Take the Journey !, 2016, https://aipc.org/2016/AIPC%20AC%202016% 20Nantes_Evolving%20the%20Destination_Xavier%20Theret.pdf.

31 Le Voyage a Nantes, www.levoyageanantes.fr

낭트시는 도심의 명소, 미술관, 갤러리, 복합문화공간 등 문화관광자원들을 찾아다니기 쉽도록 도로 바닥 위에 녹색 선을 칠해서 방문객이 걸어서 이용할 수 있는 보행탐방로를 설치하였습니다. 길이가 총 12km인 녹색 선을 따라 도심을 걸어가면 낭트시내의 관광명소는 거의 다 볼 수 있도록 핵심 관광자원들을 잘 연계하고 있습니다. 이와 유사한 사례로는 미국 보스턴시의 프리덤 트레일도 비슷합니다.

낭트섬의 옛 조선소가 있던 폐허는 새롭게 창조지구(Quartier de la Creation)로 지정하고 낭트시 예술대학 분교, 창의적 생산활동의 거점인 혁신 클러스터, 재생사업 시행 주체인 공기업 사모아(SAMOA, 서대서양 도시권 개발공사) 등 교육·연구시설·문화 창조산업 관련 시설을 집중 유치했습니다. 이곳은 현재 다양한 국적의 융복합적인 예술활동과 낭트시 창조산업의 중심지가 되고 있습니다.

낙후된 옛 과자공장 리우 유닉(Le Lieu Unique)은 외형 모습을 그대로 보존하면서 문화공간으로 리모델링하여 지역주민들에게 새로운 복합문화공간으로 제공하고 있습니다. 도심에 위치한 리우 유닉 복합공간은 전시장, 식당, 카페 등이 설치되어 있으며, 미술전시, 연극, 음악 등이 진행되는 예술공간으로 밤 12시까지 운영되기 때문에 젊은 예술인들에게 인기가 많습니다. 아무도 찾지 않는 버려진 과자공장이 리모델링을 통해서 낭트시민과 예술가들의 사랑을 받는 문화공간으로 멋지게 탈바꿈한 사례입니다.[32]

줄베른의 소설 속 동물들이 테마공원에서 살아나다

'지구 속 여행', '해저 2만리', '80일간의 세계일주' 등 유명한 공상과학소설을 쓴 세계적 작가 줄베른(Jules Verns)의 고향이 프랑스 낭트입니다. 이곳에서 태어나 자란 줄베른이 쓴 소설을 테마로 '기계동물 테마파크(Les Machine de lille)'라는 테마파크를 개발하자는 아이디어는 마나우스 건축사무소가 처음 제안하였습니다. 이 제안을 시당국이 받아들여서 2007년에 소설가 줄베른의 소설을 활용한 독특한 테마파크가 개장하게 되었습니다. 조선소 부지에 개발된 낭트시의 기계동물 테

---

32 이선정, 프랑스 낭트 재생 분권, 국제신문, 2018년 4월 24일.

마파크에는 현대적인 기술을 활용한 첨단형 놀이시설이 아니라, 폐조선소에서 버려진 기계부품이나 폐자원들을 재활용하여 만든 스팀펑크식 초대형 기계동물들이 움직이고 있습니다.

이 테마파크에 들어서면 줄베른의 소설 속에 나오는 대형코끼리 등 동물들과 레오나르드 다빈치의 디자인으로 만들어진 환상적인 기계 세계가 펼쳐집니다.[33] 등 위에 사람들이 탑승하는 집을 싣고 다니는 높이 12m, 길이 21m의 코끼리 모양의 초대형 기계 코끼리(Le Grand Elephant)가 물을 뿜으며 테마파크를 걸어가는 모습은 장관입니다. 소설 속 주인공들이 코끼리가 끄는 집을 타고 여행을 한다는 내용이 있는데, 몸무게 48.4톤에 달하는 초대형 기계 코끼리는 그런 줄베른 소설 속 한 장면을 체험해보게 하는 놀이기구입니다. 그 외에 시조새, 거미, 애벌레 모양의 탈 것, 그리고 바닷속 물고기 모양의 기계로 된 놀이장치로 구성된 회전목마(Le Carrousel Des Mondes Marins) 등 다양하고 환상적인 놀이시설들이 이채롭습니다. 이 기계동물 테마파크는 낭트섬의 가장 인기 있는 랜드마크로 크게 부각되었습니다. 2014년에 낭트시 기계동물 테마파크는 세계에서 가장 독창적인 주제공원으로 선정되었고, 세계 일류 관광자원이 되었습니다.

◉ 낭트시 기계동물 테마파크

---

33 Artistic Project of Les Machines de l'île, https://www.lesmachines-nantes.fr/en/the-project/the-artistic-project/

2007년에는 현대미술비엔날레인 에스튀에르 프로젝트(Estuaire project)가 시작되었고, 이 프로젝트로 인해 예술작품들이 낭트와 생나제르를 연결하는 60km 길이의 루아르강 주변에 상설로 설치되었습니다. 설치작품으로 연결된 루아르강 연안 60km를 오픈에어뮤지엄인 에스튀에르 아트 트레일(Estuaire art trail)이라고 합니다.

우리나라에도 한강이나 낙동강, 영산강 등 아름다운 강과 수변공간이 많습니다. 현재는 수변공간이 제대로 개발되지 않아서 접근성도 떨어지고, 수준급 문화예술공간으로 조성된 곳이 많지 않습니다. 그러나 낭트의 경우처럼 아트 트레일로 개발하거나 영국의 비미쉬 오픈에어뮤지엄처럼 오픈에어뮤지엄 혹은 에코뮤지엄으로 개발한다면 도시 내 부족한 문화예술공간을 보완할 수 있는 **훌륭한** 장소를 마련할 수 있습니다. 그리고 관광객들에게는 강변을 걸으면서 예술작품을 감상하고, 야외 공연장에서 음악과 공연도 체험할 수 있는 매력적인 문화관광지역으로 기능할 수 있습니다. 접근성을 개선하고, 쓰임새와 더불어 예술성을 첨가하면 아무런 의미가 없는 허허벌판이 아름다운 세계적인 문화예술공간으로 변화할 수 있습니다. 수많은 수변공간과 폐광산 등 버려진 브라운 필드를 개성 있는 문화예술공간으로 조성해서 수준 높은 문화관광자원으로 개발하는 별도의 문화관광전략이 새롭게 추진될 필요가 있습니다.

심각한 경제위기에 봉착했던 낭트시는 프랑스 주간지 설문조사결과 '프랑스에서 가장 살기 좋은 도시'로 3년 동안(2002, 2003, 2008년) 1위를 차지하게 되었습니다. 그리고 2004년 유럽 타임지 선정 "유럽에서 가장 살기 좋은 도시", 혁신도시, 녹색도시 등이라는 명성을 얻게 되었습니다.[34] 우리나라에도 토끼와 거북이가 나오는 별주부전과 같은 유명한 고전이 있습니다. 그 이야기의 주인공인 토끼와 거북이 등을 주제로 낭트의 기계동물 테마파크와 같은 테마파크를 만들어 명품 문화관광자원으로 얼마든지 활용할 수 있을 것으로 생각해 봅니다.

---

34 배준구, Op. cit., 2019, p.122.

제4절

유럽에서 가장 부유한 도시로 발전한 이탈리아 볼로냐

도시 전체가 지붕 없는 박물관

이탈리아 볼로냐는 우리 국민들이 선호하는 이탈리아 명품 가죽가방 생산지 그리고 전통도자기와 같은 공예로 유명한 도시 중 하나입니다. 볼로냐는 에밀리아 로마냐 주에 속해있는데, 1950년대까지만 해도 이탈리아 내 다른 20개 주와 비교할 때, 경제수준이 최하위권이었습니다. 그런데 오늘날 볼로냐는 유럽 도시들 중 상위 소득기준에 속하는 5개 지역에 포함됩니다. 볼로냐의 임금 수준은 이탈리아 평균의 약 2배이며, 실업률은 3.1%에 불과합니다.[35] 볼로냐는 2000년에 유럽문화수도로 지정되었고, 2006년에는 유네스코 음악부문 창조도시로 선정되기도 했습니다. 규모가 큰 대기업이 하나도 없고, 너무 가난해서 별 희망이 없었던 빈민도시가 어떻게 유럽에서 가장 잘사는 5대 도시로 발전하고, 유럽문화수도로 지정되었는지 알기 위해 볼로냐의 문화관광개발전략과 추진과정을 살펴보겠습니다.

볼로냐는 오렌지색 벽돌로 만들어진 13세기 중세 고건축물들이 그대로 남아 있는 중세도시의 모습을 그대로 간직하고 있는 문화유산 도시입니다. 차가 다닐 수 없는 중세시대 좁은 뒷골목길이 거미줄처럼 얽혀 있고, 낡은 건물이 빽빽하게 들어선 고도시는 우중충하고 낡은 도시라는 어두운 이미지를 가지고 있었습니다. 그리고 이제는 찾아보기 쉽지 않은 중세시대 유럽건축물의 특징인 건물의 주랑(柱廊) 포르티코(Portico)와 1674년에 축조된 4km의 중세시대 성곽이 그대로 남아 있는 오랜 역사의 성곽도시입니다.

포르티코는 건물 1층 처마가 보도까지 뻗어 나와 있는 보행자 통로인데, 약 38km에 이르며 볼로냐 시가지 전체를 연결하고 있습니다. 그래서 눈이나 비가 내리고 날씨가 악천후가 되어도 보행자들은 포르티코라는 복도를 통해서 편안하게 걸을 수 있습니다. 이러한 이유 때문에 포르티코는 볼로냐를 상징하는 특징

---

35 전성희, 지역사회 네트워크 특성에 관한 연구 – 광진구 사회적협동조합 도우누리 사례를 중심으로, 2016년 단국대학교 석사논문.

일 뿐만 아니라 주민들에게는 '만남의 장소', '악천 후로부터 보호되는 공간' 이기도 하고, 박람회 기간에는 야외전 시장으로 활용되고, 노천카페나 잡화상들이 물건을 판매하는 장소로 활용되기도 하는 공익적으로 중요한 가치를 가지고 있는 공간입니다.

● 볼로냐의 명물 포르티코 모습

　포르티코는 원래 중세도시 건축물의 특징이라고 합니다. 중세에 건설된 유럽의 어느 도시를 가든지 포르티코가 있는 건물을 찾아 볼 수는 있습니다. 그러나 볼로냐처럼 도시 거리 전체를 상징하는 독특한 형태로 남아 있는 곳은 드물고, 이제는 어느 곳에서도 쉽게 찾아보기 어려운 건축양식입니다. 11세기와 12세기에 유럽의 주민들은 공공공간을 불법으로 이용하여 포르티코식 건축물을 만들었습니다. 그러나 12세기 말부터는 공공공간에 포르티코를 건설하는 행위는 당국의 허가가 필요하게 되었습니다. 당시에는 목재를 이용해서 포르티코를 건축하기도 했는데, 1567년에는 목재로 제작된 포르티코 건축이 금지되고, 벽돌이나 석재로 기둥을 교체하라는 명령이 내려졌습니다. 그럼에도 불구하고 오늘날에도 13세기 이전 건축물에는 여전히 중세 때 제작된 목조 포르티코가 남아 있긴 합니다.[36] 그리고 고딕 양식과 르네상스 양식 현대적인 포르티코가 1,000년 세월에 걸친 건축 양식의 시대적 변화를 보여주면서 거리 곳곳에 고스란히 남아 있어 도시 전체가 모두 지붕 없는 박물관처럼 되었습니다. 볼로냐의 포르티코는 인류의 소중한 문화유산으로 현재 유네스코 세계문화유산으로 등재되길 기다리고 있는 세계문화유산 후보입니다.[37]

---

36 UNESCO, The Porticoes of Bologna, https://whc.unesco.org/en/tentativelists/5010/ 2020년 1월 18일 검색.

37 Fabrizio I., Apollonio Mauro Felicori, et al, Bologna Porticoes Project: A 3D Repository for WHL UNNESCO Nomination, 2013, p.563.

중세도시의 외관을 그대로 간직한 역사도시로 수복재생

1995년에 EU는 볼로냐를 2000년 유럽문화수도로 지정하였다고 발표했습니다. 이에 볼로냐시는 5년 후의 유럽문화수도 행사를 훌륭하게 개최하기 위해서 볼로냐 2000이라는 프로젝트를 추진하게 됩니다. 볼로냐는 오래된 중세성곽에 둘러싸고 있는 도시입니다. 성곽 밖은 현대적인 주거지와 공장지대가 들어서면서 발전을 했습니다. 그러나 성곽 안은 볼로냐 대학을 중심으로 도심 전체에 쇠락한 옛 건물들이 빽빽하게 들어선 중세도시 형태를 그대로 간직하고 있는 고도시입니다. 유럽문화수도를 준비하는 과정에서 무너질 듯 노후화된 오래된 고건축물, 좁은 골목길, 열악한 주차공간이 대부분인 성곽 안 구도심을 완전 철거한 후 새롭게 신축을 할 것인지 아니면 옛 건물들을 그대로 유지하고 내부만 리모델링하여 현대적인 기능을 수행하게 만드는 방식으로 재생시킬 것인지를 결정해야만 하는 큰 문제에 당면했습니다. 옛 건물의 외관을 유지하는 리모델링을 추진할 경우 신축보다 2배 이상의 비용이 더 투자되어야 했습니다. 그러나 비용이 더 들어가더라도 시민들이 전통적인 중세도시 건축물과 포르티코의 외관을 유지하고 내부만 리모델링을 하는 방법에 모두 합의하였습니다.[38]

시민들의 합의에 따라 볼로냐는 중세도시 건축물의 외관을 완벽하게 보존하고 내부를 리모델링하여 현대적인 도시생활 기능을 수행하는 데 아무 문제가 없도록 하는 도시재생계획을 추진하게 됩니다. 역사적인 건물들을 보존하면서, 시민의 생활을 현대적으로 혁신하겠다는 볼로냐 방식의 도시재생은 도시 공공주택 2만여 채의 기능을 회복시키고, 건축물의 틀어진 구조를 바로잡아야 하는 무척 어려운 작업이었습니다. 이를 위해서 볼로냐정부는 낙후된 구도심의 3만평에 달하는 토지를 매입하였고, 구도심의 제빵공장, 도축장, 담배공장, 소금창고 등을 외관은 그대로 둔 채, 단계적으로 수복형 도시재생을 통하여 문화예술지구를 조성하였습니다.[39]

볼로냐시는 수복형 도시재생[40] 프로젝트를 통하여 구도심의 제빵공장을 낡은

---

38 박용규, 젊은 도시로 회춘하라! 볼로냐, 세미자 자료.

39 김정후, 발전소는 어떻게 미술관이 되었는가, 유럽 산업유산 재생 프로젝트 탐구, 돌배개, 2013, p.267.

공장의 외관은 그대로 살린 채, '이탈리아의 테이트 모던'이라고 불리는 '볼로냐 현대미술관'으로 재생하였습니다. 리모델링한 도심건물에는 예술형 공방을 입주시켜서 도심뒷골목을 제각각의 예술공간으로 변화시켰습니다. 도축장은 영화관, 영화도서관, 예술연극학교가 입주한 지역서비스센터로 변신시키는 등으로 볼로냐의 예술문화 클러스터를 조성했습니다. 그리고 전매청은 영화 박물관으로, 주식거래소는 공공도서관으로 건물 외관을 그대로 살린 채 새롭게 재탄생시켰습니다.[41] 이로서 볼로냐는 50개가 넘는 박물관을 보유한 예술과 문화가 풍요로운 유럽 최고 수준의 문화유산 도시가 되었습니다.[42]

이처럼 볼로냐는 옛 것을 적극 보존하려는 도시재생사업을 성공시킴으로 중세시대 도시건축물의 모습을 그대로 간직하며, 다양한 문화예술시설과 공방들을 조성하게 되었습니다. 또한 로마, 베니스, 밀라노 등 다른 이탈리아 구도시들에서는 보기 어려운 포르티코(Portico 柱廊)를 특징으로 하는 중세도시의 모습 그대로를 간직하게 되었습니다. 향후 도심에 새 건물을 건축하더라도 1층에는 일정 면적의 포르티코를 만들도록 의무화 했습니다. 도심에는 꾸밈없이 소박한 중세풍, 섬세한 고딕풍, 화려한 르네상스풍, 중후한 바로크풍, 단순한 모양으로 지어진 현대적 시멘트 아케이드까지[43] 1,000년의 역사를 그대로 간직한 오픈 뮤지엄이 만들어지게 된 것입니다. 눈이 오나 비가 오나 햇빛이 작렬하여도 보행자를 안전하고 편리하게 보호해주는 포르티코의 다양한 디자인이 볼로냐 도시의 상징이 되었습니다.

---

40 수복형 재생이란 기존도시의 물리적, 사회적, 경제적 특성 그리고 역사성을 가능한 유지하면서 노후시가지를 양호한 시가지로 점진적으로 개선하는 개발로, 개발 단위가 철거형에 비해 소규모이고 기존의 도시조직을 크게 바꾸지 않고 점진적으로 변화를 유도해 나가는 정비수법입니다. 김신정, 도심상업지역의 재활성화를 위한 수복형 재생모델에 관한 연구 - BID(Business Improvement Districts)를 중심으로, 연세대학교 석사논문, 2010, p.5.

41 이연숙, 윤혜경, 소갑수, 창조도시 볼로냐의 쇠퇴공장지역 재생 현지사례 연구, 한국생태환경건축학회논문집, 8(3), 2008, p.55.

42 볼로냐 시청 홈페이지, https://www.bolognawelcome.com/business/convention-bureau/bologna/perche-bologna/

43 이탈리아 장인정신, 이베리아에 흐르는 강, https://hongsunghoo.egloos.com/9739175 2019년 5월 21일 검색.

● 볼로냐 주

수복형 도시재생 방식으로 볼로냐는 중세 고건축문화가 그대로 살아 숨 쉬는 세계적인 역사도시가 되었습니다. 유럽 중세시대를 도시 외관에 그대로 살려놓은 매력적인 현대적 문화관광도시가 된 것입니다. 이에 더해서 소프트웨어로 도심의 노후화된 건축물에 예술형 공방을 다양하게 입주시킴으로서 어두침침하고 좁은 도심 뒷 골목길에 밝고 활기찬 공방거리(Via Dell' Inferno)가 조성되어 아름다운 예술공간으로 탈바꿈되었습니다. 볼로냐 시청의 마조레 광장에서 시작해서 볼로냐의 랜드마크인 두 개의 탑 '아지넬리 탑'과 '가리젠타 탑' 그리고 세계 최초의 대학인 볼로냐 대학으로 이어지는 구도심 축을 따라 빽빽하게 들어선 건물 뒷골목의 구석구석에 입주한 예술형 공방들과 공방거리는 구도심 활성화에 큰 힘이 되었습니다. 좁은 뒷골목거리는 볼로냐의 대표적 관광자원이자 명물이 되었고, 볼로냐를 '예술의 도시', '세계적인 명품을 생산하는 장인의 도시'로 거듭나게 만들었습니다.

유럽문화수도로 지정된 2000년에는 한 해 동안 도심에서 문화단체 및 시민들이 참여하는 300개의 콘서트, 2,300개의 전람회, 260개의 컨벤션, 125개의 실험예술 등 다양한 문화예술행사가 성공리에 개최되기도 했습니다. 이런 모든 이벤트 행사들이 볼로냐 시민들의 자발적인 참여와 합의 그리고 강력한 수평적인 협동 네트워크로 이루어졌는데, 무척 부러운 모범사례입니다.

협동조합을 통한 시민 참여와 협동이 만든 기적

한편, 볼로냐는 지역주민들이 식료품에서 생필품 그리고 주택까지 협동조합을 통하여 조달하는 협동조합의 도시라고 알려져 있습니다. 레가쿠프(LegaCoop)나 CNA등 많은 협동조합이 활발하게 활동하고 있는데, 레가쿠프나 CNA는 특정시장부문 또는 산업유형별로 그룹화된 많은 협동조합들로 구성되어 있습니다. 그중 가장 규모가 큰 협동조합인 레가쿠프는 '연결(LEGA)'과 '협동조합(COOP)'의 합성어입니다. 이름이 의미하는 것처럼 레가코프는 여러 협동조합끼리 연결하는 역할을 합니다. 조합원들에게는 법률 상담, 금융 상담, 보육, 생필품 구매는 물론 각 협동조합의 발전 방안을 함께 고민하고 대안을 제시해주는 다양한 서비스 등을 제공합니다.[44] 레가쿠프는 전국 주택협동조합협회(ANCAB), 국가 소비자협동조합협회(ANCC/COOP), 4,000개의 소매업체로 구성된 소매업체 협동조합(ANCD), 건축 엔지니어링 제조 및 디자인 산업협회(ANCPL), 전국 서비스관광협회(ANCST), 문화유산보존협회(ANDCC), 자발적 통합상호연맹(FIMIV), 농식품 협동조합 전국협회(Legacoop Agroalimentare), 전국의 1,550개의 사회적 협동조합이 포함되어 있는 사회적협동조합(Legacoopsociali), 전국어업협동조합(Legapesca), 370개 회원사를 가지고 있는 기자, 출판 및 커뮤니케이션 협동조합(Mediacoop) 등으로 11개 분야별 협동조합이 상호협력적인 네트워크를 구성하고 있습니다. 15,000개의 협동조합[45]에 약 40만 명의 조합원으로 구성되어 있는데, 볼로냐 시민이 약 42만 명임을 감안하면 거의 모든 시민이 협동조합의 조합원이라고 할 수 있습니다. 2011년 레가쿠즈는 Confcooperative alc AGCI와 함께 이탈리아 협동조합연합(Alleanza delle Cooperative Italiane)을 탄생시켰습니다. 이 조직의 규모는 43,000개 기업회원의 회원 1,200만명으로 구성되어 있다고 합니다. 이제 레가쿠프는 다른 협동조합과의 연대를 통해서 볼로냐만이 아니라 이탈리아 전국조직으로 성장하였습니다. 여기서는 볼로냐시의 중소기업과 기능인들의 협동조합인 CNA를 살펴보려고 합니다.

---

[44] 일하는 사람들의 협동조합 연합회, 협동조합들의 협동조합, LEGACOOP, 2018년 6월 27일, https://workercoop. kr/xe/comm_01/959 2020년 1월 19일 검색.

[45] Legacoop 홈페이지, https://www.legacoop.coop/promozione/2016/01/09/9-cosa-e-legacoop-e-cosa-puo-fare-per-la-cooperativa/ 2020년 1월 15일 검색.

1945년 실업자 구제방안으로 CNA라는 공방형 중소기업들 간의 네트워크가 형성되었습니다. 현재 CNA에는 약 621,000명의 기능인들이 가입해서 조합원들이 공동으로 기획, 홍보마케팅을 담당하며 전 세계 시장으로 사업을 확장하고 있습니다.[46] 볼로냐에는 현재 4~5명이 운영하는 약 1만 6천개의 공방형기업이 있으며, CNA는 이러한 소기업들이 국제적인 경쟁력을 유지할 수 있도록 도와주는 일을 수행하고 있습니다. 이러한 결과 볼로냐에는 강한 소기업들이 육성될 수 있었고, 도심 뒷골목 작은 공방에서 시작해서 세계적인 명품 핸드백과 수제화를 만드는 국제적인 기업으로 성장한 아.테스토니(A.Testoni)나 부르노 말리(Bruno Magli), 엔조 보나페(Enzo Bonafe)같은 세계적인 명품기업들이 탄생할 수 있었습니다.

볼로냐에서는 다른 도시들에서 흔하게 볼 수 있는 다국적 유통체인이나 외국유명 명품 숍이 눈에 띠지 않고, 'Coop'라고 쓰인 슈퍼마켓이나 중소기업 브랜드가 대부분이라고 합니다.[47] 협동조합 네트워크가 너무 조밀하고, 조합원 간 단결하고 협동하는 문화가 강해서 외국의 다국적기업들이 시장에 침투하는 것이 무척 어렵기 때문인 것 같습니다.

이 CNA는 그 산하에 산업 부문별로 13개의 부문별 협동조합으로 구성되어 있는데, 조합원들에게 <표 12-1>과 같은 다양한 서비스를 제공하고 있습니다.

볼로냐는 협동조합을 통하여 다양한 기술지원과 경영자문을 해주고, 자회사인 예술기능인직업학교(ECIPAR) 등의 연구·교육 프로그램을 통한 전문지식 전달 등의 협력적인 네트워크가 구성되어 있습니다. 협동조합 회원인 볼로냐의 작은 예술형 공방들은 비록 소수 4~5명으로 운영이 되더라도 경영자문과 재정적 지원을 해주는 강력한 수평적 협력 네트워크가 잘되어 있기 때문에 대자본이나 대기업이나 혹은 국제적인 다국적기업과의 경쟁에서 경쟁적 우위를 차지할 수 있는 것입니다. 이제 이탈리아의 소규모 공예업체와 명품제조업체들이 세계적인 경쟁력을 갖추게 된 이유를 명확히 알 수 있습니다.

---

46 볼로냐(Bologna)를 통해 본 성수동의 커뮤니티 모델, 2016, https://www.simplex-project.com/blog/2016/7/17/bologna-2020년 1월 15일 검색.
47 김태희, 이탈리아 볼로냐에서 배운다 1인 1협동조합, 가난 이겨낸 살기 좋은 도시, 서울정보소통광장, https://opengov.seoul.go.kr/seoullove/10248276 2020년 1월 18일 검색.

표 12-1 볼로냐 중소기업 협동조합 CNA의 서비스 내용

서비스 유형	상세 내용	담당 자회사
컨설팅 서비스 상표 및 특허	국내 및 국제시장 정보와 경영컨설팅, 노사관계, 상표 및 특허, 비즈니스 인수합병 등	SerfinaCNA
금융 및 신용 서비스	SerfinaCNA는 볼로냐의 재무자문회사로 중소기업을 지원하고 있음	SerfinaCNA
사회보장 관련 지원	Epasa CNA라는 자회사가 사회보장, 보험 및 복지서비스를 지원하고 있음	Epasa CNA
세금서비스	CAF라는 자회사에는 직원 및 연금수령자를 위한 세금지원센터가 있음	CAF CNA Per Te
건강, 주택, 가족, 여가	Centro Medico Specialistco가 25년이 넘는 기간 동안 지역의 성인 및 어린이를 위한 의료서비스를 제공하고 있음	Centro Medico Specialistco
IT서비스	CedabCNA라는 자회사가 중소기업에 하드웨어 및 소프트웨어부문의 적당한 IT솔로션을 제공하는 서비스를 제공하고 있음	CedabCNA
교육서비스 기회 자격인증	Ecipar이라는 자회사는 자영업계획, 시네마 시청각, 커뮤니케이션, 미용, 공예 등 다양한 분야의 교육 및 컨설팅 그리고 자격인증제도를 제공하고 있음	Ecipar
CNA Cittadino 카드	CNA회원사에서 제공하는 카드를 사용하면 회원사의 제품과 서비스를 할인된 가격으로 구매할 수 있음. 이탈리아의 3,000개가 넘는 할인서비스를 이용가능함	www.cittadinicard.it
외국시장 경영정보	CNAServisi Bologna는 수천개의 중소기업이 비즈니스 아이디어에서 사업 실현까지 컨설팅과 지원서비스를 24시간 어디서나 온라인으로 제공함. 계약 및 노조관계	CNAServisi Bologna
판매촉진	사업을 홍보하기 위한 프로젝트 및 사업계획을 설계하고 실현하는 일을 지원함	CNA Cultura e Creatività

출처: CNA Homepage의 내용을 재구성[48]

---

48 CNA Homepage, https://www.bo.cna.it/chi-siamo/sistema-cna-bologna/cna-associazione 2019년 12월 20일 검색.

장인정신으로 가난을 벗고 부자도시로 변신

수 백 년 동안 초지일관으로 가장 아름다운 명품을 만들어 내겠다는 이탈리아의 장인정신이 있기에 세계인에게 사랑받는 명품을 만들어낼 수 있었습니다. 볼로냐의 세계적인 명품 수제화 제조업체인 아.테스토니는 168개 수작업공정을 엄수하면서 60명의 장인이 하루 150켤레 정도의 구두만 생산하면서 세계적인 품질을 유지하고 있다고 합니다.[49] 이처럼 남다르고 철저한 장인정신이 세계적인 명품의 뿌리라고 할 수 있습니다. 협동조합 CNA의 홈페이지를 살펴보면서 한국에 진출하는 기업에게 전시기회와 정보를 제공한다는 공지사항을 보았습니다. 비록 적은 수의 종업원만 있는 소규모 예술공방이 한국에 진출하더라도 그들은 CNA라는 9만여 명의 조합원으로 구성된 세계적 협동조합을 통한 경영노하우와 정보력을 갖춘 CNA의 네트워크를 동원하여 한국시장에 진출하는 것이기 때문에 다국적 기업과의 시장경쟁에서 결코 뒤쳐지지 않을 수 있는 것입니다. 이러한 이유 때문에 볼로냐는 인구 388,400명(2017년 현재)의 작은 도시이지만 세계적인 디자인도시로 명성을 날리고 있고, 명품으로 세계시장을 공략하고 있습니다. 또한 일년 내내 각종 디자인 관련 박람회가 개최되고 있는데, 그 중 9월에 개최되는 국제 타일박람회 '체르사이에(Cersaie)'는 세계 최대 규모입니다. 그외에 3월에는 화장품 박람회, 국제아동도서전이 개최되고, 10월에는 가죽 박람회와 국제 건축박람회, 12월에는 자동차 박람회 등 연중 40여 개의 전시회가 개최[50]되는 국제적인 박람회 도시이기도 합니다.

이런 방식이 오래된 옛것을 보존하는 정신과 협동조합을 통한 수평적인 협력체계 그리고 장인정신이 이탈리아에서 가장 가난했던 볼로냐시를 1인당 소득 5만2천 달러가 넘는 이탈리아 제2의 부자도시, 유럽에서 가장 잘사는 5대도시로 변화시킨 원동력으로 작용했던 것입니다. 볼로냐는 1,000년 전통을 이어온 중세 역사를 적극 보존해냄으로서 유럽의 다른 도시와는 차별화되는 역사문화관광도시가 되었습니다. 그리고 구도심 안에 다양한 예술공방을 입주시켜서 도시의 창

---

49 김태희, Op. cit.
50 임종애, 이탈리아 디자인 산책, 나무[수], 2013, pp.32 – 33.

조성과 다양성이 빛나도록 하였습니다. 강한 유대감의 협동조합을 중심으로 회원 간의 수평적 협동체계를 튼튼하게 구축하고, 지역의 예술성과 다양성을 성공적으로 재생해냄으로써 세계적 관광도시로 계속 발전해나갈 경쟁력을 갖게 되었습니다.

우리가 이탈리아 공예와 디자인으로부터 배워야 할 것은 역사와 오래된 것을 사랑하는 마음과 더불어 과거와 현재를 조화시켜서 시너지 효과를 발생시키는 창조적인 실험 정신입니다. 이러한 정신이 누구도 흉내 낼 수 없는 명품을 만들어 내었습니다. 서로 협동하고 각자의 미약한 능력을 합쳐서 강력한 시너지 효과를 만들어 나가는 힘의 근본은 "이웃을 신뢰하고, 사랑하는 마음"이라고 봅니다.

과거와 미래를 연결하는 유럽문화루트

제1절
유럽인의 마음을 연결해주는 유럽문화루트

유럽문화루트 프로그램의 목표

'유럽문화루트(European Cultural Route)'라는 개념은 1987년 유럽평의회에 의해 처음 사용되기 시작했습니다. '유럽문화루트'는 사람들이 유럽인들의 역사, 문화예술, 자연 그리고 삶을 이해하고 새롭게 발견할 수 있도록 도와주는 다국적인 관광루트를 말합니다. 유럽문화루트는 유럽의 역사, 산업, 신화와 전설, 농산물, 예술가, 종교적 성인, 기사 등 여러 가지 문화예술과 문화유산 등에 관련된 주제들을 스토리텔링으로 연계하여 유럽의 다양한 문화공간과 자연공간, 관광자원, 교통로 등이 새로운 정체성을 갖도록 창조된 관광루트입니다. 약 6,000년 전에 만들어진 유럽의 거석문화를 주제로 한 거석문화 관광루트에서부터 20세기 건축을 주제로 한 아트리움(ATRIUM) 관광루트까지 모두 유럽의 과거와 현재를 이해하고, 건강한 미래를 건설하는 데 도움이 될 새로운 관광의 상징입니다.[1] 문화루트

---

1 Wided Majdoub, Cultural Routes: An Innovating Tool for Creative Tourism, Management International Conference-MIC 2009, Sousse Tunisia, November 2009, p.1841.

개설과 같은 스토리텔링 활용 기법은 사람들의 기억에서 잊힌 공간, 쓸모없이 버려진 장소, 사람들이 더 이상 의미를 느끼지 못하는 그레이 필드에 새로운 매력을 부여하여 사람들이 찾아가 보고 싶어 하는 문화관광공간으로 변화하게 합니다.[2] 유럽 내 다양한 장소가 가지고 있는 특수한 역사성과 예술성 그리고 풍부한 주제[3]를 하나의 관광루트로 연계하여 유럽문화라는 정체성으로 인식시키고 공유하게 하려는 것이 사업의 주요 목적입니다. 그리고 여가활동과 문화관광을 위한 특수한 장소들이나 다양한 관광지들을 하나의 주제를 가진 엄브렐러 브랜드(Umbrella brand)[4]로 개발하여 시너지 효과를 창출하려는 테마마케팅(Theme marketing) 활동입니다.[5] 비유가 적절한지 모르겠지만, 이것은 마치 제각각 흩어져 있는 여러 가지 과일들을 하나의 과일바구니에 모아 담고, 이 모든 과일들을 포괄하는 브랜드를 만들어 더욱 가치 있는 상품으로 만들어 시너지 효과를 창출하는 것과 같은 것입니다.

산티아고루트 표지석

2 조태남, 문화콘텐츠와 스토리텔링, 경남대학교 출판부, 2008, p.268.
3 Relph, Edward, Place and Placelessness, 김덕현, 김현주, 심승희(역), 장소와 장소상실, 논형, 2005, pp.28–29.
4 유럽문화루트는 유럽의 여러 국가의 국경을 통과하며 다양한 도시와 관광지를 연계하고 있습니다. 다양한 장소와 시설들을 하나의 브랜드라는 우산 속에 통합하여 특정한 주제를 체험할 수 있는 관광루트로 개발하는 것을 '엄브렐러 브랜드'라고 합니다.
5 Brent Hanifl, What is the Economic Value of Creative Tourism in Santa Fe, New Mexico?, MA Thesis, University of Oregon, 2015, p.53.

1987년 유럽연합의 산티아고 데 콤포스텔라(Declaration of Santiago de Compostela) 선언과 함께 산티아고 루트를 첫 유럽문화루트로 지정하면서 유럽문화루트 프로그램이 본격적으로 시작되었습니다. 유럽문화루트는 유럽 각 지역의 문화유산과 문화 현상들이 유럽공동체의 문화공유에 기여하고, 유럽시민들이 유럽의 문화유산가치를 재발견할 수 있도록 촉진해줍니다. 유럽연합의 문화루트는 사람들이 유럽의 가치를 이해하고, 존중하는 다국가적 관계의 중요성에 대해 확고히 인식토록 하고 지역적으로 대표적인 문화적 인물, 현상, 역사적으로 중요한 장소 등을 연결해주는 다국적 관광루트입니다.[6] 유럽인들의 고유문화 발전과 정체성 제고를 위해 유럽연합이 추진하고 있는 유럽문화수도 프로그램도 유럽문화루트 프로그램과 비슷한 목적을 가지고 있습니다. 유럽문화루트도 유럽의 공유적 문화를 중시하고, 여러나라로 구성된 유럽을 특정 주제를 가진 문화루트로 보다 긴밀하게 연계하려는 정책의 일환입니다. 유럽연합은 유럽문화의 발전에 기여할 기반을 공고히 하기 위해 문화적 통합에 특히 노력하고 있습니다. 그렇지만 유럽의 개별국가나 도시들은 자기 지역문화의 독특성(Unique)과 고유성(Authentic)을 유지하고 발전시키려고 적극 노력하고 있습니다. 이에 따라 유럽문화를 통합하려는 동력과 지역문화의 다양성을 유지하려는 동력 사이에는 본질적인 갈등요소가 내포되고 있습니다.[7]

세계화 추세가 심화되면서 유럽의 통합과 공통문화 공유의 중요성 못지않게 유럽의 언어와 문화유산의 다양성을 기초로 형성된 개별 국가들의 정체성이 희석되는 것을 방지하고, 개별 지역의 언어와 문화를 잘 보존하고 생명력을 유지하기 위한 필요성이 절실해졌습니다. 이러한 이유에서 유럽평의회(Council of Europe)는 세 차례의 정상회의를 개최하고 강압적인 문화 동화나 차별을 금지하고, 지역문화 간의 대화 필요성 등을 강조하였습니다.

1993년 비엔나에서 개최된 1차 정상회의에서는 유럽을 구성하는 사람, 국가, 언어 그리고 지역사회의 안전한 미래를 구축하기 위하여 인종차별, 외국인 혐오(Xenophobia), 반유대주의, 종교적인 편협한 배타성 등에 반대하는 "모두 다르지만

---

6 Council of Europe, Enlarged Partial Agreement on Cultural Routes, 2000, https:// conventions. coe.int/Treaty/EN/PartialAgr/Html/CulturalRoutesStatute.htm 2020년 1월 23일 검색.

7 Richard G., Cultural Tourism in Europe, CAB International, 1996, p.322.

모두 평등하다(All Differnet, All Equal)"라는 주제의 청소년 캠페인을 추진하게 됩니다. 1995년에 체결된 소수민족 보호를 위한 기본협약은 1차 정상회의 프로세스의 일부입니다. 이 기본 협약은 문화적 동화를 강요하는 것을 원칙적으로 금지하고, 고유언어로 교육을 받고, 일상에서 사용하는 자유와 고유문화 활동을 적극 보호하고, 국경을 초월한 협력을 보장하며 경제, 문화, 지역사회 및 공공생활에 참여하는 것을 보장하는 원칙이 명시되어 있습니다.

1997년 10월 프랑스 알자스주의 스트라스부르(Strasbourg)에서 개최된 유럽평의회 정상회담에서는 유럽의 문화적 다양성을 존중하는 "유럽, 공동의 문화유산(Europe, a Common Heritage)"이라는 주제의 캠페인을 추진하기로 결정하였습니다. 이 회담의 폐막연설에서 프랑스 수상 리오넬 조스팽(Lionel Jospin)은 다음과 같이 말했습니다.

"그 어느 때보다 무역과 경제의 세계화가 심화되고 있는 20세기를 마감하는 이 시점에서 유럽은 언어와 문화유산의 다양성으로 만들어진 유럽의 정체성을 주장할 필요가 있습니다. 이런 관점에서 각 지역의 언어와 문화는 우리의 특별한 관심을 받을 필요가 있습니다. 우리는 유럽 내 고유한 언어와 문화들을 제대로 보전하고, 생명력을 주어야 합니다."

또한 2005년 폴란드 바르샤바에서 개최된 3차 정상회의의 선언은 다음과 같습니다. "공유된 기본적 가치, 공동의 유산과 문화적 다양성에 대한 존중을 바탕으로 유럽의 정체성과 단합을 촉진하고 … 특히 우리의 다양성이 정치적, 문화적, 종교적 상호대화를 촉진함으로써 상호 풍요로움의 원천을 보장하도록 만들고자 합니다". 3차 정상회의의 실천계획은 2005년 포르투갈에서 개최된 파로 컨벤션(Faro Convention)에서 '사회를 위한 문화유산의 가치'라는 획기적 내용의 기본협약을 채택케 하고, 그 결과 '문화간 대화 백서'가 탄생하게 했습니다.[8]

유럽문화루트는 다양한 문화를 배경으로 하고 있는 유럽 국가들의 문화공유를 통하여 문화적 정체성 형성을 촉진시킨다는 중요한 과제와 더불어 유럽문화와 문화유산의 네트워킹을 통하여 문화의 다양성을 지키는 다원주의와 문화 간

---

8 Council of Europe, Cultural Routes Management: from Theory to Practice, Janvier, 2015, p.8.

의 대화와 이해를 촉진시키려는 목적을 가지고 있습니다.[9] 법이나 제도, 교육을 통해서 유럽의 정체성을 강제한다고 유럽인이라는 정체성이 의도대로 형성되는 것은 절대 아닙니다. 유럽인으로서의 공유된 정체성을 현실적으로 실현시키고, 동시에 유럽문화의 다양성을 활성화시키기 위해서는 문화를 통해서 지역사회 간의 협력적 네트워크를 공고히 만들고, 구성원들 스스로가 유럽문화에 대한 자부심을 갖도록 하는 것이 가장 효과적인 수단입니다. 유럽문화루트의 개발목적은 유럽사회 내부를 위한 목적과 외래 관광객들을 위한 두 가지 목적을 동시에 추구하고 있습니다.

이러한 유럽문화루트 프로그램의 주요목적은 1) 유럽문화의 정체성을 형성케 하여 유럽인으로서의 자부심을 갖게 하는 것 2) 유럽 내 개별 국경을 초월한 다국 간의 문화적 네트워크를 형성하여 범유럽적인 문화공간을 창조하고, 다국 간 협력체계 구축을 통해 효과적으로 관리하게 함으로서 유럽 전체의 사회적 응집력을 강화하는 것 3) 관광수입 증대를 통하여 지역사회의 경제를 활성화시키는 것 4) 문화관광개발을 위한 인프라스트럭처 투자를 통해 지역주민들의 생활환경을 개선하고, 어메니티를 향상시키는 것 5) 유럽인들이 자신의 문화를 이해하고 유럽에 대한 애정을 갖게 하는 것 6) 유럽인들이 여가활동을 풍요롭게 만들기 위한 문화적인 공간을 창조하는 것입니다.

관광측면에서 본, 유럽문화루트는 유럽 각국이 보유한 다종·다양한 문화자산을 스토리텔링을 통하여 주제별 문화루트로 특화개발함으로서 전 세계에 유럽에 대한 긍정적 이미지를 강화시키고, 다양한 문화유산, 찬란한 예술, 아름다운 자연풍경, 각 지역의 독특한 음식과 농산물, 언어, 지방마다 색다른 삶의 방식이라는 유럽 특유의 매력을 널리 홍보해 관광객 유치를 증진시키기 위한 유용한 전략적 도구입니다. 관광개발 관점에서 유럽문화루트는 세 가지 목적을 가지고 있습니다. 1) 여행을 통해서 유럽문화에 대한 인식과 이미지를 개선하고 2) 일반 관광객들이 잘 모르는 유럽의 다양한 장소와 명품, 관광코스를 새롭게 발굴하여 국제적으로 홍보하며 3) 유럽의 다양한 문화자원을 여러 나라에 걸쳐 체험

[9] Council of Europe, Resolution CM/Res(2013)66 Confirming the Establishment of the Enlarged Partial Agreement on Cultural Routes(EPA), 2013.

하도록 연계관광루트로 만들어 시너지 효과를 창출하고, 세계적인 관광자원화를 도모한다는 것입니다. 상당히 바람직한 정책 목적과 수단의 개발 사례라고 생각 됩니다.

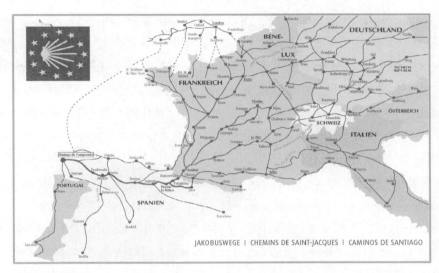

● 산티아고길 지도

유럽문화루트의 정의

관광루트(Tourist route), 관광코스(Tour course), 탐방로(Trail), 관광교통로, 여정(Itinerary) 등과 유럽문화루트는 유사한 개념이기 때문에 혼돈될 수 있습니다. 물론 연구자 에 따라서 그 정의가 서로 다를 수 있겠지만, 유럽문화루트를 제대로 정의하기 위해서는 우선 관광루트와 관광코스의 차이점에 대해서 살펴보아야 할 것 같습 니다. 관광루트(Tourist route)란 공식적으로 관행화된 관광교통로를 의미합니다.[10] 관광루트는 다양한 주제로 문화유산, 역사유적, 관광지와 관광자원 그리고 지역 사회를 연계하여 여행을 하는 교통로로, 오랜 세월 동안 공식적으로 이용되고 있거나 인위적으로 계획되어진 교통로라고 할 수 있습니다. 그러나 관광코스(Tour

---

10 이장춘, 관광자원학, 대왕사, 1997, p.227.

course)는 관행화되지 않은 관광교통로라고 구분할 수 있습니다. 관광코스는 개인적 취향에 따라 다르고, 개인들이 개별적으로 관광코스를 다양하게 만들어 여행을 하는 관광교통로입니다. 따라서 관광코스는 공식적으로 정해져 있는 것이 아니고 개인이 문화유산이나 관광지를 연계하여 여행하는 것을 의미합니다. 탐방로(Trail)는 지역 내에서 이루어지는 자전거나 도보와 같이 느린 이동 수단을 이용하는 교통로를 말합니다. 탐방로는 한 지역 내에서 도보탐방, 자전거탐방, 등산, 하이킹, 사진촬영, 사파리 등의 형태로 느리게 이동을 하는 여러 가지 이동경로를 의미할 수 있습니다. 여행일정(Itinerary)은 관광루트, 관광코스, 탐방로 등을 포함하는 여행을 할 때 목적지와 일정을 순서대로 정리한 여행일정표를 의미합니다. 이러한 용어는 여러 학술지에서 서로 혼용되기도 하고, 학자에 따라서 다른 의미로 사용되기도 합니다.

문화루트 국제위원회(International Committee on Cultural Route, CIIC)와 유럽문화루트 연구소(European Institute of Cultural Route, EICR) 등 여러 국제기관들은 문화루트의 정의에 대한 다양한 연구를 하고 있습니다. 문화루트 국제위원회(CIIC)와 국제기념물 유적협의회(International Council on Monument and Sites, ICOMOS)는 문화루트를 다음과 같이 정의하고 있습니다.

"문화루트란 토지, 물, 그리고 물리적으로 경계가 다르게 나뉘는 형태로 특별한 움직임과 역사적 기능을 가진 소통 경로로서 다음과 같은 조건을 수행해야합니다. 사람들의 상호적인 이동은 물론이고, 상당히 오랜 기간 동안 제품, 아이디어, 사람들 간의 지식과 가치, 국가·지역 혹은 대륙 간의 다차원적이고 지속적이며, 상호적인 교환이 일어나고 있는 교통로이어야 합니다. 유·무형의 문화유산에 반영되어 있는 것처럼 공간적 그리고 시간적으로 문화의 활성화를 촉진할 수 있어야만 합니다".[11]

그리고 1980년 유럽평의회가 채택한 유럽문화루트의 정의는 다음과 같습니다.

"역사적, 예술적 혹은 사회적 관심이 명백하게 유럽적이고, 유럽의 영역과 중요성 및 특성을 가지고 있는 지리적인 경로를 중심으로 조직된, 하나 혹은 복수의 국가 혹은 지역을 통과하는 루트를 말합니다. 유럽문화루트에 유러피안이라

---

11 Majdoub, W., "Analyzing Cultural Routes from a Multidimensional Perspective, Alma Tourism", 2010, p.30.

는 접두어를 적용하는 것은 단순히 지역 이상의 문화적인 차원과 중요성을 의미하는 것입니다. 유럽문화루트는 반드시 전체로서 유럽문화를 대표하는 역사적인 관계가 특별히 풍부한 장소와 더불어 몇 가지 강조되는 부분을 기초로 하여야 합니다".[12]

문화루트의 정의에는 콘텍스트(Context), 콘텐츠(Content) 그리고 상호문화적인 중요성(Cross cultural significance)이라는 세 가지 요소를 언급하고 있습니다. 여기서 콘텍스트라는 것은 자연환경을 의미하고, 콘텐츠는 문화유산을 증거하는 무형적인 요소와 문화유산이라는 물리적인 요소를 함께 의미합니다. 그리고 상호문화적인 중요성이라는 것은 부분의 총합보다 큰 전체로서의 가치를 의미하고, 문화루트에 의미를 부여하는 것을 뜻합니다. 이와 같이 문화루트는 다양한 공간과 장소 및 문화적인 콘텍스트로 구성되어 있습니다. 유럽문화루트는 관광객 유치촉진을 위해서 표지판을 붙여 놓은 단순한 길 이상의 의미를 가지고 있습니다.[13] 문화루트는 특별한 관광 현상의 다면적 성격을 강조하는 특수한 관광자원이고 관광상품이며, 동시에 관광개발 방법인 것입니다.[14]

유럽문화루트는 1) 관광자원과 인기 있는 명소가 위치한 지리적인 공간 2) 문화루트를 구성하는 상이한 구성요소들을 연계시키는 테마 3) 문화루트상에 위치한 여러 도시들에서 제공되는 관광상품과 서비스라는 세 가지 요소로 구성되어 있습니다.[15] 유럽문화루트는 유럽 여러나라들의 관광도시를 연계하고 있기 때문에 문화루트를 여행하는 관광객은 문화루트상에 있는 다양한 국가와 도시의 각기 다른 정체성을 경험하면서 여행하게 됩니다. 따라서 단순한 여행이라기보다는 특별한 가치, 의미, 기대, 경험을 내포하고 있는 지적이고 자기 계발적인 여행입니다.[16]

유럽문화루트 프로그램은 참가객들이 단순히 하나의 관광자원만을 방문하는

---

12 Council of Europe, Cultural Routes Management: from Theory to Practice, 2015, p.15.

13 Murray, M. and Graham, B., "Exploring the Dialectics of Route-Based Tourism: The Camino de Santiago", Tourism Management, 1997, pp.513-524.

14 Puczko, L. and Ratz, T., The Role of NGO in Heritage Information and Management In Gravari-Barbas, M. and Guichard-Anguis, S., Regards Croisés sur le Patrimoine dans le Monde à l'Aube du XXIème siècle, Paris: Presses de l'Université de Paris Sorbonne, 2003.

15 Giulio Pattanaro, Filippo Pistocchi, Linking Destinations Through Sustainable Cultural Routes, Emerging Issues in Management, 2016, p.83.

16 Majdoub, W., Op. cit., 2010, p.30.

점(点)적인 여행에 그치는 것이 아니라 문화적으로 특정한 테마를 소재로 유럽 내 다양한 문화도시들과 관광지들을 연계한 루트를 따라가면서 유럽문화의 공통점과 다양성을 경험할 수 있도록 설정된 선(線)적이면서 동시에 면(面)적인 문화루트(Itinerary)입니다. 그러나 문화루트는 반드시 걸어 다니는 물리적인 길일 필요는 없고, 박물관, 유적지, 도시 혹은 지역정부들을 포괄하는 하나의 시스템에 속해 있는 협회와 같은 문화적 이해관계자로 구성될 수도 있습니다.[17] 이는 유럽인에게 유럽이라는 복합체를 읽을 수 있는 도구를 제공하고, 유럽통합으로 이동할 수 있게 할 뿐만 아니라 유럽인의 정체성과 시민권의 기초를 찾고, 유럽에 대해 보다 생생한 감각을 느낄 수 있도록 조성하면 됩니다.

● 유럽축제

제2절
유럽문화루트는 어떻게 인증되는가

공인된 유럽문화루트(Certified Cultural Route)

복수의 유럽국가와 도시들을 연계하는 유럽문화루트 프로그램은 문화루트상

---

17 Wikipedia, Cultural Route of the Council of Europe, https://en.wikipedia.org/wiki/Cultural_Route_of_the_Council_of_Europe 2020년 1월 23일 검색.

에 입지한 여러 도시들의 생활환경을 개선하고 문화, 사회 및 경제 발전을 지원하며, 유럽의 자연유산과 문화유산을 적절히 보존하고 발전시키는 데 기여하는 것을 주목적으로 하고 있습니다. 문화루트는 해당 지역사회들의 지속 가능한 발전을 돕는 문화관광을 적극 장려합니다. 2019년 현재 건축과 풍경에서 종교적 영향, 아름다운 음식과 무형유산들, 그리고 유럽의 미술, 음악, 문학의 주요 인물에 이르기까지 다양한 주제로 이루어진 총 38개의 유럽문화루트가 <표 13-1>에서 보는 바와 같이 인증되어 있습니다.

표 13-1 공인된 유럽문화루트와 지정현황

유럽문화루트	지정년도	지역 및 내용
산티아고 길 (Santiago de Compostela Pilgrim Route)	1987년	산티아고 길로 유명한 종교순례여행 루트로 1987년 최초로 유럽문화루트로 지정됨. 총 9개의 루트로 구성되어 있고 유네스코 세계문화유산에 등재되어 있음. 성 야고보의 무덤에 많은 순례자들이 방문하고 있음
한자 루트 (The Hansa)	1991년	13세기 독일해상상인들이 구성한 한자동맹을 주제로 한 문화루트. 발트해 해안을 따라 16개국 190개 도시로 구성되어 있으며 도시의 상당수가 유네스코 문화유산임
바이킹 루트 (Viking Route)	1993년	바이킹은 8세기에서 11세기 우수한 선박과 항해기술을 바탕으로 북부유럽과 서부유럽, 북대서양 전반에 걸쳐 광범위하게 활동함. 15개국의 바이킹 문화를 루트화로 연계함
프란체지나 루트 (Via Francigena)	1994년	프랑스에서 로마로 오는 순례길. 영국, 프랑스, 스위스 및 이탈리아 구간 1,800km를 통과함. 베드로와 바울의 무덤을 방문할 수 있음
엘 레가도 안달루시아 루트 (Route of El legado of Andalusí)	1997년	15~18세기 이베리아 반도는 아랍이 정복하게 됨에 따라 로마인과 서고트족의 혼혈인 베르베르족은 안다루스를 형성. 안다루스의 문화유산이 남아있는 8개국이 문화루트로 연계됨
유럽 모차르트 루트 (European Mozart Ways)	2002년	1762년부터 1791년까지 모차르트가 여행한 10개국 200개 이상의 장소를 문화루트로 연계함
페니키아 루트 (Phoenicians' Route)	2003년	페니키아인들이 기원전 12세기 이후 지중해의 주요 무역 및 문화 커뮤니케이션의 라인으로 사용했던 항해코스의 루트. 이 루트는 3개 대륙의 80개 도시를 연계하고 있음
피레네 철의 루트 (Pyrenean Iron Route)	2004년	피레네산맥의 풍부한 철광석은 유럽국경을 가로지르는 무역 교류품목임. 프랑스, 안도라, 스페인 3개국의 철 생산공정에 대해 배울 수 있는 쾌적하고 흥미로운 산책루트

유태인 문화유산 루트 (European Route of Jewish Heritage)	2004년	유태민족은 천년의 역사속에서 유럽전역에 문화유산을 남기고 있음. 유태인들의 문화유산이 남아있는 15개국을 문화루트로 연계
세인트 마틴 루트 (Saint Martin of Tours Route)	2005년	성 마틴은 다양한 지역에 전도여행을 한 천주교 성인으로 4세기 이후부터 존경의 대상임. 성인의 기념성당인 프랑스의 골(Gaul)은 많은 사람들이 방문하는 순례지
클루니 장소 루트 (Cluniac Sites in Europe)	2005년	10세기 아키텐 공작은 프랑스 부르고뉴지역에 클루니 베네딕토 수도원을 설립함. 중세에 클루니는 유럽문명의 주요중심지로 되고, 서유럽전역에 1,800개가 넘는 문화적인 장소가 생김
올리브 나무 루트 (Route of the Olive Tree)	2005년	올리브 나무의 존재는 지중해인의 일상생활을 의미. 올리브 나무 문명의 발자취를 따라가는 18개국을 통과하는 루트. 이중에는 알제리나 이집트와 같은 북아프리카 국가도 포함되어 있음
비아 레지아 (Via Regia)	2005년	동유럽과 서유럽을 연결하는 가장 오래되고, 가장 긴 도로로 "로얄로드(Royal Road)"라고도 하는 중세의 가장 중요한 도로시스템의 일부. 유럽 10개국을 연결하고 있는 길이 4,500km의 루트
트랜스 로마네스크 (Transromanica)	2007년	1000년경 등장한 건축양식 로마네스크는 300년동안 유럽 각 지역의 건축을 대표하는 건축양식. 중세시대 건설된 웅장한 성당, 수도원 등을 볼 수 있는 루트
이티어 바이트스 (Iter Vitis)	2009년	포도밭과 와인 제조 그리고 포도 재배지역의 풍경은 유럽과 지중해지역의 식음료부문의 중요한 부분. 기원전 4000년에 시작된 포도재배의 역사를 살펴볼 수 있는 19개국을 연결하는 루트
시토수도회 루트 (European Route of Cistercian abbeys)	2010년	1098년 부르고뉴에서 온 시토수도회는 엄격한 금욕생활과 노동을 특징으로 하는데, 유럽대륙 전체에 760개 남성수도원과 1,000개의 여성수도원이 존재
유럽묘지 루트 (European Cemeteries Route)	2010년	유럽묘지는 유명한 예술가, 정치인 등 중요한 인물을 추모하는 장소이고, 묘지의 조각작품 등은 유럽 유형문화유산의 일부임. 20개 국가의 54개 도시의 67개 묘지로 구성됨
선사 바위예술 루트 (Prehistoric Rock Art Trails)	2010년	선사시대 암석예술은 42,000년 전에 등장함. 7개국의 200개의 암석예술 장소를 연계하고 있음. 알타미라 동굴 같은 경우 연중 310만 명의 관광객이 방문하고 있음
역사적 온천도시 루트 (European Route of Historical Thermal Towns)	2010년	유럽에는 고대부터 온천을 이용한 의료 및 건강치료가 있었음. 현재 16개국의 50개의 온천이 연계되어 있음

성 올라프 웨이 루트 (Route of Saint Olav Ways)	2010년	성 올라프는 1015년부터 1028년까지 노르웨이의 왕이었음. 1030년 전투에서 전사한 후 순교자와 성자로 선포되어 신화가 전파됨. 덴마크·스웨덴·노르웨이를 연계하는 수십가지 루트가 지정됨
유럽 도자기 루트 (European Route of Ceramics)	2012년	유럽의 놀라운 도예 발전 역사를 살펴볼 수 있는 루트. 5개국이 연계되었는데 리모 주, 스토크 온 트렌트, 델프트, 파엔자, 셀브 또는 호흐–그 렌츠 하우젠과 같은 도시를 둘러보는 도자기여행을 연계함
유럽 거석문화 루트 (European Route of Megalithic Culture)	2013년	독일 북서부–이 오스 나브 뤼크에서 올덴 부르크까지 구불구불한 관광루트로 전체 310km길이의 노선은 33개 거석유적지로 시작되었음. 유럽평의회는 스웨덴, 덴마크, 네덜란드, 포르투갈 및 영국을 포함하는 다국적 문화루트로 지정함
위그노와 왈도파 루트 (Huguenot and Waldensian trail)	2013년	위그노는 프랑스의 개신교도인데, 루이 14세시대에 박해를 받았음. 왈도파는 청렴을 원칙으로 하는 프랑스 기독교운동인데 이들 역시 종교탄압을 받았음. 박해 당시 위그노들이 2,000km 떨어진 개신교 국가로 망명을 했던 고난의 역사적 루트
20세기 전체주의 체제 건축 루트 (Atrium, Architecture of Totalitarian Regimes of the 20th century)	2014년	이탈리아 파시스트나 동유럽의 공산주의 사회 같은 전체주의 체제 하에서 이루어진 건축유산으로 이탈리아, 슬로바키아, 불가리아 등 전체주의 체제를 경험한 11개 국가에 남아있는 건축유산에 초점을 두고 있음. 불편한 역사도 보전할 가치가 있음
아르누보 네트워크 루트 (Réseau Art Nouveau Network)	2014년	19세기에 나타난 아르누보 예술은 유럽 전역으로 빠르게 퍼졌음. 16개국의 20개가 넘는 도시가 연계됨
합스부르크왕조 루트 (Via Habsburg)	2014년	합스부르크가는 996년에서 1815년까지 유럽에서 가장 영향력이 있는 왕가였음. 프랑스에서 오스트리아까지 1,000km의 루트는 국가 간의 지식과 우정이 교환되던 길임. 4개국 6개 지역의 70개 도시와 장소가 루트에 포함되어 있음
로마제국과 다뉴브 와인 루트 (Roman Emperors and Danube Wine Route)	2015년	로마제국의 다뉴브국경은 군사요새였음. 따라서 와인의 생산과 소비는 이 지역의 일상생활이었음. 와인루트는 크로아티아, 세르비아, 불가리아, 루마니아 4개 국가에 20개의 고고학 유적지와 12개의 와인생산지역이 포함되어 있음
찰스 5세 유럽 루트 (European Route of Emperor Charles V)	2015년	찰스 5세는 16세기 전유럽을 통치했고, 미국신대륙, 아시아의 스페인식민지까지 통치하였음. 오늘날에도 유럽의 여러 지역에서 합스부르크 황제를 기념하는 예술축제, 역사적 재연, 퍼레이드 등이 개최되고 있음
나폴레옹 루트 (Destination Napoleon)	2015년	나폴레옹은 프랑스를 통치하는 10년 동안 유럽과 세계에 큰 영향을 미쳤음. 나폴레옹 루트는 펠, 트칼에서 러시아에 이르는 13개국 60개 도시가 포함되어 있음

로버트 루이스 스티븐슨의 발자취 루트 (In the Footsteps of Robert Louis Stevenson)	2015년	보물섬, 지킬과 하이드와 같은 소설을 쓴 스코틀랜드 작가 로버트 루이스 스티븐슨은 저명한 작가일 뿐만 아니라 지칠 줄 모르는 여행가였음. 그는 바다에서 항해하는 것을 좋아하고, 남태평양 사모아섬에서 정착하여 살다가 생을 마쳤음
그란데 지역의 요새도시 루트 (Fortified Towns of the Grande Region)	2016년	프랑스, 독일, 벨기에, 룩셈부르크를 경계로 하고 있는 오랫동안 전쟁을 겪은 "그란데 지역(Greater Region)"이라고 불리는 지역. 이곳의 12개의 요새는 유럽군사건축물로 과거의 전쟁과 평화를 목격하였음
인상주의 루트 (Impressionisms route)	2018년	19세기 인상주의 운동은 모네, 고호, 르노와르, 시슬리 등의 화가들을 통해서 유럽대륙에 새로운 화풍을 도입했음. 이들이 살던 장소, 작품활동을 하던 곳, 그리고 작품이 전시되고 있는 6개국의 19개장소를 연계하였음
비아 샤늘마뉴 대제 루트 (Via Charlemagne)	2018년	샤를마뉴제국이 최초로 서유럽을 통일하여 하나의 운명공동체가 되었습니다. 샤를마뉴대제는 게르만 일파인 프랑크인들이 세운 왕국의 전성기를 이룬 군주로 스페인을 제외한 서유럽의 전역을 통치하였음. 이 루트는 유럽의 역사, 문화, 종교 그리고 전설이라는 유럽의 뿌리를 찾을 수 있는 독특한 기회를 제공
유럽해방 루트 (Liberation Route Europe)	2019년	유럽해방루트는 1944년부터 1945년 사이에 유럽이 나치 점령에서 해방된 벨기에, 프랑스, 독일, 이탈리아, 룩셈부르크, 네덜란드, 폴란드 및 영국의 주요 2차 세계대전 유적지를 연결
유럽산업유산루트 (European Route of Industrial Heritage)	2019년	18세기 산업혁명은 빠른 속도로 유럽전역에 새로운 기술을 확산시켰음. 현재 산업시대의 탄광과 공장들은 14개의 테마 루트로 조성되어 방문객들에게 유럽산업화와 근로자의 삶의 역사를 보여줌
르 코르뷔지에 건축 루트 (Le Corbusier Destinations: Architectural Promenades)	2019년	20세기 중요 건축가 중 한 명인 르 코르뷔지에는 기능주의, 순수주의, 자연과 건축의 연결과 같은 유럽건축의 새로운 아이디어를 도입했음. 르 코르뷔지에 건축루트는 르 코르뷔지에의 작품이 있는 6개국, 21개 도시의 24개의 건축물을 포함한 문화루트
철의 장막 트레일 (Iron Curtain Trail)	2019년	철의 장막 트레일은 2차 세계대전이 끝나고 거의 반세기 동안 바렌츠해에서 흑해까지 이어지는 분단의 장벽이었음. 20개국을 연결하는 유럽의 정치적, 군사적, 이데올로기적 장벽이 무너지고 이제는 유럽의 평화와 화해를 상징하는 문화루트가 되었음
종교개혁 루트 (Route of Reformation)	2019년	16세기 일어난 종교개혁은 유럽 전역에 종교적 다원화, 기독교의 변화, 성직자의 사회문화적인 변화 등 극적인 변화를 가져왔음. 8개의 유럽국가로 구성된 네트워크에 80개 이상의 종교개혁 장소가 연계되어 있음

유럽평의회 유럽문화루트 인증 획득 기준

유럽문화루트는 유럽평의회의 문화루트 노선에 관한 부분확대협약(EPA)에 의해 정기적으로 평가되고, 인증됩니다. '유럽평의회의 문화루트' 인정은 우수성을 보증하는 중요한 제도입니다. 원래는 동 프로그램의 다섯 가지 우선분야 기준에 부응하는 문화루트사업에 한 가지 형태의 자격만 인증하였습니다. 그러나 1998년 3월 17일 유럽평의회 각료회의(Committee of Minister)에서 채택한 결의안 No. R(98) 4, Part Ⅳ에 의해서 세 가지 문화루트가 인증 자격증에 표시되게 되었습니다.[18]

- 첫 번째 범주: 유럽평의회 주요문화루트
- 두 번째 범주: 유럽평의회 문화루트
- 세 번째 범주: 유럽평의회 문화루트의 '이벤트 혹은 활동'

유럽문화루트로 인증을 받기 위해서는 다음과 같은 조건을 수행해야 합니다.[19]

- 유럽의 가치를 대표하고, 유럽국가 3개국 이상에 해당되는 공통적 테마를 연결
- 다국적, 다학제적 과학적 연구의 대상인 주제를 보유
- 유럽의 추억, 역사, 문화유산을 개선시키고, 현시대의 유럽적 다양성에 대한 해석에 기여
- 청소년을 위한 문화 및 교육 그리고 교류를 지원하는 사업
- 문화발전 및 지속 가능한 문화개발분야에서 모범적이고 혁신적인 사업을 개발
- 차별화된 세분시장을 목표시장으로 하는 문화루트개발

---

18 Council of Europe, Cultural Routes Management: from Theory to Practice, Janvier 2015, p.15.
19 Cultural Routes of the Council of Europe, https://rm.coe.int/prems-122618-gbr-2543-flyer-cultural-routes-3-volets-bat-10x21-2-/16808e3d3f 2020년 1월 10일 검색.

제3절
유럽문화루트 추진에 관한 정책구조

유럽평의회(Council of Europe)

유럽문화루트는 유럽연합(EU)이 추진하는 프로그램이라고 잘못 알고 있는 경우가 많은데, 유럽문화루트는 유럽평의회(Council of Europe)에 의해 시작되었고, 유럽평의회가 주관하고 있는 프로그램입니다. 유럽연합은 다양한 기구를 통하여 유럽문화루트에 많은 기여를 하고 있지만, 유럽평의회(Council of Europe)는 유럽문화루트 관련 정책을 수립하는 기구로 프랑스 스트라스부르(Strasbourg)에 본부를 두고 있습니다. 1949년에 유럽의 경제·사회적 발전을 위해서 설립된 이 조직은 유럽에서 가장 오래된 국제기구이며, 유럽대륙 전체의 47개국으로 구성되어 있습니다. 유럽평의회는 문화를 "민주주의의 영혼"이라고 표현하고, 문화가 사회적 응집력, 민주주의 그리고 유럽의 협력관계를 강화하는 핵심적인 도구라고 주장합니다. 다양성이 주요 원동력이고, 다양한 집단 사이의 평화로운 공존을 위한 대화를 추구하고 있습니다.[20] 유럽평의회는 산하의 부분확대협약(Enlarged Partial Agreement, EPA)의 관리이사회를 통하여 유럽문화루트의 자격인증과 자격박탈에 대한 결정을 합니다. 유럽평의회(Council of Europe)는 유럽연합(European Union, EU)의 산하조직이 아니고; 유럽연합의 유럽이사회(European Council)[21]와도 다른 조직입니다. 유럽문화루트는 유럽연합이 간접적으로 기여는 하고 있지만, 유럽평의회(Council of Europe)가 주도적으로 추진하는 프로그램입니다.[22]

---

20 Eva Hafele, "European Cultural Routes"-A Practical Guide, Federal Ministry for European and International Affairs, 2013, p.6.

21 유럽연합이사회 혹은 유럽연합각료이사회는 유럽연합의 정책결정기관입니다. 회원국들의 각료 1명씩으로 구성되어 있는데, 회원국들 간에 자국의 국익을 직접적으로 표현하고 대변하는 정부 간 기구입니다.

22 "Partners", Cultural Routes of the Council of Europe, https://culture-routes.net/the-institute/partners 2020년 1월 26일 검색.

부분확대협약(Enlarged Partial Agreement, EPA)

2010년에 체결된 유럽문화루트에 대한 부분확대협약(Enlarged Partial Agreement, EPA)은 유럽평의회의 정책 지침에 따라서 유럽문화루트 프로그램에 관한 전략을 결정하고, 재정을 확보하며 '유럽문화루트' 인증을 수여하는 등의 업무를 담당합니다. 2010년 12월 8일 13개 창립회원국의 서명으로 창립된 부분확대협약(EPA)은 유럽 평의회의 회원국 및 비회원국에 개방되어 있으며, 국가, 지역 및 지역 이니셔티브를 통해 문화와 관광을 촉진할 수 있습니다. 유럽의 통합, 역사, 문화 그리고 가치의 상징적 중요성이라는 주제를 중심으로 문화협력, 지속 가능한 관광개발 및 사회적 결속을 위한 문화루트의 잠재력을 계속 강화하고, 알려지지 않은 관광자원을 지속적으로 발굴하는 것이 주요 임무입니다. 2018년 9월 현재 EPA는 32개 회원국을 보유하고 있습니다.[23]

유럽문화루트연구소(European Institute of Cultural Route, EICR)

유럽문화루트연구소(EICR)는 유럽평의회와 룩셈부르크 정부 사이의 협정에 따라 1998년에 설립된 기술지원 기관입니다. 기존의 인증된 문화루트들에 대해서 기술적인 자문을 해주고, 새로운 프로젝트에 대해 지원하며, 유럽문화루트 관리자를 위한 교육 및 타당성 검토 활동과 대학 네트워크를 조정하는 활동 등을 수행합니다. 방대한 규모의 유럽문화루트 관련 문서와 도서를 보유한 전문도서관도 운영하고 있습니다. 부분확대협약(EPA)의 사무총장은 유럽문화루트연구소(EICR)의 이사입니다. 유럽문화루트연구소의 주요임무는 다음과 같습니다.

- 주제 세미나의 개최와 전문적인 교육 프로그램의 구성
- 유럽문화루트의 계획과 운영의 지원
- 새로운 유럽문화루트에 대한 자격인증

---

[23] Council of Europe, Enlarged Partial Agreement on Cultural Routes, https://www.coe.int/en/web/culture-and-heritage/cultural-routes

- 기존 유럽문화루트의 평가
- 이벤트, 페어 그리고 컨퍼런스의 참여
- 유럽연구 프로그램에 참여 등

루트포유(Route4U)

유럽평의회(Council of Europe)와 유럽연합(EU)의 공동 프로그램[24]인 루트포유
(Routes4U)는 유럽의 문화, 사회 및 환경개발을 지원하는 지속 가능한 프로젝트의
생성을 위한 유럽문화루트 프로그램에 대해서 부분확대협약(EPA)과 유럽연합 사
이의 협력 체계를 구축하는 일들을 수행합니다. 2017년부터 2020년까지 30개월
동안 발트해, 다뉴브강, 아드리아해 및 이오니아 그리고 알프스지역의 유럽문화
루트를 강화하고, 새로운 유럽문화루트를 개발해 지역개발을 강화하려는 프로젝
트를 추진하고 있습니다. 구체적인 활동내용은 다음과 같습니다.

- EU 거시지역(발트해, 다뉴브강, 아드리아해 및 이오니아, 알프스)의 새로운 유럽문화루트 인
  증을 위한 지원
- 지방자치단체 및 관광사업자의 문화루트에 관한 다국적 지역정책 가이드
  라인의 초안 작성
- e-러닝 모듈을 통한 새로운 역량과 기술개발
- 유럽문화루트 카드 및 여행 플래너와 같은 관광 도구 및 제품의 개발 등

유럽연합(EU)의 유럽문화루트정책구조

2010년 유럽이 "관광의 최고(Number One in Tourism)"가 되어야 한다는 슬로건을
내세운 이후, 유럽연합은 유럽지역에 대한 관광을 촉진하기 위한 새로운 관광정
책구조를 설정하였습니다.[25] 그리고 유럽연합 집행위원회(European Commission)는 유

---

24 때로는 프로젝트라고도 합니다.
25 Overview of EU Tourism Policy, https://ec.europa.eu/growth/sectors/tourism/policy-

럽문화루트개발에 기여하기 위해 유럽평의회(Council of Europe), 유럽여행위원회(European Travel Commission), 유엔 세계관광기구(UN World Tourism Organisation) 그리고 기타 국제 파트너들과 적극 협력하고 있습니다.[26]

유럽연합 집행위원회(European Commission)와 유럽평의회(Council of Europe)가 처음 시행한 공동사업의 결과는 2010년에 발간된 "중소기업 혁신에 대한 유럽문화루트의 효과(Study on European Cultural Routes Impact on SMEs Innovation)"라는 연구였습니다. 이 연구 결과는 다가올 미래에 유럽관광이 세계 최고의 관광 목적지가 되기 위한 과정에서 유럽문화루트 프로그램이 많이 기여할 수 있다고 결론내리고 있습니다. 주요 연구결과는 다음과 같습니다.[27]

- 유럽문화루트는 유럽의 가치, 문화 간 대화, 네트워크와 군집화의 촉진, 긍정적인 경제개발을 위한 잠재력을 가지고 있음
- 유럽의 문화 활동 간 협력관계를 촉진하고, 유럽인들에게 공통적인 유럽 문화유산에 대해 인식하게 만들어줌
- 새로운 문화관광 상품과 서비스개발을 촉진함

유럽의 문화정책 지원의 일환으로 작성된 유럽평의회의 문화사업계획서 2015~2018(Work Plan for Culture 2015~2018)에는 특히 문화, 교육, 연구, 디지털화, 지역 및 도시개발분야에서 관련 EU 프로그램 및 기금들 간 시너지 효과의 필요성을 강조했습니다. 이 계획의 일환으로 약 20개에 달하는 구체적 활동들이 다음과 같은 우선순위에 따라 추구되게 되었습니다.[28]

- 접근 가능하고 포용적인 문화
- 문화유산
- 문화 및 창조적인 분야

---

overview_en 2020년 1월 26일 검색.

26 European Commission, https://ec.europa.eu/growth/sectors/tourism/offer/cultural_en 2020년 1월 23일 검색.

27 Khovanova, Rubicondo, Kseniya, Study on European Cultural Routes Impact on SMEs Innovation, Council of Europe, Strasbourg, 2010.

28 Work Plan for Culture(2015-2018) https://eur-lex.europa.eu/legal-content/EN/TXT/PDF/?uri=CELEX:52014XG1223(02)&from=EN 2020년 1월 23일 검색.

- 창조적인 경제와 혁신
- 문화적 다양성의 확산
- EU의 대외 관계 및 이동성에 대한 문화

유럽문화루트 협의회

유럽의 지방정부가 관련정책을 효율적으로 개발할 수 있도록 지원하고 있는 인터레그 유럽 프로그램(Interreg European Programme)[29]은 현재 환경 및 자원 효율성 이라는 주제분야에서 유럽문화루트와 관련된 여러 가지 프로젝트들을 지원하고 있습니다. 이 중 두 가지, 컬트 린그(Cult-RInG)와 스타 시티스(STAR Cities)는 유럽문 화루트 프로그램 협의회 차원에서 문화루트에 대한 지역정책의 효과를 향상시키 려는 것을 목표로 하고 있습니다.

컬트 린그(Cult-RInG)[30]는 성장과 고용을 위한 투자로서의 문화루트(Cultural Routes as Investments for Growth and Jobs)를 의미하는데, 이 문장 중 Cult-R-In-G를 따와 서 Cult-RInG라고 명칭을 정했습니다. 컬트 린그 프로젝트의 목표 중 하나는 기존 문화루트의 평가와 새로운 문화루트의 개발 기회 모색, 그리고 유럽문화루 트를 평가하는 일입니다. 프로젝트 파트너는 지역경제발전과 고용 창출이라는 사회경제적 목표를 달성하기 위해서 기존 문화루트의 기여도를 평가하고, 새로 운 문화루트를 개발하고 있습니다. 컬트 린그 프로젝트의 전체적인 목표는 지역 성장과 고용창출을 위한 투자라는 측면에서 유럽문화루트의 가치를 보다 더 강 화하는 것입니다.

스타 시티스(STAR Cities)[31]는 수변도시들의 매력 향상을 위한 지속 가능한 관광 (Sustainable Tourism for Attractivity of Riverside Cities)을 의미하는데, 이 중 대문자화 된 S-T

---

29 Interreg Europe, What is Interreg Europe?, https://www.interregeurope.eu/about-us/ what-is-interreg-europe/

30 Cultural Routes as Investment for Growth and Jobs, https://www.interregeurope.eu/cult-ring/

31 STAR Cities, Sustainable Tourism for Attractivity of Riverside Cities, https://www. interregeurope.eu/STAR-cities/

－A－R－Cities로 줄여서 스타 시티스(STAR Cities)라고 칭하고 있습니다. 스타 시티스는 유럽의 수많은 수변공간들의 쾌적성, 매력성을 개발하여 지속 가능한 관광개발이 이루어지게 하고 유럽의 수변공간을 인기 있는 여가활동공간으로 조성하며, 비상시 강의 중요한 역할을 홍보하기 위하여 유럽문화루트로 지정받기 위한 계획을 추진하고 있습니다.

스타 시티스는 다음과 같은 다섯 개 도시의 지역정책을 개선하기 위해서 7개의 파트너를 구성하고 있습니다.

- 프랑스 발드마른 관광위원회(Val－de－Marne Tourism Board)
- 이탈리아 라치오(Lazio Rigion)[32]
- 로마의 IXEUR(Municipality IX EUR of Rome)[33]
- 독일 함부르크(Free and Hanseatic City of Hamburg)[34]
- 리투아니아 카우나스 유럽문화수도 2022위원회(Public Institution "Kaunas 2022")[35]
- NECSTouR(The Network of European Regions for Competitive and Sustainable Tourism) 벨기에 자문 파트너[36]

경쟁력 있고 지속 가능한 관광을 위한 유럽지역 간 네트워크인 NECSTour (The Network of European Regions for Competitive and Sustainable Tourism, NECSTouR)[37]와 스타 시티스(Sustainable Tourism for Attractivity of Riverside Cities)의 파트너는 유럽문화루트연구소(EICR)

---

32 STAR Cities, Partners Presentation, 2019. 5. 21, https://www.interregeurope.eu/starcities/news/news－article/5661/partners－presentation－lazio－region/ 2020년 1월 23일 검색.

33 STAR Cities, Partners Presentation: Roma Capitale Municipio IX, 2019. 2. 22, https://www.interregeurope.eu/starcities/news/news－article/5090/partners－presentation－roma－capitale－municipio－ix/ 2020년 1월 23일 검색.

34 STAR Cities, Partners Presentation: Hamburg, 2019. 9. 5, https://www.interregeurope.eu/starcities/news/news－article/6613/partners－presentation－hamburg/ 2020년 1월 23일 검색.

35 STAR Cities, Partners Presentation: Kaunas 2022, 2020. 4. 4, https://www.interregeurope.eu/starcities/news/news－article/5360/partners－presentation－kaunas－2022/ 2020년 1월 23일 검색.

36 Network of European Regions for a Sustainable and Competitive Tourism, https://www.necstour.eu/

37 Network of European Regions for a Sustainable and Competitive Tourism https://www.necstour.eu/necstour.eu/news/necstour－calls－european－tourism－sector－behavioural－change－towards－sustainability

와 유럽평의회 등과 협력하여 문화관광의 효과를 측정하는 사례들과 유럽문화루트가 제안한 관광여정을 공유합니다. NECSTour는 유럽 내 강력한 관광경쟁력을 갖춘 35개 지역 관광 행정기관은 물론이고, 대학과 연구기관과 같은 관광 관련 학술조직 및 유럽 20개국의 관광산업협회들과 네트워크로 연계하는 조직입니다. 넥스투어(NECSTOUR)는 유럽집행위원회(European Commission)의 "유럽, 세계 최고의 관광목적지 – 유럽관광의 새로운 정치적인 프레임워크"에 따른 유럽관광 경쟁력을 강화하기 위한 여러 가지 활동을 수행하고 하고 있습니다.[38]

NECSTouR는 지역경쟁력의 중요한 동력이 되고 있는 관광을 통하여 경제적·사회적·환경적 지속 가능성을 추구하고 있습니다. '미래의 지속 가능한 관광 5S'라는 5가지 핵심적인 전략을 중심으로 한 유럽지역의 협력전략을 제공합니다. 미래 지속 가능한 관광의 5S전략은 1) 스마트화된 관광목적지(Smart destination)[39] 2) 사회·문화적인 균형(Sociocultural balance)[40] 3) 문화관광 기술과 재능(Skill and talent)[41] 4) 안전과 회복력(Safety and resilence)[42] 5) 통계와 가측성(Statistics and measurability)[43] 등 입니다. NECSTouR는 "더 살기 좋은 장소, 방문하기 더 좋은 장소(Better Places to Live, Better Places to Visit)"라는 2018년 바르셀로나 선언과 "관광을 위한 디지털화와 안전(Digitalisation and Safety for Tourism)"이라는 문화관광의 정보화·전문화 플랫폼이라는 두 가지 새로운 계획을 추구하고 있습니다.[44]

---

38 NECTour, https://www.necstour.eu/who – we – are

39 관광정보시스템을 통하여 계절적인 수요변동, 관광객 이동흐름 관리, 관광지의 수용능력 등에 대해 분석함으로써 관광의 부정적인 영향을 완화하면서 긍정적인 이점을 극대화하는 관리가 가능해집니다. 이와 같이 관광정보시스템을 통해서 과학적으로 관광목적지와 관광자원을 관리하면 관광객과 지역주민 모두의 만족도를 높이는 전략을 추진할 수 있습니다.

40 관광산업은 지역사회의 활성화와 주민의 삶을 개선하는 중요한 역할을 수행하고 있습니다. 따라서 사회문화적인 불균형을 해소하고 모두를 위한 관광정책을 추진하는 것은 중요한 전략입니다.

41 관광산업은 인적자본을 중심으로 하고 있습니다. 관광인력의 기술적인 역량이 향상되면 스마트하고 지속 가능한 관광목적지를 개발하고 제공할 수 있는 능력이 향상됩니다.

42 관광은 다양한 예상하지 못한 사건과 위험을 내포하고 있습니다. 따라서 예상할 수 있는 안전한 여행을 보장하고 예상하지 못한 사건에 대한 회복 능력을 강화하는 것은 중요한 문화관광전략입니다.

43 측정할 수 없는 것은 관리할 수 없습니다. 문화관광과 관련된 효과적인 의사결정을 하기 위해서는 정량적·정성적 성과지표와 통계는 중요한 요소입니다.

44 NECSTour Homepage, https://necstour.eu/ 2020년 5월 5일 검색.

유럽문화관광 네트워크

유럽문화관광 네트워크(European Cultural Tourism Network, ECTN)[45]는 컬트-링그(Cult-RInG)[46]와 크리스타(CHRISTA)[47] 프로젝트의 파트너로 문화관광개발 및 진흥을 위한 네트워크입니다. 유럽문화관광 네트워크는 문화관광개발과 판매촉진을 위하여 유럽 전체를 포괄하는 유일한 네트워크입니다. 유럽문화관광 네트워크(ECTN)는 19개국에 20개의 정회원들로 구성되어 있고, 20개의 관광목적지 당국들과 연구소, 대학교, NGO로 구성된 9개의 준회원들이 가입되어 있습니다.[48]

크리스타(CHRISTA)[49]는 책임감 있고, 혁신적이며 지속 가능한 관광 활동을 위한 문화와 문화유산(Culture and Heritage for Responsible, Innovative and Sustainable Tourism Action)을 의미하며 약자로 CHRISTA라는 명칭을 사용하고 있습니다. 크리스타의 목적은 다양한 문화와 문화유산들을 효과적으로 보존하고, 무형유산 및 산업유산을 모두 포함해 책임감 있고 혁신적이며 지속 가능한 관광활동을 위한 전략을 개발하고 홍보하는 것입니다. 주요활동을 살펴보면 지역 간 협력을 통해 지속 가능한 문화관광, 생태관광 등과 관련한 우수 사례 연구, 정책학습, 정책 구현 및 역량을 구축하는 일 등입니다.

제4절
지속 가능한 유럽문화루트의 개발전략

유럽을 여행하는 관광객은 유럽문화루트를 다양한 공급자와 서비스들로 구성

---

45 유럽문화관광 네트워크(European Cultural Tourism Network, ECTN), https://www.culturaltourism-network.eu/
46 컬트-링그(Cult-RInG), https://www.interregeurope.eu/cult-ring/
47 크리스타(CHRISTA), https://www.interregeurope.eu/christa/
48 ECTN, European Cultural Tourism Network, www.culturaltourism-network.eu/about-us.html
49 CHRISTA, Culture and Heritage for Responsible, Innovative and Sustainable Tourism Action, https://www.interregeurope.eu/christa/

된 하나의 브랜드로 인식합니다.[50] 유럽문화루트는 유럽 내 여러 나라들의 국경을 넘어서 여러 도시와 농촌 그리고 자연환경 등 다양한 유럽국가와 지역을 경유하는 다중목적지를 가진 엄브렐러 브랜드 관광루트입니다. 관광루트를 개발하는 것은 다수의 경유지와 다양한 이해관계자가 하나의 관광상품 브랜드를 창조하는 데 적극 협조하고, 참여한다는 것을 의미합니다.[51] 관광루트가 통과하는 여러 유럽국가 간의 이해관계가 다르기 때문에 제대로 된 협조체계를 구축하는 것이 쉽지 않고, 여러 유럽국가들과 도시들 그리고 지역관광업체와 지역주민 등 다양한 이해관계자들이 긴밀히 협조하고 참여하여야만 됩니다. 수많은 이해관계자들이 협력해 재원을 조성하고 자원을 결합하며 전문지식과 정보를 교환하여야 성공적으로 유럽문화루트를 조성해낼 수 있습니다.[52] 따라서 유럽문화루트는 다양한 유럽국가 간의 문화협력 과정이고 네트워크상에 존재하는 유럽 구성원들 간의 협력 관계를 지속적으로 관리해 가고 연구와 평가를 해야 하는 장기적인 프로젝트인 것입니다.

각종 이해관계자 간의 협력과 협업체계를 효과적으로 구축해내기 위해서는 다음과 같은 몇 가지 요소를 실천하는 것이 중요합니다. 1) 문화루트에 참여하는 지역관계자들이 모두 강력한 상호의존성을 확실히 인식하고, 협조과정을 통해 달성해야만 하는 공동목표를 설정하여야 합니다. 2) 지역사회의 젊은이들뿐만 아니라 지역 기업체 및 지역정책입안자들에게 문화유산에 대한 관심을 촉진하는 각종 프로그램을 강화해야 합니다. 3) 지역 내 이해관계자나 네트워크의 요구 사항을 파악하고 대응조치를 적절히 취할 수 있는 소통체계를 구축해야 합니다. 4) 모든 구성원들이 행정당국의 강력한 정책적 의지와 지원을 인식해야 합니다. 5) 지속적으로 문화관광루트를 모니터링하고, 피드백하는 체계를 구축해야 합니다. 6) 경쟁적인 지역기업 간의 협력체계를 촉진하고 활성화하는 것은

50 Buhalis, D., Marketing the Competitive Destination of the Future, Tourism Management, 21(1), 2000, pp.97 – 99.

51 Bramwell, B. & Lane, B., Collaboration and Partnerships in Tourism Planning, In B. Bramwell, B. & Lane(Eds.), Tourism Collaboration and Partnerships, Politics, Practice and Sustainability, Channel View Publications, 2000, pp.1 – 19.

52 Mariotti, A., Local System, "Networks and International Competitiveness: from Cultural Heritage to Cultural Routes", Alma Tourism, 3(5), 2012, pp.81 – 95.

공공부문의 역할입니다. 7) 문화루트 관련 홈페이지 구축 등 디지털 도구를 최대한 활용하여 정보를 공유하는 방법을 모색해야 합니다. 이와 같은 효과적인 협력체계와 협업체계를 구축하기 위한 전제조건은 정부와 공공기관의 확실한 재정지원입니다.[53]

유럽연합 집행위원회(European Commission)의 유럽문화루트 지원사업에 응모하는 제안서에는 전체 유럽 관점의 관광상품 및 다국가적인 관광상품의 개발을 촉진하는 것을 목적으로 설정할 것을 요구하고 있습니다. "성공적인 제안서에는 반드시 다음 사항을 목표로 해야 합니다.[54] 관광 프로모션전략과 지역개발은 물론이고 다국가적인 테마를 가진 관광루트를 공급하는 데 있어서, 소기업이나 초소형 기업 규모의 관광기업 참여와 공공기관과 민간기업 간의 파트너십을 격려하고, 촉진하여야 합니다".

유럽문화루트상에는 유명 문화관광지나 관광도시도 포함되어 있지만 대부분은 농촌지역과 자연공간 그리고 소외된 낙후지역을 통과하게 됩니다. 따라서 지역의 지식과 기술을 기반으로 관리해야 하기 때문에 지역 관련 산업이 활력을 찾을 수 있으며 지역의 무명 관광지를 홍보할 수 있어서 지역 경제와 지역사회 발전에 크게 기여할 수 있습니다. 예를 들어, 유럽문화루트의 90%는 농촌지역을 통과합니다.[55] 몇몇 모범 사례들은 소외된 마을과 문화유산 그리고 지속 가능한 관광을 촉진하는 방법에 대한 영감이 될 수 있습니다. 예를 들어, 현재 유럽문화루트로 지정받기 위해 준비하고 있는 그리스북부의 와인 로드 네트워크(Wine roads network of Northern Greece)[56]는 8개의 주제를 가진 유럽문화루트를 개발했는데, 이는 지역의 문화발전과 함께 와인관광을 촉진하는 수단이 될 수 있습니다. 지역의 와인과 포도 재배 제품의 역사에 대한 인식을 제고하고, 32개 와인양조장과 호텔 및 식당에 직접적인 경제적 이익을 가져다 줄 수 있습니다. 관광분야 전문가와 협력하여 지역의 관광상품과 더불어 지역특산품도 판매를 촉진시킬 수 있는 전략

53 Mariotti, A., Ibid., 2014, pp.106–125.
54 European Commission(EC), COS–WP2014–3–15–03–Diversifying the EU Tourism Offer and Products–Sustainable Transnational Tourism Products 2014.
55 Interreg Europe, Policy Brief on Cultural Routes in Europe, 2019, p.21.
56 Interreg Europe Homepage, https://www.interregeurope.eu/policylearning/good–practices/item/1339/wine–roads–of–northern–greece/

을 추진할 수도 있습니다. 이처럼 유럽문화루트는 농촌지역과 작은 소도시의 지속 가능한 관광 발전을 지지해주는 원동력으로 농촌지역경제의 활성화 도구가 될 수 있기 때문에 유럽의 각국 정부와 기관들이 많은 관심을 갖고 각종 협력사업을 추진하게 되는 것입니다.[57]

유럽문화루트는 지속 가능한 관광산업의 발전을 장려하고 국가와 지역 및 지방자치단체, 기타 이해관계자 등 광범위한 조직으로 구성된 공식적 협력 네트워크에 의해서 관리됩니다. 유럽문화루트는 아래와 같은 다섯 가지 혁신적 활동과 프로젝트를 조직합니다.

① 유럽문화루트에 대한 공동연구 및 개발 촉진
② 역사와 유럽문화유산의 이미지와 추억의 향상
③ 유럽 청년을 위한 문화 및 교육 교류
④ 현대 문화 및 예술의 실천
⑤ 문화관광 및 지속 가능한 문화개발

유럽문화루트뿐만 아니라 미국 내 뉴멕시코 북부지역은 산타페를 중심으로 뉴멕시코 문화회랑(New Mexico Cultural Corridor)을 개발하여 북부 뉴멕시코의 여러지방 도시와 지역사회들을 연계하고 지역관광자원을 모아서 지오 투어리즘, 에코 투어리즘, 어드벤쳐 투어리즘 그리고 문화관광에 투자하고 있습니다.[58] 우리나라에서도 제주도 올레길, 북한산 둘레길, 경기옛길 등 다양한 문화관광루트를 개발하기 위한 노력을 시도하고 있습니다. 그러나 아직 한국관광을 대표할 수 있는 국제적인 명성을 가진 문화관광루트가 제대로 개발되지는 못하고 있는 실정입니다. 향후 다양한 주제의 문화관광루트가 개발되어 전 세계 관광객이 찾는 세계적인 명소가 되길 기대합니다. 그리고 하루속히 한국-북한-중국-일본-러시아-몽골 등을 연계하는 다국적인 문화관광루트도 개발되어 세계적인 관심을 받게 되는 날이 오길 기대합니다.

---

57 Mariotti, A., Op. cit., AlmaTourism, 2012, p.85.
58 Brent Hanifl, Op. cit., 2015, p.50.

이탈리아 밀라노의 디자인관광

14장

제1절
한국거리를 휩쓸고 있는 이탈리아 명품

우리나라 거리를 지나다니다 보면 많은 여성들이 비슷한 디자인의 가방을 가지고 다니는 것을 볼 수 있습니다. 구찌, 프라다, 펜디가방과 같은 이탈리아 명품들 입니다. 그 가방들은 백화점 진열장에서 수백만 원대에 판매되고 있습니다. 그 옆에서 판매하는 한국 가방은 디자인과 품질은 비슷하지만 불과 10만 원에서 20만 원대에 팔리고 있습니다. 일부 거리나 지하철 역에서는 프라다, 구찌 등 명품과 똑같이 생긴 짝퉁제품을 5~6만 원에 팔기도 합니다. 디자인이 똑같고 품질도 비슷한 한국산 짝퉁가방은 이탈리아에서 해당 명품가방을 직접 만드는 장인조차도 어느 것이 가짜인지 구분해내지 못할 정도라고 합니다. 품질에서 명품과 비교할 때 차이를 구별하기 어려움에도 불구하고 진품이었으면 500만 원짜리 명품가방으로 대접을 받을 텐데, 한국 짝퉁가방은 거리에서 10만 원에 팔리면서 홀대받고 있습니다. 이처럼 디자인과 브랜드는 명품 가치를 결정하고 디자인도 디자인이지만 브랜드가치는 사람을 감동시키고 제품에 대한 신뢰도와 호감도를 높여서 비싼 가격을 지불하고서라도 구매하게 만드는 강력한 힘이 있습니다. 디자인과 예술은 심미성을 통하여 사람이 끌리게 하는 호소력이 있고, 존경심까지 불러일으키는 강한 매력이 있어서 제품의 부가가치를 높이고, 국가의 품격과 위상을 높이는 국가경쟁력입니다.

명품 가죽가방, 구두, 의류의 구입만이 아니라 가죽공예 등을 제대로 배우기 위해서 우리나라 젊은이들이 이탈리아로 유학까지 가서 대학, 전문학원 등에서 가죽공예, 섬유공예, 유리공예, 목공예, 장신구 등 선진국 공예를 배우기 위해서 고액의 학비를 지출하고 있습니다. 물론 교육비용은 발전적인 투자이기도 하지만, 우리나라의 공예 관련 교육기관이 미흡해서 높은 전문성을 가지고 있는 가죽공예, 금속공예, 섬유공예, 유리공예, 목공예, 죽공예 등의 교육이 거의 이루어질 수 없는 실정입니다. 이러한 전문교육 환경 미흡으로 막대한 교육비를 해외에서 지출해야만 한다는 현실은 반성해야 할 점이 많은 심각한 문제라고 봅니다. 수조원에 달하는 외국 명품가방 구입용 지출을 일부라도 감소시키기 위해서는 국내교육기관을 전문화 시키고 일류학교로 발전시켜 관련 창의적인 인재를 양성하고, 한국형 명품제조업체를 키워나가려는 투자와 연구개발에 정부와 민간이 서둘러 힘을 합치는 것이 바람직하다고 생각합니다.

얼마 전 중국 심양에 있는 우아이스창(五愛市場)을 갔었는데 거의 동대문 평화시장처럼 큰 시장에 진열되고 있는 제품들이 모두 짝퉁명품이어서 놀랐습니다. 우리나라와 비교해서 중국은 짝퉁시장이 어마어마한 규모이고, 노골적으로 상점에 짝퉁을 진열해놓고 판매하고 있었습니다. 그런데 중국 짝퉁제품들은 대개 구입해 사용해보면 일주일도 못가서 고장이 나거나 문제가 발생합니다. 거의 엉터리 제품들인 것입니다. 이처럼 외국명품을 모방하여 짝퉁을 만드는 모방문화는 문화적 자신감이 결여되었기 때문입니다.

우리 조상들은 전통적으로 도자기, 목재가구, 칠기, 장신구 등 손으로 만들어내는 수공예 기술이 아주 뛰어났다고 합니다만, 아쉽게도 이탈리아와 같이 오래된 전통을 가진 디자인 철학, 장인정신이 단절되었기 때문에 아직도 세계적 명품시장에 자체 브랜드를 진출시켜 시장을 확보하지는 못하고 있습니다. 이미 너무 많은 디자인들이 개발되어 포화된 세계 디자인과 명품시장에서 경쟁력을 갖추고, 새로운 시장을 개척해가기 위해서는 창의적인 디자인과 우수 브랜드의 개발이 절실히 필요합니다. 우리나라도 독특하고 창의적인 디자인과 우수한 품질의 명품을 개발해내고, 신용과 전통을 쌓아 나간다면, 언젠가는 이탈리아의 명품업체를 앞지를 수 있을 것입니다. 우리 손으로 더 고품질, 더 고가인 명품을 많이 개발해서 세계시장에서 사랑받는 명품이 많이 탄생하기를 기대해봅니다.

한민족 고유의 손재주, 손기술은 섬세하고, 창의적이라고 알려져 있습니다. 조상들의 정교하고 치밀한 장인정신의 DNA가 분명히 우리에게도 있다고 생각합니다. 하루속히 이탈리아인, 프랑스인, 영국인, 스위스인 등 유럽의 세계적인 명품을 제조하는 원조국가의 관광객들이 오히려 한국 명품을 구입하러 물밀듯이 방문을 해오는 역전극이 벌어지는 날이 오길 기대해봅니다. 맹목적으로 남의 디자인과 브랜드를 모방하는 부끄러운 현재의 무지에서 하루빨리 벗어나야합니다. 우리나라는 유구한 역사 속에 찬란한 전통예술의 심오한 세계가 있습니다. 우리 다움이 담겨 있는 전통예술을 현대적으로 발전시키고, 조상들이 물려준 창의적인 아이디어와 섬세한 손재주로 한국인의 정신과 영혼을 담은 우리의 디자인을 개발해서 세계인을 감동시키고, 세계시장을 개척해야 합니다.

이를 위해서는 이탈리아 명품이 어떻게 만들어지는지, 왜 그들의 명품이 특별한지 그리고 세계인의 주목을 받고 있는지에 대해서 집중적인 연구가 우선되어야 할 것으로 생각합니다. 그래서 이 장에서는 이탈리아 밀라노의 디자인과 공예에 대해서 살펴보면서 문화관광개발이라는 측면에서 배워야 할 시사점을 찾아보고자 합니다.

제2절
이탈리아 밀라노의 디자인관광

디자인은 이탈리아 산업경제의 고귀한 엔진

디자인을 수식하고 있는 두가지 정신인 "산업경제의 고귀한 엔진(Noble engine of the industrial economy)"[1], "예술적이고 시적인 매트릭스를 가진 총체적으로 창조적인 분야(Overall creative discipline with artistic and poetic matrix)"는 밀라노를 세계적인 문화관광

---

[1] Branzi, A., Introduzione al Design Italiano, Baldini Castoldi Dalai editore, 2008.

지로 홍보할 수 있는 전략적 자산입니다.[2] 이탈리아의 디자인과 패션산업 그리고 공예부문은 세계 최고 수준의 창조경제라고 할 수 있습니다.[3] 이탈리아의 창조경제를 지지하고 있는 문화산업은 1) 전통성을 기초로 하는 공예와 디자인 2) 찬란한 문화유산을 기초로 한 크리에이티브 투어리즘 3) 첨단 정보통신기술을 기초로 한 문화콘텐츠산업을 들 수 있습니다. 이탈리아 문화창조산업의 연구[4]에 따르면 문화산업은 이탈리아에서 상당한 부가가치와 고용을 창출해내고 있으며, 2011년 기준 매출액은 약 760억 유로, 고용 효과는 140만 명을 기록했습니다.[5] 여기에 더해서 관광 수입의 증가로 인하여 밀라노의 문화유산을 적절히 유지·관리케 하고, 이탈리아 디자인과 브랜드의 생산을 촉진하며, 문화예술을 전 세계에 홍보하는 역할을 수행하는 등 엄청난 경제적 효과를 창출하고 있습니다.[6]

　　그러나 세계일류 수준의 창조경제를 자랑하는 이탈리아에서도 1991년부터 2001년까지 10년 동안 이탈리아 경제와 사회 발전에 있어서 문화의 역할에 대해 많은 논쟁이 있었고, 시민사회에서 새로운 자원과 성장모델을 찾아야 한다는 필요성이 제기되면서 디자인의 구조개혁이 새로운 관심을 불러 일으켰습니다.[7] 그에 따라 문화창조산업분야에 혁신적인 구조개편이 이루어졌습니다.

　　관광객의 소비 습관은 더욱 복잡하게 변화하고 있어서, 특히 도시지역에서 관광 목적지의 경쟁력은 점점 더 문화관광상품의 다양성에 의존하고 있습니다.[8] 각 도시에서는 문화관광과 문화, 그리고 창의성에 대한 지속적인 연구와 혁신을 경쟁적으로 추진하고 있습니다. 오늘날 문화관광은 항상 빠르게 변화하는 창조산업과 관광객 욕구 다양화에 상호작용하면서 지속적으로 진화하고 있습니다. 관광과 디자인, 관광과 공예, 관광과 영화 사이의 관계가 빠르게 변화하고 있고,

---

2　Alessi, A., Ma Cosa Significa il Termine "Design", in Le Fabbriche dei Sogni, Electa, 2011.
3　Enrico Bertacchini, Paola Borrione, The Geography of the Italian Creative Economy: the Special Role of the Design and Craft Based Industries, Regional Studies, 2013, p.2.
4　Santagata, W., Libro Bianco Sulla Creativita. Per un Modello Italiano di Sviluppo, Universita Bocconi Editore, Milan Italy, 2009.
5　Fondazione Symbola and Unioncamere, L'Italia Che Verrà. Industria Culturale, Made in Italy e territori, Rapporto 2012, Quaderni di Symbola, 2012,
6　Friel, M., Tourismo e Cultura: Coppia di Fatto, La Rivista del Turismo, No. 4, 2012, pp.43 – 57.
7　OECD, Design – Induced Tourism in Milan, Italy, In Tourism and the Creative Economy, OECD Studies on Tourism, 2014, p.116.
8　Richards, G., Cultural Tourism: Global and Local Perspectives, Haworth Press, 2007, p.25.

공연예술, 특히 화려한 축제와 이벤트의 도시[9]라는 시대적 특징으로 발전하고 있습니다. 이러한 시대적 추세 속에서 문화관광은 중요한 역할을 수행하고 있습니다. 디지털 콘텐츠 제작분야에서 관광—창조산업의 조합은 새로운 형태의 엔터테인먼트 및 문화관광 경험의 개발뿐만 아니라 관광지의 홍보 및 마케팅에서 분명한 시너지 효과를 보이고 있습니다. 게임, 가상현실(VR), 증강현실(AR) 혼합현실(MR)을 아우르는 확장현실(XR)시장이 성장하고 있고, 첨단 정보통신 기술과 스마트폰 앱이 관광 및 문화 엔터테인먼트분야에 도입되면서 디자인과 문화관광의 환경도 급변하고 있는 것입니다.

디자인의 수도 밀라노의 교육과 연구체계

밀라노는 2012년 770만 명의 숙박관광객을 유치하여 이탈리아 도시 중 관광객 유치 실적 3위를 차지한 유명한 관광도시이며, 세계 디자인 수도로 지정된 예술도시입니다. 밀라노의 디자인은 자생적이고, 계획되지 않은 방식으로 성장한 강력하고 자생적인 '디자인 문화'를 특징으로 하고 있습니다.[10] 이탈리아 디자인을 말하면 세계 디자인의 핵심이며, 특히 디자인의 역사적 발상지인 밀라노가 중심적인 역할을 하고 있다고 할 수 있습니다. 밀라노 디자인과 '메이드 인 이탈리아' 컨셉은 함께 발전을 해왔고, 디자인분야에서 밀라노는 국제적인 리더십을 인정받고 있습니다. 이러한 이유에서 밀라노를 중심으로 국제적인 디자인 기업들이 활발하게 활동하고 있는 것입니다.

밀라노 디자인산업의 발전 원인으로는 우선적으로 디자인교육과 디자인 연구 제도를 손꼽을 수 있습니다. 디자인분야 최초의 대학교육과정은 1993년 폴리테크니코(Politecnico)에 설립되었습니다. 그 후 밀라노(Milano)와 롬바르디아(Lombardy)가 이탈리아 디자인교육의 중심지가 되었고, 현재 54개의 디자인 학교에서 350개 이상의 디자인교육코스를 운영하고 있습니다. 또한 박람회에서 디자인 관련 도서

---

9 Richards, G. and R. Palmer, Eventful Cities: Cultural Management and Urban Revitalisation, Routledge, 2010.

10 Simonelli, G., "Distretti e Metadistretti del Design Industriale", in: Impresa & Stato, 2003, www.mi.camcom.it/show.jsp?page=217317 2019년 12월 20일 검색,

의 출판에 이르는 커뮤니케이션 및 제작뿐만 아니라 디자인 및 제조 프로세스에 대한 광범위한 지원 서비스가 있으며, 80개의 디자인 전문출판사와 125개의 디자인 관련 잡지가 이 지역에서 발행되고 있습니다.

지역 내 디자인 기업과 지역사회의 장인 그리고 연구기관과 대학교 간에 디자인 연구 관련의 협력 네트워크가 잘 구축되어 있다는 것이 밀라노 디자인 발전의 두번째 원인이라고 할 수 있습니다. 2001년에 6개 지방자치주와 65개의 지방도시 그리고 11개의 연구센터로 구성된 '디자인 메타스트릭트(Design Metastrict)'를 롬바르디아지역에 설립하였습니다. 디자인 메타스트릭트는 디자인을 경쟁력 있는 자원으로 활용하고 있는 기업과 전통적인 지역사회를 디자인에 대한 지식을 창조하는 대학 및 디자인 연구센터와 직접적으로 연결하는 환상적 협력 네트워크를 구축하였습니다.

제3절
국제 관광객을 끌어 모으는 '밀라노 디자인 위크'

밀라노 디자인 워크의 엄청난 관광객 유치 효과

밀라노의 문화산업과 창조산업은 밀라노 전체 인바운드 관광객의 약 85.2%를 차지하고 있고, 밀라노의 가장 중요한 관광자원입니다. 연간 약 350만 명의 비즈니스 관광객과 국제회의 관광객을 유치하고 있는데, 관광객들은 평균 2박 이상 체재를 하며, 하루 평균 350유로 이상을 지출하고 있습니다. 밀라노 상공회의소의 통계에 의하면 문화관광부문에서 창출된 수익은 25억 유로에 달하며, 80,000개 이상의 고용을 창출하고 있다고 합니다. 이처럼 밀라노시의 공예와 디자인 그리고 창의산업과 관광산업의 연계는 문화관광도시의 정체성을 형성하고 강화하는 탁월한 수단입니다.

밀라노를 방문하는 문화관광객은 단순히 문화유산을 감상하는 것이 아니라, 지역의 공예품, 특산품, 창조산업의 생산물을 체험하고, 구매하는 문화상품 소비자 역할까지도 하기 때문에 밀라노문화관광의 경제적인 효과는 다른 문화관광 도시보다 크다고 할 수 있습니다. 밀라노지역의 관광서비스 및 인프라의 품질 수준은 매우 높으며, 컨벤션 및 국제적 수준의 전시장, 그리고 관광 숙박시설이 세계적 수준으로 구비되어 있는 국제적인 회의도시이기도 합니다. 연중 디자인 관련 이벤트가 개최되고 있어서 밀라노를 찾는 컨벤션 관광객이 꾸준히 증가하고 있습니다.

대표적인 디자인 관련 이벤트로는 국제가구 액세서리 전시회(Salone Internazionale del Mobile), 국제 가정용품 전시회(MACEF), 마데엑스포(MadeExpo) 및 엑스포 컴포트(Expocomfort)와 같은 디자인 관련 이벤트가 연중 개최되고 있습니다. 전시회가 개최되는 장소는 이탈리아의 대표적 건축가인 막시밀리아노 푹사스(Massimiliano Fuksas)가 디자인한 강철프레임으로 만든 8개 파빌리온 형태의 전시장 피에라 밀라노(Fiera Milano)[11]인데, 24개 부속 전시장을 보유하고 있는 세계 최대 전시장입니다. 전시면적이 345,000m²으로 우리나라 코엑스(전시면적 36,007m²)의 10배에 가까운 대규모 시설입니다. 전시기간에는 2,500개가 넘는 기업과 700여명의 젊은 디자이너들이 올해의 신상품들을 소개합니다.[12]

◉ 이탈리아 밀라노 전시장 Fiera Milano

전 세계적으로 유명한 밀라노 패션 위크(Milan Fashion Week)는 패션산업 및 문화산업과 관련된 주요 국제 행사입니다. 패션 위크 기간 동안에 숙박시설(1,700만 유로),

11 Fiera Milano Home page, https://www.nuovopolofieramilano.it/ 2020년 3월 23일 검색.
12 임종애, 이탈리아 디자인 산책, 나무[수], 2013, pp.19-24.

쇼핑 및 레스토랑(8백만 유로) 등 약 2,800만 유로의 관광 수입을 창출하고 있습니다.[13] 밀라노 패션 위크에서 주목을 받은 디자인은 세계시장에서 선풍적인 인기를 끌게 되고, 창조적이고 우수함을 인정받는 디자이너들은 세계적인 디자인 기업과 가구회사로 스카웃되기도 합니다. 축제기간 중에는 전 세계의 디자이너들이 모여서 자신의 신제품을 열정적으로 소개하기도 하고, 서로 정보를 교환하고 친분을 쌓으며 인적 네트워크를 넓히면서 즐깁니다.

밀라노 디자인 위크(Milan Design Week) 동안에 개최되는 국제 가구 액세서리 전시회(The International Furnishing Accessories)[14] 역시 많은 관광객을 유치하는 경제적으로 매우 중요한 이벤트입니다. 국제적으로 유명한 디자인 기업들이 국제 가구 액세서리 전시회에서 활발하게 활동하고 있습니다. 2013년 약 300,000명의 방문객, 2014년 350,000명, 2019년 400,000명의 방문객을 유치하였고[15], 일주일 만에 2억 유로 이상의 관광수입을 발생시키고 있습니다. 국제 가구 액세서리 전시회는 1989년부터 가구산업과 산업 디자인 부문의 기업들이 자생적으로 개발한 전시회를 중심으로 다양한 가구제조업체와 디자인 기업의 자발적인 참여로 시작되었습니다. 이들은 전시장 밖에서 개최되는 야외 디자인 축제인 푸오리살로네(Fuorisalone)[16] 또한 조직했습니다.

아시아로 활동무대를 넓히는 푸오리살로네

푸오리살로네(Fuorisalone)는 밀라노 디자인 위크 동안에 밀라노 주변에 분산된 디자인 지구의 거리, 선술집, 백화점, 극장 등 모든 도시공간에 활기를 불어 넣어주는 다채로운 전시 이벤트, 자유분방한 행위예술과 설치미술, 음악공연 등을 개최하여 밀라노 디자인 위크의 특징과 매력을 널리 홍보하고 있습니다. 축제기간 동안에 도시에 분산되어 있는 디자인 지구에서는 중요한 브랜드들이 새로운

---

13 OECD, Op. cit., 2014, p.119.
14 Salone del Mobile Homepage, www.cosmit.it/en/salone_internazionale_del_mobile 2020년 1월 17일 검색.
15 https://fuorisalone.it/welcome/en/ 2020년 1월 18일 검색.
16 www.fuorisalone.it

컬렉션을 소개하고, 거리에서는 다양한 디자인과 설치작품들이 전시되며, 라이브 음악과 엔터테인먼트 등을 선보이는 특별행사들이 다수 개최되기 때문에 젊은 관광객에게 매력적인 문화관광자원이 되고 있습니다. 축제 기간 중에 관광객들은 도시 어느 곳을 가든 디자인을 보고, 만지고, 느끼고 사진 찍으면서 SNS에 올리며 유쾌한 오락과 휴식을 즐깁니다. 이들에게 디자인은 특별한 개념이 아니고, 먹고, 즐기고, 사랑을 하는 일상적인 삶 그 자체라고 할 수 있습니다. 푸오리살로네 프로그램은 자동차, 기술, 통신, 예술, 패션 및 음식을 포함한 다양한 스폰서와 국제적인 브랜드 기업을 유치하고 있습니다.[17] 창조적인 디자인 및 건축 스튜디오를 위한 쇼케이스로 밀라노의 문화관광을 활성화시키는 중요한 역할을 하고 있습니다. 디자인 축제기간에는 밀라노의 공원, 광장, 미술관, 대학, 거리 등 도시 전체가 초대형 전시장으로 변화합니다.

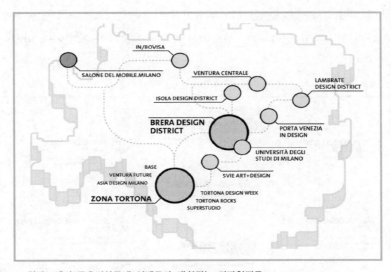

밀라노에서 푸오리살로네 이벤트가 개최되는 디자인지구
출처: https://fuorisalone.it/2019/en/itineraries

　　푸오리살로네(Fuorisalone)의 행사는 주로 토르토나 지구(Tortona), 람브라테(Lambrate design district) / 벤투라(Ventra Centrale)지역, 조나 토르토나(Zona Tortona) 그리고 브레라

---

17 https://fuorisalonemagazine.it/it/info/fuorisalone 2020년 1월 18일 검색.

(Brera Design District)라는 10개의 디자인 지구에 분산되어 개최됩니다. 밀라노 디자인 이벤트의 성공은 오리지널 작품의 전시뿐만 아니라 공장 및 작업장, 임시 전시공간 및 도시거리 자체가 훌륭한 '무대'로 활용된다는 점에 있습니다. 이는 여러 장소를 효과적으로 홍보하려는 뛰어난 기획 능력의 결과입니다.

　푸오리살로네는 오사카 신사이바시의 다이마루 백화점과 협력하여 2019년 10월 19일에서 11월 19일까지 오사카×밀라노 디자인 링크(Osaka X Milano Design Link)라는 행사를 일본 오사카에서 개최하기도 했습니다. 목표는 일본과 이탈리아 간의 장기적인 파트너십을 구축하고, 일본 동경과 오사카에서 개최되는 이벤트 및 전략을 매력있게 개발하는 데 있습니다.[18] 또한 중국 심천의 심천 크리에이티브 위크(Shenzhen Creative WEEK, SZCW)와 협력하여 2020년 5월에 전시장에 푸오리살로네 차이나(Fuorisalone china)를 설치했습니다. 이처럼 푸오리살로네는 일본과 중국 디자인시장에도 적극적으로 진출하고 있습니다. 아래 그림에서 볼 수 있는 바와 같이 푸오리살로네 일본(www.fuorisalone.it/japan)과 푸오리살로네 중국(www.fuorisalone.it/china)이라는 홈페이지까지 제작하고 있습니다. 푸오리살로네는 이탈리아를 벗어나 아시아로 진출하고 있습니다.

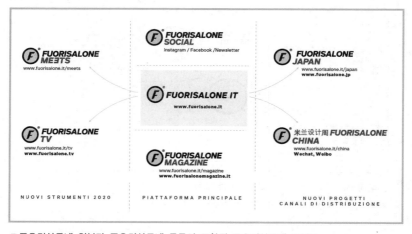

●푸오리살로네 일본과 푸오리살로네 중국이 포함된 푸오리살로네 조직도

---

18 https://fuorisalone.it/daimaru/about.php

제4절
매력적인 디자인 관련 시설들

밀라노의 다양한 디자인 박물관

2007년에는 이탈리아 최초의 디자인 박물관인 트리엔날레 디자인 박물관이 개관됐습니다. 트리엔날레 디자인 박물관(La Triennale di milano)[19]은 이탈리아 디자인의 역사를 알리기 위해서 이탈리아 문화부와 롬바르디아 지방정부 간 합의에 의해서 설립되었습니다. 현재 건축, 디자인, 패션, 예술 등 다양한 전시를 개최하고 있고, 각종 국제회의를 개최하여 대중과 소통하며 새로운 디자인 트렌드를 소개하는 문화예술공간으로 활용되고 있습니다. 또한 알파 로미오, 캄파리, 피렐리, 카르텔 등과 같은 유명 기업 소유의 디자인기업 박물관과 아카이브, 지역 박물관 등이 많은데, 이는 밀라노 문화관광의 발전에 기여하는 중요한 문화관광자원 역할을 하고 있습니다. 롬바르디아(Lombardy)에는 52개의 디자인 전용 박물관이 있으며, 그 중 26개는 디자인 기업 박물관과 아카이브이며, 12개는 지방자치단체와 관련이 있고, 14개는 사설 박물관 및 개인 박물관입니다. 박물관의 확산과 디자인 및 생산 문화와 관련된 전시의 증가는 디자인문화에 대한 인식 개선에 기여하고, 지역의 창의성과 혁신적인 가치를 확산시켜줍니다.

밀라노관광에 대한 설문조사에서 밀라노를 방문하는 10가지 주요 이유 중에 가장 중요한 요인은 '창의성'과 '디자인'인 것으로 나타났습니다. 밀라노시는 디자인이라는 문화유산을 관광객들에게 효과적으로 홍보하기 위하여 2004년 공공박물관과 기업박물관의 네트워크인 '밀라노 프로젝트 시티(Milan Project City)'를 시작했습니다. 이를 통해서 디자인, 공예, 창조산업 그리고 관광을 계속 고도로 연계하여 시너지 효과를 창출하려는 것이 목적입니다.

---

19 La Triennale di milano Homepage, https://www.triennale.org/ 2020년 3월 23일 검색.

밀라노 디자인호텔의 창의성

오늘날, 밀라노의 여러 디자인 지구에서는 관광산업을 더욱 풍요롭게 하는 아트 갤러리, 박물관, 야외레스토랑이 많아지고 그리고 거리 어느 곳을 가든지 창의적이고 아름다운 디자인을 발견할 수 있습니다. 예를 들어, 숙박서비스 및 케이터링, 문화공간 등 도시 디자인 설계에도 독특한 개성과 디자인을 접목시키고 있습니다. 호텔은 건축 디자인과 패션 디자인 그리고 공예가 함께 표현될 수 있는 예술공간으로 활용될 수 있습니다. 최근 몇 년 동안 국제적으로 크게 성장한 '디자인호텔(Design hotel)'이라는 현상은 도시를 특성화 하고, 문화관광객을 수용하기에 적합한 관광숙박시설의 새로운 유형입니다.

밀라노에서는 아르마니, 불가리, 모스키노 등 세계 패션계에서 유명한 명품 기업들이 각기 브랜드 디자인호텔을 개발하고 있습니다. 이러한 디자인호텔은 다양한 건축가와 세계적인 디자이너 그리고 예술가의 창의적인 작품들이 조화롭게 개발되고, 전시되고 있어서 멋진 디자인을 감상하고, 휴식을 취할 수 있는 특별한 안식처로 관광객들의 인기를 끌며 밀라노의 추가적인 관광매력물이 되고 있습니다. 특히 밀라노 토르토나 디자인 지구에 위치한 노와 밀라노(Nhow Milano) 디자인 기업이 운영하는 개성 있는 디자인호텔이 토르토나 지역의 각종 문화 및 예술행사에 적극적으로 참여하며 홍보를 강화하고 있는 점도 흥미롭습니다.

밀라노시는 이탈리아 패션의 전국 상공회의소(National Chamber of Italian Fashion)와 국제적으로 유명한 이탈리아 명품기업의 연합체인 알타가마 재단(Altagamma Foundation) 그리고 밀라노 가구박람회 주관업체인 코스미트(Cosmit)와 함께 패션, 음식, 디자인 이벤트를 하나의 로고로 통합하는 것을 목표로 '밀라노 크리에이티브 시티(Milano Creative City)'라는 문화관광전략 사업도 추진하고 있습니다.

밀라노의 인구는 3,140,180명으로 서울인구의 삼분의 일도 안 되는 도시입니다. 그런데도 전 세계 명품시장과 디자인시장을 점령하고 있고, 세계 디자인과 명품의 중심지로 기능하고 있습니다. 서울도 2010년 유네스코 디자인 창의도시로 지정되고 세계적인 디자인도시로 부상하기 위해 노력하고 있습니다. 그러나 아직도 밀라노와 비교하면 디자인축제의 규모, 명품의 수준 등에서 많은 고민과 노력이 필요한 실정입니다. 패션과 디자인의 발전을 위해서 관련 전문교육과 과학적인 연구를 위한 중·장기적인 전략의 추진이 절실히 필요합니다.

서울에는 현재 동대문 패션타운과 동대문 디자인 프라자, 동대문역사문화공원을 중심으로 패션과 디자인 단지가 개발되어 있습니다. 이러한 디자인 프라자와 패션타운이 패션과 디자인의 중심지로 발전할 수 있도록 지속적인 정책 지원이 필요합니다. 그리고 전통시장인 남대문 시장(22,000평), 동대문 광장시장(7,099평), 동대문종합시장(18,000평), 평화시장, 신평화시장, 청평화시장, 방산시장 등을 쇼핑몰, 문화예술공간, 엔터테인먼트, 국제회의시설, 디자인교육시설 등의 기능을 가진 고밀도 컴팩트 시티형, 융복합문화단지로 개발한다면 아시아의 패션·디자인·예술의 중심지로 부상할 수 있을 것으로 기대됩니다.

동대문 패션 디자인 단지와 더불어 강남의 코엑스, 명동 패션거리, 홍대입구의 젊음의 거리, 이대 앞 젊음의 거리, 청담동/압구정동 패션거리 등을 중심으로 밀라노의 '푸오리살로네'와 같은 대규모 패션과 디자인의 축제를 기획하는 것도 바람직할 것으로 봅니다. 조만간 우리의 서울시가 세계적인 디자인 도시의 위상을 갖게 되길 희망해봅니다.

21세기 공공미술의 수도, 시카고 밀레니엄 파크

15장

제1절
21세기를 기념하는 랜드마크를 향한 각국의 경쟁

세계 각국의 밀레니엄 프로젝트와 시카고의 녹색 공중정원

희망찬 21세기 도래를 기념하기 위해서 20세기 말에 세계 여러나라들은 새로운 시대를 상징할 수 있는 도시의 랜드마크를 개발하려고 경쟁합니다. 영국은 새로운 21세기를 대표하는 밀레니엄 프로젝트로, 밀레니엄 돔을 건설하는 데 10억 달러가 넘는 투자를 하였고, 런던 아이를 개발하기 위해서 4천만 달러를 투자하였습니다. 그리고 밀레니엄 브리지를 건설하는 데 2천8백만 달러를 투자하였습니다.[1] 이탈리아는 21세기를 기념하며 주빌리 밀레니엄 교회를 건설하는데 1억 8,900만 달러를 투자하였습니다. 시카고 역시 새로운 세기를 상징하는 랜드마크로 밀레니엄 파크를 건설하기 위해서 4억 8,240만 달러를 투자했습니다.[2] 이처

---

[1] Kamin, B., More Millenniums; Other Projects Around the World Beset with Delays and Budget Overruns, The Chicago Tribune, 2004, July 15, p.16.

[2] Gilfoyle, T. J., in association with the Chicago History Museum, Millennium Park: Creating a Chicago Landmark, University of Chicago Press, 2006, p.21.

럼 주요 도시들은 도시 랜드마크의
새로운 개발을 통해서 도시 경쟁력을
강화하고, 시민들이 문화예술을 향유
할 수 있는 문화예술공간을 확대하며,
관광객을 유치할 수 있는 문화관광시
설의 개발에 총력을 다하였습니다.

●밀레니엄 파크

　　시카고 중심지에 위치한 밀레니엄
파크는 원래는 철도조차장과 주차장
이 있는 공간으로 건물도 없고, 보기에 흉한 지역이었습니다. 당시 시카고 시장
이었던 리처드 데일리는 철도조차장 부지와 주차장을 복개하고, 그 위에 24.5에
이커의 대형 녹지를 조성한 후, 독특한 예술 설치물, 엔터테인먼트 장소, 정원
등 문화예술공간을 개발해서 문화예술과 시민들의 여가활동을 증진시키는 시카
고의 대표적인 명소로 개발하는 계획을 추진했습니다. 밀레니엄 파크는 철도부
지와 주차장 위를 복개하고, 개발한 옥상구조이기 때문에 세계에서 가장 큰 녹
색 옥상공중정원이라고 말할 수 있습니다.

밀레니엄 파크의 예술적·상징적·사회적 평가

　　미국의 도시공원 역사를 살펴보면, 가렌 크렌즈(Galen Cranz)는 도시공원을 네가
지 단계로 구분하였습니다. 그는 시대별로 공원개발의 배경과 개발동기에 따라
서 공원을 1) 1850~1900년을 유원지(Pleasure ground) 2) 1900~1930년을 개량공
원(Reform park) 3) 1930~1965년을 여가시설(Recreation facility) 4) 1965년 이후는 오
픈스페이스시스템(Open-space system)으로 구분하였습니다.[3] 이처럼 도시공원은 개
발목적과 동기 측면에서 시대별로 다른 가치를 추구하였습니다. 현시대는 공원
의 성격과 기능이 더욱 복잡하게 변화하고 있어서 위에 언급한 네가지 범주로는
설명할 수 없는 도시공원들이 속속 등장하고 있습니다. 밀레니엄 파크처럼 건축,

---

3 Galen Cranz, The Politics of Park Design: A History of Urban Parks in America, The MIT
　Press, 1982.

조경, 예술, 스포츠 등이 복합화된 다양한 여가활동과 문화예술 향유의 기회를 제공하는 복합적인 기능의 아트 파크(Art park)로 진화하고 있습니다. 특히 시카고 밀레니엄 파크의 경우 프랭크 게리, 아니쉬 카푸어, 하우메 플랜자 등 현대미술을 대표하는 유명 작가들의 미술작품이 설치되어 있기 때문에, 도시공원인지, 공공미술 야외전시장 오픈에어뮤지엄(Open Air Museum)인지 그 정체성을 규정하기가 어려운 정도입니다. 그리고 밀레니엄 파크에서 BP 보행자 다리로 연결되는 2014년에 개장한 메기 데일리공원처럼 아이스 링크 리본, 암벽등반, 테니스 코트 등 다양한 체육시설이 중심주제가 된 레크리에이션 공원도 있는데, 이런 공원은 체육시설과도 구분되기 어려울 수 있습니다. 앞으로 미래 도시개발에 있어서 보다 인간적인 플레이어블 시티(Playable city)의 개념이 더욱 확산된다면 도시공원에 첨단 컴퓨터 공학기술과 게임기술, 각종 장르별 예술 등이 융복합적으로 결합되면서, 공원은 더욱 즐거운 공간으로 변화할 것으로 예상됩니다. 이렇듯이 공원에 첨단과학기술과 새로운 놀이 기구들이 도입되면 어뮤즈먼트 파크나 테마파크와의 경계조차 구분이 어려워질 가능성도 있습니다.

일반적으로 도시공원의 가치는 경관조성 가치와 경제적 가치, 사회적 가치, 예술적 가치 그리고 상징적 가치라는 다섯 가지 측면에서 서로 다른 기준을 가지고 있다고 봅니다. 경관조성 측면에서 볼 때는 녹지 조성, 여가공간 조성, 스트리트 퍼니처 조성, 보건성이라는 요소들을 중심으로 가치를 평가합니다. 그리고 경제적인 가치를 중심으로 도시 행정가는 고용창출, 세수증대, 경제 활성화라는 측면을 중심으로 가치를 평가합니다.[4] 민간단체나 시민들은 공원의 사회적 가치를 중시하는 경향이 있는데, 소통과 참여, 지역주민과의 유대, 공공성, 지역사회 여가 활용도, 사회·문화적 자부심 등을 중심으로 가치를 평가합니다. 예술적 가치는 미술작품의 심미적인 아름다움과 관람객에게 주는 감동과 유쾌함, 그리고 행복감과 같은 정신적인 만족감, 예술의 치유력 등을 들 수 있습니다. 상징적 가치라는 것은 공원 내의 아니쉬 카푸어의 작품 클라우드 게이트나 프랭크 게리의 작품 프리츠커 파빌리온처럼 시카고를 상징하는 작품들이 마치 랜드마크

---

4 Thomas Stevens & Geoffrey Allen, Valuation of Urban Parks, Landscape and Urban Planning, Vol.15, 1988, pp.139 – 152.

나 아이콘처럼 도시를 대표해주는 상징적 가치를 가지고 있고, 도시의 이미지와 브랜드를 개선하는 도시 브랜드 개선의 가치가 있습니다. 예술적 가치나 상징적 가치는 유형적인 가치가 아니라서, 객관적으로 측정하기 어려운 가치라고 할 수 있습니다. 이러한 이유로 전통적인 도시공원 가치 평가작업에서는 제외되기 쉬운 가치였습니다. 그러나 현대적인 도시공원은 예술적 가치와 상징적 가치라는 무형적인 가치가 도시공원의 가치를 결정하는 중요한 가치로 평가되고 있습니다. 밀레니엄 파크의 경우는 위에서 언급한 다섯 가지 가치 모두를 성공적으로 실현하여 버려진 유휴공간을 복합문화공간으로 개발한 성공 사례로 평가받고 있습니다.

밀레니엄 파크개발은 도시계획가, 경제학자, 환경운동가, 미술사가, 부동산 디벨로퍼 등 다양한 분야의 전문가들로부터 엄청난 성공이라고 호평받고 있습니다.[5] 프라이스라인(Priceline.com)의 통계조사에 의하면 밀레니엄 파크가 미국에서 가장 인기 있는 도시관광지가 되었다고 합니다. 그리고 공공공간을 위한 프로젝트(Project for Public Space, PPS)라는 기관은 밀레니엄 파크를 '60대 위대한 공공장소(60 Great Public Space)' 중 하나로 지정했습니다.[6] 이처럼 밀레니엄 파크는 미국 역사상 가장 성공적인 공공공간 프로젝트라고 인정되고 있습니다.[7]

밀레니엄 파크 성공의 가장 근본적인 이유는 공공미술품, 정원, 파빌리온, 음악 콘서트 등 높은 예술적 가치를 가지고 있고, 더구나 무료로 시민과 관광객에게 제공하였다는 점입니다. 이처럼 각종 여가활동과 문화예술 프로그램 그리고 이벤트 등 공원 활동의 다양성은 지역주민과 관광객이 방문할 때마다 즐겁고 유쾌한 일상의 행복이라는 경험을 제공해 준다는 점에서 인간의 삶을 풍요롭게 해주는 중요한 역할을 해내고 있습니다. 그리고 친환경적인 교통 수단인 도보, 자전거 대중교통을 이용한 접근성을 개선해주고, 이용 편의시설을 많이 설치한 것

5 Nick Groos & Matt Dages, Millenium Park: A Model for Successful Urban Green Space Redevelopment, December 3, 2008. https://pdfs.semanticscholar.org/6bff/541e9368fba 395259f10d8b3fce5692ddb71.pdf 2020년 1월 20일 검색.
6 Simen Metin, Public Space in the Millennium, Case study of Millennium Park, MA Thesis, University of Cincinnati, 2006. p.26.
7 Corrinn Conard, Where is the Public in Public Art?, A Case Study of Millennium Park, MA Thesis of Ohio State University, 2008, p.4.

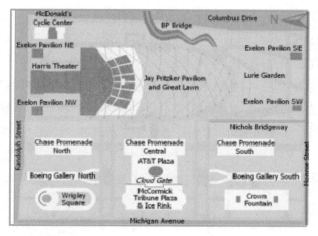

● 밀레니엄 파크

도 밀레니엄 파크의 매력 요소입니다. 밀레니엄 파크의 편안한 이미지는 국적이나 연령에 관계없이 다양한 관심사를 갖고 있는 사람들이 쉽게 방문해서 편안히 쉴 수 있는 공간인 것입니다.

밀레니엄 파크는 연간 5백만 명이 방문하고 있고, 14억 달러의 관광수입과 7,800만 달러의 세수를 창출하고 있는 것으로 나타나고 있습니다.[8] 이제 밀레니엄 파크는 지역주민은 물론이고 관광객에게도 놀라운 인기를 한몸에 받는 시카고를 대표하는 세계적인 관광명소가 되었습니다. 굿맨 윌리엄스 그룹의 조사에 의하면 밀레니엄 파크개발 이후 3년 동안에 새로운 주택단지의 개발과 부동산 가치의 상승으로 부동산 시장에 14억 달러의 경기부양 효과가 나타난 것으로 추정되었습니다. 또한 예술활동과 공공미술 설치작품, 친환경적인 레크리에이션공간 등 어메니티시설들이 여러 가지로 확대되었습니다. 주민들의 삶이 풍요로워지고, 행복감이 증대되었고, 문화예술 도시로서 시카고의 위상이 한층 높아진 것으로 나타났습니다.

이하에서는 시카고의 공공미술의 역사를 살펴봄으로 밀레니엄 파크의 조성 배경을 살펴보고, 모두가 엄청난 성공작이라고 감탄하는 밀레니엄 파크의 대표적인 공공미술작품과 설치물들을 예술적인 관점에서 살펴보려고 합니다.

---

8 Feixue Chen, Grant Park VS. Millennium Park: Evolution of Urban Park Development, MA Thesis, University of Illinois at Urbana-Champaign, 2013, p.32.

시카고 도시계획과 공공미술의 역사

시카고는 약 150년 전인 1871년 10월 8일에서 10일까지 일어난 시카고 대화재(Great Chicago fire)로 인하여 도시가 폐허로 변하였고, 300여명이 숨지고, 10만 명의 시민이 이재민이 되는 불행을 겪었었습니다.[9] 시카고 대화재 이전에 시카고라는 도시는 심미적으로 보잘 것 없고, 문화적으로도 고갈된 메마른 도시였다고 합니다. 시카고시 당국은 대화재로 인하여 폐허가 된 시카고를 다시 재건하면서 단순하게 도시를 재건설하는 것이 아니라 다양한 미적 개선 노력을 통하여 주거지에 아름다운 미적요소를 강화하고, 문화도시로서의 국제적 명성을 얻고자 하였습니다.[10] 이로 인하여 시카고는 도시 전체가 근대 건축의 실험장이자 전시장처럼 변모되었습니다. 그리고 현재 시카고는 마천루의 도시로 근대 건축의 박물관처럼 탈바꿈 되었습니다.[11]

1893년에는 시카고에서 미대륙발견 400주년을 기념하는 세계 콜롬비안 엑스포지션이 개최되었는데, 2,700만 명이 방문했다고 합니다.[12] 이것이 시카고가 국제적인 문화예술의 중심지가 되는 시발점이었고, 미국 전역으로 퍼져나간 도시미화운동(City Beautiful Movement)이 탄생하게 되는 계기가 되었습니다. 도시미화운동은 유럽의 프랑스 파리나 오스트리아 빈, 이탈리아의 로마와 같은 위대한 문화도시들이 도시개조를 통하여 고급문화예술이 살아있는 아름다운 문화도시를 만든 것을 모범사례로 삼아 도시를 아름답게 조성하려는 사회운동이었습니다.

원래 시카고는 1831년부터 'Urbs in hoto(정원 속의 도시)'라는 도시의 모토(Motto)가 있었습니다. 그 후 도시미화운동으로 인해 발생한 대표적인 프로젝트는 1909년 다니엘 번햄(Daniel Burnham)에 의해 계획된 유명한 시카고 도시계획(Plan of Chicago)과 그랜트공원 계획이었습니다. 도시미화운동이 추진되기 시작하면서 '정원 속의

---

9 Jennifer Latson, We Still Don't Know How the Great Chicago Fire Started, Time, October 8, 2015.

10 Corrinn Conard, Where is the Public Art?, Op. cit 2008, p.53.

11 Fran's Class, The Great Fire, https://blog.naver.com/PostView.nhn?blogId=ssmin1220&logNo=221067110071 2020년 3월 22일 검색.

12 Rose, J. K., The World's Columbian Exposition: Idea, Experience, Aftermath, 1996, http://xroads.virginia.edu/~MA96/WCE/title.html 2020년 1월 30일 검색.

도시'라는 기본정신이 이어졌습니다. 번햄이 계획한 도시계획의 근본내용은 공공미술을 강화하고, 도시의 미화를 도시전체에서 실시하는 것이었습니다. 번햄의 계획은 대로를 더욱 넓히고, 우거진 녹지와 세련된 조각품으로 마치 유럽의 문화도시처럼 대로를 치장하는 것이었습니다. 그리고 방대한 그랜트공원을 개발하여 주변에는 박물관, 예술학교, 도서관 등 문화시설을 조성하는 문화의 중심도시를 지향하였습니다.[13] 이 당시 도시미화운동은 풍요로운 고급문화를 가진 유럽도시와 같은 도시를 건설하는 것이 도시계획의 목적이었습니다. 1899년에는 화가, 조각가, 건축가 등 다양한 예술가들이 참여하는 '아름다운 도시 만들기 운동'이 '시카고 시립예술회'를 중심으로 추진되어 시카고 도시를 아름답게 하기 위한 다양한 주제들을 제안하기도 했습니다.[14] 1909년 번햄의 계획에 따라서 그랜트공원이 개발됨에 따라 아름다운 도시운동이 결실을 맺었습니다. 번햄의 도시미화운동은 미국 도시종합계획의 시발점이 되었고, 미국에서 처음으로 도시계획위원회가 만들어지는 계기가 되었다는 역사적 의미를 가지고 있습니다.

그러나 그랜트공원의 바로 옆에 밀레니엄 파크로 개발된 지역은 1850년대부터 20세기 후반까지 일리노이 중앙철도의 통제하에 있었습니다. 철도의 중요성 때문에 번햄의 도시계획 당시에는 현재 밀레니엄 파크가 들어선 지역이 제외가 되고, 철도조차장과 주차장으로 이용되게 되었습니다. 현재 밀레니엄 파크가 들어선 지역은 원래 1871년 시카고 대화재시에 발생한 오폐물들을 처리하면서 매립된 지역인데, 다른 지역에 오폐물 처리장이 생기는 1892년까지 약 20년동안 계속해 오폐물 처리장으로 이용되던 지역이었습니다.

1967년에는 피카소가 '피카소(The Picasso)'라는 철제 대형조각작품을 시카고시에 기증하였는데, 이 작품은 아직도 시카고 데일리 시민센터 앞 광장에 설치되어 있습니다. 피카소라는 작품은 시카고의 아이콘이 되었고, 이를 계기로 시민들이 적극적으로 공공미술작품을 시카고 거리에 설치하도록 하는 자극제가 되었습니다. 1978년 시카고 시는 건축물 건설 시에 건축비의 일부를 기금으로 공공미술작품을 제작하도록 하는 공공미술 기금제도(Percent for Art Program)를 선도적으

---

13 Broadbent Geoffrey, 안건혁, 온영태 역, 공간디자인의 사조, 기문당, 2010, pp.165-177.
14 박은실, 문화예술과 도시-시대적 변천과 실천적 담론, 정한책방, 2018, p.41.

로 실시하게 됩니다. 그 결과 1990년
까지 공공미술 기금제도 등을 통하여
100개 이상의 공공미술작품들이 도시
에 설치되게 되었습니다.[15]

1977년에는 현재의 밀레니엄 파크
가 들어선 철도조차지의 유휴공간을
공원으로 바꾸자는 '공연예술을 위한
수변정원(Lakefront Gardens for the Performing

피카소가 시카고시에 기증한 "시카고 피카소"

Art)'이라는 로버트 허친슨(Robert Hutchinson)의 새로운 계획이 4개 시민단체를 중심
으로 추진되었습니다. 이 결과로 실행조직인 강변정원 개발기업(Lakefront Garden
Inc.)까지 조직되었습니다. 그러나 공사비용이 지속적으로 상승하고, 프로젝트를
추진하던 수변공원 개발기업이 해산되면서 무산되었습니다.

새로운 천년을 기념할 시카고의 상징

20년 후인 1997년에 공연예술을 위한 수변정원(Lakefront Gardens for the Performing
Art)에 대한 논의가 다시 시작되었고, 당시 시장인 데일리(Daley)가 버려지고 짓밟
힌 도시의 일부를 시민들이 즐길 수 있는 아름다운 공간으로 바꾼다는 결정을
하게 됩니다. 그는 첫 번째 단계로 시카고 시가 일리노이 중앙철도회사를 상대로
토지소유권에 대한 법정소송을 제기하였고, 소유권을 되찾았습니다. 그리고 1997년
12월에 보기 흉한 철도선로와 철도조차장을 복개하여, 그 위에 예술, 건축 그리
고 조경이 조합된 새로운 녹색공원을 조성하는 야심찬 계획을 추진하게 됩니다.
1998년 3월 시카고 시장 데일리는 시민들에게 다가오는 21세기 새로운 천년을
기념하여 새로운 공원을 조성한다는 열정적인 계획을 발표하였습니다. 그는 이
자리에서 다음과 같이 연설합니다. "수변 밀레니엄 프로젝트는 가족을 위해 무
료로 제공되는 장소가 될 것이고, 관광객들에게는 새로운 관광목적지가 되어 컨벤
션 관광객 등을 다수 창출하고, 시카고에 거주하는 주민들에게 관광분야의 일자

---

15 Gilfoyle., T., in association with the Chicago History Museum, Op. cit., 2006. p.5.

리를 창출해 주게 될 것입니다. 모든 것은 시민들에게 비용부담을 하지 않을 겁니다." 16

밀레니엄 프로젝트의 계획을 완성하려는 새로운 21세기의 시작이 고작 3년 밖에는 남지 않았기 때문에 종합적인 계획과 자금조달이 완료되기도 전에, 1998년 9월에 서둘러서 초고속으로 밀레니엄 파크 건설이 먼저 시작되었습니다. 재원조달은 공원시설의 이름을 사용하는 권리를 준다는 조건으로 민간의 기부를 받았습니다. 신디 프리츠커(Cindy Pritzker)의 경우는 공원 내 무대시설인 프리츠커 파빌리온을 디자인하는 건축가로 1989년 프리츠커 상을 수상한 프랭크 게리(Frank Gehry)를 강력하게 추천하였습니다. 당시는 데일리 시장이 이미 다른 건축가에게 동 프로젝트를 배정한 상황이었습니다만 프리츠커 가문의 재력과 주변인사들의 지원에 힘입어, 프랭크 게리의 디자인이 최종 수용되게 되었습니다. 크라운 분수를 디자인한 하우메 플랜자(Jaume Plensa)의 경우는 작품을 위해서 1,000만달러를 기부한 수잔 크라운이 선발하였습니다. 아니쉬 카푸어(Anish Kapoor)는 밀레니엄 파크 이사가 추천하였습니다. 루리가든(Lurie Garden)만이 공공미술 공모경선절차를 거쳐서 디자이너를 선정한 유일한 작품이었습니다. 17

번햄의 계획에 따라 그랜트공원이 개발되고, 약 100년 후인 2004년 그랜트공원의 주위에 남겨졌던 유휴공간에 새로운 21세기를 기념하는 밀레니엄 파크가 준공되면서 시카고 제2의 현대시대(Second modern era)가 시작되었습니다. 18 100년 전인 1909년 건설되었던 그랜트 파크와 2004년에 개발된 밀레니엄 파크는 도시공원의 진화역사를 보여주는 유익한 사례이고, 시카고라는 도시의 과거와 현재 그리고 미래를 연결해주는 연결고리인 것입니다. 이로서 시카고는 "현대 건축과 공공미술의 국제적인 수도"가 되었습니다.

---

16 Gilfoyle, T., in association with the Chicago History Museum, ibid., p.90.
17 Gilfoyle T., in association with the Chicago History Museum, ibid., p.147.
18 Pridmore, Jay and Larson, George A., Chicago Architecture and Design, Abrams, 2005, p.22.

밀레니엄 파크 조성을 위한 예산조달과 기금모금

시카고 시장 데일리(Daley)는 에드 우리어(Ed. Uhlir)와 존 브라이언(John Bryan)을 공원 경영자로 임명했습니다. 특히 존 브라이언은 "기금모금 기계", "시카고 예술과 문화를 위한 어음교환소"라고 불릴 정도로 기금 모금에 열정적인 사람이었다고 합니다. 그는 기부를 할 수 있는 잠재력 있는 인사들에게 "당신은 21세기의 시카고를 정의할 수 있는 가장 아름다운 장소를 창조하는 데 중책을 맡게 될 것입니다. 나는 이 멋진 건축물에 당신 이름을 새길 것입니다. 이것은 다음 세대 시카고 사람들을 위한 선물이 될 것입니다"라고 말했다고 합니다. 기부의 대가로 고액기부자에게는 공원의 디자인과 명칭 사용의 권한을 준 것이었습니다. [19]

존 브라이언의 팀은 맥코믹 트리뷴재단, 리그리재단, BP 석유, 뱅크 원, 보잉사 등으로부터 5백만달러의 기금을 모금했다고 합니다. 그리고 아메리텍, 크라운 가문, 앤루리가 1,000만 달러를 기부하였고, 프리츠커 가문과 하리스 가문이 1,500만 달러를 기부하였습니다. 고액기부자들의 이름은 지금도 크라운 분수, 프리츠커 파빌리온 등 공원 내 시설물 등의 명칭으로 남아있습니다.

원래 계획했던 예산은 2억 2,430만 달러였는데, 동 프로젝트를 진행하면서 예산이 215% 증가하여 총 4억 8,240만 달러가 투입되었습니다. [20] 시카고 트리뷴은 데일리 시장이 밀레니엄 파크를 위해서 납세자들의 세금을 쓰고 있다고 비난하였고, 시카고 시민들도 도시에 시급히 자금이 필요한 곳이 많은데, 밀레니엄 파크에만 우선적으로 재정을 투입하고 있다고 분노하였습니다. [21] 시 예산에서 2억 7,000만 달러가 투자되었는데, 이중 1억 7,500만 달러가 주차장의 미래 수익을 예상한 채권으로 충당되었습니다. 나머지 9,500만 달러는 TIF(Tex-Increment Financing) [22]로 충당했습니다. 그리고 나머지 2억달러는 보잉, BP, 리글리, 뱅크원 등과 같은

---

19 Corrinn Conard, Op. cit., 2008, p.78.
20 Ford Liam, City to Finally Open its New Frontyard-Millennium Park's Price Tag Tripled, The Chicago Tribune, July 11, 2004.
21 Geiderman, H., Wasted Money, The Chicago Tribune, Aug. 9., 2001.
22 TIF(Tex-Increment Financing)는 특정개발사업으로 인하여 기존 자산의 가치가 높아지면서 발생하는 재산세 증가분을 기반시설 정비를 위한 재원으로 환원하는 방식입니다. 마쓰나가 야스미쓰, 도시계획의 신조류, 한울 아카데미, 2009, p.177.

기업들과 고액후원자들이 공원 예술구조물에 대한 명칭 사용권을 대가로 대규모 금액을 기부하였습니다.[23]

국내의 도시재생사업이나 도시공원개발사업을 살펴보면 중앙정부 및 지방정부의 공공재원과 공적기금에 대한 의존도가 높아 정부의 부담이 매우 높습니다.[24] 우리나라도 앞으로 시카고 밀레니엄 파크의 개발에서 볼 수 있는 바와 같이 민간 기부의 확대와 더불어 TIF(Tex-Increment Financing),[25] BID(Business Improvement District),[26] 채권발행과 같은 다양한 재원조달 기법을 도입하여 재원 조달 창구를 다각화하는 것이 필요합니다.

시카고 트리분의 설문조사에 따르면 밀레니엄 파크에서 가장 인기 있는 설치작품은 제이 프리츠커 파빌리온, BP 보행자 다리, 크라운 분수, 클라우드 게이트 그리고 루리가든인 것으로 나타났습니다. 그러나 공원에는 보잉 갤러리, 리글리 스퀘어, 엑셀론 파빌리온, 해리스 극장, 맥도널드 자전거역, 아이스링크 등 많은 편의시설들이 있습니다. 본서에서 모든 시설을 설명하기는 어렵기 때문에 가장 인기있는 프랭크 게리의 프리츠커 파빌리온, 아니쉬 카푸어의 클라우드 게이트, 하우메 플랜자의 크라운 분수를 중심으로 공원의 특성을 살펴보겠습니다.

---

23 Nick Groos & Matt Dages, Millenium Park: A Model for Successful Urban Green Space Redevelopment, December 3, 2008.
24 이동훈, 밀레니엄 파크의 형성과정 및 파급 효과, 한국문화공간 건축학회 논문집, 통권 67호, 2019. 8, p.192.
25 TIF(Tex-Increment Financing)는 p.499 각주 22의 내용을 참조 바랍니다.
26 BID(Business Improvement District)는 지리적으로 지정된 특별한 목적과 용도를 가진 지정된 지역으로, 상가 소유자나 지역상인이 별도의 세금이나 관리비용을 납부하여 보다 뛰어난 양질의 공공서비스를 제공하기 위한 재원 조성 방법입니다. Jerry Mitchell, "Business Improvement Districts and the 'New' Revitalization of Downtown, Economic Development Quarterly, 2001, pp.115-120.

제2절
프랭크 게리의 제이 프리츠커 파빌리온(Jay Prizker Pavilion)

"무대 앞 좌석에 앉은 사람들뿐만 아니라 잔디밭에서 400피트 떨어진 곳에 앉아 있는 사람들 모두를 기분 좋게 만들 수 있을까요? 이에 대한 대답은 무대를 더 크게 만들고 분산된 격자 울타리에 사운드시스템을 설치하면 멀리서도 깨끗한 소리를 들을 수 있는 음향시스템을 구축할 수 있다는 것입니다. 당신은 사람들이 생생한 경험을 느낄 수 있게 할 수 있습니다."

－프랭크 게리

제이 프리츠커 파빌리온을 설계한 건축가 프랭크 게리(Frank Gehry)는 빌바오의 구겐하임 미술관과 LA의 디즈니 콘서트홀을 설계한 세계적인 건축가이고, 미국 국립예술메달(National Medal of Art) 수상자입니다. 제이 프리츠커 파빌리온은 세계적으로도 유명한 건축물 중 하나입니다. 제작비용으로 6천만

○ 제이 프리츠커 파빌리온

달러가 투입되었는데, 그 중 1/4인 1,500만 달러는 파빌리온의 명칭을 사용하는 프리츠커 가문의 기부금이었습니다.[27] 게리는 작품 설계 계약을 마치고, 시카고는 '미국 최고의 건축도시'이고, 내가 시카고에서 디자인을 할 수 있는 것은 일생의 기회라고 말했습니다. 일부에서는 밀레니엄 파크가 지나치게 게리화(Gehry-ization)하는 것에 대한 우려를 말하는 사람이 있었는데, 이 이야기를 들은 게리는 "좋아 내가 그들을 설득할께"라고도 말했다고 합니다.

파빌리온에 방문한 사람들은 규모, 색상 및 외관에 감탄하게 되는데, 게리는 작품을 설계할 때 그랜트공원의 과거에 대한 존경심을 갖고 작업했다고 합니다. 그리고, 네덜란드 거장 요하네스 베르메르(Vermeer)의 작품인 '물 주전자를 든 여

---

27 List, Jay Pritzker Music Pavilion, Chicago Real Estate, September 2007.

인'에서 영감을 받았다고 말했습니다. 게리는 베르메르의 회화작품에서 발견된 2차원적인 요소를 3차원적인 건축 디자인으로 변환하였다고 합니다.[28] 프리츠커 파빌리온을 건설하는 데 있어서 어려웠던 점은 건축물의 높이를 제한하는 몽고머리워드 법령(Montgomery Ward Decrees)이라는 건축물 및 건축물의 고도를 제한하는 법의 기준보다 파빌리온의 고도가 높다는 난관에 부딪힌 것이었습니다. 이러한 법적인 규제를 해결하기 위해서 시청은 "프리츠커 파빌리온은 건축물이 아니라 예술작품"이라고 우겨서, 건축물의 고도제한을 피할 수 있었다고 합니다. 게리의 걸작은 사람들로부터 다양한 반응을 일으키고 있습니다. 사람들이 완공도 되기 전에 파빌리온의 별명을 만들었는데, 그 별명은 실버 라이온, 웹 또는 스틸 웹입니다.

그가 설계한 프리츠커 파빌리온은 현재 밀레니엄 파크의 중심시설이자, 미국에서 유일하게 무료로 클래식 음악을 감상할 수 있는 장소로서, 그랜트파크 뮤직페스티벌이 개최되는 곳이며, 그랜트 심포니 오케스트라와 합창단의 본거지로서 시카고 음악의 중심지로 기능하고 있습니다. 그리고 연중 다양한 음악 프로그램과 공연예술이 개최되는 매우 훌륭한 문화관광시설로 활용되고 있습니다.

프리츠커 파빌리온은 4,000석 규모의 콘서트 고정좌석 및 7,000명을 수용할 수 있는 그레이트 잔디 두 부분으로 나뉘어 있습니다. 야외에 조성된 고정좌석과 그레이트 잔디는 돔과 같은 모양의 격자 철구조물이 지붕처럼 덮고 있습니다. 이

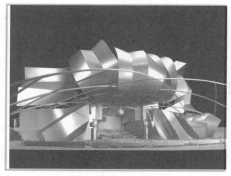

○ 프리츠커 파빌리온의 설계모형

---

28 Gilfoyle, T., in association with the Chicago History Museum, Op. cit., University of Chicago Press, 2006.

철제 격자는 시각적 설치물로 작용할 뿐 아니라 스피커를 설치해서 관객이 멀리 있어도 공연자들과 함께 무대에 있는 것처럼 생생한 음향을 느낄 수 있도록 설계되어 있습니다. 스피커를 공중에 매달아 놓는 것은 공간을 만들어주며, 관객들이 무대의 일부, 공연의 일부인 것처럼 느끼게 해주기 때문입니다.[29]

파빌리온의 설계작업 핵심은 음악과 같은 무형의 청각적 실체를 어떻게 설계에 반영하는지를 보여주고 있습니다. 그는 음악 자체를 공간에 담을 뿐 아니라 음악의 형태를 장소로 형상화 하려고 하였습니다. 또한 '공연과 공유되는 공간의 느낌(Feeling of Space)'을 만들어 내려고 새로운 시도를 하였습니다.[30] 신중하게 설계된 음향시스템은 그곳에서 공연한 전 세계의 오페라 가수와 비평가들로부터 찬사를 받았습니다. 원거리의 잔디밭에서 앉아 있는 청중에게도 콘서트홀 내부에서 듣는 음향과 같은 음질을 제공한다고 합니다.[31]

잔디밭은 공연이 없을 때는 초원처럼 이용되고 있고, 그냥 앉아서 쉬면서 하늘을 보거나, 피크닉을 하거나, 책을 읽거나, 프리스비나 야구공을 던지거나 하는 자유로운 여가활동공간으로 이용되고 있습니다. 그런데 이곳은 다른 음악공연장처럼 관객이 관람하는 잔디밭이 경사진 것이 아니라 수평이라는 특징을 가지고 있습니다. 멀리서 무대를 보게 하기 위해서는 객석을 경사지게 조성하는 것이 상식인데, 게리는 객석인 잔디밭을 평평하게 디자인 했습니다. 이에 대해서 불평하는 사람들이 많았습니다. 게리는 이에 대해서 "수평적인 경사의 잔디밭이 장애를 가진 사람들을 수용할 수 있고, 여러 가지 야외활동을 할 수 있습니다"[32] 라고 말했습

● 공연장의 철제 웹에 설치된 스피커

---

29 Gilfoyle T., in association with the Chicago History Museum, Ibid., 2006: p.110.
30 Gilfoyle, T., in association with the Chicago History Museum, Ibid., 2006, pp.224–226.
31 John von Rhein, Can Ravinia Compete with Millennium Park?, Chicago Tribune, August 21, 2005.
32 Deanna Issacs, The Pritzker Parvilion may be Pretty but It can't Replace the Petrillo Music Shell, Reader Arts & Culture, July 29, 2004.

니다. 원래 잔디밭도 일반적인 공연장처럼 경사진 공간이었는데, 장애인들을 배려하기 위해서 평평한 잔디밭을 조성한 것을 알 수 있습니다.

제3절
아니쉬 카푸어의 클라우드 게이트(Cloud Gate)

"대체로 모든 예술작품은 불완전합니다. 작품은 그것을 보고 있는 사람에 의해 완전하게 됩니다."

– 아니쉬 카푸어

● 아니쉬 카푸어의 클라우드 게이트

밀레니엄 파크의 AT & T 갤러리에는 공원의 랜드마크가 된 인도계 영국작가인 아니쉬 카푸어의 세계적인 걸작 클라우드 게이트(구름문)라는 장소 특정적인 공공미술품을 만나 볼 수 있습니다. 액체 수은에서 영감을 받았다는 아니쉬 카푸어(Anish Kapoor)의 작품 클라우드 게이트는 무게가 110톤이고, 길이 20m, 폭 13m, 높이 10m로 세계에서 가장 큰 공공미술작품 중 하나입니다. 이 작품은 168개의 스테인레스 강판으로 제작되었는데, 168개의 강판을 이음새 자국이 없는 투명한 거울처럼 광택이 나는 표면으로 매끄럽게 하기 위해서 오랜 시간 동안 고난이도의 연삭작업과 연마작업 과정을 거쳤다고 합니다.[33]

관람객들은 이 작품을 여러 가지 별명으로 부르는데, 일반적으로 콩 모양으로 생겼다고 해서 "빈(Bean)"이라고 부릅니다. 그 외에 "젤리빈(Jelly bean)", "실버빈(Silver bean)", "신장 콩(Kidney bean)", "강철 신장(Steel kidney)", "눈물 방울(Tear drop)" 등

---

33 Karen Ryan, Cloud Gate Sculpture in Millennium Park to be Completely Untented by Sunday, August 28, Wayback Machine Internet Archive, August 18, 2005.

다양한 애칭으로도 불리고 있습니다.[34] 일반적으로 사람들이 부르는 이름은 "빈" 이지만 작가가 작명한 공식적인 작품 제목은 클라우드 게이트입니다. 작가는 처음에는 빈이라는 별명을 "완전히 바보 같다고" 싫어했지만, 나중에는 좋아하게 되었다고 합니다.

예술위원회 리처드 그레이(Richard Gray)는 동 작품이 시카고의 아이콘이 될 것이라고 예측하였고, 모든 사람들이 "깜짝 놀랄 것"이라고 예측했습니다.[35] 클라우드 게이트는 마치 그 안에 다른 세계를 담고 있는 것처럼 또 다른 세계를 반사하여 보여줍니다. 작품 속에 비치는 풍경들은 여러 가지

● 아니쉬 카푸어의 클라우드 게이트

각도에서 굴절되어 반사되는 왜곡된 비현실적인 이미지입니다. 현실을 반영한 이미지는 형태가 왜곡되어 지각되고, 환영적이고 초현실적인 이미지를 시각적으로 보여줍니다. 표면에 반영된 고층빌딩, 하늘, 구름은 관람객이 하늘 위에 떠서 금새 손으로 만질 수 있을 것 같은 착각에 빠지게 합니다. 관람객들은 다른 각도에서 자신을 거울에 반사시켜 볼 때마다 변화하는 자신의 환영적 이미지를 발견하는 재미와 흥분에 매혹됩니다. 거울 속에 비친 자신을 보고 있지만 반영된 이미지는 자신도 처음 보는 낯선 왜곡된 이미지라서 더 신기하고, 재미있습니다. 그리고 아이들이 놀이하는 것처럼 작품을 직접 만져보거나 여러 가지 각도로 움직이며 다양한 동작을 하고, 작품에 투영된 자기 모습을 사진 찍으며 작품과 상호작용을 하는 즐거움을 가질 수 있습니다. 작품을 만지며 놀이를 하듯이 즐길 수 있는 매력이 있어서 사람들은 시간 가는 줄 모르고 자석처럼 작품 세계에 몰입됩니다. 이처럼 현대예술은 작가가 작품을 완성하지 않고 관람객들이 참가하고 작품과 상호작용하면서 작품의 가치를 완성하는 결론이 결정되지 않은 미완(Open end)의 특성을 가지고 있습니다.

---

34 Sinem Metin, Public Space in the Millenium, Case Study of Millennium Park, Chicago, MA Thesis, University of Cincinnati, 2006, p.42.

35 Richard Gray Gallery Homepage, https://www.richardgraygallery.com/ 2020년 3월 23일 검색.

클라우드 게이트라고 부르는 이유는 땅에서 하늘과 고층 빌딩으로 가는 시각적 경로로 하늘, 구름, 고층빌딩 등 주변 경관을 반영하고 있고, 마치 구름처럼 하늘을 손으로 만질 수 있을 것 같은 느낌을 주기 때문입니다. 아니쉬 카푸어는 작품제작에 대해서 다음과 같이 설명하고 있습니다.

"밀레니엄 파크에서 하고 싶었던 일은 시카고 스카이라인을 끌어들이는 무언가를 만드는 것이었습니다 … 그래서 높은 건물의 투영과 더불어 하늘에 구름이 떠 있는 모습을 볼 수 있도록, 매우 높은 건물이 작품에 투영되도록 하였습니다. 그리고, 그것은 게이트의 형태이기 때문에, 관람자는 작품의 외관이 주변도시를 반사하고 있는 것과 같은 방식으로, 자신을 반사하면서 매우 깊은 세계에 몰입할 수 있을 것입니다."[36]

클라우드 게이트의 오목한 모양의 밑면은 그리스어로 옴파로스(Omphalos)라고 하는데 배꼽이라는 뜻입니다. 이곳에 사람들이 걸어 들어갈 수 있습니다. 내부에 들어가면 오목한 천정을 둘러싼 투명한 거울로 만들어진 방과 같은 공간인데, 여기서는 다각적이고, 복합적인 이미지를 반사하는 만화경 같은 느낌을 경험할 수 있습니다. 카푸어의 역설적인 조각은 물리적, 그리고 심리적 테마를 동시에 경험할 수 있다고 합니다. 카푸어의 다목적적인 예술품은 "존재와 비존재, 장소와 비장소, 유형 및 무형"이라는 보편적인 형이상학적 극성을 탐구합니다.[37]

시카고 공공 미술위원회 위원장 마이클 래쉬(Michael Lash)의 말은 아니쉬 카푸어의 조각을 어떤 표현보다 잘 설명해주고 있습니다. "당신이 작품 주위에 서 있을 때 작품은 하늘을 따서, 당신에게 하늘을 내려다 주고, 그리고 실제로 뒤에 있는 도시의 스카이라인을 뒤틀고, 당신 또한 그 안에 투영해서 보여줍니다. 당신은 조각의 안에 '존재할 수도 있고', '존재하지 않을 수도(Not be)' 있습니다."[38]

관람객은 오랜 시간 작품을 돌아보며 계속 새로운 것을 발견하고, 즐거운 순간에 몰입합니다. 이 작품은 방문할 때마다 매번 다른 것을 발견할 수 있는 조각품입니다. 작품 주변의 건물과 타워, 구름 등은 계속 새롭게 보입니다. 클라우드 게이트 주위 혹은 아래서 할 수 있는 활동은 작품에 반영된 다양한 장면을

---

36 Gilfoyle, T., in association with the Chicago History Museum, Ibid., 2006, p.148.
37 Gilfoyle, T., in association with the Chicago History Museum, Ibid., 2006, p.261.
38 Gilfoyle, T., in association with the Chicago History Museum, Ibid., 2006, p.263.

관찰하면서 사진을 찍는 것입니다. 사람들은 작품의 거울과 같은 표면에 반영된 또 다른 자신이 즐기는 순간을 사진으로 찍는 것을 좋아합니다. 클라우드 게이트는 관람객에게 가장 인기가 있는 공공미술작품일 뿐 아니라 미술사적으로도 의미가 있는 세계적인 작품입니다. 미술사적으로는 밀레니엄 파크보다 아니쉬 카푸어의 작품이 더 유명해질 가능성이 많습니다.

제4절
하우메 플랜자의 크라운 분수(Crown Fountain)

"나는 유사점을 찾는 것이 아니라 차이점을 찾고 있습니다. 21세기의 힘이 차이점의 이해에 있기 때문입니다."

– 하우메 플랜자

인류 역사상 현시대처럼 미술의 기본적인 성격이 극적으로 변화한 적은 없습니다. 과거의 미술은 화가가 작업실에 앉아서 캠퍼스에 그림을 그리는 지극히 수동적인 특성을 가지고 있었습니다. 그러나 현대미술은 첨단 과학기술이 도입되면서 미술사에서 목도한 적이 없는 전혀 새로운 경향의 작품들이 등장하고 있습니다. 순수한 미술에서 첨단과학기술이 융복합된 미술, 수동적인 미술에서 작품과 관람객이 상호작용하는 미술, 정적인 미술에서 역동적인 미술, 정지된 미술에서 움직이는 미술로 변화하는 현상이 현대미술에서 나타나고 있는 대표적인 트렌드 중 하나라고 할 수 있습니다.[39] 밀레니엄 파크에도 이러한 추세를 반영한 하우메 플랜자의 비디오 조각 크라운 분수가 설치되어 있습니다. 크라운 분수는 레스터 크라운 가문(Lester Crown)의 후원으로 아티스트 하우메 플랜자(Jaume Plensa)가 제작한 비디오 조각작품입니다.

크라운 분수라는 인터랙티브한 비디오 조각은 15.2m의 직사각형 분수타워입

---

39 Ralfonso Gschwend, The Development of Public Art and its Future Passive, Active and Interactive Past, Present and Future, Arts, 2015, p.2.

하우메 플랜자의 크라운 분수

니다. 분수타워는 유리 블록으로 구성되어 있으며, 영상을 상영할 수 있는 미디어 아트 화면입니다. 이 초대형 화면에 실제로 1,000명의 시카고 시민들의 얼굴이 5분 동안 극단적으로 클로즈업되어 상영됩니다. 분수타워는 대형화면이기 때문에 사람의 모든 주름, 수염과 보조개, 여드름 등이 적나라하게 상영됩니다. 관람객들이 대형 비디오 화면에 나온 시민의 얼굴을 보고 있는 중에 갑자기 영상 속 시민의 입에서 물이 뿜어져 나옵니다. 화면 영상 속의 사람 얼굴에서 갑자기 물이 뿜어져 나오면, 사람들은 환호하며 분수로 뛰어들고, 쏟아져 나오는 물속에서 신나게 뛰어 놉니다. 주변은 갑자기 쏟아져 나오는 물줄기를 즐기는 사람들로 인해서 환성이 가득한 즐거운 놀이터로 변화합니다. 영상 속 사람의 입에서 물이 쏟아져 나오는 것은 유럽 고대 건축물에 빗물을 배출하기 위해서 설치한 괴물모양의 가고일(Gargoyle)의 입을 통해서 빗물을 뿜어내던 고건축 양식을 연상시킵니다. 영상 속에서 다양한 시민들의 얼굴을 보는 것도 하나의 재미이지만, 만질 수도 있고, 물줄기 속으로 뛰어 들어가서 즐길 수도 있고, 옷이 젖는데도 불구하고 즐겁게 뛰어 놀 수 있다는 색다른 놀거리, 볼거리도 있습니다. 21세기의 첨단기술시스템을 사용하여 다시 한 번 하우메 플랜자는 자신의 조각품에서 과거(가고일)와 미래(미디어 아트)를 하나로 결합시켰습니다.

크라운 분수의 기능은 대형 수조와 분수타워가 있어서 사람들이 물 위에서 뛰어놀며 즐거운 놀이를 하도록 할 뿐만 아니라, 영상에 나오는 사람의 입에서 물이 쏟아져 나오게 함으로써 사람들이 환호할 수 있는 재미있는 이벤트를 제공해 줍니다. 그리고 익숙한 시카고 시민들의 얼굴이 영상으로 나오고, 사람들이 즐겁게 뛰어노는 유쾌한 분수를 감상하기 위해 사람들이

크라운 분수

많이 모여들게 함으로써 붐비는 시내 광장과 같은 만남의 자리를 조성해주는 것입니다. 크라운 분수에 많은 사람들을 몰려오는 이유를 알 수 있는 설명입니다. 작가 하우메작품의 영감은 '시카고의 사람들'입니다.[40] 그의 작품은 단순히 사람들의 얼굴이 나오는 비디오 영상타워나 직사각형 수조가 아닙니다. 거기에서 물 위를 뛰어 다니며 즐기는 사람들의 적극적인 참여도 작가의 작품에 포함되어 있는 것입니다. 작가는 단지 영상타워와 분수라는 미완성의 작품을 만들었고, 거기에서 환성을 지르며 물장구치며 뛰어노는 관람객들이 작품을 완성했습니다.

스페인 작가 하우메 플랜자(Jaume Plensa)의 초기작품제작 의도는 "일단 사람들이 찾아와서 생명수의 느낌을 경험하고, 아이디어를 교환하고, 서로의 일상사와 개인사에 대해서 이해하며, 서로의 상실이나 어려움에 대해서 위로해 줄 수 있는 인간적인 체온이 느껴지는 만남의 장소를 만드는 것"이었습니다. 작가는 "공공공간은 19세기 전통적인 사고처럼 단순히 바라만 보는 오브제가 아닙니다. 우리는 이제 변화해야 합니다. 현대 공공미술은 단순히 바라만 보는 오브제가 아니고, 관람객과 상호작용해야 합니다"[41]라고 말하고 있습니다.

이 분수는 개장 첫 번째 날부터 비디오 영상타워의 엄청난 높이, 재미있는 모양의 가고일(Gargoyle)에서 쏟아지는 물폭포, 직사각형의 대형수조의 독특성 때문에 주목받고 있습니다. 액션이 가득한 공간, 사색적인 공간, 웅장한 공간, 친밀한 공간, 즐거운 공간 등 시민들에게 선택할 수 있는 많은 선택권을 주었을 때, 공원은 가장 사람들이 많이 찾아오고, 효율적으로 운영됩니다.[42] 사람들 중에는 밀레니엄 파크를 성인을 위한 테마파크라고 말하며 테마파크와 성격이 비슷하다고 비유하는 경우도 있습니다. 그러나 밀레니엄 파크는 놀이시설이 가득찬 오락중심의 테마파크와는 어울리지 않습니다. 밀레니엄 파크는 격조 있는 미래의 최첨단 예술이 시대를 초월하여 현시대에 살아 숨 쉬는 미래형 예술공원(Art park)이라고 할 수 있습니다. 그리고 예술이 권위적이고 교만하거나, 지나치게 이해하기 어렵고 현학적 주제가 아니라, 일상적인 삶속에서 관객들을 즐겁고 유쾌하고 행복하게 만들어 주는 기능이 중요하다는 메시지를 우리 모두에게 던져주고 있습니다.

---

40 Sinem Metin, Op. cit., 2006, p.35.
41 Corrinn Conard, Op. cit., p.106.
42 Blair Kamin, The Millennium Park Effect, Chicago Tribune, Jun 26, 2005.

제5절
밀레니엄 파크의 기타 시설들

프랭크 게리의 BP 보행자 다리(BP Pedestrian Bridge)

●BP 보행자 다리

　　　BP 보행자 다리는 뱀모양의 'S' 형태의 다리로 설계디자이너는 스페인 빌바오 구겐하임 미술관과 밀레니엄 파크의 프리츠커 파빌리온을 설계한 세계적인 건축가 프랭크 게리(Frank Gehry)입니다. 이 다리는 BP(British Petroleum)가 500만 달러를 기부하여 건설된 다리입니다. [43]
약간 경사가 있는 S자 형태 다리는 생명체 형상적 미술(Biomorphic art) [44]로 뱀의 형상을 암시하는 디자인입니다. S자의 완만한 경사의 다리는 장애인의 접근성을 쉽게 했습니다. 그 결과 시작과 끝이 다른 수준인 보행자 다리는 모든 사람들이 이용할 수 있습니다. 이 독특한 금속 몸체와 나무바닥으로 설계된 건축은 게리가 설계한 첫 번째 다리이며, 작가의 뉴어버니즘(New Urbanism) 철학을 반영하고 있습니다.

　　다리 건축의 주제는 프랭크 게리의 다른 건축설계처럼 역사와 자연을 기반으로 하고 있습니다. BP 보행자 다리는 밀레니엄 공원과 메기 데일리공원(Maggie Daley Park)을 연결하고 있을 뿐만 아니라 양쪽의 자연 환경을 연계시키고 있고, 그랜트공원의 나무 숲 지붕에 의존하고 있습니다.

　　자연에 대한 디자인의 존중은 금속과 나무라는 재료 선택에서도 볼 수 있습

---

43 BP Pedestrian Bridge, June 8, 2008, Wayback Machine Internet Archive, https://web.archive.org/web/20080608214211/https://www.glasssteelandstone.com/BuildingDetail/641.php 2020년 3월 23일 검색.

44 생명체 형상적 미술(Biomorphic art)은 자연에서 발견되는 생명체의 형상에 기초한 추상미술의 형식입니다. 꽃이나 식물, 동물 등 생명체와 연관된 디자인 모티브를 사용하는 유기체적인 양식입니다. 1930년대에 기하학적 추상이 퇴조하면서 비기하학적인 생명체 형상적 미술이 부각되기 시작하였습니다.

니다. 강철 외곽과 모래색 나무 바닥은 그랜트공원의 토양 색상과 잘 어울립니다. BP 보행자 다리의 또 다른 중요한 특징은 BP 보행자 다리를 컬럼비아 파크웨이에서 발생하는 소음이 프리츠커 파빌리온의 음악공연을 방해하지 못하도록 차단하는 소음차단벽으로 사용하였다는 것입니다. 많은 방문객들이 뱀의 형태를 한 특이한 다리를 걷는 경험을 좋아합니다. 그러나, BP 보행자 다리는 게리의 다른 작품인 프리츠커 파빌리온만큼 관심을 받지는 못하고 있습니다.

루리가든(The Lurie Garden)

밀레니엄 파크의 가장 대담한 요소는 파크 내 금속성 설치물의 반짝이는 인공적 특성을 부드럽게 해주는 2.5에이커의 루리가든(Lurie Garden)일 것입니다. 정원은 앤 루리(Ann Lurie)가 1,000만 달러를 기부하였고, 캐트린 구스타프슨(Kathryn Gustafson)이 디자인하여 조성된 정원입니다.[45] 루리가든은 세계에서 가장 큰 녹색 공중정원으로 시카고의 역사적, 문화적 그리고 신비한 이야기를 주제로 하고 있습니다. 정원은 시카고의 역사를 상징하는데 음지식물로 구성되어 있는 어두운 지역(Dark plate)과 다년생 양지 식물로 조성된 밝은 부분(Light plate)이라는 두 지역으로 나뉘어져 있습니다.

맥도널드 사이클센터

밀레니엄 파크의 맥도날드 사이클센터는 공원의 남동쪽에 위치한 자전거 정류장으로 샤워장, 라커, 스넥바, 카페, 자전거 대여 및 수리시설, 300대의 자전거 주차시설 등 편의시설이 갖추어져 있습니다. 사이클센터는 경찰자전거 순찰대 사무실도 입주하고 있고, 일반 자전거 통근자나 조깅을 하는 사람들 그리고 인라인 스케이터를 수용하기 위한 시설도 갖추고 있습니다.[46] 이는 시카고에서

---

45 Anne Raver, Nature; Softening a City With Grit and Grass, The Newyork Times, July 15.
46 Heather Livingston, Millennium Park Bike Station Offers Viable Commuting Option, AI Architect, 2005.

자전거를 타는 사람들에게는 대표적인 랜드마크와 같은 시설이 되었습니다. 이 시설은 여름에 자전거를 타고 땀을 흘린 사람들이 저렴한 비용으로 샤워할 수 있는 시설, 쉴 수 있는 시설을 갖추고 있다는 점이 매력입니다. 자전거 통근자를 확대하고, 수용하기 위한 '바이크 2010' 캠페인의 일환으로 맥도널드와 시당국 등의 후원으로 마련된 시설입니다.[47]

맥코믹 트리분 광장

맥코믹 트리분 광장은 맥코믹 트리분 재단의 후원으로 조성된 다목적 장소입니다. 동계에는 아이스 링크로 이용되고 있고, 봄·여름·가을에는 150석 규모의 대형 야외식당 '파크 앤 그릴'[48]로 운영되고 있습니다. 야외식당 파크 앤 그릴은 공원의 경관을 볼 수 있고, 다양한 음식행사와 음악공연이 개최되는 장소로 인기가 있습니다.

그 외에 밀레니엄 파크에는 1,525석 규모의 해리스 극장, 보잉 갤러리, 리글리 광장 등 다양한 시설이 있어서 시민들의 사랑을 받고 있습니다.

밀레니엄 파크는 시민들의 자랑

시카고시민들이 밀레니엄 파크와 시카고시에 대해서 어떻게 생각하는지 궁금했습니다. 그런데 마침 시카고시민을 대상으로 설문조사한 논문과 기사를 발견하였고, 그 내용을 살펴볼 수 있었습니다. 그 중에 가장 인상적이었던 글을 아래와 같이 옮겨 보았습니다.

설문에 응답한 시카고시민 중 한 사람은 "밀레니엄 파크는 사람들이 비디오 가고일(크라운 분수)에서 물속에 뛰어 들고, 프리츠커 파빌리온 잔디밭에 앉아 음악

---

47 Bike 2015 Plan City of Chicago, https://web.archive.org/web/20090628191042/https://www.bike2015plan.org/ 2020년 3월 23일 검색.

48 Park & Grill, https://web.archive.org/web/20080611192709/https://www.parkgrillchicago.com/terrace/index.asp 2020년 3월 23일 검색.

을 듣거나 무용공연을 보면서 피크닉을 하고, 빈(클라우드 게이트) 아래를 걸으면서 예술의 세계에 참여할 수 있습니다"라고 말했습니다.[49] 밀레니엄 파크는 시민들이 원하는 다양한 놀거리·볼거리를 가진 시민들의 진정한 사랑을 받는 공원이라는 생각이 듭니다. 또 다른 시민은 공공미술이 지금보다 더욱 관람객과 상호작용을 하였으면 좋겠다고 응답하였고, 공원 관리자에게 더욱 인터랙티브한 시설을 많이 설치하여 달라고 요청을 하였습니다. 이처럼 현대미술은 단순히 관람객이 수동적으로 예술품을 관람하는 제3자가 아니고, 작품과 직접 상호작용을 하거나 적극적인 참여자의 역할을 하거나, 심지어 작가가 미완성한 작품을 관객이 참여 행위를 통해서 완성하는 협업작가의 역할까지도 합니다. 이런 경우 관객의 작품과의 상호작용 행위도 작품의 일부분에 포함된다고 볼 수 있습니다. 단순하게 작품을 바라보기만 하던 관객의 역할보다는 작품을 만지고, 몸을 움직이며 반응하고, 작품을 직접 만드는 역동적인 참여자로서의 경험이 더욱 생명력이 있습니다. 시카고시민들은 지역에 대한 관심과 자부심을 주는 공공미술에 많은 관심을 가지고 있는 것으로 나타났습니다. 설문조사 결과와 신문기사에 나타난 시카고시민들의 반응은 다음과 같습니다.

"밀레니엄 파크와 같은 공공시설을 가지고 있는 도시는 없어요. 우리는 이것을 자랑스럽게 생각합니다."

"나는 정말 놀랐어요. 이거 정말 멋져요. 공원이 크고 독특합니다. 밀레니엄 파크가 시카고에 있다는 것에 대해서 자부심을 느낍니다."

우와! 이것은 퍼스트 클래스 시티(특급도시)가 하는 사업입니다. 퍼스트 클래스의 노력을 더 해주시기 바랍니다. 돈은 상관없습니다.[50]

"시카고는 세계적인 도시입니다. 그리고 밀레니엄 파크는 시민들에게 즐거움을 주는 세계적인 관광자원이고, 많은 관광객을 오게 하고 있습니다. 나

---

49 Rebecca Hoffman, Novel Space, The Chicago Tribune, July 24, 2004, p.25.
50 Worth the Wait?, The Chicago Tribune online Blog about Millenium Park, 2004 recited from Corrinn Conard, Op. cit., 2008. p.107.

는 많은 관광객들로부터 시카고가 미국에서 가장 아름다운 도시라는 말을 많이 듣습니다. 이러한 장소는 비싼 가격표를 붙일만한 가치가 있습니다.[51]

밀레니엄 파크의 역사와 시설들을 보면서 현대예술과 첨단건축이 어우러진 멋진 공원을 향유할 수 있는 시카고시민들이 부럽다는 생각이 들었습니다. 이렇게 시민들이 행복한 공간을 만들면 자연히 전 세계 관광객이 몰려오게 되어 있습니다. 무엇보다도 시민을 위한 문화예술공간을 창조하면 시민들은 자신의 도시에 깊은 애정과 자부심을 갖게 되고, 행복한 삶을 살게 됩니다. 그렇게 되면 외부세계에서 많은 방문객들이 관광을 오게 되어 여러 가지 부대 효과가 뒤따르게 됩니다. 서울에도 시카고 밀레니엄 파크보다 넓은 한강 고수부지, 뚝섬 서울숲 공원, 양재 시민의 숲, 합정 당인리 발전소 주변지역, 경의선 숲길, 밤섬 등 예술과 건축 그리고 시민들의 휴식공간이 융복합된 아트 파크를 조성할 수 있는 장소는 얼마든지 있습니다. 단지 시카고의 데일리 시장과 같은 추진력과 열정을 가진 지도자와 프랭크 게리, 아니쉬 카푸어 등 천재적인 예술가가 아직 없다는 것이 아쉽습니다. 그런 훌륭한 리더와 세계적인 천재 예술가들이 한국 땅에 멋진 문화예술공원을 만들고, 세계에 자랑할 수 있는 문화관광명소를 개발하여 우리나라가 문화관광 강국으로 발전되는 순간이 도래하길 바래봅니다.

---

51 Corrinn Conard, Ibid., 2008, pp.107-108.

16장

인간의 감성과 체온이 담긴 도시개발 추세

제1절

보행자 천국 컴팩트 시티(Compact City)

지속 가능한 도시개발을 위한 컴팩트 시티

1980년대부터 서구의 많은 도시들은 지속 가능한 도시개발, 에너지 절감, 어반 스프롤(Urban Sprawl) 현상, 농업 보전, 교통정체 등 다양한 도시문제에 대한 해결책 마련을 위해 고민하였습니다[1] 도시가 가지고 있는 여러 가지 문제들을 해결하기 위해서 다양한 도시계획과 재생에 관한 효율적 개발방법과 사업들을 실천해왔는데 그 중 몇가지 방법 등에 대한 사례 검토를 통해 현대적 도시계획에 관한 기본적 사고방식과 변화 추세에 대해서 알아보도록 하겠습니다. 본서에서는 컴팩트 시티(Compact City), 어반 빌리지(Urban Village)와 뉴어버니즘(New Urbanism) 및 일본의 마치즈쿠리를 집중적으로 살펴보려고 합니다. 이러한 4가지 도시계획 관련 개발철학과 개발방법의 변화 등은 모두 쇠락한 도시 중심부의 부흥과 재생, 보행교통체계의 개선, 공동체의 변화, 생태계 환경보전 등을 목표로 각종 도시문제를 과거방식보다는 지혜롭게 해결하려는 것입니다. 자연환경과 단절된 이웃

---

1 Ruth Durack, Village Vices: The Contradiction of New Urbanism and Sustainability, 2001, p.12.

들과 아름다운 관계를 다시 회복시키고, 인간적인 체온이 담겨 있는 도시공간을 조성하고 도시의 더 나은 미래를 창조하기 위해서 여러나라들이 현대적 도시재생 사업을 추진하고 있습니다.

컴팩트 시티(Compact City)라는 말은 1973년 MIT대학교 산업공학분야 학자인 조지 댄치그(George Dantzig)와 토마스 사티(Thomas Saaty)가 제시한 지속 가능한 도시를 개발하려는 방법론입니다. 컴팩트 시티는 도시의 지속적인 확장으로 인해 야기된 도심 공동화와 쇠퇴를 막아내기 위한 개념으로 도심의 고밀도개발, 복합적인 토지이용, 도시 중심부 상업지구과 주거지의 복합이용, 도심의 재활성화, 보행과 대중교통의 이용 증대 등을 중심개념으로 하고 있습니다. 특히 고밀도 복합개발과 보행과 자전거 그리고 대중교통 이용을 중점적으로 강조하는 개념입니다.[2] 이는 도심지 내 일정공간에 주거, 직장, 상업시설, 의료시설, 문화시설, 엔터테인먼트, 여가시설 등 주요 기능을 집중시켜서 고밀도로 개발하고, 복합적 토지 이용방법을 강화하여 자동차를 이용하지 않고 보행방법이나 자전거 등 가벼운 교통 수단으로 편리하게 목적한 일들을 볼 수 있게 개발하려는 것입니다. 그렇게 함으로써 기존 도시들이 에너지 절약, 공해저감 등을 도모하는 동시에 도시외곽으로 난개발해나가거나 무질서하게 확장되는 것을 억제시키려는 것을 주요 목적으로 하고 있습니다.

그러나 컴팩트 시티가 추구하는 것은 단순한 고밀도개발이 아니고 시민들이 편리하게 이용할 수 있는 주거지, 상가, 직장, 문화예술시설, 학교, 생산시설, 의료시설 등 각종 필수시설들이 보행 가능한 단거리에 함께 입지하도록 복합적인 토지이용과 공간활용을 효율화하여 각종 시너지 효과를 확보하려는 것입니다. 도시 내에서 보행이나 자전거 혹은 대중교통을 이용하여 통학, 출근, 쇼핑, 의료, 문화, 여가생활 등 생활에 필요한 각종 기능을 충족시킬 수 있는 복합다기능단지를 개발해 보행자의 천국을 실현코자 하는 것입니다. 보행 가능한 거리란 쇼핑, 레저, 커뮤니티시설, 의료시설 등이 거주지에서 반경 500m 이내에 위치해 있어 도보로 10분 이내에 접근할 수 있는 것을 의미합니다. 보통 거주시설이 도

---

2 Marcotulio, P. J., The Compact City, Environmental Transition Theory and Asia-Pacific Urban Sustainable Development, Department of Urban Engineering, University of Tokyo, Japan, 2001, pp.29-31.

시 중심에서 500m 이상을 벗어나면 차량을 이용하는 경향이 있다고 합니다.[3] 이를 통해, 경제적인 자족성이 이루어지는 도시를 조성하는 것을 이상으로 하고 있습니다. 그리고 도시의 교외 확장을 억제함으로 그린벨트 해제 등 무질서한 자연환경 파괴를 방지하고, 도심 내에 녹지공간을 더 확장시키며, 불필요한 교통량을 감소시켜 공해발생도 억제하며, 친환경적인 에너지 사용 등을 통하여 지속 가능한 도시조성을 촉진시키려는 것을 목적으로 하고 있습니다. 컴팩트 시티에서는 각계각층의 사람들이 한꺼번에 고밀화된 건물과 공간 속에서 거주하게 됨으로, 사회적으로 다양한 생활방식을 나타낼 수 있습니다.[4]

1990년 유럽위원회의 녹색보고서(Green Paper)는 영국과 유럽 그리고 미국과 호주에서 컴팩트 시티 방식이 지속 가능한 도시개발을 위한 좋은 해결책이 되고 있다고 주장하였습니다.[5] 그러나 도시의 모든 기능이 도심에 집중됨으로 인하여 오히려 교통체증이 증가하고, 공해와 소음에 시달리게 되며, 개인 사생활 침해 증가 등 원치 않았던 역기능이 발생할 우려가 존재하고 편익에 대한 검증이 부족하다는 비판적 의견도 있습니다.[6]

유럽 이외에 여러 국가에서 컴팩트 시티개발을 추진하고 있는데, 특히 일본은 2015년 '컴팩트 시티 조성 지원 사업제도 요강'과 '컴팩트 시티 조성지원사업비 보조금 교부요강'을 발표하였고, 다양한 지자체에서 컴팩트 시티(일명, 압축도시) 개발계획이 추진되고 있습니다.[7] 한국의 경우 제4차 국토종합계획수정계획(2011~2020)에 이미 컴팩트 시티 개념이 반영되어 있고, 저탄소 녹색도시, 에너지 자립도시, 압축도시, 지속 가능한 도시 등의 유사한 용어가 혼재되어 사용되고 있는 실정입니다.[8] 컴팩트 시티의 좋은 개발 사례로는 영국 런던의 도크랜드, 일본 후

---

3 엄준호, 지속 가능한 컴팩트 시티계획요소의 중요도 평가에 관한 연구, 고려대학교 석사논문, 2010, p.92.
4 카이도 키요노부, 김준영 역, 지속 가능한 사회의 도시상을 지향하며 컴팩트 시티, 문운당, 2007.
5 Rajashree Kotharkar, Pankaj N. Bahadure, Ashi Vyas, "Compact City Concept: It's Relevance and Applicability for Planning of Indian Cities", Conference Paper· November 2012.
6 전형적인 도시 집중 현상은 홍콩을 좋은 사례도시로 들 수 있는데, 홍콩은 각종 도시문제를 집중화된 부도심개발전략을 선택해서 수용해가고 있습니다. Zhang, X. Q., High-Rise and High-Density Compact Urban Form: The Development of Hong Kong. In: Compact Cities: Sustainable Urban Forms for Developing Countries, London: Spon Press, 2000, pp.245-254.
7 주일 한국대사관 자치협력관실, 일본의 Compact City 정책 동향보고, 2015. 6.
8 정윤희, 이진희, 한국 컴팩트 시티정책의 현황 및 과제연구, 국토연구원, 2013, p.2.

쿠오카 캐널시티, 일본 아오모리 등을 들 수 있습니다. 일본의 경우에는 도심 쇠퇴 현상을 효율적으로 극복하고, 도심을 재활성화 시키며, 고령자 장애인 등을 위하여 주거, 경제, 의료 등 모든 기능이 한 장소나 가까운 거리에 집약된 컴팩트 시티를 도심지에 개발하고 있습니다. 컴팩트 시티는 거동이 불편한 노인들이 자동차를 이용하지 않고 보행으로 필요한 욕구를 충족시킬 수 있다는 점 등에서 효과적인 정책이라고 할 수 있습니다.

최근 서울시가 1) 중랑구 북부간선도로 신내IC – 중랑 IC구간 약 500m 구간 상부에 인공대지를 만들고 컴팩트 시티를 조성하는 사업과 2) 경의선 숲길 끝 연희동 교통섬 4,689m²과 증산빗물펌프장 6,912m²에 300명의 젊은이를 입주시키기 위한 청년주택을 위한 컴팩트 시티 조성을 추진하고 3) 송파구 장지버스공영차고지 25,443m²과 강동구 강일버스공영차고지 33,855m²에 1,800호의 청년 및 신혼부부만을 위한 공공주택단지를 위하여 컴팩트 시티를 조성한다고 합니다. 이렇게 서울시가 연속적으로 컴팩트 시티를 추진하는 것은 청년과 신혼부부의 주택공급을 원활히 하려는 데 주목적이 있습니다. 일본의 컴팩트 시티의 주요 목적은 고령층을 위한 정책인 것과 달리 우리나라의 컴팩트 시티정책은 청년과 신혼부부의 주거를 위한 개발이 강조되고 있습니다. 외국의 사례들은 가급적

●삼성이 만든 162층 버즈두바이

쇠락한 구도심 중심에 컴팩트 시티를 조성하고 있는데 서울은 도시외곽지역에 컴팩트 시티를 개발하고 있어 거꾸로 도시확산이 늘어날 우려가 있습니다. 강남과 강북의 사회·경제적 격차와 오래된 구도심의 지속적인 쇠퇴라는 문제가 심각한데도 강남의 한전부지 현대차 105층 빌딩, 영동대로 지하복합환승센터 같은 고밀도 초고층 건축물의 개발이 또 다시 강남에 집중되고 있습니다. 이런 계획들은 컴팩트 시티 방식이 불균형적인 도시 발전의 원인이 되게 할 우려를 불러일으키므로 개선할 필요가 있다고 봅니다.

세계적인 쇼핑관광 추세

쇼핑관광은 전 세계적으로 선풍적인 인기를 끌고 있습니다. 어느 나라를 여행하든 세계 어느 곳에서도 볼 수 없는 화려한 쇼핑거리와 오래된 전통 공방거리를 방문해서 호화로운 명품과 독특한 특산품 그리고 아름다운 공예품들을 구경하고, 구입하는 경험은 환상적입니다. 그 나라에서만 맛볼 수 없는 특유의 맛을 간직한 수백 년 전통의 맛집과 베이커리를 방문해서 직접 음식을 맛보는 것도 금전으로 따질 수 없는 값진 추억거리입니다. 이탈리아, 런던, 파리 등 유럽의 쇼핑거리에 방문해서 자국에서는 도저히 그 가격에는 살 수 없는 다양한 명품들을 구경하고, 구매하는 경험, 그곳에 가야만 살 수 있는 차별화된 보석과 특산품 등을 쇼핑하는 것은 여행객들에게는 가슴 뛰게 하는 매력적인 요소입니다.

그밖에도 미국 블랙프라이데이, 낭만적인 유럽 크리스마스 시장 여행, 영국의 1월 세일기간의 방문, 홍콩과 싱가포르의 크리스마스 세일, 프랑스 샹젤리제의 부티크거리를 걷는 것, 매일 25만 명~40만 명에 이르는 관광객이 방문하는 세계적인 이스탄불의 전통시장 그랜드 바자를 방문하는 경험 등은 매스컴을 통하여 이미 알고 있고, 누구나 일생에 한번쯤은 가보고 싶은 매력적인 관광명소입니다. 일일이 사례를 들 수 없을 만큼 전 세계에는 쇼핑과 관련된 명소나 쇼핑거리, 전통시장, 메가몰, 쇼핑관광도시 등이 너무나도 많습니다. 그중에 한 곳을 사례로 든다면 쇼핑관광으로 유명한 영국 런던 웨스트엔드(West End)인데 매년 2억 명이 넘는 사람들이 방문하고, 방문한 관광객 중 약 50%가 해외에서 온 관광객들이라고 합니다. 외국에서 방문한 관광객들이 웨스트엔드에서 지출하는 지출액이 76억 파운드에 이른다고 합니다. [9]

뉴욕은 연간 5천 3백만 명 이상의 관광객을 유치하고 있습니다. 뉴욕시에는 거의 12,000개의 소매업체가 있으며 뉴욕시 인구 10명 중 1명 이상을 고용하고 있습니다. [10] 도시 안에는 유명한 백화점, 독특한 쇼핑지역 등이 있어 방문하는

---

9 UNWTO, "London's New West End Company-Working in Partnership to Manage and Market London's Top Attraction", Global Report on Shopping Tourism, 2014. p.19.
10 PATA, The Future of Shoping Tourism, January 2018, p.5.

관광객에게 즐거운 쇼핑의 기회를 줍니다. 뉴욕의 첼시 마켓도 관광객이 꼭 가보고 싶어 하는 시장입니다. 첼시 마켓은 오래된 시장이 아니고, 낙후한 공장을 시장으로 리모델링한 성공적인 사례입니다. 첼시 마켓은 주변의 하이라인 파크와 어우러지면서 뉴욕의 주요 관광명소가 되었습니다.[11] 이와 같이 쇼핑관광은 지역사회에 실로 엄청난 경제적인 영향을 미치는 효과를 가지고 있기 때문에 쇼핑관광과 도시경제는 공생적인 동반자 관계라고 할 수 있습니다.

대부분의 국가에서 전통시장이나 메가쇼핑몰은 관광객들이 반드시 들려보고 싶은 관광명소입니다. 전통시장은 방문하는 나라의 현지 주민들의 삶의 모습이 그대로 살아있고, 전통시장 상인과 접촉하면서 그 나라의 진정한 문화를 접할 수 있는 곳이기 때문에 특히 인기가 있습니다. 트립 어드바이저라는 잡지가 터키를 2014년에 전 세계에서 가장 인기 있는 관광지로 선정하였습니다.[12] 2018년 터키를 방문한 외래 관광객 수는 3,240만 명인데, 그중에 러시아(471만 명), 독일(358만 명), 이란(250만 명), 조지아(244만 명), 불가리아(185만 명)로 5개국이 전체 외래 관광객의 46%를 차지하고 있습니다.[13] 그런데 터키를 방문하는 관광객이 가장 많이 방문하는 곳은 소피아성당도, 오스만제국의 화려한 궁전 톱카프궁도 아닙니다. 터키에서 관광객이 가장 많이 방문하는 곳은 1461년 오스만제국의 황제 메흐메트 2세의 명령에 의해서 건설된 터키전통시장 그랜드 바자(Grand Bazaar)입니다. 매일 25만 명에서 최대 40만 명의 관광객이 방문하는데, 2014년에는 9,125만 명의 관광객이 방문해서 세계 최고의 관광명소에 리스트되었습니다.[14] 화려한 보석 상점과 터키 전통문양의 카펫가게, 화려한 디자인의 공예품, 각종 토산품, 전통식품 등이 판매되는 5,000개의 점포가 30만m2(동대문시장의 3배)에 들어서 있습니다. 전 세계에서 방문한 관광객과 터키인들이 물건을 사고 팔면서 동서양의 문화가 융합되는 문화의 용광로[15]라고 할 수 있습니다. 또한 이스탄불의 메가쇼핑몰인

11 제종길, 발로 찾은 도시재생 아이디어 도시상상노트, 자연과 생태, 2018, p.206.
12 Istvan Egresi, Tourists' Shopping Satisfaction in Istanbul's traditional Market, International Scientific Conference Geobalcanica 2015.
13 주이스탄불 대한민국 총영사관, 2017년 외국인 터키방문 현황(터키 문화관광부 자료), 2018년 3월 9일.
14 위키백과, https://ko.wikipedia.org/wiki/%EC%B9%B4%ED%8C%94%EB%A5%B4%EC%B0%A8%EB%A5%B4%EC%8A%88
15 GoodNews, 터키 최대의 시장 그랜드 바자르(Grand Bazaar), 2018년 3월 30일.

세바히르몰(Cevahir Mall)은 유럽에서 가장 크고 세계에서 7번째로 큽니다.

두바이 에미리트몰(Mall of Emirates)은 인공 눈이 있는 실내 스키 슬로프를 가지고 있고, 호텔과 바가 유명합니다.[16] 세계 최고급 브랜드 명품이 판매되고 있는 최고급 매장이 있는 장소에서 불과 얼마 떨어지지 않는 곳에 관광객들이 상어와 함께 수영을 즐길 수 있습니다. 이와 같이 두바이의 대형 메가몰들은 호텔을 포함해 쇼핑, 엔터테인먼트 및 다양하고 창의적인 레저시설이 독특하게 혼합되어 있는 '숍-어-테인먼트(Shop-a-tainment)'

세계 최대 쇼핑몰 두바이몰

의 성격을 가지고 있습니다. 두바이에서의 쇼핑은 쇼핑경험 이상의 의미를 지니며, 놀라움으로 가득 찬 관광, 창의적인 문화 예술 및 재미 있는 이벤트와 경험이 제공되고 있습니다.[17] 이밖에 두바이에는 95개가 넘는 쇼핑몰과 고급 소매점이 있으며, 거의 모든 국제적인 브랜드가 입점해있습니다. 이와 같이 두바이는 15년 사이에 급속하게 발전하여 라스베가스나 호놀룰루와 같이 국제 관광객이 여행을 즐기는 국제적인 쇼핑 관광지로 자리매김했습니다.[18] 2013년에는 두바이 쇼핑 관광객이 7,500만 명으로 증가하였습니다.[19] 이로써 두바이몰(Dubai Mall)은 2011년부터 3년 연속 세계에서 가장 많은 관광객이 방문한 관광 목적지가 되었습니다.[20]

16 Stephenson M. L., Russell K. A., and Edgar D, Islamic Hospitality in the UAE: Indigenization of Products and Human Capital. Journal of Islamic Marketing 1(1), 2010, pp.9-24.

17 DTCM, Dubai Welcomes Over 7.9 million Visitors in First Nine Months of 2013.

18 Park K. S., Reisinger Y., and Noh E. H., "Luxury Shopping in Tourism", International Journal of Tourism Research 12, 2010, pp.164-178.

19 Esmat A Zaidan, Tourism Shopping and New Urban Entertainment: A Case Study of Dubai, Journal of Vacation Marketing, 2015, p.9.

20 Dubai Mall, Available at: https://www.thedubaimall.com/en/Index.aspx, 2014

서울 구도심에 세계적인 초고층 컴팩트 시티 창조

　우리나라 서울의 경우에 구도심에 남대문시장, 동대문시장, 동대문종합시장, 평화시장, 신평화시장, 청평화시장, 방산시장, 중부시장, 세운상가 구도심의 등 엄청난 규모의 시장과 주변지역이 노후화된 채로 거의 방치되다시피하고 있습니다. 그 지역은 건축물이 노후되고, 시설과 운영방법 등이 낙후되어 쇼핑관광지로서의 매력을 잃고 있습니다. 아직도 내국인들은 많이 찾지만, 외국인 관광객들에게는 어필할 수 없는 그레이 필드로 전락했습니다. 이 상태로 그대로 두면 도시미관을 해치고 슬럼화될 수 있는 가능성도 있는데, 보존할만한 독특한 특성이 있고, 문화재적 가치가 있다면 건축물을 그대로 보존하고 수복형 지역재생을 하는 것이 좋고, 보전가치가 없다면 하루빨리 일종의 컴팩트 시티로 재개발하는 것이 좋다는 생각이 듭니다.

　서울 도심의 엄청난 규모의 재래식 쇼핑공간을 2억 명의 관광객들이 방문하는 런던의 웨스트엔드나 9,700만 명이 방문하는 터키의 그랜드 바자, 7500만 명이 방문하는 두바이의 두바이몰처럼 세계적인 쇼핑중심지로 만들기 위해서는 종합적이고 치밀한 장기적인 전략이 필요합니다. 국제통화기금의 세계 경제전망 데이터에 의하면 아시아에는 세계 2위 경제대국 중국(인구 14억 1300만 명), 세계 3위 경제대국 일본(인구 1억 2535만 명), 세계 6위 경제대국 인도(인구 13억 6천만 명) 등 인구대국이 모여 있습니다. 향후 아시아는 세계경제의 중심지로 부상하게 될 것입니다. 앞으로 세계 여러 나라 사람들이 모두 서울의 쇼핑 중심가에 와서 쇼핑하고 즐기는 것이 일생의 소망이라고 말할 정도로 놀라운 쇼핑과 엔터테인먼트 그리고 국제회의와 전시의 중심시설을 서울 도심의 기존 시장부지에 새롭게 창조해낸다면, 서울 도심은 세계적인 쇼핑관광명소가 될 잠재력을 크게 갖추고 있습니다.

　쇠락하고 있는 도심 전통시장인 남대문시장(22,000평), 동대문광장시장(7,099평), 동대문종합시장(18,000평), 평화시장, 신평화시장, 청평화시장, 방산시장, 중부시장, 세운상가 일대를 쇼핑, 국제회의, 전시, 주거, 문화예술 등의 기능이 복합된 컴팩트 시티, 메가쇼핑몰, 국제회의도시, 문화예술도시로 변신시킨다면 서울은 세계적 쇼핑관광과 컨벤션관광, 문화관광의 중심지로 크게 발전할 수 있습니다. 이를 위해서는 도심의 재래시장 주변지역에 초고층 고밀도 건축물을 건설할 수 있도록 용적률 등 기존 도시계획법, 건축법 등의 토지용도규제 제도를 과감히 개혁해 고밀도 건축물개발이 촉진되도록 조치할 필요가 있습니다. 쇼핑공간만이 아니고, 문화예술공간, 국제전시 회의공간 등이 복합된 창의적 공간으로 만들 천재적인 문화관광전문가, 건축가, 도시공간 디자이너의 창의적인 아이디어가 필수적입니다. 이에 더해서 세계적인 명품 브랜드의 개발과 차별화된 공공미술 작품의 개발, 독특한 소프트웨어의 개발도 병행하여야 합니다. 그리고 다양한 브랜드의 상품들을 저렴하게 구입할 수 있는 특별면세구역으로 지정한다면 금상 첨화일 것입니다.

한가지 중요한 것은 한국은 4계절이 뚜렷하기 때문에 초고층 실내형 메가몰 과 주상복합시설을 개발할 경우, 지하로 편리하게 연결되는 지하도시를 개발하 여 겨울에도 따뜻한 공간에서 다양한 첨단도시 기능과 문화를 즐길 수 있는 자 족가능한 컴팩트 도시로 개발해야 합니다. 구도심을 효과적으로 개발한다면 겨 울에도 서핑을 즐길 수 있고, 여름에도 스키와 스케이트를 탈 수 있고, 세계적 인 쇼와 음악회 등 다양한 문화예술을 즐길 수 있는 서울 속의 문화관광도시, 국제회의도시, 쇼핑관광도시가 개발되어 세계적인 관광대국으로 발전할 수 있 습니다.

서울 구도심 재래시장 주변을 특성화된 컴팩트 시티로 개발하면, 국제적인 관광객을 유치하는 효과 이외에 개발 이익 환수를 통해서 고령자와 청년, 신혼 부부의 임대 주택들을 도심 내에 제공해줄 수 있게 되어, 사회적 약자들의 고질 적인 주택 부족문제도 해결할 수 있습니다. 고밀도 초고층건물을 건설하고, 주 변에 녹지공간을 확장하여 도심 속 자연환경을 세계일류급으로 조성할 수도 있 습니다. 또한 도심 주차공간과 문화예술시설 부족이라는 문제도 해결하는 부수 적 효과도 많이 얻을 수 있습니다. 그리고 뉴욕의 로우라인 파크(Lowline Park)처럼 지하 공원을 조성한다면 부족한 도심의 녹지공간을 충분히 확보할 수도 있을 겁 니다. 서울 구도심에 문화예술이 복합된 '에듀테인먼트(Edutainment)'와 '숍-어- 테인먼트(Shop-a-tainment)'라는 복합기능을 가진 국제적인 문화중심지가 조성되길 기대해봅니다.

지금 세계는 문화예술의 중심지로 부상하기 위해 치열한 문화예술경쟁을 하 고 있습니다. 싱가포르는 세계적인 '르네상스 시티(Renaissance City)'로 부상하기 위해서 천문학적인 투자와 노력을 하고 있고, 중국 내에서 북경과 상해는 문화예술 중심도시가 되기 위해서 메가 이벤트를 유치하며 문화예술분야에 엄청난 재정을 투자하고 있습니다. 유럽은 미래의 '최고의 문화관광국가'가 되는 것을 목표로 많은 유럽문화수도와 유럽문화루트를 조성하고 있습니다. 우리나라의 도시가 미래 세계문화의 중심지가 되기 위해서는 유럽문화수도, 파리의 에펠탑, 두바이의 버즈 두바이, 런던의 웨스트엔드를 능가하는 한국 미래도시의 랜드마크와 상징을 개발하여야 합니다.

2억 명의 관광객들이 방문하는 런던의 웨스트엔드나 9,700만 명이 방문하는 터키의 그랜드 바자, 7,500만 명이 방문하는 두바이의 두바이 몰을 능가하는 세계적인 쇼핑 중심지, 문화예술의 중심지가 한국에도 등장하게 되길 희망해봅니다.

제2절
신전통주의 어반 빌리지(Urban Village)

1989년 영국의 찰스 황태자가 '영국의 비전: 건축에 대한 개인적인 관점(A Vision of Britain: a Personal View of Architecture)'이라는 자신의 저서에서 "급격한 도시화가 초래한 영국 도시 고유의 아름다운 모습의 파괴에 대해서 개탄스럽습니다. 영국 도시가 지속적으로 발전할 수 있기 위해서는 각 도시의 문화가 살아 숨 쉬게 하는 노력이 필요합니다"라고 주장했습니다.[21] 찰스 황태자는 어반 빌리지라는 말을 인간적인 척도(Human scale), 친밀감(Intimacy), 주체성(Identity), 활력(Vitality)이 있는 장소라고 사용하였습니다.[22] 그 후 1992년 6월 영국에서 '어반 빌리지: 지속 가능한 규모의 복합도시개발을 위한 개념'이라는 건축 선언문이 발표되었습니다. 이 선언문은 많은 전문가와 방송의 우호적이지 않은 논평과 비판으로 인하여 사

---

21 문화예술교육으로 활기찬 우리 동네 만들기 1 – 영국의 살아 숨 쉬는 도시 만들기, 2015. 4. 7. https:// blog.naver.com/PostPrint.nhn?bloggId=arcon2011&logNo=220323743719
22 Samaneh Rezaei, Using Principle of Urban Villages as a Solution to Improve Life Quality of Citizens, Science Journal, Vol.36(3), 2015, p.39.

회적인 파장을 일으켰습니다. 2001년에는 찰스 황태자의 후원 하에 어반 빌리지 포럼(Urban Village Forum)이라는 싱크 탱크가 조직되고, 도시계획가, 건축가 등 전문가들에 의해서 어반 빌리지의 기본적인 개념과 10가지 원칙이 만들어졌습니다.

어반 빌리지를 개발하기 위한 10가지 원칙의 주요내용을 살펴보면 지역환경에 맞는 지역성을 살리는 개발과, 인간 척도의 개발, 주변 환경에 조화되는 건축물, 지역전통의 다양성을 반영한 건축재료의 사용, 대중교통과 보행환경 조성, 예술적인 거리장식, 복합적인 토지 이용, 주민 간의 강한 사회적 연대를 가진 참여 민주주의가 실천되는 지역사회 등 전통도시의 장점을 살린 도시 건설을 주목표로 하고 있습니다. 바람직한 도시지역의 인구규모는 약 3만 명의 주민이 거주하는 소규모로 시민의 필수적인 욕구를 도시 내에서 자급자족할 수 있게 만드는 도시를 지상 목표로 설정하고 있습니다. 지역주민이 직장까지 장거리 통근을 하지 않고 최대한 지역 내에서 직업을 구할 수 있도록 어반 빌리지 내에 직장을 공급해주는 것과 도시 내에 농장과 마켓가든을 만들어서 지역에서 생산되는 농산물을 자급자족하는 것을 목표로 하고 있습니다.[23] 이와 같이 어반 빌리지가 추구하는 이념은 하드웨어형 건축이나 개발계획의 개념이 아니고 전통적인 영국 농촌사회의 안정성을 현대적인 도시생활환경에 접목시키려는 소프트웨어형의 인간적인 도시 마을 조성에 중점을 두고 있는 개념이라고 볼 수 있습니다.

영국에서는 도체스터 외곽에 찰스 황세자가 기안하고 주도한 파운드버리 (Poundbury)라는 신전통주의 사상에 입각한 어반 빌리지가 실험적으로 만들어졌습니다. 1989년 파운드버리 지구 개발계획을 발표했을 때, 초기의 반응은 비판적이었습니다. 그러나 파운드버리의 첫 번째 단계가 완성되면서 도시 내 거리가 부드러워졌고, 도시환경이 쾌적해지자 주민과 언론 모두 새로운 도시라는 긍정적인 반응을 나타냈습니다. 그 이후 계속되는 프로젝트에 대해서 언론과 주민들은 긍정적으로 반응하게 되었습니다. 그러나 주민들의 한 가지 불만은, 파운드버리가 의도하지 않게 언론에 대서특필되면서 영국 왕실 주도로 개발한 새로운 도시에 대한 대중들의 관심이 높아지게 된 점이었습니다. 이로 인해서 의도하지

---

23 Clement Homs, Localism and the City: the Example of "Urban Villages", The International Journal of Inclusive Democracy, Vol.3(1), 2007.

않았던 관광객들의 방문이 증가하여 파운드버리 지구가 관광명소가 되었다는 점입니다.[24] 미국의 경우는 도시계획가 리온(L. Lyon)이 시애틀과 피닉스에 어반 빌리지개념에 기초한 도시계획을 적용하였고, 영국의 버밍엄과 런던 밀레니엄 빌리지도 적용 사례라고 할 수 있습니다. 이러한 어반 빌리지라는 인간중심의 도시개발개념은 미국과 호주에서 인기를 끌고 있습니다. 우리나라도 중소도시와 농어촌지역의 도시개발에 어반 빌리지의 개념을 도입하여 공동체문화와 인간적 교류, 삶의 질이 높은 도시들이 개성 있게 개발되길 기대합니다.

● 어반 빌리지 개념에 기초한 파운드버리

24 Andrew Rossiter, Urban Villages: the Best of Both Worlds?, About-Britain.com, https://about-britain.com/academic/urban-villages.htm

제3절

다양한 계층이 함께 어울려 사는 뉴어버니즘(New Urbanism)

1991년 미국 요세미티 국립공원의 아화니 호텔(Ahwahnee Hotel)에서 캘리포니아 새크라맨토(Sacramento)시가 건축가들을 초대해서 컨퍼런스를 개최했는데, 이 컨퍼런스에서 15개의 지역사회원칙, 4개의 지역원칙 그리고 4개의 실천원칙이라는 아화니원칙(Ahwahnee Principles)이 채택되게 되었습니다. 이 원칙은 가능한 도시를 깨끗하게 하고(Clean), 보행할 수 있는 공간(Walkable)으로 만들고, 활력 있는 공간(Livable)으로 만들기 위한 아이디어였습니다.[25] 그 후 아화니원칙을 채택한 컨퍼런스에 참여하였던 건축가들을 중심으로 뉴어버니즘 협의회(Conference for the New Urbanism, CNU)가 구성되었고, 현재 3,000명 이상의 회원을 가진 선도적인 단체로 성장하며 도시개발에 관한 뉴어버니즘 사상을 전파하게 되었습니다.

뉴어버니즘이란 개념은 20세기 초 도시미화운동(City beautiful ovement)과 정원도시 운동(Garden city movement)의 영향을 받은 새로운 도시계획과 디자인의 원칙입니다. 뉴어버니즘의 첫 번째 특징은 모든 시민이 자동차 없이 5분 내에 걸어서 기본적인 쇼핑과 도시서비스를 받을 수 있도록 도시공간을 개선하여 도보 이동을 최대한 활성화시키는 것입니다. 이를 위해서 도시는 보행도로와 가로디자인에 많은 관심과 투자를 해야 합니다. 그리고 도심에 보행자뿐만 아니라 자전거 도로, 소형전기자동차를 이용한 이동 등 친환경적인 교통 수단의 이용을 촉진합니다.

두 번째 특징은 건축물이 스타일, 사이즈, 가격 그리고 기능에 있어서 혼합되게 만든다는 것입니다. 주택의 기능과 형태를 다양화시킴으로서 다채로운 사회적인 배경과 소득수준 그리고 사회적 지위를 지닌 구성원들이 함께 편하게 어울려 살 수 있는 지역사회를 형성하려고 한다는 점입니다.

세 번째 특징은 복합용도 건축물(Mixed-use building)로 상업용 건축물에 주거기능도 함께 개발될 수 있게 만든다는 것입니다. 복합적 토지개발로 상점, 사무실, 주택이 하나의 블록이나 건축물에 혼합될 수 있습니다.

---

25 Amanda Briney, New Urbanism Taking City Planning to a New Level, Thought Co., 2019, July 03.

네 번째로는 지역사회의 다양성과 활성화의 중요성을 강조하고 있습니다. 이런 개념이 의미하는 것은 다양한 계층의 지역주민들이 고밀도 도심에 모여 살면서 협력관계를 유지하고 각종 이벤트를 수용하는 중심지 역할을 하도록 공원, 야외공간, 주민광장 그리고 지역문화센터 등을 충분히 조성한다는 점입니다. 이곳을 중심으로 지역공동체 자치활동을 활성화하여 주민의 참여와 유대감을 높이고, 사회적 자본을 증대시켜 나가는 것을 목표로 합니다.

다섯 번째, 심미적인 도시계획으로 건축물은 가급적 아름다움과 편안함 그리고 특색있는 장소적 감각을 갖도록 강조합니다. 그리고 공공공간은 매력적인 공공미술 설치장소로 기능하게 합니다.[26] 디즈니사가 건설한 플로리다 올랜도의 셀러브레이션 시티는 옛날 영국 빅토리아 풍의 낭만적 분위기를 느끼게 하는 주택과 거리를 조성했으며 다양한 대가들이 디자인한 건축물과 전통적 마을 모습으로 유명합니다.

여섯 번째, 건축자재나 건축방식은 지역성과 역사성을 살려야 한다는 원칙을 가지고 있습니다.[27] 이는 지역의 특성과 주체성을 살린 개발을 장려하기 위한 생각인데, 시멘트 콘크리트 벽으로 성냥곽같이 천편일률적 건축물로 가득 찬 우리나라 도시들에서 특히 고려해야할 부분입니다. 우리나라 도시들에도 개성을 살린 건축물과 거리모습이 늘어나도록 차별화된 디자인과 지역성이 살아 있는 건축재료의 사용을 권장하는 제도가 절실히 필요합니다. 개성적인 도시 디자인, 누가 보아도 한국의 건축, 거리, 마을, 도시라고 느낄 수 있는 한국적인 소재와 건축재료가 적극 도입될 때, 도시의 역사성과 정체성이 살아나고 살고 싶은 도시로서 많은 사랑을 받게 될 것입니다.

일곱 번째, 환경오염을 최소화하기 위해서 에너지 효율성을 향상시키고, 자동차 이용을 억제하는 환경친화적인 개발을 추구하는 도시개발을 원칙으로 합니다. 지역사회는 인근 지역의 농장들과 강한 연대를 하고 있고 토지 보전과 지역 농산물의 소비를 강조합니다.

여덟 번째, 농업그린벨트나 야생 녹지공간과 같은 도시의 외곽지대는 영구히

---

26 Michigan Land Use Institute, 10 Principles of New Urbanism, April 27. 2006.
27 William Fulton, Op. cit., p.6.

보전하는 것을 원칙으로 하고 있습니다.[28] 이처럼 뉴어버니즘은 인간이 건강하고 행복하게 살 수 있는 녹지 자연환경 속에서 지속 가능하고, 인간적인 공간을 창조해내는 것을 목표로 하고 있습니다.

그러나 뉴어버니즘에 대한 몇 가지 비판도 제기되고 있는데, 첫 번째는 고밀도개발로 인하여 주민의 프라이버시가 침해될 우려가 있다는 점입니다. 두 번째는 디즈니가 개발한 플로리다의 셀러브레이션 시티와 같은 도시는 미국 도시의 전형적인 원칙을 따르고 있지 않기 때문에 미국의 고유성이 부족한 느낌이 든다는 것입니다. 세 번째, 지역사회의 다양성을 강조하며 다양한 사회계층이 모여 살 수 있도록 주택을 여러 유형으로 공급한다고 강조하였지만, 사실은 뉴어버니즘 원칙에 의해 개발된 도시들에는 고가 주택에 거주할 수 있는 부유층 백인들만 입주하였다는 것입니다. 이론과 실제는 달랐다고 할 수 있습니다.

뉴어버니즘이 적용되어 개발된 도시사례로는 플로리다의 시사이드, 마이즈너파크, 셀레브레이션, 더 크로싱 등을 들 수 있습니다.

제4절
지역주민이 함께 만드는 마치즈쿠리

사회 전반적인 지역력을 제고하는 마치즈쿠리

마치즈쿠리는 일본에서 1960년대에 시작해서 1980년대 들어 본격적으로 유행하기 시작한 현상이었습니다. 당시 일본사회는 산업구조의 변화로 도시 중심부가 점점 쇠퇴하고, 공동화되는 문제가 발생하였습니다. 또한 지역사회의 환경문제, 슬럼가의 위생문제, 안전문제, 교통문제, 저출산과 인구감소라는 여러 가지 사회적 문제들이 발생하면서 주민들의 삶의 질이 떨어지는 현상이 나타나기 시작했습니다. 그리고 서구화와 대도시형 도시개발을 추종하다보니 중소도시들

---

28 William Fulton, The New Urbanism Hope or Hype for American Community? Lincoln Institute of Land Policy, 1996, p.6.

이 자기만의 개성을 상실하게 되었습니다. 이러한 제반 사회적 문제들을 해결하기 위해서 주민들이 스스로 지역의 환경을 바꾸어 재생하려는 마치즈쿠리라는 저항적인 지역주민 자치활동이 적극 일어나게 됩니다. 마치즈쿠리는 처음에는 도시계획과 관련된 하드웨어적인 사업을 의미했습니다만 현재는 마을부흥 이벤트 등 하드웨어로부터 소프트웨어에 이르는 사회 전반적인 지역력(地域力)을 높이는 운동[29]이라는 의미로 활용되고 있습니다.

마치즈쿠리는 도시계획, 주택건설, 도로정비, 공원조성 등과 같은 하드웨어적인 환경만을 개선하는 것이 아니라 행복한 삶, 복지, 자녀양육, 여가선용, 노후 등 주민 삶의 문제, 지역의 고유문화, 그리고 환경이라는 사회문화적인 소프트웨어에도 관심을 가지고 관리하는 것입니다. 특히 마치나미(まちなみ)[30] 혹은 마치야(まちや, 町屋)[31]와 같은 지역의 문화, 역사, 풍토, 고유성을 내포하고 있는 역사적 경관을 보존하면서 지역사회의 재생을 도모하려는 역사경관 보존사업을 주로 하고 있습니다.

마을 만들기 마치즈쿠리와 마을 개성화라는 용어는 1952년 히토츠바시 대학교수 마스다 시로가 월간지 '도시문제'에서 처음 사용한 용어로 알려져 있습니다. 그리고 마치즈쿠리라는 용어가 처음으로 공문서에서 사용되기 시작한 것은 1883년에 수립된 '교토시 기본구상'입니다.[32] 그 후 요코하마시 등 일본 각지에서 아름다운 경관을 살리면서 개성 있는 도시 만들기를 시작했는데, 그 과정에서 마치즈쿠리의 이론과 실천은 일본 전국의 자치단체들에 커다란 영향을 미쳤습니다.[33] 최근에는 마치즈쿠리라는 표현 이외에 마을육성이라는 의미의 '마치소다테(まち育て)'라는 용어를 사용하는 경우도 많아지고 있습니다. 마치즈쿠리는 지역사회의 주민생활 향상이나 지역활성화와 같은 지역의 마을 만들기 운동이라는

---

29 宮西悠司, 地域力を高めることがまちづくり 住民力 市街地整備, 都市計劃 143, 1986, pp.25-28.
30 마치나미(まちなみ) 보존사업은 지역의 고유성, 지역문화, 역사, 풍토가 종합화된 전통가옥거리 마치나미(町並み)의 역사적 경관을 보존하는 것입니다. 교토시에서 1972년 처음으로 京都市市街地景觀條例를 지정하여 特別保全修景地區라는 역사적 전통거리를 보전하는 독자적인 제도를 시행하였습니다.
31 일본에서 가장 오래된 거리의 하나인 나라마치의 보존을 위해서 나라시 지역주민은 마치야(まちや, 町屋)를 보전하였고, 이후 나라시의 도시경관형성지구의 지정을 받았습니다.
32 김한수, 일본 마치즈쿠리 연구, 경상대학교 대학원 박사논문, 2009, p.144.
33 엔도 야스히로 저, 김찬호 역, 이런 마을에서 살고 싶다-주민들이 직접 나서는 마을 만들기, p.1.

좁은 개념뿐 아니라 도시계획이라는 용어 대신에 사용이 될 정도로 국가정책 차원에서도 폭넓게 사용되고 있습니다. 현재는 지역주민이 중심이 되어 마치즈쿠리 운동을 주도하는 NPO(Non Profit Organization)와 1998년 제정된 중심시가지 활성화 법에 의해서 조직된 제3섹터인 TMO(Town Management Organization)가 일본 전지역에 설립되어, 지역의 특성에 알맞은 마치즈쿠리사업을 전개해나가고 있습니다. [34]

주민들이 함께 꿈을 공유하고 실현해나가는 방식

마치즈쿠리는 관청 주도로 밀어 붙이는 도시 재개발 방식이 아니고, 주민 한 사람 한사람의 생각을 존중하는 가운데 지역주민의 참여와 주민들 간의 공감대를 형성하여 추진하려는 것입니다. 이웃과의 갈등과 반목을 해소하고, 단절된 관계와 신뢰를 회복시켜서 사람과 사람 간의 좋은 관계를 형성케 하고, 사람과 환경 사이에도 조화로운 관계를 창조하려는 것입니다. 이를 통하여 마을의 건강함을 회복하여 마을이 생기를 다시 갖도록 만들려는 것입니다. 이러한 측면에서 마치즈쿠리는 '사람 가꾸기(인재육성)'라고 말하기도 합니다. 어떻게 많은 지역주민이 적극적으로 참여할 수 있는가가 중요한 요소입니다. 주민 모두가 연결되어 꿈을 함께 공유하는 방식이기 때문입니다.

그런데 주민주도형 마치즈쿠리에 있어서 가장 어려운 문제는 사업을 추진할 지역의 리더와 전문가가 별로 없다는 점입니다. [35] 이러한 이유 때문에 온천마을 유후인처럼 전국 공모를 통해서 전문적인 사무국장을 채용하는 지자체도 있습니다. [36] 그리고 정부에서 마치즈쿠리를 성공시킨 다른 지역의 마치즈쿠리 전문가를 마을 만들기사업을 처음 시작하고 있는 지역의 '마을활성화 리더'로 파견하기

---

34 TMO(Town Management Organization)는 지역의 마치즈쿠리를 종합적으로 담당하는 기관으로 미국의 BID(Business Improvement District)와 영국의 TCM(Town Center Management)을 모델로 하여 만들어진 마치즈쿠리를 경영하고, 관리하는 조직입니다. 이는 1998년 제정된 중심시가지 활성화법에 의해서 만들어졌습니다. 日本中小企業廳, 中心街地活性化対策の概要について, 2006.

35 김영주, 박남희, 지속 가능한 커뮤니티 관점에서 본 일본의 마을 만들기 사례분석, 한국가정관리학회지, 제30권 4호, 2012, p.145.

36 미국의 메인스트리트 프로그램의 경우는 사무국장을 전문가로 쓰는 것을 원칙으로 하고 있습니다. 기타니 후미히로(木谷文弘), 유후인의 작은 기적, 남한산성 문화관광 사업단, 2015, p.153.

도 합니다. 마치즈쿠리는 주민들이 스스로 참여하여 마치즈쿠리 협의회가 마련되면, 마치즈쿠리 조례를 제정하고, 디자인 가이드라인을 정하며 주민이 스스로 생활환경 향상과 삶의 질의 개선을 실현하기 위해서 앞장을 서는 것입니다. 주민이 행복한 마을 만들기를 최우선 목표로 하고, 행복한 주민들이 사는 매력적인 마을이 되면 많은 관광객들까지 찾아오게 되고, 지역경제도 활성화되는 효과가 연쇄적으로 나타나는 것은 자연스러운 일입니다.

이러한 관점에서 일본의 마치즈쿠리는 관광객 유치를 증진시키고 지역경제 활성화를 하겠다는 목표를 강조하며 지역주민의 행복과 삶이라는 가장 중요한 요소를 경시하거나 배제하는 도시개발 방식과는 기본적으로 차이가 있는 것입니다. 마치즈쿠리는 주민들의 요구나 소망하는 마을의 미래상에 대한 사전조사와 토론에서부터 시작됩니다. 계획 초기과정에서 주민들의 의견이 소외되지 않고, 조금이라도 더 많은 사람들과 만나서 의논하고 의견을 수렴하며 더불어 생각하는 과정을 중시하는 개발개념입니다. 가급적 주민들의 지혜와 힘을 모아 자신들의 아이디어를 창출하고, 시나리오를 만들어서 '주민들이 함께 마을을 만들어 보자'라는 꿈을 실현해나가는 주민중심의 프로젝트입니다.

지역주민으로 사는 것이 자랑스러운 마을 만들기

'지역 만들기'에 있어서 전문가들이 구상한 계획이나 사용하는 개념들은 그 용어나 내용, 도면들이 너무 난해해서 지역주민들이 이해하기 어려운 경우가 많습니다. 그리고 지방자치단체의 공무원들이 바라보는 지역개발에 대한 견해도 지역주민들이 피부로 느끼는 지역문제와는 동떨어진 시각일 경우가 있습니다. 이처럼 전문가나 관료들이 보는 지역에 대한 인식과 지역주민들이 보는 현실적인 지각이 서로 일치하지 않는 사일로(Silo) 현상으로 인하여 다양한 갈등이 발생할 소지가 있습니다. 지역개발에 있어서는 일방적인 상의하달식보다는 오히려 그곳에서 사는 지역주민들이 직접 살면서 피부로 느끼는 지역사회문제에 대한 지각이 더 정확하고, 중요합니다. 아무리 전문가라고 해도 스스로 살면서 체험하거나 작업을 해보지 않으면 알 수 없는 부분도 많이 있습니다. 지역주민의 의견이 무시된 채 지방자치단체나 전문가가 계획하고 추진하는 일방적 개발보다는

지역주민·지방자치단체·전문가의 긴밀한 협력관계 속에 추진하려는 것이 마치
즈쿠리의 가장 중요한 특성입니다.

　마치즈쿠리의 다양한 주제를 보면 전문가의 어려운 개념보다는 '베란다를 정
원처럼 만들기', '나비가 춤추는 마을 만들기'와 같이 주민들이 일상생활에서 느
끼는 소박한 주제들을 중심으로 하고 있기 때문에 지역주민의 관심과 공감을 불
러일으키고, 마음을 사로잡기가 용이합니다. 주민이 자신들의 창의적인 발상과
시나리오를 가지고 마을 만들기를 즐거운 드라마를 만들어 나가는 것처럼 해나
가도록 유도하는 것이 마치즈쿠리에서는 중요합니다. 지역주민이 중심이 된 인
간적이고, 풍요로운 삶을 실현하려는 운동이기 때문에 지역사회에 자연스럽게
뿌리내릴 수 있었던 것입니다.

　일본의 마치즈쿠리의 성격과 주제는 각 지역에 따라 다양한 실정입니다. 역
사적 경관보전이나 지역사회 경제 활성화와 같은 국가적인 차원의 도시계획 성
격의 주제를 추구하는 곳도 많습니다. 그러나 구마모토처럼 '강물에서 노는 것이
재미있는 동네'라든지 후쿠오카 치요 및 요시츠카의 지구와 같이 '아이들이 활기
차게 뛰어 놀 수 있는 마을', '나비가 춤추는 지역 만들기', '강변에서 노는 것이
재미있는 동네'와 같은 마을과 자연의 건강함을 살려내려는 소박한 생활형 주제
도 있습니다. 그리고 오사카 센리 뉴타운처럼 '발코니를 푸른정원처럼 꾸미기',
구마모토 가가미초의 경우처럼 '가족이 함께 그림책을 보며 따스한 가정 만들기'
등 가정적이고 아기자기한 생활환경과 관련된 주제를 가지고 마치즈쿠리를 추진
하는 곳도 있습니다. 이런 가정적이고 아동스러운 주제들을 보면 참 소박하고,
가정적이고, 인간적인 개발방식이라는 생각이 듭니다. 이러한 마치즈쿠리의 주
제를 살펴보면 일본사회가 물질적 고도성장만을 추구하는 경제제일주의에서 벗
어나 삶의 질과 여유를 중시하는 정신적 가치를 중요시하는 인간적인 사회로 변
화하고 있다는 것을 느낄 수 있습니다.

　일본의 마을 만들기, 마치즈쿠리가 추구하는 것은 지속 가능한 지역사회를
만들려는 것입니다. 지속 가능한 지역사회란 사람들이 현재와 미래에 계속해 살
고 싶고, 살고 있다는 것이 자랑스럽고, 일을 하고 싶어 하는 지역사회를 의미합
니다.[37] 사람들이 살기 싫어하고, 떠나고 싶어 하는 마을이나 도시에는 당연히

---

37 제종길 엮음, 김정원 감수, 지역주민과 정책결정자를 위한 도시재생학습, 자연과 생태, 2018, p.31.

표 16-1 일본 마치즈쿠리의 다양한 주제

지역	주제	
나라	• 마치야(まちや 町屋) 보존활동 • 나라시 도시경관형성지구 지정 및 미관정비사업 • 나라마치 이야기관 설치 • 나라마치 페스티벌 개최 • 마치즈쿠리에 음악을 활용하기 위해 온조관(音声館) 설립	
벳푸	• 8개 온천지의 개성화 • 온천에 장기 투숙하며 치유하는 문화의 재생 • 풍요로운 생활공간과 도시경관의 부활	• 온천숙박업체의 네트워크화 • 골목길 문화의 재생
유후인	• 유후인 영화제 • 소한마리 갖기 운동 • 반딧불이 부활	• 유후인 어린이 영화제 • 소고기 먹기 절규대회 • 유후인 음악제
세타가야	• 지역사회 안전 확보, 대중교통의 정비 • 지속 가능한 지역사회의 실현 • 협동마을 만들기	• 세타가야의 매력 있는 산업진흥 • 미래를 담당하는 사람 만들기
나가하마	• 전통을 현대에 살려 아름답게 살기 • 전통, 열정, 지혜를 이어가는 마을 만들기 • 박물관 도시 구축 • 유리공예를 통한 문화예술 구시가지 재생 • 매력 있는 가게를 통한 상업관광	
구마모토시 가와시리	• 강물에서 노는 것이 재미있는 동네 • 전통공예 전통산업의 진흥 • 마을의 역사와 전통을 미래 세대에게 전수하는 것	
후쿠오카 치요 및 요시츠카 지구	• 나비가 춤추는 지역 만들기 • 아이들이 활기차게 뛰어놀 수 있는 마을 • 역사와 전통을 살린 거리의 매력 만들기 • 도심기능 도입을 통한 도시 활력 살리기	
오사카부 센리 뉴타운	• 주택단지에 새로운 고향 만들기 • 집집마다 창이나 발코니를 개성이 풍부하게 가꾸기 • 집과 단지 주변에 녹지를 많이 키워가기 • 삭막한 단지에 결여되어 있는 시설 만들기 • 발코니를 푸른 정원처럼 꾸미기	
구마모토현 가가미초	• 마을 역사와 삶을 그림책으로 만들기 • 아이들이 꿈이 있는 그림책을 보고 풍부한 창조력을 키우도록 하기 • 가족이 함께 그림책을 보며 따스한 가정 만들기, 쾌적한 환경 만들기 • 고향을 떠나 있는 사람들에게 향수 제공	

표 제작시 참고자료[38]

---

38 - 엔도 야스히로(延藤安弘) 저, 김찬호 역, 이런 마을에서 살고 싶다-주민들이 직접 나서는 마을 만들기.

관광객도 찾아오지 않습니다. 그러나 주민이 행복하고, 고유한 마을의 생활상과 지역의 문화예술이 살아 숨 쉬고, 사는 것이 즐거운 마을이라는 소문이 나면 자연스럽게 관광객이 방문하게 됩니다. 따라서 관광객을 유치하겠다고, 판에 박힌 대형시설 위주의 개발을 하거나 혹은 지역경제를 활성화하겠다는 상업적인 목적만을 위하여 마을 만들기를 하는 것은 효과보다 부작용이 더 많게 될 수 있습니다. 농업, 목축업, 어업 등 지역 고유산업을 관광과 연계하여 발전시키면서 지역 주민의 경제를 개선하려는 지역중시적 개발을 통해서 지역을 활성화하는 방안을 우선적으로 고려해야 합니다. 지역주민의 행복을 증진시키고, 문화예술이 숨 쉬는 즐거운 마을을 만들겠다는 것을 궁극적 목표로 삼는 것이 마치즈쿠리의 기본전략입니다. 문화관광의 궁극적인 목적 또한 관광객 만족 이전에 지역주민의 만족을 중시할 수 있는 하드웨어와 소프트웨어를 균형 있게 조성하는 것을 지향하는 게 필요합니다. 그런 방향으로 문화관광개발을 추진하는 것이 '멋진 마을을 만드는 지역학'이고, '지역주민이 행복한 마을을 만드는 인간학'이라고 생각합니다.

일본 마치즈쿠리의 주제 유형들을 살펴보면 1) 역사적인 거리와 같은 경관과 역사자원을 보존하는 것 2) 중심 시가지의 재생을 통한 관광과 지역사회 활성화 3) 행복한 가정 만들기, 아동교육, 고령자 복지, 환경미화문제 등 생활환경복지 문제 4) 에너지 절약, 환경교육, 교통체증 해소 등 생태 및 교통문제 5) 마치즈쿠리 학습, 워크숍, 영상제작 등 학습 네트워킹 등 크게 다섯 가지로 나누어 볼 수 있습니다. 일본의 마치즈쿠리는 시대적인 변화에 따라 함께 변화해왔고, 관과 민이 혼연일치가 되어 정부 힘이 미치지 못하는 지역문제를 주민이 주도적으로 해결하는 지역재생 운동이라고 할 수 있습니다.

우리나라에서도 1973년 파주시 군내면 백연리 민통선 내에 황무지를 개간하며 이스라엘의 키부츠를 모델 삼아 통일촌이라는 마을이 조성되었습니다. 개성 있는 마을 박물관을 만들고, 마을 탐방길이 조성되고, 접경지대의 특수성을 살리기 위해서 방공호, 무기고 등을 체험해보는 관광코스도 만들어 민통선 내 대

- 김한수, 일본 마치즈쿠리 연구, 경상대학교 대학원, 박사논문, 2009.
- 요시이 시게히토, 나가하마의 마치즈쿠리와 경관형성, 마치즈쿠리 야쿠바, 2012.
- 키타니 후미히로(木谷文弘), 유후인의 작은 기적, 남한산성문화관광사업단.

표적 관광 마을로 발전하고 있습니다.[39] 이처럼 우리나라에서도 다양한 지역에서 마을 만들기 사업이 진행되고 있습니다. 그러나 정부 주도로 진행되는 곳이 많아서 정작 주민들의 참여나 협력이 미약하고, 정부 예산지원이 끊어지면 흐지부지되는 경우가 많습니다. 앞으로 우리나라도 지역주민들이 자치적으로 개성 있는 마을 만들기를 지속시킬 수 있도록 법적 제도적 환경을 조성하고, 지속적으로 포럼, 연구회, 세미나 등을 통해서 소통하고, 연구하는 것이 중요하다고 봅니다.

　마치즈쿠리는 한국의 각 지역의 도시재생, 마을 만들기와 관광 활성화를 위해서 활용될 수 있는 모델 중 하나입니다. 전국 각지에 창의적인 관광마을, 관광거리, 예술촌, 관광농원, 관광온천 등이 지역사회 주민들을 중심으로 조성되고, 우리 국토가 다채로운 콘텐츠를 가진 공간으로 발전할 수 있기를 기대해봅니다. 이를 위해서 지역주민들이 중심이 되어 지속적인 지역발전을 위해서 연구하고, 적극적으로 참여하는 새로운 미래형 스마트 빌리지 마을 만들기 운동이 전개될 필요가 클 것입니다.

● 교토의 역사거리

39 이광희, 우리 경제의 새로운 가능성 문화관광에서 길을 찾다, 산수야, 2019, p.211.

미국 메인 스트리트 프로그램으로 역사적인 거리 보존

교외로 확산하는 어반 스프롤 현상

자동차와 고속도로의 발전으로 장거리 출퇴근이 가능해지면서 미국의 거의 모든 도시의 교외지역으로 기존 도시가 확산되는 어반 스프롤(Urban Sprawl) 현상이 나타났습니다. 처음에는 주거의 교외화 현상이 발생했는데 이 단계에서는 생활용품의 쇼핑과 직장 출퇴근을 위해서 도심으로 자동차를 타고 이동을 해야 했습니다. 두 번째 단계인 1960년대에서 1970년대에는 대형상점들이 도시외곽으로 이동해나가는 상업교외화 현상으로 도시외곽지역에서 생활에 필요한 모든 것들을 충족시킬 수 있게 됩니다. 그리고 세 번째 단계인 1980년대에는 복합기능을 지닌 교외도시(Edge City)가 형성되면서 직장까지도 교외지역에서 확보되고, 도심으로 출퇴근을 할 필요성도 없어지게 되어 쇼핑이나 출근을 하기 위해서 도시로 이동할 필요조차 없는 자급자족형 교외도시가 형성되게 됩니다. 이로 인하여 인구가 지속적으로 교외로 빠져나가면서 도심지에는 공동화 현상이 나타나게 되고, 건물의 공실률이 증가하면서 집값이 하락하고 저소득층 인구가 도심시가지로 유입되기 시작하면서 슬럼화가 촉진되는 현상이 나타나게 됩니다. 그리고 도심 중심가의 오래된 역사적인 건축물들의 노후화, 공동화와 도심 상업건물의 공실률이 증가하는 등 점점 심각한 도시 사회문제로 커지게 됩니다. 도심 건물들의 자산가치가 하락하고 도시지역의 재정난이 발생하여 도시인프라가 노후화되고, 교육의 질이 악화되며 범죄 발생률이 상승하는 심각한 슬럼화 현상과 고스트타운화 현상까지 나타나게 됩니다.[40]

---

40 제1편 미국의 중심시가지 활성화, file:///C:/Users/USER/AppData/Local/Microsoft/Windows/INetCache/IE/EKIXIF4R/2002미국의%20중심%20시가지%20활성화−us.pdf 2020년 1월 1일 검색.

역사를 보존하면서 중심가로의 지역경제를 살린다

　　도시교외에 자급자족도시(Edge City)가 생겨나면서 심화되는 기존 도시 내 중심지구들의 각종 문제점을 해결하기 위해서 도심의 재생은 해당 도시정부의 중요한 과제로 부각되게 됩니다. 이런 추세 속에서 1977년 쇠락하는 도심지 재생을 주목적으로 한 메인스트리트 프로그램이 인디애나주 매디슨(Madison), 일리노이 게일스버그(Galesburg), 사우스 다코타(South Dakota)에서 실험적 프로젝트로 시작되었습니다.[41] 3년 동안의 실험 프로그램을 시행한 후에 1980년 내셔널 메인스트리트 센터(National Main Street Center)가 영구적 기구로 설립되었고, 1990년대 초에는 미국 주정부의 과반수가 참여하는 조직으로 확산되었습니다. 그리고 2018년 현재 1,639개의 지역이 회원도시가 되어 메인스트리트 프로그램에 가입해 지역재생 프로그램을 진행하고 있습니다.[42]

　　메인스트리트 프로그램의 주체는 1949년 연방하원에 의해 설립 허가된 미국 역사보존내셔널트러스트(National Trust for Historic Preservation)인데 미국 전역에 25만 명의 회원을 가지고 있는 조직입니다. 역사보전 트러스트는 역사적인 건축물을 보존하기 위한 기금 조성과 풀뿌리 역사보존운동을 지원하고 장려하기 위한 필요성에서 설립되었습니다. 이 단체의 여러 가지 활동 중 메인스트리트 프로그램은 무분별한 도시의 확산을 저지하고, 기존 도시공간의 활성화를 위해서 역사보존이 얼마나 효과적인 수단인가를 보여주는 대표적인 사례입니다.[43]

　　메인스트리트 프로그램은 기존 도시들의 메인스트리트에 입지한 역사적인 상업건물들의 멸실을 막기 위해서 시작된 지역 역사보존 운동의 한 유형이라고 할 수 있습니다.[44] 미국은 길지 않은 역사, 다인종과 다문화로 이루어진 나라이기 때문에 국민적 사회적 통합과 주체성을 형성하기 위해서 역사적 상징성이 있는

41　Joy Schneider–Cowan, A Case Study of the San Marcos Main Street Program, Texas State University, Master Thesis, 2007, p.12.
42　Main Street America, Celebrating the Network, 2019, p.8.
43　김기호, National Trust for Historic Preservation, p.4.
44　강동진, 미국 지방도시의 역사적 중심가로 재활성화 방법 분석–메인스트리트 프로그램(Main Street Program)을 중심으로, 대한국토·도시계획학지 국토계획, 42(4), 2007, p.76.

건물이나 상징물에 대한 역사보존이 매우 중요한 의미를 가지는 나라입니다. 메인스트리트 프로그램은 도심의 노후화된 역사적 건물을 철거하고, 새롭게 재개발을 추진하는 방식이 아니라, 건물의 외관을 그대로 유지한 채 수복형 재생[45]을 통하여 역사적인 건축물을 보존하며 도심지의 경제를 활성화하는 지역재생방법입니다. 역사적인 건축물이 가지고 있는 가치와 정신을 그대로 보전하면서 새로운 기능으로 수복재생하여 경제 활성화도 동시에 이루려는 두가지 목표를 갖고 있습니다. 메인스트리트 프로그램은 역사보존이라는 정신적인 측면과 도시지역의 경제개발 그리고 공간적 재활성화라는 다면적인 목적을 동시에 추구하고 있습니다.

메인스트리트 프로그램은 1980년 이후 43개주 2,000개가 넘는 지역사회에서 수천 개의 중심 시가지를 재활성화하였고, 고용을 창출하며, 지역경제를 활성화하는 많은 일들을 했습니다. 2018년 현재까지 747억 3천만 달러의 재투자를 하였고, 276,790개의 역사적 건물을 재생하였고, 61,4716개의 고용을 창출하였습니다. 그리고 1달러 투자 대비 26.42달러를 회수하는 경제적 승수 효과를 거두었습니다.[46] 현재도 미국사회에서는 메인스트리트 프로그램방식으로 많은 지역재생사업을 진행하고 있습니다.

메인스트리트 프로그램의 전략 '4 포인트 접근방식'

메인스트리트 프로그램의 지역재생전략은 4 포인트 접근방식입니다. 여기서 4 포인트라는 것은 디자인, 프로모션, 조직구성, 지역경제 활성화 등입니다.[47] 이하에서 각각의 접근방식을 살펴보겠습니다.

---

45 수복형 재생이란 기존도시의 물리적, 사회적, 경제적 특성 그리고 역사성을 가능한 유지하면서 노후시가지를 양호한 시가지로 점진적으로 개선하는 개발로, 개발 단위가 철거형에 비해 소규모이고 기존의 도시조직을 크게 바꾸지 않고 점진적으로 지역변화를 유도해 나가는 정비수법입니다. 김신정, 도심상업지역의 재활성화를 위한 수복형 재생모델에 관한 연구 – BID(Business Improvement Districts)를 중심으로, 연세대학교 석사논문, 2010, p.5.

46 Edward T. McMahon, A Proven Economic Development Strategy, Mainstreet Program America, 2018, p.55.

47 Taner Recep Ozdil, Assessing the Economic Revitalization Impact of Urban Design Improvements: The Texas Main Street Program, Texas A&M, Dissertation of Doctor of Philosophy, 2006, p.12.

(1) 디자인(Design)

　건축물 파사드, 점포 전면, 코니스, 간판, 가로등, 벤치 등 가로경관 요소, 조경, 디스플레이 등 모든 도시의 물리적·가시적인 요소들에 디자인 중시개념을 포함합니다. 디자인 위원회는 건물, 오픈스페이스, 간판 등 경관 전체의 통일감을 창출하도록 지휘하며, 지역사회 전체의 이미지를 높이고, 역사성을 가시화시키는 것을 목표로 활동합니다.[48] 동시에 통일감을 조성하면서도 모두가 같은 시기에 지어진 건물처럼 보이지 않도록 건축물의 다양성을 장려해야 합니다.[49] 메인스트리트 프로그램이 가동되는 거리들의 디자인은 주변 건축물과 어울려야 하고, 지역적인 특성과 역사성 그리고 시각적인 매력을 개선할 수 있는 설계와 재료를 써야 합니다. 도심의 시각적인 이미지가 개선되면, 지역 상권이 살아나고, 관광객이 증가합니다.[50] 성공적으로 프로그램 목적을 달성하기 위한 구체적인 목표와 디자인 가이드라인을 마련하여야 합니다. 일반적으로 디자인 가이드라인은 적절한 건물외관 복구계획의 목적, 색채, 건축물의 재료, 간판, 조명, 윈도우 디스플레이, 인테리어, 전시실의 배치, 가로시설물 디자인 등에 관해서 규정하고 있습니다.[51] 또한 어떤 지역사회의 경우에는 통합적인 디자인 검토위원회(Integrated Design Review Board)가 운영되고 있습니다.[52]

　낙후된 건축물을 수복하고, 역사성이 살아나는 디자인으로 역사적인 공간화를 추진하고, 관광객들이 도심중심가 지역을 도보나 특수한 교통 수단으로 탐방할 수 있는 스트리트로 개발한다면 문화관광자원으로 재생될 수 있습니다. 유사 사례로 덴버시의 16번가 몰을 들 수 있는데, 중심가로에 보행자를 위한 쾌적하고 편리한 보행자공간과 휴식장소를 제공하여 지역상권을 살렸습니다. 동시에

---

48 김영경, 포괄적 근린 커뮤니티 재생수법으로서 메인스트리트 프로그램의 운영체계에 관한 연구 – 일리노이주와 보스턴시 사례를 중심으로, 중앙대학교 대학원 석사논문, 2010, p.22.
49 김영경, Ibid., p.40.
50 Blakely, Edward James and Ted K. Bradshaw, Planning Local Economic Development: Theory and Practice, Sage Publishing, 2002, p.191.
51 Kemp, Roger L., Main Street Renewal: A Handbook for Citizens and Public Officials, McFarland & Company Inc, 2000, p.205.
52 Robertson, Kent, Dissecting the Main Street Approach, Public Management, January – February, 2003, p.16.

중심가로를 운행하는 무료 셔틀버스시스템(Free mall ride)을 활용하여 지역주민이나 관광객이 전체 길이가 1마일이나 되는 중심가를 이동하는 데 불편함이 없도록 쇼핑과 관광의 편의를 적극 제공하였습니다. 이를 통해서 덴버시 교외의 쇼핑센터로 이동하던 사람들을 다시 도심 중심가로 되돌아올 수 있게 만들어 중심가로의 경제를 성공적으로 활성화시켰습니다.

● 덴버 16번가몰

(2) 프로모션(Promotion)

프로모션은 소매점 할인행사, 이벤트, 페스티벌, 뉴스레터, 웹사이트 개설 등을 주요 홍보 수단으로 보다 많은 사람들과 소통하는 활동입니다. 이 활동에는 다양한 매스컴 노출과 광고를 통하여 도심지의 독특한 특성을 보여주고 긍정적인 이미지를 창출하는 것이 포함됩니다. 그리고 매력 있는 이벤트와 축제를 통해서 기존 이미지를 개선하여 새로운 투자자, 창의적 인력, 관광객을 유치하여 지역 경제를 활성화시킬 수 있습니다. 각종 프로모션 프로그램은 시장조사를 통하여 기존의 사업환경을 분석하고, 발전 기회를 발견하는 데서 시작되어야 합니다. 메인스트리트 프로그램의 프로모션으로 인한 영향에 대한 연구결과를 보면 프로모션을 통해서 건전한 이미지가 창출되고, 소매업과 서비스업의 매출 증대, 도시 중심지역의 역사적인 건물과 역사적인 문화유산이 홍보되는 현상이 나타났음을 알 수 있습니다.[53] 이와 같이 역사적인 거리의 보전을 통해서 문화유산관광

---

53 Taner Recep Ozdil, Op. cit., 2006, p.154.

이 활성화되면 지역사회의 경제적·사회적·문화적 활력이 생기고, 해당 지역사회가 역사 문화의 중심지로 부각되는 이미지 개선을 할 수 있습니다. 텍사스지역의 메인스트리트 프로그램 연구결과에 따르면 경제적인 효과는 느리게 나타나지만, 프로모션 활동과 조직과 관련된 활동들은 프로젝트가 시작되는 시점부터 빠르게 나타나기 시작한다고 합니다.[54]

(3) 조직(Organization)

메인스트리트 프로그램이 성공하기 위해서는 해당 도시의 지역주민, 지방정부, 지방은행, 상인, 토지소유자 그리고 지역 지도자를 포함하는 이해관계자들의 결속력을 강화하고, 협조체계를 잘 구축해야만 합니다. 메인스트리트 프로그램 운영위원회는 메인스트리트 4 포인트 접근방식에 입각하여 조직위원회, 프로모션 위원회, 디자인 위원회, 경제 재생위원회로 관련 조직을 구성합니다. 개별 위원회들 그리고 스텝의 역할은 명확하게 문자로 명시되어 있어야 합니다. 이러한 조직은 자원봉사자 중심의 지역사회 풀뿌리 조직을 구성하여 운영한다는 원칙을 갖고 있습니다. 그 중 가장 중요한 것은 전문성을 갖춘 전임 사무국장(Executive director)을 선임하는 것입니다. 아이오와지역의 메인스트리트 프로그램에 대한 연구결과에 따르면, 일반적으로 프로그램이 실패하는 가장 중요한 이유가 전문적인 사무국장의 부재인 경우가 많습니다.[55] 사무국장과 운영위원회는 메인스트리트 프로그램이 성취하려는 구체적인 목적과 강령 그리고 종합적인 마스터플랜을 구체적으로 세워야 합니다. 끝으로 메인스트리트 프로그램이 잘 유지되기 위해서는 스텝과 자원봉사자들이 주기적으로 관련된 교육에 참가하여 학습하여야 합니다. 교육은 특별히 프로젝트가 목표하는 결과를 얻을 수 있도록 커리큘럼을 개발해야 하고, 적정 인원으로 구성된 소그룹교육과 실제 상황에 기초한 교육이 효과적입니다.[56]

---

54 Taner Recep Ozdil, ibid., 2006, p.156.
55 Baxter, K. B., Assessment of the Inactive Main Street Programs in Iowa, Des Moins: Department of Economic Development, 1996, p.21.
56 Carlson, Norman, A., Designing and Selling a Staff Training Program: A Case Study, Public Administration Review, 31(6), 1971, pp.632 – 633.

(4) 경제 활성화(Economic Restructuring)

경제 활성화는 기존 도시의 지역자산을 강화하는 정책, 지역 기업가를 효율적으로 교육하고, 사용되지 않는 재산을 생산성이 있는 재산으로 바꾸거나 기존 사업을 개선하기 위한 재원을 제공하여 신규사업을 만들어내고 기존 경제를 다각화시키는 정책을 추진하는 것입니다.[57] 도시 경제 활성화의 정도를 측정하는 가장 일반적인 방법 중 하나는 사업업종의 변화를 분석해보는 것입니다. 기존 사업의 확장과 새로운 사업이 지역에 진입할 수 있도록 개방하는 것이 경제 활성화에 중요한 요소입니다. 새로운 사업을 유치하는 것이 고용을 증대시키는 가장 좋은 방법입니다. 새로운 사업이 유치되면 지역사회에 세금수입이 증가하기 때문에 지역사회 경제 활성화에 도움이 되고, 지역주민들에게 새로운 취업 기회가 제공되게 됩니다.[58]

텍사스지역의 메인스트리트 프로그램의 연구결과에 의하면 동 프로그램 추진으로 도심 중심가로에 자산가치, 건축물의 임대료 소매업종이 증가하고 공실률이 감소했고 새로운 경제활동이 증가하였습니다. 공적자금투자와 개인투자도 유입되었습니다. 그리고 텍사스 전체 지역 46개의 메인스트리트 센터(40개의 소규모 센터와 6개의 활동적인 도시 메인스트리트 센터)에서 5년 동안 평균적으로 333개의 고용이 발생했고, 780만 달러의 소득과 GDP 122만 달러, 지방세 180만 달러가 발생했습니다.[59]

메인스트리트 프로그램 전략적 특성은 첫 번째 소규모의 힘이라고 할 수 있습니다. 메인스트리트 프로그램은 컨벤션센터, 카지노, 새로운 공장, 대규모 상업시설과 같은 대형 프로젝트가 없습니다. 작은 한걸음, 작은 사업, 작은 투자, 작은 개발로 중심도시지역을 개발하는 사업입니다.

두 번째 메인스트리트 프로그램의 전략적 특성은 장소성을 개선하는 것입니다. "경제발전은 사람들이 살기를 원하는 장소를 창조한 결과"라고 오크라호마 시장 믹 콜네트가 말했습니다. 사람들이 살고 일하는 장소를 어느 곳이든 자신

---

57 Smith, K., Joncas, K. & Parrish, B., Revitalizing Downtown: Professional Guide to the Main Street Approach, National Trust for Historic Preservation, 1996.
58 Lester, Nina, Assessing Economy Development Incentives: Central Texas City Managers Perspective, Applied Research Project, Texas State University-San Marcos, 2005, p.9.
59 Taner Recep Ozdil, Op. cit., 2006, p.155.

이 원하는 곳에 선택할 수 있는 세계에서 장소의 독특한 특성이야말로 도시의 유일한 경쟁력이라고 할 수 있습니다. 메인스트리트 프로그램의 가장 중요한 특성은 장소성을 보존하고 고유정체성이 강화되도록 창조해주는 역사보전 철학 (Historic preservation ethic)입니다. 이와 같은 장소성은 역사적 건축물을 복구 혹은 복원하여 보다 편리하게 사용할 수 있도록 재생시켜냄으로 창출될 수 있습니다. 1989년 조지아 메인스트리트 프로그램에 대한 연구결과, 메인스트리트 프로그램을 통한 역사보전을 통해서 상업지역(Business district)이 사회적인 지역(Social district)으로 변화하였다고 합니다.[60] 역사보전을 통해서 경제적인 활성화뿐만 아니라 문화예술적인 가치까지 사회적 가치가 증대되었다는 것입니다.

세 번째 메인스트리트 프로그램의 전략적 특성은 역사적 자산의 힘입니다. 역사가 길지 않고, 다양한 민족이 다양한 문화적 특성을 가지고 있는 미국과 같은 국가에서는 국민들을 결집시키는 강력한 연대감과 소속감 그리고 사회적인 통합이 매우 필요합니다. 이러한 연대감과 소속감 그리고 사회적 통합은 역사적인 상징과 의미 부여에 의해서 형성될 수 있습니다. 메인스트리트 프로그램에서 보존하고자 하는 역사적인 건축물은 단순히 물리적인 건축물이 아니고, 미국인을 과거와 연결해주는 연결고리이고, 정신입니다. 따라서 역사적 건축물을 보전하는 것은 지역사회의 생명과 영혼을 보전하는 것과 같은 것으로 미국인들에게는 도시의 품격을 높이고, 그곳에 거주하는 사람들의 삶의 질을 높여주는 가장 중요한 사업이라고 할 수 있습니다.

메인스트리트 프로그램의 8가지 원칙

메인스트리트 프로그램의 전략으로서 4 포인트 접근방식은 지역 활성화와 관련되어 다음과 같은 8가지 원칙에 기초하고 있습니다. 1) 종합성(Comprehensive) 2) 점증적(Incremental) 3) 자조적(Self-help) 4) 민관협동(Public/Private partnership) 5) 기존자산의 식별과 자본화(Idendifying and capitalizing on existing assets) 6) 품질(Quality) 7) 변화

---

60 Kenyon, J. B., From Central Business District to Central Social District: The Revitalization of the Small Georgia City, Small Town, 20(2), 1989, p.17.

(Change) 8) 실천 중심(Implementation – Oriented),[61] 이하에서 각각의 메인스트리트 프로그램의 8가지 원칙을 살펴보겠습니다.

(1) 종합성(Comprehensive)

메인스트리트, 중심시가지의 재생은 복잡한 과정으로 단 하나의 프로젝트로 성취될 수는 없습니다. 성공적인 지역재생을 위해서는 장기적이고 종합적인 접근 방법을 사용하여야 합니다.

(2) 점진성(Incremental)

작은 프로젝트와 단순한 활동들이 지역재생과정의 복잡한 이해관계를 조절해 주고 기술개발을 가져올 수 있습니다. 컨벤션이나, 리조트 등과 같은 대규모 투자가 필요한 메가 프로젝트나 단기적인 외부 인력에 의존한 프로그램의 추진은 메인스트리트 프로그램에서 배제하는 것을 원칙으로 하고 있습니다.[62]

(3) 자조성(Self – help)

내셔널 메인스트리트 센터와 주정부의 메인스트리트 프로그램이 각 지역들의 방향성을 제시하고, 아이디어와 교육을 제공하지만 지속적이고 장기적인 성공은 해당 지역사회 위원회와 지역주민의 참여에 의존합니다. 무엇보다도 지역사회 지도자가 프로젝트를 성공시키겠다는 열망과 의지를 가지고 있어야 합니다. 또한 훌륭하게 정비가 되어 지역재생이 되었다 하더라도 지속적인 보전과 도심환경을 유지하려는 지역사회의 자체적인 노력 없이는 다시 쇠퇴할 수도 있습니다. 이와 관련하여 자조성 증대를 위해서 멤버십 제도, BID(Business Improvement District),[63] TIF(Tax – Increment Financing)[64]와 같은 재원조성 방법이 도입될 수 있습니다. 흔히 메인스트리트 프로그램은 지역의 자조성을 강조하고 있지만 실제로는 지역민의 힘

---

61 Taner Recep Ozdil, Op. cit., 2006, pp.195 – 196.
62 강동진, Op. cit., 2007, p.79.
63 BID(Business Improvement District)는 p.111 각주 23 내용을 참조 바랍니다.
64 TIF(Tex – Increment Financing)은 p.499 각주 22 내용을 참조 바랍니다.

만으로는 충실한 사업추진이 불가능한 경우가 많기 때문에 중앙정부와 지자체의 지원을 받는 것이 필요합니다.

(4) 민관협동(Public/Private Partnership)

지역사회의 건전한 경제 활력과 물리적인 도시환경의 활성화에 대해서 지역주민과 지자체는 관심을 가지고 있어야 합니다. 지역주민, 지역금융, 기업가, 언론 등 지역사회를 구성하는 다양한 이해관계자들의 적극적인 참여가 필요하고, 각각의 역할 수행이 중요합니다. 효과적인 협력관계가 형성되려면 서로의 장점과 한계점을 이해해야만 합니다. 성공적인 메인스트리트 프로그램을 위해서 가장 중요한 요소는 지자체와 지역기업 그리고 메인스트리트 조직 간의 강한 연대를 구축하는 것입니다.[65]

(5) 기존자산의 식별과 자본화(Identifying and Capitalizing on Existing Assets)

도심지상업지역이나 거리들은 자산가치가 평가되고 새로운 가치로 재창조되어야 합니다. 오래된 건축물이라고해서 모두 역사적 보전 가치가 있고 경제적 가치가 있는 것은 아닙니다. 따라서 건축물이 역사적인 의미가 있는지, 보존할 만한 가치가 있는지 여부를 식별할 필요가 있습니다. 모든 도시의 중심상업지역은 고유한 가치를 가지고 있고, 이것이 사람들에게 지역 정체성을 줍니다. 이러한 고유가치와 정체성 등 지역자본이 지역재생 프로그램의 모든 측면에서 기초가 되어야 합니다. 지역자산은 원래의 기능으로 복원하여 재활용할 수도 있고, 외관을 그대로 유지한 채 리모델링하여 상업시설로 기능을 바꾸는 수복형재생을 하는 경우도 있습니다. 몇 개의 중요한 건축물을 재활성화하는 것이 도심재생 프로그램을 급격히 발전시키고, 자산가치를 높여줄 수 있습니다. 따라서 방치되어 있는 빈 옛 건물이나 공터를 발견하는 것이 도심 재활성화 프로그램의 가장 중요한 도전요소입니다. 가치 없는 폐공장이 가치 있는 주거지, 사무실, 예술작

---

65 Hechesky, Lisa, Return to Main Street: An Assessment of the Main Street Revitalization Program, Graduate Thesis, Mashall University, 2005, pp.27-29.

업장, 식당 혹은 쇼핑몰로 변화될 수 있습니다.[66] 자산가치가 무시되고 노후화된 채 버려진 역사적 건축물을 재생하여 새로운 가치가 있는 지역사회 재산으로 창조해내고, 사라져 가는 지역사회의 역사성과 정신을 되살리는 것이 메인스트리트 프로그램의 크나큰 매력인 것입니다.

(6) 품질(Quality)

품질은 모든 지역재생 프로그램에서 강조되어야 합니다. 품질이라는 것은 전체적 디자인에서 프로모션 캠페인, 교육 프로그램에 이르기까지 모든 프로그램 요소에 동일하게 적용되는 원칙입니다. 2000년 영국에서 실시된 도시 디자인의 가치에 대한 연구에서 디자인이 개선되는 것과 경제적인 가치가 향상되는 것 사이의 긍정적 상관관계가 분석되었습니다. 도시 디자인의 질이 향상되면, 주요 이해관계자들의 가치평가가 향상된다는 것이 판명되었습니다.[67]

(7) 변화(Change)

현재의 답답한 경제여건을 개선하기 위해서는 태도와 실천의 변화가 필요합니다. 메인스트리트 프로그램이 성공적으로 발전하게 되면, 지역변화에 대한 지역주민의 태도가 변화되고 적극적 지지가 형성될 것입니다.

(8) 실천중심(Implementation - Oriented)

직접적 활동을 하는 것이 프로그램에 대한 확신과 참여를 증가시켜줍니다. 가시적인 변화가 생겨나면 지역재생 노력이 진행되고 있다는 것을 환기시켜줍니다. 메인스트리트 프로그램의 초기에 작은 프로젝트들을 수행하여 지역재생 노력이 발전해 감을 환기시키면 대형 프로젝트의 추진을 위한 기반을 마련해줍니다.

우리나라도 전국에 다양한 관광지, 관광단지, 관광특구 등을 지정하고 개발하고 있습니다. 관광개발계획들은 많지만, 효과적으로 개발되고 있는 곳은 그리

---

66 Faulk, Dagney, The Process and Practice of Downtown Revitalization, The Review of Policy Research, 23(2), 2006, p.632.
67 Carmona, M., et al., The Value of Urban Design, Thomas Telford, 2001.

많지 않습니다. 주된 이유는 멋진 관광개발을 계획하는 경우는 많지만, 메인스 트리트 프로그램과 같이 장기적으로 일관되게 4가지 접근방식과 8가지 원칙 같은 것을 세워서 실행하고, 추진하는 조직이 없기 때문입니다.

우리나라는 오래된 역사를 가지고 있고, 풍부한 문화유산과 아름다운 도시들이 많습니다. 그러나 파리나 로마처럼 전 세계인들이 꼭 가보고 싶어 하는 문화관광도시로 개발된 곳은 별로 없습니다. 문화관광의 발전 잠재력이 많은 우리나라에 개성 있는 도시들이 다수 창조되길 바라는 마음으로 현대적인 도시개발방식 4가지를 중점적으로 살펴보았습니다.

산촌 오지마을을 변화시키는 대지미술제 에치코 츠마리

17장

제1절
일본에서 아트 페스티벌이 확산되는 이유

일본에서는 아트 페스티벌이 전국적으로 급속히 확산되고 있습니다. 일본 전역에서 80개 이상의 아트 페스티벌이 개최되고 있는데 이는 세계적으로 유례를 찾아보기 어려울 정도라고 합니다. 왜 일본에서 이처럼 아트 페스티벌이 확산되고 있는 것인지 일본 아트 페스티벌의 상황을 살펴보고 그 원인을 찾아보려고 합니다. 그리고 일본정부 주도의 아트 페스티벌은 주로 트리엔날레인데 왜 그들이 비엔날레가 아니고 트리엔날레를 선택하는지 살펴보고자 합니다.

요시모토(Yoshimoto)는 일본에서 아트 페스티벌이 확산되는 주요 원인은 현대 일본사회의 주요 문제인 인구감소와 고령화 현상의 영향 때문이라고 합니다.[1] 2010년 현재 일본의 인구저밀도지역은 1,727개 도시로 전체 도시의 거의 절반이 인구저밀지역이라고 합니다. 2014년 통계에 따르면 일본은 전체 인구의 25.9%가 65세 이상으로 약 사분의 일을 차지하고 있는데, 2050년이 되면 65세 이상 인구가 삼분의 일에 이를 것이라고 합니다. 그리고 100년 후에는 인구의 40%가 감소할 것이고, 인구밀집지역인 일본 도시들의 거의 절반이 사라질 가능성에 직

---

1 Yoshimoto, M., The Age of Triennial, Nissei Research Center.

면하게 될 것이라고 합니다.[2] 그리고 도호쿠대학의 경제학자들은 이런 추세라면 4205년이 되면 일본에는 단 한명의 자녀만 남을 것으로 추정하며 국가가 멸종에 이를 수도 있다고 경고하고 있습니다.[3] 인구 위기에 직면한 일본정부는 2003년에 출산율 감소에 대비한 사회대책 기본법을 제정하였고, 2007년에는 인구감소에 효과적으로 대처하기 위해서 출산율 감소대책 장관이 임명되었습니다. 이 정도면 일본이 당면한 인구과소문제의 심각성을 절실히 느낄 수 있습니다. 일본은 고령화되고 과소화된 지역을 재활성화 시키는 일이 지방자치단체의 가장 중요한 과제로 부각되었습니다. 활력을 잃어가는 일본의 지방자치단체들이 그 해결책으로 아트 프로젝트를 주도하고 후원하는 방법으로 노력을 많이 하게 되었습니다.

일본에서 개최되고 있는 아트 페스티벌은 도심형과 농촌형의 두 가지 범주로 구분할 수 있습니다. 농촌형 아트 페스티벌은 에치코 츠마리 아트 트리엔날레(니이가타현 2000년), 토와다 오이라세 아트 페스티벌(아오모리 2013년), 세토우치 국제예술제(카카와현 2010년) 등을 대표적 사례로 들 수 있습니다. 도심형 아트 페스티벌은 요코하마 트리엔날레, 삿포로 국제예술제(삿포로 2014년), 아이치 트리엔날레(나고야 2010년) 그리고 기타큐슈 비엔날레를 들 수 있습니다. 농촌형 아트 페스티벌은 지방자치단체에서 인구과소지역문제를 해소하고 지역활성화를 위한 목적으로 유치하고 있으나, 도시지역의 경우는 아트 페스티벌을 통해서 기존 도시를 문화창조도시로 발전시키려고 유치하는 경우가 많습니다.[4] 아트 페스티벌이 도시에서 개최될 경우, 농촌의 경우보다는 문화발전을 강조하는 경향이 있습니다.

인구과소화와 고령화 그리고 저출산문제뿐만 아니라, 1993년에 일본 중의원에서 지방분권화 추진에 대한 결의안을 채택했었고, 1995년 국회에서 지방분권 추진법을 가결하기도 했습니다. 그 이후 일본정부는 공기업 주도의 지역재생정

2 Ministry of Land, Infrastructure, Transport and Tourism, Survey of Villages for National Land Planning, 2006.

3 Yoshida, Hiroshi; Ishigaki, Masahiro. "Web Clock of Child Population in Japan", Mail Research Group, Graduate School of Economics and Management, Tohoku University, https://mega.econ.tohoku.ac.jp/Children/index_en_2016.jsp 2020년 1월 7일 검색.

4 Naoko Takhashi, "The Role of Arts Festivals in Contemporary Japan", Discussion Papers in Arts & Festivals Management, 2015, p.36.

책과 농촌의 쇼핑지역을 재활성화하려는 조치를 적극 실행하게 되었습니다. 이러한 정책의 일환으로 일본 농촌지자체에서 지역경제 활성화 하기 위한 수단으로 문화예술축제를 많이 개최하게 되었습니다.

제2절
장소 특정적 설치미술작품을 찾아다니는 여행

지역을 예술로 연결한다

약 760km² 면적의 에치코 츠마리지역은 니이가타현 남단에 위치한 도오카마치와 츠난마치라는 두 개의 지방자치단체를 합한 지역으로 동경 23구를 합친 것보다 넓은 곳입니다. 이토록 넓은 지역에 불과 75,000명이 거주하고 있고, 그 중 65세 이상 인구가 전체인구의 30% 이상을 차지하는 대표적 인구과소지역이자 초고령화 지역입니다. 또한 일본 내 대표적인 폭설지역으로 1년의 반 정도는 눈이 쌓여 있고 지진, 폭우, 산사태와 같은 불리한 자연여건을 갖고 있는 첩첩산중 산골오지입니다. 예전부터 자연환경 및 지리적 변방이었고, 사회 중심에 들어갈 수 없는 사람들이 추방되거나 도망을 쳤던 지역이기도 합니다. 전형적인 산골마을로 현대 농촌의 주요 문제인 지역붕괴의 위기가 고스란히 표출되고 있는 지역입니다.

1996년에 지역재생 프로젝트인 '뉴 니이가타 마을 만들기'의 일환으로 에치코 츠마리를 선택하여 10개년 계획으로 아트 네크리스(Art Necklace) 정비사업을 펼치게 됩니다. 아트 네크리스는 에치코 츠마리지역을 예술로 연결하는 사업이라는 의미로 만들어진 명칭입니다. '아트 네크리스'라는 아이디어는 에코뮤지엄이 경관, 장소, 건축물, 자연환경, 전통문화유산, 지역사회 등 다양한 요소들을 엮는 목걸이의 줄과 같다고 주장한 다비스(Davis)의 목걸이 모델(Necklace' model)[5]에서 영

5 Davis, P., Ecomuseums: A Sense of Place, Continuurm International Publishing Group, 2011, 1999, p.32.

향을 받은 아이디어로 보입니다. 에치코 츠마리 아트 네크리스는 에코뮤지엄의 철학에 크게 영향을 받은 일종의 에코뮤지엄사업이라고 할 수 있습니다. 니이가타현은 도심의 오픈 스페이스에 조각과 설치물을 전시하는 독일의 뮌스터조각 프로젝트를 모델로 에치코 츠마리 아트 페스티벌을 기획하였다고 합니다.[6] 1년 동안 지역에 내재하는 다양한 가치를 예술을 매개로 발굴해내고 매력을 높이며 재생시키는 작업을 하고 그 성과를 대지예술제라 불리는 에치코 츠마리 트리엔날레를 통해서 세계에 알리고 지역재생의 활로를 모색하려는 프로젝트인 것입니다. 그러나 에치코 츠마리 지역에서 아트 페스티벌을 개최한다는 것이 처음부터 쉬웠던 일은 절대 아닙니다. 예술감독으로 선임된 기타가와 프람(Fram Kitagawa)은 아트 프로젝트를 개최하는 가치에 대해서 지역주민을 설득하기 위해서 4년 반에 걸친 준비기간 동안에 2,000번 이상 지역주민 모임을 가졌다고 합니다.[7] 기타가와 프람은 현재 세토우치 국제예술제의 총감독을 겸임하고 있는 스타 감독입니다.

에치코 츠마리 트리엔날레는 다음과 같은 세 가지 목적을 가지고 있습니다. 1) 인구 유출 감소와 인구증가 2) 에치코 츠마리 지역사회를 세계에 알리는 지역 홍보 3) 지역사회의 활성화가 그것들입니다.[8] 이러한 측면에서 에치코 츠마리는 예술 본연의 성격 이외에 명확한 사회적 목적과 관객의 참여가 이루어지고 있어 니콜라 브리오(Nicola Bourriaud)가 주장하는 관계의 미술(Relational art)이 주요한 특징입니다. 또한 에치코 츠마리 아트 프로젝트는 단순히 공공장소에 미술작품을 설치하는 것 이상으로 지역 전체의 공동체성 회복에 관심을 기울이는 예술가들의 역할과 지역주민의 참여 그리고 서로 간의 상호작용을 특징으로 삼고 있기 때문에 일종의 새로운 장르 공공미술(New Genre public art)의[9] 성격을 가지고 있습니다.

6 Naoko Takahashi, Op. cit., 2015, p.16.
7 Sawamura, Have the art changed the local region? 2014. In: Sawamura, A., Have the art changed the local region?–Works of 13 Years in Echigo–Tsumari Art Triennale: 2000–2012. Tokyo: Keiogijyukudaigakusyuppan. 2014.
8 The Executive Committee of the Echigo–Tsumari Art Triennale, General Report of the Echigo–Tsumari Art Triennale 2012, 2013, p.2.
9 조숙현, 한국 커뮤니티 아트의 예술성/공공성 연구–참여주체간 갈등 사례 분석을 중심으로– 연세대학교 석사논문, 2014, p.8.

장소 특정적 성격의 대지예술제

에치코 츠마리 아트 페스티벌은 대지미술제라고도 칭하는데, 대지미술이란 전통적 미술이 미술관 내부에 작품을 전시하는 것과는 달리 지구표면 위나 자연 내부에 어떤 형상을 디자인하여 자연경관을 활용하여 자연과 동화된 미술작품을 만들어 내는 예술을 의미합니다.[10] 대지미술의 특징은 예술을 대자연이라는 새로운 공간으로 방출[11]시킨 장소 특정적 성격과 거대한 스케일 그리고 주로 흙, 잔디, 바위 등과 같은 자연 요소를 미술 재료로 사용하는 것을 특징으로 하고 있습니다. 대지미술가들은 전통적인 회화작가들이 작업실에 앉아서 캔버스에 그림을 그리는 것과는 달리 직접 자연풍경 속으로 뛰어 들어가 자연 속에서 그 자연을 재료로 자연과 일체화된 미술작품을 창작합니다.

🔴 쿠사마 야요이 '츠마리의 개화'

장소 특정적 성격을 중심으로 하고 있는 대지예술제 에치코 츠마리 트리엔날레는 전 세계로부터 많은 관광객들이 방문하기 때문에 지역 활성화에 크게 기여하고 플레이스 브랜드를 개선하는 효과를 발생시키고 있습니다. 21세기가 시작되던 2000년도에 고령화와 인구과소문제를 해결하기 위해 전략적으로 아트 페

---

10 Grady Clay, The New Leap-Landscape Sculpture, Landscape Architecture, 1971, pp.296-297.
11 김신원, 미국 대지예술에 관한 고찰, 한국정원학회지, 15권 1호, 1997년 6월, p.3.

스티벌을 개최했었고, 비교적 성공적인 결과가 나타나게 되자 일본 내 여러 지방에서 아트 페스티벌이 급확산되게 하는 원인이 되었습니다.[12] 이러한 이유로 2000년대 들어 일본의 지방자치단체들에서 아트 페스티벌을 지역 경제적 문제와 사회적 문제의 해소를 위한 정책 수단으로 도입하는 곳이 증가되었습니다.

흔히 예술작품이 놓이는 장소와 예술작품과의 관계는 크게 4가지로 구분할 수 있습니다. 첫 번째는 작품이 놓일 장소에 대해서 전혀 고려하지 않고 제작하는 방식으로 장소 우세적 예술(Site dominant)이라고 합니다. 두 번째는 작품이 놓일 장소에 대해서 아주 간단한 정도만을 고려한 장소 조정적 예술(Site adjusted), 세 번째로 작품이 놓일 장소를 충분히 이해하고 작품주제와 크기 등도 놓일 장소를 고려해서 결정하는 장소 특정적 예술(Site specific)이 있습니다. 끝으로는 예술작품을 설치하고 나서야 그 장소의 의미가 나타나게 되는, 또는 새로운 장소 환경을 창출하는 장소 결정적 예술(Site determined)이 있습니다.[13] 이런 관점에서 보았을 때 에치코 츠마리 아트 페스티벌은 작가들이 지역에 와서 장소를 답사해 작품을 설치할 장소를 선정하고 토지 소유주를 설득해서 작품제작공간으로 사용할 수 있는 허락을 받은 후 그곳에 적절한 작품을 주민과 상호작용하면서 제작하는 미술작품이기 때문에 장소 특정적 예술이라고 할 수 있습니다. 이런 과정을 거쳐서

미술작품으로 새로 태어난 산골 마을의 빈집이나 폐교는 행사 후에 미술관이나 숙박시설로 운영하게 되는 곳도 있습니다. 빛의 예술가로 유명한 제임스 터렐의 작품 '빛의 여관'과 일본대학 예술학부 학생들이 제작한 '허물 벗은 집'은 현재 여관으로 이용되고 있습니다. 그리고 아키

● 카메룬 작가 파스칼 마티네 타유(Pascale Marthine Tayou)의 작품 '반전도시'

12 Kobayashi Rune, The Role of Art Projects for the Aging Society of Japan in the Context of Rural Regeneration Entering a New Era of Asking Why We Need "Art" Project?, Japanisch-Deutsches Zentrum Berlin-JDZB, 2015.
13 千葉學, site specificから site determinedへ, 新建築, 2010. 2, p.40.

야마고에 있는 초등학교는 온천여관으로 재탄생해서 관광객들이 이용하고 있고 미술관으로 개조되어 사용되고 있는 곳도 있습니다. 이렇듯이 대지미술은 삶의 장소, 일상의 공간, 사무공간, 자연과 같은 일상적인 공간과 생활 속에 숨겨진 보석 같은 미적 가치를 찾아내어 예술적인 장소로 변화시켜줍니다. 그리고 이렇게 재창조된 예술화된 장소는 귀중한 하나의 예술작품이면서 다시 삶의 공간으로 이용될 수도 있는 '일상의 미학'이라고 할 수 있습니다.

예술작품을 이정표 삼아 산과 들로 찾아다니는 관광

2000년 처음 실시된 에치코 츠마리 트리엔날레는 산과 강, 다랭이논과 아름다운 마을이 있는 산골지역에서 펼쳐졌는데, 다양한 장소특정적인 대지예술작품을 200여개 산간마을의 논, 빈집, 폐교 등에 분산설치해서 광대한 지역에 걸친 전시가 이루어졌습니다. 참관객들은 에치코 츠마리라는 광대한 지역에 산재해 설치되어 있는 예술작품들을 직접 찾아다녀야 했습니다. 이는 효율성을 중시하는 현대사회의 추세와는 완전히 대비되는 철저한 비효율화를 의미하는 것이었습니다. 작품들이 전시된 대상지역이 워낙 넓다 보니 참관객들은 각기 예술작품의 설치 위치가 그려진 지도를 손에 들고, 예술작품 소재지점을 목표로 삼아, 산과 들로 작품을 찾아 다녀야 합니다. 작품을 이정표로 찾아 돌아다니다 보면 해당 산촌의 아름다움, 계단식 논과 밭, 너도밤나무 숲, 지역 내 역사적인 장소 그리고 주민들의 삶의 현장을 직접 보고 느끼며 경험하게 되고, 넓은 지역을 땀을 흘리며 힘들게 다니다 어렵게 찾아낸 자연 속 예술작품과 만나게 되면, 자연과 예술품의 조화가 만들어낸 아름다움을 온 몸으로 느끼게 되는 놀라운 경험을 하게 되는 것입니다. 에치코 츠마리로의 미술여행은 울창한 숲 속에서 기대하지 않았던 놀라운 발견을 맛보는 여행이고, 찾아다니는 산골짜기 곳곳에 펼쳐지는 자연과 시골마을 그리고 인간의 삶 등 모든 것들이 감동적인 드라마를 연출해내는 것과 같은 일입니다.

에치코 츠마리 아트 페스티벌은 축제기간 중에 대지예술품 전시 이외에 다음과 같은 예능 프로그램, 음식과 토산품개발 등 다양한 프로그램을 진행합니다.

(1) 에치코 츠마리의 예술 프로젝트

에치코 츠마리 트리엔날레에는 200여점 넘는 수많은 예술작품들이 여러 마을과 자연 속에 흩어져 전시되고 있습니다. 그리고 탈농촌 현상과 지진으로 인해 늘어난 폐가를 미술관, 레스토랑, 숙박시설로 재생시켜 약 20개 작품은 직접 운영하고 있습니다. 그리고 유명한 예술가가 폐교 프로젝트를 추진하여 폐교를 박물관, 미술관 숙박시설 등으로 리노베이션하여 항구적인 전시작품으로 이용하기도 합니다. 폐교된 사나다초등학교를 그림책처럼 재생한 '나무 열매의 미술관'은 대표적인 폐교 프로젝트라고 할 수 있습니다.

(2) 지역사회의 교류 거점시설개발

세계적인 아티스트들과 건축가들이 참여하여 지역사회의 교류거점을 개발했습니다. 2003년 하라 히로시가 설계한 에치코 츠마리 교류관인 '키나레', 도미니크 페로의 '나비 파빌리온', 존 클메링의 '스텝 인 플랜', 카사그란데와 리소타라 건축사무소의 '포촘킨', R&Sie 건축사무소의 '아스팔트 스팟' 등 세계적 건축가들의 작품이 생겨났습니다.

그 외에 에치코 마츠노야마의 자연관찰, 생태연구용 '숲 속 학교' 쿄로로, 토카마치 박물관, 토카마치 정보관, 2012년 하라 히로시가 설계한 '사토야마 현대미술관', 츠난마치 역사민족자료관, MVRDV가 설계한 마츠다이 설국농경문화촌 센터 '농무대', 앤드류 벤즈의 '호주하우스' 등 자연과 인간의 관계를 보여주는 국제적인 수준의 문화시설들이 개발되었습니다.

(3) 예능 프로젝트

에치코 츠마리 지역사회의 전통적 마츠리 퍼포먼스와 춤, 그리고 아시아 각국의 예능 등 여러나라의 예능을 축제기간 중에 선보이고 있습니다.

(4) 음식과 토산품개발

향토요리 이외에 지역농산물을 이용한 요리경연대회를 개최하고, 우수 요리작품을 명물요리로 선정하는 행사를 개최합니다. 지역의 제철 과일과 채소로 만들어진 다양한 요리는 오래된 세월 속에 쌓인 지역만의 요리비법과 신비한 이야기 그리고 지역 특유의 아름다움과 맛이 담겨 있는 예술작품입니다. 그리고 지역의 매력적인 특산품은 지역에서만 볼 수 있는 매력입니다. 에치코 츠마리는 전국에서 공모한 토산품 디자인을 통하여 토산품의 질을 향상시키기 위한 특산품 디자인 공모전인 Roooots 프로젝트를 추진하고 있습니다.

제3절
에치코 츠마리 아트 페스티벌이 가져다준 사회·경제적 변화

에치코 츠마리 아트 페스티벌의 경제적 효과

에치코 츠마리 아트 페스티벌의 관람객 수를 살펴보면 2000년 162,800명에서 2012년에는 488,848명으로 10년만에 약 3배정도 증가했음을 알 수 있습니다. 설치된 미술작품 수도 2000년에는 28개 마을에 146개 작품들이 설치되었었는데, 2012년에는 102개 마을에 모두 367개의 작품들이 설치되어 더 많은 마을에 더 많은 작품들이 설치되었습니다. 참여 작가들도 2000년에는 32개국에서 138개 그룹이 참여했었는데, 2012년에는 44개국의 310개 그룹이 참여해 참여 국가와 작가들도 상당히 늘어나 국제적인 아트 페스티벌로 확실히 자리 잡고 있음을 알 수 있습니다.

동 아트 페스티벌의 건설비와 소비지출로 인한 경제적인 효과는 2003년에 40억 3600만 엔으로 최고점에 도달하고 2006년부터는 감소하는 것으로 나타났습니다. 그 이유는 에치코 츠마리 교류관인 '키나레'나 마츠다이 설국농경문화촌 센터 '농무대'와 같은 주요 건설 프로젝트가 2003년에 모두 완공되었기 때문입니다. 주목할 것은 니이가타현의 보조금이 2009년부터 중단되었다는 점입니다. 에치코 츠마리 아트 페스티벌은 2000년에 정부 보조금에 85.5%를 의존했는데, 2009년에 니이가타현의 보조금이 중단된 후, 입장료 수입과 기부금이 계속 증가해 2012년에는 53.2%로 증가되었습니다. 에치코 츠마리 아트 페스티벌은 처음 시작할 때는 공기업 형태로 시작했는데, 니이가타현의 보조금이 중단되면서 지역주민들이 나서서 아트 페스티벌을 위한 비영리조직을 설립하고, 제4회 행사

표 17-1 에치코 츠마리 참가예술인과 관람객 수

구분	2000년	2003년	2006년	2009년	2012
개최기간	7월 20일~ 9월 10일	7월 20일~ 9월 7일	7월 23일~ 9월 10일	7월 26일~ 9월 13일	7월 29일~ 9월 17일
개최장소	에치코 츠마리 6개 지역				
예술작품 (취락수)	146 (28개 마을)	224 (38개 마을)	329 (67개 마을)	365 (92개 마을)	367 (102개 마을)
참여작가 (국가)	138 그룹 (32개국)	157그룹 (23개국)	225그룹 (40개국)	350 그룹 (40개국)	310그룹 (44개국)
관람객	162,800	205,100	348,997	375,311	488,848
자원봉사자 (등록된 봉사자)	9,440 (800)	2,000 (771)	2500 (930)	3,244 (350)	3,991 (1,246)

출처: Committee of Echigo-Tsumari Art Triennale(2013)

표 17-2 에치코 츠마리 아트 페스티벌의 경제적 효과   (단위 ¥(백만) €(백만))

구분	2000년	2003년	2006년	2009년	2012년
경제적 효과	¥12,758 (≒€128.8)	¥14,036 (≒€107.9)	¥5,681 (≒€38.9)	¥3,560 (≒€27.3)	¥4,650 (≒€45.5)
건설비	¥10,054	¥12,810	¥1,327	¥190	¥382
소비지출	¥2,704	¥1,225	¥4,354	¥3.370	¥4,268
수입	¥546 (≒€5.5)	¥426 (≒€3.2)	¥670 (≒€4.5)	¥581 (≒€4.4)	¥489 (≒€4.7)
입장료	¥41.9 (7.7%)	¥43.0 (10.1%)	¥143.1 (21.3%)	¥89.9 (15.5%)	¥161.3 (32.9%)
기부금	¥13.0 (2.4%)	¥2.4 (0.6%)	¥213.5 (31.8%)	¥241.3 (41.5%)	¥99.3 (20.3%)
현정부 보조금	¥280.3 (51.3%)	¥220.5 (51.7%)	¥106.4 (15.9%)	N/A	N/A
시 보조금	¥186.9 (34.2%)	¥147 (34.5%)	¥169.3 (25.3%)	¥78.3 (13.5%)	¥100 (20.4%)

출처: Committee of Echigo-Tsumari Art Triennale(2013)

때부터는 독립적인 아트 프로젝트로 변화시키고 있습니다.[14]

동 축제운영위원회의 자료에 의하면 축제기간 3개월 동안에 약 50만 명의 관광객이 방문하고, 지역사회에 약 140억 엔의 경제적 효과를 가져왔음을 알 수 있습니다.

에치코 츠마리 아트 페스티벌이 계속되길 희망하는 지역주민

에치코 츠마리 아트 페스티벌로 인한 지역의 사회적 자본의 변화에 대해서 알아보기 위해서 여러 차례 지역주민을 대상으로 설문조사가 실시되었습니다. 조사 결과 주민들은 그들의 일상생활에 그다지 큰 차이를 느끼지 못하고 있는 것으로 나타났습니다.[15] 2013년에 실시한 니이가타대학교 수미(Sumi)의 설문조사 결과에 의하면 75%의 지역주민이 "크게 차이를 느끼지 못한다"라고 응답했습니다. 30%가 여성 활동의 증가, 28.2%가 "지역사회 권한의 하부이양", 21.4%가 "마을의 새로운 미래 비전"을 느낀다고 응답하였습니다. 그리고 지역주민의 55.4%는 에치코 츠마리 트리엔날레를 지속시키는 데 찬성하였습니다.[16] 잘 알다시피, 아트 페스티벌이 장기적으로 지속되기 위해서는 지역주민의 동의와 협력 및 후원이 필수적입니다. 설문조사 결과 55.4%의 지역주민이 에치코 츠마리 아트 페스티벌을 지속적으로 개최하는 데 찬성하였다는 것은 에치코 츠마리 축제가 지역사회에 안정적으로 뿌리를 내리고 있다는 것을 의미합니다. 미래에는 더욱 다양하고 창의적이며 매력 있는 페스티벌로 확대될 것으로 예상됩니다.

대개 지방자치단체들에서는 지역경제 재생과 인구과소문제의 해결 그리고 기타 사회문화적인 문제들을 해결해 볼 목적으로 축제를 실시하고 있습니다. 그런데 아트 페스티벌이 그러한 경제적 재생이나 인구과소화 같은 문제를 직접적으로 해결해주지는 못합니다. 그러나 이런 식의 예술을 지역사회 발전에 도입하면 지역의 현안문제에 대해서 주민들이 더 많은 관심을 갖게 되고 서로 간에 가치

---

14 Naoko Takahashi, Op. cit., 2015, p.37.

15 Kitagawa F., Echigo-Tsumari Art Triennale 2009, Gendai-Kigakusya, 2010.

16 Umi E., Report of Questionnaire of Echigo-Tsumari Art Field 2012, Papers on Economics of Niigata University, 2013, Vol.94, pp.251-280.

를 공유하며 긴밀히 협력하는 사회적 자본을 빠르게 만들 수 있습니다.[17] 그리고 지역 내 각종 문화예술 행사와 문화시설들의 개발이 촉진되기 때문에 지역사회는 아트 페스티벌 같은 문화예술 행사를 추진하지 않을 때보다 훨씬 빠르게 쾌적한 생활환경이 조성되거나 상권이 새롭게 형성되면서 예술가 같은 창의적인 외부인재들이 이주해오게 되는 긍정적인 외부효과가 생겨나게 됩니다. 이런 현상은 세토우치 국제 예술제와 니시노미야 푸나사카 비엔날레(Nishinomiya Funasaka Biennale)사례 등에서도 발생했습니다.

제4절
에치코 츠마리를 통해서 살펴본 일본 아트 페스티벌의 특성

일본 아트 페스티벌에 트리엔날레가 많은 이유

전 세계적으로 대부분의 아트 페스티벌은 베니스 비엔날레, 상파울로 비엔날레, 리버풀 비엔날레처럼 2년에 한번 개최하는 비엔날레 형식이 많습니다. 그런데 일본의 아트 페스티벌은 3년에 한번씩 개최되는 트리엔날레 형식을 많이 채택하고 있습니다. 왜냐하면 에치코 츠마리 페스티벌과 같은 경우 지방자치단체가 후원하고 주도하는 이벤트로 시작했기 때문에 전시 후에 행사에 대해 평가하고, 공공기관에 보고하며, 각 기관에 아트 페스티벌의 효과를 설명하는 행정적인 절차를 밟는 데 많은 시간이 소요되기 때문입니다. 예를 들면, 2019년 10월에 트리엔날레 형식의 아트 페스티벌이 끝나는 경우, 관련 정부가 동 페스티벌에 관한 평가보고서를 제작하고 보고하는 행정절차를 약 6개월에 걸쳐 이행한 후 2020년 4~5월경에 끝냅니다. 2020년 5월부터는 정부는 그 다음 행사에 관한 예산계획을 세우고, 예술감독 선정 작업을 시작합니다. 예술감독이 2020년 7월경에 선임되면, 동 예술감독이 전시 주제와 개념, 방법 등을 정하고 행사 장소 결정과 큐레이터를 선

---

17 OECD, Human Capital, OECD Insight, 2007.

정하며, 운영위원회를 구성하게 됩니다. 그 후 언론을 통해 이해관계자들에게 전시계획 등에 대해 홍보하고, 의회 등 상급기관에 가서 프리젠테이션 등 보고를 합니다. 이러한 행정절차를 모두 마치고 나면 2020년 말이나 2021년 초가 됩니다. 결국 2021년 초가 되어서야 다음 전시를 본격적으로 준비할 수 있게 됩니다. 2022년 가을에 아트 페스티벌을 개최하기 위해서는 늦어도 2021년 상반기까지는 전시도록과 홈페이지, 포스터 등 거의 모든 준비가 갖추어져야 합니다. 따라서 예술감독이 전시를 준비할 수 있는 시간은 약 1년 반 정도의 시간 밖에 없게 되는 겁니다. 이런 이유에서 일본처럼 공공기관이 주도하는 아트 페스티벌은 3년에 한 번 개최하는 트리엔날레 형식을 따르게 됩니다. 그러나 공공기관에서 주도하는 아트 페스티벌이 아니라 민간주도로 추진할 수 있다면 2년에 한번 개최하는 비엔날레나 혹은 매년 개최되는 형식을 취할 수도 있다고 봅니다.

일본 아트 페스티벌의 공헌과 문제점

지방자치단체에서 주도하는 일본 아트 페스티벌의 경우는 해당 기관의 담당자가 자주 바뀌어 아트 페스티벌에 대한 노하우를 집적하는 데 어려움이 있다고 합니다. 정부로부터 상당한 재정 지원을 받고 있지만 어느 지자체나 재정상태가 충분하지 않기 때문에 과연 지속적으로 아트 페스티벌을 개최할 수 있을까 여부에 대한 우려가 상존하고 있습니다. 이러한 측면에서 에치코 츠마리는 아트 페스티벌을 지속적이고 안정적으로 개최하기 위해 민간 비영리단체를 설립하게 되었습니다. 도고 온센 아트(Dogo Onsen art)의 경우에도 지방자치단체가 후원하지만 지역사회 기업과 비영리조직이 공동으로 주도하고 있습니다.[18] 어느 경우든지 공공기관과 민간기업 사이의 균형과 협력이 필수적입니다.

일본은 전국적으로 80개 이상의 아트 페스티벌이 개최되고 계속적으로 증가해가고 있는 추세입니다. 그렇지만 아트 페스티벌을 제대로 운영할 수 있는 유

---

18 Matsuda, T., Dogo Onsenart 2014, no Seiko ni Mukete [Toward the success in Dogo Onsenart 2014].(In Japanese) Information from The Ehime Bank, No.275, 2014, pp.8-10. https://www.himegin.co.jp/furusato/pdf/hi275/hi275.pdf 2015년 10월 검색.

능한 예술감독과 예술가들의 수는 제한되어 있습니다. 만약 모든 예술축제가 스타 예술가를 초대한다면 대부분의 축제가 동질성을 띄기 쉽습니다. 그렇게 된다면 창조성과 다양성을 본질적 특성으로 하는 예술의 속성상 비슷비슷한 페스티벌이 다수 개최되는 결코 바람직하지 않은 현상이 나타나게 될 우려가 있습니다. 아트 페스티벌의 동질화 문제를 해결하기 위해서는 첫 번째, 지역의 문제에 중점을 두는 전략, 두 번째, 지역의 전통 예술에 중점을 두는 방법, 세 번째, 지역주민과 지역 작가를 적극 배려하고 양성하는 방법, 네 번째, 천재적인 큐레이터를 선정하거나 양성하는 것이 고려되어야 할 것입니다. [19]

예술은 다양한 관점을 제시해 주어야 가치가 있습니다. 비슷하거나 획일적인 생각을 하는 사람들만 있으면 예술세계에 다양한 가치나 새로운 아이디어가 등장하기 어렵습니다. 지역주민들이 예술을 통해서 창의적인 아이디어나 다양한 가치를 접촉하게 되면 그들의 상상력과 창의력이 늘어나면서 해당 지역사회가 활성화 되는 긍정적인 변화의 길을 갈 수 있습니다. 그리고 문화예술이 지역사회에 본격 도입됨으로서 지역주민들의 삶에 활기가 생겨나고, 생활환경도 쾌적하게 변화되는 등 삶의 질이 향상되게 됩니다. 따라서 문화예술은 중장기적으로 지역사회의 이미지와 브랜드가 긍정적으로 변화되고, 관광객이 증가하고 외지 사람들이 그런 지역으로 이주하고 싶게 만드는 자석 같은 역할을 하게 됩니다. 우리나라의 수많은 농촌이나 산촌들이 일본의 에치코 츠마리 트리엔날레와 같이, 장소특정적 대지미술제나 설치미술제와 같은 독특한 아트 페스티벌의 개최를 다양하게 추진하게 되길 기대해봅니다.

---

19 Yoshida, T., What is the Aim of Triennale?, Suiyosha, 2015, p.237.

18장

고립된 외딴섬을 명소로 만든 세토우치 국제예술제

제1절

버려진 섬들이 예술축제의 중심이 되다

1980년대 예술축제 확산 현상

알란(Allen)과 쇼(Shaw)는 1980년대 후반 이후 영국에서 예술축제가 확산되고 있고, 산업화·대형화 되고 있다고 지적하면서 그런 축제가 550개에 이른다고 보고하고 있습니다.[1] 그리고 롤페(Rolfe)의 연구에 따르면 영국 예술축제의 과반수 이상이 1980년대에 시작되었다고 합니다.[2] 브렌토트(Brennetot)는 프랑스축제의 경우도 1950년대에 약 12개 정도에서 1990년대 중반에 천개 이상으로 기하급수적으로 증가하였다고 합니다. 또한 깁슨(Gibson)과 코넬(Connell)의 연구에 의하면 호주 지방도시에만 600개의 음악축제가 있다고 합니다.[4]

일본의 경우도 마찬가지인데, 일본은 수백 년간 이어져오는 전통적인 마츠리가

---

1 Allen, K. & Shaw, P., Festival mean Business, In The Shape of Arts Festivals in the UK, London British Arts Festival Association, 2000.

2 Rolf, H., Arts Festivals in the UK, Policy Studies Institute, 1992.

3 Brennetot A., When French Art Festivals Bring Life to Living Places, Annals de Geographie, 635, 2004, pp.29–50. Bernadette Quinn, Arts Festivals, Urban Tourism and Cultural Policy, Journal of Policy Research in Tourism, Leisure & Events, 2010, p.267.

4 Gibson, C. & Connell, K., Music and Tourism, Channel View Press, 2005.

각 지역마다 있고, 아트 페스티벌도 전국적으로 80여개가 넘게 개최되고 있습니다. 일본의 마츠리는 대체로 지역주민이 자치적으로 운영하는 자생적 성격을 많이 갖고 있습니다. 이런 예술축제 중에서 환경오염이 심하고 주민들도 많이 떠나가 인구가 급격히 감소하는 등으로 큰 위기에 처한 세토내해의 나오시마와 인근 섬들이 2010년부터 세토우치 국제예술제(Setouchi International Art Festival)를 개최하기 시작해 매 행사 때마다 백만 명이 넘는 관광객을 유치하고, 각종 경제적 효과를 크게 거두고 있는 사례[5]가 있습니다. 니이가타현에서 개최되고 있는 에치코 츠마리 트리엔날레 역시 산촌오지마을에 매회 때마다 40만 명 이상의 관광객을 유치하면서 성공해가고 있습니다. 예술축제는 여러 가지 다른 주장이 있지만 '도심의 공공장소, 쇼핑센터 및 농촌과 같은 비예술적 공간에서 이루어지는 현대미술전시회 혹은 공연으로 공동창작예술활동(Co-creative art activity)을 특징으로 하고 있습니다.[6]

세토우치 국제예술제는 농촌마을을 살린다는 사회적인 목적을 위해서 추진되고 있는 아트 페스티벌 프로젝트인데, 예술의 사회적 참여와 지역경제 활성화와 같은 사회적 목적을 가진 관계의 미술(Relational art)[7]과 실내 미술관의 제한된 공간을 벗어나 자연환경과 삶의 현장 등에서 실천되는 장소 특정적 예술(Site-specific art),[8] 예술의 사회적 역할과 공동체 회복을 추구하는 새로운 장르 공공미술(New Genre Public Art)[9]의 성격을 함께 가지고 있다고 할 수 있습니다. 학자에 따라서 세토우치 국제예술제의 예술작품을 장소 특정적 예술이라는 용어 이외에 지역사회 기반 예술(Community-based art),[10] 공공예술(Public art),[11] 대지미술(Earth art)[12] 등의 용어로

5 Meng Qu, Art Intervention on Japanese Islands: The Promise and Pitfalls of Artistic Interpretation of Community, International Journal of Social, Political and Community Agendas in the Art, Vol.14(3), 2019, p.20.

6 Kumakura S., Kikuchi T. and Nagatsu Y., History and Present of Japanese Art Project 1990 to 2012, Tokyo Metropolitan Foundation for History and Culture, Tokyo Art Research Lab, 2014, p.12.

7 관계의 미술(Relational Art)은 p.204 각주 16 참조.

8 장소 특정적 미술(Site-specific art)은 p.204 각주 15 참조.

9 공동체미술(Community art)은 p.203 각주 14 참조.

10 Ransdell, M. Creativity and Place Making: Evaluating the Creative Product in Community-Based Art Installations, The International Journal of Social, Political and Community Agends in the Arts, 7(1), 2013, pp.1-8.

11 Rakic, Tijana and Jo-Anne Lester, Travel Tourism and Art, Routledge, 2016.

12 Kondo, Junko. "Revitalization of a Community, Site-Specific Art and Art Festivals A Case

설명하고 있습니다. '아트 사이트 나오시마'나 '세토우치 국제예술제'는 고령화나 농촌경제 활성화, 농촌 인구감소 해소 등과 같은 사회적 문제를 해결하고자 하는 명백하고 구체적인 목표를 가지고 아트 프로젝트를 수행한다는 것입니다. 미국의 페더랄 아트 프로젝트(Federal Art Project)라던가 사회적 책임과 윤리적인 건전함을 추구한 1990년대 미국의 새로운 장르 공공미술[13] 그리고 1960년대 런던을 중심으로 가난한 소수민족의 사회문제 해결을 위해 추진된 커뮤니티 아트 프로젝트(Community Art Project)[14]도 마찬가지로 사회적 목적 달성을 위한 관계의 미술적 성격을 지니고 있습니다.

그러나 일본의 아트 프로젝트의 경우 초기단계에는 지역사회의 참여가 아니라 기업이나 지자체에서 주도해 농촌 등 지역재생을 위한 인위적 정책 수단의 하나로 개발되었다는 특징이 있습니다. 베세토라는 민간기업이 주도하여 개발한 예술섬 나오시마나 세토우치 국제예술축제, 그리고 산촌의 인구감소 등을 해소하기 위하여 지방정부가 주도하여 개최된 에치코 츠마리 대지예술제도 처음부터 지역주민이 주도적으로 참여하고 주동이 된 축제는 아니었습니다. 일본의 아트 페스티벌은 고유의 예술성을 중심으로 한 아트 프로젝트라기보다는 사회참여형 예술축제가 많은 편인데, 예술의 본질적 가치보다는 예술의 사회적, 도구적 가치에 중점을 둔 프로젝트라고 비판하는 사람들도 있습니다.[15] 그러나 세토우치 국제예술제는 관광객과 관광수입 증가를 통해서 외딴섬이라는 제약을 많이 가진 지역사회를 활성화 시키고, 매력적인 예술환경을 갖춘 섬으로 변화[16]시킴을 통해서 섬지역의 주민들과 지역사회, 국가 및 외지 관광객을 연결해주는 소통도구라는 중요한 역할을 하고 있습니다. 또한 관계의 예술이 농촌지역에 도입되면 강력한 문화적 촉매제가 될 수 있습니다. 농촌사회에 창의적인 장소 만들기와 참

of Art Site Naoshima", Master's thesis, University of Jyväskylä. 2012, https://jyx.jyu.fi/bitstream/handle/123456789/37928/1/URN%3ANBN%3Afi%3Ajyu201205301764.pdf.

13 Kwon, M., One Place After Another: Site-Specific Art and Locational Identity, MIT Press, 2004.
14 Bishop, C., Artificial Hells: Participatory Art and the Politics of Spectatorship, Verso Cabinet Office Government of Japan, Annual Report of Aging Society, 2013.
15 Kobayashi Rune, Op. cit.
16 Fondevilla, Herbeth L., "Local and Contemporary: Community-Based Art Initiatives in Southern Ibaraki, Japan", Asia Pacific Journal of Arts & Cultural Management 9(1), 2012, pp.14-23.

신한 관광자원화를 부추겨서 사회적 혁신의 발상지가 되고, 네트워크를 강화시켜 농촌사회를 변화시키는 중요한 촉매제가 될 수 있습니다.[17] 예술의 섬 나오시마나 세토우치 국제예술제와 같이 비예술적인 분야에 대한 공헌을 목표로 하는 예술·문화정책을 도구적 문화정책(Instrmental cultural policy)[18] 이라고 칭합니다.

쿠사마 야요이 호박

고립된 외딴섬 나오시마가 희망의 바다를 노래하다

아시아의 에게해라고도 불리는 일본의 세토내해는 600여개에 달하는 섬들이 촘촘히 박혀있는 아름다운 바다 경관을 특징으로 하며, 혼슈와 시코쿠 및 큐슈 일본 열도에 둘러싸여 있는 곳입니다. 교토, 나라, 오사카, 고베 등 긴키지역을 규슈지역 및 한국 등 아시아 국가들과 연결해주는 중요한 해상교통로이며, 1934년 일본 최초로 국립공원으로 지정된 곳이기도 합니다. 1980년대부터 세토내해 섬에 위치한 수많은 섬들 중 하나인 나오시마에는 현대적 미술관, 야외 예술작품, 워크숍 등 여러 유형의 현대미술 프로젝트가 진행되고 있습니다. 베네세 아트 사이트 나오시마(www.benesse-artsite.jp/en)로 알려진 동 나오시마 아트 프로젝트

---

17 Balfour, B. et al., The Creative Fire: An Interactional Framework for Rural Arts-Based Development, Journal of Rural Studies 63(October) 2018, pp.229-239.
18 Gray, C., Commodification and Instrumentality in Cultural Policy, International Journal of Cultural Policy, Vol.13, No.2, 2007, pp.125-148.

는 오카야마현에 기반을 둔 통신교육 및 출판사인 베네세 홀딩스와 (주)베네세의 후원으로 설립된 후쿠타케 재단의 재정 지원을 20년넘게 계속 받고 있습니다. 베네세란 1990년 후쿠타케 출판사가 개명한 그룹 명칭으로 라틴어 Bene(Well)과 Esse(Being)의 합성어인데, 질 높은 삶(Well – being, Living well)이라는 뜻으로 베네세 기업의 경영철학을 브랜드로 표현하고 있는 말입니다.[19] 2000년대 들어 베네세 기업이 후원하고 있는 예술 섬 나오시마가 "현대미술의 섬"으로 알려지게 되면서 전 세계로부터 미술애호가나 관광객들이 다수 방문하는 문화관광지로 변화되었고, 테시마와 이누지마 등 인근 섬들로 비슷한 아트 프로젝트가 확산되게 되었습니다.

그리고 2010년 7월 19일 바다의 날에 세토우치 트리엔날레라고도 불리는 제1회 세토우치 국제예술제(www.setouchiartfest.jp/en)가 세토내해와 다카마츠항, 오기지마 등 가가와현 7개 섬에서 처음 개최되었습니다. 세토우치 국제예술제는 아름다운 해양 자연과 인간이 함께 해온 세토우치섬들이 활력을 되찾고, 세토내해가 지구상 모든 지역의 '희망의 바다'가 되는 것을 목표로 하여, '바다의 복권'이라는 주제를 가지고 3년을 주기로 진행[20] 되는 트리엔날레 형식의 예술축제입니다. 첫해에 방문한 관광객은 총 93만 명이었고, 18개국에서 75명의 예술가들이 7개 섬에서 작품을 제작하고 전시하였습니다.

이하에서는 세토우치 국제예술제(Setouchi International Art Festival)라는 섬지역의 예술축제가 해당 지역의 관광 및 지역 경제에 미치는 영향을 살펴보겠습니다. 예술제가 열리는 섬들은 현재는 멋진 문화·예술관광지로 변화되었지만, 지나간 15년 동안은 인구감소가 심각하고, 고령화 문제가 심각했던 오지섬이었습니다. 나오시마섬(2010년 3,277명)의 인구는 17% 이상 감소했으며, 65세 이상 인구는 24%에서 33%로 증가했습니다.

오카야마현에 속해있는 이누지마섬은 구리제련소의 폐쇄로 산업폐기물이 무단 투기되면서 오염이 심화되고, 한센병 환자 강제수용소가 있는 상처와 아픔이

---

19 이재은, 문화예술지원을 통한 기업의 지속 가능한 지역활성화 전략 – 베네세 아트사이트 나오시마를 중심으로 – 서울대학교 석사논문, 2014, p.26.

20 최혜정, 문화예술지원과 지역사회적 가치창출 방안 – 베네세의 아트사이트 '나오시마' 사례를 중심으로, 동국대학교 석사논문, 2017, p.58.

많은 섬이기도 했습니다. 그런 버려지다시피 된 고립된 외딴섬들을 예술이 가진 내재적 정화력으로 이미지를 밝고 긍정적으로 바꾸어내고, 문화적인 아름다움을 창조해주는 예술의 힘으로 이누지마제련소가 매력적인 세이렌쇼 미술관으로 다시 태어나게 했습니다. 산부이치 히로시와 야나기 유키노리의 협업으로 건설된 세이렌쇼 미술관은 구리제련소의 굴뚝과 공장건물 등 구시대산업유산은 그대로 유지한 채, 벽돌을 미술관의 바닥과 벽으로 재활용하는 등으로 지역성을 최대한 담아낸 미술관으로 탈바꿈시켰습니다. 이누지마섬은 파괴된 환경을 재생시켜보려고 지방자치단체와 구리제련소 기업이 재조림사업 지원 등 나름 노력을 해왔었지만 섬의 이미지는 환경오염된 구산업지대[21]라는 오명에서 벗어나지 못했습니다. 그러나 세토우치 트리엔날레는 부정적인 기존 이미지를 "예술의 섬"으로 빠르게 바꿔내고, 문화관광을 촉진시켜 여러 가지 부가가치를 만들어내며 낙후된 이누지마섬의 지역경제를 활성화 하는 데 성공했습니다. 이러한 변화의 기반은 1980년대 후반부터 수십 년간 베네세 그룹이 나오시마섬에 지중 미술관 건설, 이우환 미술관, 아트하우스 프로젝트 추진 등 여러 가지 사업들을 진행했기 때문에 비교적 순조롭게 마련된 것이었습니다.

제2절
예술섬 나오시마의 전설은 이렇게 만들어졌다

예술섬 나오시마의 운영 구조

세토해 내해에 위치한 나오시마섬을 중심으로 문화예술을 통한 지역사회 활성화 사업을 하고 있는 베네세 아트사이트 나오시마는 베네세가 전액 출자한 자회사인 나오시마 문화촌과 후쿠타케 재단이 공동으로 운영하고 있습니다. 나오

---

21 Kasahara, R., The Locus and Its Meaning of Activity of Benesse Art Site Naoshima, Public Finance and Public Policy, Vol.50, Society for the Studies in Public Finance, 2011, pp.67 – 75.

시마 문화촌은 베네세 하우스를 운영하고 있으며, 후쿠타케 재단은 다른 박물관과 미술 프로젝트를 운영하고 있습니다. 재단은 입장료 수입과 주식 배당금으로 자금을 조달합니다.[22] 나오시마개발계획에 대한 지방정부의 지원은 나오시마의 문화관광객을 증가시키는 중요한 요인 중 하나입니다. 지방정부는 나오시마에 2011년에 박물관, 커뮤니티센터, 도서관 등의 교육시설 설립과 운영 및 사회교육에 약 1,900만 엔을 후원했습니다.[23] 베네세 그룹은 일본 내에서는 교육사업으로 비교적 유명한 회사였지만, 세계적으로 알려진 회사는 아니었습니다. 그런데 이 기업의 지역사회 공헌과 베네세 아트사이트 나오시마의 유명세에 힘입어 베네세란 일본기업이 세계적인 기업으로 이미지를 격상시켰습니다. 현재도 베네세의 후원은 나오시마에 예술작품을 제작하고 설치하는 데 없어서는 안 되는 중요한 역할을 하고 있습니다. 재정적 어려움에 직면한 지방자치단체의 경우, 민간인이나 지역기업과의 후원 관계를 강화하는 것이 지역경제를 활성화 시키고, 관광발전을 촉진하는 효과적인 방법이라고 것을 나오시마의 성공사례로 분명히 알 수 있습니다.

지방정부와 민간기업의 협력으로 만들어낸 프로젝트

나오시마 당국은 관광객 유치를 위한 방법으로 어느 지역에서나 볼 수 있는 대규모 리조트를 개발하는 방식보다는 자연환경과 문화관광자원을 활용해 지속 가능한 문화관광지를 개발하겠다는 비전을 제시했습니다. 이것이 후쿠타케 소이치로 회장의 비전과 일치하였고, 베네세의 투자에 의한 나오시마개발의 기초가 되었습니다. 나오시마 지자체는 베네세와의 협약을 토대로 예술 프로젝트에 주도적으로 개입하지는 않고 있습니다. 그러나 나오시마 지자체는 현대미술과 섬의 역사적, 자연적 자산의 조화로 창조된 나오시마섬의 매력을 유지하기 위해 역사적인 거리 풍경을 보존하기 위해서 노력하고 있습니다. 2002년, 지자체는 경

---

22 Mizuho Research Institute, Regional Economy: Regional Revitalization in the Kagawa Prefecture, Mizuho, 2007.

23 Kagawa Prefectural Board of Education, Expense for Social Education in Municipalities, 2012.

관보존 규정(Regulation for Landscape Preservation)을 제정하여 이 규정에 부합하는 건축물의 재건축에 보조금을 지급하기 시작했습니다.

2004년 베네세 재단은 세토내해에 예술 네트워크를 구축하기 위한 예비 연구사업을 실시했습니다. 지역 예술 네트워크는 베네세 아트사이트 나오시마의 현대미술에 대한 인기를 활용해 국내외 관광객 유치를 촉진시키려는 것을 목표로 하고 있습니다. 이 프로젝트는 지방정부와 베네세 재단뿐만 아니라 지역사회와 비영리 단체 간의 협력을 강화했습니다.[24] 베네세 아트사이트 나오시마는 주로 베네세가 주도하고 있지만, 지방정부, 특히 가가와현정부는 세토우치 국제예술제를 시작하고 운영하는 데 있어서 중요한 역할을 하고 있습니다.

민간기업이 가져다준 변화의 바람

베네세 아트사이트 나오시마섬의 관광개발은 1980년대에 수립된 섬에 대한 도시개발계획에 기반을 두고 있습니다. 동 도시개발계획은 나오시마섬의 남쪽을 지속 가능한 관광을 촉진하기 위한 교육 및 레크리에이션 장소로 개발하는 목표를 갖고 있었습니다. 1985년 베네세의 전신인 후쿠타케 출판사의 창업자와 나오시마 시장은 나오시마 남부를 교육과 문화관광지로 개발하기 위해 협력하기로 합의했습니다. 1986년 부친의 가업을 계승한 후쿠타케 소이치로(Fukutake Soichiro) 회장은 1989년 나오시마 국제캠핑장을 개발하고, 1991년에는 나오시마를 문화예술교육의 장으로 발전시키는 것을 주 목표로 한 나오시마 문화촌(Naoshima Cultural Village)을 설립하였습니다.[25] 나오시마 국제 어린이 및 관광객 캠프는 1995년 프리츠커 건축상 수상작가인 안도 다다오(Tadao Ando)의 감독 하에 1989년에 개발되었습니다.[26] 후쿠타케 소이치로 회장은 창작산업 네트워크를 통해 예술사업계

24 Kasahara, R., Research for Promotion of Setouchi Art Network, Presentation at the Conference of Research for Regional Revitalization in FY 2004, Ministry of Land, Infrastructure, Transport and Tourism, 2005.
25 OECD, "Contemporary Art and Tourism on Setouchi Islands, Japan", In Tourism and the Creative Economy, OECD Studies on Tourism, 2014, p.130.
26 Ihara, Y., A Study on the Characteristics on the Islands in the SetoInland Sea, Landscape Research Japan, Vol.70, No.5, 2007, p.630.

획을 수립하고 재정적으로 꾸준히 지원했습니다. 나오시마를 자연과 문화가 함께 살아 숨 쉬는 세계적인 문화예술의 섬으로 탈바꿈시켜 자연을 아름답게 보존하면서 현대미술과 시너지 효과를 발휘하도록 노력함으로써 지역사회를 활성화시키기 위해 2010년부터 3년에 한번 개최되는 세토우치 트리엔날레를 출범시켰습니다.[27] 이렇게 탄생된 세토우치 국제예술제는 많은 관광객과 예술가들을 섬으로 유치하고, 나오시마섬과 이누지마섬 등의 예술작품과 매력 등 문화관광자원을 전 세계에 알려갔습니다.

미술관을 탈출한 장소 특정적 예술작품

1989년 나오시마 국제 캠프에 카렐 아펠(Karel Appel)의 야외 조각품이 설치되었고, 1992년에는 안도 다다오가 설계한 호텔과 미술관이 일체화된 베네세 하우스와 나오시마 현대 미술관이 개관되었습니다. 베네세 하우스는 미술관과 호텔이 함께 공존하는 건축물로 건물 자체가 자연·예술·건축의 상생[28] 이라는 이념을 실현한 아름다운 예술품으로 평가받고 있습니다. 그러나 처음에는 나오시마섬에 도입된 현대미술이 별로 성공을 거두지 못했습니다. 1992년부터 1995년까지 여러 차례 기획 전시회와 워크숍이 열렸지만, 1997년에 베네세 하우스 박물관을 방문한 관광객 수는 11,000명에 불과했습니다.[29] 1996년부터 베네세 하우스 박물관은 예술가들에게 장소 특정적 작품들을 제작하도록 의뢰하기 시작했습니다. 예술가들은 자신의 작품이 주변 환경 속에서 어떻게 보이는지, 그리고 자신의 작품이 지역문화나 역사와 어떻게 연결될 수 있는지에 대해 고민을 하게 되었습니다. 1994년에 전시된 '아웃 오브 바운드: 바다의 현대미술'은 장소 특정적 예술작품의 촉매제였습니다. 이 전시는 나오시마섬의 아름다운 자연경관을 배경으로 현대미술작품들을 전시하여 방문객들이 미술작품과 함께 섬의 자연을 즐길 수 있게 했습니다. 그 후 베네세 하우스 박물관이 위치한 섬의 남쪽에 예술작품

---

27 Ministry of Land, Infrastructure, Transport and Tourism(MLIT), Land and Transportation, MLIT, 2009.
28 최혜정, Op, cit., 2017, p.51.
29 JTA(Japan Tourism Office), Regional Development by Tourism 2011, JTA, 2012.

을 많이 설치하면서 현대적 예술공간은 더욱 확장되었습니다.

1998년부터 베네세 그룹은 300년 정도 된 집과 상점 그리고 사찰, 신사 등이 밀집된 나오시마의 혼무라(本村)지구를 중심으로 오래된 빈 집과 토지를 매입하여, 예술가들에게 빈집들을 예술작품으로 바꾸도록 의뢰한 '아트하우스 이에 프로젝트'를 시행하였습니다. 아트하우스 이에 프로젝트는 혼무라지구의 역사적인 거리 풍경을 보존해가며, 빈집과 폐가가 즐비하던 기존 거리를 예술공간으로 변화시켰습니다. 1998년 미야지마 다츠오가 200년 이상 버려진 민가를 개축하여 주민들과 함께 제작한 '카도야 프로젝트', 1999년 절터에 안도 다다오와 제임스 터렐이 협업해서 새롭게 신축한 '미나미데라' 프로젝트 등 다양한 아트하우스 프로젝트 작품이 제작되어 전시되게 되었습니다. 아트하우스 프로젝트는 나오시마 섬 마을의 폐가와 절터 등 버려진 공간을 예술적으로 새롭게 재창조하여, 쇠락해가고 있던 섬마을을 예술 중심지로 탈바꿈시킨 상상력과 창조력이 만들어낸 신화 같은 성공사례가 되었습니다. 장소 특정적인 미술은 "미술품은 미술관 내부에서만 전시해야 한다"라는 전통적 관념을 버리고, 예술화전략을 통해서 섬마을 곳곳을 예술이 살아 숨 쉬는 예술공간으로 변화시켜 주었습니다.

이렇게 점진적으로 나오시마섬에 장소 특정적 작품들이 다양하게 설치되었고, 1992년 '베네세 하우스'를 시작으로 1995년 '베네세 하우스 오벌', 2004년 '지중미술관', 2010년 '이우환미술관' 등 안도 다다오의 수많은 화제작이 세상에 선보이게 되면서, 나오시마섬은 환경오염의 대명사에서 예술의 섬으로 완전히 탈바꿈하게 됩니다. 연이어 제작된 산부이치 히로시와 야나기 유키노리가 협업한 '이누지마 제련소 미술관', 니시자와 류에와 나이토 레이가 협업한 '데시마 미술관', 세시마 가즈요의 '아트하우스 프로젝트' 등 유명 작가들의 작품은 세상의 화제가 되었습니다. 이 중 안도 다다오나 SANAA(세지마 가즈요와 니시자와 류에로의 유닛)는

제련소의 외관을 그대로 살려 미술관으로 만든 이누지마 제련소 미술관

건축계의 노벨상인 프리츠커상을 수상한 세계적 건축가들입니다. 이들의 건축작품 중에 두 작품은 일본에서 가장 권위 있는 건축학회상을 수상한 작품이기도 합니다.[30] 이처럼 나오시마는 세계적인 명장들의 미술작품뿐만 아니라 건축물로도 세계적인 명성을 얻고 있습니다. 나오시마와 인근섬에서는 건축물 자체가 관광객을 매료시키는 또 하나의 문화관광자원입니다.

창조적 예술작업과정에 시민이 참여

장소특정작품으로의 전환은 작품 제작과정 속에 주민들이 참여해 협력토록 하는 방식으로 예술작품과 주민 간의 관계를 새롭게 확립시켰습니다. 이런 식으로 예술이 농촌사회에 개입할 수 있으려면 지역주민의 협력이 필수적이고, 예술이 지역사회의 문화를 읽어내는 기능을 발휘하여야 합니다. 주민들의 평범한 일상을 재발견하고 재해석해 잠재된 가치를 새롭게 드러내주는 창작행위가 지역주민과의 긴밀한 소통과 협조를 통해서 이루어지게 될 경우 당연히 그 예술가와 지역주민 간에는 공감대가 형성됩니다. 그러나 이런 장소 특정적 예술을 시행하는 과정에서 행사주최측과 예술가 그리고 지역주민 간에 문화적 갈등이 발생할 수 있고, 문제를 해결하지 못하게 되는 경우도 있습니다.[31] 지역사회와의 문화적 갈등은 유무형의 형태로 다양하게 나타나는데, 지역주민들이 참여예술가들이 지역문화를 진정으로 이해하고, 존중한다는 것을 느낄 수 있어야만 갈등은 완화되고 관계가 회복될 수 있습니다. 대체적으로 예술가가 열심히 작업을 하고, 성실한 모습으로 작품을 제작하는 과정을 주민들에게 진솔하게 보여줄 때 지역주민의 마음을 열 수 있게 된다고 합니다.[32] 특히 예술작품이 지역사회의 잊혀진 기억을 되살릴 수 있을 경우, 지역주민들은 더 큰 감동을 느끼게 됩니다.

---

30 이가리시 다로, 일본의 포스트 버블시대 미술계로 침공한 건축, 한국 근현대미술사학, 2017, pp.166-168.
31 Borrup, Tom, Creative Placemaking: Arts and Culture as a Partner in Community Revitalization, In Fundamental of Arts Management, University of Massachusetts, edited by Dee Boyle-Clapp, Arts Extension Service, 2016, pp.1-22.
32 신나경, 글로벌시대의 아트 프로젝트와 예술작품의 의미-한국과 일본의 지역예술을 중심으로, 한국미학예술학회 여름 정기학술대회, 2013, p.161.

나오시마섬의 주요 산업은 제분업과 낚시였습니다. 문화예술과 관광사업은 당초 섬주민들의 일상생활과는 아무런 관계가 없었습니다. 현대미술에 대한 지역민들의 이해를 높이기 위해 박물관 등에 주민들을 무료로 입장하게 하고, 예술 행사에 초대하였습니다. 섬마을 공동체의 한가운데서 시작된 '아트하우스 이에 프로젝트'는 주민들이 작업과정에 직접 참여하면서 그들이 현대미술에 대한 친근감을 키워나가도록 유도하는 것이 중요한 요소였습니다. 참여했던 예술가들은 주민의 일상생활 영역에서 작품을 창조해 나갔고, 주민들은 고군분투하는 예술가들의 창의적인 노력을 볼 수 있었을 뿐만 아니라, 창작 과정에도 함께할 수 있었습니다.

2004년에는 클로드 모네(Claude Monet), 제임스 터렐(James Turrell), 월터 드 마리아(Walter De Maria)의 작품을 영구 전시하기 위해 안도 다다오가 디자인한 '지중 미술관'이 개관했습니다. 지중 미술관은 주변의 아름다운 자연경관을 그대로 살린 채 모든 건축구조물을 지하에 배치한 것이 중요한 특징입니다. 외관상으로는 산의 능선 등 자연경관을 그대로 살려내서 광활한 자연 속에서 건축물은 지하에 개발하여 극히 일부만 지상에 나타나도록 설계하여 인공구조물이 겉으로 거의 드러나지 않게 개발했습니다. 안도 다다오 건축의 특색인 자연과 빛 그리고 노출 콘크리트 기법이 충실히 반영된 대표적인 건축물입니다. 나오시마에서는 미술품도 중요한 가치를 가지고 있지만, 박물관 건축물 자체도 가치가 많은 장소 특정적 예술작품 사례입니다.

2006년에는 '스탠다드 2전'이 개최되었고, 2009년에는 예술가 오타케 신로(Ohtake Shinro)가 제작한 작품 나오시마 공중목욕탕 'I♥湯'이 개관했습니다. 지역사람들

● 산 지하에 건설되어 지상에서는 보이지 않는 지중 미술관

이 목욕탕에 모여서 서로 이야기와 정을 나누고, 휴식을 취하는 일본의 독특한 목욕문화를 표현한 작품으로 방문객들의 인기를 끌었습니다. 1995년에는 11,000명의 관람객이 베네세 하우스를 방문했었는데, 2004년에는 107,000명, 2012년에는 512,756명, 2016년에는 727,000명으로 크게 증

가했습니다.[33] 연간 방문객 성장률이 연평균 13%에 달하고 있습니다.

○ I♥湯

관광객이 증가하면서 처음에는 변화에 대해서 생소하게 여겼던 지역주민들이 관광객들에게 자신의 마을을 더 매력적으로 느낄 수 있게 하는 방법에 대해서 생각하게 되었습니다. 예를 들어, 주민들은 오래된 건물 입구에서 현지 예술가가 디자인한 일본식 커튼과 명패를 사용하여 마을 풍경을 아름답게 꾸미는 예술 프로젝트에 주도적으로 참여하기 시작했습니다. 그리고 2003년에는 주민들이 문화관광사업 효과적 운영의 필요성을 인식하고, 비영리 단체인 나오시마 관광협회를 설립했습니다. 현재 관광협회는 관광 안내소와 나오시마 공중 목욕탕 'I♥湯'을 운영하고 있습니다. 2004년, 지역 역사연구 그룹의 회원들은 투어가이드협회를 설립했습니다. 투어가이드협회는 예술섬 나오시마를 방문하는 관광객들에게 지역의 역사와 문화를 소개하는 활동을 하고 있습니다. 투어가이드들은 각기 연평균 2,000명의 관광객을 안내하고 있습니다. 나오시마의 예술 프로젝트는 관광과 지역 활성화의 성공에 필수적인 자발적 주민 참여를 촉진시켰습니다.

2000년에 나오시마는 미국 여행 잡지 콘데 나스트 트래블러(Condé Nast Traveller)에 의해 파리, 베를린, 알렉산드리아, 빌바오, 리우, 두바이와 함께 7대 불가사의 중 하나로 선정되었습니다.[34] 그리고 2004년 안도 다다오가 설계한 지중 미술관이 개관되면서, 더 많은 사람들의 관심을 끌었습니다. 베네세 아트사이트 나오시마는 2011년에는 외국 언론에 133회나 기사화 되었습니다.[35] 베네세 하우스

33 Rebecca Stone, Japan's Naoshima Island: A Portrait of Possibillity for Art Tourism, Skift, Nov 19, 2018.
34 이호상, 이명아, 문화예술을 매개로 한 도시재생전략에 관한 사례 연구, 한국과학예술포럼, vol.10, 2012, p.118.
35 Fukutake Foundation, Operating Resort, Fukutake Foundation.

내 호텔에 체재하는 손님 중 외국인의 점유율은 2009년 약 18%였으며, 대부분은 프랑스인, 한국인 또는 미국인이었습니다. 2008년 일본 국토교통부(MLIT)와 일본관광공사(JNTO)는 일본과 프랑스의 수교 150주년을 기념하는 홍보활동에서 나오시마를 홍보대상으로 선정하여 나오시마섬의 관광 홍보마케팅을 지원하였습니다. 이러한 홍보 활동 결과로 박물관과 예술품을 보기 위해서 방문하는 문화관광객이 계속 증가했습니다. 2004년 이전에는 나오시마의 혼무라지구에 레스토랑이 하나도 없었지만, 2012년에는 약 50개의 새로운 레스토랑과 23개의 여관이 영업을 시작했습니다. 2005년부터 2010년까지 섬에 이주해오는 사람들 중 20대가 30%, 30대가 30%로 젊은이들이 취업과 사업을 하기 위해서 섬으로 이주해오고 있습니다. 인근 테지마섬에도 이주민이 유입되고, 기업이 유치되는 효과가 나타나고 있다고 합니다. 그리고 오기지마(Ogijima)의 폐교되었던 초등학교와 중학교가 2014년 3월에 다시 개교하였습니다.[36]

제3절
인근 섬으로 축제의 장이 확산되다

지역사회 활력을 불어 넣기 위한 예술관광계획

가가와현정부는 2007년 문화예술관광을 더욱 촉진하기 위해서 세토우치 국제예술제를 개최한다고 공표했습니다. 가가와 예술관광계획 2010－15(Kagawa Art Tourism Plan 2010-15)에는 세토내해의 섬들에 현대미술을 활용한 국제예술제를 개최하여 해안도서의 자연환경, 현지의 전통음식점, 신사나 사원과 같은 전통문화지역, 다른 박물관과 같은 광범위한 지역으로부터 관광객 유치를 확산시키는 것을 목표로 한다고 개최목적을 밝히고 있습니다. 목표는 가가와현 내 국내외 관광객 수를 5% 증가시키고, 체류 기간을 연장하도록 하려는 것입니다. 세토우

---

36 Naoko Takahashi, Op. cit., Arts & Festivals Management, 2015, p.36.

치 트리엔날레는 낙후 도서 발전과 관광 진흥을 목표로 지방정부 간 협력을 통해 개발되었습니다. 베네세 그룹은 예술제와 문화관광을 통한 지역의 활성화를 위하여 니이가타현의 에치코 츠마리 트리엔날레의 아트 디렉터인 프람 키타가와(Fram Kitagawa)를 세토우치 국제예술제의 예술감독으로 고용하였습니다. 세토우치 아트 프로젝트는 예술 활동을 통해 이루어지는 노인, 젊은 관광객, 예술가 및 자원 봉사자 간의 교류가 지역사회에 활력을 불어 넣는다는 확고한 신념을 바탕으로 추진하게 되었습니다. 이러한 국제예술제 개최계획은 2000년부터 3년마다 니이가타현 내 산촌마을들을 활성화시키는 목적으로 개최되고 있는 에치코 츠마리 트리엔날레의 영향을 많이 받았습니다. 2010년 세토내해의 7개 섬에서 처음 개최된 세토우치 국제예술제는 이누지마 구리제련소와 오오지마의 한센병 요양원과 같은 근대산업유산들이 장소 특정적 예술로 재생되어 아픈 지역의 역사와 함께 일반인들에게 공개되었습니다.[37]

세토우치 국제예술제의 운영조직구조

2008년 4월에 설립된 세토우치 국제예술제 운영위원회는 지방자치단체, 지역기업인, 문화창조산업 대표들이 연대한 조직입니다. 동 위원회는 가가와현 지사가 위원장을 맡고 있고, 가가와현 상공회의소 회장과 다카마쓰 시장이 부의장입니다. 후쿠타케 재단의 회장인 후쿠타케 소이치로는 축제를 홍보, 관리, 제작하는 데 앞장서고 있습니다. 예술감독은 국제 미술축제 운영에 대한 방대한 경험을 가진 스타예술감독인 프람 키타가와인데, 그는 니이가타현에서 개최되고 있는 에치코 츠마리 아트 페스티벌의 아트 디렉터이기도 합니다.

동 운영위원회는 주로 가가와 현청에서 운영됩니다. 2010년 축제 사무국은 2009년에 설립된 가가와현 세토우치 국제예술제 사무실에 속한 공무원 12명과 가가와현 관광교류국(JTA 20)의 수석 및 부국장이 감독하는 다카마쓰시정부 관계자 3명으로 구성되어 있습니다. 관광 및 지역활성화를 목표로 하는 세토우치 국제예술제는 2010년 7월 19일부터 10월 31일까지 총 105일 동안 세토내해 7개

---

37 Kobayashi Rune, Op. cit., 2016, p.113.

섬들과 다카마쓰항, 우노항 등에서 처음 개최되었습니다. 이 국제예술제에는 총 18개국에서 75명의 아티스트 그룹이 참가했습니다. 동 운영위원회의 보고에 따르면 아래 <표 18-1>과 같이 2010년도 세토우치 국제예술제에 약 938,000명의 관광객이 방문했습니다. 그리고 2013년부터는 봄, 여름, 가을 세 계절로 예술제 개최기간이 분산되었는데, 관광객이 1,070,368명으로 증가해 백만 명 이상의 관광객이 방문하게 되었고, 2016년에는 1,040,050명, 2019년에는 1,178,484명이 방

표 18-1 연도별 세토우치 국제예술제 방문 관광객 수

섬 명칭	2010년 방문객 수	2013년 방문객 수	2016년 방문객 수	2019년 방문객 수
나오시마	291,728	265,403	257,586	303,778
테시마	175,393	130,123	154,713	143,373
메기지마	99,759	57,582	49,276	80,007
오기지마	96,503	49,712	54,232	71,809
쇼도시마	113,274	196,357	155,546	186,098
오시마	4,812	4,544	5,104	12,877
이누지마	84,458	61,809	60,212	58,707
사미지마		77,693	58,766	72,459
혼지마		28,372	21,802	27,469
다카미지마		24,371	21,028	25,198
아와시마		32,412	23,668	29,561
이부키지마		37,706	16,756	18,622
다카마스 항	72,319	68,160	122,555	101,336
우노 항		36,124	38,806	47,190
합계	938,246	1,070,368	1,040,050	1,178,484

출처: Setouchi Triennale 2016, General Report, Setouchi Triennale Executive Committee, 2018, p.16 & Setouchi Triennale 2019, General Report Executive Committee of Setouchi International ArtFestival, Report of the Setouchi International Art Festival 2010, 2011.

문하여 지속적으로 관광객이 늘어나는 추세를 보이고 있습니다. 2013년 제2회 세토우치 국제예술제 개최 위원회는 2013년 축제 기간을 봄(3월 20일 – 4월 21일 총 33일), 여름(7월 20일 – 9월 1일 총 44일), 가을(10월 5일 – 11월 4일 총 31일)의 세 계절에 걸쳐 총 108일 동안 개최되도록 기존 행사 기간을 변경했습니다. 이를 통해 관광객에게 봄, 여름, 가을 세 계절 동안 계속해 변화되는 섬들의 자연환경 속에서 미술작품을 감상할 수 있는 기회를 제공할 수 있게 했습니다. 그로 인해 내방하는 관광객 수요가 여름 한철에 몰리게 되는 것을 분산시켜 축제 장소 주변에 거주하는 주민들의 부담을 덜어줄 수 있게 되었습니다. 이런 새로운 축제시스템은 가가와현이 직면한 여름 성수기 관광객 집중 과다 현상을 해소시키는 데 기여합니다. 위원회는 또한 세토 내해의 여러 섬들이 보유한 다양한 문화를 더 많이 보여주기 위해 5개 섬을 국제예술제 개최지에 추가하여 확장했습니다. 일본관광청은 2012년 상하이 국제 럭셔리 트래블 마켓에 참석해서 베네세 아트사이트 나오시마와 2013년 세토우치 국제예술제에 대한 홍보를 실시하고, 외국 아웃바운드 여행사를 위해 세토내해의 섬으로 사전답사를 와서, 관광상품을 살펴볼 수 있도록 홍보친화여행(Familiarization trip) 기회를 제공하였습니다. 그 결과 2013년 축제에 1백만 명 이상의 관광객이 방문하게 되는 기록적인 관광객 유치 성과를 올리게 되었습니다.

여성에게 인기가 좋은 세토우치 국제예술제

2010년 조사에 따르면 가가와현 이외 지역에서 온 방문객이 70% 이상이고, 그 중의 70% 이상이 여성이며, 70% 이상이 40세 미만이었다고 합니다. 그런데 2016년 조사결과에 의하면 가가와현 내 방문객이 계속 줄어들고 외지인(45.9%)과 외국인(13.4%)의 구성비가 증가하고 있는 것으로 나타났습니다. 그리고 여성관광객이 67.2%로 나타나 약 2.8% 감소한 것으로 나타났으나 여전히 강세를 보이고 있습니다.

2010년 방문객의 약 1%가 호주, 대만, 프랑스 및 미국 등에서 온 외국인이었습니다.[38] 그런데 2016년 조사결과는 외국인의 비중이 2013년에 2.6%로 증가했

38 Ministry of Land, Infrastructure, Transport and Tourism Japan, "Contemporary Art and

고, 2016년에는 13.4%로 증가하여 외국인 관광객이 크게 증가하였음을 알 수 있습니다.[39] 가장 많은 관광객이 방문한 국가 순위에도 변화가 있는데, 2016년 가장 많이 방문한 국가는 대만, 홍콩, 중국, 프랑스 순이었습니다. 2010년 축제 기간 중에 가가와현을 방문한 외국인 관광객의 비중은 작지만, 전년보다 65% 증가하였는데, 2013년과 2016년에는 더 많은 외국인 관광객이 방문해서 점차 세토우치 국제예술제가 국제적인 축제로 발전해나가고 있는 것을 알 수 있었습니다. 이러한 추세라면 앞으로 이탈리아의 베니스 비엔날레나 독일의 뮌스터 조각 프로젝트처럼 세계적인 미술축제로 자리 잡을 가능성이 충분합니다.

2016년 조사결과 방문자 중 재방문비율이 40.9%이나 되고, 방문객들의 95.3%가 방문경험이 "좋았다"(39.9%)와 "아주 좋다"(55.4%)라고 만족을 표현했습니다. 그리고 재방문 의사 조사결과도 "확실히 다시 오고 싶다"(68.4%), "다시 오고 싶다"(23.4%)로 방문객의 91.8%가 재방문의사를 밝혔습니다. 이를 통해서 볼 때 세토우치 국제예술제에 대한 높은 만족도가 재방문율이 높게 나오는 이유라는 것을 알 수 있습니다. 관광객들의 만족도가 높은 것은 예술 프로그램의 질적 수준이 높아서뿐만 아니라, 지역주민들의 친절함, 하나하나 섬세하게 관광객을 배려하는 독특한 관광서비스시스템, 바쁜 도시생활에서 보는 미술작품과는 전혀 다른 자연 속의 미술작품이 주는 여유와 진정한 웰빙 경험이 독특한 느낌을 주기 때문일 것입니다. 부드러움이 담긴 친절함, 섬세한 배려심, 여유로운 웰빙 환경을 직접 피부로 느끼면서 방문객들은 존경심을 느끼고 사랑에 빠지게 되기 때문일 것입니다. 이러한 친절, 배려, 쾌적함도 사전에 철저히 계획되고 주민들에게 적극 교육되어야만 하는 것입니다. 관광객을 감동시키는 환대서비스를 다양하게 제공해 재방문을 늘리고, 관광객들이 스스로 입소문을 내게 하면 굳이 별도로 재정을 들여서 홍보를 하지 않아도 관광객이 늘어날 수 있는 것입니다. 관광객들이 전 세계를 다니면서 퍼뜨리는 입소문과 SNS에 올리는 글들이야말로 가장 효과 있는 마케팅 수단이라는 것을 세토우치 국제예술제 관계자들은 잘 알고 있는 것 같습니다.

Tourism on Setouchi Islands, Japan", In Tourism and the Creative Economy, OECD, 2014, p.134.
39 Setouchi Triennale Executive Committee, Setouchi Triennale 2016 General Report, p.17.

해당 지자체는 관광객들에게 지역명소와 상품을 소개하기 위해 국제예술제를 적극 활용하는 것을 목표로 했습니다. 2016년에는 37개의 이벤트가 개최되었고 약 30,064명이 방문을 했습니다. 2010년 축제는 기부금과 티켓 판매로 1억 4,000만 엔의 흑자를 기록했으며, 티켓 판매 수익은 2억 2,200만 엔, 기부금은 총 1억 5,200만 엔이었습니다.

세토우치 국제예술제는 2010년 제1회 축제 때는 여름철 동안 105일간(7월 19일~ 10월 31일) 계속 열렸었습니다. 그러나 2013년부터 여름철 한 계절만이 아니라 봄·여름·가을 세 계절로 개최시기를 확장했습니다. 관광객은 세 가지 계절에 따라 다르게 변하는 섬의 자연경관 속에서 예술축제를 즐길 수 있게 되었습니다. 그러나 2016년 관광객 수를 보면 하계에 관광객이 집중되는 현상이 계속되고 있음을 알 수 있습니다. 그렇지만 2019년 통계를 살펴보면 가을에 수요가 집중하고, 그 다음 봄에 더 많은 관광객이 방문하는 식으로 수요패턴이 변화된 것을 알 수 있습니다. 물론 계절적으로 수요가 심하게 큰 차이는 보이지 않고 있습니다. 주로 섬 여행은 여름에 집중하는 것이 상식인데, 섬지역에서 열리는 세토우치 국제예술제에 가을과 봄에도 관광객 방문수요가 늘어났다는 것은 예상하기 쉽지 않은 변화입니다. 수요가 여름철에만 치중하지 않는 이유는 관광객이 나오시마를 방문하는 주목적이 여름휴가나 해수욕이 아니라, 문화예술의 감상에 있기 때문인 것으로 판단됩니다. 연중 고르게 나오시마를 방문해오는 관광객들이 인근 테시마 등 세토우치 트리엔날레 작품 장소를 연달아 방문하게 되는 다소 예외적인 상황 때문인 것 같습니다.

표 18-2 세토우치 국제예술제 계절별 입장객 수

개최연도	춘계예술제	하계예술제	추계예술제	합계
2016년	254,284	401,004	384,762	1,040,050
2019년	386,909	318,919	472,656	1,178,484

출처: Setouchi triennale General Report 2016 & 2019.

지역사회 경제의 활력소 세토우치 국제예술제

2010년 조사결과에 따르면 국제예술제를 방문한 관광객들이 다른 지역으로
도 많이 방문할 것으로 기대했었지만, 방문객의 절반 이상이 당일관광만을 즐겼
고, 약 3/4은 축제만 방문했습니다. 축제 기간 동안 리쓰린 가든(Ritsurin Garden,
19.6%), 야시마(Yashima, 11.8%), 고토히라(Kotohira, 5.7%) 그리고 쇼도시마(Syodoshima,
3.3%) 등 가가와현의 다른 관광지를 방문한 관광객 수는 오히려 감소했습니다.
가가와현 외에서 가가와현을 방문하는 관광객 수는 2005년 790만 명에서 2012년
890만 명으로 증가했습니다. 그런데 2016년 조사결과를 살펴보면 외지 방문객
의 평균체재기간은 2013년 2.48일, 2016년 2.72일로 평균 체재일수가 증가한 것
을 알 수 있습니다. 그리고 방문객 중 51.2%가 체재기간 중에 지역 관광지를 방
문하는 것으로 나타났습니다.

분명히 베네세 아트사이트 나오시마와 세토우치 트리엔날레가 가가와현지역
관광이 성장하는 원인 중의 하나일 것입니다. 일본은행 다카마쓰 지점은 2010년
세토우치 국제예술제의 경제적 영향이 약 111억엔으로, 당초 예상했던 55억엔
보다 두 배가 넘는 것으로 추산했습니다. 일본은행은 2010년 축제가 성공하게
된 주된 이유는 예술작품과 자연환경 간의 시너지 효과와 주민과 자원봉사자들
의 친절 때문이라고 설명했습니다. 한편 지역 내 다른 관광지 및 상업시설과의
협력, 현지 음식점 및 호텔에 대한 수요 증가에 대비한 공급 대책, 축제 장소의
확대, 외국인 방문객만족도 향상을 시급히 해결해야 할 문제점으로 파악했습니
다.[40] 2016년 조사결과는 경제적 효과가 139억 엔으로 늘어났고, 봄 축제 28억 엔,
여름 축제 59억 엔, 가을 축제 53억 엔의 경제적 효과를 발생시킨 것으로 파악
되었습니다. 가가와현에서 숙박하는 외지 방문객의 비율은 47.5%였는데 1인당
53,127엔을 지출하고, 외지에서 온 당일 관광객은 21.4%로 1인당 19,150엔을 소
비하는 것으로 나타났습니다. 가가와현에서 온 숙박 관광객의 비율은 0.9%로 1인

---

40 Bank of Japan Takamatsu Branch and Committee, Economic Impact of Increase in
   Tourists to 2010 Setouchi International Art Festival, www3.boj.or.j[/takamatsu/econo/
   pdf/ss10220.pdf.

표 18-3 2016년 세토우치 국제예술제의 경제적 효과

경제적 효과	단위: 엔		
	직접 효과 (Direct Effect)	일차적 효과 (Primary Effect)	이차적 효과 (Secondary Effect)
총 139억	총 86억	총 29억	총 24억
춘계 28억	춘계 17억	춘계 6억	춘계 5억
하계 59억	하계 36억	하계 12억	하계 10억
추계 53억	추계 33억	추계 11억	추계 9억

출처: Setouchi Triennale 2016, General Report, Setouchi Triennale ExecutiveCommittee

당 31,072엔을 소비하는 것으로 나타났습니다. 가가와현에서 온 당일 관광객은 30.2%로 14,646엔을 소비한 것으로 나타났습니다. 조사결과 평균체제일수 증가와 숙박비, 음식비, 교통비의 증가 그리고 외국인 관광객의 지출 증가로 인하여 지역 경제에 긍정적 효과가 상승한 것으로 나타났습니다. 그리고 2016년 행사준비 시에 음식과 관련된 프로젝트를 특히 강조하였는데, 그 결과 각 섬의 지역음식점들이 다양하게 선택할 수 있는 음식들을 준비하였고, 그런 준비가 전체적인 식비지출 증가를 유발시키고 경제적인 효과 증대에 기여한 것으로 나타났습니다.[41] 그리고 테시마의 경우 이주자의 증가와 중소사업체의 이주 현상이 나타나고 있습니다. 이런 측면에서 볼 때 세토우치 국제예술제는 다른 연구에서 나온 결과와 마찬가지로 지역사회의 경제 활성화를 촉진시키고, 지역의 문화발전 및 관광개발을 촉진시킬 수 있는 힘이 있다는 것이 확인되었습니다.[42]

2010년 홍보 활동으로 인해 세토우치 국제예술제는 40개의 외국 언론을 포함하여 645개 미디어에서 기사화 되었습니다. 2016년에는 총 1,740건이 언론에서 기사화 되었습니다. 계속적으로 국내외 언론이 관심을 증가시키고 있다는 것을 알 수 있습니다.

온라인 여행예약 서비스업체인 라쿠텐(Rakuten)은 여행수요가 148.6% 증가한

---

41 Setouchi Triennale Executive Committee, Setouchi Triennale 2016 General Report, 2016, p.28.

42 Duxbury, N. and Campbell, H., Developing and Revitalizing Rural Communities through Arts and Culture, Small Cities Imprint, 3(1), 2011, pp.111-122.

표 18 - 4 언론보도 현황

매체	외국	일본 국내	다른 현내 기사	가가와 현내	합계
신문	11	92	16	908	1,027
TV	18	41	5	131	195
라디오	2	5	3	61	71
잡지	95	149	33	45	322
웹사이트	50	75	–	–	125
합계	176	362	57	1,145	1,740

가가와현을 2016년에 가장 인기 있는 국내 하계여행지 리스트의 2위로 선정했습니다. 그리고 가을시즌에는 가가와현으로의 관광수요가 192.3% 증가하여 2016년에 가장 인기 있는 추계여행지로 선정되었습니다. 그리고 일년 전체 통계에서 관광객 수요가 341.6% 증가한 가가와현이 일본 내 최고 여행지 리스트의 1위로 선정되었습니다. 이러한 성공적인 관광객 유치 실적의 배경은 세토우치 국제예술제의 영향이 직접적으로 크게 기여했을 것으로 추측됩니다.[43]

지역주민이 만족하는 예술축제가 진정한 축제

2010년 세토우치 국제예술제 종합보고서의 조사결과는 지역주민 응답자의 69%가 동 축제가 지역사회에 활력을 불어넣을 것으로 기대한다고 답했습니다. 그런데 2016년에는 72.1%로 긍정적인 응답이 증가했습니다. 2010년에는 82% 이상이 축제 활성화를 지지하는 데 동의를 한다고 대답했습니다. 2016년에는 다음에도 다시 예술제를 유치하고 싶다는 응답이 65%로 감소했습니다. 응답자의 8.3%는 세토우치 트리엔날레가 개최되지 않았으면 좋겠다고 응답했고, 선택해야 한다면 예술제가 다시 열리지 않았으면 좋겠다는 의견이 10.9%가 나와서 총 19.2%의 주민이 세토우치 국제예술제에 대한 반대의견(모르겠다 15.9% 불포함)을 표시했습니다. 2010년 주민의 88% 이상이 지역사회에서 전시된 작품이 긍정적인

---

43 Setouchi Triennale 2016, General Report, p.28.

영향을 미쳤다고 인정했는데, 2016년에는 긍정적인 응답이 69.5%로 감소했습니다.

2010년에 실시된 다른 조사결과에 따르면 소수의 지역주민들이 세토우치 국제예술제를 '테마파크'에 비교하기도 했습니다. 응답자는 "테시마에 방문할 때 산업폐기물 문제와 같은 테시마의 역사적 배경을 이해하지 못하면, 테시마는 '테마파크'처럼 장난스러운 느낌에 불과할 것입니다"라고 말했습니다. 그리고 테시마의 진정한 지역관광자원은 예술작품이 아니고 자연이라고 응답했습니다.[44] 그리고 우리 섬이 '아트 나오시마(Art Naoshima)'와 같이 되지 않길 바란다고도 말하였습니다. 지역주민들은 나오시마에 기업 주도의 예술활동이 시작되면서 지역문화가 열세에 놓이게 되는 것을 느꼈습니다. 그리고 이미 기업이 토지를 매입하고 섬의 통제권을 장악한 나오시마와 같은 현상이 발생하는 것을 원하지 않고 있었습니다. 이는 지역사회 재생을 목적으로 많은 아트 프로젝트가 진행되고 있지만 정작 그 아트 프로젝트에 참여하고 싶지 않는 사람들에게는 일종의 '강요된 문화적 폭력'이 될 수도 있다는 것을 의미합니다.[45]

제4절
지역사랑이 남다른 예술가여야 한다

미술관 벽을 부수고 나온 장소 특정적 예술작품들

나오시마에서 볼 수 있는 예술은 기존의 미술관의 화이트 큐브 속에 제약된 전통적인 예술을 벗어나는 장소 특정적 성격의 미술입니다. 장소 특정적 미술(Site-specific art)는 1960년대 말과 1970년대에 미술관의 화이트 큐브공간에 갇혀 있는

---

44 Meng Qu, Art Interventions on Japaneses Islands: The Promise and Pitfalls of Artistic Interpretations of Community, 14(3), The International Journal of Social, Political and Community Agendas in Arts, 2019, p.31.

45 小泉元宏, 地域社会にアートプロジェクトは必要か？ －接触領域としての地域型アートプロジェクト, 地域学論集, 鳥取大学地域学部紀要, 第9卷, 第2号, 2012.

미술작품에 대한 대안적 관점에서 탄생했는데, 현재는 전 세계적으로 장소 특정적인 미술작업이 증가하는 추세에 있습니다. 장소 특정적 미술은 협소한 미술관의 벽을 부수고, 실내에서 탈출하여 치열한 삶의 현장, 아름다운 자연풍경, 일상적 생활공간, 소외된 사회문제의 현장, 공장과 같은 산업현장 등 기존에 알고있던 미술 대상과는 거의 관계가 없는 장소들로 찾아 가는, 탈미술관화 하는 동력이라고 할 수 있습니다.[46] 작품이 제작되는 장소, 작품제작의 방식, 작품과 관객과의 관계 역시 근본적으로 변화되었습니다. 미술가들이 완성된 결과물인 예술작품을 미술관 내부에 전시만 하는 것이 아니라 실제 장소에 찾아가서 그곳에 사는 사람들과 함께 작품을 만들어나가는 협업 활동에 기반한 제작 활동을 하기도 합니다. 장소 특정적 미술이라는 말은 조금 더 포괄적인 표현으로 '현장미술(In situ work)'이라는 용어로 표현되기도 합니다.[47] 이러한 장소 특정적 성격의 미술품들과 더불어 나오시마는 건축물 자체가 매력적인 관광자원이기도 합니다.

　이러한 장소 특정적인 예술작품과 건축물은 제작비용이 전통적인 미술품의 제작비용과는 비교가 되지 않는 엄청난 규모로 발생한다는 특징이 있습니다. 베네세 하우스나 지중 미술관과 같은 건축물 하나를 건설할 자금이면 일반적인 아트페어나 페스티벌을 여러번 개최할 수 있는 엄청난 투자 규모라는 것입니다. 그리고 단순히 건축물만을 건설한다고 끝나는 것이 아니라 미술관에 들어갈 미술작품 구입비용, 소프트웨어 비용 그리고 관리비, 인건비 등 상상을 초월하는 재정이 지속적으로 투자되어야 한다는 것을 의미합니다. 또한 미술관과 박물관에 어떠한 작품을 전시할 것인가에 따라 투자비는 계속해 큰 차이가 생기게 됩니다. 지중 미술관은 클라우드 모네, 월터드 마리아, 제임스 터렐이라는 대가의 작품 9점만 전시하고 있지만 이런 수준의 작품을 매입하려면 웬만한 미술관을 건설하는 건설비 정도의 자금을 필요로 합니다. 이러한 관점에서 볼 때, 우리나라의 정부재정으로는 이런 규모의 아트 프로젝트를 개발하기는 어려울 것 같습니다. 그렇다고 해서 우리나라 기업 중에 문화관광에 베네세 그룹이 했던 것과

---

46 이영철, 장소 특정적 site specific 미술에 대한 비평적 노트, 김달진 미술연구소, 2013.
47 권미원, 장소 특정적 미술, 현실문화, 2013.

같은 엄청난 투자를 지속 하겠다는 기업도 찾아보기 어려운 실정입니다. 이런 점에서 문화관광을 통한 지역재생이 우리나라에서는 쉽지 않은 전략이라고 봅니다. 앞으로 정부는 민간기업이 문화예술에 투자할 수 있는 여건을 적극 조성해 줄 필요가 있습니다. 동시에 국내 문화예술계의 후진적인 관습과 교육제도가 바뀌도록 제반지원을 강화해 나가길 기대해봅니다.

액세서리 같은 영혼 없는 예술은 안 된다

세토우치 국제예술제는 순수한 회화나 조각과는 다르게 특별한 사회적인 목적을 가진 관계의 예술(Relative art)[48]이라는 성격을 가지고 있습니다. 순수예술은 목적 자체가 아름다움의 창조이지만, 관계의 예술은 사회정의 실현이 목적이 될 수 있고, 섬지역 경제의 활성화가 주목적이 될 수도 있습니다. 관계의 예술은 순수예술과는 주된 목적이 다르고, 예술은 그 목적을 달성하기 위한 주요 수단으로 기능하게 되는 것입니다.

미술계 인사들 중에는 지역경제 활성화나 저소득 소외계층을 위한 사회복지 목적의 예술 프로젝트, 그리고 문화관광 발전 등 예술 외적인 목적으로 실행되고 있는 도구적 예술활동에 대해서 강한 반대를 표시하는 사람들도 있습니다. 대표적인 사례로 2013년 베니스 비엔날레의 일본관 대표로 선정된 다나카 코키(Tanaka Koki)는 예술을 도구로 이용하는 현재 추세를 강하게 비판하였습니다.[49] 그는 인터뷰에서 "예술의 도구적 가치가 아니라 본질적인 가치에 중점을 두어야지 예술을 어떤 목적을 달성하기 위한 수단으로 사용하는 것은 부적절하다"라고 주장하였습니다. 예술의 본질적 가치와 도구적 가치는 그 자체로도 풀기 어려운 난해하기만 한 주제입니다. 귀족적인 취향만을 강조하는 엘리트 주의에 입각한 예술의 본질적 가치만 중시하는 것도 현시대 상황에 맞지 않고, 주로 예술가들이 주장하는 '상업주의에 물들지 않은 순수한 예술'은 미술 역사상 실제로는 존

---

48 Bourriaud, Nicolas, Relational Aesthetics, Dijon: Les Presses du Réel, 2002, p.113.
49 Tokyo source website, "Interview of Kōki Tanaka", https://www.Tōkyō-source.com/interview.php?ts=6 2014년 10월 16일 검색.

재하지 않았던 이상적 희망입니다. 미술사에 예술가가 작품을 판매하지 않고 고상하게 예술적 이상향만을 추구했던 시대는 사실상 없었습니다. 미술이 아무런 목적이 없는 순수한 예술 본연의 가치를 추구했던 적도 거의 없었습니다. 미술은 오랫동안 왕권 강화의 목적이나 종교 교리의 합리화 도구 그리고 나치정권이나 공산독재정권 등 정치적 폭력을 미화하는 도구로 이용되기도 했습니다. 그리고 현대미술은 미술시장에서 상업적 판매라는 목적에도 충실했습니다. 그러나 예술이 지나치게 상업화하거나 관광산업의 액세서리처럼 이용되는 상황도 문제가 많습니다. 따라서 예술의 본질적인 가치와 도구적인 가치 간의 조화가 이뤄지도록 각종 아트 프로젝트의 프로그램의 계획과 집행, 사후 평가단계에서 세심한 배려가 필요합니다.

나오시마에서 보이는 '아트하우스 프로젝트'와 같은 장소 특정적 예술작품은 대부분 외지에서 온 전문작가들에 의해서 제작된 작품입니다. 외지에 거주하는 예술가가 현장에 와서 지역주민들과 소통하면서 지역문화를 예술가의 관점에서 재해석하여 창조한 작품들이 진정한 의미에서 지역성을 대표할 수 있는 것인가 하는 데는 논란이 많을 수 있습니다. 이누지마섬 주민들에 대한 인터뷰 조사 결과는 섬에 설치되고 있는 예술작품들이 현지문화를 정확하게 반영하고 지역정서를 진정으로 반영하고 있지 않다고 생각하는 것으로 나타나고 있습니다. 그리고 테시마 지역주민 중 삼분의 이는 테시마에 설치되고 있는 예술을 제대로 이해하지 못한다고도 응답했습니다. 오히려 지역주민들은 섬의 자연과 문화적인 풍경이 방문객들이 관심을 가져야 할 "진정한 예술"이라고 언급했습니다.[50] 심지어 2017년 실시된 한 조사결과에 의하면 나오시마 관광객들도 나오시마의 예술작품을 잘 이해하지 못하고, 일반적으로 예술에 대해 큰 관심도 없다고도 했습니다.[51]

50 Meng Qu, Op. cit., 2019, p.33.
51 Funck, Caroli, and Nan Chang, Island in Transition: Tourists, Volunteers and Migrants Attracted by an Art-Based Revitalization Project in the Seto Inland Sea, In Dieter K. Muller and Marek Wieckowski(Eds.), Tourism in Transition: Recovering Decline, Managing Change, edited by Dieter K. Muller and Marek Wieckowski, Springer, 2017, pp.81-96.

지역주민의 삶과 애환이 담긴 예술

'남의 땅을 차용한 장소'에 '외지 작가를 차용'해서 예쁜 액세서리 같은 미술작품, 자연풍경과 지역사회와 별로 어울리지 않는 어색한 미술작품을 설치하는 것은 예술적 가치가 거의 없습니다. 섬의 지역문화와 지역주민에 대한 이해가 부족한 '공동체 예술'은 지역 주체성에 대한 허위적인 표현을 만들어 낼 것입니다.[52] 지역사회에 뿌리내리지 못하고 도시의 어색한 거리장식물처럼 주변자연과 잘 어울리지 못하며, 지역주민이 공감하지도 않으며, 소통이 잘 안 되는 예술작품은 지역문화자원으로 가치를 인정받기가 어렵습니다.

장소 특정적 예술은 알록달록한 물감질을 해서 예쁘게 꾸며 놓은 작품만이 훌륭한 가치가 있다고 말하는 것이 아닙니다. 지역주민들이 살아가고 있는 지역사회를 진정으로 이해하고, 사랑하는 마음으로 지역에 맞는 작품을 제작하겠다는 작가의 정신적인 준비에서부터 시작되어야 합니다. 그리고 지역주민의 삶과 애환, 지역사회의 아픈 기억, 사라지고 있는 역사와 기쁘거나 슬픈 이야기 등이 담긴 현장들을 자신의 손으로 재현하고, 지역사회의 공동체성을 회복하는 데 기여하겠다는 사명감과 책임감을 가지고 작업해야 합니다. 그래야만 지역주민이 공감할 수 있을 것이고, 진정한 의미의 소통이 이루어지며, 지역주민의 자발적인 협력을 도출할 수 있게 됩니다. 이렇게 제작된 예술품만이 진정으로 지역사회에 뿌리 내려 동화될 수 있고, 지역주민에게 감동을 주며, 지역을 상징하는 대표적인 지역문화 자원으로 뿌리를 내리게 될 것입니다. 테시마와 이누지마 지역주민과의 인터뷰 연구결과, 지역주민은 다음과 같은 표현을 하였습니다.

"예술은 미술관에만 담겨 있는 것이 아닙니다. 아름다운 해변, 푸른 숲, 지역주민이 만든 남부해안의 바위조각과 같은 섬의 자연 속에도 포함되어 있습니다. 진정한 예술은 지역주민의 정신(Mind)에 있습니다. 나는 사람들이 자연을 예술로 봐주길 바랍니다."

"산업폐기물 문제와 같은 테시마의 역사적인 배경을 이해하지 못하면, 놀

---

52 Meng Qu, Op. cit., 2019, p.36.

이를 하는 느낌을 가지고 있는 것이고, 테시마는 그저 놀이공원일 뿐입니다. 만약 관광객이 테마파크에 가서 있는 것처럼 돌아다니면서 예술작품만을 감상한다면, 관광을 통한 지역재생이라는 구호가 나와는 관련이 별로 없는 것 같습니다."[53]

예술을 통한 지역재생과 공동체 회복

세토우치 국제예술제가 추구하는 예술은 지역재생과 공동체 회복을 목적으로 관광객 유치 증진 등을 지향하고 있습니다. 잘 알고 있듯이 현대미술은 화가들이 스튜디오에 앉아서 그림을 그리고 있는 것이 아니라 지구촌의 현장을 뛰어다니면서 장소 특정적인 작품을 제작하기도 하고, 사회운동, 지역사회 재생 프로젝트의 현장에서 관계적 예술을 창작하기도 합니다.

다른 나라에서는 각종 예술운동이 대부분 예술가들이 중심이 되어서 상향적인 방식으로 진행되고, 지방정부와 지역기업이 후원하는 것이 일반적입니다. 그런데 나오시마의 예술운동의 특징은 기업과 지방정부가 합의를 하면서 시작되었고, 기업이 토지를 매입하고, 예술을 도입하는 기업주도의 하향적 형태의 예술 프로젝트라는 것입니다. 이러한 측면에서 나오시마 이외의 다른 섬 주민들이 나오시마의 예술 프로젝트를 '테마파크식개발'이라고 하고, '아트 나오시마'를 복제한 '아트 테시마'나 '아트 이누지마'가 되어, 지역사회가 섬의 통제권을 잃고 싶지는 않다는 의견들이 조사결과에 나타나고 있습니다. 좋게 보면 지역사회와 지역주민들을 위한 대기업의 후원을 통한 지역재생운동처럼 보입니다. 그런데 이미 1987년에 지역 기업체 베네세가 나오시마섬에 대규모 토지를 매입하고, '베네세 하우스', '지중 미술관', '아트 하우스 프로젝트' 등 나오시마를 중심으로 거대한 예술섬을 창조하였습니다. 그리고 2차적으로 이누지마, 테시마 등에 미술관을 건설하고 나서, 세토우치 국제예술제를 추진하면서 인근 주위 섬까지 영향력을 확장하고 있습니다. 아트 프로젝트라기보다는, '예술기업의 경영전략'이라고도 표현할 수 있을 것 같습니다.

---

53 Meng Qu, Op. cit., 2019, p.32.

뿐만 아니라 세토우치 국제예술제도 주도하고 있는 베네세의 아트 프로젝트는 지역사회를 위한 프로젝트의 수준을 넘어 세토내해의 섬들에 예술과 건축을 주제로 '테마파크 왕국'을 건설하고 있는 듯한 인상마저도 듭니다. 어찌되었던 간에 나오시마와 인근 가가와현은 지역경제가 활성화 되고 있고, 세계적인 예술의 중심지로 성장하고 있습니다. 관광객 수요가 증가하고 있고, 관광객들의 만족도 높고, 재방문 의사도 높게 표시하고 있기 때문에 향후 나오시마와 세토우치 국제예술제는 유럽의 베니스 비엔날레나 독일의 뮌스터 조각 프로젝트처럼 더욱 발전할 것으로 예상됩니다.

아트사이트 나오시마와 세토우치 국제예술제는 현대미술이 지역사회에 활력을 불어넣고 관광산업을 촉진할 수 있음을 분명히 보여주고 있습니다. 나오시마에 건설된 모든 미술관은 지역의 삼류 예술가나 지역주민들이 참여해서 건설한 프로젝트들이 아니고, 세계적인 수준의 건축가와 예술가들이 제작한 세계적인 작품입니다.

베네세 그룹, 후쿠타케 출판, 나오시마, 세토우치는 1990년대까지는 결코 세계적인 브랜드가 아니었습니다. 오히려 환경이 크게 오염된 섬, 나환자촌이 있는 외딴섬이라는 우울한 이미지로 더 잘 알려지던 곳이었습니다. 그런 나오시마가 지방정부와 민간기업의 문화관광개발전략의 추진으로 세계적인 문화예술명소가 되었고, 이를 추진한 베네세 그룹은 전 세계적으로 훌륭한 기업이라는 이미지를 확보했습니다. 금전적 가치를 정확히 평가하기 어렵지만, 베네세 그룹은 돈으로는 살 수 없는 엄청난 상징가치를 얻은 것입니다. 그리고 세토우치 국제예술제는 이 추세대로 가면 향후 세계적인 예술중심지로 부상할 가능성이 있다고 봅니다. 이러한 이미지 변화와 브랜드 가치 상승만으로도 기존 투자비용을 이미 상쇄했다고 보아도 과언이 아닐 겁니다.

아름다운 예술작품으로 사람의 마음을 사로잡고, 미안할 정도의 부드러운 친절과 미소로 상대방을 매혹하고, 섬세한 배려와 아름다운 미소로 사람이 사랑에 빠지게 만드는 것이야말로 최고수의 마케팅전략입니다. 고객이 사랑에 빠지게 되면 고객은 존경심과 더불어 원하는 모든 것을 줄 것입니다. 일본인들은 이처럼 "온 마음과 열과 성의를 다해서 손님을 맞이한다"는 정신을 오모데나시(おもてなし)라고 합니다. 이 말에는 "손님은 신과 같은 격이다"라는 환대정신이 담겨져

있습니다. 비록 지리적으로는 가깝긴 해도 마음으로는 먼 일본이지만 그들의 이런 친절한 서비스 정신은 배워야 할 것이라는 생각을 합니다.

　앞으로 우리나라에도 지역과 국가 그리고 세계적인 문제에 관심을 갖고, 예술가의 사회적 역할을 수행하는 작가들이 많이 나오게 될 것입니다. 조각가, 건축가, 도시계획가, 각종 사회단체 등과 긴밀한 협업을 통해서 문화시설, 공공건축물, 문화예술공간, 문화도시 등을 창조하여 지역사회 발전에 적극 기여하는 독창적인 예술가들도 많이 나오게 될 겁니다. 그런 한국의 예술가들이 세계인들이 감동할만한 혁신적이고 창의적인 예술작품들을 제작하여, 전 세계인들이 보고 싶어 하는 세계적 문화관광자원을 많이 창조할 수 있길 기대해봅니다.

나가는 글

　　본서는 우리나라에 세계 일류급 문화관광도시가 다수 탄생할 수 있도록 기여하기 위해서 '도시를 살려내는 문화관광 발전'에 대한 이론적 정리와 실천 사례 연구에 주력하였습니다. 이를 통해 국내 도처에서 타산지석으로 삼을 수 있도록 가급적 공신력 있는 전문서적과 연구자료, 국제기구의 발표자료 등을 적극 활용했습니다.

　　그리고 20세기 산업혁명을 주도하다 쇠락해버린 수많은 산업도시들을 문화예술도시로 새롭게 탈바꿈시키고 재탄생시켜낸 문화관광 발전에 대해 그 과정과 특징을 학술적으로 정리해보려고 노력했습니다. 이를 위하여 지역주민과 관광객 만족을 동시 추구하는 도시관광개발의 전략과 수단을 이론적으로 정리하고, 역사적 문화유산, 문학작품과 스토리텔링, 미술관광과 디자인관광, 예술축제, 음악관광, 메가 이벤트, 문화관광루트 등 문화관광을 구성하는 각종 주제별로 관련하여 서적들과 학술논문 그리고 연구자료들을 심층적으로 검토하고 설명하였으며, 우리나라가 추진해나갈 바람직한 문화관광 발전에 대해 의견을 제시하기도 했습니다.

　　유럽이나 미국, 일본 등 선진국에서는 어떠한 문화관광 발전정책을 추진하고 있는가를 알아보기 위해서 세계 여러 나라들의 문화관광정책과 관련 프로젝트들을 살펴보았습니다. 유럽연합에 의해 1985년부터 범정부적으로 추진해오는 유럽문화수도 프로그램과 2000년대 들어 유럽문화의 정체성을 강화시키는 유럽문화루트 사업의 추진 배경과 특징, 종류들을 심층 분석했으며, 약 50개소에 달하는 세계 각처의 문화관광도시 사례를 검토하여 문화예술을 통한 지역개발을 성공시킨 방법과 문제점 등을 자세히 살펴보았습니다.

　　주민의 행복이 강조되는 도시관광과 문화관광 발전과 관련해서 메인스트리트 프로그램을 통해 역사적 건축물 보전과 독창성을 함께 살려내는 미국의 도시재생정책과 비인간적인 과도시화를 반성하는 영국의 어반 빌리지 운동 그리고 일본의 마치즈쿠리 등에 대해 구체적으로 알아보았습니다. 그리고 스페인의 빌바오, 독일의 루르지역, 프랑스의 낭트, 이탈리아 볼로냐, 영국의 게이츠헤드나 글래스고우, 에든버러, 미국 보스턴, 일본 니가타현 에치코 츠마리지역, 가가와현 세토우치 섬지역 등 문화예술과 고도로 융합된 문화관광전략을 추진하여 세계적 문화중심지로 재생한 지역들도 그 방법과 추진 경위, 장단점 등을 다양한 측면에서 검토했습니다.

유럽에서는 1985년 그리스 아테네시를 시작으로 유럽 전역에 산재한 도시들을 대상으로 매년 2개 도시를 유럽문화수도로 선정하고 있습니다. 유럽문화수도로 선정되기 위해서 수년간에 걸쳐 준비하고, 행사 해당 연도에는 1년 내내 유럽문화예술의 다양성과 풍성함을 과시하는 문화행사를 개최하며 시민들의 행복 증진과 관광객 유치 증대를 동시에 도모해 현재 약 60여 개 도시가 유럽문화수도로 발전하고 있습니다. 이와 별도로 유럽의 다양한 문화유산과 관광지를 하나의 엄브렐러 브랜드로 연계시켜 각종 시너지 효과를 창출하는 유럽문화루트 프로그램을 2000년대 이후 적극 추진하여 현재 산티아고 루트 등 30여 개 루트가 다양한 주제별로 지정되어 유럽관광을 대표하는 테마형 관광루트로 개발되고 있습니다. 매우 부러운 사업입니다.

한편, 영국은 런던의 데이트 모던 미술관, 밀레니엄 돔 등 21세기를 상징하는 선도적 문화관광개발을 성공하여 세계인의 관심을 받았습니다. 영국 런던의 테이트 모던 미술관, 빌바오의 구겐하임 미술관, 게이츠헤드의 발틱 현대미술관 그리고 아랍에미레이트 아부다비의 루브르 박물관과 구겐하임 미술관 등은 미술관을 유치하여 도시재생에 성공한 신화가 되었습니다. 그리고 내셔널 트러스트(National Trust)와 시빅 트러스트(Civic Trust)를 중심으로 역사적 문화유산을 보존하고 아름다운 환경을 조성하는 운동을 통하여 매력적인 국토를 조성하고 있습니다. 또한 1980부터 그라운드 웍(Groundwork)이나 그린스페이스 스코틀랜드(Green Space Scotland)와 같은 민간단체들을 통해서 공원녹지와 공공녹지 개선과 교육 프로그램을 운영하여 안전한 지역사회를 구축하고, 시민들의 건강과 복지를 증진하고, 청년들의 녹색 일자리를 만드는 지역사회 개선 활동도 활발하게 추진하고 있습니다.

일본은 관광진흥을 국가계획의 중요한 축으로 삼고, 마치즈쿠리와 역사적 거리 조성 등을 통하여 지역 정체성을 개선하고, 획일적인 지역의 모습을 개성이 넘치는 지역으로 변화시키려는 국가정책을 추진하고 있습니다. 이를 위해서 지역주민이 거주하기 좋고, 관광객이 방문하여 좋은 국가 조성과 일 지역 일 관광(一地域-觀光)을 창조하여 지역의 개성을 발휘하게 하는 관광전략을 추진하고 있습니다. 각국은 자국의 도시 경쟁력을 강화하고, 관광객 유치 촉진을 위해서 차별화된 관광상품을 개발하고, 관광진흥을 하기 위하여 문화관광정책을 국가전략적인 차원에서 총력전을 펼치고 있습니다.

그러나 우리나라는 아직 문화관광에 대한 연구가 부족하고, 문화관광개발이라는 측면에서 많이 뒤처져 있는 상황이라 아쉽습니다. 그러나 본서를 집필하면서 다양한 해외 문화관광 성공사례를 통해서 문화관광은 죽어가는 도시를 살리고, 관광매력을 강화하여 세계적인 문화대국으로 강화시킬 수 있는 힘이 있다는 것을 알 수 있었습니다. 우리나라를 세계인들이 존경하고 사랑하는 "세계 최고 수준의 문화관광국가"로 만들기 위해서는 어떠한 방향으로 문화관광정책을 추진할 것인지 이제부터 깊이 고민해야 할 것입니다.

예를 들어, 유럽문화수도나 유럽문화루트를 능가하는 프로그램을 개발하거나, 빌바오나 아부다비같이 세계 최고 수준의 문화예술시설과 소프트콘텐츠를 도입·활용하는 방안이 있을 수 있습니다. 우선적으로 아름다운 한국문화관광루트와 매력적인 탐방로 100선을 선정하여 장기적으로 한국을 대표하는 세계적인 문화관광루트로 중점적으로 육성하는 방안을 추진해볼 필요도 있다고 봅니다.

또는 한류 드라마와 공연과 같은 우리나라 특유의 문화예술적 감수성을 특화상품으로 지속개발해낼 수 있게 하며, 세계적인 문화예술축제를 중장기적 관점에서 육성해나갈 필요가 있습니다. 물론 관련 전문인력 양성에 배전의 노력을 기울이고 지역주민이나 국민들의 문화관광에 대한 인식과 행동 패러다임의 변화를 촉진시키는 일도 소홀히 할 수 없을 것입니다. 그리고 SNS상에서 문화관광자원과 문화예술공간을 스토리텔링하고, 연계하는 엄브렐러 마케팅전략을 추진하도록 한국관광에 대한 정보와 문화관광에 대한 구체적 정보를 세계인들에게 제공해주는 관광정보시스템을 하루속히 개발하는 것이 절실히 필요합니다. 기존의 관광정보 제공시스템은 세계 최고 인터넷강국, 세계정보통신 선진국 별명에 전혀 맞지 않는 열악한 수준이기 때문입니다.

현재 한국의 도시들은 대부분 몰개성적인 모습과 천편일률적인 콘크리트 환경을 특징으로 하는 비장소(Non-place), 비인간적인 무장소(Placelessness)를 특징으로 하고 있는 실정입니다. 도시공간을 빽빽이 채우고 있는 성냥갑 같은 직사각형 아파트와 회색빛 건축물들, 시민들이 편히 쉴 수 있는 여가공간과 녹지공원 그리고 문화예술공간의 부족이 심각한 도시문제로 부상된 지 이미 오래입니다. 문화예술시설과 프로그램 그리고 녹지공원 등 여가공간의 양적인 부족도 문제지만 문화예술 프로그램이나 재미있고 기발한 콘텐츠의 다양한 도입을 통하여 시민들의 삶에 활기와 행복을 제공하는 것이 매우 필요합니다. 이를 위해서 각종 도시기본계획이나 도시재생계획 수립에 문화관광 프로그램과 플레이어블 시티나 이벤트풀 시티 조성 그리고 크리에이티브 투어와 같이 세계 여러 지역에서 새롭게 부각되는 방안들이 적용될 수 있도록 제도적 개선과 시범적 추진이 장려될 필요가 많다고 생각합니다.

잘 알고 있듯이, 문화관광은 버려지고 낙후된 지역을 재생시켜주는 측면에서도 탁월한 능력이 있습니다. 우리나라도 문화예술 결핍지역과 소외계층에게 필요한 문화예술 우선적으로 공급하고, 문화소외지역과 계층을 위한 차별화된 사회적 문화관광정책과 사회적 문화예술 프로그램 등 사회적 문화관광을 추진하는 것이 필요합니다. 지역주민이 살기에 행복하고 관광객이 다수 방문하여 행복한 도시가 되도록 하고, 모든 계층이 합심하여 문화예술 환경 조성 운동을 활성화하여 사회적 통합과 응집력을 강화하고, 국가의 이미지와 브랜드의 향상을 통하여 해외투자 유치와 창의적인 인재의 유입을 촉진한다는 복합적 목적을 가진 사회적 문화관광정책을 추진할 필요가 있습니다.

문화관광 발전은 문화체육관광부라는 정부 부처에서 전담하기에는 벅찬 분야입니다. 다양한 정부부처와 공공기관, 단체 간의 협력과 조정이 고도화되어야 실효성이 확보되는 분야입니다. 따라서 가능하다면, 대통령 직속으로 특별행정조직을 설치하는 등 관련 거버넌스를 혁신하고 민간 기업과 전문가, 지역주민 등 이해관계자들 간의 파트너십이 촉진되도록 하는 협력적 협업기구가 매우 필요합니다.

본서에는 문화관광의 이론과 더불어 가장 빈곤하던 유럽의 도시가 유럽에서 가장 잘사는 도시로 변화한 과정, 오염된 채 버려지고 방치되었던 탄광과 조선소 등이 문화의 중심지로 다시 살아난 성공사례, 유럽문화수도와 유럽문화루트 이야기, 자연자원이 없는 캐나다와 호주의 소도시가 기발한 아이디어와 스토리텔링으로 세계적으로 유명한 문화도시·축제도시로 변화한 이야기 등 믿어지지 않는 기적적인 성공사례 약 50개를 심도 있게 분석하였습니다. 그리고 1980년대부터 수십 년 동안 정부의 관광과 문화개발 현장에서 다양한 프로젝트를 수행하면서 체득하였던 노하우도 함께 곁들였습니다.

　　본서에서는 수많은 학자들과 전문가들이 수행한 여러 가지 문화관광과 지역발전의 융합 등에 관한 선행연구결과들을 기반으로 문화관광 발전에 대한 개념을 정립하고, 문화관광전략의 이론적 틀을 고안하고 각종 문화관광개발 추진 사례를 제시하고 있습니다. 부족한 점이 많지만 문화관광을 구성하는 분야별 참고사례들을 가급적 많이 발굴해, 추진배경과 과정을 객관적으로 분석하고 장단점 도출과 현장중시적인 실천방안 제시 등에 노력했습니다. 앞으로 우리나라 문화관광의 발전을 주도해나갈 연구자들의 관심이 늘어나길 기대하고, 전국의 문화관광 관련 현장에서 실무를 담당하는 공무원과 지역주민, 기업인 등의 실제 업무에 참고할 수 있는 아이디어를 제공해줄 수 있길 바랍니다.

　　끝으로 시간 관계 등으로 본서에서 충분히 다루지 못한 문화관광의 다양한 분야들에 대해 전문적 조사와 학술적 연구가 활발히 전개되길 기대하며 글을 맺습니다.

감사합니다.

참고문헌

*이 QR코드를 스캔하면 「도시를 살리는 문화관광」
참고문헌 자료를 열람할 수 있습니다.

―――― 지은이

이광희

문화체육관광부 산하 한국문화관광연구원의 연구책임자로 근무하면서 '7대 문화관광권 개발 종합계획' 등 정책과제들을 다양하게 연구하였고, 경기도와 제주도 등의 지역 관광개발과 문화발전에 관한 사업들을 현장에서 직접 추진하였다. 그런 과정에서 고양시 일산에 수도권 문화관광단지(가칭 '한류월드') 조성사업을 기획하였으며 제주도 국제자유도시 개발을 위한 신화역사공원(가칭 '제주신화월드') 개발 등 7대 선도프로젝트들을 실행하였다. 경기도 남한산성에 대한 유네스코 세계문화유산 등재 업무를 추진하였으며 도립박물관과 미술관, 백남준아트센터 등 공공 문화시설들에 대한 경영지원과 지역문화예술 진흥에 관한 업무를 관장하였다.

서울대학교 환경대학원에서 도시계획학 석사를 전공하고 한양대학교에서 관광학 박사과정을 수료하였으며, 국토교통부와 문화체육관광부 산하 국책연구원에서 십여 년이 넘도록 전문연구원으로 근무하다 이직해 경기도 관광진흥본부장, 제주국제자유도시개발센터 본부장, 경기문화재단 사무처장과 남한산성 문화관광사업단장으로 근무했으며 제주국제자유도시개발센터(JDC) 제7대 이사장을 역임하였다. 서울시립대학교 도시과학대학원과 경희사이버대학교 대학원의 겸임교수로 문화예술과 관광자원개발에 대해 강의하였다.

30여 년간 관광과 문화분야에서 이론과 실무를 경험한 그는 우리나라가 문화와 관광을 통해 모범적인 선진국으로 발전할 수 있다는 확신을 갖고 2019년에 '문화관광에서 길을 찾다'라는 저서를 출간하기도 했다. 현재 (사)도시경영포럼 회장, ACT 문화관광연구원 이사장 등으로 활동하고 있다.

변재진

관광경영학 박사로 정책과제를 연구한 문화관광분야의 전문가이다. 최근에는 아트매거진 홍익미술과 아트뉴스 온라인의 발행인/편집인으로 예술잡지를 발행하고 있고, 미술전시기획가로 활동을 하며 국내·외 미술전시를 다수 기획하였고, 동양화 작가로 4회의 개인전과 다수의 단체전에 참여하였다. 대학교수, 예술잡지 발행인, 문화관광 연구원, 전시기획자, 동양화 작가, 여행사진가, 웹디자이너로 활동하며 다양한 분야의 경계를 넘나드는 학문영역에서 연구와 작업을 해왔다.

대전과학기술대학교에서 관광과 교수를 역임하였고, 경기대학교, 배재대학교 등에서 관광경영학과 문화관광을 다년간 강의하였다. 국토교통부 산하 한국교통연구원 관광연구실에서 근무하면서 수도권 관광종합개발계획 등 정부 정책과제를 연구하였고, 한국관광진흥연구원에서 통일과 관광개발 등 관광 관련 연구프로젝트를 수행하였다. 연세대학교 서예회 간사로 다수의 서예전을 기획하였고, 홍익대학교 미술대학원 동문연합회 사무총장으로 예술의 전당, 조선일보 미술관, 대한민국 예술인센터 등에서 다수의 전시를 기획하였다. 그리고 중국 대련, 중국 심양, 일본 오사카 등에서 다수의 해외전시를 기획하였다. 현재는 아트매거진 홍익미술과 아트뉴스 온라인의 발행인/편집인으로 예술잡지를 발행하고 있다.

경기대학교에서 관광경영학 박사학위를 취득하였고, 홍익대학교 미술대학원 현대미술과정을 수료하였고, 동양화(미술학사)와 판화 그리고 서예를 공부하였다. 연구서로는 상업고등학교 국정교과서 '여행관리'(교육부 1996년 연구진), '통일과 관광개발'(한국관광진흥연구원 1995년), '문화관광론'(1998년)이 있다. 현재 아트매거진 홍익미술과 아트뉴스온라인 발행인/편집인, ACT문화관광연구원장, 홍익미술협회 사무총장 그리고 전시기획자로 활동을 하고 있다.

도시를 살리는 문화관광

초판발행	2020년 9월 5일
중판발행	2021년 9월 10일
지은이	이광희·변재진
펴낸이	안종만·안상준
편 집	조보나
기획/마케팅	조성호
표지디자인	박현정
제 작	고철민·조영환
펴낸곳	(주)박영사
	서울특별시 금천구 가산디지털2로 53, 210호(가산동, 한라시그마밸리)
	등록 1959.3.11. 제300-1959-1호(倫)
전 화	02)733-6771
f a x	02)736-4818
e-mail	pys@pybook.co.kr
homepage	www.pybook.co.kr
ISBN	979-11-303-1114-2 93320

copyright©이광희·변재진, 2020, Printed in Korea

정 가   29,000원